金融市场从业人员
能力建设丛书

投资银行
理论与实务
（上册）

INVESTMENT BANKING
Theory and Practice

中国银行间市场交易商协会
教材编写组 / 编

北京大学出版社
PEKING UNIVERSITY PRESS

图书在版编目（CIP）数据

投资银行：理论与实务：全2册/中国银行间市场交易商协会教材编写组编. —北京：北京大学出版社，2019.9
（金融市场从业人员能力建设丛书）
ISBN 978-7-301-30374-0

Ⅰ.①投… Ⅱ.①中… Ⅲ.①投资银行—岗位培训—教材 Ⅳ.①F830.33

中国版本图书馆CIP数据核字(2019)第034719号

书　　　名	投资银行：理论与实务（上下册） TOUZI YINHANG：LILUN YU SHIWU（SHANG XIA CE）
著作责任者	中国银行间市场交易商协会教材编写组 编
策划编辑	张　燕
责任编辑	王　晶
标准书号	ISBN 978-7-301-30374-0
出版发行	北京大学出版社
地　　　址	北京市海淀区成府路205号　100871
网　　　址	http://www.pup.cn
微信公众号	北京大学经管书苑（pupembook）
电子信箱	em@pup.cn　QQ:552063295
新浪微博	@北京大学出版社　@北京大学出版社经管图书
电　　　话	邮购部010-62752015　发行部010-62750672　编辑部010-62752926
印　刷　者	北京市科星印刷有限责任公司
经　销　者	新华书店
	730毫米×1020毫米　16开本　41.75印张　964千字 2019年9月第1版　2022年12月第2次印刷
定　　　价	126.00元（全2册）

未经许可，不得以任何方式复制或抄袭本书之部分或全部内容。
版权所有，侵权必究
举报电话：010-62752024　电子信箱：fd@pup.pku.edu.cn
图书如有印装质量问题，请与出版部联系，电话：010-62756370

丛书序言

"金融是现代经济的核心。"随着我国经济发展步入新时代,金融业发展也进入快车道,金融市场规模持续扩大,在解决不平衡不充分发展问题中发挥的作用更加突显。市场越是发展,创新速度越快,越需要一大批掌握现代金融知识、具有高度责任感并熟悉中国金融市场的高素质从业人员。"问渠那得清如许,为有源头活水来。"只有不断培养造就更多的高素质从业人员,才能给金融市场发展注入源源不竭的活力和动力。

何为高素质的金融从业者?当以"德才兼备"为先,以"德"为基础,以"才"为支撑,通过职业操守培训立德,通过能力建设培训增才,造就一支"德才兼备"的从业者队伍,形成"千帆竞技,人才辈出"的局面,为金融市场大发展提供有力支撑。多年来,我们致力于从业者的能力建设,不仅开展金融市场相关产品和知识培训,而且加强全方位、多领域、深层次的金融创新,得到了业界的积极响应和良好反馈。

针对金融市场人才评价体系和知识标准尚不完善的情况,我们组织专门力量,以从业人员所需专业知识和执业技能为出发点,编写了这套能力建设教材,一则作为我们能力建设培训和从业人员水平测试参考用书,二来为市场提供一套系统金融读本,供广大金融市场从业者提升从业能力之用。该丛书以从业者为中心搭建理论框架,全面覆盖整个金融市场,紧扣国内金融市场发展脉搏,充分反映市场最新发展,在保证教材质量和权威性的前提下,兼顾可读性和可操作性,从而为广大金融从业人员呈现一套全面准确、简明易懂、新颖实用的优秀教材。

在丛书的出版过程中,各会员单位和金融机构积极参与,给予了大力支持,在此表示衷心感谢!希望这套丛书能为培养现代化金融人才、全面提升金融市场从业人员能力建设水平作出贡献,也诚挚期待各位读者对丛书提出宝贵的意见建议,让我们携起手来共同打造一套金融市场能力建设的经典之作!让我们不忘初心,继续前进,为金融市场发展而拼搏奋斗、砥砺前行!

中国银行间市场交易商协会培训专家委员会
二〇一九年九月

《投资银行：理论与实务》
编 写 组

编写组成员（按姓氏笔画排序）

马晓军　王　俊　尹　彤　左　毅　卢超群

叶雨鹏　叶晓璇　冯李佳　刘玉书　刘　雪

孙　帆　沈春晖　宋瑞波　张　凡　张　涛

陈一辉　陈胜安　林　华　郦　楠　秦沼杨

焦　皓

目录 contents

>>>>>> 上册 <<<<<<

第一篇 现代融资理论

第1章 投资银行业务与企业融资需求 ········· 3
- 1.1 投资银行业务的基本概念与相关理论 ········· 5
- 1.2 投资银行业务的基本种类 ········· 16
- 1.3 企业融资方案设计 ········· 18

第2章 现代融资理论综述 ········· 49
- 2.1 债务融资的特点与种类 ········· 50
- 2.2 债务融资财务理论 ········· 62
- 2.3 股权融资概述 ········· 70
- 2.4 股权融资与公司治理理论 ········· 80

第二篇 债务融资品种与投行承做

第3章 债务融资主要品种 ········· 93
- 3.1 债券市场概览 ········· 94
- 3.2 政府债券 ········· 96
- 3.3 金融债券 ········· 105
- 3.4 非金融企业债务融资工具 ········· 115
- 3.5 企业债 ········· 134
- 3.6 公司债 ········· 144
- 3.7 其他非金融企业债务融资产品 ········· 153

第4章 债券投行承做与存续期管理 ········· 162
- 4.1 核准、注册与备案 ········· 164

4.2	尽职调查	167
4.3	债券发行	183
4.4	存续期管理	190
4.5	信用评级概述	206
4.6	审计与法务	214

第三篇　资产证券化的中国实践

第5章　资产证券化概述　233
- 5.1　资产证券化概述　234
- 5.2　资产证券化业务承揽要点及产品展望　252

第6章　资产证券化业务流程　266
- 6.1　资产证券化的工作流程　267
- 6.2　发起人、交易协调人和受托机构的工作内容　283

第7章　资产证券化协调人操作要点　311
- 7.1　资产证券化基础资产及尽职调查　312
- 7.2　资产证券化尽职调查　322
- 7.3　资产证券化结构设计　326
- 7.4　现金流测算与分析　342

下　册

第四篇　股权融资与并购重组

第8章　A股首次公开发行并上市　355
- 8.1　上市的益处与相应约束　356
- 8.2　A股IPO的法定条件　360
- 8.3　A股上市与境外上市　365
- 8.4　A股IPO的过程　369
- 8.5　A股IPO的审核要点　394

第9章　上市公司再融资　417
- 9.1　我国上市公司实施再融资的条件与方式选择　418

9.2 我国上市公司实施再融资的程序 ⋯⋯⋯⋯⋯⋯⋯⋯⋯⋯⋯⋯⋯⋯⋯⋯⋯ 432
9.3 公开增发、配股与非公开发行 ⋯⋯⋯⋯⋯⋯⋯⋯⋯⋯⋯⋯⋯⋯⋯⋯⋯ 441
9.4 混合融资：可转换公司债券与优先股 ⋯⋯⋯⋯⋯⋯⋯⋯⋯⋯⋯⋯⋯⋯ 447
9.5 上市公司股东发行可交换公司债券 ⋯⋯⋯⋯⋯⋯⋯⋯⋯⋯⋯⋯⋯⋯⋯ 455

第10章 新三板的挂牌、定增与转板 ⋯⋯⋯⋯⋯⋯⋯⋯⋯⋯⋯⋯⋯⋯⋯⋯ **465**
10.1 美国市场股票发行注册制概述 ⋯⋯⋯⋯⋯⋯⋯⋯⋯⋯⋯⋯⋯⋯⋯⋯⋯ 466
10.2 新三板的挂牌 ⋯⋯⋯⋯⋯⋯⋯⋯⋯⋯⋯⋯⋯⋯⋯⋯⋯⋯⋯⋯⋯⋯⋯ 471
10.3 新三板挂牌公司股票发行 ⋯⋯⋯⋯⋯⋯⋯⋯⋯⋯⋯⋯⋯⋯⋯⋯⋯⋯ 483
10.4 新三板的转板 ⋯⋯⋯⋯⋯⋯⋯⋯⋯⋯⋯⋯⋯⋯⋯⋯⋯⋯⋯⋯⋯⋯⋯ 490

第11章 并购重组的概念与流程 ⋯⋯⋯⋯⋯⋯⋯⋯⋯⋯⋯⋯⋯⋯⋯⋯⋯⋯ **497**
11.1 并购重组的概念和类型 ⋯⋯⋯⋯⋯⋯⋯⋯⋯⋯⋯⋯⋯⋯⋯⋯⋯⋯⋯ 498
11.2 公司并购的一般操作 ⋯⋯⋯⋯⋯⋯⋯⋯⋯⋯⋯⋯⋯⋯⋯⋯⋯⋯⋯⋯ 507
11.3 杠杆收购 ⋯⋯⋯⋯⋯⋯⋯⋯⋯⋯⋯⋯⋯⋯⋯⋯⋯⋯⋯⋯⋯⋯⋯⋯⋯ 529

第12章 并购重组的主体与业务操作 ⋯⋯⋯⋯⋯⋯⋯⋯⋯⋯⋯⋯⋯⋯⋯⋯ **541**
12.1 上市公司收购 ⋯⋯⋯⋯⋯⋯⋯⋯⋯⋯⋯⋯⋯⋯⋯⋯⋯⋯⋯⋯⋯⋯⋯ 542
12.2 从"借壳上市"到"重组上市" ⋯⋯⋯⋯⋯⋯⋯⋯⋯⋯⋯⋯⋯⋯⋯⋯ 559
12.3 上市公司重大资产重组 ⋯⋯⋯⋯⋯⋯⋯⋯⋯⋯⋯⋯⋯⋯⋯⋯⋯⋯⋯ 564
12.4 非上市公众公司重大资产重组 ⋯⋯⋯⋯⋯⋯⋯⋯⋯⋯⋯⋯⋯⋯⋯⋯ 576
12.5 跨境并购 ⋯⋯⋯⋯⋯⋯⋯⋯⋯⋯⋯⋯⋯⋯⋯⋯⋯⋯⋯⋯⋯⋯⋯⋯⋯ 583

第五篇 投资银行监管理论与实践

第13章 对投资银行业务的监管 ⋯⋯⋯⋯⋯⋯⋯⋯⋯⋯⋯⋯⋯⋯⋯⋯⋯⋯ **601**
13.1 对投资银行进行监管的目标和原则 ⋯⋯⋯⋯⋯⋯⋯⋯⋯⋯⋯⋯⋯⋯⋯ 603
13.2 投资银行的监管模式 ⋯⋯⋯⋯⋯⋯⋯⋯⋯⋯⋯⋯⋯⋯⋯⋯⋯⋯⋯⋯ 610
13.3 对商业银行投行业务的管理 ⋯⋯⋯⋯⋯⋯⋯⋯⋯⋯⋯⋯⋯⋯⋯⋯⋯ 613
13.4 对证券公司投行业务的监管 ⋯⋯⋯⋯⋯⋯⋯⋯⋯⋯⋯⋯⋯⋯⋯⋯⋯ 624
13.5 投资银行监管政策的变化 ⋯⋯⋯⋯⋯⋯⋯⋯⋯⋯⋯⋯⋯⋯⋯⋯⋯⋯ 634

第一篇

现代融资理论

第1章
投资银行业务与企业融资需求

马晓军（南开大学金融学院）
卢超群（中国银行间市场交易商协会）

本章知识与技能目标

◎ 了解投资银行的基本概念和金融功能。
◎ 熟悉投资银行业务的基本种类。
◎ 理解企业融资方案设计的基本原理和方法。
◎ 整体理解投资银行的基本业务，并把握企业融资方案设计的要点。

引导案例

引导案例 1

根据 2018 年的统计数据，就资产总量而言，中国工商银行是我国最大的商业银行，中信证券是我国最大的证券公司，这两大金融机构分属于不同的细分金融行业，归不同的监管主体监管。但是，实际上这两家金融机构都有强大的投资银行业务，那么它们所从事的投资银行业务具体有什么不同？此外，同样作为金融中介机构，投资银行和商业银行在经济中所起的作用有何不同？投资银行的金融功能是通过什么方式完成的？其内在核心竞争力又是什么？

引导案例 2

某公司是一家民营房地产上市公司，主营业务包括园区开发和房地产开发，受益于中心城市地价上涨，其产业新城开发模式近年来发展迅速。公司目前总资产 300 亿元，净资产 50 亿元，营业收入 200 亿元；近三年总资产复合增长率达 50%，营业收入复合增长率达 80%，净利润增长率 100%。

这家公司为了维持其快速增长，需要融资 100 亿元。从成本和风险综合进行考虑，这家公司应该如何合理地安排融资结构？

随着直接融资比重的上升，投资银行业务成为越来越重要的金融业务。本章将涵盖两方面的内容：投资银行业务的介绍和企业融资方案的设计。在第一章讲授这两项内容，是因为作为一名投行从业人员，需要对投资银行业务有个总览性的了解，并对企业融资服务形成总体上的把握。之后的各章将讲述投资银行各项具体业务。

在投资银行业务介绍方面，分为了两个部分：投资银行业务的基本概念与相关理论，投资银行业务的基本种类。第一部分介绍投资银行业务的定义、作为金融中介的作用以及投资银行发挥作用的内在经济学解释。在经济学解释方面，着重于投资银行在解决信息不对称方面的作用。第二部分则是对发行与承销、并购重组业务的简单介绍，并对比商业银行与证券公司在投资银行业务方面的业务区分和各自特色。

在企业融资方案设计方面分为三个部分：企业融资需求分析、融资需求预测方法、企业融资方式选择。

企业融资需求分析方面，首先明确投行人员进行企业融资需求分析的重要性，然后介绍进行企业融资需求分析时的主要关注点，最后则从财务角度对企业进行分析。

融资需求预测方法方面，首先介绍融资需求预测的主要步骤，然后从定性和定量两个方面介绍进行需求预测的常用方法，定性预测法具体包括专家意见法、市场调查法和交互影响预测方法，定量方面则包括了销售百分比法、资金习性法和因素分析法。

企业融资方式选择方面，集中于股、债、结构融资这三种融资模式。首先介绍如何确定企业资本结构，除了对影响资本结构的主要因素进行介绍之外，还会介绍确定资本结构的方法：比较资金成本法和比较每股收益法；之后针对股权融资，提出股权融资需要关注的要点，包括股权稀释和控制权问题、股权的成本以及融资阶段；接着介绍债务融资的要点，包括负债的税盾作用、财务杠杆作用、债务成本；最后介绍结构融资的要点。

1.1 投资银行业务的基本概念与相关理论

1.1.1 投资银行业务

1.1.1.1 投资银行业务的基本概念

投资银行（Investment Bank）的业务起源于欧洲，其名称则始于美国。19 世纪前，"银行"只是一个笼统的名称，凡从事存贷款和投资、证券发行等业务的金融机构都可以称为银行。"投资银行"这一名称的来源是美国的《1933 年银行法》（Banking Act of 1933），该法亦被称为《格拉斯－斯蒂格尔法案》（Glass-Steagall Act）[1]，确定了商业银行和投资银行的业务界限。该法案明确禁止投资银行吸收公众存款；明确禁止商业银行从事四类业务，即代客交易非政府证券、自营购买非投资级证券、承销或分销非政府证券、设立以上业务的分支机构或与相关机构共享员工。由此，投资银行代表了专门从事证券业务的金融机构。

典型的投资银行，如高盛公司、摩根士丹利公司、美林公司等，也被称为独立的投资银行。对应地，投资银行所从事的业务，则被称为投资银行业务。在欧洲，由于一直采用全能银行（Universal Bank）模式，并不强调投资银行与商业银行的差别，所以投资银行或投资银行业务的说法基本来自美国。

虽然投资银行业务的称谓源于历史，没有一个准确的定义[2]，但是从目前我国国内比较普遍接受的含义看，投资银行业务基本可以分为两个层面：一是较为广义的，指投资银行所从事的业务，而此处的投资银行一般专指国内的证券公司，具体包括发行与承销、并购、证券经纪、证券自营、资产管理等这些证券公司所能开展的各项业务（参见表 1-1）；二是较为狭义的，属于业务（而非机构）的性质，指更为具体的投资银行业务，包括融资和并购两个方面。[3]

---

[1] 实际上，美国有两部名为《格拉斯-斯蒂格尔法案》的法律。一是1932年的《格拉斯-斯蒂格尔法案》，该法案的目的在于停止通货紧缩，扩大联邦储备系统，为更多财产形式（如政府公债和商业票据）提供再贴现；二是《1933年银行法》，即一般文献在提到《格拉斯-斯蒂格尔法案》时的所指，其在很大程度上是对1933年年初美国商业银行系统崩溃的反应。
[2] 罗伯特·劳伦斯·库恩在《投资银行学》一书中根据业务涵盖范围的大小，将投资银行业务分为四个层次。其中第二层含义与我们常说的投资银行业务比较接近，具体包括所有资本市场的活动，从证券承销、公司融资到并购，以及基金管理和风险投资等。
[3] 从业务性质看，称为"融资"与"并购"；从投行担任的角色来看，分别称之为"发行与承销"和"财务顾问业务"。

表 1-1 投资银行业务属性（广义范畴）与功能创新

投行功能定位	业务属性	类型特征及业务内容	传统类	创新类
强化资本配置功能、财富中介功能、金融市场流动性的提供商和服务商，最终服务于实体经济	资本型业务	指占用资本金、主要以投资为目的、风险系数较高的业务。可借此业务获取投资收益。属买方业务	股票与债券自营	私募股权投资 另类投资 投资方式创新（量化、对冲和套利投资等）
	资本中介型业务	指仅占用资本金，但不消耗资本金或消耗少量资本金，主要以服务客户为目的、风险系数较低的业务。重在为客户提供产品和流动性服务，可借此业务获取佣金或利息收入。介于买方和卖方业务间，但更多偏向卖方属性	资产管理、并购投资、财务顾问、金融企业往来利息业务	融资融券业务 约定式回购业务 做市商业务 投行自建场外交易市场(含投资、消费、支付和结算功能)
	中介型业务	指单纯提供服务或产品，不占用资本金的业务。以通道型业务为主，可借此业务获取佣金。属卖方业务	经纪业务、保荐承销、并购、基金销售	客户保证金现金管理业务（现金宝）、债券质押式报价回购业务、大小集合产品、市值管理、大宗交易、高净值客户业务

资料来源：李迅雷，李明亮. 中国投资银行功能及其业务发展方向 [J]. 上海金融，2014(3).

本书所指的投资银行业务，聚焦于第二个层面较为狭义的投资银行业务，具体包括在证券市场中为客户提供包括债券、股票、资产证券化等方式的直接融资服务，以及为客户提供与并购、资产重组等资本运营有关的财务顾问活动。提供这类服务的金融机构本书即称之为"投资银行"，因而本书所指的投资银行并不局限于证券公司，亦包括商业银行（如投资银行部）、信托投资公司、基金管理子公司等其他金融机构所提供的投资银行服务。

1.1.1.2 投资银行与商业银行的中介作用

投资银行和商业银行是现代金融市场中两类最重要的中介机构，从本质上来讲，它们都是资金盈余者和资金短缺者之间的中介：一方面使资金供给者能够充分利用多余资金以获取收益，另一方面又帮助资金需求者获得所需资金以求发展。从这个意义上来讲，两者的功能是相同的。

然而，在发挥金融中介作用的过程中，投资银行的运作与商业银行有很大的不同：投资银行是直接融资的金融中介，而商业银行则是间接融资的金融中介。投资银行和商业银行的金融中介作用分别如图 1-1 和图 1-2 所示。投资银行作为直接融资的中介，仅充当中介人的角色，它为筹资者寻找合适的融资机会，为投资者寻找合适的投资机会，但在一般情况下，投资银行只是充当中介并收取佣金。在投资银行的撮合下，投资者与筹资者双方直接发生财产权利关系，拥有相应的权利和承担相应的义务。

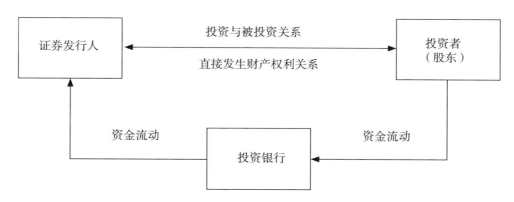

图 1-1　投资银行作为直接金融中介

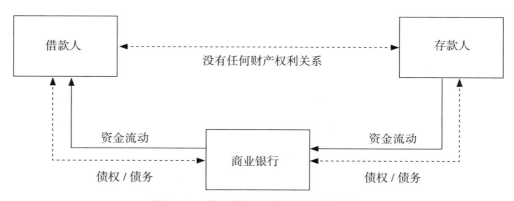

图 1-2　商业银行作为间接金融中介

商业银行则不同，商业银行同时具有资金需求者和资金供给者的双重身份：对于存款人来说，它是资金的需求方，存款人是资金的供给者；而对于贷款人而言，它是资金的供给方，贷款人是资金的需求者。在这种情况下，资金存款人与贷款人之间并不直接发生权利与义务关系。

商业银行通过资产负债业务，吸纳盈余方的资金作为存款（负债业务），并对借款人发放贷款（资产业务），在这个过程中，商业银行承担了信用风险、流动性风险、利率风险等一系列因转换财产权利关系而引起的风险。当然这里所指的其实是传统的商业银行业务，业务开展所在部门一般为公司金融部。现代商业银行也在进行转型，其承做的债券发行业务就是典型的投资银行业务，一般由商业银行的投资银行部负责。投资银行和商业银行的对比总结见表1-2。

表 1-2　投资银行和商业银行的比较

	投资银行	商业银行
本源业务	证券承销、财务顾问	存、贷款业务
融资功能	直接融资	间接融资
活动领域	主要活动于资本市场	主要活动于借贷市场
业务特征	资产负债表外的中介模式	资产负债业务为主

（续表）

	投资银行	商业银行
利润来源	佣金	存贷款利差
风险特征	一般情况下，投资人面临的风险较大，投资银行风险较小	一般情况下，存款人面临的风险较小，商业银行风险较大
经营方针	在风险控制下，稳健与开拓并重	追求安全性、盈利性和流动性的统一，坚持稳健原则
监管部门	主要是证券监管当局	主要是银行监管当局

在现代金融体系中，投资银行和商业银行构成了金融市场的主体部分。这两类金融机构，虽然在不同国家因为法律制度的不同，其业务范畴的划分有所不同，但很多金融机构已经表现出混业经营的特色，商业银行可能从事投资银行业务，而投资银行也可能从事实质上的存贷款业务，尤其是2008年9月，美联储宣布高盛集团和摩根士丹利获准转型为银行控股公司，该举措标志着美国传统独立投行模式的终结。但我们还是可以根据业务的专注程度来区分商业银行、投资银行和全能银行。

1.1.1.3 投资银行和商业银行的关系

按照历史的发展，投资银行和商业银行的关系基本上可以分为五个阶段。

1. 早期的自然分业阶段

较为典型的投资银行在开始的时候是作为独立形态存在的，如美国的投资银行美林公司，在19世纪20年代创建之初就是一家专门经销证券和企业票据贴现的商号。这一阶段商业银行和投资银行是各自独立的，这种分离不是依靠法律来规定的，而是历史自然形成的。当时投资银行业务并没有占据主导地位，大多数商业银行的主营业务只是给企业提供流动资金贷款，而且由于当时人们普遍认为证券市场风险太大，不是银行投放资金的适宜场所，因此它们各自的任务较明确，商业银行经营资金存贷和其他信用业务，投资银行的业务则主要是证券发行和票据承销。

2. 19世纪末20世纪初期的自然混业阶段

20世纪30年代以前，西方国家经济的持续繁荣带来了证券业的高速增长，银行业与证券业的混业经营特点非常明显。在商业银行向投资银行业务大力扩张的同时，投资银行也在极力地向商业银行领域拓展。美国1927年的《麦克法顿法》则干脆取消了禁止商业银行承销股票的规定。在这一时期，商业银行与投资银行在业务上几乎不存在什么界限。同时，这一时期美国进入了产业结构调整期，新行业的出现与新兴企业的崛起成为经济繁荣的支撑力量。由于通过资本市场筹集资金成本更低、期限更长，公司的融资途径发生了变化，新兴企业在扩充资本时减少了对商业银行贷款的依赖，美国的债券市场和股票市场得到了突飞猛进的发展。

由于证券市场业务与银行传统业务的结合以及美国经济的繁荣，投资银行业的繁荣也真正开始了。这一时期投资银行业的主要特点是：以证券承销与分销为主要业务，商业银行与投资银行混业经营；债券市场取得重大发展，公司债券成为投资热点，同时股票市场引人注目。银行业的强势人物影响巨大，在某种程度上推动了混业的发展。

3. 20 世纪 30 年代大危机后的现代分业阶段

商业银行与投资银行的最终分离是在 1929—1933 年经济大危机之后开始的。《1933 年证券法》和 1933 年《格拉斯－斯蒂格尔法案》，规定了证券发行人和承销商的信息披露义务，以及虚假陈述所要承担的民事责任和刑事责任，并要求金融机构在证券业务与存贷业务之间作出选择，从法律上规定了分业经营，对一级市场产生了重大的影响；《1934 年证券交易法》不仅对一级市场进行了规范，而且对交易商也产生了影响，同时，美国证券交易委员会取代了联邦贸易委员会，成为证券监管机构。

1948 年，日本制定了《证券交易法》，其内容与精神在当时立法环境的影响下系沿袭自美国的《1933 年证券法》与《1934 年证券交易法》，主要内容包括设立独立的证券主管机关——证券取引（交易）委员会、提供反欺诈条款、建立一级与二级市场的披露要求。该法对银行业务和证券业务的分离亦做了法律上的规定，促成了日本商业银行与投资银行的正式分离。

在此后的近半个世纪里，分业经营下美国的投资银行蓬勃发展。工商业以发行债券、股票等方式从资本市场筹集资金的规模明显增长，交易商、经纪人等不断增加，保险业与投资基金相继进入资本市场。由于银行储蓄利率长期低于市场利率，而证券市场则为经营者和投资者提供了巨额回报，因此共同基金的兴起吸收了越来越多的家庭储蓄资金，甚至证券公司也开办了现金管理账户为客户管理存款，这使得商业银行的负债业务萎缩，出现了所谓的"脱媒"现象。技术进步提高了金融交易的效率，降低了成本，更加复杂的衍生金融交易也得以执行。

4. 20 世纪 70 年代以来的现代混业阶段

从 20 世纪 70 年代末期开始，各国纷纷对本国金融体制实行重大改革，其中一个重要内容就是打破商业银行与投资银行的分界线，出现了商业银行与投资银行融合的趋势。这一阶段西方各国金融改革的基本特征是放松管理，业务更趋于自由化和国际化，是商业银行与投资银行的高级融合阶段。尤其是在 1999 年，美国通过了《金融服务现代化法案》（Gramm-Leach-Bliley Act），作为金融控股公司的银行控股公司所能从事的业务被扩充至证券承销和自营买卖、保险代理及承销业务、商人银行业务等，可以兼跨银行、证券、保险等业态。

5. 2008 年美国次贷危机对投资银行业务模式的影响

2008 年由于美国次贷危机而引发的连锁反应导致了罕见的金融风暴，在此次金融风暴中，美国著名投资银行贝尔斯登和雷曼兄弟崩溃，其原因主要在于风险控制失误和激励约束机制存在弊端。

美国监管机构越来越清楚地认识到，原投资银行模式过于依靠货币市场为投资银行提供资金，尤其是在雷曼兄弟申请破产之后，投资银行自身的融资就变得日益困难，如果转型为银行控股公司，原投资银行机构就将获准开展储户存款业务，这可能是一种更为稳定的资金来源。为了防范华尔街危机进一步扩散，美国联邦储备委员会批准摩根士丹利和高盛从投资银行转型为传统的银行控股公司。银行控股公司可以接受零售客户的存款，成为银行控股公司将有助于两家公司重构自己的资产和资本结构。

2008年之后，几十年来人们所熟知的华尔街模式发生了重大转变，华尔街的大型投资银行将不再只受美国证券交易委员会的监管，同时也将处于美国银行业监管机构的严密监督之下，它们需要满足新的资本要求，接受额外的监管，财务杠杆比率大为受限。但是，如果转型为银行控股公司的那些投资银行以后都加强吸收储蓄，努力让自己成为强大的商业银行，那么原本那些已经很庞大的商业零售银行也会通过发展和收购投资银行类业务，出现更加做大的倾向，投资银行和商业银行的合并将催生出庞大的金融巨头。在这种模式下，投资银行业务与原本的商业银行业务会如何相互影响，如何控制连带风险，是否可以抗衡未来经济周期的下滑，以及对整个金融体系构成的重大潜在风险，是值得深入探讨的问题。

1.1.2 投资银行金融功能的相关理论解释

1.1.2.1 投资银行的金融功能

20世纪90年代，美国哈佛大学金融学教授罗伯特·莫顿（Robert Merton）和兹维·博迪（Zvi Bodie）系统地提出了一种基于金融功能来观察金融体系的方法，即"金融功能观"（Functional Perspective）[1]，他们将金融的功能归纳为六点：在时间和空间上转移资源；提供分散、转移和管理风险的途径；提供清算和结算的途径以完结商品、服务和各种资产的交易；提供集中资本和股份分割的机制；提供价格信息；提供解决"激励"问题的方法。

金融功能观是解释投资银行资源配置功能的核心理论。它认为金融功能比金融机构更加稳定。[2] 金融中介的组织形式无论怎样变迁，但总在寻求跨时空、跨行业经济资源配置的最佳途径。同时，金融功能优于组织机构。不同类别的金融中介，通过持续的创新和竞争为优化经济资源的配置而提供各种解决途径，社会会选择相对有效的金融中介组织模式，比如商业银行或者投资银行，从而优化社会资源的配置效率。

富兰克林·艾伦（Franklin Allen）教授和道格拉斯·盖尔（Douglas Gale）教授在其著作《比较金融系统》[3] 中，研究了当今世界发达国家的金融体系，将全球金融体系分为两类典型模式（图1-3）：以美英为代表的盎格鲁-撒克逊模式，又称为市场主导型的金融模式；以日德为代表的日德模式，又称为中介（银行）主导型的金融模式。投资银行可被看作是前一类金融模式下的金融组织的代表，它们依托于金融市场、通过金融市场而实现经济资源配置。与此相对应，中介主导的金融系统则是由商业银行起主导作用，由商业银行作为金融中介来提供各项金融服务，配置经济资源。

---

[1] Merton, Robert C., Bodie Zvi. Design of Financial System: Towards a Synthesis of Function and Structure[J]. Journal of Investment Management, 2005(3):1-23.

[2] 从金融机构的纵向来看，以银行为例，现代商业银行的组织设置和机构布局与早期的货币代管机构相比，已经发生了翻天覆地的变化；从横向来看，处于不同地域的银行其组织设置各异，但履行的功能却大致相同。

[3] 富兰克林·艾伦,道格拉斯·盖尔.比较金融系统[M].北京:中国人民大学出版社,2002.

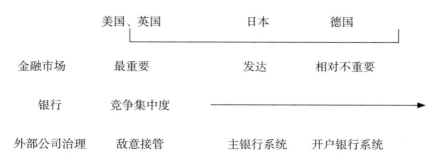

图 1-3 市场主导型的金融系统和中介主导型的金融系统

艾伦和盖尔认为金融市场和金融中介是互补的,而不是相互替代的。市场允许投资者(融资提供方)表达不同意见,而中介则通过内生化的委托监督去节省信息成本。因此,在观点多样化且具有高风险属性的场合(创业企业与创新投资),市场比中介更有优势。

从金融功能观的角度分析,投资银行可被看作一个由各种金融要素组合而成的开放系统。投资银行的功能可分为三个层次(图1-4),即基础功能、拓展功能和核心功能。在三者的关系上,基础功能派生出拓展功能,而基础功能和拓展功能一起形成投资银行的核心功能。

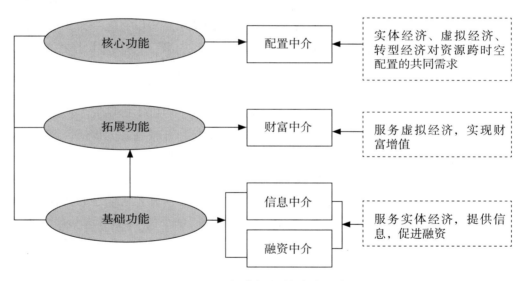

图 1-4 投资银行的功能层次

资料来源:李迅雷,李明亮.中国投资银行功能及其业务发展方向 [J]. 上海金融,2014(03).

投资银行的基础功能通过提供融资中介和信息中介来向实体经济提供特定的金融产品和服务,这一层的功能对应投资银行的基本业务,包括发行和承销、并购咨询等,也包括投资银行的经纪业务。投资银行的拓展功能是通过财富中介向虚拟经济提供特定的金融产品和服务,主要对应的业务是资产管理、自营、衍生产品设计和交易等。而投资银行最终的核心功能,则是由基础功能和拓展功能一起,通过投资银行的各项业务,随着投资银行流动性管理、风险管理、信息处理、监控违规以及提供激励等各项金融功能的展开，形成社会资源的转移。在一个运行良好的金融市场中，投资银行将通过优胜劣汰引导社会资金完成有效的资源配置，从而提高企业的竞争能力，实现产业的优化和升级。

1.1.2.2 投资银行的信息中介作用

信息不对称是金融业务的最大障碍，而金融业务的核心就是处理信息不对称问题。在商业银行方面，学界已经建立了关于商业银行的金融中介理论，如微观银行学，具体分析商业银行在保障支付、提供流动性保险、解决借款人和贷款人信息不对称问题等方面的重要作用。近年来，关于投资银行经济功能的问题在经济学家中也展开了充分的讨论，我们将投资银行在信息处理方面的作用归结为以下三点：

- 作为信息生产商，去搜集、加工和销售信息并由此获利；
- 在信息市场的生产者和使用者之间充当媒介；
- 以其自身信誉降低信息不对称。

1. 作为信息生产商，去搜集、加工和销售信息并由此获利

在投资过程中，信息是促使投资者进行资产配置决策的关键，只有高质量的信息得以从被投资方向投资方进行有效的传递，投资才会发生，才会有效率。不管是什么类型的信息，只要它能够吸引足够的资本而使项目得以实施，那么这样的信息就是至关重要的，因为它会影响到资本的分配，因此这类信息被称为"价格相关信息"（Price-relevant Information）。[①]

价格相关信息具有两种经济作用。第一，它涉及资源在经济创新上的配置：没有精确的价格相关信息，资本可能会错配，或者可能不提供资本。第二，它涉及对人们或企业创新行为的激励：好的创新引致好的项目并得到好的价格，这样创新的价值通过有效的价格得以传递，使得好的创新得到恰当的激励。

作为一种金融机构，投资银行实质上是一家信息生产商，所起的作用体现在搜集、加工和创造信息，并通过自己占有信息或者对外销售信息而获利。在这个部分，我们将讨论投资银行通过自己开发信息、占有信息而获利的途径，通过对外销售信息而获利的途径将在第三部分进行讨论。

激励信息生产最有效的方式是建立信息的产权，一个强有效的产权体系能够保证信息生产者只有在自主意愿的情况下才会把信息让渡给他们选定的交易对象。但是，由于以下三个原因的存在，人们不可能建立关于信息的正式产权。

首先，信息一旦让对方知晓，其价值就会大为下降，就很难让对方支付应有的价格购买，但是事前又很难让潜在信息购买者相信其信息是有价值的；其次，很难证明当事人的信息就是从生产者手中获得的，而不是来自其他途径，同时也很难证明信息购买者的获利来自所购买的信息本身，这会对信息的支付造成困难；最后，很难阻止信息生产

---

① Morrison, A. D., Wilhelm Jr., W. J. Investment Banking: Institutions, Politics, and Law [M]. Oxford University Press, 2007.

者将信息出售给多个对象，同时也很难阻止购买者将信息转售，这样就会破坏信息的商业价值。

这三个问题都说明了信息验证的困难，因而难以通过传统的法律合约来界定和解决，也无法建立一个竞争性的市场来拍卖信息的排他性权利。另外，通过法律来建立信息产权交易模式的尝试也很难成功，因为交易流程的增加更可能引起信息的外泄，从而损害信息的价值。由此可见，经由法律途径试图建立对价格相关信息的正式产权可能是徒劳的，解决方法可以是通过商业途径建立对价格相关信息的非正式产权。所谓非正式产权，意味着这种产权是模糊的、无法清晰界定的，也难以获得法律保护。

作为一种营利性的金融中介，投资银行可以通过建立对价格相关信息的非正式产权而促进该类信息的生产和销售，从而使得金融市场必需的信息得以创造，资金得以流转和配置。就投资银行而言，它可以在交易市场中利用信息优势而盈利，即在发行市场上利用其信息加工能力承揽证券发行业务，然后将信息表现在发行价格上和发行过程中，进而完成证券销售，赚取承销费用。由此可见，投资银行利用价格相关信息而盈利的能力能够促使投资银行完成信息生产，并努力提高信息质量。

因而，在信息至关重要的金融市场中，投资银行通过存在激励机制的信息生产而获利，从而间接地为金融市场供给了信息，保障了市场的运转。

2. 在信息市场的生产者和使用者之间充当媒介

信息自身特殊的属性阻碍了信息价格的形成，也阻碍了交易过程的完成。此时，投资银行可以代替传统价格机制，充当信息生产者和使用者之间的中介。投资银行的核心活动之一是证券发行，我们以证券发行为例，对投资银行的信息中介作用进行分析。

如图1-5所示，在一次证券发行中，发行人需要知道市场对自己公司证券的需求状况并确定合适的价格，它与投资银行签订承销协议，通过投资银行发行并向其支付发行费用，发行人希望由此获得较为合意的价格。对发行人证券的需求信息由市场中的信息生产者来提供。投资银行通过与这些信息生产者保持联系，建立了相应的"信息网络"。

在证券发行过程中，投资银行可以享有对发行人和信息生产者的排除权：对于发行人，投资银行可以拒绝为其发行证券；对于信息生产者，投资银行可以自己选择成员并组织自己的承销团，从而使信息生产者可以在一级市场购入发行人的证券。因此投资银行通过排除权在一定程度上保证了信息的质量。

然而，单靠投资银行的信息网络往往并不足以吸收投资银行定价发行的全部新证券，因此投资银行需要建立另一个网络，即流动性网络，这个流动性网络的主要成员是投资银行通过其双边信誉而维系的众多大型投资者，这些大型投资者对所发行的证券有经常性的购买需求，他们通过持续的业务与投资银行形成了较为密切的合作关系。当然这些大型投资者有时也是信息生产者，两个网络会有所重合。大部分大型投资者并不参与信息生产，而只是通过双边信誉建立对投资银行定价的信任。投资银行对提供流动性支持的流动性网络成员也提供一定程度的补偿，并保证以公平价格向他们出售证券。

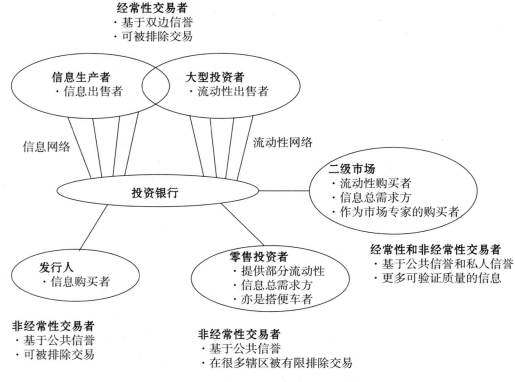

图1-5 投资银行与信息市场结构

在这两个网络中,投资银行通过其声誉维持其网络地位,并在核心商业活动中起到至关重要的作用,同时,投资银行通过对当事人的选择排除权来为网络成员提供有效的成本效益激励。

当然,投资银行本身也会通过研究部门直接参与信息生产,这将增加投资银行的成本,但同时也增加了投资银行与其他信息生产者谈判时的讨价还价能力。

投资银行会从两个维度来对流动性进行投资。第一,一些投资银行维持着非常庞大并且协调良好的零售投资者网络,这些零售投资者可以更加灵活地自由进出信息市场,也可以进行零星交易,从而提供部分流动性。对投资银行而言,来自零售投资者的总需求信息同样也是具有价值的,因为当这种网络规模足够大并且能够得到良好协调时,它们可以在与机构的流动性网络谈判中提供一个另外的选择。第二,投资银行同时还连接了二级市场,二级市场的存在使得一级市场的投资者能够保持退出的流动性,投资银行也可以利用二级市场的信息来掌握市场情绪,从而有利于提供有效的定价。一个稳定的、有深度的二级市场对于一级市场的发行是一种重要的支持。

3. 投资银行以其自身信誉降低信息不对称

由于信息产品易于分享,且分享成本几乎为零,这样就会产生搭便车现象,信息生产者必须能够保证生产信息并获利才会从事信息生产。在生产信息方面,商业银行的信息是自用的,也就是说商业银行生产信息是为了找到好的客户,然后予以贷款,好的信息获得好的回报,从而形成信息生产的激励机制。商业银行开发的这类信息是私用的,其他金融机构难以搭便车,因此商业银行的信息生产障碍相对较小。

投资银行作为信息生产商，其信息分为自用和他用两种：自用信息的激励机制与商业银行相似；他用信息的激励机制来自对客户的信息销售，投资银行自身并不依靠其信息而去大量买入相关资产。作为一家金融中介，自营只是投资银行的部分业务且风险较大，所以更为重要的是销售他用信息，包括证券发行、并购顾问、行业研究和资产管理等业务。对于他用信息，投资银行必须建立起客户对其信息质量的信任，客户必须相信投资银行所开发信息的质量并愿意为此信息付费。因此，在他用信息的生产方面，其难度和需要突破的障碍都要大于自用信息。那么，投资银行是否能够成为他用信息的生产者呢？

如前所述，在证券发行业务这一盈利模式中，投资银行最大的资源来自对信息网络和流动性网络的掌控，其收益也取决于对这两个网络的管理和利用。在这样的条件下，投资银行如果不能履约，将会对网络中的各方造成损害，当这些信息网络和流动性网络的参与者不再相信投资银行时，它们会选择离开网络，寻找新的投资银行。很明显，它们的离开会对这家投资银行的业务能力造成伤害，因而投资银行会尽力维持其信誉，以此保留乃至扩大这些网络参与者的规模。

如果投资银行想要维持其信息网络，那么就必须维持在信息支付上的信誉。这种支付可以通过两种方式完成。第一种方式是投资银行可以折价发行新证券，这样新证券的购买者就可以通过其价格相关信息获利；第二种方式是投资银行可以在量的方面将证券更多地分配给效率最高的信息生产者。

投资银行与其信息网络合约关系的信誉基础得到了广泛的研究支持，比如 Baron & Holmstrom（1980）、Baron（1982）、Loughran & Ritter（2004）等。另外，双方也有着非合约关系的信誉联系，比如 Nanda & Yun（1997）证明了潜在证券发行人较为关注投资银行在市场定价方面的声誉。

老牌的大型投资银行往往拥有更广泛的网络，而大规模的网络可以使交易定价更加精确，并降低单位信息成本。好的投资银行可以拥有信息生产中的巨大信誉规模经济。研究发现，证券发行人和主承销商签约时购买的是投资银行的网络，而不是投资银行的分析能力。Carter，Dark & Singh（1998）指出，从发行后多年的表现来看，最有威望的投资银行的承销发行质量也最高。

投资银行的声誉价值也体现在并购方面。根据 Bao & Edmans（2011）[1]对1980年1月—2007年12月共15 344起并购案的研究，在宣布并购交易时，不同投资银行的四分位距回报差（即第三四分位数和第一四分位数的差距）是1.26%，这种回报的差额持续存在并且可以由过去的交易预测，由此解释了为什么客户在并购交易中对投资银行的选择具有一定持续性。

---

[1] Bao, J., Edmans, A. Do Investment Banks Matter for M&A Returns? [J]. *The Review of Financial Studies,* 2011(24,7): 2286–2315.

1.2 投资银行业务的基本种类

1.2.1 发行与承销

证券发行与承销业务，又称一级市场业务，是投资银行最本源、最基础的业务活动，是投资银行为公司或政府融资的主要手段之一。该业务一般由投资银行设立的投资银行部门或公司融资部实施。

投资银行发行和承销的证券范围很广，按发行品种的大类可以划分为股票的发行和承销以及债券（包括资产证券化产品）的发行和承销。股票的发行可以分为首次公开募股（Initial Public Offerings，IPO）和再融资。IPO 是一家股份有限公司第一次对公众发售股票，IPO 过程中投资银行需要完成的工作量较大，相应的收费水平要高一些。再融资一般指公司上市以后进一步在资本市场中以股权或类股权方式进行融资，包括配股、增发、发行可转债等。债券属于固定收益证券，其发行过程相对于股票的发行要简单一些，收费也略低，但是债券融资相比股票融资更为经常，发行总量也大，融资额更多。在我国，股票的发行只可以由证券公司承销，而债券的发行既可以由证券公司承销，也可以由商业银行承销，其中商业银行的承销量要大于证券公司。

按照面向投资者的范围不同，证券发行与承销可分为两种。一种是公募发行（Public Placement），主要指面向社会公众投资者（即非特定投资人）发行证券的行为。其中股票的公募发行包括拟上市公司的首次公开募股和上市公司再融资所进行的公开增发和面向老股东的配股发行。最常见的公募发行主要是股票、公司债券、政府债券、公司可转债等证券品种。另一种是私募发行（Private Placement），主要是通过非公众渠道，直接向特定的机构投资者与合格的个人投资者发行的行为，主要发行对象包括各类共同基金、保险公司、各类养老金、社保基金、投资公司等机构投资者和合格的个人投资者。私募发行不受公募发行的规章限制，除了能节约发行时间和发行成本外，还能够比在公开市场上交易相同结构的证券给投资银行和投资者带来更高的收益率。但是私募发行也有流动性差、发行面窄、难以公开上市、难以扩大企业知名度等缺点。

投资银行在承销过程中一般按照承销金额及风险大小选择承销方式，通常有三种。第一种为包销，具体包括全额包销和余额包销两种，是指证券投资银行主承销商和它的承销团成员同意按照协议的价格全部购入发行的证券（全额包销）或者在承销期结束时将售后剩余证券全部自行购入的承销方式（余额包销），投资银行之后再把这些证券卖给他们的客户。包销中发行人不承担风险，风险转嫁到了投资银行身上。第二种为代销，即投资银行只接受发行者的委托，代理其销售证券，如在规定的期限计划内发行的证券没有全部销售出去，则将剩余部分返回证券发行者，发行风险由发行者自己负担。采用这种发行方式的证券一般是信用等级较低、承销风险较大的证券。第三种为投资承销，是指投资银行通过参加投标承购证券，再将其销售给投资者。采用这种发行方式的证券通常都是信用等级较高、颇受投资者欢迎的证券。

1.2.2 参与并购重组

随着资本市场存量的规模越来越大，企业的并购重组业务得到长足发展，因为并购重组是对资本市场已有存量的调整，是资源的重新配置过程，与此同时，并购重组有关的各项财务顾问业务越来越繁荣，为并购重组提供的会计、法律等服务也越来越完善，并购重组的财务顾问业务渐渐成为投资银行的核心业务和主要收入来源之一。

投资银行可以多种形式参与企业并购活动，如寻找并购对象、向猎手公司和猎物公司提供有关买卖价格或者价格条款的咨询、帮助猎手公司制订并购计划或帮助猎物公司针对恶意收购制订反收购计划、帮助安排过桥贷款等。此外，投资银行还可以采用杠杆收购、公司改组和资产结构重组等方式参与企业并购过程。

就我国目前情况而言，参与企业并购重组的投行部门主要有证券公司的投资银行部和商业银行的投资银行部，这两类机构的具体参与方式因监管的不同而有所区别。

证券公司在企业并购重组中主要以财务顾问的角色参与。并购重组财务顾问的服务内容包括但不限于方案设计、项目推荐、标的筛选、协助尽调、协助实施、估值定价、过桥融资、政策沟通、中介安排等。

根据《上市公司并购重组财务顾问业务管理办法》（证监会令〔2008〕第54号）的界定，"从事上市公司并购重组财务顾问业务必须经中国证监会核准具有上市公司并购重组财务顾问业务资格，具体机构包括证券公司、证券投资咨询机构或者其他符合条件的财务顾问机构。未经中国证监会核准，任何单位和个人不得从事上市公司并购重组财务顾问业务"。同时，《上市公司收购管理办法》（2014年修订）第九条也规定："收购人进行上市公司的收购，应当聘请在中国注册的具有从事财务顾问业务资格的专业机构担任财务顾问。收购人未按照本办法规定聘请财务顾问的，不得收购上市公司。"《上市公司并购重组财务顾问业务管理办法》第十八条还具体规定了涉及公开发行股票的中介资质要求："上市公司并购重组活动涉及公开发行股票的，应当按照有关规定聘请具有保荐资格的证券公司从事相关业务。"这些规定成为证券公司为主的机构作为财务顾问参与上市公司并购重组活动的法律依据。并购重组财务顾问业务也是证券公司投资银行业务的重要组成部分。

商业银行在企业并购重组中的主要业务为从事并购重组财务顾问以及提供并购融资。并购重组财务顾问业务是指商业银行利用其在信息、知识、人才、产品和渠道等方面的优势，独立或联合其他金融机构为企业提供企业改制、机构重组、兼并收购等方面的咨询服务。并购融资方面，商业银行可以直接提供并购贷款，也可以为并购企业发行并购票据等通过债券市场融资，另外，商业银行还可以通过参与并购基金来提供融资。在并购贷款方面，《中国银监会关于印发〈商业银行并购贷款风险管理指引〉的通知》（银监发〔2015〕5号）增补了银行业金融机构在支持优化产业结构、优化并购贷款投向、强化并购贷款风险防控体系建设等方面的要求。

在并购重组方面，证券公司和商业银行各具优势。证券公司的优势在股权端，它可以更深入地参与到结构安排、估值等，并出具必要的专业意见；商业银行的优势在于客户资源丰富、融资能力强。

1.3 企业融资方案设计

当企业在发展过程中遇到资金瓶颈问题时，可以通过经营现金流占用的内源性融资或外部融资来解决。但并非所有的企业外部融资都能获得成功，这跟企业实力以及发展前景有着莫大联系，同时也与企业融资方案的好坏分不开。企业进行融资，表面看起来比较简单，只是解决其资金缺口问题，但也正是由于这个原因，投资银行在企业融资需求方面参与进行方案设计和建议相对还比较少，投资银行一般都只是在重要的环节出现，比如IPO上市融资、上市公司的股权再融资、发行债券、并购融资等。作为投行人员，深入介入企业的融资需求分析、提供合理的融资方案，可以为企业提供更为优质的投行服务，与客户建立更长久的关系。

在企业融资方案的设计及优化中，资金结构分析是一项重要内容。资金结构指的是企业发展所需筹集资金中的股本资金、债务以及各种资金的来源与所占的比例。资金结构的合理性和优化由公平性、风险性、资金成本等多方面因素决定。

案例 1-1

在我国，有些企业往往债务融资不足，以贵州茅台（600519.SH）为例，2001年7月27日贵州茅台成功首发上市，发行股份7 150万股，募集资金22.4亿元，扣除国有股存量发行收入及本次发行费用后，实际筹集资金199 602.8万元。通过IPO，贵州茅台对外出让股份28.6%。从此之后贵州茅台未再作任何的股权再融资，未发行债券，也几乎没从银行贷过款，账面上现金大量积累。

自贵州茅台上市以来至2017年年底，已经累计税前分红574.66亿元，粗略估算让渡28.6%股权，而公司需付出的税前分红为164.35亿元（简单估算贵州茅台通过股息支付的资金成本为13.2%，即$19.96(x+1)^{17}=164.35$）。换个视角，更大的融资成本在于股权的让渡，按照2018年12月28日贵州茅台590.01元的收盘价计算，这部分股权的市场价值达2 119.41亿元。由此可见，贵州茅台上市融资的代价巨大，相对于债务融资而言，股权融资方案或许并不是一个好的融资方案。

回顾上市之前贵州茅台的财务状况（表1-3）。上市前一年2000年度公司实现利润44 603.13万元，净利润25 110.36万元，主营业务利润71 909.92万元，资产净利率为23.00%，净资产收益率为68.86%，应收账款周转次数为20.41次/年，存货周转次数为0.42次/年。对比1998年、1999年的模拟指标，公司的利润、净利润、主营业务利润呈持续稳定增长，且净资产收益率极高。

表 1-3 贵州茅台发行上市时的负债情况　合并资产负债表（负债及所有者权益）

负债及股东权益	2000年12月31日	1999年12月31日
流动负债：短期借款	129 000 000.00	117 100 000.00
应付账款	29 849 878.67	86 012 360.84
预收账款	385 340 199.56	86 012 360.84
应付福利费	6 706 990.10	890 294.04
应付股利	5 617 043.56	
应交税金	162 256 601.28	279 994 490.42
其他应交款	−827 815.94	−1 643 514.17
其他应付款	105 580 857.90	59 024 931.40
预提费用	8 163.87	36 647.61
一年内到期的长期负债		57 360 000.00
流动负债合计	823 531 919.00	629 695 102.09
长期负债：长期借款		
长期负债合计		
负债合计	823 531 919.00	629 695 102.09
少数股东权益	1 358 890.07	
股东权益：股本	185 000 000.00	185 000 000.00
资本公积	88 432 681.62	88 432 681.62
盈余公积	63 667 136.55	6 166 053.19
其中：公益金	21 222 378.85	2 055 351.06
未分配利润	106 865 617.66	5 763 120.42

从负债角度看，2000 年年底，贵州茅台的总资产为 126 886 万元，总负债为 82 353.19 万元，资产负债率为 64.90%，全部为流动负债，无已到期仍未偿还之债务。负债率看起来较高，但是如果仔细分析，真正构成有息负债的只有 1.29 亿元贷款，只占总资产的约 10%，大量负债来自对客户资金的占用（预收账款为 3.85 亿元）。

由此分析，贵州茅台完全可以依靠增加银行贷款来进行融资。按照贵州茅台募集资金使用计划，2001 年、2002 年、2003 年的所需投资总额分别为 104 771 万元、69 908 万元、19 032 万元。实际募集资金使用情况是：2001 年 57 244 万元、2002 年 57 026 万元、2003 年 85 925 万元，按照当时公司的负债能力其实完全可以通过增加长期负债来进行融资（即使是稀释最严重的上市次年，贵州茅台的加权平均净资产收益率也高达 13.86%，之后很快就上升到 20% 以上和 30% 以上，完全可以承担长期负债的成本），但是贵州茅台从未采用过任何长期负债进行融资，却采用了代价极高的股权融资。

反过来，也有好些企业因为过度负债而陷入了债务危机，比如 20 世纪 90 年代，史玉柱的巨人软件已经成为中国第二大民营高科技企业，但是由于史玉柱负债 12 亿元建造巨人大厦，资金

> 链断裂而拖累了巨人软件。而作为对比，京东（NASDAQ：JD）虽然连年亏损，但是依靠占用供货商货款和股权的外部融资，成功地维持了较低的债务融资。根据京东的年报数据分析，京东商城2015年、2016年和2017年占用供货商资金的账期（计算公式：应付账款及票据/营业总收入×365天）分别为60.03天、61.72天和74.85天。

1.3.1 企业融资需求分析

企业融资需求分析是设计企业融资方案的基础，好的融资方案必然是切合企业实际需求并配合现有各种融资手段而给出的最优解决方案。融资方案主要解决的问题包括融资来源、融资规模、融资方式、融资结构、融资成本和融资风险六个方面。具体来说，融资需求分析主要涉及企业基本情况分析、融资用途分析和财务状况分析这三个方面的内容，可以采用定性分析和定量分析两种手段。

1.3.1.1 企业基本情况分析

企业基本情况分析包括对企业的行业属性、资产属性和所有权等进行分析。

1. 行业属性

行业是所有从事相同性质的经济活动的单位的集合。区分行业属性主要是为了了解公司开展经营所处的行业环境以及同行业公司的情况。

国家统计局专门编制有行业代码。[①] 通过国家统计局发布的行业相关数据可以了解所分析公司的行业特征和景气度等，是对公司进行深度分析的基础。一些数据供应商也会提供相关的行业数据，比如Wind资讯中有"行业数据专题报表""行业中心"等。对于上市公司，还有更加丰富的数据支持，比如有证监会行业分类、Wind行业分类等，从中可以获取相关行业上市公司的数据进行对比分析。一些咨询公司或数据供应商还会提供一些付费的行业发展报告，可以根据实际需求选择购买。

对于相同行业的公司，我们可以观察该行业的增长情况、行业竞争程度、主要产品的毛利率、典型企业的资产负债率、存货周转率、应收账款周转率等指标，将被分析公司的相关指标与之对比，从而了解该公司在行业中所处的地位、竞争力和风险状况等。

2. 资产属性

所谓资产属性分析，主要是需要区分所分析公司是属于轻资产类公司还是重资产类公司。

重资产类公司主要集中在采矿、基础设施开发、房地产行业，以及一些资本密集型制造业，这类公司的特点在于融资需求量大、未来现金流主要由资产产生、资产抵押能力较好，重资产类公司的融资一般采用债务融资解决。

轻资产类公司主要集中在知识密集型制造业、服务业等，这类公司一般不需要太多的资产，支持公司发展的主要是人力资本以及一些通过研发形成的专利，融资的用途主

---

① 全称为"国民经济行业分类"，现行版本为GB/T 4754-2017。

要是研发、市场推广等。轻资产类公司的融资较为困难，因为其一般缺乏有排他性且可转移的抵押资产，所以以股权融资为宜，或者采用可转换公司债券、可转换优先股等方式。一方面，股权融资不需要抵押品，也不会对轻资产类公司形成偿债压力和破产威胁，还可以在成功时为股权投资方提供超额收益；另一方面，股权融资可以和人力资本形成良好的结合，形成对人力资本的激励，从而优化公司治理机制。

3. 所有权

所有权需要观察两个方面的情况，一是股权稀释的承受度，二是股东背景和支持力度。

股权稀释在股权融资过程中发生，因为股权融资会增大股本，所以会引起原有股东股权的稀释，严重的甚至会影响到公司的控制权。对于发展前景良好的公司，其股权融资的成本较高，公司控股股东往往希望公司采用尽可能少的稀释股权的融资方法，但是如果代之以债务融资，公司又有可能因为未来收入的不确定性而难以偿还债务，因此股权稀释的承受度是股权融资过程中融资方必须去权衡的事情，它决定了股权融资的上限。

股东背景和支持力度亦是公司在股权融资过程中需要认真考虑的。强大的股东背景对融资非常有利。股东背景包括了对股东实力、公司所有权性质、股东支持意愿等方面的考察。

- 实力强大的股东有较多的资源来帮助下属公司来提高经营业绩，在公司遇到财务困难的时候也会伸手施援。
- 公司所有权性质对融资有比较重要的影响。一般而言，国有性质的公司，在债务融资过程中往往会得到更多的资金和更优惠的条件，因为国资背景往往隐含了政府对该公司的支持，公司因而具有较强的信用评价。
- 股东支持意愿包括显性支持和隐性支持。显性支持一般表现为股东主动提供担保、出具宽慰函、签署销售协议等，隐性支持则较难把握。股东支持意愿较强的，可以直接安排债务融资，也可以考虑安排项目融资。而对于股东支持意愿不够强但是公司项目的现金流能力较强的，或者有特定的收益型资产的，可以安排结构化融资。

当然，在企业基本情况分析方面，还有很多的细节需要去关注，这些细节因事而异，需要投资银行依靠经验去做周密的分析。

1.3.1.2 企业融资用途分析

融资用途关系到还款来源，一般需要考察以下这几个方面。

资本性开支还是日常流动资金。资本性开支属于长期融资，需要了解企业的长期经营计划和财务规划，预测企业未来的收支和盈利情况，同时也要考虑到未来可能的突发事件并预先筹划安排对策。日常流动资金相对比较稳定，易于测算，流动资金周转快，风险较小，不过企业维持正常的流动资金是其经营的基本条件，一旦出现资金流转不畅，有时甚至会引起整个企业的崩溃。

偿还现有贷款还是用于经营发展。融资一般会用于企业的经营和发展，如果用于偿还现有贷款，则对于资金的回收可能会有潜在的风险。很多企业，尤其是上市公司，会通过股权融资来偿还公司的债务，从而降低资产负债率，但是股权资金是成本相对较高的资金，用成本较高的资金去替换成本较低的资金，也许意味着公司的债务经营能力和偿还能力值得怀疑。而如果公司以前的贷款利率较高，而目前市场利率下降，从而希望采用较低利率的负债替代之前的高利率负债，则是可以接受的经济动机。

境内还是境外使用。融资货币一般会要求与企业收益来源的货币币种一致，从而减少贷款方或投资方的汇率风险，如果出现不一致，那么需要考虑绕道境外融资的动机何在，境内融资市场对其融资是否有所限制。即使在融资动机成立的条件下也需要考虑相应的汇率风险防范预案，以避免未来的汇率风险。

是否属于并购融资。并购融资涉及的资金量大、还款期长，而且资金并不投入生产经营过程中，而是对其他公司的股权或资产进行收购，再加上并购融资往往涉及二级市场，会受到股价波动的影响，因此并购融资需要引起格外的关注，采用更为严格的审核程序。

1.3.1.3 企业财务状况分析

在进行融资需求分析时需要对企业的财务状况进行分析，财务分析是一个非常具体而复杂的过程，股权融资和债务融资对企业财务的分析要点有所侧重和差异，在此只是对一些要点做概要性的介绍。

进行融资需求分析时可以分析的财务指标非常多，在此仅选择企业的现金流量和偿还能力这两个方面进行分析，因为这两个方面基本代表了融资分析中最为重要的关注点。

图 1-6 展示了如何通过企业营运现金流量（Operating Cash Flow）的分析来最终确

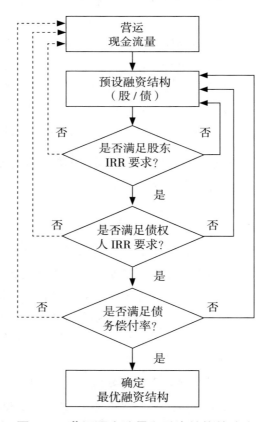

图 1-6 营运现金流量和融资结构的确定

定企业融资结构安排。债务和股权的比例安排，一方面由企业营运现金流量大小决定，另一方面也会影响到营运现金流量用于债务和股权支付的具体金额，从而影响到股东及债权人的内部收益率（Internal Rate of Return，IRR），以及各项债务偿付指标。最优融资结构（股和债的比例）就是在这样的不断调试中最终确定的，它需要满足股东的IRR、债权人的IRR以及债务偿付率等要求。

1. 基于现金流量表的分析

现金流量是指企业在一定时期内的现金和现金等价物的流入和流出的数量。用于现金流量分析的主要数据来自企业的现金流量表，在现金流量表中，现金流量分为三大类：经营活动现金流量、投资活动现金流量和筹资活动现金流量。现金流量表告诉我们企业的现金来自何方、去向哪里、现金余额发生了什么变化。

对于投融资而言，现金流量分析的重要性体现在两个方面：其一，对于一家企业而言，最终经营成果是需要用现金来体现的，虽然权责发生制可以从利润的视角来报告企业的经营结果，但最终还是需要通过现金来验证，相对于净利润而言，企业经营活动的现金流量更能反映企业真实的经营成果；其二，现金流是企业经营的生命线，是保证债务偿还、股东分配的基础，也是企业维持正常运转所必需的。

现金流量分析的主要指标有经营活动现金流量净额、投资活动产生现金流量净额、筹资活动产生现金流量净额以及这三个指标衍生出来的一些比率。经营活动现金流量净额是经营活动现金流入与经营活动现金流出的差额，可参考图1-7，这是企业经营的根本，也是债权人和股东获得回报的基础来源。与此相关的一些财务分析指标如下。

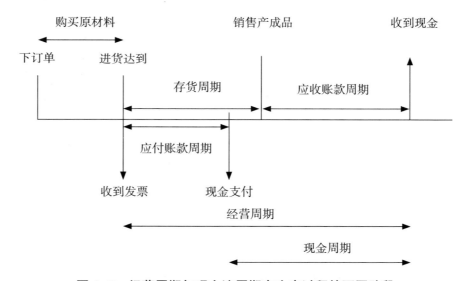

图1-7　经营周期与现金流周期在生产过程的不同阶段

（1）反映企业盈利能力的现金流指标

通过现金流量分析可以把经营活动产生的现金净额与净利润、资本支出进行比较，揭示企业保持现有经营水平、创造未来利润的能力，主要指标包括：

①销售现金比率

销售现金比率 = 经营活动现金流量净额 / 同期销售额，它反映每元销售额所能得到的现金回报。

②每股营业现金净额

每股营业现金净额＝经营活动现金流量净额/普通股股数，它反映的是企业对现金股利的最大限度的分派能力。

③全部资产现金回收率

全部资产现金回收率＝经营活动现金流量净额/全部资产，它表示的是企业资产在多大程度上能够产生现金，或者说，企业资产生产现金的能力有多大，它反映企业的资产属性，轻资产类企业这一比率都比较高。

④创造现金的能力

创造现金的能力＝经营活动现金流量净额/净资产，这一比率反映投资者投入资本创造现金的能力，比率越高，能力越强。

（2）反映企业静态偿付能力的现金流指标

通过现金流量分析可以揭示企业的现金偿付能力，因为债务必须通过企业的现金资源来偿还，所以现金流对于企业偿债具有决定性的意义，有些企业即使在账面上保持着较好的利润，但如果现金流较弱，那么也会遭遇偿付危机。反映企业偿付能力的现金流指标主要包括：

①现金流量与流动负债比

现金流量与流动负债比是年度经营活动产生的现金流量净额与当期流动债务值的比率，表明现金流量对流动债务偿还满足程度的指标。其计算公式为

$$现金流量与当期债务比 = 经营活动现金流量净额 / 流动负债 \times 100\%$$

该指标是债权人非常关心的指标，它反映企业偿还短期债务的能力，是衡量企业短期偿债能力的动态指标。其值越大，表明企业的短期偿债能力越好，反之则表示企业短期偿债能力较差。

②债务保障率

债务保障率是年度经营活动所产生的现金流量净额与全部债务总额的比率，表明企业现金流量对其全部债务偿还的满足程度。其计算公式为

$$债务保障率 = 经营活动现金流量净额 / (流动负债 + 长期负债) \times 100\%$$

债务保障率的数值也是越高越好，它同样也是债权人所关心的一种现金流量分析指标，反映了企业的长期偿债能力。

2. 基于 EBITDA 的分析

EBITDA（Earnings Before Interest, Taxes, Depreciation and Amortization）即利息、税、折旧、摊销之前的利润。息税前利润（Earnings Before Interest and Taxes，EBIT）与税后利润的最大区别是 EBIT 未扣除利息费用和所得税费用，这样用 EBIT 对同一行业的不同企业进行盈利比较，可以剔除不同公司的所得税率或资本结构的差异，从而更客观地评估企业的资产运营能力。更进一步，扣除折旧（Depreciation）和摊销费用（Amortization），得出 EBITDA。因为折旧本身是对过去资本支出的间接度量，将折旧从利润计算中剔除后，

能更直观地看到对于未来资本支出的估计；而摊销中包含的是以前会计期间取得无形资产时支付的成本，而并非投资人更关注的当期现金支出。20世纪80年代中期，杠杆收购的私募并购基金使用该指标对被收购对象的还款能力进行评估。现在EBITDA经常被用于评估企业的还款能力，同时也被作为企业经营业绩的考察指标之一。

因为不同国家的会计准则不同，所以中美两国EBITDA的计算公式有所不同。EBITDA指标源自美国，美国的计算公式较为简单，由会计报表可以直接获得：EBITDA=销售收入－销售成本－SG&A[①]。在我国，因为没有SG&A这一项，所以需要经过调整，具体公式是EBITDA=净利润+偿付利息所支付的现金+所得税+固定资产折旧+无形资产摊销+长期待摊费用摊销。

EBITDA这个指标的实质是揭示企业每年（或者每个会计期）的经营成果，但是这个经营成果比我们一般所用的税前利润、净利润都要大，因为EBITDA除了包含利润和税以外，还包含了利息、折旧和摊销。这个指标的特点在于揭示了企业经营成果中可以用于偿付对外债务的现金能力，因为利润可以偿债；利息原本就是偿债的一部分；税收在利息之后支付（如果利息增大，所得税会抵消到零）；折旧和摊销在权责发生制下要作为成本扣减，但实际并不发生现金流出。

EBITDA可以用作一个估值指标。EV/EBITDA估值法又称企业价值倍数。[②] EV/EBITDA估值方法一般适用于资本密集、准垄断或者具有巨额商誉的收购型公司，这样的公司往往因为大量折旧摊销而压低了账面利润；EV/EBITDA还适用于净利润亏损但毛利、营业利益并不亏损的公司。

EBITDA指标将折旧和摊销计算在内，是对企业经营成果和偿付能力较为宽裕的估算，因为企业持续经营条件下，设备更新、无形资产购置都是必需的，在长期条件下，这些开支都应该考虑进去。EBITDA指标"寅吃卯粮"的特点在使用的时候，应该有所注意，以避免对企业过度乐观。

与EBITDA指标相关的一些财务指标包括：

① EBITDA利润率（EBITDA margin）

$$\text{EBITDA利润率} = \text{EBITDA}/\text{营业收入} \times 100\%$$

EBITDA利润率是从EBITDA角度对企业盈利能力进行衡量的指标，如果该指标较高，就说明企业从营业收入中获取现金的能力较强，反之则比较弱。

② EBITDA与带息债务之比

$$\text{EBITDA与带息债务之比} = \text{EBITDA}/\text{带息债务} \times 100\%$$

EBITDA与带息债务之比衡量的是企业的债务压力，但是在以下两个方面与传统的资产负债率不同：第一，该指标考察的是带息负债，而不包括企业经营过程中与其客户通过应付账款等形成的贸易融资，因为那些融资或者称为占用资金是不需要支付利息的，

---

① Selling，General & Administration Cost，销售费用、综合及行政管理费用。
② 企业价值（EV）=市值+（总负债-总现金）=市值+净负债。

资产负债率则是考察了所有的负债；第二，该指标是从盈利角度去衡量债务压力，假定偿付的基础来自企业的盈利，而资产负债率是从资产的角度进行衡量，假定负债的偿付基础是企业的资产。一般而言，该指标应该大于企业债务的利息率，否则偿付风险会比较大。

③利息覆盖率（或称 EBITDA 利息覆盖率，Interest Coverage Ratio）

$$利息覆盖率 = EBITDA / 利息费用 \times 100\%$$

利息覆盖率指标衡量的是企业偿付债务利息的能力，如果该指标较高，则偿付能力充裕，反之，则较为紧张，一般至少应保持在 1 以上，警戒值为 1.5。当然需要注意的是，该指标未考虑企业未来可能发生的资本开支，如果存在资本开支，则偿债的现金资源将会减少。例如，若某家公司的 EBITDA 为 8000 万元，它的利息费用为 2000 万元，则 EBITDA 利息覆盖率为 4，那么这家公司目前应该有足够的利润来支付利息费用，而且存在继续扩大负债的能力。

与此相似的一个财务指标是利息保障倍数，它是企业生产经营所获得的息税前利润（EBIT）与利息费用的比率（即企业息税前利润 / 利息费用）。EBIT 指标与 EBITDA 的差别在于后者加入了折旧和摊销。为了考察企业偿付利息能力的稳定性，一般应计算 5 年或 5 年以上的利息保障倍数。保守起见，应选择 5 年中最低的利息保障倍数值作为基本的利息偿付能力指标。

1.3.2　企业融资需求预测方法

融资需求预测是指企业根据生产经营的需求，对其未来所需资金的估计和推测。企业筹集资金，首先要对融资需求进行预测，即对企业未来组织生产经营活动的融资需求进行估计、分析和判断，它是企业制订融资计划的基础。

1.3.2.1　融资需求预测的步骤

1. 销售预测

销售预测是企业财务预测的起点，可以根据未来销售去倒推可用于未来投资的经营现金流，根据资产的使用效率去倒推外部融资的需求。一方面，企业进行融资的目的在于融资所带来的企业经营规模扩大和销售额增长，另一方面，未来融资的偿付必须依靠销售额增长所带来的现金流的增量。从技术上说，企业的很多财务指标也往往是与销售额成一定比例的，比如销售费用、应收账款等，对销售额完成预测之后，其他财务指标才有进行预测的基础。

具体执行销售预测时，可以与企业的管理人员进行商讨，研究未来若干年销售额的增长趋势，给出一个合理的百分比预测，比如预测融资后第 1、2 年销售额保持 5% 的增长，3—5 年保持 20% 的增长，6—10 年保持 10% 增长，10 年以后零增长。

2. 估计需要的资产

企业的资产通常是销售额的函数，根据历史数据可以分析出该函数关系。根据预计销售额以及资产与销售额之间的函数关系,就可以预测所需资产的总量。某些流动负债也是销售额的函数,相应地也可以预测负债的自发增长率,这种增长可以减少企业外部融资的金额。

3. 估计各项费用和留存收益

销售额和费用之间也存在一定的函数关系,因此可以根据销售额来估计费用水平,从而确定净利润。再由净利润和股利支付率测算出留存收益,从而估计出留存收益所能提供的内源融资金额。

4. 估计所需要的追加融资需求,确定外部融资数额

根据预计资产总量,减去已有的资金来源、负债的自发增长和内部提供的留存收益,可以得出应追加的融资需求,以此为基础可以进一步计算确定所需的外部融资数额。

以上融资需求预测的四个步骤可以与企业管理人员共同商讨决定,同时应该基于企业原有的财务报表,根据预测的假设,对报表进行外延式推演,测算未来的现金流状况以及偿付融资的能力。

1.3.2.2 融资需求预测的方法

企业融资需求的预测方法主要有定性预测法和定量预测法两种。

1. 定性预测法

定性预测法是根据调查研究所掌握的情况和数据资料,凭借预测人员的知识和经验,对融资需求所作的判断。这种方法一般不能提供有关事件确切的定量概念,而主要是定性地估计某一事件的发展趋势、优劣程度和发生的概率。

定性预测是否正确完全取决于预测者的知识和经验。在进行定性预测时,虽然要汇总各方面人士的意见以综合地说明财务问题,但也需将定性的财务资料进行量化,这并不改变这种方法的性质。定性预测主要是根据经济理论和实际情况进行理性地、逻辑地分析和论证,以定量方法作为辅助,一般在缺乏完整、准确的历史资料时采用。

(1)专家意见法

专家意见法或专家函询调查,是依据系统的程序,采用专家匿名发表意见的方式,即专家之间不发生横向联系,只能与调查人员发生关系,通过填写问卷、归集问卷意见来得到对相关问题的认识。在进行销售额预测时,其主要是通过向财务管理专家进行调查,利用专家的经验和知识,对过去发生的财务活动、财务关系和有关资料进行分析综合,从财务方面对未来经济的发展作出判断。

预测一般分两步进行:首先,由熟悉企业经营情况和财务情况的专家,根据其经验对未来情况进行分析判断,提出融资需求的初步意见;其次,通过各种形式(如信函调查、面对面沟通等),在与一些同类企业的情况进行对比的基础上,对预测的初步意见加以修订,最终得出的预测结果。

在进行融资方案设计时,投行人员会遇到对未来一些重要的宏观经济变量的预测,比如对未来通货膨胀、利率水平、汇率水平的预测等,这方面也可以听取专家独立意见。

(2)市场调查法

市场调查的主要内容是对各种与财务活动有关的市场主体、市场客体和市场要素进行调查。市场调查以统计抽样原理为基础,包括简单随机抽样、分层抽样、分群抽样、规律性抽样和非随机抽样等技术,主要采用询问法、观测法和实验法等,以使定性预测准确、及时。

(3) 交互影响预测方法

专家意见法和市场调查法所获得的资料只能说明某一事件的现状和发展的趋势,而不能说明有关事件之间的相互关系。交互影响预测方法,也称交叉概率法,是通过分析各个事件由于相互作用和联系引起概率发生变化的情况,研究各个事件在未来发生可能性的一种预测方法,是研究一系列事件 $D_i(D_1, D_2, \cdots, D_n)$ 及其概率 $P_i(P_1, P_2, \cdots, P_n)$ 之间相互关系的方法。其具体步骤是:①确定其他事件对某一事件的影响关系;②通过专家调查评定影响程度;③计算变化概率 P'_n 并得出分析结果;④用 P'_n 代替 P_n 进行风险决策。

2. 定量预测法

定量预测法是指以融资需求与有关因素的关系为依据,在掌握大量历史资料的基础上选用一定的数学方法加以计算,并将计算结果作为预测的一种方法。定量预测方法很多,如趋势分析法、相关分析法、线性规划法等,下面主要介绍销售百分比法、资金习性法和因素分析法这三种预测方法。

(1) 销售百分比法

销售百分比法是一种在分析报告年度资产负债表有关项目与销售额关系的基础上,根据市场调查和销售预测取得的资料,确定资产、负债和所有者权益等有关项目占销售额的百分比,然后依据计划期销售额及假定不变的百分比关系预测计划期融资需求的一种方法。销售百分比法的一般步骤如下。

第一步,计算预计资产负债表的资金差额,即分别计算销售额增长所需要的资产量和销售额增长引起的流动负债增加,由此计算得到资产增量和负债增量,两者相减,得到资金缺口。需要注意的是,计算资产增量和负债增量时,要考虑资产或负债对销售收入的敏感程度,根据资产或负债对销售收入的敏感性,可以将资产分为敏感性资产和非敏感性资产,敏感性资产项目主要有现金、应收账款、存货等,非敏感性资产项目有长期资产;同样地,负债也可以分为敏感性负债和非敏感性负债,敏感性负债项目主要有应付账款、应付费用等,非敏感性负债项目有长期负债。

第二步,预计利润表,即预计销售额增长所引起的利润变化,从而计算留存收益的增长,由此得到企业因销售额增长而得到的内源融资金额。

第三步,估计外部筹资量,将资金缺口减去内源融资量,就得到需要外部筹集的资金量。

以上步骤用公式可以表述为:

$$外部融资需求 = 预计总资产 - 预计总负债 - 预计所有者权益$$

更为具体地:

$$外部融资需求 = 增加的资产 - 增加的自发负债 - 增加的留存收益$$

其中：

增加的资产＝增量收入 × 基期敏感性资产占基期销售额的百分比 ＋ 非敏感性资产的调整数，或者 ＝ 基期敏性感资产 × 预计销售收入增长率 ＋ 非敏感性资产的调整数；

增加的自发负债＝增量收入 × 基期敏感性负债占基期销售额的百分比，或者 ＝ 基期敏感性负债 × 预计销售收入增长率；

增加的留存收益 ＝ 预计销售收入 × 销售净利率 × 利润留存率

示例 1-1

A 公司 2018 年 12 月 31 日的资产负债表如表 1-4 所示。

表 1-4　A 公司的资产负债表

资产		负债和所有者权益	
现金	4 000	应付账款	26 000
应收账款	56 000	应付费用	10 000
存货	60 000	短期借款	24 000
长期资产	80 000	公司债券	40 000
		实收资本	60 000
		留存收益	40 000
资产合计	200 000	负债和所有者权益	200 000

已知：A 公司 2018 年销售收入为 20 亿元，销售净利率为 10%，2018 年分配的股利为 1 亿元，如果预计 2019 年的销售收入增长率是 20%，假定销售净利率不变，公司采用的是固定股利支付率政策，并假设公司短期借款对销售收入不敏感。试预测 A 公司 2019 年需从外部追加的资金。

解：

根据题中所给出的条件，我们可以根据 A 公司资产和负债对销售收入的敏感性分析得到如表 1-5 所示的关系：

表 1-5　A 公司资产和负债对销售收入的敏感性

资产	占销售收入百分比	负债与所有者权益	占销售收入百分比
现金	2%	应付账款	13%
应收账款	28%	应付费用	5%
存货	30%	短期借款	不敏感
长期资产	不敏感	公司债券	不敏感
		实收资本	不敏感
		留存收益	不敏感
合计	60%	合计	18%

> 2019年的销售收入计划增量为 200 000×20%=40 000（万元）
>
> 2019年的预计利润是（200 000+40 000）×10%=24 000（万元）
>
> 2018年公司的股利支付率是 10 000/20 000=50%
>
> 那么，融资需求 = 资产增加 − 负债自然增加 − 留存收益增加 =60%×40 000−18%×40 000−24 000×(1−50%) =4 800（万元）
>
> 因此，A公司2019年需从外部追加的资金为4 800万元。

（2）资金习性法

所谓资金习性，是指资金占用量与产品产销量之间的依存关系。可以根据资金与产品产销量之间相对稳定的关系来预测企业的资金需求。

按照资金习性，可将占用资金区分为不变资金、变动资金和半变动资金。不变资金是指在一定的产销规模内不随产量（或销量）变动的资金，主要包括为维持经营活动展开而占用的最低数额的现金、原材料的保险储备、必要的成品储备和厂房、机器设备等固定资产占用的资金。变动资金是指随产销量变动而同比例变动的资金，一般包括在最低储备以外的现金、存货、应收账款等所占用的资金。半变动资金是指虽受产销量变动的影响，但不成同比例变动的资金，如一些辅助材料上占用的资金等，半变动资金可采用一定的方法划分为不变资金和变动资金两部分。

对资金习性进行分析后，可以将其划分为变动资金和不变资金两部分；然后根据资金与产销量之间的数量关系来建立数学模型，再根据历史资料预测资金需求量。比如我们可以用线性方法来做简单的预测，认为资金需求量是产销量的一元一次函数，即

$$y=a+bx$$

其中 y 代表资金需求量；a 代表不变资金；b 代表单位产销量所需要的变动资金额；x 代表产销量。

示例1-2

例如，某电视机企业2014—2018年的产销量和资金需求量如表1-6所示。预计2019年产销量为800万台。试预测其2019年需要的资金总量。

表1-6 某电视机企业的产销量与资金需求量

年份	产销量（百万台）	资金需求量（亿元）
2014	6	60
2015	6.5	63
2016	5.6	58

（续表）

年份	产销量（百万台）	资金需求量（亿元）
2017	7.1	70
2018	7.5	75
2019	8	?

根据表 1-6，建立一元一次方程 $y=ax+b$，其中 x 为产销量，y 为资金需求量，得到 $a=9.02$，$b=6.20$。①

因此该预测方程为 $y=9.02x+6.20$，代入 $x=8$，得到 $y=78.36$（亿元），即 2019 年的资金需求量预计是 78.36 亿元（图 1-8）。

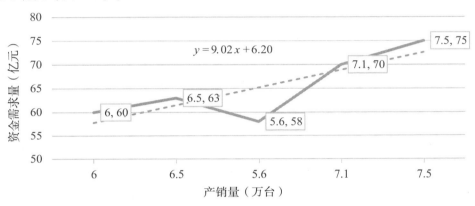

图 1-8　某电视机企业资金需求量预测

（3）因素分析法

因素分析法又称分析调整法，是以有关项目基期年度的平均资金需求量为基础，根据预测年度的生产经营任务和资金周转加速的要求，进行分析调整，来预测资金需求量的一种方法。基本公式为

资金需求量 =（上年资金平均占用量 − 不合理平均占用额）×
（1± 预测年度销售增减率）×（1∓预测年度资金周转速度变动率）

公式中（上年资金平均占用量 − 不合理平均占用额）代表上一年去除不合理占用资金后的公司实际资金需求；（1± 预测年度销售增减率）代表因为销售收入增长（减少）而引起的资金需求量的增加（减少）；（1∓预测年度资金周转速度变动率）代表因为资金周转加快（减慢）而引起的资金需求量的减少（增加）。

例：某企业上年度资金实际平均占用量为 5 000 万元，其中不合理部分为 10%，预计本年度销售增长 10%，资金周转速度加快 3%，则预测年度资金需求量为

---

① 斜率 a 和截距 b 的求解可以借助 EXCEL 中的 LINEST 函数来进行计算。

$$(5\,000 - 500) \times (1 + 10\%) \times (1 - 3\%) = 4\,801.5 \text{（万元）}$$

因素分析法比较简单，容易计算和掌握，但预测结果不太准确。

1.3.3 企业融资方式选择

1.3.3.1 资本结构的确定

企业需要融资来满足运营维持和经营扩张的需要，而筹集资本的主要来源有债务和权益。由于在筹集资本的过程中不可避免地会发生成本，所以合理地安排好债务和权益在资本结构中所占的比重对企业来说至关重要。所谓最优资本结构，是指企业在一定时期内，使综合资本成本最低、企业价值最大时的资本结构，通常它是企业追求的目标，又称目标资本结构。

1. 影响资本结构的因素

资金成本考虑。一般而言，债务资金的成本要低于股权成本，而且在便捷性上也优于股权，所以在企业现金流强度允许的条件下，应该尽可能安排债务资金，节约股权资本。在经济大环境处于上升时期或发生通货膨胀的情况下，则更应增加债务资本的比重，这样可降低综合资本成本，获得财务杠杆利益，使权益资本收益率提高。

企业结构的特点。不同行业的经营特点决定了不同的资本结构。比如，工业企业由于进行生产需要厂房、设备等大量固定资产，根据长期资产应由长期资本来源进行筹资的原则，工业企业应保持较高的权益资本比率，以股权或长期债务来对应固定资产筹集，以短期债务来对应流动资金需求；商业周转类企业则可以维持较高的资产负债率，并尽量采用贸易融资的方法降低融资成本；如果企业属于人力资本密集型企业，则应尽量增加权益融资。

企业财务状况和风险程度。当企业财务状况好、获利能力强时，可适当调高债务资本比率，因为在这种情况下，企业有能力承担风险，也易于吸纳债务资本。而对于经营风险大的企业，为增强企业竞争实力，应保持较高的权益资本比率，避免出现财务风险。

企业所处生命周期。如果企业处于初创期，往往风险较高、资金需求量不大，但期待能带来资金之外的帮扶，此时多采用吸引风险投资类股权资本的方法，共担风险、共享收益。在生长期和成熟期，企业经营风险相对下降，并且在盈利模式确定之后的扩张复制过程中，企业资金需求量相应成比例增大，因而一般采用可以被债权人所接纳（预期风险相对稳定且较小）的债务融资。

股东对控股权的要求。由于企业实际上由控制权所有者控制，所以企业的行为实际上是以最大化控股股东的利益为目标的，这里控股股东的利益包括其作为一般股东的现金流价值以及控制权利益价值两部分。对于股东对控股权要求较高的企业，可以尽量采用债务融资的方式。比如可以建议企业发行永续债，这样既可以解决企业长期资金融资的问题，又不会引起股权稀释。在债务融资困难的时候也可以考虑采用可转换债券等缓释的方式来进行股权融资。

所有者和管理人员的偏好。对于敢冒风险、善于运用风险时机扩大经营从而获取风险收益的经营者及投资者来说，企业应保持较高的债务资本比率。而对于追求相对稳定收益的经营者和投资者来说，企业则应保持相对较低的债务资本比率，避免债务扩张引起的偿付风险。

运用税务筹划。债务融资的利息在税前支付，因此可以起到税盾作用，达到负债融资的财务杠杆效应，因此应尽量增加债务融资，增加企业效益。对于购置成本金额较大的设备融资，可以尽量利用政府对固定资产更新的优惠政策，享受投资抵扣和加速折旧等税收政策。

2. 确定最佳资本结构的方法

（1）比较资金成本法

这种方法较为简单，在筹资决策前，事先确定贷款、债券、股权等各项融资的资金成本，然后根据资金成本的高低确定资本结构。具体为初始资本结构决策和追加资本结构决策。

初始资本结构决策相对简单，只需根据企业长短期的资金需求，大致确定若干债务/股权的融资组合方案，然后计算各个方案的加权平均资金成本，选择成本较低的方案即可。

追加资本结构决策相对复杂一些，需要考虑追加资本引起的资金成本的变化。在综合考虑初始资本成本和追加资本成本后，选择成本最低的方案。

（2）比较每股收益法

评价资本结构是否合理，分析每股收益的变化也是重要的方法之一。能提高每股收益的资本结构是合理的，反之则不够合理。每股收益分析是利用每股收益（Earning Per Share，EPS）的无差别点进行的，所谓每股收益的无差别点，是指每股收益不受筹资方式影响的销售水平。

根据每股收益的无差别点可以分析判断在什么样的销售水平下适于采用何种资本结构。当销售额大于每股收益无差别点时，运用负债筹资可获得较高的每股收益；当前者低于后者时，运用权益筹资可获得较高的每股收益。

示例 1–3

某公司原有融资 5 000 万元，其中债务部分为 2 000 万元，年利率 8%，权益资本为 3 000 万元（普通股 100 万股，每股价格 30 元）。该公司所得税税率 25%。由于公司需要扩大业务，拟追加筹资 2 000 万元，有两个方案可供选择：方案 A 全部发行普通股，增发 40 万股，每股面值 50 元；方案 B 发行债券，债券年利率预计为 9%。请运用每股收益无差别点分析法帮助企业进行筹资决策。

解：设每股收益无差别点为 EBIT，则 $\text{EPS} = \dfrac{(\text{EBIT}-I)\times(1-T)-D}{N}$，其中 I 为每年需支付的债务利息，T 是所得税率，D 为优先股股息（本例中为 0），N 为普通股股数。

方案 A 下股东的每股收益为：
$EPS_A = (EBIT - 2\,000 \times 8\%) \times (1 - 25\%) / (100 + 40)$
方案 B 下股东的每股收益为：
$EPS_B = (EBIT - 2\,000 \times 8\% - 2\,000 \times 9\%) \times (1 - 25\%) / 100$
由 $EPS_A = EPS_B$，得到 EBIT=790 万元。
结论：当预期息税前利润为 790 万元时，权益筹资和债务筹资方式均可；
当预期息税前利润大于 790 万元时，选择债务筹资方式；
当预期息税前利润小于 790 万元时，选择权益筹资方式。

在图 1-9 中，根据 $EPS = \dfrac{(EBIT - I) \times (1 - T) - D}{N}$ 可知：债务融资的斜率较高，权益融资的斜率较低，因为债务融资下，I 较高且 N 较低，所以斜率较大。债务融资和权益融资两条线相交于 P 点，P 点即为每股收益无差别点。

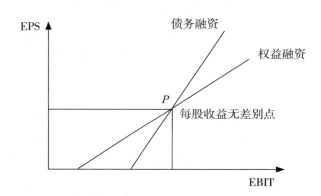

图 1-9　利用每股收益无差别点分析法进行筹资决策

1.3.3.2　股权融资的要点

股权融资奠定了企业所有权的基础，所以在融入资金这个结果以外，股权还带有很多与公司控制及公司治理有关的内容。在企业融资方案设计中，股权融资的一些关注要点可以简述如下。

1. 股权稀释与控制权问题

企业进行股权融资支付的对价是企业让渡部分的所有权，因此股权融资的成本实际上是在支付公司未来的价值。一个企业在其发展壮大的过程中会不断遇到融资问题，如果过度依赖股权融资，创始人的股份会被极大地稀释，甚至失去控制权。因此，企业一方面要善于利用各种融资手段，另一方面也要在进行股权融资时采取一定的方法减少股权稀释、防范控制权失控。

在股权融资过程中防范股权稀释和控制权失控的主要方法有两种，即融资工具选择和控制权设计。在融资工具选择方面，股权融资带来了永久性的资本，但是发行人也可以选择采用优先股和永续债的方式来获得长期融资，这些融资不会影响到公司的股权结构。当然，为了保护出资人的利益，可以在这些工具上再添加可赎回、可转换等条款，或者配合普通股的认购权出售。在控制权设计方面，主要可以采用双层股权结构（在我国公司法背景下目前还不能使用）、董事会席位的提名权、交错选举董事条款和董事任职资格要求等方式。

案例 1-2

腾讯控股（HKG：0700）2004 年在香港上市，当时马化腾的股份只有 14.43%，第一大股东南非 MIH 集团的持股比例为 37.5%。百度从创办到上市前一共进行过三轮融资，当百度上市时，美国基金的持股比例已经达到 25.8%，李彦宏个人持股 22.4%。2014 年阿里巴巴在美国上市时马云所占的股份为 7.80%，第一大股东为日本软银，持股 32.40%，第二大股东为雅虎，持股 16.30%。在不断进行股权融资的过程中，上述这三家公司的创始股东都由第一大股东退位，持有相对不多的股份。

不过，这三家公司的创始人都通过不同的制度安排保持了对各自公司的控制权。腾讯控股的第一大股东南非 MIH 对马化腾给予充分信任，一开始就放弃了所持股份的投票权，因此虽然马化腾持有腾讯的股份比例不高，但公司的具体经营管理主要还是由他和几位联合创始人来负责。

百度的李彦宏采用了双层股权安排，通过 A、B 股 1：10 的投票权安排，李彦宏和夫人马东敏两位创始人共持股 34% 的 B 类股，其投票权高达 68.17%，稳稳地掌握了公司控制权。

马云则通过阿里巴巴合伙人制度达到了控制董事会的目的，该制度规定合伙人提名的董事应占董事会人数一半以上，因任何原因导致董事会成员中由合伙人提名或任命的董事不足半数时，合伙人有权任命额外的董事以确保其半数以上的董事控制权，这样马云等创始人就通过合伙人制度控制了董事会一半以上的席位。

2. 股权的成本

股权作为资本性项目，虽然不需要偿还，但其成本是股权融资时所让渡的部分公司价值。公司价值，简单来说就是未来公司现金流的折现值，也是公司未来偿付各项债务之后的所有剩余价值。股权成本的衡量方法有很多，常用方法主要有以下三种，即股利折现法、CAPM 法和可比公司法。

（1）根据股利核算的普通股成本

根据固定股利增长模型（戈登模型），普通股的价值 $P=\dfrac{D_1}{k-g}$，其中 D_1 为融资后第一年的股利，k 为股权成本（股票预期收益率），g 为预期公司未来的增长率或者是股利发放的增长率，那么倒推股权成本 k，可以得到以下公式：

$$k=\dfrac{D_1}{P(1-f)}+g$$

其中，新加入的 f 代表普通股融资中发生的费用率。这样我们就得到了根据股利核算的普通股融资成本。

例：某公司普通股每股价格为 100 元，筹资费用率为 3%，上年年末发放股息每股 10 元，预计以后每年增长 5%，求普通股融资的成本率。

根据以上公式代入数据，得到：

$$10 \times 1.05 / [100(1-3\%)] + 5\% = 15.82\%$$

所以根据股利核算的普通股成本约为 15.82%。

（2）根据 CAPM 衡量的普通股成本

对于在证券市场中流动性较好的股票而言，可以利用市场数据来估算股权融资成本。

根据 CAPM 模型，一只股票的期望收益率为 $R_i = R_f + \beta(R_m - R_f)$，其中，$R_i$ 为股票的期望收益率，R_f 为无风险收益率，β 为贝塔系数，R_m 为市场收益率，即该股票要求的回报率为无风险收益率加上由市场带来的风险溢价。我们可以假设股权融资成本即为该股票的期望收益率。

例：某上市公司的贝塔系数是 1.2，市场无风险收益率为 2.5%，股票市场长期收益率为 12%，那么如果该公司如果采用普通股融资，其成本率大约是多少？

根据 $R_i = R_f + \beta(R_m - R_f)$ 代入各项数据，得到：

$$R_i = 2.5\% + 1.2 \times (12\% - 2.5\%) = 13.9\%$$

所以该公司普通股融资的成本大致为 13.9%。

在计算过程中一般可以利用长期国债（比如五年期或十年期国债）的收益率作为无风险收益率，使用股票市场较为长期的复利收益率数据作为市场收益率，贝塔数据可以通过 Wind 等一些数据库获得。

使用该公式估算时需要注意的是，市场有效性是一个重要的前提，偏离有效市场越远，算得数据的可信度就越差。

（3）根据可比公司法确定的普通股成本

可比公司法是比较便捷的一种确定普通股融资成本的方法，可以根据同类型公司来大致估算本公司的股权价值，从而确定普通股的融资成本。其便利之处在于准备普通股融资的公司并不需要是上市公司，另外，在价格谈判时，选择良好的参照对象可以更有说服力，比较容易达成一致。

可供对比的指标包括市盈率、市净率、市销率等。通常的对比有两种方式：一个是和业务相似的已上市公司的数据相比较，寻找合适的市盈率、市净率、市销率、市现率等指标；另一个是与近期发生普通股融资的公司相比较，参照其融资成本。

对于盈利较为稳定、未来收益便于估算的公司，可以采用市盈率作为参照；对于重资产属性的公司，可以采用市净率作为参照；对于销售增长较快但尚未实现盈利的公司，可以采用市销率作为参照。

我们以市盈率为例说明可比公司法的使用方法。假定 A 公司是一家非上市公司，希望进行普通股融资，融资额为 3 000 万元，该公司现有股权 1 亿股，每股收益是 0.20 元，那么该公司股权融资时可以参考同类公司的市盈率。假定上市公司中同行业公司的市盈率为 25 倍，考虑到公司规模和股权流动性，该公司认为 15 倍的市盈率较为合适，如果按照 15 倍市盈率计算，该公司的股票价格为 3 元，需要发行 1000 万股，那么该公司普通股的静态资金成本是 0.2 元/股 ×1000 万股/3 000 万元 =6.67%。如果公司能够在未来保持 10% 的增长率，那么根据戈登公式 $P=\dfrac{D_1}{k-g}$，即 3=0.2×1.1/（k-0.1），计算得到普通股的融资成本 k 约为 17.33%。

3. 融资阶段

企业的发展一般分为四个阶段，种子期、发展期、扩张期以及稳定期。伊查克·爱迪思把企业成长过程分为孕育期、婴儿期、学步期、青春期、盛年期前期、盛年期后期、贵族期、官僚初期、官僚期以及死亡期共十个阶段（图 1-10），认为企业成长的每个阶段都可以通过灵活性和可控性两个指标来体现：当企业初建或年轻时，充满灵活性，作变革相对容易，但可控性较差，行为难以预测；当企业进入老化期时，企业对行为的控制力较强，但缺乏灵活性，直到最终走向死亡。企业在整个发展过程中的不同阶段对应不同的股权融资方式。

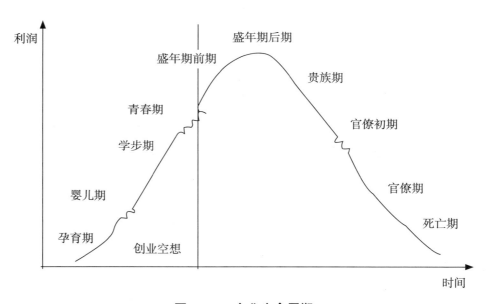

图 1-10　企业生命周期

资料来源：伊查克·爱迪思. 企业生命周期 [M]. 北京：华夏出版社，2004.

（1）种子期

在企业发展的种子期，对应的融资阶段是天使投资阶段。在这个阶段，企业处于启动期及初创期，往往只有一些商业创意或初始的专利，离成熟的市场化运作和获得回报还很遥远，企业失败的可能性很高。

天使投资实际上是风险投资的一种特殊形式，是对高风险、高收益的初创企业的第一笔投资，出资方一般是富裕的个人投资者或者是企业创始人的家人、朋友，也有一些基金会会介入到天使投资阶段。由于对企业的估值非常困难，投资人往往只占到 10%—

20%的股权，企业创始人保持控股权，而投资人会通过投资多个项目而分散投资风险。

（2）发展期

企业进行发展期后，技术风险大幅度下降，产品或服务进入开发阶段，并有数量有限的顾客试用，费用在增加，但几乎没有销售收入。至该阶段末期，企业完成产品定型，着手实施其市场开拓计划。

这一阶段企业资金需求量迅速上升，但由于创业企业很难靠自我积累和债务融资等方式解决这一阶段的资金需求，所以创业投资依然是其主要融资形式。

（3）扩张期

扩张期大致相当于我国划分的中试阶段后期和工业化阶段，企业开始出售产品和服务，但支出仍大于收入。在最初的试销阶段获得成功后，企业需要投资以提高生产和销售能力。在这一阶段，企业的生产、销售、服务已具备成功的把握，企业可能希望增强其研究发展的后劲，扩大生产线，组建自己的销售队伍，进一步开拓市场，或者拓展其生产能力或服务能力。在这一阶段，企业逐步形成规模经济，开始达到市场占有率目标，此时成功率已接近70%，企业开始考虑上市计划。

企业在这一阶段资金需求量更大。比较保守或规模较大的创业投资机构往往希望在这一阶段提供创业资本。在股本金增加的同时，企业还可争取各种形式的资金，包括私募资金、有担保的负债、无担保的可转换债，以及优先股等。

从发展期到扩张期是创业投资的主要介入阶段，在这个过程中可以根据公司的成熟度，细分为A轮、B轮、C轮投资和私募股权投资等。

A轮投资和B轮投资针对发展期的公司。A轮投资的特征是公司已经有了产品原型，可以拿到市场上面对用户了，但基本还没有收入或者收入很少，也谈不上盈利。B轮投资中公司相对成熟，有比较清晰的盈利模式，但是尚未实现盈利。到了C轮及以后，企业基本已经能够存活，投资人开始关注公司的盈利能力了。成熟风险投资公司的投资对象多为处于创业期的中小型企业，而且多为高新技术企业，投资期限至少在3—5年以上，投资方式一般为股权投资，通常占被投资企业30%左右的股权，不要求控股权，也不需要任何担保或抵押。股权投资协议中往往包含对赌条款。

（4）稳定期

在这一阶段，企业的销售收入高于支出，开始产生净利润，或者即使尚未产生净利润但是商业模式已经为投资者广泛接受，初期的投资者开始考虑撤出。对企业来讲，这一阶段筹集资金的最佳方法是通过上市发行股票。成功上市得到的资金一方面为企业发展增添了后劲，拓宽了运作的范围和规模，另一方面也为前期的天使投资和风险投资创造了退出的条件。

在这个阶段企业已经开始盈利，未来发展的风险明显减小，对企业进行估值的难度相对降低，同时未来IPO的可能性又提供了潜在的股权增值和流动性提升的空间。在这个阶段，股权估值明显提升，企业所需要的融资量也相对较大，一般情况下私募股权投资是这个阶段的投资主力。私募股权机构通过推动非上市企业价值增长、IPO、并购、管理层回购、股权置换等方式出售持股、套现退出。

1.3.3.3 债务融资的要点

债务融资的成本相对于股权融资要低,原因如下:一是在企业的各项资金来源中,债务资金的利息在企业所得税前支付;二是从风险收益的均衡角度看,债权人比投资者承担的风险相对较小,要求的报酬率相对较低。

根据 Jensen & Meckling(1976)的观点,在股东与经营者形成的委托代理关系中,经营者与股东因效用函数不完全一致而产生利益冲突,从而产生一定的代理成本。为解决企业经营者的代理人问题,就必须设立一套有效的激励约束机制来规范企业经营者的行为,债务融资契约就被认为是抑制经营者道德风险进而降低股权融资契约代理成本的一种有效方式。

1. 负债的"税盾"作用

"税盾"(Tax Shield)是指可以产生避免或减少企业税负作用的工具或方法。企业通过举债,可以在所得税前支付利息,因此达到减小应纳税所得、减少交税的效果。

例如:某企业某一年利润是100万元,假定所得税税率为25%,那么在没有负债时,该企业需要支付25万元的所得税,剩余的税后净利润是75万元。假定该企业决定负债1000万元,年利率为5%,那么50万元的利息费用在税前列支,因而因为支付利息费用而使税前利润总额由100万元降为50万元,这时企业只需要支付12.5万元的所得税,税后净利润实际是37.5万元,比75万元只减少了37.5万元,而不是50万元,其中增加的12.5万元净利润就是"税盾"作用的结果。

从另一个角度看,企业如果要向债权人和股东支付相同的回报,则依托股权经营需要生产更多的息税前利润,这就是所谓的"税盾"效应。还是刚才的例子,如果企业需要对债权人支付50万元的利息(即债权人要求50万元的回报),企业需要产生50万元的息税前利润,但是如果公司股东要求获得50万元的回报,则企业需要产生74.63万元(即50万元/(1-33%))息税前利润,因此"税盾"作用使得企业的债务融资比股权融资更为便宜。

当然,负债的"税盾"作用是有限的。一方面,增加负债毕竟会使部分收益流向债权人,从而减少股东的所得。假定一家企业未来的现金流收益总体是10亿元,所得税税率为25%,如果不引入债务融资,股东和政府将完全分配这10亿元,股东获得7.5亿元,政府获得2.5亿元;如果引入债务资金,假定运营期间需要偿付债权人5亿元利息,那么这10亿元将在债权人、股东和政府之间分配,债权人获得5亿元,政府获得1.25亿元,股东获得3.75亿元,股东的收益反而低了。在这个例子中,股东引入负债的好处在于节约了股本金,提高了股本收益率,但获得的投资回报总额却减少了。另一方面,要实现一定量的预期"税盾"数额,企业就需要较大规模的债务额,但如果过度增加债务资金,会增加企业的财务风险,使破产的可能性变大。

2. 财务杠杆作用

(1)财务杠杆系数

财务杠杆又叫筹资杠杆或融资杠杆,它是指由于固定债务利息和优先股股利的存在而导致普通股每股利润变动幅度大于息税前利润变动幅度的现象。所谓杠杆,就是浮动收益与固定成本的关系，由于企业的营业利润（息税前利润）的变动是浮动的，但是债务利息和优先股股利都是固定的，因此在去除这些固定的财务成本之后，留给普通股股东的收益（税后利润）受息税前利润变动影响的变动程度会更大。我们一般用财务杠杆系数（Degree of Financial Leverage，DFL）来衡量财务杠杆的程度，DFL=税后利润变动率/息税前利润变动率。

加大财务杠杆可以使公司在盈利的时候提高股权资本的回报率，但反过来，在公司盈利不佳的时候，会更快地降低股权资本的收益，甚至导致财务风险。因而，在设计企业的融资方案时，需要对企业的财务进行研判，寻找合适的财务杠杆系数。

财务杠杆系数的计算公式为：$DFL = \dfrac{EBIT}{EBIT - I}$

其中EBIT指息税前利润，I为企业包括利息、租赁费等在内的各项固定财务费用支出，一般以财务费用代替。

如果企业资本中含有优先股，那么财务杠杆系数的计算公式修正为

$$DFL = \dfrac{EBIT}{EBIT - I - PD/(1-T)}$$

其中PD为优先股股息，T为企业所得税税率。

（2）杜邦分析法

财务杠杆的作用也可以通过杜邦分析法显示出来。杜邦分析法最早由美国杜邦公司使用，它利用几种主要的财务比率之间的关系来综合分析企业的财务状况，尤其是用它们来评价公司盈利能力和股东权益回报之间的关系，其基本思想是将企业净资产收益率逐级分解为多项财务比率乘积。

企业的净资产收益率（Rate of Return on Equity，ROE）可以作以下分解：

净资产收益率 = 净利润/净资产 =（净利润/销售收入）×（销售收入/净资产）
= 销售净利率 ×（销售收入/总资产）×（总资产/净资产）
= 销售净利率 × 总资产周转率 × 权益乘数

其中权益乘数 = 总资产/净资产 = 总资产/（总资产 – 总负债）=1/（1-资产负债率），这个指标从资产负债的角度衡量了财务杠杆。

根据杜邦分析法，企业的经营业绩（用净资产收益率表示）受三类因素影响：

● 销售净利率，即净利润率/销售收入，该指标表明企业产品的盈利能力；
● 总资产周转率，即销售收入/总资产，该指标表明企业的营运能力；
● 财务杠杆，用权益乘数衡量，该指标表明企业的资本结构。

例如，假设某企业的净资产收益率为15%，其销售净利率为5%，总资产周转率为2，权益乘数为1.5，那么该企业如果要提高其收益率，可以采用三种方法：第一，提高销售净利率；第二，提高总资产周转率；第三，提高财务杠杆。具体采用哪种方式需要

根据企业的具体情况进行分析。

此处的财务杠杆用权益乘数来衡量,权益乘数体现了企业在财务上的融资能力,上例中企业的权益乘数为 1.5,意味着该企业用 1 个单位的净资产就能借到 1.5 个单位的资金,形成 2.5 个单位的资产。权益乘数越大,即资产负债率越高,说明公司的债务融资能力越强。当然,这个指标所衡量的债务资金包含了所有的负债,既有需要支付利息的债务,也有不需要支付利息的应付款项等,是相对宽泛的负债衡量指标。

3. 债务的成本

相对于股权融资,债务融资的成本要低,而且债务融资要求约定的本息回报,现金流求偿权优先于股权。良好的债务结构有利于提高股权资金的利用效率,降低企业综合融资成本,但同时也需要控制好债务总量,防止出现财务风险。

(1)债务成本的构成

具体到企业发债的过程中,债务成本主要由发行利率和等资费用组成,而发行利率可细分为市场基准利率和利差。

市场基准利率。国际上一般采用 Libor(London Interbank Offered Rate),即伦敦同业拆借利率,作为市场基准利率,它是基于银行在伦敦批发货币市场(或称银行同业拆借市场)向他行贷出无担保贷款所报利率的日常参考利率,是国际金融市场中大多数浮动利率的基础利率。作为银行从市场上筹集资金进行转贷的融资成本,贷款协议中议定的 Libor 通常是几家指定的参考银行在规定的时间(一般是伦敦时间上午 11:00)报价的平均利率。最经常使用的是 3 个月和 6 个月的 Libor。

国内的市场基准利率包括 Shibor 和 LPR。

Shibor(Shanghai Interbank Offered Rate)的全称是上海银行间同业拆放利率,它是由信用等级较高的 18 家银行自主报出的人民币同业拆放利率计算确定的算术平均利率,是单利、无担保、批发性利率。目前对社会公布的 Shibor 品种包括隔夜、1 周、2 周、1 个月、3 个月、6 个月、9 个月及 1 年。全国银行间同业拆借中心授权 Shibor 的报价计算和信息发布。每个交易日根据各报价行的报价,剔除最高、最低各 4 家报价,对其余报价进行算术平均计算后,得出每一期限品种的 Shibor,并于 11:00 对外发布。

LPR(Loan Prime Rate)的全称是贷款市场报价利率,这是金融机构对其最优质客户执行的贷款利率,其他贷款利率可根据借款人的信用情况,考虑抵押、期限、利率浮动方式和类型等要素,在贷款市场报价利率基础上加减点确定。LPR 由各报价行于每月 20 日(遇节假日顺延)9 时前,以 0.05 个百分点为步长,向全国银行间同业拆借中心提交报价,全国银行间同业拆借中心按去掉最高和最低报价后算术平均,向 0.05% 的整数倍就近取整计算得出 LPR,于当日 9 时 30 分公布,公众可在全国银行间同业拆借中心和中国人民银行网站查询。

与原有的 LPR 形成机制相比,新的 LPR 主要有以下几点变化:

一是报价方式改为按照公开市场操作利率加点形成。原有的 LPR 多参考贷款基准利率进行报价,市场化程度不高,未能及时反映市场利率变动情况。改革后各报价行在公开市场操作利率的基础上加点报价,市场化、灵活性特征将更加明显。其中,公开市场操作利率主要指中期借贷便利利率,中期借贷便利期限以 1 年期为主,反映了银行平均的边际资金成本，加点幅度则主要取决于各行自身资金成本、市场供求、风险溢价等因素。

二是在原有的1年期一个期限品种基础上，增加5年期以上的期限品种，为银行发放住房抵押贷款等长期贷款的利率定价提供参考，也便于未来存量长期浮动利率贷款合同定价基准向LPR转换的平稳过渡。

三是报价行范围代表性增强，在原有的10家全国性银行基础上增加城市商业银行、农村商业银行、外资银行和民营银行各2家，扩大到18家。新增加的报价行都是在同类型银行中贷款市场影响力较大、贷款定价能力较强、服务小微企业效果较好的中小银行，能够有效增强LPR的代表性。

四是报价频率由原来的每日报价改为每月报价一次。这样可以提高报价行的重视程度，有利于提升LPR的报价质量。2019年8月19日原机制下的LPR停报一天，8月20日将首次发布新的LPR。

利差（Spread）。利差是指借款人实际支付利率与市场基准利率之差，一般可以分解为信用利差、期限利差和流动性补偿。

信用利差（Credit Spread）是用以向债权人补偿其基础资产违约风险的、高于无风险利率的利差。在贷款中，信用利差是贷款利率与基准利率之差；在债券中，信用利差是债券收益率与无风险利率之差。就银行贷款而言，贷款利率在基准利率基础上上下浮动，由客户和银行协商决定。就债券而言，信用利差由市场决定，是市场中同类别债券的收益率与基准国债收益率之差，在债券发行时也可以参考同类债券最近发行时的信用利差水平。

期限利差（Term Spread）是指不同期限债务工具的利息差，一般长期债务工具的利率比短期债务工具的利率高，即维持正的期限利差，这是因为期限越长，债权人会要求更高的额外补偿。

流动性不同的债务工具其定价也会不同，这部分的差价被称为流动性补偿，流动性好的债务工具利差会低一些，流动性差的债务工具则需要更高的利差来为流动性风险作补偿。从这个角度看，贷款、私募债券和公募债券的流动性越来越强，其利差中的流动性利差部分则越来越低。

债务筹资费用。债务筹资费用是指在获得债务融资过程中所消耗的费用。在贷款方面，有时会有贷款承诺费、银团管理费、补偿余额等直接或间接的成本；在债券方面则有相关的发行费用。

（2）债务成本的估算

债务成本的估算一般是对较为长期的债务融资计划而言的。债务成本的估算可以分为税前债务成本的估算和税后债务成本的估算，税后债务成本只需要对税前债务成本进行所得税调整即可，即税后债务成本＝税前债务成本×（1−所得税税率），所以我们以下仅讨论税前债务成本。税前债务成本的估算可以有三种方法，即到期收益率法、风险调整法和财务比率法。[①]

---

① 为简便计算，在估算中暂不考虑相关的债务筹资费用。

到期收益率法。到期收益率法是指在市场中找到相似行业、相似期限和规模的公司债券，计算其到期收益率，即为本公司近似的税前债务成本。

根据债券估价公式 $P_0 = \sum_{t=1}^{n} \dfrac{I}{(1-r)^t} + \dfrac{F}{(1-r)^t}$，可用内插法求解计算 r，其中 P_0 为债券当前价格，I 为各期应偿付的利息，F 为债券本金，n 为债务的年限，r 为到期收益率。

风险调整法。如果找不到合适的可比公司，那么可以寻找期限相同的政府债券通过风险调整法来估算税前债务成本，此时该公司的债务成本即为同期限的政府债券的收益率加上企业的信用风险补偿之和，即

税前债务成本 = 政府债券的市场回报率 + 企业的信用风险补偿率

企业的信用风险补偿率可以参考相应的信用评级。首先，为公司估计合适的信用评级并寻找市场中交易的这类债券，计算其到期收益率，然后与对应期限的政府债券的收益率相减，得到企业的信用风险补偿率，最后，加上相同期限的政府债券利率，即为公司大致的税前债务成本。

财务比率法。债务成本估算的另一种方法是财务比率法，即根据目标公司的关键财务比率大体上去判断该公司的信用级别，有了信用级别就可以使用风险调整法确定其债务成本。该方法背后的逻辑在于信用评级往往是基于对关键财务指标的评价。可供对照的关键财务比率包括利息保障倍数、净现金流/总负债、资本回报率、经营利润/销售收入、长期负债/总资产、资产负债率等。

1.3.3.4 结构融资的要点

结构融资是近年来越来越常用的融资方式，是企业实现融资的一种重要工具，与传统的股权和债务融资工具相比，结构融资有其特殊的优势。

所谓结构融资（Structured Finance），是指通过构建特殊目的载体（Special Purpose Vehicle，SPV），将拥有未来现金流的特定资产从原有公司售卖给 SPV，从而实现剥离，同时依托该项资产的未来现金流进行融资。对结构融资中所谓"结构"的理解包括两个方面：一方面该项融资需要在公司主体之外搭建 SPV 这样的特殊结构来实现融资；另一方面结构融资实现了公司资产负债表结构的变化，即将公司资产负债表内的特定资产进行出售转换为现金，从而通过资产置换的方式获得融资，优化资产项目的结构，提高资金运营效率，但又不增加公司的负债。

结构融资一般通过资产证券化的方式进行。资产证券化是指以基础资产所产生的现金流为偿付支持，通过结构化等方式进行信用增级，在此基础上发行资产支持证券的业务活动。在资产证券化发行过程中，资产支持证券的发起人是证券化资产的原始所有权人，发起人将该项资产出售给特殊目的载体获得现金，特殊目的载体再依托该项资产对投资者发行证券化产品。

1. 结构融资对企业的助力

从资产方融资，不提高企业资产负债率。传统的融资方式主要通过增加企业负债（债务融资）和增加企业权益（股权融资）来实现，这两种方式反映的都是资产负债表右侧

的活动。结构融资往往进行的是资产负债表左侧的活动，是一种资产信用的融资方式，通过构建一个严谨的交易结构来实现。①

多数的结构融资采用了表外融资的处理方法，通过将基础资产出售转移到资产负债表外来达到改善资产负债表结构的目的。例如对很多行业来说，当其资产负债率达到某一水平后，有关法规对企业融资就会有一定限制。而利用结构融资的方法，公司可以调整资产负债表左侧的结构，将某些资产出售剥离，实现融资，在不改变资产负债率的条件下降低风险资产总额，改善资产流动性。

突破传统融资方式在信用条件方面的限制。传统的股权融资或债务融资都是以企业整体信用为基础进行的融资，股票融资要以现有的全部权益为基础与投资者分享未来的收益；债务融资要以企业的整体信用为基础决定融资成本，企业必须在流动性、负债率和盈利水平等方面满足较高的信用条件才能获得融资。

从微观角度看，企业不加区别地依托整体资产信用进行融资是一种资源浪费，而结构融资针对企业的特定基础资产、项目或其他权益，只要具有稳定的、可预测的现金流，就可以对投资者发行证券化产品，实现结构融资。因此，优质的资产能够脱离发行人自身的信用，以优质资产获得优质资金。对于那些整体信用不足，并且资产负债率较高的企业而言，如果存在优质资产，则可以通过结构融资融得企业所需资金，确保经营的顺利进行。

突破企业融资规模的限制。由于结构融资是从资产方进行融资，因此融资规模不受企业自身净资产规模的限制。而一般情况下，公开市场债券融资受证券法所要求的"累计债券余额不超过公司净资产40%"的限制，银行贷款也会根据企业的资产规模来限定企业的融资规模。

突破企业在资金用途上的限制。在真实出售的结构融资中，发起人获得的资金来自资产出售，所以在符合相关法律法规及国家产业政策要求的情况下，可由企业自主安排募集资金用途。

一定条件下可降低融资成本。在企业整体财务条件不佳但有良好的可证券化资产的条件下，企业可以获得优于整体信用融资的融资条件，从而降低融资成本。一般而言，由于基础资产的支持作用，资产证券化优先级产品的债项评级可在主体评级基础上提升半个子级或更多，从而有效降低企业的融资成本。

利用结构融资可以通过真实出售减少风险资产。结构融资涉及标的资产的真实出售，通过真实出售，风险出表，购买证券化产品的投资人在发生风险时不能追偿发起人。发起人对投资人的支持方式一般是在交易结构中购买劣后层证券，从而为之前的各层资金作担保，但是持有劣后进行的担保是有限的，以所持劣后金额为限。只要发起人不对整个融资进行担保，则发起人在整个交易中将承担有限追索责任，可以有效隔离被出售资产引发的风险。

---

① 对于收益权类的资产证券化，由于收益权代表的是一种未来才能确定的债权，尚未形成亦不是资产负债表中的资产，因而发起人只能比照债务融资进行会计处理，从而难以实现发起人的资产出表。

2. 如何判断企业是否可以采用结构融资

（1）适合资产证券化的基础资产

"如果你有一个稳定的现金流，就将它证券化"。大致而言，只要资产能够在未来产生稳定的现金流，就可以作为基础资产来进行证券化融资。

一般而言，企业适合进行证券化的资产从大的方面可以分为债权资产、收益权资产和不动产资产三种类型。其中债权资产主要包括租赁债权、保理债权、小额贷款、贸易应收账款、信托受益权、委托贷款、公积金贷款、两融债权、股票质押债权、购房尾款等；收益权资产主要包括市政收费权、航空客票、电影票款、索道收费、物业管理费、学费收入等；不动产资产主要包括商业地产、保障房等。

对于通过资产支持专项计划进行资产证券化融资的企业，中国证券投资基金业协会于2015年2月制定了《资产证券化业务基础资产负面清单指引》，理论上不在负面清单中的基础资产均可以进行资产证券化。基金业协会至少每半年对负面清单进行一次评估，并在基金业协会网站及时公开发布负面清单。该项《指引》可以作为某项资产是否适合作为基础资产的一个判断标准。

（2）了解企业的业务模式

对于企业资产证券化来说，发起人的业务经营是基础资产的根基，不同的业务模式从根本上决定了基础资产所产生现金流的回收模式、稳定性、可预测性、风险因素和违约救济方式。了解企业业务模式对于策划结构融资至关重要。

比如分析租赁应收款资产证券化产品首先要了解租赁公司的业务模式，租赁公司是通过租赁的方式为企业融资，同时获取租赁费收益，因此需要了解租赁市场的发展状况以及该租赁公司的业务发展状况，这些基本面资料可以了解到应收租赁费是否会成为持续稳定的基础资产来源；另还需要了解租赁公司客户的信用状态以及租赁公司的信用管理能力，从而确定租赁债权的安全性；其他需要了解的是租赁公司的其他融资渠道以及相关成本。

企业的行业特性决定了企业所面对的竞争环境。类似于供热、供水、供气、供电等具有自然垄断性质的行业，其现金流的稳定性相对较好，适合采用资产证券化融资。而一般商贸企业形成的应收款项则往往风险较大，回款较为不确定、现金流稳定性差。

（3）基础资产的质量要求

基础资产的法律标准。基础资产的法律标准体现为合法性和确定性。基础资产的合法性即是指发起人取得、持有、处分、运营基础资产合法且享有正当权益。基础资产的合法性是信托有效设立的首要条件。基础资产的确定性是指作为信托财产的基础资产权属清晰、边界明确，不存在与他人共有、代他人持有或与他人存在权属争议的因素。

基础资产的经济标准。基础资产在经济方面的要求体现为现金流标准，现金流标准包括：持续性、预期稳定、可预测且具有一定的规模。

- 持续性：基础资产/资产组合的运营及因运营而产生的现金流在证券产品有效期内具有可持续性，不存在影响到其可持续运营的因素，如即将到期的收费权、特许权到期等。

- 预期稳定：能在证券产品有效期内产生可预见的稳定的现金流的资产。从历史角度来看，该基础资产已经经历过一定时间的运营考验，有良好的运营效果和信用记录（如低违约率、低损失率等）；从发展角度来看，该基础资产不存在可预测的会影响到其收益稳定性的风险因素。
- 可预测：基础资产具有相对稳定的现金流历史记录，可以基于统计学规定预测未来资产现金流及风险，并基于此作出信用评级和产品定价。
- 一定的规模：基础资产产生的现金流具有一定的规模，方可摊薄证券化时较高的初始发行成本与后续的维护成本，进行证券化发行才具有经济性。

本章小结

投资银行业务基本可以分为两个层面：第一个层面是较为广义的，是指投资银行所从事的各项业务；第二个层面是较为狭义的，指更为具体的投资银行业务，包括融资和并购两个方面。本教材专注于第二个层面。投资银行是直接融资的金融中介，商业银行是间接融资的金融中介，这两种金融模式有着重要的区别。

金融功能观是解释投资银行资源配置功能的核心理论。金融体系可以分为市场主导型的金融系统和中介主导型的金融系统。金融功能观认为投资银行的功能可分为三个层次，即基础功能、拓展功能和核心功能。

投资银行在信息处理方面的作用可以归结为三点：作为信息生产商，去搜集、加工和销售信息并由此获利；在信息市场的生产者和使用者之间充当媒介；投资银行以其自身信誉降低信息不对称。投资银行业务的基本种类包括发行承销和并购重组。投资银行和商业银行参与这两种业务的方式各有特色。

企业融资方案设计是投资银行为企业提供的一项基本服务，合理的融资方案是提供优质的投行服务以及建立客户长久关系的基础。

本章重要术语

投资银行　投资银行业务　直接融资　间接融资　金融功能观　市场主导型的金融模式　中介主导型的金融模式　投资银行的三重功能　非正式产权　现金流量　EBITDA　股权成本　债务成本　"税盾"　财务杠杆和财务杠杆系数　结构融资

思考练习题

1. 投资银行业务有广义和狭义两个层面的理解，这两个层面所指的投资银行业务分别有哪些？
2. 说明投资银行和商业银行作为金融中介的作用有何不同。
3. 从金融功能观的角度看，投资银行的功能可分为哪三个层次？这三个层次的相互关系如何？

4. 投资银行的基础功能和拓展功能分别对应投资银行的哪些业务？

5. 投资银行在信息处理方面的作用体现在哪三个方面？

6. 按照面向投资者的范围不同，证券发行与承销可分为哪两种？分别有哪些具体特点？

7. 根据投资银行在承销过程中承担风险的特征来划分，发行和承销一般有哪些方式？

8. 证券公司和商业银行在我国参与企业的并购重组时，各自的特点有何不同？

9. 根据企业的资产属性不同，轻资产企业和重资产企业在融资方式选择时会有怎样的区分？其内在逻辑是什么？

10. 在对企业进行融资用途分析时，一般会考察哪些方面的问题？

11. 如何通过企业的营运现金流分析来确定企业的最优融资结构？最优融资结构需要满足哪几个方面的要求？

12. EBITDA 这个指标的特点是什么？利息保障倍数与利息覆盖率相比有何不同？

13. 对比销售百分比法、资金习性法和因素分析法这三种定量预测方法。

14. 影响资本结构的因素主要有哪些？

15. 如何理解"税盾"作用使得企业的债务融资比股权融资更为便宜？

16. 财务杠杆系数是如何计算的？杜邦分析法又是通过什么方式来体现财务杠杆作用的？

17. 税前债务成本的估算一般有哪些方法？

18. 结构融资对企业有什么好处？如何用好结构融资？

参考文献

[1] Baron D. P., Holmström B. The Investment Banking Contract for New Issues under Asymmetric Information: Delegation and the Incentive Problem [J]. *The Journal of Finance*, 1980(35,5): 1115—1138.

[2] Baron D. P. A Model of the Demand for Investment Banking Advising and Distribution Services for New Issues [J]. *The Journal of Finance*, 1982(37,4): 955—976.

[3] Bao J., Edmans A. Do Investment Banks Matter for M&A Returns? [J]. *The Review of Financial Studies*, 2011(24,7): 2286—2315.

[4] Barclay M. J., Smith Jr. C. W. The Priority Structure of Corporate Liabilities [J]. *The Journal of Finance*, 1995(50,3): 899—917.

[5] Barclay M. J., Morellec E., Smith Jr. C. W. On the Debt Capacity of Growth Options[R]. University of Rochester, 2001.

[6] Berglöf E., Von Thadden E. L. Short-term versus Long-term Interests: Capital Structure with Multiple Investors [J]. *The Quarterly Journal of Economics*, 1994(109,4): 1055—1084.

[7] Carter R. B., Dark F. H., Singh A. K. Underwriter Reputation, Initial Returns, and the Long-run Performance of IPO Stocks [J]. *The Journal of Finance*, 1998(53,1): 285—311.

[8] Dewatripont M., Tirole J. A Theory of Debt and Equity: Diversity of Securities and Manager-Shareholder Congruence [J]. *The Quarterly Journal of Economics*, 1994(109,4): 1027—1054.

[9] Fluck Z. Optimal Financial Contracting: Debt versus Outside Equity [J]. *The Review of Financial Studies*, 1998(11,2): 383—418.

[10] Grossman S. J., Hart O. D. The Costs and Benefits of Ownership: A Theory of Vertical and Lateral Integration [J]. Journal of

Political Economy, 1986(94,4): 691—719.

[11] Loughran T., Ritter J. Why Has IPO Underpricing Changed over Time? [J]. *Financial Management*, 2004: 5—37.

[12] Jensen M. C., Meckling W. H. Theory of the Firm: Managerial Behavior, Agency Costs and Ownership Structure [J]. *Journal of Financial Economics*, 1976(3,4): 305—360.

[13] Nanda V., Yun Y. Reputation and Financial Intermediation: An Empirical Investigation of the Impact of IPO Mispricing on Underwriter Market Value [J]. *Journal of Financial Intermediation*, 1997(6,1): 39—63.

[14] Nenova T. The Value of Corporate Voting Rights and Control: A Cross-country Analysis [J]. *Journal of Financial Economics*, 2003(68,3): 325—351.

[15] Santos J. C. Debt and Equity as Optimal Contracts [J]. *Journal of Corporate Finance*, 1997(3,4): 355—366.

[16] Smart S. B., Zutter C. J. Control as a Motivation for Inderpricing: A Comparison of Dual and Single-class IPOs [J]. *Journal of Financial Economics*, 2003(69,1): 85—110.

[17] Williamson O. E. The Economic Institutions of Capitalism [M]. Simon and Schuster, 1985.

[18] 阿兰·莫里森,小威廉·维尔勒姆.投资银行:制度、政治和法律[M].北京:中信出版社,2011.

[19] 富兰克林·艾伦,道格拉斯·盖尔.比较金融系统[M].北京:中国人民大学出版社,2002.

[20] 葛永波,张萌萌.企业融资偏好解析——基于农业上市公司的实证数据[J].华东经济管理,2008(22,6):42—48.

[21] 何佳,夏晖.有控制权利益的企业融资工具选择——可转换债券融资的理论思考[J].经济研究,2005(4).

[22] 姜毅,刘淑莲.基于Probit模型的上市公司融资优序的再检验[J].经济与管理,2011(25,9):70—74.

[23] 金德环.投资银行学(第二版)[M].上海:格致出版社,2015.

[24] 李文华,陈海洋.制度变迁与券商投行业务创新发展路径探析[J].西南金融,2015(11).

[25] 李迅雷,李明亮.中国投资银行功能及其业务发展方向[J].上海金融,2014(3).

[26] 理查德·L.史密斯,珍妮特·奇霍姆·史密斯.创业金融[M].北京:机械工业出版社,2011.

[27] 刘星,魏锋,詹宇,等.我国上市公司融资顺序的实证研究[J].会计研究,2004(6):66—72.

[28] 马晓军.投资银行学:理论与案例(第二版)[M].北京:机械工业出版社,2014.

[29] 王苏生,邓运盛.创业金融学[M].北京:清华大学出版社,2006.

[30] 夏红芳.投资银行学(第二版)[M].杭州:浙江大学出版社,2015.

[31] 谢多.银行间市场综合知识读本[M].北京:中国金融出版社,2014.

[32] 杨兴全,郑军.基于代理成本的企业债务融资契约安排研究[J].会计研究,2004(7).

[33] 张维迎.所有制、治理结构与委托——代理关系[J].经济研究,1996(9):583—632.

[34] 中国银行间市场交易商协会[EB/OL].http://www.nafmii.org/.

[35] 中国证券业协会[EB/OL].http://www.sac.net.cn/.

[36] 中国注册会计师协会.财务成本管理[M].北京:中国财政经济出版社,2017.

第 2 章
现代融资理论综述

马晓军（南开大学金融学院）

> **本章知识与技能目标**
>
> ◎ 了解债务融资和股权融资的基本特点、种类以及基本条款。
> ◎ 对各融资方式的优劣形成整体认知。
> ◎ 熟悉两种融资方式的实践操作和流程。
> ◎ 了解融资财务理论及思想。

> **引导案例**
>
> A 公司是家电领域的一家著名品牌公司，在深圳证券交易所上市。该公司的主要产品已经达到市场份额的 40% 左右，近两年来都保持着 1 000 多亿元的营业收入，账面亦常年维持着六七百亿元的货币资金，且每年的财务费用均为负，由负的财务费用公司每年可以获得 10 亿元以上的收益。该公司最近两年的资产规模分别为 1 500 亿元、1 600 亿元，其中的银行借款一般维持在 100 亿元以下。
>
> A 公司的股权结构比较分散，第一大股东持股 19%，前十大股东持股 40% 左右。目前该公司计划通过收购一家新能源汽车公司而进入新能源汽车领域，对目标公司的收购定价为 130 亿元，公司计划全部采用非公开发行股份的方式来完成收购。
>
> 请问该公司为什么不采用债务融资的方式完成收购？采用发行股票的融资方式完成收购会对公司有哪些影响？利弊如何？

本章将概要性地从理论方面剖析现代融资背后的一些规律性因素，对各种融资工具的特性进行理论分析，希望由此提高投行从业人员的理论素养，具体介绍债务融资理论和股权融资理论。

债务融资理论方面，首先介绍债务融资的基本特点，包括债的权利特性、现金流特性、财务特点、贷款和债券的区别；其次介绍债务融资的种类，着重介绍了我国市场中常见的债券种类；再次介绍债务契约的基本条款，包括到期条款、面值、票面利率、偿还条款、转换权与交换权、回售权、嵌入式期权；最后介绍债务融资的相关财务理论，具体包括MM定理、权衡理论、优序融资理论以及CSV框架下的现金流配置理论。

股权融资理论方面，同样首先介绍股权融资的基本特点，包括股权本身的特点和股权融资的优缺点；其次介绍股权融资的具体种类，包括境内交易所市场融资、场外市场融资、私募股权融资和境外上市融资；再次具体介绍股权融资的一些核心条款，包括交易结构条款、先决条件条款、承诺与保证条款、公司治理条款、反稀释条款、估值调整条款、出售权条款、清算优先权条款等；最后介绍股权融资的相关财务理论，包括股权融资的效率理论、公司治理和投资者保护理论。

2.1 债务融资的特点与种类

债务融资是一种使用广泛的融资方式，和股权融资恰好在融资模式方面构成了两个典型状态。债权和股权都代表了对融资方资产的或有索取权，但是它们表现的特征恰好对立。

图 2-1 显示了债权人的风险-收益状态，图 2-2 则显示了股东的风险-收益状态。对于债权人，他所处的境况是一个看跌期权的卖方（Short Put），他的收益是有限的，即事先和债务人约定的本息回报 F；当债务人的企业价值（X）低于 F 时，债权人可以得到整个企业的价值。用公式来表示的话，债权人的所得为 $\text{Min}(F, X)$，即债权人的收益是有限的，而风险最大时则会损失所有的本金和利息。图中债权人的所得由线段 OP 和射线 PM 构成。

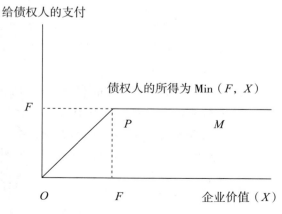

图 2-1 债务融资的风险-收益状态（债权人视角）

普通股股东的风险-收益状态如图2-2所示。对于普通股股东，他所处的境况是一个看涨期权的买方（Long Call），他的风险是有限的，收益则可无穷大。由于有限责任制度的存在，普通股股东的最大损失以其投入资金为限，所以最大的损失是其投入资本金全部损失。当企业价值低于F时，企业价值均属于债权人，只有当企业价值大于F时，股东才获得剩余价值（$X-F$）。如果企业价值不断上升，那么股东的收益就是没有上限的。用公式来表示的话，股东的所得为 Max($X-F$, 0)，图中股东的所得由线段 OG 和射线 GN 构成。

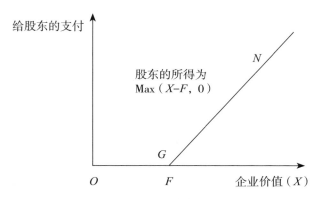

图 2-2　股权融资的风险-收益状态（股东视角）

企业为投资者创造的价值 X 由债权人和股东共同分配。如果企业价值小于 F，即图 2-3 中企业价值低于 H 点，则债权人得到 Min(F, X)=X，股东得到 Max($X-F$, 0)=0，两者的总和为 X。如果企业价值大于 F，即图 2-3 中企业价值高于 H 点，则债权人得到 Min(F, X)=F，股东得到 Max($X-F$, 0)=$X-F$，总和依然为 X。在企业价值的分配过程中，债权人优先于股东，获得固定的偿付，而股东劣后于债权人，但获得所有的剩余。

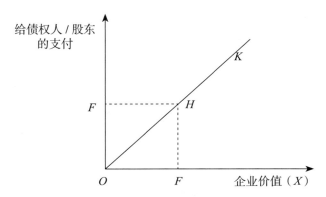

图 2-3　债务融资和股权融资的总支付

2.1.1 债务融资的基本特点

2.1.1.1 债的权利特性

债务融资获得的只是资金的使用权而不是所有权,负债资金的使用是有成本的,企业必须支付利息,并且债务到期时须归还本金。《民法总则》(2017)第一百一十八条规定:"债权是因合同、侵权行为、无因管理、不当得利以及法律的其他规定,权利人请求特定义务人为或者不为一定行为的权利。"债的基本法律特征包括如下几方面。

债反映财产流转关系。财产关系依其形成分为财产的归属利益关系和财产流转关系。前者为静态的财产关系,后者为动态的财产关系。物权关系、知识产权关系反映财产的归属和利用关系,其目的是保护财产的静态安全;而债的关系反映的是财产利益从一个主体转移给另一主体的财产流转关系,其目的是保护财产的动态安全。

债的主体双方都只能是特定的。债是特定当事人之间的民事法律关系,因此不论是债的权利主体还是债的义务主体都只能是特定的,也就是说,债权人只能向特定的债务人主张权利,而物权关系、知识产权关系以及继承权关系中只有权利主体是特定的,义务主体则是不特定的人,也就是说权利主体可向一切人主张权利。

债以债务人应为的特定行为为客体。作为债的关系的要素之一,债的客体,即债权债务指向的对象,是债务人应为的一定行为(作为或不作为),统称为给付。债的关系通常与一定的财物、智力成果或劳务相联系,但债的客体并非财物、智力成果或劳务,而是债务人应当履行的交付财物、转让智力成果或提供劳务等行为。换言之,债的客体是给付,而财物、智力成果、劳务等则是给付的对象或给付标的。此点也与物权关系、知识产权关系不同。物权以物为客体,知识产权则以知识产品为客体。

债须通过债务人的特定行为实现其目的。债是当事人实现其特定利益的法律手段,债的目的是一方从另一方取得某种财产利益,而这一目的的实现只能通过债务人的给付才能达到,没有债务人为债权人应为的特定行为也就不能实现债权人的权利。而物权关系、知识产权关系的权利人可以通过自己的行为实现其权利,达到其目的,而无须借助于义务人的行为来实现法律关系的目的。

债的发生具有任意性和多样性。债可因合法行为发生,也可因不法行为而发生。对于因合法行为设定的债权,法律并不特别规定其种类,也就是说,当事人可依法自行任意设定债。而物权关系、知识产权关系都只能依合法行为取得,原则上当事人不能任意自行设定法律上没有规定的物权、知识产权。

债具有平等性和相容性。物权具有优先性和不相容性,在同一物上不能成立内容不相容的数个物权关系,当同一物上有数个物权关系时,其效力有先后之分。而债的关系却具有平等性和相容性,在同一标的物上不仅可成立内容相同的数个债,并且债与债之间的相互关系是平等的,不存在优先性和排他性。《民法通则》规定了"债权人为二人以上的,按照确定的份额分享权利";"债务人为二人以上的,按照确定的份额分担义务"。这成为众多债券投资者权利平等的法律依据。

2.1.1.2 债的现金流特性

债的现金流特性中最为基本的就是固定收益的特征，即有固定的现金流回报。固定收益类工具并不仅仅指债，也包含优先股这类股权工具。固定收益证券[①]能提供的现金流并不一定是固定金额，也可以指能够根据固定公式计算得出的现金流。例如，浮动利率债券的现金流回报是浮动的，但是可以根据承诺条件按照当时的市场基准利率加上固定的息差计算出应付利息。近年来，固定收益证券嵌入的衍生产品越来越多，所谓的"固定公式"也越来越复杂。比如当债券嵌入了赎回权、回售权等期权特征后，其收益的变化即使有固定公式，但也越来越难以预期了。

固定收益的特点使得固定收益证券的投资收益与债券发行人或优先股发行公司的财务状况的相关程度最低，从这个角度看，固定收益证券的现金流风险相对比较小，最主要的就是信用风险，信用风险指的是借款者违约的风险。同时，由于固定收益证券的嵌入工具和条款多种多样，一些固定收益证券的现金流波动还是比较大的，比如浮动债券的利息支付会随着基准利率的变动而变动、外汇标价债券的利息支付会随着汇率的变动而变动。除了现金流波动风险之外，上市交易的固定收益证券还含有市场风险，即市场中交易价格变动引起的风险。

2.1.1.3 债的财务特点

与股权融资相比，债务融资是一种固定的偿还义务，以还本付息为条件，但不会涉及公司股权的变动、管理的干涉等，是更为常用、更加便利的融资方式。具体来说，和股权融资相比，债务融资具有以下几个优势。

（1）不影响权益。债务融资不牵涉股权，所以不会稀释权益，更不会影响到控制权。债权人一般也不会要求董事会席位，不会参与公司的具体经营决策。

（2）成本较低。对一般企业而言，债务融资是成本相对较低的融资方式，因为如果采用股权融资，股权的求偿地位在债务之后，风险相对较高，因而会要求更高的回报率。

（3）税盾作用。债务融资具有特有的税盾作用，可以减少企业的所得税税负。这一点我们在第一章第三节的"负债的税盾作用"中已经讨论过。

（4）杠杆作用。对于股权回报率较高的公司，通过债务融资可以提高公司的财务杠杆，从而提高股权的回报率。

（5）资产或信用支持。债务融资如果单纯依赖于公司未来的现金流，则可能会因为公司的有限责任性质，出现恶意违约以及资产转移，所以往往需要通过外部的担保以及资产抵/质押来保证债权人的安全。但是，对于信誉卓著的借款人或者和债权人关系密切的借款人，一般可以免担保和免抵押。

（6）现金流风险。债务融资最大的风险在于现金流风险，一旦现金断流，债务出现违约，债务人公司就有可能被债权人起诉，进入破产清算阶段，严重的会引起公司的倒闭。现金流风险分为两种：一种是临时性的现金流风险，一般可以通过出售资产和债

---

① 固定收益证券包括贷款、债券、优先股等，由于本书讨论的是投资银行业务，因此贷款在此不被讨论。

务重组等方式来解决；另一种是持续性的现金流风险，在这种风险条件下进行债务重组的难度很大。

2.1.1.4 贷款和债券

债务融资有两种主要方式：贷款和债券，其中贷款是间接融资方式，债券是直接融资方式。这两种融资方式虽然都是债务融资，但特点不同，在具体运用过程中需要权衡使用。

1. 融资条件

就融资条件而言，债券融资的条件更高，债券融资将面对更多的投资者，而且融资过程有相应的监管机构监督，对融资方的资产规模、盈利能力、行业属性、过往信用记录等都有要求，所以信用级别较高的企业才可以选择直接融资。相比较而言，贷款融资是借贷双方一对一的谈判，对借款人的融资条件有较多的谈判余地，一般而言更适合中小企业融资。

2. 便利程度

一般而言，对借款人来说贷款融资会更加便利一些，当然具体情况需要取决于银行的贷款流程。债券发行的流程相对较长，需要准备更多的发行文件，但是一旦得到批准发行，就可采用储架发行模式，由发行人决定发行时间和金额，便利程度大大提高。

3. 融资成本

对于进行债务融资的企业而言，融资成本等于市场基准利率（无风险利率）加上风险溢价，同时再加上一定的发行费用。银行贷款利率等于其资金成本加上利差，目前我国银行存贷款的利差大致维持在2%左右，且处于进一步下降的过程中。由于债券采用直接融资方式，更为市场化，使得资金成本和收益之间的利差缩小，因而就目前来说，债券的融资成本一般要低于银行贷款成本。

但是对于不同资信条件的客户，债券融资成本和贷款融资成本是不同的。对于资信条件较好的客户，更容易进入资本市场发行债券，因而其债券融资成本相对于银行贷款成本更低，虽然银行一般对这样的客户亦会采用基准利率下浮的方式制定利率，但是直接融资市场由于挤压了利差，所以融资成本往往更低。但是对于资信条件较弱的客户，一方面进入债券市场困难，另一方面相对于银行的谈判地位也较差，所以融资成本高企。国内外的研究数据都表明，债券市场的发展有利于实现利率市场化，将使得存贷款利差缩小。

就融资成本的波动性而言，由于债券市场是一个交易的市场，所以其利率变化更加频繁、对宏观环境更加敏感，而银行贷款利率的变动则相对平稳。在市场资金面较为紧张或者对未来升息预期明确的情况下，债券发行利率会超过银行贷款利率。

4. 流动性

债券可以在市场中交易，因而其流动性要高于贷款。贷款不是一个分散的、标准化的合约，虽然也可以转让，但流动性比较差。

5. 中介机构

债券发行需要有承销机构、评级机构、会计事务所、律师事务所等中介机构的介入，而银行贷款一般不需要。

2.1.2 债务融资的种类

债务融资是社会融资的主要方式,其种类非常丰富,可以根据不同的分类方法进行划分。在我国最主要的债务融资方式是银行贷款,其他一些方式还包括债券融资、票据融资、应收账款融资、租赁融资、信托融资、P2P(Peer to Peer,点对点)融资等。下面我们主要介绍债券融资的常见种类。近年来,我国债券市场规模快速扩大,发行量、存量均大幅提升,已跃居亚洲第二位、世界第三位。债券市场在服务实体经济发展、为社会提供资金支持方面发挥了越来越重要的作用。

1. 根据发行人来划分

根据发行人,在我国债券可以分为国债、地方政府债、金融债、企业债、公司债、中期票据、短期融资券、定向工具、国际机构债、政府支持机构债、资产支持证券、可转债和可交换债等品种。

根据中国人民银行数据,2018 年我国债券市场共发行各类债券约 43 万亿元,较 2017 年增长 6.8%(表 2-1)。从发行券种来看,国债发行 3.5 万亿元,地方政府债券发行 4.2 万亿元,金融债券发行 5.3 万亿元,政府支持机构债券发行 2 530 亿元,资产支持证券发行 1.8 万亿元,同业存单发行 21.1 万亿元,公司信用类债券发行 7.3 万亿元。

表 2-1 我国债券市场发行情况

(单位:亿元)

年份	政府债券	金融债券	信用债券	合计
2018 年	78 278	274 056	77 905	430 959
2017 年	83 513	258 056	56 352	398 494
2016 年	91 086	46 277	85 761	23 3447
2015 年	59 567	42 783	68 615	178 930
2012 年	16 862	26 565	35 838	80 765
2005 年	8 078	7 104	2 156	44 800

数据来源:中国人民银行网站。公司信用类债券包括非金融企业债务融资工具、企业债券以及公司债、可转债等。另外,合计数中还包含每年少量发行的国际机构债券。

随着我国债券市场的发展,债券市场存量也在快速增长。根据 Wind 数据,截至 2018 年 12 月末,债券市场托管余额为 86.4 万亿元,其中银行间债券市场托管余额为 75.7 万亿元。

2. 根据债券的信用状况来划分

根据债券的信用状况,在我国可以将债券分为利率债和信用债。前者包括国债、地方政府债、政策性金融债及央行票据等;后者指其他机构发行的债券。一般来说,利率债基本代表国家信用,其主要受宏观经济情况、利率变动、通胀率等影响,其中国债收益率反映了市场无风险利率,是其他各类债券定价的基础,也是一切金融产品收益水平计算和衡量的基准。而信用债受到经营主体的经营状况的影响,存在着企业自身的信用风险，因而信用债的利率要高于利率债。

信用债市场近年来呈现出快速发展的良好势头。2018年信用债市场发行只数和规模均稳定增长，公司信用类债券共发行7.79万亿元。信用债由非金融企业债务融资工具、公司债券、企业债券三大类构成，三者在发行管理部门、管理方式、承销商、发行和交易市场方面均有所不同（表2-2）。

表2-2 我国主要信用债特点比较

信用债类型	非金融企业债务融资工具	公司债券	企业债券
发行管理部门	人民银行授权交易商协会进行注册管理	证监会	发改委
发行管理方式	注册	核准	核准
承销商	银行、证券公司	证券公司	证券公司
发行市场	银行间债券市场	交易所债券市场	银行间债券市场、交易所债券市场
交易市场	银行间债券市场	交易所债券市场	银行间债券市场、交易所债券市场

此外，由于管理部门和管理方式的不同，非金融企业债务融资工具、公司债券和企业债券在产品特点、发行条件、注册或核准流程等方面均存在不同。其中，非金融企业债务融资工具由于发行机制灵活、信息透明、产品丰富，成为各类非金融企业的重要融资渠道，2018年全年发行5350只，共计5.5万亿元，发行金额占信用债发行规模的70.60%。

3. 根据利率的种类来划分

根据利率的种类，在我国债券可以分为贴现债券、附息债券和利随本清债券，其中附息债券又可以细分为固定利率债券、浮动利率债券和累进利率债券。按照利率种类，我国绝大多数债券都是附息债券，而附息债券中最多的是固定利率债券。

当然，债券还可以根据具体形态划分为实物债券（无记名债券）、凭证式债券和记账式债券；根据是否可转换划分为可转换债券和不可转换债券；根据是否能够提前偿还分为可赎回债券和不可赎回债券等；根据发行人国别分为国内债券、外国债券和欧洲债券。

2.1.3 我国债券市场的主要特点

1. 债券融资占社会直接融资的比重不断上升

目前银行贷款仍然是非金融企业融资的主要融资渠道，但从债券融资的发展速度和趋势来看，债券市场已成为企业融资的重要场所。截至2018年年底，我国债券市场存量规模位居全球第三，债券存量占GDP的比重上升到96%左右。2018年社会融资规模存量为200.75万亿元，其中10.03%是债券融资。

2. 投资者队伍不断壮大

经过多年发展，债券市场投资者队伍不断壮大，投资主体更加多元化，既有境内投资人，也有境外投资人。

境内投资人包括境内商业银行、信用社、非银行金融机构（包括信托公司、财务公司、租赁公司和汽车金融公司等）、证券公司、保险公司、基金公司、非金融机构以及非法人机构投资者（包括信托产品、证券公司资产管理计划、证券投资基金、社会保障基金和企业年金等养老基金、慈善基金等社会公益基金、私募基金、基金管理公司及其子公司特定客户资产管理计划、期货公司资产管理计划、保险资产管理公司资产管理产品等）。

境外投资人包括境外央行或货币当局、主权财富基金、国际金融组织、人民币业务清算行、跨境贸易人民币结算境外参加行、境外保险机构、合格境外机构投资者（Qualified Foreign Institutional Investors，QFII）、人民币合格境外机构投资者（RMB Qualified Foreign Institutional Investors，RQFII），以及在境外依法注册成立的商业银行、保险公司、证券公司、基金管理公司及其他资产管理机构等各类金融机构，上述机构依法合规面向客户发行的非法人投资产品，以及养老基金、慈善基金、捐赠基金等人民银行认可的其他中长期机构投资者。

3. 信用债市场平稳快速发展，创新产品不断涌现

近年来，我国信用债市场平稳快速发展，尤其是非金融企业债务融资工具，不仅发行规模始终占据信用债市场的一半以上，而且在产品方面也是不断推陈出新，继传统品种短期融资券、中期票据、超短期融资券和定向工具之后，又陆续推出了中小企业集合票据、项目收益票据、熊猫债、永续票据、并购票据、定向可转换票据、供应链票据、创投企业债务融资工具、绿色债券、双创债、扶贫债、"一带一路"债等创新产品。

公司债券方面，除了优化机制推动了 2016 年公司债的爆发式增长之后，又推出了创新创业债券、可交换公司债券、可续期公司债等新型债券。债券品种的创新为实体经济转型提供了助力，为市场提供了新的融资模式，为发行人拓宽了融资渠道，为投资人带来了新的投资标的和交易方式。

4. 债券市场对外开放进程加快

随着经济全球化发展和人民币国际化进程的推进，债券市场开放成为中国经济的必然选择，对于中国经济金融发展具有重要作用。债券市场开放对保障人民币国际化有效推进、完善金融市场建设、支持实体经济发展、落实"一带一路"战略都具有重要意义。近年来，债券市场双向对外开放提速，在便利投资者"引进来"和"走出去"方面取得进展，尤其是在"引进来"方面，大幅放开了对境外机构的限制，并在自贸区市场建设方面取得重要突破。从前两年境外主体进入银行间债券市场投资到 2017 年"债券通"的开通，中国债券市场步入对外开放的新时代。

境外主权国家、国际开发性组织、金融机构和企业纷纷发行熊猫债，境外发行主体不断丰富。截至 2018 年年末，共有 32 家境外发行人，发行了总计 1 655.6 亿元人民币的熊猫债。其中，2018 年发行 40 只，发行金额 701.6 亿元。

2.1.4 债券契约的基本条款

债务融资工具应就发行人的承诺或义务及债券持有人的权利作出详细规定，这就是债务契约（Indenture）。债务契约的基本条款包括本金、利率、期限、担保条款、赎回条款、偿债基金、保护性条款等。我们在此以债券为例，介绍一般的债务契约。

为了保护债券投资者的利益，债券契约中通常既含有正面条款（Affirmative Covenants）也含有负面条款（Negative Covenants）。前者是债务人承诺必须做的事，后者是就禁止债务人某些行为的规定。正面条款主要包括按期偿付本金和利息、维护相关财产安全或保值、支付有关税负或其他费用、定期向受托人提交信守契约报告。负面条款的例子包括：规定债务人的债务/权益比流动比率或速动比率等不得高于或低于某个值；限制债务人及其受限子公司负债的产生；限制发行人控制权变更；对债务人的资产销售（债务人不能出售被用作抵押品的资产）限制；限制将抵押品抵押于多个不同债券；在满足一定财务条件之前不允许再融资；对债务人的业务领域或业务形式加以规定。

2.1.4.1 到期条款

债券的到期条款（Term to Maturity）指对债券清偿日期、条件等加以规定的条款。多数债券有固定的到期日（Maturity Date），即债务人承诺偿还本息的日期。

根据距到期日的时间长短，债券可以分为短期（1年以内）、中期（1–10年）及长期（10年以上）债券。典型的长期债券期限为30年，但也有更长的，比如有些公司发行了长达百年的债券，如迪士尼公司在1993年7月发行的债券到期日就为2093年7月15日。在到期日方面，永续债是比较特殊的品种，它并不规定到期期限，持有人也不能要求清偿本金，但可以按期取得利息。

债券到期条款的主要功能包括以下几方面：一是给投资者就收回本息的时间以确切的预期；二是债券的收益与债券的期限直接相关，即收益曲线会随时间的变化而变化；三是债券的价格在契约期限内会随着市场利率的变化而变化。债券价格的波动性常与其期限长短成正比。

债券的一些条款，如赎回条款、回售条款、提前偿付条款、可转换条款等，都会影响债券的实际到期时间。

2.1.4.2 面值

面值（Par Value）是发行者承诺在债券到期时偿付给债券持有人的金额，有时也称为本金（Principal）。

债券面值包括两个基本内容：一是币种，二是票面金额。面值的币种一般采用本国货币。票面金额代表着发行人借入并承诺于未来某一特定日期（即债券到期日）偿付给债券持有人的金额。

债券面值并不就是债券的价格。债券面值是固定的，但实际上由于资金市场上供求关系、利率的变化，债券的市场价格常常脱离它的面值，有时高于面值，有时低于面值。但是不论债券的价格如何变化，发行人计息还本都是以债券面值为依据的。

2.1.4.3 票面利率

票面利率（Coupon Rate）是债券的发行人承诺按期支付的利率。给债券持有人按年支付的利息额，被称为票面利息或息票（Coupon），金额大小取决于票面利率和债券面值。

票面利率是由市场利率、债券期限、信用风险、流动性补偿等多种因素决定的，市场利率越高、债券期限越长、发行人资信条件越差、债券流动性越弱，则需要支付的票面利率越高。

根据利率条件的不同，债券可以分为固定利率债券、浮动利率债券、贴息债券、递增利率债券、递延债券等。

固定利率债券最为常见，是整个偿还期内利率固定不变的债券。固定利率债券不考虑市场变化因素，因而其筹资成本和投资收益可以事先预计，不确定性较小。当然，固定利率债券上市后，其价格会发生波动，从而引起实际收益率的变动。

浮动利率债券也叫浮息债券，是指发行时规定债券利率随市场利率定期浮动的债券，也就是说，债券的利率在偿还期内可以进行变动和调整。浮动利率债券往往是中长期债券。浮动利率债券的利率通常根据市场基准利率加上一定的利差来确定。1999年3月17日，我国国家开发银行在银行间债券市场发行了99国开01政策性金融债，开启了我国浮动利率债券的第一单，该债券以银行一年期定期存款利率作为基准利率。由于债券利率随市场利率浮动，采取浮动利率债券形式可以避免债券的实际收益率与市场收益率之间出现重大差异，使发行人的成本和投资者的收益与市场变动趋势相一致。但债券利率的这种浮动性也使发行人的实际成本和投资者的实际收益事前带有很大的不确定性，从而导致较高的风险。

贴息债券也叫零息债券（Zero Coupon Bond），其主要特点是不支付利息，而是在到期日还付票面面值，因此贴息债券的出售价低于面值，我们称其为折价销售(Discount to Par Value)，有时也将零息债券称为纯贴现债券(Pure Discount Securities)。零息债券分为短期零息债券和长期零息债券，短期零息债券在1908年就已出现；而长期零息债券则是20世纪70年代末—80年代初市场高利率及较高利率波动性的产物。对于一些期限较长、利率较高的零息债券，其折扣幅度可能会非常高，甚至达80%、90%以上。

递增利率债券（Step-up Bonds）也被称为步高债券或步升债券，其特点是在债券契约中规定利率随时间而升高。有些递增利率债券的利率在整个寿命期内只升高一次，称为一次性步高债券（Single Step-up Note），如某债券在第1-2年内的利率为6%，以后升为6.5%直至到期。也有些步高债券的利率在整个寿命期内会调高多次，如某8年期债券，第1-3年息票利率为6.5%，第4-5年为7%，第6-7年为7.5%，第8年升为8%，属于多级步高债券（Multiple Step-up Note）。

递延债券(Deferred Coupon Bonds)是指在债券发行后的一定时间阶段内不支付利息，而是直到过了某一特定时间，一次性支付前面累计的利息，然后在剩下的时间里和典型的息票债券一样付息的债券。递延债券对某些特别需要资金作早期投入、前期现金流不佳，但预计过了一定的早期投入时期后能产生较高收益的企业有重要的实践意义。

2.1.4.4 偿还条款

对于还本方式，最常见的形式是一次性全额偿还（Bullet Maturity），也可能分期或分批偿还，即一次性发行，但按不同的期限到期偿还。有些债券，如担保债券和资产担保债券，常含有还款计划，并按计划分期摊还，称为分期摊还债券（Amortizing Bonds）。有的债券含有偿债基金条款（Sinking Fund Provision），这类条款是关于设立专门用于清偿全部或部分债券基金的。

1. 赎回权与再融资条款

债券，特别是长期债券，在发行后可能会面临市场利率下降，这时如果能提前结束债券，再以较低的市场利率融资，则对发行人有利。当然，对投资者来说，因为其收回的资金面临较低的市场回报，当然是不利的。所以如果发行人要获得提前清偿的权利，就必须在发行债券时以较高的初始收益支付这一期权权利。

提前赎回债券的条款就是赎回条款（Call Provision），债券赎回时的价格称为赎回价（Call Price），通常会高于面值（如面值+5%×面值），但债券的赎回价也不一定高于债券的面值，有时也可能等于面值。赎回时间和赎回价格的具体安排就是赎回计划（Call Schedule）。有些债券在发行后的一段时间里不允许赎回，或没有赎回权，这种赎回权被称为递延赎回权，递延赎回期结束后，第一个可赎回的日期称为首次赎回日。

债券可以一次性全部赎回，也可以分批部分赎回。在部分赎回时，可以分别采用随机赎回或按比例赎回（Pro Rata）。前者通常根据债券的序号，随机（如用计算机）选择相应的序列号赎回（如尾数为5、7或最后两位数为25等）。后一种一般不用在公开发行的债券中，而是用在私募或直接销售的债券中使用。

2. 不可赎回与不可再融资赎回

如果可赎回债券在赎回细节上没有任何限制，表明该债券是随时可以赎回的，如果发行人需要，现在就可以赎回。但大部分债券，即使是当前即可赎回的债券，也对早期赎回有各种限制，最常见的限制是锁定一定期限内不得通过再融资赎回。

注意不可赎回（Noncallable）和不可再融资赎回（Nonrefundable）是两个不同的概念。不可赎回规定的是债券是否可以赎回，没有任何条件限制，除非有其他强制性条款，如偿债基金等原因，对债券是否可以赎回的限制是绝对的，即无论在什么条件下，不可赎回债券都是不可再赎回的。而不可再融资赎回是对通过借新还旧的方式进行赎回的限制，但并不限制这种赎回方式之外的其他方式赎回，例如，以发行人的营业收入赎回债券等。这一条款的目的是防止发行人在市场利率走低的时候滥用赎回权而有损投资者的利益。

3. 提前偿还

比预定到期日提前清偿就称为提前偿还（Prepayment）。虽然提前偿还看起来与债券赎回相似，但也有所不同，其最大的不同之处在于，提前偿还没有事先定好的赎回价格。提前偿还的债券一般是按面值偿还。按面值偿还的，通常都是在债券发行之初就明确了提前偿还的可能性，提前偿还选择权的价值在债券发行时或债券的息票利率中已经被充分考虑，所以即使债券被提前偿还，也只是按面值偿还。当然，也可能不是按面值偿还，而是按高于面值或低于面值偿还，其中以高于面值的情况居多，因为提前偿还的选择权一般是属于发行人的，发行人通常是在有利于发行人而不利于持有人的时候选择提前偿还，按稍高于面值的价格提前偿还可以在一定意义上对债券持有人进行补偿。

4. 偿债基金

为了保护投资者免受信用风险的损失，有些债券要求发行人每年偿还特定比例的债券，这类条款被称为偿债基金条款。这种安排可以用于一次性偿还所有债券，也可以只是部分偿还。后一种情况又称为气球到期（Balloon Maturity）。具体清偿的比例通常是每次都一样，但也有一些债券的偿还比例是随时间的增加而增加，或者债券契约规定发行人有权选择清偿多于明文规定的清偿金额，这时又被称为加速偿债基金（Accelerated Sinking Fund）。比如，一个 10 年期 5 亿元的借款，可能要求债务人从第 5 年起每年归还 5000 万元本金，也可以规定加速偿还，比如第 5 年归还 5000 万元，以后逐年递增 1000 万元本金偿还。

采用偿债基金的发行人需要设立专门的偿债基金账户，定期存入一定的资金用于提前偿还债券。一般会由受托机构来执行具体的提前偿还，可以通过在公开市场购买并交付给委托人注销，也可以向投资者直接购买偿还注销，向投资者直接购买时往往采用抽签决定债券序号的方式。在证券公司市场购买偿还的方式被称为证券交付（Delivery of Securities），现金归还的方式被称为现金支付（Cash Payment）。

对于投资者而言，偿债基金有利于提高发行人的信用，因为随着债券本金的减少，发行人违约的可能性也越来越小。对发行人而言，利用多余的资金进行偿还减轻了它的财务负担。但是如果在利率下降的市场中，债券价格上升，提前偿还会损害投资者的利益，使投资者面临再投资风险。

2.1.4.5 转换权与交换权

可转换债券（Convertible Bond）是发行人承诺到一定时间可以按约定的价格或比例将债券转换成发行人公司股票的一种债券形式，这相当于赋予了债券持有人利用公司股票升值机会的选择权。而与此相似但不同的另一种债券——可交换债券（Exchangeable Bond），则是允许债券持有人按一定的比例将债券转换成发行人之外的第三方公司的股票的一种债券。

2.1.4.6 回售权

回售权（Put Option）是在债券合约中含有允许债券持有人在一定时间、按既定价格将债券卖回给发行人的一种权利，其中的价格被称为回售价（Put Price）。大部分息票债券都是以面值作为回售价，但零息债券的回售价一般都低于票面值。回售权的设定有利于债券持有人，特别是当市场利率上涨后，债券持有人可以通过行使这一权利提前收回资金，并将其投资到利率更高的资产中。

2.1.4.7 嵌入式期权

正如上面看到的，很多债券都带有期权的功能，比如赎回的权利、回售的权利、转换或交换的权利等。为了将这类期权与典型的期权相区别，我们将这类期权称为嵌入式期权（Embedded Options）。嵌入式期权是指在金融工具中"嵌入"一个期权，该期权依附于被嵌入的证券，它不可以单独拆分出来交易，比如股票期权、外汇期权都可以单独在市场中交易，但是债券中的赎回权、回售权、转换权等都不能拆分出来单独交易。

从具体的品种看，常见的带有嵌入式期权的债券有可赎回债券（Callable Bond）、可回售债券（Puttable Bond）、可展期债券（Extendible Bond）、可转换债券、可交换债券、有利率上限或下限的浮动利率票据（Floating Rate Note with Cap or Floor）等。

根据不同的需要，债券可以同时含有多种嵌入式期权。按照持权方的不同，债券的嵌入式期权可以分为发行人嵌入式期权和持有人嵌入式期权两大类。

发行人嵌入式期权是指选择权属于债券发行人的期权，即有关期权是否执行将取决于债券发行人的期权。常见的有赎回权、利率上限、加速偿债基金条款、部分提前还款权等。这些期权赋予了债券的发行人在市场条件或公司财务状况发生变化时，可以选择灵活处理债务的权利。由于这些权利属于发行人，而发行人总是只有当期权的执行对其有利时才会执行期权，所以这些期权的嵌入会降低债券的实际价值。同等条件下，嵌有这些期权的债券的价格也就必然低于没有这些期权的同等债券。

与发行人嵌入式期权不同，持有人嵌入式期权的执行与否将取决于债券的执行人。常见的有转换权、回售权、利率下限规定、交换权等。这些权利的设置是为了在特定条件下保护债券持有人的利益或在将来给债券投资者某种可能的额外收入。

期权的嵌入改变了债券现金流的大小、时间分布，同时还直接影响到债券的风险，因为有关期权会改变债券发行人及持有人的行为方式和决策变量。对嵌有期权的债券进行价值分析和风险分析，不仅要涉及债券的现金流及预期收益率的估算，还必须同时考虑期权的定价问题，包括在嵌入期权后风险因素的变化等。

总的说来，含有发行人嵌入式期权的债券比同等不含权债券的利率要高一些，因为发行人需要支付一定的代价来获得期权。反之，含有持有人嵌入式期权的债券则比同等不含权债券的利率要低一些，因为持有人需要支付一定的代价来获得期权，比如可转债的利率条件大都比同类债券要低，因为它赋予了持有人一个股票看涨买权。但是嵌入式期权对债券价值的具体影响还是需要根据具体的期权条件和当时的市场情况来确定。

2.2 债务融资财务理论

2.2.1 MM 定理

MM 定理由经济学家弗兰科·莫迪利安尼（Franco Modigliani）和默顿·米勒（Merton Miller）在 1958 年[1]提出，它是现代资本结构理论的基础。该定理认为，在不考虑税、破产成本、信息不对称的有效市场中，企业价值不会因为企业融资方式而改变，也就是说，不论公司选择发行股票还是发行债券，或是采用不同的红利政策，都不会影响企业价值。

---

[1] Modigliani, F., Miller, M. H. The Cost of Capital, Corporation Finance and the Theory of Investment [J]. *The American Economic Review*, 1958(48, 3): 261–297.

MM 定理也被称为资本结构无关原理,该理论为研究资本结构问题提供了一个有用的起点和分析框架。

MM 定理的假设条件包括:同质预期,即所有市场参与者的预期是一致的;同质商务风险,即公司的商务风险是无差别的;永久现金流,即现金流无期限;完美资本市场。其中的所谓完美资本市场需要满足:无交易成本;不存在税收;有众多买家或卖家,并且其中没有一个人能够影响证券的交易价格;投资者和公司都能够以相同利率借入或贷出资金;每个人都能获得相关信息,且无信息成本。

随着时间的推移,两位经济学家又对初始的 MM 定理进行了修正,将税收因素加入对资本结构的讨论中,认为负债利息可以计入成本,由此形成节税收益,因此当存在公司所得税时,最优资本结构应该是 100% 的负债。MM 定理主要有两种类型:无公司所得税时的 MM 定理和有公司所得税时的 MM 定理。

2.2.1.1 无公司所得税时的 MM 定理

MM 定理认为一个公司的总价值不会因为资本结构的改变而发生变动,资本市场的无套利假设是该定理成立的重要条件。资本市场中的套利行为避免了完全替代物在同一市场上会出现不同的售价,在 MM 定理中,完全替代物是指两个或两个以上具有相同现金流而只有资本结构不同的公司,MM 定理认为,这类公司的总价值应该相等。

命题 1:**不论企业是否有负债,其价值都等于公司的未来现金流价值(EBIT)除以适于该公司风险等级的报酬率**。用公式表示为:

$$V = V_L = V_U = \frac{EBIT}{R_{WACC}} = \frac{EBIT}{R_S}$$

$$R_{WACC} = \frac{S}{B+S} \times R_S + \frac{B}{B+S} \times R_B$$

式中 V_L 为有负债公司的价值,V_U 为无负债公司的价值,R_B 为债务成本,R_S 为无负债公司的资本成本,B 为有负债公司的债务值,S 为公司权益值,R_{WACC} 为有负债公司的加权资本成本,EBIT 为息税前利润。

命题 1 认为,当不考虑公司税时,企业的价值是由它的未来现金流决定的,而不取决于这些资产的构成形式来自资本还是负债,即企业的价值与资本结构无关。其背后的原因在于无套利假设下相同风险等级的资本成本应该是一致的,不论是债务还是股权,即 $R_{WACC}=R_S$。此时,企业的价值等于企业息税前利润(EBIT)的资本化,即按照市场的折现率($R_{WACC}=R_S$)将公司的 EBIT 进行折现就得到公司的价值。

命题 2:**有负债公司的权益成本等于同一风险等级中某一无负债公司的权益成本(R_0)加上风险溢价。风险溢价等于无负债公司的权益成本和债务利率(R_B)之差乘以债务(B)与权益(S)的比例**。用公式表示为:

$$R_S = R_0 + (R_0 - R_B)\frac{B}{S}$$

式中 R_S 为有负债公司的股权成本，R_0 为无负债公司的股权成本，R_B 为债务成本，B 为有负债企业的债务值，S 为有负债企业的权益值。

命题2的含义是：对于使用财务杠杆的负债公司，其股东权益成本是随着债务融资额的增加而上升的，股和债最终还是会平衡，从而使得公司的市场价值不会随负债率的上升而提高，即公司资本结构和资本成本的变化与公司价值无关。在债务成本低于股权成本的条件下，公司可以更多地进行"低成本"的债务融资，然而随着债务数量的上升，其股本风险和成本也会随之增大，而考虑了债务成本和股权成本的公司加权平均资本成本依然保持不变，最终根据MM定理，两项效应恰好抵消，公司价值不变。

2.2.1.2　有公司所得税时的MM定理

因为公司所得税是客观存在的，为了考虑纳税的影响，Modigliani & Miller（1963）还提出了包括公司税的第二组模型。在这种情况下，负债会因利息的抵税作用而增加企业价值，对投资者来说也意味着更多的可分配经营收入。引入公司税的MM理论也有两个命题。

命题1：负债公司的价值等于相同风险等级的无负债公司的价值加上负债的节税收益，节税收益等于公司税率乘以负债额。 用公式表示为：

$$V_L = V_U + t_C B$$

式中 V_L 为有负债公司的价值，V_U 为无负债企业的价值，t_C 为公司税率，B 为公司负债。

命题1的含义是：当公司负债后，由所得税产生节税收益，节税收益增加了公司的价值；公司负债越多价值越大，当公司的目标为公司价值最大化时，公司的最佳资本结构应该是100%负债。

命题2：在考虑所得税的情况下，负债企业的权益资本成本率等于同一风险等级中某一无负债企业的权益资本成本率加上一定的风险报酬率。风险报酬率根据无负债企业的权益资本成本率和负债企业的债务资本成本率之差和债务权益比确定。 用公式表示为：

$$R_S = R_0 + (R_0 - R_B) \times (1 - t_C) \times B/S$$

式中的字母含义与无公司所得税时命题2中的字母含义是一致的，变化之处在于增加了公司税率：t_C。

此处命题2的结论与无公司所得税时的命题2是一致的，也说明了权益的风险随财务杠杆而增大，由此使得权益成本随财务杠杆而增加，不过增加的程度有所不同。有公司税时的命题2在风险报酬中增加了 $(1-t_C)$ 这一因子，体现了公司所得税的影响。因为 $(1-t_C)$ 总是小于1，在 B/S 比例不变的情况下，这一风险报酬率总小于无税条件下命题2中的风险报酬率。所以在公司所得税存在的条件下，当公司增加负债时，股东的股权成本风险报酬的上升要小于无公司所得税条件下风险报酬的增加程度，即在公司所得税条件下允许更大的负债规模。此时公司的税盾收益的现值可以用下面的公式表示：

$$R_T = t_C \times R_B \times B / R_B = t_C \times B$$

式中 R_T 为税盾收益的现值，t_C 为公司税率，R_B 为债务利率，B 为债务的市场价值。

由此可知，公司负债越多，税盾收益越大，公司的价值也就越大。因此，原始的 MM 模型经过加入公司税调整后可以得出结论：税收的存在是资本市场不完美的重要表现，而当资本市场不完美时，资本结构的改变就会影响公司的价值，有杠杆公司的价值会超过无杠杆公司的价值。

2.2.2 权衡理论

根据前述的有公司所得税时的 MM 理论，财务杠杆能够增加公司价值，因此公司应当最大限度地发行债务，但是这与现实世界并不一致，现实世界中公司一般只是适度发行债务，也就是说债务发行有其限制性因素。

2.2.2.1 财务困境成本

现实中一个最为重要的限制性因素就是财务困境成本（the Costs of Financial Distress）。随着债务的上升，公司的财务困境成本会上升，从而抵消负债增加带来的节税收益，两者会在一定的水平上达到均衡，这就是公司资本结构理论中的权衡理论（Trade-off Theory）[①]，即企业最优资本结构在负债的税收利益和预期破产成本之间存在权衡。

财务困境成本可以分为直接成本和间接成本。直接成本是指财务困境中产生的清算或重组的法律成本和管理成本，具体包括破产清算时发生的律师费、管理费用和会计费用等。间接成本是指因经营受影响而带来的成本，包括破产预期影响公司与客户和供应商的正常往来，使公司经营受影响而带来的现金流量减少等。在现实中，直接成本虽然是实际发生并且可以度量的，但是事先难以预估，并且不同企业在不同状态下实际发生的直接成本差别很大，至于间接成本，甚至连较好的统计量都不易找到，更难以估计，因此尽管财务困境成本在理论上存在，但是现实中难以计量。

2.2.2.2 税收和财务困境成本的综合影响——权衡模型

根据前文所述，财务杠杆对公司价值具有正的效应——税盾效应，能增加公司价值；同时，财务困境成本对公司价值具有负的效应，即随着负债的增加，公司陷入财务困境的可能性增加，财务困境成本上升，从而使得公司价值随负债的增加而降低。那么在正负两方面效应的作用下，公司最优的负债水平就处于负债的边际避税效应和负债的边际预期破产成本的净现值的相等点。

根据有公司所得税时的 MM 模型命题 1，将财务困境成本 $C(B)$ 考虑进来，负债公司的估价模型可修正为：

$$V = V_U + t_C B - C(B)$$

[①] Kraus, A. Litzenberger, R.H. A State-Preference Model of Optimal Financial Leverage [J]. *Journal of Finance*. 1973(28): 911–922.

式中 $C(B)$ 为预期财务困境成本的现值，此处等同为破产成本，随负债水平上升而增加，t_C 为公司所得税率。

权衡负债税盾效应和破产成本两种效应之后的负债最优水平需满足

$$C'(B^*) = \frac{at_C}{1-t_C}$$

式中 a 为市场中相同风险水平投资所要求的回报率。从上式倒解可以得到最优负债水平 B^*。

由图2-4可以看出，公司价值 V 由三部分组成，即固定的无负债企业的价值 V_U、正的负债的节税收益 $t_C B$，以及负的破产成本 $C(B)$。当公司负债率达到 A 点时，负债的边际利益与负债的边际成本达到均衡，负债的净利益达到最大，因此 B^* 点即为最佳资本结构点。

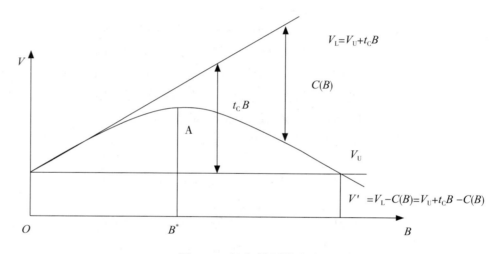

图2-4 权衡模型的图示

当公司负债率达到 B^* 点时，负债的利益与成本正好相抵，即负债的净利益为零，负债对公司价值的边际影响为零，$V_L' = V_U$。如果负债率超过这一点，负债将给公司带来净损失，$V_L' < V_U$，因此 B^* 点为公司可行负债率区间的上限。

2.2.3 优序融资理论

优序融资理论（Pecking Order Theory），也称啄序理论，由迈尔斯（Myers）和马吉洛夫（Majluf）于1984年研究所得。[①] 与MM定理不同，优序融资理论以不对称信息理论为基础，并考虑交易成本的存在，认为权益融资会传递企业经营的负面信息，且外

---

① 首先由Myers阐述其基本思想：Myers, S.C. The Capital Structure Puzzle [J]. *Journal of Finance*, 1984(39): 575；随后由Myers & Majluf 共同发表：Myers, S.C., N.S. Majluf. Corporate Financing and Investment Decisions when Firms Have Information That Investors Do Not Have [J]. *Journal of Financial Economics*, 1984(13): 187-221。

部融资要多支付各种成本,因而企业融资一般会遵循首先内部融资、继而债务融资、最后权益融资的先后顺序。优序融资理论的主要结论是:

公司偏好于内部融资(假设信息不对称只是在外部融资中发生);股息具有"黏性",一般公司倾向于不轻易修改股息,也就是说,当营运现金流发生波动或者出现投资机会时,一般不会采用减少股息的方式来为资本支出融资,而是降低账面现金余额或者出售流动性强的证券。

如果需要外部融资,公司将首先发行最安全的证券,也就是说,先债务,然后是发行混合型证券(如可转债),权益证券的发行放在最后。因而此时不存在目标的债务权益比率,因为实际上存在着两类权益:内部权益和外部权益,内部权益居于融资优序的第一层,而外部权益居于融资优序的最后一层。企业的负债率反映了它的累积外部融资需求。

在分析这一融资顺序的内在原因时,迈尔斯和马吉洛夫比较了各种融资方式在信息不对称条件下对企业市场价值的影响。内部融资主要来源于企业内部自然形成的现金流,它等于净利润加上折旧减去股利。由于内部融资不需要与投资者签订契约,也无须支付各种费用,所受限制少,且不受市场低估的影响,因而是首选的融资方式。

当内部资金不足时,公司会优先考虑低风险的证券,如债券,其后是一些混合型证券,如可转债,最后只有在不得已的情况下才会发行普通股。当股票价格高估时,企业管理者会利用其内部信息发行新股,投资者会意识到信息不对称的问题,因此当企业宣布发行股票时,投资者会调低对现有股票和新发股票的估价,导致股票价格下降、企业市场价值降低,因此股权融资是企业最后的选择。

在信息不对称的条件下,即使管理层发现了净现值为正的绝佳投资机会,也无法将此信息传递给投资者,因为公司管理层虽然可以向市场宣布前景光明的投资项目,但投资者也不会轻信,因为在投资者眼里,好的项目和差的项目都会被宣称为一个好项目,由此造成了对新发行股票的估价低于信息对称条件下的均衡价格,在这种情形下,净现值为正的投资项目也可能会被放弃。只有当项目能够提供比折价更高的收益时,该类项目才会面向投资者发行股票,否则项目就会取消发行,管理层不融资也不投资。

迈尔斯也提到了现实中有一些公司在能够发行投资级债券时选择发行股票的现象,但是从美国企业融资总体情况来看这是符合优序融资理论的,1973—1982年,美国非金融企业的融资主要由内部融资解决,约占62%的资本开支,包括存货和其他流动资产,外部融资主要来源于负债,股票融资大约只占6%左右。[①]

不过实证方面的研究并不完全支持优序融资理论,尤其当融资发生在中小企业身上时。Barclay & Smith(1995)的研究发现,对于资本市场中高成长性的中小企业而言,其信息不对称程度比较高,这种特征使得中小企业融资理应更加遵循优序融资理论,然而事实却相反。Barclay et al.(2001)的研究也发现,高成长性企业资本结构的负债比率

---

① Brealey, R. A., S. C. Myers. Principles of Corporate Finance, 2nd Ed [M]. McGraw-Hill Book Co., New York, 1984: Table 14-3, p. 291.

反而较低。这些与优序融资理论相冲突的现实说明企业融资背后的动因并非如此简单，可能有别的因素在起作用，比如之后理论界所兴起的不完全契约理论从控制权角度研究了融资方式。

在我国，刘星、魏锋等（2004）认为由于我国的资本市场、股权结构和公司治理等与美国不同，从而企业的融资行为也有所不同。他们的研究结果表明，上市公司融资顺序为股权融资、债务融资、内部融资；在债务融资顺序中，上市公司更加偏好短期负债。姜毅和刘淑莲（2011）采用修正的优序融资检验模型对上市公司的融资行为偏好进行检验，结果表明我国上市公司存在明显的外部融资偏好，并且在外部融资中更偏向股权融资。胡元木和纪端（2014）对我国创业板上市公司的融资顺序进行检验，发现我国创业板上市公司融资结构表现出"股权融资、债务融资（短期）、内部融资"的依赖顺序，不符合优序融资理论。对此，作者给出的解释是在我国"资本结构路径调整由于制度的路径依赖性导致一些低效率的制度不能被完全摒弃，公司的决策大多是次优选择"。

2.2.4　CSV 框架下的现金流配置理论

2.2.4.1　CSV 框架下债务契约的最优性

所谓 CSV 框架，是指高成本状态验证（Costly State Verification，或称有成本状态验证）分析方法。CSV 分析框架始于 Townsend（1979）的模型，后有 Diamond（1984）、Gale & Hellwig（1985）这两个典型模型加入。该分析框架对现金流配置视角下的最优融资契约进行研究，得到了一些基本的结论，即债务契约在状态验证成本较高的条件下优于股权契约。CSV 框架下债务契约最优性需要满足的主要条件是：

① 企业经营成果的验证成本较高，因而企业存在低报产出的动机；

② 债务契约的效率必须在有效破产机制的条件下达到。

Townsend（1979）指出由于投资者和企业家关于项目实际产出的信息是不对称的，企业家从其私利出发有谎报（低报）产出的动机，而在状态验证成本高的条件下，外部投资者如果采用分享项目收益的股权契约，将形成较高的验证成本，因而股权契约的效率低于标准债务契约。但 Townsend（1979）并未深入讨论保持债务契约有效的条件，其无破产假设事实上使得债务契约在他的模型框架下是不能达到的，因为企业家尽管在融资时会承诺满足投资者要求的偿付，但由于企业家可以无限制地转移项目收益，其最终实际申报的收益必然是 0。

Diamond（1984）在 Townsend（1979）的基础上强调了破产成本的作用，他所定义的破产成本是企业家的非金钱破产惩罚成本（Non-pecuniary Bankruptcy Penalty），具体指企业家坐牢、声誉损失、重新募集资金或找工作不便等成本。破产成本的存在使得企业家在项目失败时必须承担项目收益以外的损失，这种惩罚机制降低了企业家谎报的动机，从而降低了验证成本。

Gale & Hellwig（1985）得到的最优契约是股权参与最大化的标准负债契约，他们通过引入股权参与最大化这个概念，事实上强调了企业家的初始财富参与，初始财富的参与强化了企业家真实汇报产出的动机，从而降低了验证成本。

但是，债务契约的最优性并不是放之四海而皆准的，否则现实世界中将不会存在其他形式的融资契约，这个结论受制于模型中设定的一些特殊条件：

第一，该结论是在完备契约的条件下获得的，在不完备契约环境中情况将发生变化，Aghion & Bolton（1992）的经典论文开拓了不完备金融契约理论的分析方法；

第二，CSV 分析是短期静态分析，在长期动态条件下，最优金融契约会存在动态的时间不一致性（Time Inconsistency）问题；

第三，运用 CSV 方法推导的最优金融契约的特征比较符合小型私人公司，对这类公司来说，信息验证成本较高，而对于大型上市公司，其信息被要求经常性地审计，因而股东和债权人在验证信息的成本方面是相似的，对公司的信息享有程度也是相似的，所以债务契约对验证成本的节约效果并不十分明显，在这种条件下债务契约的最优性会有所减弱。

2.2.4.2 根据现金流的特征选择融资工具

在根据现金流的特征选择融资工具方面有两项重要的研究成果：一是现金流求偿权的分割形成证券分拆，能促成更便捷的、低成本的融资，这从信息敏感程度的角度说明了多层次融资结构的重要性；二是债务融资在未来现金流不确定条件下的融资条件要弱于股权融资，这说明了流动性风险对融资方式的重要影响。

Brennan & Kraus（1987）表明当存在逆向选择时，企业并无统一的融资工具可作最优选择，必须根据现金流的特征来选择合适的融资工具。在此基础上，基于现金流特征的证券设计又分出两个流派。

一种研究方法依据现金流对信息的敏感程度特征来设计证券，以 Boot & Thakor（1993）为代表，他们认为最优融资契约应该根据现金流对信息的敏感程度来对现金流的求偿权进行分割，从而提高融资效率，这一结论在资产证券化的实践中被广泛采用：资产证券化过程中往往会根据现金流的波动特性将证券分为若干档，各档求偿次序不同。优先级证券具有靠前的求偿权，现金流稳定，对信息的敏感程度较弱；劣后级证券居于求偿权的最后，作为最底层的证券吸收剩余风险和剩余收益，对信息的敏感程度较强。

另一种研究方法则根据现金流的波动特征来选择融资工具（Fluck，1998），认为现金流波动大时宜采用股权融资，波动小时则宜采用债务融资。这一结论与风险投资一般采用股权或类股权方式提供融资而较少提供债务的现实相符，也就是说，虽然根据优序融资理论，债务融资应该先于股权融资，但是风险投资更偏好用股权方式提供融资，说明了在现金流的波动大的条件下股权融资是更好的选择。

2.3 股权融资概述[1]

2.3.1 股权融资的基本特点

2.3.1.1 股权的特点

股权融资是指企业的股东愿意让出部分企业所有权、通过引进新股东为企业增资的融资方式，总股本同时增加。股权融资所获得的资金无到期日，企业无须还本付息，也没有强制性的股利支付约束，股利支付根据企业经营状况和资金需求状况而定。

股权融资的特点是与股权密切联系的，因而首先需要明确股权的相关特点。股权即股票持有者所具有的与其拥有的股票比例相应的权益。

1. 股权代表了公司所有权，股东依此享受权利、承担责任

我国《公司法》第三条规定：有限责任公司的股东以其认缴的出资额为限对公司承担责任；股份有限公司的股东以其认购的股份为限对公司承担责任，由此明确了股东的有限责任。但需要注意的是，《公司法》第二十条亦规定：公司股东应当遵守法律、行政法规和公司章程，依法行使股东权利，不得滥用股东权利损害公司或者其他股东的利益；不得滥用公司法人独立地位和股东有限责任损害公司债权人的利益。公司股东滥用股东权利给公司或者其他股东造成损失的，应当依法承担赔偿责任。公司股东滥用公司法人独立地位和股东有限责任，逃避债务，严重损害公司债权人利益的，应当对公司债务承担连带责任。该条款认为在股东在滥用公司法人独立地位和股东有限责任的条件下，对股东的追责可以突破有限责任。

在股东的权利方面，《公司法》第四条规定：公司股东依法享有资产收益、参与重大决策和选择管理者等权利，由此明确了股东的三大权利，即享受收益、参与决策、选择管理者。

2. 股权是公司财产最后顺序的求偿权

《公司法》第一百八十六条规定："公司财产在分别支付清算费用、职工的工资、社会保险费用和法定补偿金，缴纳所欠税款，清偿公司债务后的剩余财产，有限责任公司按照股东的出资比例分配，股份有限公司按照股东持有的股份比例分配。"

3. 股权不能要求固定的股利回报

公司能够分配的红利只能是累积的已实现利润，这是资本维持制度在公司分配制度中的体现。《公司法》第一百六十六条规定了公司利润的分配顺序："公司分配当年税后利润时，应当提取利润的百分之十列入公司法定公积金。公司法定公积金累计额为公司注册资本的百分之五十以上的，可以不再提取。公司的法定公积金不足以弥补以前年度亏损的，在依照前款规定提取法定公积金之前，应当先用当年利润弥补亏损。公司从税后利润中提取法定公积金后，经股东会或者股东大会决议，还可以从税后利润中提

---

[1] 本章所述的股权，除非特指优先股，一般情况下指的都是普通股。

取任意公积金。公司弥补亏损和提取公积金后所余税后利润，有限责任公司依照本法第三十五条的规定分配；股份有限公司按照股东持有的股份比例分配，但股份有限公司章程规定不按持股比例分配的除外。"也就是说，公司的利润在弥补以前年度亏损、提取法定公积金、提取任意公积金（或有）之后，才可以根据股东所持股份按比例分配。

4. 股东建立公司治理机制，行使对公司的控制权、决策权和监督权

有限责任公司的权力机构是股东会，股份有限公司的权力机构是股东大会，不论是股东会还是股东大会，都有权决定公司的经营方针和投资计划、推选董事监事、审议公司董事会监事会的报告、审议各项重要的经营事项等。股东会或股东大会设董事会，董事会对股东会或股东大会负责，执行股东会的决议，决定公司的经营计划和投资方案，制定公司经营的各项方案和管理制度，聘任经理等管理层人员。

2.3.1.2 股权融资的优缺点

股权融资就是以"以股份换资金"，具体包括公开发行股份募集资金和私募发行募集资金。与债务融资不同，股权融资牵涉企业的所有权乃至控制权，因此在权利要求方面与债务融资不同，另外在现金流回报方面也与债务融资所要求的固定回报不同。股权融资的优点主要有以下几方面：

股权融资不需要偿还。由于股权资金作为资本进入企业，因此不需要偿还，所以对于提供企业的长期发展资金非常重要。当然，不需要偿还的资金并不意味着是低成本的资金，因为股权融资享有的是对公司剩余现金流的索取权，当公司发展良好时，股权融资获得的回报会远远高于债务融资。

股权融资有利于企业获得更多的外部经营资源。股权融资会引入新的股东，新老股东在提高企业经营绩效方面是利益共同体，所以股权融资有利于企业获得更多的外部经营资源。比如，私募股权基金在提供股权资金的同时会提供多项增值服务，具体包括：在私募股权基金对目标企业进行投资之后，就会派自己的专业团队作为股东加入企业当中，提出适合企业的发展战略，给予企业技术指导，帮助企业优化内部管理结构；利用基金的一些市场渠道或所投资的伙伴企业，帮助企业采购和拓展销售渠道；利用基金自身的外部资源，帮助企业协调外部关系，包括和同行业其他企业的关系、与政府的关系以及和其他投资机构的关系。

股权融资有利于完善公司治理机制。新的股东加入后，会形成对公司原高管人员的监督，从而形成多重风险约束机制和权力制衡机制，降低企业的治理风险。

股权融资在公开上市的条件下有利于提升估值和实现股权流通，形成资本运作的良好平台。公司通过首次公开发行即可成为公众公司，与非上市的私有公司相比，公众公司的信息更加公开、披露更加充分、股权流动性强、公司价值得到提升；同时，公众公司是一个良好的资本运作平台，在未来的再融资、并购、资产重组等各个方面都能充分利用各方面的资本资源，选择有利于公司的资本运作策略。

当然，股权融资也存在缺点，主要有以下几方面：

股权融资会引起股权稀释。股权融资首先面对的问题就是股权稀释，每一次股权融资都会稀释原有股东的股权比例，因此不建议对公司控制权有着较高要求的公司采用股权融资方式。我国上市公司的股权相对较为集中,根据2016年的年报数据,我国第一大股东持股比例大于等于50%的上市公司一共有518家,占上市公司总数的16.97%;第一大股东持股比例大于等于30%的上市公司一共有1781家,占上市公司总数的58.36%。而美国的上市公司在经历了漫长的发展后,很多公司的股权已经相当分散。股权分散会引起股权争夺,导致控制权失去控制。当然在国外可以通过双层投票权的设计来减少股权稀释对控制权的影响。

股权融资存在税务弊端。股权融资的税务弊端在于缺少税盾。按照税法规定,股东的分红必须在税后进行,因此与债务融资相比较,股权融资增加了税务成本。比如假定投资回报率是10%,约定支付给投资者的回报是1万元,如果公司所得税税率为25%,那么债权人需要投入的债务融资是10万元(不考虑债权人的所得税),股东则需要投入13.33万元(不考虑股东的所得税)。

股权融资会产生代理成本与沟通成本。Jensen & Mecking(1976)认为股权契约存在委托(股东)-代理(经理人)关系,代理人的目标函数并不总是和委托人相一致,因而产生代理成本。当代理人利用委托人的授权为自己增加收益而损害和侵占委托人的利益时,就会产生严重的道德风险和逆向选择。从代理成本的角度衡量,债务融资的代理成本要低于股权融资。另一个成本来自沟通,投资者以股权投资成为公司股东后,需要了解企业经营业务、财务状况、经营成果等各方面的信息,但投资者并不是企业的控制方,因此需要通过各种渠道和方式来获得这些信息,以保障自己的权益。投资方往往需要获得董事席位,在重要的问题上具有一票否决权。在企业经营过程中,投资者可能会与原有企业的控制方产生分歧,重大分歧会影响到企业的正常发展。债务融资由于不干涉企业的经营决策,也不需要过多地监控企业,所以在信息和沟通方面的成本较低。

2.3.2 股权融资的种类

根据服务企业的成熟度不同,一个国家的资本市场可以分为主板市场、二板市场、三板市场、四板市场及其他市场(图2-5),这被称为一个国家资本市场的"多层次性"。"多层次性"是成熟市场经济国家资本市场的主要特征,也是中国进行资本市场建设的目标之一。

2003年10月14日,党的十六届三中全会通过的《中共中央关于完善社会主义市场经济体制若干问题的决定》指出要"扩大融资,建立多层次资本市场,完善市场结构,丰富市场产品,规范和发展主板市场,推进风险投资和创业板市场建设"。2013年11月12日,党的十八届三中全会通过的《中共中央关于全面深化改革若干重大问题的决定》也指出要"健全多层次资本市场体系,推进股票发行注册制改革,多渠道推动股权融资,发展并规范债券市场,提高直接融资比重"。从十六届三中全会的"建立"到十八届三中全会的"健全",标志着我国建立多层次资本市场已经取得很大的成绩,多层次资本市场已经在我国初步形成。2017年10月,党的十九大报告指出要"深化金融体制改革,增强金融服务实体经济能力,提高直接融资比重,促进多层次资本市场健康发展"。

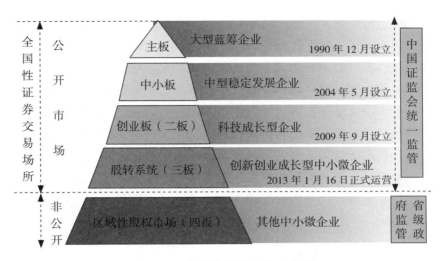

图 2-5 我国的多层次资本市场

2.3.2.1 主板市场和创业板市场

主板市场是一个国家或地区证券发行、上市及交易的主要场所。主板市场对发行人的营业期限、股本大小、盈利水平、最低市值等方面要求的标准较高，上市企业多为大型成熟企业，具有较大的资本规模及稳定的盈利能力。在我国，主板包括上海证券交易所和深圳证券交易所的主板。2004年5月，经国务院批准，中国证监会批复同意深圳证券交易所在主板市场内设立中小企业板块，中小企业板块采用与主板相同的上市条件，在资本市场架构中从属于主板市场。

创业板市场又称为二板市场，是地位次于主板市场的二级证券市场。我国的创业板设立在深圳证券交易所内，主要为"两高六新"[①]类型的企业提供股权融资和转让服务。创业板在上市门槛、监管制度、信息披露、交易者条件、投资风险等方面和主板市场有较大区别，其目的主要是扶持中小企业，尤其是高成长性企业，为风险投资和创投企业建立正常的退出机制，为自主创新国家战略提供融资平台，为多层次的资本市场体系建设添砖加瓦。

场内市场融资的优点有如下几方面：

信息披露较为充分。场内上市公司属于公众公司，因此监管层对其信息披露的要求较高。在信息披露的内容方面，新三板的整体要求是分定期报告和临时报告，定期报告仅包括年度报告、半年度报告，其中半年度报告不强求审计。但已挂牌的私募机构需要披露季度报告，充分披露管存续基金的基本情况和项目投资情况等；而已挂牌的其他具有金融属性的企业应当披露季度报告，定期报告披露中合法合规经营、监管指标、主要财务数据、风险因素及其风险防控机制等方面的披露口径，与申请挂牌准入时的披露口径保持一致。

公司治理相对完善。同样地，由于场内上市公司属于公众公司，因此监管层对其

---

① "两高六新"中的"两高"即成长性高、科技含量高；"六新"即是新经济、新服务、新农业、新材料、新能源和新商业模式。

公司治理的要求也比较高，要求更严密地防范实际控制人或管理层对中小股东利益的侵害。主板、创业板上市公司和新三板的挂牌公司都被要求建立规范的治理结构，但相比较而言，对主板和创业板上市公司的要求更为严格。列举几项：主板和创业板上市公司要求聘请独立董事，新三板挂牌公司则可以聘请但不强求；主板和创业板上市公司要求设立董事会秘书，而新三板仅对进入创新层的挂牌公司要求按照《全国中小企业股份转让系统挂牌公司分层管理办法（试行）》第七条的规定，设立董事会秘书并作为公司高级管理人员，同时董事会秘书应当在规定时间内取得资格证书；主板和中小板上市公司要求实际控制人、董事及管理层最近3年内未发生变更，创业板、新三板则只要求最近两年实际控制人未发生变更，主营业务、董事及管理层最近没有发生重大变化。

2.3.2.2 三板市场

三板市场位居整个多层次资本市场体系的第三级。我国的三板市场指全国中小企业股份转让系统，又被称为"新三板"，是经国务院批准设立的全国性证券交易场所，全国中小企业股份转让系统有限责任公司为其运营管理机构。根据《非上市公众公司监督管理办法》，新三板的挂牌公司属于非上市公众公司，即"具有下列情形之一且其股票未在证券交易所上市交易的股份有限公司：股票向特定对象发行或者转让导致股东累计超过200人；股票公开转让"。

在股票转让方面，股东人数未超过200人的公司申请其股票公开转让，中国证监会豁免核准，由全国中小企业股份转让系统进行审查。股东人数超过200人的公司申请其股票公开转让则需向中国证监会申请核准。非上市公众公司可以在全国股转系统依法进行股权融资、债务融资、资产重组等。

1992年7月和1993年4月，中国证券市场研究中心和中国证券交易系统有限公司先后在北京成立了STAQ系统和NET系统，从事场外股票交易。在这两个市场被关闭后，中国证券业协会于2001年为解决原STAQ、NET系统挂牌公司的股份流通问题，成立了代办股份转让系统，该系统主要交易原STAQ、NET系统挂牌公司和从沪深股市退市的公司，也被称为"老三板"。2006年，中关村科技园区非上市股份公司进入代办转让系统进行股份报价转让，被称为"新三板"。之后，"新三板"历经扩容，在2015年正式被国务院批准成为全国性证券交易场所，成为我国多层次资本市场的第三层次。截至2018年年末，新三板挂牌公司数量达到10 691家，成为全世界交易数量最大的证券交易场所。

2.3.2.3 四板市场

我国的四板市场指区域性股权交易市场。根据中国证监会2017年颁布的《区域性股权市场监督管理试行办法》，区域性股权市场是指为其所在省级行政区域内中小微企业证券非公开发行、转让及相关活动提供设施与服务的场所。

与前三级市场均由中国证监会监管不同，区域性股权市场由所在区域的省级人民政府依法进行监督管理，负责风险处置。省级人民政府指定地方金融监管部门承担对区域性股权市场的日常监督管理职责，依法查处违法违规行为，组织开展风险防范、处置工作。中国证监会及其派出机构对地方金融监管部门的区域性股权市场监督管理工作进行指导、协调和监督，对市场规范运作情况进行监督检查，对市场风险进行预警提示和处置督导。区域性股权市场运营机构负责组织区域性股权市场的活动，对市场参与者进行自律管理。各省、自治区、直辖市、计划单列市行政区域内设立的运营机构不得超过一家。

在区域性股权市场发行或转让的证券，限于股票、可转换为股票的公司债券以及国务院有关部门按程序认可的其他证券，不得违规发行或转让私募债券；不得采用广告、公开劝诱等公开或变相公开方式发行证券，不得以任何形式非法集资；不得采取集中竞价、做市商等集中交易方式进行证券转让，投资者买入后卖出或卖出后买入同一证券的时间间隔不得少于五个交易日；除法律、行政法规另有规定外，单只证券持有人累计不得超过法律、行政法规规定的私募证券持有人数量上限；证券持有人名册和登记过户记录必须真实、准确、完整，不得隐匿、伪造、篡改或毁损，单只证券持有人数量累计不得超过 200 人。

2.3.2.4 私募股权融资

私募股权投资（Private Equity，PE），从投资方式角度看，是指通过私募形式对私有企业，即非上市企业进行的权益性投资。私募股权投资的一般模式就是私募股权投资者寻找优秀的高成长性的未上市公司，注资其中，获得其一定比例的股份，推动公司发展、上市，此后通过转让股权获利。

很多公司都是通过私募股权融资最终成为上市公司的，比如百度、阿里巴巴、腾讯、京东、顺丰等。私募股权融资不仅为被投公司带来了资金，而且在经历"融资、投资、管理、退出"四个典型阶段的过程中，私募投资者往往会为被投公司开拓发展战略、寻找合作伙伴、理顺治理结构、对接资本市场，使得企业更快地成长，为企业带来资本以外的管理增值。

私募股权投资基金是私募投资的主流，一般会采用公司制、信托制和有限合伙制等组织形式来进行投资，其中有限合伙制由于其激励机制设计灵活、能够避免双重税收、普通合伙人自主决策权较大等优点，逐渐被越来越多的私募投资机构所采用，当然有限合伙制的不足在于会存在较大的代理风险。

2.3.2.5 境外上市融资

境外上市是相对于国内上市的一种替代。目前国内企业在境外上市时选择的交易所主要有香港的联合交易所、美国的纽约证券交易所和纳斯达克、日本的日本交易所集团、新加坡交易所、加拿大的多伦多交易所、欧洲的泛欧交易所以及澳大利亚交易所等。一般而言，企业在选择上市地点时会考虑以下几个因素：上市条件、筹资速度、建立和维护上市的实际支出成本、估值、流动性、公司治理等（更多信息可参见表 2-3）。

表 2-3 境内外一些主要证券交易所上市条件的比较

	新三板①	创业板/主板	港股	纳斯达克
财务要求	·存续满两年 ·具有持续经营能力 ·最近两个完整会计年度的营业收入累计不低于 1000 万元；因研发周期较长导致营业收入少于 1000 万元、但最近一期末净资产不少于 3000 万元的除外。 ·报告期末股本不少于 500 万元 ·报告期末每股净资产不低于 1 元/股	·深沪主板和深圳中小板：发行前三年的累计净利润超过 3000 万元人民币；累计经营性现金流超过 5000 万元人民币或累计营业收入超过 3 亿元；无形资产与净资产比例不超过 20% ·创业板：最近两年连续盈利，最近两年净利润累计不少于 1000 万元；或者最近一年盈利，最近一年营业收入不少于 5000 万元。净利润以扣除非经常性损益前后孰低者为计算依据；最近一期末净资产不少于 2000 万元，且不存在未弥补亏损	·盈利测试：最近一年的盈利不少于 2000 万港币，且之前两年累计的盈利不低于 3000 万港币 ·市值/收入/现金流测试：上市市值至少 20 亿港币，最近一个财政年度的收入至少 5 亿港币，以及过去三个财政年度经营活动的净现金流入合计至少为 1 亿港币 ·市值/收入测试：上市市值至少 40 亿港币，最近一个财政年度的收入至少为 5 亿港币（上述测试条件满足一个即可）	·总资产/总收入标准：最低收入 5000 万美元，最低总资产 5000 万美元
上市准备时间	·总体需要 6—10 个月 ·提交材料后需要一个半到两个月的时间才能进入审查程序进行反馈	·总体需要 12—24 个月，时间较长 ·目前排队申请上市的公司较多，证监会审核通常需要 6—9 个月 ·审批时间不确定性大，较难把握	·总体需要 6—9 个月，其中香港联交所审批时间为 10—14 周 ·香港上市流程类似美股，过程相对透明和市场化	·美国证监会审查程序 6—8 周 ·最终发行价较初步发行价有 20% 浮动范围且无须美国证监会审查
上市费用	·改制费：30 万元 ·推荐费：70 万—100 万元 ·审计费用：10 万—15 万元 ·律师费用：5 万—10 万元	·承销费用：集资总额的 3%—8% ·审计费用：80 万—100 万元 ·律师费用：100 万元左右 ·总上市费用与在香港上市相近，但有不确定性	·上市融资额的 1.5%—4%，保荐人另根据发行的规模和推介的难度确定保荐费，约在融资额的 1%—10% ·发行人承担承销商律师费 ·审计费用：100 万港币以上，且按进度收费 ·律师费用：一般为融资额的 2%—3.75%	·承销费用：上市融资额的 5%—7% ·承销商承担承销商律师费 ·审计费用：90 万—200 万美元 ·律师费用：75 万—100 万美元

境外上市分为直接上市和间接上市两种。直接上市即为 IPO，通过向境外的证券监管部门申请并向公众融资。间接上市是指境内企业在境外设立或购买壳公司，将境内资产或权益注入壳公司，以壳公司名义在境外证券市场上市。借壳上市相对于直接上市的成本较高，而且后续会存在原有资产清理、新资产注入、再融资等一系列问题需要解决，

---

① 《全国中小企业股份转让系统股票挂牌条件适用基本标准指引》2017 年 9 月 6 日修订，2017 年 11 月 1 日起实行。

但是借壳上市的相对好处在于便捷。

2.3.3 股权融资的核心条款

对于公开上市的公司，股权融资的核心条款体现在上市公司的《公司章程》中，具体条款可以参考中国证监会发布的《上市公司章程指引》（2016年修订版）。投资者可以通过上市公司的《公司章程》了解股东具体的权利义务；公司治理方面的具体架构；财务会计制度、利润分配和审计；合并、分立、增资、减资、解散和清算等各个方面的具体规定。

对于私募股权投资而言，股权融资的核心条款通过投融资双方谈判讨论决定，因而投资方可以谈判决定的条款相对上市公司而言更为灵活，我们也将在此使用更多的篇幅介绍私募股权投资时的一些核心条款。

投资方经过尽职调查得到满意的结论后，投融资双方进入股权投资的核心谈判阶段，确定估值、投资交易结构、业绩要求和退出计划等核心商业条款，并签署投资意向书。之后，投资方会聘请律师、会计师等专业机构对标的公司进行全面的尽职调查。在投资方获得令人满意的尽职调查结论后，就进入股权投资的实施阶段，投资方将与标的公司及其股东签署正式的投资协议，作为约束投融资双方的核心法律文件。股权投资协议中所包含的核心条款主要有以下八个方面。

2.3.3.1 交易结构条款

投资协议应当对交易结构进行约定。交易结构即投融资双方以何种方式达成交易，主要包括投资方式、投资价格、交割安排等内容。

投资方式主要包括认购标的公司新增加的注册资本、受让原股东持有的标的公司股权，少数情况下也向标的公司提供借款等，或者以上两种或多种方式相结合。确定投资方式后，投资协议中还需约定认购或受让的股权价格、数量、占比，以及投资价款支付方式，办理股权登记或交割的程序（如工商登记）、期限、责任等内容。

2.3.3.2 先决条件条款

在签署投资协议时，标的公司及原股东可能还存在一些未落实的事项，或者可能发生变化的因素。为保护投资方利益，一般会在投资协议中约定相关方落实相关事项，或对可变因素进行一定的控制，构成实施投资的先决条件，包括但不限于：

- 投资协议以及与本次投资有关的法律文件均已经签署并生效；
- 标的公司已经获得所有必要的内部（如股东会、董事会）、第三方和政府（如需）批准或授权；全体股东知悉其在投资协议中的权利义务并无异议，同意放弃相关优先权利；
- 投资方已经完成关于标的公司业务、财务及法律的尽职调查，且本次交易符合法律政策、交易惯例或投资方的其他合理要求；尽职调查发现的问题得到有效解决或妥善处理。

2.3.3.3 承诺与保证条款

对于尽职调查中难以取得客观证据的事项，或者在投资协议签署之日至投资完成之日（过渡期）可能发生的妨碍交易或有损投资方利益的情形，一般会在投资协议中约定由标的公司及原股东作出承诺与保证，包括但不限于：

- 标的公司及原股东为依法成立和有效存续的公司法人或拥有合法身份的自然人，具有完全的民事权利能力和行为能力，具备开展其业务所需的所有必要批准、执照和许可；
- 各方签署、履行投资协议不会违反任何法律法规和行业准则，不会违反公司章程，亦不会违反标的公司已签署的任何法律文件的约束；
- 过渡期内，原股东不得转让其所持有的标的公司股权或在其上设置质押等权利负担；
- 过渡期内，标的公司不得进行利润分配或利用资本公积金转增股本；标的公司的任何资产均未设立抵押、质押、留置、司法冻结或其他权利负担；标的公司未以任何方式直接或间接地处置其主要资产，也没有发生正常经营以外的重大债务；标的公司的经营或财务状况等方面未发生重大不利变化；
- 标的公司及原股东已向投资方充分、详尽、及时地披露或提供与本次交易有关的必要信息和资料，所提供的资料均为真实、有效的，没有重大遗漏、误导和虚构；原股东承担投资交割前未披露的或有税收、负债或者其他债务；

投资协议中所做的声明、保证及承诺在投资协议签订之日及以后均真实、准确、完整。

2.3.3.4 公司治理条款

投资方可以与原股东就公司治理的原则和措施进行约定，以规范或约束标的公司及其原股东的行为，如董事、监事、高级管理人员的提名权，股东（大）会、董事会的权限和议事规则，分配红利的方式，保护投资方知情权，禁止同业竞争，限制关联交易，关键人士的竞业限制等。

一票否决权条款。投资方指派一名或多名人员担任标的公司董事或监事，有些情况下还会指派财务总监，对于大额资金的使用和分配、公司股权或组织架构变动等重大事项享有一票否决权，保证投资资金的合理使用和投资后企业的规范运行。

优先分红权条款。《公司法》第三十四条规定："股东按照实缴的出资比例分取红利……但是，全体股东约定不按照出资比例分取红利或者不按照出资比例优先认缴出资的除外。"第一百六十六条规定："公司弥补亏损和提取公积金后所余税后利润……股份有限公司按照股东持有的股份比例分配，但股份有限公司章程规定不按持股比例分配的除外。"因此，股东之间可以约定不按持股比例分配红利，为保护投资方的利益，可以约定投资方的分红比例高于其持股比例。

信息披露条款。为保护投资方作为标的公司小股东的知情权，一般会在投资协议中约定信息披露条款，如标的公司定期向投资方提供财务报表或审计报告，重大事项及时通知投资方等。

2.3.3.5 反稀释条款

为防止标的公司的后续融资稀释投资方的持股比例或股权价格，一般会在投资协议中约定反稀释条款（Anti-Dilution Term），包括反稀释持股比例的优先认购权条款（First Refusal Right），以及反稀释股权价格的最低价条款等。

优先认购权。投资协议签署后至标的公司上市或挂牌之前，标的公司以增加注册资本方式引进新投资者，应在召开相关股东（大）会会议之前通知本轮投资方，并具体说明新增发股权的数量、价格以及拟认购方。本轮投资方有权但无义务，按其在标的公司的持股比例，按同等条件认购相应份额的新增股权。

最低价条款。投资协议签署后至标的公司上市或挂牌之前，标的公司以任何方式引进新投资者，应确保新投资者的投资价格不得低于本轮投资价格。如果标的公司以新低价格进行新的融资，则本轮投资方有权要求控股股东无偿向其转让部分公司股权，或要求控股股东向本轮投资方支付现金，即以股权补偿或现金补偿的方式使本轮投资方的投资价格降低至新低价格。

2.3.3.6 估值调整条款

估值调整条款（Valuation Adjustment Mechanism，VAM），又称对赌条款，即标的公司控股股东向投资方承诺，未实现约定的经营指标（如净利润、主营业务收入等），或不能实现上市、挂牌或被并购的目标，或出现其他影响估值的情形（如丧失业务资质、重大违约等）时，可以对约定的投资价格进行调整或者提前退出。估值调整条款包括如下方面：

现金补偿或股权补偿。若标的公司的实际经营指标低于承诺的经营指标，则控股股东应当向投资方进行现金补偿，应补偿现金=（1-年度实际经营指标÷年度保证经营指标）×投资方的实际投资金额-投资方持有股权期间已获得的现金分红和现金补偿；或者以等额的标的公司股权向投资方进行股权补偿。但是，股权补偿机制可能导致标的公司的股权发生变化，影响股权的稳定性，在上市审核中不易被监管机关认可。

回购请求权（Redemption Option）。如果标的公司的业绩在约定的期限内达不到约定的要求或者不能实现上市、挂牌或被并购的目标，投资方有权要求控股股东或其他股东购买其持有的标的公司股权，以实现退出；也可以约定溢价购买，溢价部分用于弥补资金成本或基础收益。如果投资方与标的公司签署该条款，则触发回购义务时将涉及减少标的公司的注册资本，操作程序较为复杂，不建议采用。

此外，根据最高人民法院的司法判例，投资方与标的公司股东签署的对赌条款是签署方处分其各自财产的行为，应当认定为有效；但投资方与标的公司签署的对赌条款则涉及处分标的公司的财产，可能损害其他股东、债权人的利益，或导致股权不稳定和潜在争议，因而会被法院认定为无效。所以，无论是现金或股权补偿还是回购，投资方都应当与标的公司股东签署协议并向其主张权利。

2.3.3.7 出售权条款

为了使投资人能够在标的公司减少或丧失投资价值的情况下实现退出，投资协议中也约定出售股权的保护性条款，包括但不限于如下方面：

随售权/共同出售权条款（Tag-Along Rights）。如果标的公司控股股东拟将其全部或部分股权直接或间接地出让给任何第三方，则投资方有权但无义务，在同等条件下优先于控股东或者按其与控股股东之间的持股比例，将其持有的相应数量的股权售出给拟购买待售股权的第三方。

拖售权/强制出售权条款（Drag-Along Rights）。如果在约定期限内标的公司的业绩达不到约定的要求或不能实现上市、挂牌或被并购的目标，或者触发其他约定条件，投资方有权强制标的公司的控股股东按照投资方与第三方达成的转让价格和条件，和投资方共同向第三方转让股份。该条款有时也是一种对赌条款。

2.3.3.8 清算优先权条款

如果标的公司破产清算而投资方未能及时退出，则投资方可以通过清算优先权条款（Liquidation Preference Rights）减少损失。

应该指出，我国现行法律不允许股东超出出资比例分取清算剩余财产。《公司法》第一百八十六条规定："公司财产在分别支付清算费用、职工的工资、社会保险费用和法定补偿金，缴纳所欠税款，清偿公司债务后的剩余财产，有限责任公司按照股东的出资比例分配，股份有限公司按照股东持有的股份比例分配。"

虽然有以上规定，但是股东之间可以约定再分配补偿机制。例如，投资协议中可以约定，发生清算事件时，标的公司按照相关法律及公司章程的规定依法支付相关费用、清偿债务、按出资比例向股东分配剩余财产后，如果投资方分得的财产低于其在标的公司的累计实际投资金额，控股股东应当无条件补足；也可以约定溢价补足，溢价部分用于弥补资金成本或基础收益。

2.4 股权融资与公司治理理论

2.4.1 股权融资的效率理论

由于股权融资更加针对于对公司的所有权和控制权，因此我们在此集中介绍股权契约与债务契约由于控制权配置不同而引起的特性差异。前文讨论的CSV框架下的现金流配置问题是基于完备契约的假设，而现实中信息不对称和代理成本的存在，造成了契约的不完备性，使得事前的投资契约难以对事后的投资行为进行有效控制（Williamson,

1985)。企业剩余索取权配置和剩余控制权配置的有效对应是企业效率经营的关键（张维迎，1996）。这里我们将基于不完备金融契约理论来讨论控制权配置与融资效率的相互关系。

2.4.1.1 不完备契约和控制权配置

Grossman & Hart（1986）指出：由于个人的有限理性、外在环境的复杂性、信息的不对称和不完全性，契约当事人或契约的仲裁者无法验证或观察一切，这就造成了契约的不完备性（Incomplete Contract）。按照交易成本经济学的解释，不完备契约源于有限理性（Bounded Rationality）和机会主义行为（Opportunistic Behavior）。不完备金融契约理论源于企业的不完备契约理论，而 Aghion & Bolton（1992）的 Aghion-Bolton 模型（AB 模型）是不完备金融契约理论的开山之作。

企业中企业家和投资者的目标是不一致的，AB 模型研究的问题是：初始契约如何协调这个源于利益冲突的矛盾？当初始契约无法协调时，应该如何配置控制权以提高效率？

假定企业的投资收益由自然状态和企业家采取的行动共同决定。由于私人利益的存在，投资者和企业家的利益发生冲突，因而他们对于应该采取行动的看法未必一致，而这种潜在的冲突又难以通过事前的契约来得到解决，因为契约是不完备的，它不能决定事后的状态或行动。因而作为事前决定的契约，其最需要解决的问题就是规定谁具有选择行动的权利，即控制权。尽管契约不能决定事后的状态或行动，但是它可以与企业的公开、可验证的信号相联系，从而影响事后的状态或行动。

AB 模型的核心结论是：最优的控制权配置方式是根据信号进行配置，如果信号不佳，就由投资者获得控制权；如果信号优良，则由企业家保留控制权。这就是所谓的"信号依存的双层控制权配置"（Two-layered Signal-contingent Control Allocation）模式。

AB 模型确定了状态依存控制权配置的重要性，明确地说明了控制权配置（或者说治理结构）会影响到公司的价值，并且不同的控制权安排对公司货币收益和私人利益均有重要的影响。相应地，该模型的重点即在于说明如何通过选择有效的融资契约来实现控制权的最优配置，从而使公司价值最大化。

AB 模型讨论了三种控制权配置方式：投资者控制（C 控制）、企业家控制（E 控制）和状态依存控制。如果将全部控制权交与投资者，那么现实中相对应的方式就是发行具有投票权的股权证券，并由外部投资者持有大多数的投票权，相应地，企业家成为公司的雇员；如果将全部控制权交与企业家，那么现实中相对应的方式就是发行不具有投票权的股权证券，比如双层股权结构中的无投票权的股票，或者发行具有投票权的股权证券并由企业家持有大多数的投票权；而与这两种静态的配置方式相比，根据状态（信号）的实现情况来配置控制权是更为有效的方式，状态依存控制的融资契约可以在债务、优先股、可转换债券、认股权证以及可转换优先股中进行选择。

AB 模型以债务契约作为状态依存契约的典型例子说明了债务融资控制权的配置过程：当投资收益较高时，企业家选择还款并保留控制权；当投资收益较低时，企业家选择违约，控制权转移给投资者。

AB模型总结了治理结构（控制权配置）的最优顺序（类似于Myers的优序融资理论），即企业家掌握全部的控制权、状态依存的控制权、（如不足以保护投资者利益）投资者掌握全部的控制权。相应地，融资契约的最优顺序是：发行不具投票权的股权证券、分出部分投票权（但依旧保持控制权）或者通过债务融资、发行具有投票权的股权证券（并将控制权归于投资者）。

现实中，我们可以看到在创业投资过程中，企业家对控制权的配置过程确实较为符合AB模型所总结的最优顺序。企业家一般会保留控制权，出售部分无控制权的股权证券，并逐渐分出部分投票权，然后发行债券或者进行贷款，并最终成为一家公众公司，股权进一步分散，控制权逐渐转移给外部投资者。

2.4.1.2 投票权的设计问题

股权融资中牵涉所有权，因此投票权是核心问题。从内部而言，投票权决定了公司的重要决策应该对利益最大方负责；从外部而言，外部并购市场的存在给企业经营者以压力，从而约束经营者的不努力或为私人利益而发生的消费。在股东较为分散的情况下，由于普遍存在的搭便车现象，股东缺少监督经营者的动力，进而引起内部监督机制失灵，而外部并购市场则弥补了内部监督机制的不足。

Groosman & Hart（1988）以创业者利益最优作为创业者设计投票权的目标，先论证了一股一票的最优性：它引入了公平的竞价机制，唯有能够带来最多现金流收益的经营者才能出价最高，并获得控制权。如果有竞争者可以按照较低的价格、通过购买别种方式的证券而获得控制权，则不能保证由最优的经营者获得控制权。

Harris & Raviv（1989）通过分析廉价投票权的方式解释了与控制权相关的企业证券设计问题。所谓"廉价投票权"（Cheap Votes）指的是价值对控制权变动不敏感的证券，如果该类证券亦有投票权，则其投票权的价值要低于对控制权变动敏感的证券。如果投票权结构中纳入了廉价投票权，则有可能导致能力较低的经营者通过收购廉价投票权而获得控制权，从而与优者获胜的设计目的相悖，所以有效的控制权安排中必须避免廉价投票权，因而一股一票是最优机制。一股一票制度亦可作为事前的承诺工具，竞争者通过一股一票制度能够预期到优者获胜的原则，从而决定是否发出并购要约。

从世界范围来看，双层股权结构是非常普遍的。根据Nenova（2003）的统计，在全球最大的46个国家股票市场中，26个国家有双层股权结构公司上市。而且更多的国家开始选择接受双层股权结构，例如新加坡交易所于2016年8月同意双层股权结构公司上市。

在美国，双层股权结构经历了萌芽阶段（1926年之前）、禁止阶段（1926—1984年）、僵持阶段（1985—1990年）和放松阶段（1991年至今）。NYSE上市公司手册313.00款[①]和NASDAQ上市规则5460款有关投票权（Voting Rights）的规定是："公司不能通过任何行动或发行来减少或限制已公开交易的普通股股东的投票权。（交易所）意识到资本市场和企业面临的环境和需求随着时间在不断改变，因此会考虑这些行动或发

---

① The Listed Company Manual[EB/OL].http://wallstreet.cch.com/LCM/.

行的经济后果。对超级投票权股票发行的限制主要适用于新股；如果公司已经存在双层资本结构，将一般被允许增发已经存在的超级投票权类股票。"AMEX[①] 对企业发行不同投票权的股票附加了一些要求，如高投票权和低投票权股票之间的投票权比例不超过 10∶1，低投票权的股票必须有一些选举董事的权利等（蒋小敏，2015）。目前，采用双层股权的行业分布很广，但主要应用在传媒行业和互联网行业。

一定条件下，非一股一票可能会优于一股一票制度安排。对于这些非一股一票制度安排，Hart（1995）从两个方面进行了解释：

当在位经营者和竞争者都具有相当大的私人利益时，非一股一票可能优于一股一票的制度安排。此时放弃一股一票原则能够提高公司控制权市场的竞争强度，并使股东能够部分剥夺在位经营者和竞争者的私人利益，从而提高公司的总价值。

对于有些公司，通过将控制权配置给经营者并鼓励其进行关系专用性投资是有效率的，而如果经营者受财富制约，那么采用非一股一票的机制可以保证经营者在位并具有一定的稳定性。在这种条件下，采用非一股一票的机制更有利于公司的发展。

根据对现实资本市场的观察，采用双重股权结构的目的主要在于强化控制权：

创始人得以维持对公司的控制。这一点对于互联网/科技企业具有很大意义，创始人的经营理念、发展战略对于企业至关重要，但企业出于资金需求又不得不引入一定的投资者，双重股权制度能够既募集到资金又不丧失控制权，有利于降低创始人群体与外来投资者冲突对公司造成冲击的风险。

双重股权制度可以有效防御收购。由于双重股权结构中高表决权 B 类普通股集中在原控股股东，一般不上市流通，收购方即使将全部在外流通的低表决权 A 类普通股收入囊中，也不一定能拥有足够的表决权，因而收购采取双重股权结构的公司难度可能更大。

在双层股权结构与公司价值的关系方面，目前还没有理论证明两者之间有明确的关系。如果投资者把放弃投票权看作股票价值的一种折让，那么股票往往会定价偏低。根据 Smart & Zutter（2003）的实证研究，在 IPO 及其后一段时间，与单一股权结构公司相比（调整公司的规模和增长率之后），双层股权结构公司的市盈率和市销率都偏低。

2.4.1.3 股债共有的最优性及其矛盾

1. 股债共有的最优性

现实中企业的资金往往由多种类型的投资构成，并在融资中采用多种金融工具，这些金融工具在期限、回报支付、破产清算等级等方面形成差异。最基本的例子就是企业一般都会同时采用债务融资和股权融资两种方式，这种现象称为股债共有。探讨股债共有的最优性可以从三个角度出发。

Berglöf & Thadden（1994）是针对长短期投资者的冲突进行分析，基本结论是：长短期投资者在清算权、期间收益要求权的配置不同、倾向不同，可以影响事后的再谈判，

---

① NYSE Amex LLC，原为美国股票交易所（American Stock Exchange），2008年被纽交所并购。

从而降低企业的违约倾向和非效率清算倾向，提高融资效率。从这个意义上说，同时具有短期和长期投资者的资本结构要优于单一的资本结构。

Dewatripont & Tirole（1994）根据债权人和股东对经理约束的不同特性来研究股债共有的最优性。他们发现债权人对经理的约束过于严厉，对股东的约束则过于宽松，在此意义上，把债权人比作"严厉的委托人"（Tough Principal），而股东则为"宽松的委托人"（Soft Principal），在利润信号不佳时，债权人更急于清算项目，而股东则倾向于继续项目。因而，控制权的最优配置应该是：债权人在状态不佳时掌握控制权，而股东在状态较好时掌握控制权。由于债权人和股东对公司经理的约束严厉程度不同，因而由债权人和股东共同构成外部投资者是最优的治理结构。

Santos（1997）通过企业家的私人利益来研究股债共有最优性问题，发现如果没有企业家不可转让的私人利益，那么最优契约将变成股权契约，私人利益越高，企业家愿意出让的股权比例越小。企业家经营企业的私人利益是决定股债共有契约最优的关键所在。

2. 股债共有的矛盾

我们上面从三个角度阐述了股债共有的最优性，但是股债共有同时也存在着矛盾，矛盾主要体现为债权持有人和股票持有人之间的冲突，下面我们集中从资产替代和更换经理两个方面来讨论。

资产替代矛盾是由于代理成本而引起的矛盾。具体而言，债权人和股东由于获得支付的特征不同，所以股东倾向于选择风险较高的项目，因为项目成功后股东能够获得较多的剩余，而即使项目失败，股东也仅承担有限责任。债权人在预知股东可能对债权人造成的伤害后，在债务定价时会索取较高的价格。

资产替代矛盾可以通过外部机制来减缓，主要体现在债务契约的条款规定上。具体而言，债务契约中可以加入设法制止资产替代的条款，例如加入投资禁令，限制与主业关系不大的投资等。

资产替代矛盾还有自然减缓机制。在一些成熟的、现金流较稳定而增长机会较小的行业中，比如电力、公用事业、钢铁、港口、公路等，投资项目本身风险较小，债务融资的代理成本就相对较小，这也正是这些行业中大量使用债务融资的原因之一。

可转换债券也可以减缓资产替代矛盾，其机制在于：企业家一旦投资于高风险项目，如果成功，则转债持有人将会转股，从而分享投资收益；如果失败，则转债持有人将会要求偿债，从而造成企业的破产清算风险。在此约束机制下，企业家投资高风险项目的动机大为减少。

股债共有矛盾的另一个体现就是更换经理时债权人和股东出现的矛盾。与资产替代的原因相类似，由于债权人和股东获得支付的特征不同，在替换不称职的经理时，双方会出现分歧。由于股东和债权人对未来经理的经营能力不确定，所以债权人倾向于回避风险，尽量不替换经理；股东则相反，会更频繁地更换经理。也就是说，在更换经理方面，债权人过于保守，而股东则过于激进。

实践中，债权人可以通过获得部分控制权的方式来减缓与股东在更换经理方面的矛盾，获得方式具体表现为对经理任命的否决权，债权人拥有对经理的否决权体现在三个方面：其一是参与公司的董事会或监事会，美国的银行有时会参与借款公司的董事会或监事会，而在德国就更普遍了；其二是在贷款协议中明确约定对更换经理的否决权，比如可以规定"非经贷款人同意，管理层不得变更"；其三是以取消短期贷款对借款企业进行威胁。

2.4.2 公司治理与投资者保护理论

2.4.2.1 两权分离理论

公司治理的理论基础是两权分离理论，即企业的所有权与经营权分离。该理论是随着股份公司的出现而产生的，代表人物是 Adolf Berle、Gardiner Means 和 Alfred Chandler 等人。Berle & Means（1932）对美国 200 家大公司进行了分析，发现这些大公司中的很大一部分是由并未持有公司股权的经理层控制的，由此得出结论：现代公司已经发生了所有与控制的分离，公司实际已由职业经理组成的控制者集团所控制。Chandler（1962）认为，股权分散的加剧和管理的专业化使得拥有专门管理知识并垄断了专门经营信息的经理们实际上掌握了对企业的控制权，导致两权分离。

2.4.2.2 代理成本理论

Jensen & Meckling（1976）提出代理成本理论，区分了两种公司利益冲突：股东与经理层之间的利益冲突以及债权人与股东之间的利益冲突。

股东与经理层之间的利益冲突。企业中，由于经理层不能拥有公司 100% 的剩余收益，因而其努力工作所带来的收益必须与其他所有者进行分享，因此现实中经理层就有强烈的消极工作的动机，甚至把公司资源转变为个人收益，从而产生了股东和经理层之间的利益冲突。

债权人与股东之间的利益冲突。由于股东的责任有限，而剩余收益则由股东分享，因此当某项投资能够产生远高于债务面值的收益时，即便成功的概率很低，股东也可能会选择这一高风险投资项目，因为这一风险投资项目一旦成功，超额收益全部归所有者所有；而项目一旦失败，有限责任决定了损失将主要由债权人来承担。

股东与经理层之间的利益冲突所导致的代理成本又被称为"外部股东代理成本"，债权人与股东之间的利益冲突以及与债权相伴随的破产成本又被称为"债权的代理成本"。代理成本理论认为，伴随着股权－债务比率的变动，公司选取的目标资本结构应比较负债带来的收益增加与两种代理成本的抵消作用，从而使公司价值最大化。委托人的监督成本和代理人的担保成本是制定、实施和治理契约的实际成本，剩余损失是在契约最优但又不完全被遵守、执行时的机会成本。

2.4.2.3 LLSV 范式研究

LLSV 指的是四位学者：Rafael La Porta、Florencio Lopez-de-silanes、Andrei Shleifer 和 Robert Vishny，他们共同致力于法学和金融学交叉领域的研究，尤其擅长用法律视角

来分析金融问题，揭示法律和金融之间的互相作用关系。他们最为经典的论文一共有四篇：LLSV（1998）、LLSV（1999）、LLSV（2000）和LLSV（2002）。

LLSV（1998）以世界上49个国家为样本，考察了关于产权保护的法律及其实施质量与其法律渊源的关系。他们认为，法律制度和执法机制支配着金融交易，因为契约安排是形成金融活动的基础，与不支持债权人和股票持有者权利或者不能有效执行契约的司法体系相比，保护投资者和履行契约的司法体系可能更激励金融发展。

他们从立法和执法两个方面研究了投资者保护，发现法律环境影响着一个国家的资本市场规模和范围：一个好的法律保护环境能够保护投资者避免被企业家剥削，提高其投资证券的意愿；而对投资者保护较差的国家往往其资本市场都非常狭小，包括股票融资市场和债务融资市场。与普通法系相比，法国等大陆法系的国家具有弱的投资者保护和不发达的资本市场。

LLSV（1999）分析了27个发达国家大公司的所有权结构，发现提高法律保护可以提高控股东剥削小股东的难度，从而有效削减控股股东和小股东之间的代理冲突。LLSV（1999）发现控制权股东通常拥有超过其现金支配权的权利，部分原因是他们运用金字塔结构控制大公司。因此，大公司存在所有权和经营权分离的问题，但不是Berle和Means所描述的那样。这些控制权股东通常存在侵害少数股东利益的途径，因此公司治理的重点是保护中小股东的利益，防范控股股东对其进行利益侵害。

LLSV（2000）在分析33个国家的股息分配政策后发现，小股东受到保护较好的国家，具有较高的派息，同时高速成长的公司派息比低速成长的公司要低，这说明当投资机会比较好的时候，受到法律保护的股东愿意期望未来的股息。相反，差的股东保护使得股东忽略任何投资机会，尽可能地取走股息。这说明较差的法律保护产生了较高的代理成本，从而降低了公司价值；较好的法律保护则能提升公司价值。这篇文献认为法律是公司治理问题中保护投资者的有效方式，就经验而言，强的投资者保护是与有效的公司治理相联系的。

LLSV（2002）提供了一个公司定价模型，描述法律保护对公司价值的影响，具体研究了法律对少数股股东的保护和对控制股股东现金流权的保护。论文用27个富裕国家的539个大公司作为样本对这个模型进行检验，发现对少数股股东保护好的国家，其公司的估值相对较高，控股股东享有较高现金流权的公司也有较好的估值。这一证据支持了限制控制股东对少数股权股东侵害的立法重要性，它有助于为外部投资者带来价值，因而投资者保护对金融市场的发展意义重大。

LLSV之后的其他一些经济学家补充和丰富了LLSV的研究。总体而言，LLSV范式强调法律对投资者权利的保护作用，认为这是各国形成不同的金融发展水平和不同的公司治理模式的内在原因，法律制度的建立和完善相应成为改善公司治理和促进金融发展的关键。

LLSV的研究使我们认识到，法律对投资者权利的保护是公司治理和金融发展最重要的影响因素之一，加强法律对投资者权利的保护相应成为改善公司治理和促进金融发展最为根本的途径之一。但是，现实中改变一国法律对投资者权利的保护程度显然并非能够在短期内实现,因而学界继续开始研究法律外制度(Extra-legal Institutions)对公司治理的作用。按照 Dyck & Zingales(2004)等的观点,主要存在以下法律外制度:产品市场竞争、公众舆论压力、道德规范的内在约束、文化、工会压力以及政府通过税务实施实现的监督等。[①] 这些研究内容就不再在此展开。

■ 本章小结

股东所面对的境况是一个看涨期权的买方,债权人所面对的境况是一个看跌期权的卖方,他们共同分配企业为投资者创造的价值。

债的权利特性包括:债反映财产流转关系,债的主体双方只能是特定的,债以债务人应为的特定行为为客体,债只有通过债务人的特定行为才能实现其目的,债的发生具有任意性和多样性,债具有平等性和相容性。债的现金流特征表现为固定收益特征。债的财务特点包括:不影响权益、成本较低、税盾作用、杠杆作用、资产或信用支持、现金流风险。

债务融资的相关财务理论包括 MM 定理、权衡理论、优序融资理论、CSV 框架下的现金流配置理论等。

股权的基本特点包括:股权代表了公司所有权,股东依此享受权利、承担责任;股权是公司财产最后顺序的求偿权;股权不能要求固定的股利回报;股东建立公司治理机制,行使对公司的控制权、决策权和监督权。

股权融资的优点包括:股权融资不需要偿还;有利于企业获得更多的外部经营资源;有利于完善公司治理机制;在公开上市的条件下有利于提升估值和实现股权流通,形成资本运作的良好平台。股权融资的缺点表现在:股权稀释、税务弊端、代理成本与沟通成本等。

我国企业进行股权融资可以根据融资来源分为交易所市场融资、场外市场融资、私募股权融资和境外上市融资。

股权融资效率方面的基本理论包括:不完备契约和控制权配置、投票权的设计问题、股债共有的最优性及其矛盾等。

■ 本章重要术语

固定收益证券 正面条款和负面条款 到期条款 面值 贴息/零息债券 递增利率债券 递延债券 赎回条款 不可赎回条款 不可再融资赎回条款 提前偿还条款 偿债基金 可转换债券 可交换债券 回售权 嵌入式期权 发行人嵌入式期权 持有人嵌入式期权 MM 定理 权衡理论 财务困境成本 优序融资理论 CSV 框架 私募股权投资 估值调整条款 随售权/共同出售权条款 拖售权/强制出售权条款 不完备契约 状态依存控制 两权分离理论 代理成本理论 LLSV 范式

[①] 郑志刚. 法律外制度的公司治理角色——一个文献综述[J]. 管理世界,2007(9).

思考练习题

1. 从期权角度看,股东和债权人的状态分别可以用何种期权来表示?他们的风险和收益情况如何?
2. 债的现金流特性是什么?由此特点而知债最主要的风险是什么?
3. 债券融资和信贷融资的不同之处主要体现在哪几个方面?
4. 债券的到期条款的主要功能是什么?债券中的哪些条款会影响债券的实际到期时间?
5. 什么是债券的赎回权?加入赎回权会对债券的哪一方有利?
6. 什么是债券的回售权?加入回售权会对债券的哪一方有利?
7. 什么是嵌入式期权?常见的带有嵌入式期权的债券有哪些?
8. 嵌入式期权会如何影响债券的价值?发行人嵌入式期权和持有人嵌入式期权对债券的发行价格会有什么影响?
9. MM定理的基本结论是什么?它所依据的金融学原理是什么?无公司所得税的MM模型在加入公司税调整后会得到什么结论?
10. 根据权衡理论,债务发行的限制性因素是什么?根据权衡理论,最佳资本结构点应该满足什么条件?
11. 优序融资理论的理论基础是什么?其主要结论是什么?企业偏好内源融资的原因是什么?
12. 什么是CSV框架?CSV框架下何种融资契约具有最优性?原因何在?
13. 我国多层次资本市场主要包括哪几个市场?它们各自的主要服务对象是什么?
14. 股权投资协议中所包含的核心条款主要有哪些?
15. 估值条款中,对约定的投资价格进行调整时常见的做法有哪些?
16. Aghion-Bolton模型研究的三种控制权配置方式分别是什么?其核心结论是什么?
17. 什么是"廉价投票权"?为什么有效的控制权安排中必须避免"廉价投票权"?
18. 公司设置双重股权结构的目的主要有哪些?
19. 代理成本的存在造成了公司利益的哪两类冲突?代理成本理论所认为的目标资本结构应该达到什么样的效果?
20. LLSV范式是从哪个方面来研究金融问题的?他们认为改善公司治理和促进金融发展的关键是解决什么问题?

参考文献

[1] Modigliani, F., Miller, M. Corporate Income Taxes and the Cost of Capital: A Correction [J]. *American Economic Review*. 1963(53, 3): 433—443.

[2] Townsend, R. Optimal Contracts and Competitive Markets with Costly State Verification [J]. *Journal of Economic Theory*, 1979(22): 265—293.

[3] Aghion P., Bolton P. An Incomplete Contracts Approach to Financial Contracting [J]. *The Review of Economic Studies,* 1992(59,3): 473—494.

[4] Brennan, M., Kraus, A. Efficient Financing under Asymmetric Information [J]. *Journal of Finance* , 1987(42): 1225—1243.

[5] Boot, A., A. Thakor. Security Design[J].

Journal of Finance.1993 (48): 1349—1378.

[6] Berle, A. A., Means G. C. Modern Corporation and Private Property [M]. The Macmillan Company, 1932.

[7] Chandler, A. D. Jr. Strategy and Structure: Chapters in the History of the American Industrial Enterprise [M]. MIT Press, 1962/1998.

[8] Diamond, D. Financial Intermediation and Delegated Monitoring [J]. *Review of Economic Studies*, 1984(51): 393—414.

[9] Dyck A., Zingales L. Private Benefits of Control: An International Comparison [J]. *The Journal of Finance*, 2004(59, 2): 537—600.

[10] Gale, D., Hellwig, M. Incentive-compatible Debt Contracts [J]. *Review of Economic Studies*, 1985(52): 647—663.

[11] Grossman S. J., Hart O. D. One Share-one Vote and the Market for Corporate Control [J]. *Journal of Financial Economics*, 1988 (20): 175-202.

[12] Harris M., Raviv A. The Design of Securities [J]. *Journal of Financial Economics*, 1989 (24,2): 255—287.

[13] Hart, O. Firms, Contracts, and Financial Structure [M]. Oxford：Oxford University Press, 1995.

[14] Jensen, M., Meckling W. H. Theory of the Firm: Managerial Behavior, Agency Costs and Ownership Structure [J]. *Journal of Financial Economics*, 1976(3): 305—360.

[15] Jensen, M. C., Meckling W. H. Theory of the Firm：Managerial Behavior, Agency Costs and Ownership Structure [J]. *Journal of Financial Economics*, 1976(3): 305—360.

[16] La Porta, R., Lopez-de-Silanes, F., Shleifer, A., et al. Law and Finance [J]. *Journal of Political Economy*, 1998(106, 6): 1113—1155.

[17] La Porta, R., Lopez-de-Silanes, F., Shleifer, A. Corporate Ownership around the World [J]. *The Journal of Finance*, 1999(54, 2): 471—517.

[18] La Porta, R., Lopez-de-Silanes, F., Shleifer, A., et al. Investor Protection and Corporate Governance [J]. *Journal of Financial Economics*, 2000(58): 3—28.

[19] La Porta, R., Lopez-de-Silanes F., Shleifer, A., et al. Investor Protection and Corporate Valuation [J]. *The Journal of Finance*, 2002(57, 3): 1147—1170.

[20] Smart S. B., Zutter C. J. Control as a Motivation for Underpricing: A Comparison of Dual and Single-class IPOs [J]. *Journal of Financial Economics*, 2003(69,1): 85—110.

[21] 陈菊香,田惠敏.私募股权投资与企业改制上市操作实务教程 [M]. 北京：北京大学出版社,2014.

[22] 高盛（亚洲）有限责任公司,高盛高华证券有限责任公司.债券契约条款相关问题解读 [R/OL].2015-03.

[23] 蒋小敏.美国双层股权结构: 发展与争论[J].证券市场导报,2015(9).

[24] 罗斯,威斯特菲尔德,杰富.公司理财（第九版）[M].吴世农,等译.北京：机械工业出版社,2012.

[25] 马晓军.证券设计理论及融资工具创新问题研究 [M]. 北京：中国财经出版社,2006.

[26] 全国中小企业股份转让系统 [EB/OL]. http：//www.neeq.com.cn/.

[27] 上海证券交易所 [EB/OL].http：//www.sse.com.cn/.

[28] 深圳证券交易所 [EB/OL].http：//www.szse.cn/.

[29] 杨农.债券市场蓝皮书：中国债券市场发展报告(2015—2016)[M]. 北京：社会科学

文献出版社, 2016.

[30] 杨农. 中国企业债券融资：创新方案与实用手册 [M]. 北京：经济科学出版社, 2012.

[31] 中国银行间市场交易商协会 [EB/OL]. http://www.nafmii.org/.

[32] 中华人民共和国民法总则（2017）[A/OL]. (2017-3-15). https://www.chinacourt.org/law/detail/2017/03/id/149272.shtml.

第二篇

债务融资品种与投行承做

第 3 章
债务融资主要品种

宋瑞波　刘玉书　郦　楠（浦发银行）

本章知识与技能目标

◎ 了解债务融资产品的主要品种，包括政府债券、金融债券、非金融企业债务融资工具、企业债、公司债及其他非金融企业债务融资产品，掌握各类产品的特点和比较。

◎ 掌握非金融企业债务融资工具、企业债、公司债的发行条件与条款设计、注册与核准流程。

引导案例

甲公司是某省国资委控股的国有企业，主营业务为制造业。甲公司主体评级为 AA，最近一年经审计的资产总额为 138 亿元，净资产为 38 亿元，审计报告意见为带强调事项段的无保留意见。甲公司存续债券余额为短期融资券 10 亿元，此外，甲公司下属上市公司乙公司取得公司债批文 5 亿元，尚未发行。此外，甲公司还有一些成本较高的银行借款。

因原材料价格上涨，甲公司利润率下降且 2019 年拟进行大量技改项目，资金紧张，所以甲公司计划通过直接债务融资方式融资以弥补其流动资金和技改项目资金需求缺口。甲公司希望最大限度地利用资金，尽可能降低资金使用成本。

> **问题：**
> 1. 甲公司可采取的直接债务融资方式有哪些？
> 2. 为甲公司设计合适的债务融资方案并规划募集资金用途。
> 3. 假定甲公司最后决定注册中期票据，可注册额度是多少？主承销商需准备哪些注册材料以提交交易商协会注册评议？

3.1 债券市场概览

债务融资包括直接融资和间接融资两种方式。直接债务融资的方式主要是发行债券，间接债务融资的方式包括银行贷款、信托融资、融资租赁等。本章主要探讨直接债务融资的主体及产品，故先对债券市场进行概览性介绍。

3.1.1 债券市场

债券市场，指债券发行和流通的市场，其中发行市场又称一级市场，流通市场又称二级市场。根据市场交易方式划分，债券流通市场又可分为以报价驱动的债券市场和以指令驱动的债券市场，对应场外交易市场和场内交易市场。

债券市场是当代资本市场的起源，也是中华人民共和国最早出现的资本市场。1987年3月，国务院颁布了《企业债券管理暂行条例》，企业债券的发行管理开始走上正轨，向社会公开发行量不断增加。1991年，随着交易所的成立，债券的交易重心逐渐向交易所转移，但由于风控机制未能有效建立，实际运行中出现了一些问题。1997年6月6日，中国人民银行要求各商业银行一律停止在交易所进行债券交易，改为在全国同业拆借中心进行债券交易，这标志着银行间债券市场的形成。2002年，将银行间债券市场准入由核准制改为备案制，债券市场交易主体得到丰富，连通了交易所债券市场和银行间债券市场两个债券市场，市场统一性得到加强。至此，我国统一的、多层次的、以银行间市场为主的债券市场体系基本形成。

2005年以来，银行间债券市场取得了长足进步。2005年5月4日，中国人民银行发布了《短期融资券管理办法》以及《短期融资券承销规程》《短期融资券信息披露规程》等两个配套文件，开始允许符合条件的企业在银行间债券市场向合格机构投资者发行短期融资券。

2007年9月3日，中国银行间市场交易商协会成立，交易商协会是银行间债券市场、拆借市场、票据市场、外汇市场和黄金市场参与者共同的自律组织，其业务主管单位为中国人民银行。

2008年，人民银行发布《银行间债券市场非金融企业债务融资工具管理办法》，随后交易商协会发布《非金融企业债务融资工具注册规则》《非金融企业债务融资工具信息披露规则》《非金融企业债务融资工具中介服务规则》《非金融企业短期融资券业务指引》《非金融企业中期票据业务指引》等文件，进一步规范债务融资工具发行和交易的自律管理程序，并不断丰富产品品种，陆续推出了超短期融资券、定向工具及其他创新品种，公司信用类债券快速发展。

在我国，场内债券市场主要是指沪、深证券交易所市场，场外债券市场包括银行间债券市场及商业银行柜台市场。从一般意义上说，银行间债券市场是机构间的大宗批发市场，商业银行柜台市场则是面向社会投资者的小额批发和零售市场。目前我国债券市场形成了主要面向机构投资者，以银行间债券市场为主、交易所债券市场为辅的市场格局。

银行间债券市场是我国债券市场的主要板块，是由合格机构投资者参与、以报价驱动为主要交易方式的场外市场。银行间市场在组织形式、参与主体、交易规模、议价方式、管理模式等方面有其自身的特征。组织形式方面，银行间市场是一个分散的、无形的场外市场，在其产生之初就无固定的、集中的交易场所，交易主要通过电话、传真和计算机网络等手段联系成交；参与主体方面，银行间市场以机构投资者为主体，这是与交易所市场最关键的区别；交易规模方面，银行间市场以大宗交易为主；议价方式方面，银行间市场以一对一询价为主；管理模式方面，银行间市场建立了政府监管与市场自律相结合的模式。

3.1.2 债券品种

我国债券市场始于 20 世纪 80 年代末，经过 30 多年的发展，尤其是 2005 年以后，市场存量不断扩大，交易主体日益增加，交易规模快速增长，交易品种不断丰富，目前已发展成门类基本齐全、品种结构较为合理、信用层次不断拓展的债券市场。目前我国债券市场上的债券产品可分为三大类：一是政府信用类产品，二是金融机构信用类产品，三是非金融企业信用类产品（表 3-1）。

表 3-1 我国债券市场主要产品

类别	主要产品
政府信用类	国债、地方政府债、政府支持债券、政府支持机构债券
金融机构信用类	政策性金融债、金融企业债券（商业银行普通债、商业银行混合资本债、商业银行二级资本债、证券公司债、证券公司短期融资券、非银行金融机构债等）
非金融企业信用类	非金融企业债务融资工具（短期融资券、中期票据、超短期融资券、定向工具、中小企业集合票据、项目收益票据、熊猫债、永续票据、并购票据、定向可转换票据、供应链票据、创投企业债务融资工具、绿色债券、双创债等）、公司债（公众发行公司债券、合格投资者发行公司债券及非公开发行公司债券等）、企业债（一般企业债、专项企业债）

本章后续各节将分别对上述债券市场主要产品进行介绍，包括各产品的特点、分类、发行与承销等，重点介绍非金融企业信用类产品的特点、发行条件与条款设计、注册与核准流程。

3.2 政府债券

3.2.1 政府债券的主要种类和基本特点

政府债券是指政府财政部门或其他代理机构以筹集资金为目的,以政府名义发行的债券。政府债券的发行主体是政府。

3.2.1.1 国债

国债是指中央政府为筹措资金而向投资者出具的承诺在一定时期内还本付息的债权债务凭证。各国政府发行债券的目的各有不同,主要是满足弥补国家财政赤字、进行大型工程项目建设、偿还旧债本息等方面的资金需要。国债按照偿还期限的长短还可以分为短期国债、中期国债与长期国债,但各国的具体划分标准不尽一致。美国和日本等国家将1年以下的债券称为短期国债,将1年以上、10年以下的债券称为中期国债,将10年以上的债券称为长期国债。

在我国发行的国债包括三大类:储蓄国债(电子式)、凭证式国债[①]和记账式国债(表3-2)。储蓄国债(Savings Bonds)包括原有的凭证式国债和储蓄国债(电子式),是指一国政府面向个人投资者发行、以吸收个人储蓄资金为目的、满足长期储蓄性投资需求的一种不可流通国债。记账式国债是由财政部通过无纸化方式发行、以电脑记账方式记录债权,并可以上市交易流通的债券。记账式国债又分为附息国债和贴现国债两类。附息国债定期支付利息、到期还本付息、期限为1年以上(含1年)。贴现国债以低于面值的价格贴现发行、到期按面值还本、期限为1年以下(不含1年)。

表3-2 储蓄国债(电子式)、凭证式国债和记账式国债

	储蓄国债(电子式)	凭证式国债	记账式国债
购买方式	柜台购买或电子渠道购买,不可以用现金支付	柜台购买,可现金支付	柜台购买或电子渠道购买,不可以用现金支付
记录方式	电子方式(需个人国债托管账户和资金账户)	纸质凭证	电子方式(需个人国债托管账户和资金账户)
付息方式	每年付息	一次性还本付息	每年/每半年付息
发行对象	个人投资者	个人和机构投资者	个人和机构投资者
流动性	不可交易,可提前兑付	不可交易,可提前兑付	可交易
本金安全性	若提前兑付,本金按票面兑付	若提前兑付,本金按票面兑付	若到期前卖出,可能会亏损

---

① 即储蓄国债(凭证式)。

（续表）

	储蓄国债（电子式）	凭证式国债	记账式国债
提前兑付罚息	对于3年期国债，收取0.1%手续费，持有<6M不付利息，[6M，24M）扣180天利息，[24M，36M）扣90天利息	按照实际持有期计息，以2016年凭证式（一期，3Y）为例，持有时间<6M不付利息，[6M，1Y）按0.74%计息，[1Y，2Y）按2.47%计息，[2Y，3Y）按3.49%计算	无罚息
到期兑付方式	自动将本息转入资金账户，按活期付息	需自行兑付，逾期不加息	自动将本息转入资金账户，按活期付息

资料来源：财政部、中国人民银行有关方面负责人就储蓄国债（电子式）相关事宜答记者问（2006-06-20）. http: //www.mof.gov.cn/zhengwuxinxi/caizhengxinwen/200805/t20080519_23969.html。

国债的发行者是中央政府，所以需要由国家来承担偿还本息的责任。国债可以全部在证券交易所上市，也可以在到期前用作抵押贷款的担保品。值得注意的是，政府免收国债的债券收益所得税和利息税。国债的发行量和交易量在债券市场占有相当大的比重，不仅在金融市场上起着重要的融资作用，而且是各国中央银行进行公开市场业务的重要手段。

国债的发行一般以公募发行为主，同时又多采取间接销售的方式，即通过债券发行中介机构公开向社会发行。国债一般在国内以本币币种发行，称作政府本币内债，在国外有时以外币币种发行，称作政府外币债券。

3.2.1.2 地方政府债券

地方政府债券是指地方政府根据信用原则、以承担还本付息责任为前提而筹集资金的债务凭证，是有财政收入的地方政府及地方公共机构发行的债券。地方政府债券一般用于交通、通信、住宅、教育、医院和污水处理系统等地方性公共设施的建设。与中央政府发行的国债一样，地方政府债券一般也是以当地政府的税收能力作为还本付息的担保。

1994年财政分税制改革后，中央政府上收部分财权，但地方政府仍承担着经济建设等事权，因此我国地方政府的资金逐步开始大规模地投向资金需求大、建设期和回收期长的基础设施建设项目中，地方政府财政收支不平衡日益加剧，债务融资需求不断扩张。然而，1994年3月颁布的《预算法》第二十八条明确规定："除法律和国务院另有规定外，地方政府不得发行地方政府债券。"

上位法层面的明文禁止使得地方政府发行债券融资从一开始就呈隐性化特征，在模式上呈现出两个方向的演变：一个方向是发债方式显性化，在不突破地方政府不能自主发行债券的大框架下，中央政府通过国债转贷和地方政府债券试点等方式不断探索地方政府融资模式；另一个方向是发债主体隐性化，地方政府通过搭建投融资平台替代其作为发债主体，城投债方兴未艾。

具体来说，地方政府发债的渠道主要有三种：国债转贷、城投债和地方政府债券。国债转贷是预算法明确地方政府不得发债后中央政府与地方签订协议转贷资金的模式，地方政府本质上并不是发债人。"四万亿计划"实施后，城投债和地方政府债券得到了长足的发展，但地方政府债券的存量规模远低于城投债。与城投债相比，地方政府债券在发行规模、发行目的等方面都更易受到监管。地方政府债券的发行成本接近国债与国债转贷，低于城投债，期限主要集中在中短期。

未来地方政府自主发债仍需在国务院确定的限额内进行，且需是经国务院批准的省、自治区、直辖市，也就是说对债券发行额度和主体都将继续进行较为严格的控制，仍将沿着"自发自还"地方政府债券设计的路径，在限额控制和主体控制下逐步放行。随着融资平台公司的政府融资职能逐渐被剥离，通过限额管理，地方政府债务将更加显性化。

3.2.1.3 政府债券的基本特点

安全性高。政府债券是政府发行的债券，由政府承担还本付息的责任，是国家信用的体现。在各类债券中，政府债券的信用等级是最高的，通常被称为"金边债券"。投资者购买政府债券是一种较安全的投资选择。

流通性强。政府债券是一国政府的债券，它的发行量一般都非常大，同时由于政府债券的信用好、竞争力强、市场属性好，许多国家政府债券的二级市场也十分发达，一般不仅允许在证券交易所上市交易，而且允许在场外市场进行买卖。发达的二级市场为政府债券的转让提供了方便，使其流通性大为增强。

免税待遇。政府债券是政府自己的债券，为了鼓励人们投资政府债券，大多数国家都规定购买国债的投资者可以在利息收入方面享受税收减免。《中华人民共和国个人所得税法》规定，个人投资的公司债券利息、股息、红利所得应纳入个人所得税，但国债和国家发行的金融债券的利息收入可免纳个人所得税。因此，在政府与其他证券名义收益率相等的情况下，如果考虑税收因素，持有政府债券的投资者可以获得更多的实际投资收益。

收益稳定。投资者购买政府债券可以得到一定的利息。政府债券的付息由政府保证，其信用度最高，风险最小，因此对于投资者来说，投资政府债券的收益是比较稳定的。此外，因政府债券的本息大多数固定且有保障，所以交易价格一般不会出现大的波动，二级市场的交易双方均能得到相对稳定的收益。

能满足多种需要。由于政府证券信用程度高，所以它被广泛地应用于抵押和担保，甚至在许多交易中，国债还可以作为无现金交纳的保证。

利率较低。一般来说，由于国债的还本付息由国家作保，所以国债的信用度最高而风险最小，其利率也较其他债券低。在我国，由于几大银行都是同属国家的专业银行，其信誉和风险程度与国家相比也未体现出巨大差异。

央行调节货币的有效工具。中央银行通过在市场上买卖国债进行公开市场业务操作，可以有效地伸缩市场货币量从而实现对货币供应量的有效调节。

3.2.2 国债的发行与承销

3.2.2.1 我国国债的发行方式

在 1988 年以前，我国国债采用行政分配的方式来发行；1991 年，我国开始以承购包销方式来进行国债发行；储蓄国债（电子式）自 2006 年开始面向社会发行后，主要采用代销方式发行；记账式国债自 1995 年开始国债招标发行试点，并于 1996 年全面实现以公开招标的方式发行。经过十几年的探索，我国已经形成基本适合国情的国债发行方式。

1. 承购包销

承购包销方式是由发行人和承销商签订承购包销合同，合同中的有关条款是经过双方协商确定的。对于事先已确定发行条款的国债，我国仍采取承购包销方式，目前主要用于不可上市流通的凭证式国债的发行。2006 年以来，凭证式国债承销团成员及其承销比例原则上每三年确定一次，如遇特殊情况，经财政部、人民银行批准，可以在凭证式国债承销团成员之间做小幅调整。

2. 代销发行

代销方式指由国债发行主体委托代销者代为向社会出售债券。这种发行方式可以充分利用代销者的网点，但因代销者只是按预定的发行条件于约定日期内代为推销，代销期终止时，若有未销出余额，则全部退给发行主体，代销者不承担任何风险与责任。

储蓄国债（电子式）采用包销和代销相结合的方式。储蓄国债（电子式）包销基本参照凭证式国债的包销模式；储蓄国债（电子式）代销则逐渐形成自身特色，在每期储蓄国债（电子式）发行前，财政部和人民银行首先将发行总额度区分为基本代销额度（一般为 70% 左右）和机动额度（一般为 30% 左右），各承销机构的基本代销额度参照凭证式国债包销比例分配，机动额度放置在中央国债公司的国债柜台业务中心系统上，由各承销机构完成自身基本代销额度销售之后随机抽取。①

3. 公开招标

公开招标方式是通过投标人的直接竞价来确定发行价格（或利率）水平，发行人将投标人的标价自高价向低价排列，或自低利率向高利率排列，发行人从高价（或低利率）选起，直到达到需要发行的数额为止，因此，公开招标方式所确定的价格恰好是供求决定的市场价格。

招标方式。目前我国记账式国债发行采用荷兰式、美国式或混合式进行招标，招标标的为利率、利差、价格或数量。②

投标限定。利率或利差招标时，标位变动幅度为 0.01%；价格招标时，标位变动幅度在当期国债发行文件中另行规定。

---

① 《关于2017年第七期和第八期储蓄国债（电子式）发行工作有关事宜的通知》（财库〔2017〕135号）列明了储蓄国债（电子式）的一般发行流程和相关要素，可资参考。
② 财政部《关于印发2009年记账式国债招投标规则的通知》（财库〔2009〕12号）。

国债承销团成员单期国债最低、最高投标限额按各期国债招标量的一定比例计算，具体是：甲类成员最低投标限额为当期国债招标量的3%，对不可追加的记账式国债，最高投标限额为当期国债招标量的30%，对可追加的记账式国债，最高投标限额为当期国债招标量的25%；乙类成员最低、最高投标限额分别为当期国债招标量的0.5%、10%。单一标位最低投标限额为0.2亿元，最高投标限额为30亿元。投标量变动幅度为0.1亿元的整数倍。

国债承销团成员单期国债最低承销额（含追加承销部分）按各期国债竞争性招标额的一定比例计算，甲类成员为1%，乙类成员为0.2%。

上述比例要求均计算至0.1亿元，0.1亿元以下四舍五入。

中标原则。全场有效投标总额小于或等于当期国债招标额时，所有有效投标全额募入；全场有效投标总额大于当期国债招标额时，按照低利率（利差）或高价格优先的原则对有效投标逐笔募入，直到募满招标额为止。

边际中标标位的招标额大于剩余招标额，以该标位投标额为权数平均分配，最小中标单位为0.1亿元，分配后仍有尾数时，按投标时间优先原则分配。

对于记账式国债，有时会允许进行追加投标：对于允许追加承销的记账式国债，在竞争性招标结束后，记账式国债承销团甲类成员有权通过投标追加承销当期国债。甲类机构最大追加承销额为该机构当期国债竞争性中标额的25%；荷兰式招标追加承销价格与竞争性招标中标价格相同，美国式和混合式招标追加承销价格，标的为利率时为面值，标的为价格时为当期国债发行价格。

3.2.2.2 国债承销程序

国债承销团按照国债品种组建，包括储蓄国债承销团和记账式国债承销团。财政部会同人民银行负责组织储蓄国债承销团组建工作，财政部会同人民银行、证监会负责组织记账式国债承销团组建工作。财政部会同有关部门根据市场环境和国债承销任务等，确定国债承销团成员的目标数量。储蓄国债承销团成员原则上不超过40家，记账式国债承销团成员原则上不超过50家。[①]

1. 记账式国债的承销程序

记账式国债是一种无纸化国债，主要通过银行间债券市场向具备全国银行间债券市场国债承购包销团资格的商业银行、证券公司、保险公司、信托投资公司等机构发行，以及通过证券交易所的交易系统向具备交易所国债承购包销团资格的证券公司、保险公司和信托投资公司及其他投资者发行。

银行间债券市场发行国债的分销。为规范银行间债券市场发行国债的分销工作，中央国债登记结算有限责任公司（简称"中央结算公司"）于2002年5月发布了《关于银行间债券市场市场化发行债券分销过户有关事宜的通知》，具体规定如下：

- 在债券分销期间，承销人应按照债券发行办法的规定办理债券分销手续，并与分销认购人签订分销认购协议。分销认购人应是全国银行间债券市场参与者，并已

[①]《国债承销团组建工作管理暂行办法》（财库〔2014〕186号）。

在中央结算公司开立债券托管账户。
- 由承销人根据与分销认购人签订协议所确定的分销价格和数量，填制债券发行分销过户指令一览表，加盖预留印章、填写分销密押后传真至中央结算公司，同时将原件寄至中央结算公司。中央结算公司收到分销过户指令一览表传真件，审核密押和印章无误后，根据一览表中的过户指令办理分销过户。
- 中央结算公司利用中央债券簿记系统中的交易过户功能，办理承销商与分销认购人之间的分销债券过户。过户后，承销商和分销认购人可以从联网终端输出非交易过户通知单，过户原因注明为分销过户。
- 在发行过程中，承销人的分销总额以其承销总额为限。如发生超卖，中央结算公司将不予办理过户，并书面报中国人民银行和发行人。

交易所市场发行国债的分销。在实际运作中，承销商可以选择场内挂牌分销或场外分销两种方法。

场内挂牌分销的程序如下：

- 承销商在分得包销的国债后，向证券交易所提供一个自营账户作为托管账户，将证券交易所注册的记账式国债全部托管于该账户中；
- 证券交易所为每一个承销商确定当期国债各自的承销代码，以便于场内挂牌；
- 在此后发行期中的任何交易时间内，承销商按照自己的意愿确定挂牌卖出国债的数量和价格，进行分销；
- 投资者在买入债券时，可免缴佣金，证券交易所也不向代理机构收取买卖国债的经手费用[①]；
- 发行结束后，承销商在规定的缴款日前如期将发行款一次性划入财政部在中国人民银行的指定账户内，托管账户中分销的国债余额转为由承销商持有；
- 财政部在收到承销商缴纳的发行款后，将国债发行手续费拨付至各承销商的指定银行账户。

场外分销的程序如下：

- 在发行期内，承销商也可以在场外确定分销商或客户，并在当期国债的上市交易日前向证券交易所申请办理非交易过户；
- 证券交易所根据承销商的要求，将原先注册在承销商托管账户中的国债依据承销商指定的数量过户至分销商或客户的账户内，完成债券的认购登记手续；
- 国债认购款的支付时间和方式由买卖双方在场外协商确定。

2. 凭证式国债的承销程序

凭证式国债是一种不可上市流通的储蓄型债券，由具备凭证式国债承销团资格的机构承销。财政部和中国人民银行一般每三年（不超过三年）确定一次凭证式国债承销团

[①] 买卖成交后，客户认购的国债自动过户至客户的账户内，并完成国债的认购登记手续。客户的认购款通过证券交易所锁定，于当日划入承销商在证券交易所的清算账户中。

资格，各类商业银行、邮政储蓄银行均有资格申请加入凭证式国债承销团。财政部一般委托中国人民银行分配承销数额。承销商在分得所承销的国债后，通过各自的代理网点发售。发售采取向购买人开具凭证式国债收款凭证的方式，发售数量不能突破所承销的国债量。

由于凭证式国债采用随买随卖、利率按实际持有天数分档计付的交易方式，因此，在收款凭证中除了注明投资者身份外，还须注明购买日期、期限、发行利率等内容。从 2002 年第 2 期开始，凭证式国债的发行期限改为 1 个月，发行款的上划采取一次缴款办法，国债发行手续费也由财政部一次拨付。各经办单位对在发行期内已缴款但是未售完及购买者提前兑取的凭证式国债，仍可在原额度内继续发售，继续发售的凭证式国债仍按面值售出。为了便于掌握发行进度，承担凭证式国债发行任务的各个系统一般要每月汇总本系统内的累计发行数额，上报财政部及人民银行。

3.2.2.3　国债销售价格及其影响因素

1. 国债销售的价格

在传统的行政分配和承购包销的发行方式下，国债按规定以面值出售，不存在承销商确定销售价格的问题。储蓄国债在发行期内按面值向个人发行，发行价格与销售价格发行是确定的。记账式国债通过竞争性招标发行，采用多种价格的招标方式确定中标价格，中标价格与财政部向每家承销商收取的发售价格可能不同。若按发售价格向投资者销售国债，承销商可能亏损，因此财政部允许承销商在发行期内自定销售价格，随行就市。

2. 影响国债销售价格的因素

市场利率。市场利率的高低及其变化对国债销售价格起着显著的导向作用。市场利率趋于上升，就限制了承销商确定销售价格的空间；市场利率趋于下降，就为承销商确定销售价格拓宽了空间。

承销商的中标成本。国债销售的价格一般不应低于承销商与发行人的结算价格，如果低于该价格承销商就有可能发生亏损，所以通过投标获得较低成本的国债，有利于分销工作的顺利开展。

流通市场中可比国债的收益率水平。如果国债承销价格定价过高，即收益率过低，投资者就会倾向于在二级市场上购买已流通的国债，而不是直接购买新发行的国债，从而阻碍国债分销工作顺利进行。

国债承销的手续费收入。在国债承销中，承销商可获得其承销金额一定比例的手续费收入。对于不同品种的国债，该比例可能不一样，一般为千分之几。由于该手续费收入的存在，承销商有可能压低销售价格，让利促销。

承销商所期望的资金回收速度。降低销售价格，承销商的分销过程会缩短，资金的回收速度会加快，承销商可以通过获取这部分资金并占用其中的利息收入来降低总成本，提高收益。

3.2.3 地方政府债券的发行与承销

3.2.3.1 地方政府债券的分类

地方政府债券又分为一般债券和专项债券（表 3-3）。地方政府一般债券收支纳入一般公共预算管理，主要以一般公共预算收入偿还。地方政府专项债券是地方政府为有一定收益的公益性项目发行的政府债券。专项债券纳入政府性基金预算，主要是为公益性项目建设筹集资金，通过政府性基金收入、项目收益形成的专项收入偿还。专项债务以对应的政府性基金收入、专项收入实现平衡。

表 3-3 地方政府一般债券与专项债券比较

债券类型	地方政府一般债券	地方政府专项债券	说明
发行主体	省、自治区、直辖市政府（含经省级政府批准自办债券发行的计划单列市政府）		
发行方式	全部为自发自还		
资金用途	没有收益的公益性项目	有收益的公益性项目	
偿债来源	主要以一般公共预算收入还本付息	单只专项债券应当以单项政府性基金或专项收入为偿债来源	专项债券资金用途为有一定收益的公益性项目，偿债资金来源比一般债券少，同时，在现有发行模式下，由于没有实现项目的现金流完全与地方政府其他收入或现金流风险隔离，因此需要关注经济、财政、政府治理等地方政府的风险要素，同时关注项目产生的收益或对应的专项收入能否覆盖项目本息
票息形式	记账式固定利率附息形式		
发行额度	依照国务院下达的限额		
预算管理	债券资金收支列入一般公共预算管理	暂行管理办法中未提及预算管理方式	财政部在 2015 年 3 月 25 日公布的《2015 年地方政府专项债券预算管理办法》中明确专项债券需纳入政府性基金收支预算
债券期限	1 年、3 年、5 年、7 年和 10 年，单一期限债券的发行规模不得超过一般债券当年发行规模的 30%	1 年、2 年、3 年、5 年、7 年和 10 年，其中 7 年和 10 年期债券的合计发行规模不得超过专项债券全年发行规模的 50%	专项债券期限增加 2 年期，同时对 7 年和 10 年期债券发行规模进行限制，体现了监管层对于大规模地方政府债券发行面临的消纳问题、合理设置期限结构防止集中到期风险、削减对国债发行的冲击等方面的考虑
承销机构	承销团，择优选择主承销商		

(续表)

债券类型	地方政府一般债券	地方政府专项债券	说明
发行定价机制	采用承销、招标等方式确定。采用承销或招标方式的，发行利率在承销或招标日前1至5个工作日相同待偿期记账式国债的平均收益率之上确定		
债券投资者	社会保险基金、住房公积金、企业年金、职业年金、保险公司等机构投资者和个人投资者		
信息披露	对弄虚作假、存在违法违规行为的登记结算机构、承销机构、信用评级机构，列入负面名单并向社会公示		
信用评级	择优选择评级机构		
政府监管	财政部驻各地财政监察专员办事处负责监督检查；地方政府及时报备一般债券发行情况		

3.2.3.2 地方政债券的发行与承销

目前，各省、自治区、直辖市、经省政府批准自办债券发行的计划单列市新增债券发行规模不得超过财政部下达的当年本地区新增债券限额；置换债券发行规模上限原则上按照各地上报财政部的置换债券建议发债数掌握；发行置换债券偿还存量地方债的，应当在置换债券发行规模上限内统筹考虑。

对于公开发行债券（含新增债券和公开发行置换债券，下同），各地应当按照各季度发行规模大致均衡的原则确定发行进度安排，每季度发行量原则上控制在本地区全年公开发行债券规模的30%以内（按季累计计算）。对于采用定向承销方式发行置换债券的，由各地财政部门会同当地人民银行分支机构、银监局，在与存量债务债权人充分沟通协商的基础上，自主确定发行进度安排。

1. 发行模式

地方债的发行模式主要包括四方面的内容：发行主体、发行场所、发行方式和发行利率。

发行主体。目前我国地方政府债券的发行主体确定为省、自治区、直辖市和计划单列市政府。

发行场所。在发行我国地方债时，有以下几点值得注意：要有严格的审批制度，所筹资金主要用于公共和公益建设项目，发债水平远低于中央政府，让债券具有多重吸引力。

发行方式。通过全国银行间债券市场、证券交易所债券市场发行。

发行利率。地方债的利率应通过市场化招标确定，且利率水平主要取决于债券市场整体利率水平。同时，由于地方债享受"准国债"待遇，因此各省所发行地方债券的利率与信用基本无关。

2. 招投标

地方债的招投标主要包括招标方式、标位限定、招标系统三个方面的内容。

招标方式。采用单一价格荷兰式中标方式，标的为利率，全场最高中标利率为本期债券的票面利率。

标位限定。每一承销团成员最高最低标位差为30个标位，无须连续投标。投标标位区间为招标日前1—5个工作日（含第一和第五个工作日）中国债券信息网公布的中债国债收益率曲线中，待偿期为10年的国债收益率算术平均值与该平均值上浮20%（四舍五入计算到0.01%）之间。

招标系统。目前地方债的招标系统主要是财政部上交所政府债券发行系统以及财政部深交所政府债券发行系统。

3.2.3.3 地方政府债券的分销

地方政府债券采取场内挂牌和场外签订分销合同的方式分销，可于招投标结束后至后一个工作日进行分销，承销机构间不得分销。分销价格由承销机构根据市场情况自定。

3.3 金融债券

3.3.1 金融债券的主要种类

金融债券是银行和非银行金融机构作为筹资主体，为筹措资金而发行的一种有价证券，是表明债务、债权关系的一种凭证。金融债券按法定发行手续，承诺按约定利率定期支付利息并到期偿还本金。它属于银行等金融机构的主动负债。金融债券能够较有效地解决银行等金融机构资金来源不足和期限不匹配的矛盾。根据发行主体的不同，我国金融债券主要包括政策性金融债券和金融企业债券。

3.3.1.1 政策性金融债券

政策性金融债券是指我国政策性银行（国家开发银行、中国进出口银行、中国农业发展银行）为筹集信贷资金，经中国人民银行核准，采用市场化发行或计划派购的方式，向商业银行、保险公司等金融机构发行的金融债券。政策性金融债券是我国债券市场中发行规模仅次于国债的券种。

政策性金融债券的主要发行主体是国家开发银行，发行量占整个政策性金融债券发行量的90%以上。政策性金融债券是国家开发银行的主要资金来源，国开行90%以上的贷款以债券资金发放。

政策性金融债券有力支持了国家大中型基础设施、基础产业、支柱产业的发展，为调整产业和区域经济结构，支持西部经济大开发，促进整个国民经济的健康发展发挥了重要作用。

3.3.1.2 金融企业债券

除政策性金融债券外，其他由银行和非银行金融机构发行的金融债券均称为金融企业债券。金融企业债券按照资金的属性可以分为一般金融债券、次级债券和混合资本债等。金融企业债券按照发行主体的不同，又可以分为商业银行金融债、证券公司债、证券公司次级债、证券公司短期融资券、商业银行二级资本债、保险公司次级债等。

3.3.2 各类金融债券产品介绍

3.3.2.1 政策性银行债券

1. 国家开发银行债

国家开发银行成立于1994年，是直属中国国务院领导的政策性金融机构。2008年12月改制为国家开发银行股份有限公司。2015年3月，国务院明确国开行定位为开发性金融机构。国开行主要通过开展中长期信贷与投资等金融业务，为国民经济重大中长期发展战略服务。国家开发银行债是以国开行为主体在银行间债券市场发行的纯信用债券，依靠的是准政府信用。

国家开发银行从1998年9月开始进行市场化发债筹资，至2000年即实现了完全市场化发债。通过全面市场化的筹资体制改革，国家开发银行把政府信用和市场力量连接起来，发挥国家开发银行中长期投融资的优势和作用，动员和引导社会资金，服务国家重大中长期发展战略。根据国务院文件及银监会规定，商业银行投资国家开发银行金融债券的风险权重为0%，证券业、保险业机构投资国家开发银行债比照办理。

2. 中国进出口银行债

中国进出口银行是由国家出资设立、直属国务院领导、支持中国对外经济贸易投资发展与国际经济合作、具有独立法人地位的国有政策性银行。

进出口银行债[①]是以进出口银行为主体在银行间债券市场发行的纯信用债券，依靠的是准政府信用。一般情况下，进出口银行债的利率比国债高一点，但低于其他非政策性金融机构信用债。根据国务院文件及银监会规定，商业银行投资进出口银行金融债券的风险权重为0%，证券业、保险业机构投资进出口银行债比照办理。

3. 中国农业发展银行债

中国农业发展银行是直属国务院领导的一家农业政策性银行，主要职责是按照国家的法律法规和方针政策，以国家信用为基础筹集资金，承担农业政策性金融业务，代理财政支农资金的拨付，为农业和农村经济发展服务。

农业发展银行债是以农业发展银行为主体在银行间债券市场发行的纯信用债券，依靠的是准政府信用，利率一般情况下比国债高一点，但低于其他非政策性金融机构信用债。根据国务院文件及银监会规定，商业银行投资农业发展银行金融债券的风险权重为0%，证券业、保险业机构投资农业发展银行债比照办理。

---

① 《关于公布〈中国进出口银行增发2018年第一期、第二期和第三期金融债券发行说明〉的通知》（http://www.chinabond.com.cn/Info/148901141），是进出口银行债发行文件一例，可资参考。

3.3.2.2 政府支持机构债

1. 铁路债券

长期以来，铁路债券的发行主体是中华人民共和国铁道部。铁道部是国务院组成部门，由国务院组成部门发行企业债券，是铁道部政企合一体制下的特殊表现形式，在中国企业债券发行主体当中具有唯一性。2013年3月14日，中国铁路总公司正式挂牌成立，承担原铁道部的企业职责。中国铁路建设债券是经国务院批准的政府支持债券。[①] 中国铁路总公司组建后，继续享有国家对原铁道部的税收优惠政策，国务院及有关部门、地方政府对铁路实行的原有优惠政策继续执行[②]，继续明确铁路建设债券为政府支持债券。

铁路债券是指以中国铁路总公司为发行和偿还主体的债券，包括中国铁路建设债券、中期票据、短期融资券等债务融资工具。铁路债券具有信用级别高、风险权重低、流动性好、税收优惠[③]等诸多优势。

2. 汇金债（政府支持机构债券）

中央汇金投资有限责任公司（以下简称"中央汇金公司"）是依据《中华人民共和国公司法》由国家出资设立的国有独资公司，根据国务院授权，对国有重点金融企业进行股权投资，以出资额为限代表国家依法对国有重点金融企业行使出资人权利和履行出资人义务，实现国有金融资产保值增值。

2007年9月29日，中国投资有限责任公司成立，财政部发行特别国债，从人民银行购买汇金公司全部股权，并将上述股权作为对中投公司出资的一部分，注入中投公司，中央汇金公司成为中投公司的全资子公司。

就汇金公司而言，其面临的是一个多部门监管的格局：人民银行行使金融稳定监管职能，银监会行使行政和资本监管职能，财政部行使财务监管职能，而中央汇金公司作为出资人，将督促各控股参股金融机构落实各项改革措施，完善公司治理结构，力争使股权资产获得有竞争力的投资回报和分红收益。

汇金债是以中央汇金公司为主体在银行间债券市场发行的纯信用债券，依靠的是准政府信用。与汇金公司的一般负债不同，汇金债（政府支持机构债券）需经国务院批准符合2010年发行汇金债的支持政策，并取得人民银行的续发债券复函。[④]

---

① 《国家发展改革委办公厅关于明确中国铁路建设债券政府支持性质的复函》（发改办财金〔2011〕2482号）。
② 《国务院关于组建中国铁路总公司有关问题的批复》（国函〔2013〕47号）。
③ 根据财政部、国家税务总局《关于铁路债券利息收入所得税政策问题的通知》（财税〔2016〕30号），对企业投资者持有2016—2018年发行的铁路债券取得的利息收入，减半征收企业所得税；对个人投资者持有2016—2018年发行的铁路债券取得的利息收入，减按50%计入应纳税所得额计算征收个人所得税。
④ 按《中央汇金投资有限责任公司2017年度第一期政府支持机构债券》的说明，其资信条件的取得，是由人民银行对本期债券发行出具了《中国人民银行关于中央汇金投资有限责任公司在银行间债券市场到期续发债券的复函》（银函〔2017〕180号），同意汇金公司在全国银行间债券市场发行260亿元人民币中长期债券，本期债券纳入"政府支持机构债券"。经国务院批准，本期发行债券享有2010年发行汇金债的支持政策，商业银行投资该债券的风险权重为零。

汇金债（政府支持机构债券）免于信用评级，其本息清偿顺序等同于汇金公司一般负债①，先于汇金公司次级债务（如有）和股权资本。

3.3.2.3 商业银行债券②

1. 商业银行普通债

商业银行普通债是指商业银行作为筹资主体为筹措资金而面向机构发行的一种有价证券，是表明债务、债权关系的一种凭证。商业银行普通债按法定发行手续，承诺按约定利率定期支付利息并到期偿还本金。它属于银行等金融机构的主动负债。

商业银行普通债能够较有效地解决银行的资金来源不足和期限不匹配的矛盾。一般来说，银行等金融机构的资金来源有三个，即吸收存款、向其他机构借款和发行债券。存款资金的缺点之一是，在经济发生动荡的时候，易发生储户挤提现象，造成资金来源不稳定；向其他商业银行或中央银行借款所得的资金主要是短期资金，而金融机构往往需要进行一些期限较长的放贷，这样就出现了资金来源和资金运用在期限上的矛盾，发行金融债券较为有效地解决了这个矛盾。债券在到期之前一般不能提前兑换，只能在二级市场上转让，从而保证了所筹集资金的稳定性。同时，金融机构发行债券时可以灵活规定期限，比如可以为了一些长期项目投资发行期限较长的债券。因此，发行金融债券可以使金融机构筹措到稳定且期限灵活的资金，有利于优化资产结构，增加长期限的资产业务。

由于银行等金融机构在一国经济中占有较特殊的地位，政府对它们的运营又有严格监管，因此商业银行普通债的资信通常高于其他非金融机构债券，违约风险相对较小。商业银行普通债的利率通常低于一般的企业债券，但高于风险更小的国债和政策性银行债。

2. 商业银行次级债

商业银行次级债券是指商业银行发行的、本金和利息的清偿顺序列于商业银行其他负债之后、先于商业银行股权资本的债券。在《商业银行资本管理办法（试行）》（银监会令〔2012〕第1号）实施前，商业银行发行的次级债券可按规定计入银行附属资本（二级资本）。③

---

① 2017年11月23日，汇金公司在银行间债券市场启动发行非金融企业债务融资工具（中期票据、短期融资券等）。首期品种为3年期中期票据，发行金额150亿元，发行利率4.98%，所募资金用于优化负债结构、补充流动资金和主管部门及相关法律法规允许的其他用途。首期债券将于2017年11月28日开始上市流通交易。本期债券发行前，联合资信评估有限公司评估确定汇金公司主体长期信用等级为AAA，首期债券信用等级为AAA，评级展望为稳定。

② 《关于商业银行发行公司债券补充资本的指导意见》（证监会、银监会〔2013〕39号），指明了上市或拟上市商业银行在交易所发行公司债券补充资本的一般规定。上市或拟上市商业银行取得中国银监会的监管意见后，应当按照证监会公司债券发行管理办法及相关配套规则制作发行申请文件，报证监会核准并公开发行，或按照证券交易所业务规则备案后非公开发行。

③ 《商业银行资本管理办法（试行）》明确要求，商业银行二级资本工具必须含有减计或转股的条款（即在某些触发事件发生时债券可直接注销或转股）。此前发行的次级债券由于不含有此条款，被列入"不合格"的二级资本工具。在《商业银行资本管理办法（试行）》实施后，商业银行此前发行的"不合格"次级债券，需在监管计算资本充足率时逐年递减10%。

商业银行次级债券可在银行间债券市场公开发行或私募发行，其投资人范围为银行间债券市场的所有投资人。次级债券发行结束后，经人民银行批准可在银行间债券市场上市交易。相对于发行股票补充资本的方式来说，发行次级债程序相对简单、周期短，是一种快捷、可持续的补充资本金的方式。如果投资者判断整个商业环境走好，企业及个人贷款需求旺盛，银行能够顺利发行数额可观的次级债扩大资金规模。次级债的风险和利率成本一般高于银行发行的其他普通债券。

3. 商业银行混合资本债

商业银行混合资本债券是一种混合资本工具，它同时兼有一定的股本和债务性质，但比普通股票和债券更加复杂。中国银监会借鉴其他国家对混合资本工具的有关规定，严格遵照《巴塞尔协议Ⅲ》要求的原则特征，选择以银行间市场发行的债券作为我国混合资本工具的主要形式，并由此命名为混合资本债券。简言之，我国的混合资本债券是指商业银行为补充附属资本发行的、清偿顺序位于股权资本之前但列在一般债务和次级债务之后、期限在15年以上、发行之日起10年内不可赎回的债券。

混合资本债券具有较高的资本属性，当银行倒闭或清算时，其清偿顺序列于次级债之后，先于股权资本。此外，混合资本债券在期限、利息递延、吸收损失等方面具有许多特征。按照现行规定[①]，我国的混合资本债券具有以下基本特征。

- 期限在15年以上，发行之日起10年内不得赎回。发行之日起10年后发行人具有1次赎回权，若发行人未行使赎回权，可以适当提高混合资本债券的利率。
- 混合资本债券到期前，如果发行人核心资本充足率低于4%，发行人可以延期支付利息；如果同时出现以下情况：最近一期经审计的资产负债表中盈余公积与未分配利润之和为负，且最近12个月内未向普通股股东支付现金红利，则发行人必须延期支付利息。在不满足延期支付利息的条件时，发行人应立即支付欠息及欠息产生的复利。
- 当发行人清算时，混合资本债券本金和利息的清偿顺序列于一般债务和次级债务之后、先于股权资本。
- 混合资本债券到期时，如果发行人无力支付清偿顺序在该债券之前的债务，或支付该债券将导致无力支付清偿顺序在混合资本债券之前的债务，发行人可以延期支付该债券的本金和利息。待上述情况好转后，发行人应继续履行其还本付息义务，延期支付的本金和利息将根据混合资本债券的票面利率计算利息。

当然，商业银行也将为混合资本债券的特殊条款获得的便利支付相应的对价。混合资本债券在银行间市场发行和交易，接受中国人民银行监督管理。

4. 商业银行二级资本债

商业银行总资本包括核心一级资本、其他一级资本和二级资本。根据《商业银行资本管理办法（试行）》（银监会令〔2012〕第1号），二级资本包括二级资本工具及其溢价、

[①] 《中国银监会关于商业银行发行混合资本债券补充附属资本有关问题的通知》（银监发〔2005〕79号）、《中国银监会关于完善商业银行资本补充机制的通知》（银监发〔2009〕90号）。

超额贷款损失准备。商业银行二级资本债是金融债券的一种，可根据发行人的融资需求灵活设计发行期限、发行品种等。该产品主要用于商业银行增加二级资本。该产品可有效提高商业银行资本充足率。商业银行二级资本债标准如下。

① 发行且实缴的。
② 受偿顺序排在存款人和一般债权人之后。
③ 不得由发行银行或其关联机构提供抵押或保证，也不得通过其他安排使其相对于发行银行的存款人和一般债权人在法律或经济上享有优先受偿权。
④ 原始期限不低于5年，并且不得含有利率跳升机制及其他赎回激励。
⑤ 自发行之日起，至少5年后方可由发行银行赎回，但发行银行不得形成赎回权将被行使的预期，且行使赎回权必须得到银监会的事先批准。
⑥ 商业银行的二级资本工具应符合以下要求：使用同等或更高质量的资本工具替换被赎回的工具，并且只有在收入能力具备可持续性的条件下才能实施资本工具的替换；或者行使赎回权后的资本水平仍明显高于银监会规定的监管资本要求。
⑦ 必须含有减记或转股的条款，当触发事件发生时，该工具能立即减记或转为普通股。触发事件是指以下两者中的较早者：银监会认定若不进行减记该银行将无法生存；银监会认定若不进行公共部门注资或提供同等效力的支持该银行将无法生存。
⑧ 除非商业银行进入破产清算程序，否则投资者无权要求加快偿付未来到期债务（本金或利息）。
⑨ 分红或派息必须来自可分配项目，且分红或派息不得与发行银行自身的评级挂钩，也不得随着评级变化而调整。
⑩ 发行银行及受其控制或有重要影响的关联方不得购买该工具，且发行银行不得直接或间接为购买该工具提供融资。
⑪ 某项资本工具不是由经营实体或控股公司发行的，发行所筹集的资金必须无条件立即转移给经营实体或控股公司，且转移的方式必须至少满足前述二级资本工具的合格标准。

3.3.2.4　证券公司在银行间市场发行的短期融资券[①]

证券公司短期融资券是指证券公司以短期融资为目的、在银行间债券市场发行的、约定在一定期限内还本付息的金融债券。证券公司短期融资券的发行和交易接受中国人

---

① 证券公司在交易所市场发行的证券公司公司债，其发行与交易遵照《公司债券发行与交易管理办法》（证监会令〔2015〕第113号）执行。发行公司债券应当由具有证券承销业务资格的证券公司承销。取得证券承销业务资格的证券公司、中国证券金融股份有限公司及中国证监会认可的其他机构非公开发行公司债券可以自行销售。《公司债券发行与交易管理办法》自公布之日起施行，同时废止《证券公司债券管理暂行办法》（证监会令〔2003〕第15号）、《关于修订〈证券公司债券管理暂行办法〉的决定》（证监会令〔2004〕第25号）、《关于发布〈证券公司债券管理暂行办法〉五个配套文件的通知》（证监发行字〔2003〕106号）。

民银行的监管，只在银行间债券市场发行和交易。[①]

申请发行短期融资券的证券公司应当符合以下基本条件，并经证监会审查认可：

① 取得全国银行间同业拆借市场成员资格1年以上；
② 发行人至少已在全国银行间同业拆借市场上按统一的规范要求披露详细财务信息达1年，且近1年无信息披露违规记录；
③ 客户交易结算资金存管符合证监会的规定，最近1年未挪用客户交易结算资金；
④ 内控制度健全，受托业务和自营业务严格分离管理，有中台对业务的前后台进行监督和操作风险控制，近两年内未发生重大违法违规经营；
⑤ 采用市值法对资产负债进行估值，能用合理的方法对股票风险进行估价；
⑥ 中国人民银行和证监会规定的其他条件。

证券公司发行短期融资券实行余额管理，待偿还短期融资券余额不超过净资本的60%。在此范围内，证券公司自主确定每期短期融资券的发行规模。短期融资券的期限最长不得超过91天。发行短期融资券的证券公司可在上述最长期限内自主确定短期融资券的期限。

3.3.3 金融债券的发行和承销

我国国内金融债券的发行始于1985年，当时中国工商银行和中国农业银行开始尝试发行金融债券。1994年我国成立政策性银行后，发行主体从商业银行转向政策性银行，首次发行人为国家开发银行；随后中国进出口银行、中国农业发展银行也加入这一行列。后来，商业银行中断了对金融债券的发行。

2005年4月27日，人民银行发布了《全国银行间债券市场金融债券发行管理办法》(人民银行令〔2005〕第1号)，对金融债券的发行进行了规范，发行主体也在原来单一的政策性银行基础上，增加了商业银行、企业集团财务公司及其他金融机构。本书讨论的金融债券便是指依法在中华人民共和国境内设立的上述金融机构法人在全国银行间债券市场发行的、按约定还本付息的有价证券。

2009年4月13日，为进一步规范全国银行间债券市场金融债券发行行为，人民银行发布了《全国银行间债券市场金融债券发行管理操作规程》（人民银行公告〔2009〕第6号），金融机构申请在全国银行间债券市场发行金融债券，应按《全国银行间债券市场金融债券发行管理办法》要求向人民银行提交申请材料，并提交金融债券发行登记表；金融债券以协议承销方式发行的，主承销商应提交尽职调查报告。

---

① 《证券公司短期融资券管理办法》（人民银行公告〔2004〕第12号）、《关于证券公司发行短期融资券相关问题的通知》（中国证监会机构部部函〔2005〕18号）。

3.3.3.1 金融债券的发行条件

1. 政策性银行

这里所指的政策性银行包括国家开发银行、中国进出口银行和中国农业发展银行。这三家政策性银行作为发行体，天然具备发行金融债券的条件，只要按年向人民银行报送金融债券发行申请，并经人民银行核准后便可发行。政策性银行金融债券发行申请应包括发行数量、期限安排、发行方式等内容，如需调整，应及时报人民银行核准。

2. 商业银行

商业银行发行金融债券应具备以下条件：具有良好的公司治理机制；核心资本充足率不低于4%；最近3年连续盈利；贷款损失准备计提充足；风险监管指标符合监管机构的有关规定；最近3年没有重大违法、违规行为；人民银行要求的其他条件。根据商业银行的申请，人民银行可以豁免前款所规定的个别条件。

3. 企业集团财务公司

根据《全国银行间债券市场金融债券发行管理办法》（人民银行令〔2005〕第1号）和《中国银监会关于企业集团财务公司发行金融债券有关问题的通知》（银监发〔2007〕58号），企业集团财务公司发行金融债券应具备以下条件：

- 具有良好的公司治理结构、完善的投资决策机制、健全有效的内部管理和风险控制制度及相应的管理信息系统。
- 具有从事金融债券发行的合格专业人员。
- 依法合规经营，符合中国银监会有关审慎监管的要求，风险监管指标符合监管机构的有关规定。
- 财务公司已发行、尚未兑付的金融债券总额不得超过其净资产总额的100%，发行金融债券后，资本充足率不低于10%。
- 财务公司设立1年以上，经营状况良好，申请前1年利润率不低于行业平均水平，且有稳定的盈利预期。
- 申请前1年，不良资产率低于行业平均水平，资产损失准备拨备充足。
- 申请前1年，注册资本金不低于3亿元人民币，净资产不低于行业平均水平。
- 近3年无重大违法违规记录。
- 无到期不能支付债务。
- 人民银行和银监会规定的其他条件。

4. 其他金融机构

其他金融机构发行金融债券应具备的条件由人民银行另行规定。

3.3.3.2 金融债券在银行间市场发行应报送的文件

1. 政策性银行

政策性银行发行金融债券应向人民银行报送下列文件：金融债券发行申请报告；发行人近3年经审计的财务报告及审计报告；金融债券发行办法；承销协议；人民银行要

求的其他文件。

2. 除政策性银行外的其他金融机构

其他金融机构（不包括政策性银行）发行金融债券应向人民银行报送下列文件：金融债券发行申请报告；发行人公司章程或章程性文件规定的权力机构的书面同意文件；监管机构同意金融债券发行的文件；发行人近3年经审计的财务报告及审计报告；募集说明书；发行公告或发行章程；承销协议；发行人关于本期债券偿债计划及保障措施的专项报告；信用评级机构出具的金融债券信用评级报告及有关持续跟踪评级安排的说明；发行人律师出具的法律意见书；人民银行要求的其他文件。采用担保方式发行金融债券的，还应提供担保协议及担保人资信情况说明。如有必要，人民银行可商请其监管机构出具相关监管意见。

3.3.3.3 金融债券在银行间市场发行的操作要求

1. 发行方式

金融债券可在全国银行间债券市场公开发行或定向发行。金融债券的发行可以采取一次足额发行或限额内分期发行的方式。发行人分期发行金融债券的，应在募集说明书中说明每期发行安排。发行人应在每期金融债券发行前5个工作日将相关的发行申请文件报人民银行备案，并按人民银行的要求披露有关信息。

2. 担保要求

商业银行发行金融债券没有强制担保要求；而财务公司发行金融债券则需要由财务公司的母公司或其他有担保能力的成员单位提供相应担保，经中国银监会批准免于担保的除外。

3. 信用评级

金融债券的发行应由具有债券评级能力的信用评级机构进行信用评级。金融债券发行后，信用评级机构应每年对该金融债券进行跟踪信用评级。如发生影响该金融债券信用评级的重大事项，信用评级机构应及时调整该金融债券的信用评级，并向投资者公布。

4. 发行的组织

承销团的组建及承销人的资格条件。发行金融债券时，发行人应组建承销团，承销人可在发行期内向其他投资者分销其所承销的金融债券。发行人和承销人应在承销协议中明确双方的权利与义务，并加以披露。

承销人应为金融机构，并须具备下列条件：注册资本不低于2亿元人民币；具有较强的债券分销能力；具有合格的从事债券市场业务的专业人员和债券分销渠道；最近两年内没有重大违法、违规行为；人民银行要求的其他条件。

承销方式。发行金融债券可采用协议承销、招标承销等方式。以招标承销方式发行金融债券的，发行人应与承销团成员签订承销主协议；以协议承销方式发行金融债券的，发行人应聘请主承销商。

以定向方式发行金融债券的，应优先选择协议承销方式。定向发行对象不超过两家的可不聘请主承销商，由发行人与认购机构签订协议安排发行。

以招标承销方式发行金融债券的，发行人应向承销人发布下列信息：招标前，至少提前 3 个工作日向承销人公布招标具体时间、招标方式、招标标的、中标确定方式和应急招投标方案等内容；招标开始时，向承销人发出招标书；招标结束后，应立即向承销人公布中标结果，并不迟于次一工作日发布金融债券招标结果公告。承销人中标后应履行相应的认购义务。金融债券的招投标发行通过中国人民银行债券发行系统进行。在招标过程中，发行人及相关各方不得透露投标情况，不得干预投标过程。人民银行对招标过程进行现场监督。

5. 其他相关事项

发行人不得认购或变相认购自己发行的金融债券。发行人应在人民银行核准金融债券发行之日起 60 个工作日内开始发行金融债券，并在规定期限内完成发行。发行人未能在规定期限内完成发行的，原金融债券发行核准文件自动失效，发行人不得继续发行本期金融债券。发行人仍需发行金融债券的，应另行申请。金融债券发行结束后 10 个工作日内，发行人应向人民银行书面报告金融债券发行情况。金融债券定向发行的，经认购人同意，可免于信用评级。定向发行的金融债券只能在认购人之间进行转让。

3.3.3.4 金融债券在银行间市场的登记、托管与兑付

中央结算公司为金融债券的登记、托管机构。金融债券发行结束后，发行人应及时向中央结算公司确认债权债务关系，由中央结算公司及时办理债券登记工作。金融债券付息或兑付日前（含当日），发行人应将相应资金划入债券持有人的指定资金账户。

3.3.3.5 金融债券的信息披露

发行人应在金融债券发行前和存续期间履行信息披露义务。发行人应保证信息披露真实、准确、完整、及时，不得有虚假记载、误导性陈述或重大遗漏。发行人及相关知情人在信息披露前不得泄露其内容。对影响发行人履行债务的重大事件，发行人应在第一时间向人民银行报告，并按照人民银行指定的方式披露。经人民银行核准发行金融债券的，发行人应于每期金融债券发行前 3 个工作日披露募集说明书和发行公告。发行人应在募集说明书与发行公告中说明金融债券的清偿顺序和投资风险。

金融债券存续期间，发行人应于每年 4 月 30 日前向投资者披露年度报告，年度报告应包括发行人上一年度的经营情况说明、经注册会计师审计的财务报告以及涉及的重大诉讼事项等内容。采用担保方式发行金融债券的，发行人还应在其年度报告中披露担保人上一年度的经营情况说明、经审计的财务报告以及涉及的重大诉讼事项等内容。

金融债券存续期间，发行人应于每年 7 月 31 日前披露债券跟踪信用评级报告。信息披露涉及的财务报告，应经注册会计师审计，并出具审计报告；信息披露涉及的法律意见书和信用评级报告，应分别由执业律师和具有债券评级能力的信用评级机构出具。上述注册会计师、律师和信用评级机构所出具的有关报告文件不得含有虚假记载、误导性陈述或重大遗漏。

同业拆借中心和中央结算公司应为金融债券信息披露提供服务，及时将违反信息披露规定的行为向人民银行报告并公告。金融债券定向发行的，其信息披露的内容与形式应在发行章程与募集说明书中约定，信息披露的对象限于其认购人。

3.4 非金融企业债务融资工具

3.4.1 非金融企业债务融资工具市场发展历程

按照管理模式的不同,债务融资工具市场的发展大致分为两个阶段。

1. 人民银行备案管理阶段

2003年下半年,针对投资过热、消费价格指数持续上扬、贷款增长过快和资源约束偏紧的经济现实,中央银行采取了提高存款准备金率、加大公开市场操作力度等一系列措施,但以上紧缩性货币政策的效果并不显著。作为宏观调控的重要工具,货币政策的变化对短期宏观经济运行难以产生实质影响,这不能简单归结为货币政策本身的时滞效应,实际上问题出在货币政策传导机制上。为了使货币政策能对宏观经济实施有效调控,需要完善货币政策传导机制,营造有利于货币政策作用发挥的市场环境,加快建立金融市场成为题中之义。作为市场发展的原动力,参与者、产品和运行规则这三个市场要素的发展不可能齐步走。按照市场发展的内在逻辑,人民银行确立了以产品创新作为推进金融市场整体发展的重要突破口。通过加快产品创新步伐,带动市场规则体系完善,促使参与者市场化程度提高,是当时发展市场的工作逻辑。2004年12月,人民银行开始进行期限在1年以内的非金融企业债务融资产品的研发工作。

2005年5月26日,《短期融资券发行管理办法》(人民银行令〔2005〕第2号)以及承销规程、结算托管规程、信息披露规程等"一办法三规程"正式发布,109亿元短期融资券正式上线。短期融资券发行采取备案制,是对发行管理机制创新的有效尝试,极大地激发了市场潜力。

2. 交易商协会注册管理阶段

在有关各方的推动下,2007年9月3日,经国务院批准,我国银行间市场自律管理组织——中国银行间市场交易商协会成立,代表着政府主导型的金融创新转向市场主导型的金融创新。此后,凡是交易商协会按会员需求开发的,适合有定价能力、风险识别能力和承受能力的机构投资者交易的产品,在银行间市场均实行协会注册、监管机构备案的管理模式。

注册制实行初次评议和复评相结合的工作机制,整个过程向市场公开。交易商协会负责接收注册文件、对注册文件进行初次评议,并将符合注册制信息披露要求的注册文件提交注册会议复评。注册会议定期召开,按照随机抽选、利益回避原则选定5名注册专家参会,专家以个人身份对评议项目独立发表意见。注册专家意见分为接受注册、有条件接受注册和推迟接受注册三种,在前两种情况下企业按要求完成注册后可安排发行,对于推迟接受注册的,企业可于6个月后重新提交注册文件。

非金融企业债务融资工具市场实行注册制自律管理,填补了场外市场自律组织长期缺失的空白,形成了政府监管与市场自律管理相结合的管理模式,完善了市场监管体系。交易商协会不断根据市场需要适时推出各类创新产品,贯彻了国家政策的导向,有力地支持了实体经济的发展，引导着银行间市场蓬勃成长。

3.4.2 非金融企业债务融资工具发行条件与条款设计

3.4.2.1 非金融企业债务融资工具发行条件

1. 非金融企业债务融资工具注册发行规则指引体系

非金融企业债务融资工具（简称债务融资工具）注册发行规则指引体系由两个层次组成。

第一个层次是人民银行发布的债务融资工具管理办法。2008年，人民银行公布实施了《银行间债券市场非金融企业债务融资工具管理办法》（人民银行令〔2008〕第1号），对债务融资工具的定义、注册发行等进行了原则性的规定。

第二个层次是中国银行间市场交易商协会发布的债务融资工具规则指引。2008年至今，交易商不断进行创新，推出了各类债务融资工具产品并发布了一系列的规则指引，这些规则指引又分为两大类。

一是适用于所有债务融资工具或某一大类债务融资工具的规则、规程。《非金融企业债务融资工具注册发行规则》（2016版）对债务融资工具的注册发行工作进行了统领性的规定，包含了公开发行注册、定向发行注册、发行、自律规范等方面的统领性规定。《非金融企业债务融资工具公开发行注册工作规程》（2016版）及《非金融企业债务融资工具公开发行注册文件表格体系》（2017版）是交易商协会公布的关于公开注册发行非金融债务融资工具注册发行的依据。其中《非金融企业债务融资工具公开发行注册工作规程》（2016版）就发行人分层分类管理安排、注册办公室预评、注册会议评议、备案等进行了详细规范。《非金融企业债务融资工具公开发行注册文件表格体系》（2017版）是对非金融企业公开发行注册文件的最低信息披露要求。《非金融企业债务融资工具定向发行注册工作规程》（2017版）、《非金融企业债务融资工具定向发行注册文件表格体系》（2017版）是交易商协会公布的关于定向注册发行非金融债务融资工具注册发行的依据。其中《非金融企业债务融资工具定向发行注册工作规程》（2017版）就定向投资人、定向工具的注册与备案、中介机构职责、发行与其他等进行了详细规范。《非金融企业债务融资工具定向发行注册文件表格体系》（2017版）是非金融企业定向注册发行注册文件的最低信息披露要求。

二是适用于单个债务融资工具产品的业务指引。包括《银行间债券市场中小非金融企业集合票据业务指引》《银行间债券市场非金融企业短期融资券业务指引》《银行间债券市场非金融企业中期票据业务指引》《银行间债券市场非金融企业超短期融资券业务规程（试行）》《非金融企业资产支持票据指引》《银行间债券市场非金融企业项目收益票据业务指引》等。

2. 非金融企业债务融资工具的定义

非金融企业债务融资工具是指具有法人资格的非金融企业在银行间债券市场发行的、约定在一定期限内还本付息的有价证券。企业发行债务融资工具应在中国银行间市场交易商协会注册,在银行间债券市场披露信息,由金融机构承销。

债务融资工具发行对象为银行间债券市场的机构投资者,包括银行、证券公司、保险资产管理公司、基金公司等。债务融资工具发行参与方包括主承销商、评级公司、增信机构、审计师事务所、律师事务所等中介服务机构,需要对发行的企业进行财务、审计,并对企业和融资工具进行评级,主承销商负责撰写募集说明书,安排企业进行信息披露等工作。

3. 银行间市场债务融资工具一般发行条件

根据《银行间债券市场非金融企业债务融资工具管理办法》等规则指引,企业注册发行债务融资工具应符合下列基本条件:具有法人资格的境内企业、非金融企业、交易商协会会员。

债务融资工具采用市场化定价方式。融资工具的发行利率根据企业和融资工具级别、结合银行间市场资金面情况进行定价,一般低于银行贷款基准利率。发行期限可以根据资金需求灵活安排。采取市场化发行方式,按照交易商协会相关工作指引注册发行,一次注册后可根据资金需求及市场情况分期发行。

4. 常见品种债务融资工具发行条件

在满足债务融资工具一般发行条件的基础上,根据不同债务融资工具产品的特点,交易商协会针对各品种债务融资工具制定了不同的业务指引,如《银行间债券市场非金融企业短期融资券业务指引》《银行间债券市场非金融企业中期票据业务指引》等,规范了相关债务融资工具的操作方法。常见品种的债务融资工具具体要求如表3-4所示。

表3-4 常见品种债务融资工具发行条件

项目	短期融资券(CP)	中期票据(MTN)	中小企业集合票据、区域集优集合票据(SMECN、SMECNII)	超短期融资券(SCP)	定向工具(PPN)	资产支持票据(ABN)	项目收益票据(PRN)
发行人数量	1家	1家	2—10家	1家	1家/2—10家	1家	1家
发行人资质	无限制	无限制	中小企业	无限制	无限制	无限制	无限制(可成立项目公司)
金额	不超过净资产40%	不超过净资产40%	单体不超过净资产40%、不超过2亿元,单只不超过10亿元	结合企业需求	结合企业需求	按照结构设计	结合项目需求
期限	不超过1年	1年以上	无限制	270天(含)以内	无限制	无限制	覆盖项目生命周期
发行方式	面向不特定机构投资者	面向不特定机构投资者	面向不特定机构投资者	面向不特定机构投资者	面向特定机构投资者	面向特定/不特定机构投资者	面向特定/不特定机构投资者
分期发行	可以	可以	一次注册一次发行	可以	可以	按照发行方式不同	按照发行方式不同

3.4.2.2 非金融企业债务融资工具条款设计

债务融资工具品种繁多，针对不同的市场需求可以合理地设置不同的条款以适应市场的发展（表3-5）。

表3-5 债务融资工具常见条款设计

债务融资工具条款	设计方法
发行方式	公开发行； 定向发行
选择权	发行人选择条款，包括赎回权、调整票面利率权等； 投资人选择条款，包括回售权等
发行主体	国内：具有法人资格的非金融企业； 国外：境外机构可在银行间市场注册发行人民币债券，简称"熊猫债"
募集资金用途	偿还银行贷款、补充流动资金、项目建设等； 并购、保障房项目等（仅限于特殊产品）
计息方式	固定利率计息：以固定利率计息； 浮动利率计息：一般以一年期Shibor＋差额基点计息
发行期限	从超短期限到中长期限均可以发行，永续票据理论上可以永远存续
增信方式	资产抵质押； 第三方担保：通过第三方（可以是专业增信担保公司，也可以是发行人母公司等）对发行的债券进行担保； 信用风险缓释工具：交易商协会推出用于管理信用风险的信用衍生产品； 回购承诺：发行人在满足相关条件时回购自身债券
计价币种	人民币、美元

发行方式。债务融资工具可选择公开发行和定向发行两种发行方式。

公开发行是面向银行间市场成员公开发行。银行间市场成员主要包括境内商业银行、非银行金融机构、非金融机构、可经营人民币业务的外国银行分行等。

定向发行是向一般投资人和专项机构投资人定向发行。专项机构投资人是指除了具有丰富的银行间市场投资经验、风险识别与承担能力外，还熟悉定向债务融资工具风险特征和投资流程、自愿接受交易商协会自律管理、履行会员义务的机构投资人。符合以下条件之一的机构可成为专项机构投资人：人民银行公开市场业务一级交易商；银行间债券市场做市商；银行间债券市场债券结算代理人；债务融资工具承销机构；信用风险缓释工具核心交易商或信用风险缓释凭证创设机构；债务融资工具平均托管量达到一定规模的机构投资人。

选择权。赎回权指债券发行人在债券到期时或到期前，因某些约定事项的发生，以募集说明书中规定的参照价格买回其发行在外债券的行为。

调整票面利率权指发行人有权决定是否在债券存续期的某时点调整本期债券后续年度的票面利率。

回售权指投资人有权选择在债券存续期内按照约定条件将持有的债券全部或部分回售给发行人。

发行主体。债务融资工具发行主体包括国内及国外的非金融企业。

募集资金用途。债务融资工具募集资金用途宽泛，但是根据各品种的特点，募集资金用途有所不同，交易商协会在各业务品种的业务指引中规定了相应用途。

计息方式。目前，债务融资工具主要计息分为固定利率计息和浮动利率计息。固定利率计息债务融资工具即在发行时规定利率在整个偿还期内不变的债务融资工具。浮动利率计息债务融资工具为按一定时期以某一基准利率调整的债务融资工具，一般基准利率采用 Shibor 利率。

发行期限。债务融资工具发行期限和各品种的特点有关，具体发行期限一般由承销商和发行主体协商确定。

增信方式。债券增信是指债券发行人为了吸引更多的投资者，改善发行条件，降低融资成本，通过各种增信手段和措施来降低债券违约概率或减少违约损失率，以降低债券持有人承担的违约风险和损失，提高债券信用等级的行为。

2007 年 10 月之前，我国企业普遍采用银行担保的方式对债券进行增信，该增信方式得到了投资者的普遍认同，取得了良好的增信效果，但同时也导致了金融市场系统风险的集中。为控制金融风险，2007 年 10 月 12 日，银监会向商业银行下发了《关于有效防范企业债券担保风险的意见》（银监发〔2007〕75 号），要求各银行一律停止对以项目债为主的企业债券进行担保，对其他用途的企业债券、公司债券、信托计划、保险公司收益计划、券商专项资产治理计划等融资性项目原则上不再出具银行担保。在该监管文件出台后，除部分企业直接以企业自身信用作为信用支撑发行债券外，大部分企业发行债券改由非银行第三方提供担保或其他增信方式，如股权质押、资产抵押和设立偿债基金账户等。目前，银行间市场增信方式较为普遍的有第三方担保和抵质押担保。

计价币种。债务融资工具计价币种主要是人民币和美元。

3.4.3 债务融资工具品种概述与注册流程

3.4.3.1 债务融资工具品种概述

银行间债务融资工具产品不断发展，根据品种适用性可以分为基础序列产品和创新型序列产品。根据交易商协会发布的单个债务融资工具产品的业务指引并结合实务，整理各产品要点如下。

1. 基础序列债务融资工具

（1）短期融资券（CP）

短期融资券指具有法人资格的非金融企业在银行间债券市场约定在 1 年内还本付息的债务融资工具。

短期融资券具有如下特征：适用于分层分类管理体系；产品期限为一年（含）以内；注册有效期为两年，第一类企业可在注册有效期内自主发行，第二类企业可在接受注册后 12 个月（含）内自主发行，12 个月后发行需事前向协会备案；短期融资券待偿还余额不得超过企业净资产的 40%；

短期融资券所募集的资金应用于符合国家相关法律法规及政策要求的企业生产经营活动，实务中主要用于补充流动资金和偿还金融机构借款。企业在短期融资券存续期内变更募集资金用途应提前披露。应披露企业主体信用评级和当期融资券的债项评级。

短期融资券具有期限较短的特点，适合具有短期流动性管理需求的非金融企业发行人，同时适用于短久期偏好的投资人。

短期融资券有助于拓宽非金融企业的直接融资渠道，有助于改善企业融资环境，节约企业融资成本。

（2）中期票据（MTN）

中期票据是指具有法人资格的非金融企业在银行间债券市场按照计划分期发行的、约定在一定期限还本付息的债务融资工具。

中期票据具有如下特征：适用于分层分类管理体系；期限为一年以上，通常为三年、五年或七年；注册有效期为两年，第一类企业可在注册有效期内自主发行，第二类企业可在接受注册后12个月（含）内自主发行，12个月后发行需事前向协会备案；中期票据待偿还余额不得超过企业净资产的40%；发行中期票据应披露企业主体信用评级，中期票据若含可能影响评级结果的特殊条款，企业还应披露中期票据的债项评级。

中期票据所募集的资金应用于符合国家法律法规及政策要求的企业生产经营活动，并在发行文件中明确披露具体资金用途，实务中主要用于补充流动资金、偿还金融机构借款和项目。企业在中期票据存续期内变更募集资金用途应提前披露。应在中期票据发行文件中约定投资者保护机制，包括应对企业信用评级下降、财务状况恶化或其他可能影响投资者利益情况的有效措施，以及中期票据发生违约后的清偿安排。

中期票据可以满足企业的中长期融资需求，同时适用于具有中长期资金配置需求的投资人。

中期票据有助于强化资本市场作为宏观调控传导渠道的功能；有助于丰富市场产品品种，改善利率环境，建立健全有效市场机制，形成完整的企业融资市场收益率曲线；企业可实现融资成本的灵活配置，改善财务管理能力，提高自身应对复杂多变的金融环境的能力。

（3）超短期融资券（SCP）

超短期融资券是指具有法人资格的非金融企业在银行间债券市场发行的、期限在270天以内的短期融资券。

超短期融资券具有如下特征：适用于分层分类管理体系；注册有效期为两年，可在有效期内自主发行；不受发行规模不得超过企业净资产40%要求的限制；应披露资金运营内控制度、资金管理模式、短期资金调度应急预案等相关内容；超短期融资券所募集的资金应用于符合国家法律法规及政策要求的流动资金需要，不得用于长期投资，注册额度应与短期资金缺口及用途相匹配，并披露募集资金匡算依据。

企业发行超短期融资券，应至少于发行日前1个工作日公布发行文件；企业发行超短期融资券期限在1个月以内的可在公告发行文件的同时公布本息兑付事项；企业应在发行超短期融资券后2个工作日内将发行情况向交易商协会备案；企业发行超短期融资券可设主承销团，每期发行可设一家联席主承销商或副主承销商。

超短期融资券发行人应具备完善的公司治理机构，业务运营合规，信息披露规范，不存在违法违规行为；主承销商具有良好的流动性管理和及时跟踪监控企业经营管理和财务状况的能力和条件；适合风险偏好较低、流动性偏好较高，但有较高收益率资产配置需求的投资人。

超短期融资券有助于丰富企业直接债务融资渠道，提高企业流动性管理水平；有助于丰富投资品种，满足投资者多元化需求；有助于进一步增强货币政策敏感性和有效性，推进利率市场化进程；有助于实现宏观调控目标，增强债务融资市场作为宏观调控政策传导渠道的功能。

（4）定向工具（PPN）

定向发行是指具有法人资格的非金融企业向银行间市场定向债务融资工具投资人发行债务融资工具，并在定向投资人范围内流通转让的行为。企业可以在银行间债券市场向债务融资工具专项机构投资人或债务融资工具特定机构投资人发行定向工具。

定向债务融资工具为更多类型的发行人和机构投资人拓展了参与债务融资工具市场的渠道，顺应投资人灵活配置投资、提高风险管理水平的需要。

企业发行定向工具应由符合条件的承销机构承销。企业自主选择主承销商；需要组织承销团的，由主承销商组织承销团。定向工具信用评级和跟踪评级的具体安排由发行人与定向投资人协商确定，并在《定向发行协议》中明确约定。定向发行相关信息披露主体应通过中国银行间市场交易商协会综合业务和信息服务平台进行定向信息披露。定向工具信息披露的基本原则是"谁能投资，向谁披露"。

交易商协会对符合要求的定向发行注册文件办理接收程序，并对注册材料进行形式完备性核对。企业定向发行注册文件形式完备的，交易商协会接受注册，并向企业出具《接受注册通知书》，注册有效期2年。企业可以在银行间债券市场向专项机构投资人（N）或特定机构投资人（X）发行定向工具。发行人发行定向工具，可以只向N发行，或只向X发行，或同时向N+X发行。

专项机构投资人（N）是指除具有丰富的债券市场投资经验和风险识别能力外，还熟悉定向债务融资工具风险特征和投资流程，具有承担风险的意愿和能力，自愿接受交易商协会自律管理，履行会员义务的合格机构投资人群体。专项机构投资人由交易商协会按照市场化原则，根据常务理事会确定的程序遴选确定并在交易商协会认可的网站公告。

特定机构投资人（X）是指了解并能够识别某发行人定向发行的特定债务融资工具风险特征和投资流程，具有承担该债务融资工具投资风险的意愿和能力，自愿接受交易商协会自律管理，履行会员义务的合格机构投资人。特定机构投资人由企业和主承销商遴选确定。

（5）中小企业集合票据（SMECN）

中小非金融企业是指国家相关法律法规及政策界定为中小企业的非金融企业。集合票据是指2个（含）以上、10个（含）以下具有法人资格的企业，在银行间债券市场以统一产品设计、统一券种冠名、统一信用增进、统一发行注册方式共同发行的，约定在一定期限还本付息的债务融资工具。

企业发行集合票据应在交易商协会注册，一次注册、一次发行；任一企业集合票据待偿还余额不得超过该企业净资产的40%；任一企业集合票据募集资金额不超过2亿元人民币，单只集合票据注册金额不超过10亿元人民币；募集的资金应用于符合国家相关法律法规及政策要求的企业生产经营活动；企业在发行文件中应明确披露具体资金用途，任一企业在集合票据存续期内变更募集资金用途均须经有权机构决议通过，并应提前披露；产品结构不得违背国家相关法律法规的要求，参与主体之间的法律关系清晰，各企业的偿付责任明确；应制定偿债保障措施，并在发行文件中进行披露，包括信用增进措施、资金偿付安排以及其他偿债保障措施；应披露集合票据债项评级、各企业主体信用评级以及专业信用增进机构（若有）主体信用评级；应在集合票据发行文件中约定投资者保护机制，包括应对任一企业及信用增进机构主体信用评级下降或财务状况恶化、集合票据债项评级下降以及其他可能影响投资者利益情况的有效措施。

（6）资产支持票据（ABN）

资产支持票据是指非金融企业（以下称"发起机构"）为实现融资目的、采用结构化方式、通过发行载体发行的、由基础资产所产生的现金流作为收益支持的、按约定以还本付息等方式支付收益的证券化融资工具。发行载体可以为特定目的信托、特定目的公司或交易商协会认可的其他特定目的载体（以下统称"特定目的载体"），也可以为发起机构。

资产支持票据具有如下特征：实现基础资产的风险隔离；通过结构设计可以实现信用增进，降低融资成本；基础资产现金流可以有效评估；设立有效的现金流监管机制；设立基础资产及发行人的双重偿债保障机制。

基础资产是指符合法律法规规定，权属明确，可以依法转让，能够产生持续稳定、独立、可预测的现金流且可特定化的财产、财产权利或财产和财产权利的组合。形成基础资产的交易基础应当真实，交易对价应当公允。基础资产不得附带抵押、质押等担保负担或其他权利限制，但能够通过相关合理安排解除基础资产的相关担保负担和其他权利限制的除外。

资产支持票据可以公开发行或定向发行。公开发行资产支持票据，应聘请具有评级资质的信用评级机构对资产支持票据进行信用评级。采用分层结构发行资产支持票据的，其最低档次票据可不进行信用评级。资产支持票据注册有效期为两年，首期发行应在注册后六个月内完成，后续发行应向交易商协会备案。

拥有稳定现金流资产的企业可用证券化技术将其资产剥离出来，转化为债项评级相对较高的证券化产品。资产支持票据产品具有定价复杂等特点，适合投资策略多元、风险偏好和久期偏好相对较高的投资人。

资产支持票据有利于盘活企业资产，拓展企业融资渠道，加强金融对实体经济的支持；为市场引入结构化产品，满足发行人和投资人的个性化需求，推动市场发展；实现企业债务融资从主体信用到资产信用的实质转移，扩大发行主体范围，缓解低信用评级企业的融资状况。

（7）项目收益票据（PRN）

项目收益票据是指非金融企业在银行间债券市场发行的、募集资金用于项目建设且以项目产生的经营性现金流为主要偿债来源的债务融资工具。

项目收益票据具有如下特征：企业可通过成立项目公司的方式注册发行，也可在做好风险隔离的基础上由既有发行人直接注册发行；既有发行人直接注册发行的，要求建立有效的资金使用监管机制，约定募集资金用途改变的解决措施；发行期限可涵盖项目建设、运营与收益整个生命周期；企业应归集项目收入并优先划入偿债资金专户，履行资产受限信息披露义务，设置持有人会议等应急处置预案和触发机制。

项目包括但不限于市政、交通、公用事业、教育、医疗等与城镇化建设相关的、能产生持续稳定经营性现金流的项目；项目收益票据获取财政补贴等行为必须依法、合规，不应存在任何直接、间接形式的地方政府担保；企业可选择公开发行或定向发行方式在银行间市场发行项目收益票据；企业发行项目收益票据应设置合理的交易结构，不得损害股东、债权人利益；企业发行项目收益票据所募集资金应专项用于约定项目，且应符合法律法规和国家政策要求；企业在项目收益票据存续期内变更募集资金用途应提前披露，且变更后的用途应满足本条要求；同时制定切实可行的现金流归集和管理措施，通过有效控制项目产生的现金流，对项目收益票据的还本付息提供有效支持。

企业发行项目收益票据应披露以下信息：项目收益票据交易结构和项目具体情况；由第三方专业机构出具的项目收益预测情况；在存续期内定期披露项目运营情况；由资金监管行出具存续期内的现金流归集和管理情况；其他影响投资决策的重要信息。

发行人方面，项目收益票据适合包括城建类、公用事业类企业等具有项目建设融资需求的发行主体。投资人方面，鼓励项目所在地投资人深度参与项目收益票据投资。

项目收益票据的推出是金融支持新型城镇化建设、支持实体经济的必然要求，是探索透明规范的城市建设投融资体制、防范和化解地方政府债务风险的有益尝试，通过强化信息披露、风险防范等针对性要求，有利于进一步规范城市基础设施建设类企业的运营管理。

2. 创新型序列债务融资工具

（1）熊猫债

境外机构可在银行间市场注册发行人民币债券，即"熊猫债"。熊猫债具有如下特征：发行人注册地在境外；可根据境外发行人需求，自行选择期限、规模及交易结构；可以公开发行或定向发行；募集资金可依法合规用于境内，也可按相关规定用于境外；注册有效期为两年，两年以内可灵活安排发行时间。

在发行端，非金融企业熊猫债的发行人是符合人民银行等监管机构制定的银行间市场准入条件的境外非金融企业；在投资端，非金融企业熊猫债有助于人民币债券投资人增加对国外企业的风险敞口，分散区域性信用违约风险。

熊猫债的推出有利于促进人民币的跨境使用，提升人民币国际化水平。具体来说，通过推动境外机构在境内人民币融资，可以改善我国国际收支平衡，增强人民币资本项目可兑换程度；有利于鼓励金融创新，丰富银行间市场产品种类，多元化发行人结构，提升金融市场对外开放水平，实现资本市场双向开放；有助于金融服务实体经济，助力"一带一路"建设，提升我国对外贸易与投资开放水平，进一步推进经济结构调整和转型升级。

（2）永续票据

永续票据是指不规定到期期限，债权人不能要求清偿，但可按期取得利息的一种有价证券，定位为无固定到期日、可递延支付利息的含权债务融资工具。

永续票据具有如下特征：无固定到期日及付息日，发行人可提前赎回，投资人收益具有不确定性；票息递升，利息递延；永续票据在符合特定条件下可计入权益，并在满足合法合规、风险可控等条件下，允许可计入权益的永续票据募集资金用于项目资本金（不超过项目资本金总额的50%）；对于主体评级在AA及以上的发行人，计入权益的永续票据注册额度单独管理，计入负债的永续票据视同普通中期票据进行额度管理。

在发行端，永续票据对于资本支出较大、负债率较高，但整体资质良好，特别是电力、交通运输、市政建设等关系到国计民生的企业改善自身资产负债结构有重要意义；在投资端，永续票据具有期限长、票息相对较高等特点，可满足不同风险和期限偏好的投资人，特别是保险、基金等投资机构对于长期限、相对高收益的金融产品的投资需求。

永续票据在符合特定条件下可计入权益，满足项目资本金对于长期限、非债务性资金的要求，可以较好地匹配发行人项目投资需求；永续票据产品对于丰富金融投资产品序列、建立多层次债券市场、促进我国直接融资市场发展、加快我国债券市场与国际市场接轨的步伐具有重要意义。

（3）并购票据

并购票据是指企业在银行间债券市场发行的，募集资金用于企业并购活动，约定在一定期限内还本付息的短期融资券、中期票据或其他债务融资工具。

并购票据具有如下特征：可用于支付并购对价或置换并购贷款本息；融资比例可达并购项目规模的60%；在期限、担保方面无强制性要求，以市场化方式确定利率；兑付安排灵活，可分期或一次性到期兑付，按年结息。

并购票据的推出具有重要意义：有利于拓展企业并购的融资渠道；丰富机构投资者的债券品种；提高中介机构的专业能力；在信息披露、投资者保护机制、注册审核机制、兑付资金监管等方面深化债券市场的服务功能。

（4）定向可转换票据

定向可转换票据是基于定向债务融资工具的创新产品，指非金融企业依法发行、在一定期间内依据约定的条件可以转换成股份的债务融资工具。

定向可转换票据具有如下特征：投资人在特定时点有权利按照所持面值将所持有的债权通过认购发行人新增资本的方式转换为对发行人的股权投资；转股价格依据发行人估值确定，估值方式由发行人和投资人自行协商确定并在条款中明确；转股标志为发行人完成增资扩股手续。

发行人方面，主要为高成长性中小企业及其他有发行可转换权票据需求的企业。投资人方面，定向可转工具兼具债务融资工具及股权融资工具双重特性，能有效吸引包括风险投资基金、私募股权投资基金等新型投资者参与投资，进一步激发如证券公司、基金公司等相对风险偏好型投资者的参与热情。

定向可转换票据产品具有债股结合的特点，转股条款的设置为企业降负债、去杠杆、降低融资成本、拓宽融资渠道、修复资产负债表提供了有益探索，可以提高企业的持续稳健发展能力。定向可转换票据的上线，丰富了债务融资工具产品序列，推动了多层次资本市场的发展，同时有利于激发风险偏好型投资人的热情，培育和发展各类合格机构投资者。

（5）供应链票据

供应链票据是以产业链上核心企业为发行人和偿债主体，将募集资金通过委托贷款或其他方式贷给链上、下游企业的直接债务融资工具。

供应链票据具有如下特征：在交易结构上，供应链票据一般由核心企业发行；募集资金委托财务公司或商业银行管理，设立专项资金管理账户，为供应链上下游企业提供融资服务；通常对供应链内企业贷款期限要短于供应链融资票据的期限，这样当部分企业贷款到期后，回收的资金还可以继续用于对下一家企业进行贷款。

供应链票据的发行主体为核心企业，依托核心企业的信用评级在债券市场发行票据募集资金，为其上下游中小企业提供融资支持。

供应链票据凭借核心企业与其上下游企业密切的生产经营关系，在保护投资人利益的前提下，解决了小微企业在融资环节面临的个体资质差、信息披露成本较高、信息不透明等问题，缓解了上下游中小企业融资难的困境，为实体经济发展服务；进一步加强了供应链内各个企业的联系，促进中小企业与核心企业建立长期战略协同关系，提升整个供应链的竞争力。

（6）创投企业债务融资工具

创投企业债务融资工具是指创业投资企业发行的债务融资工具。

创投企业债务融资工具具有如下特征：募集资金可直接用于补充企业营运资金、偿还银行借款、补充创投基金资本金及对非上市公司进行股权投资；募集资金用于股权投资、收购产权（股权）的，原则上累计投资金额不得超过该标的金额的60%，并对资金账户进行封闭式管理；公募产品需根据公募债务融资工具信息披露子表格进行注册发行和存续期的信息披露；私募产品对募集资金用途的要求与公募一致，存续期的信息披露需定期披露用款情况报告、募集资金使用方案的执行情况、投资数量和规模等。

创投企业债务融资工具的发行人为在主管部门进行过备案登记的、主体评级AA及以上的合规创投企业，且满足创投类业务收入（支付给创投基金管理人的管理费和投资收益之和）大于等于发行人主营业务收入的50%的要求。创投企业债务融资工具适合具有多元化投资意向、风险收益偏好较高的投资人。

创投企业债务融资工具的推出，对于后续债务融资工具支持创业投资企业、股权投资企业及产业投资基金的股东或有限合伙人的注册工作具有较大的借鉴作用。

（7）绿色债券

绿色债券是指募集资金专项用于节能、污染防治、资源节约与循环利用、清洁交通、清洁能源、生态保护和适应气候变化等绿色项目领域的债务融资工具，其中绿色项目的界定与分类可以参考中国金融学会绿色金融专业委员会编制的《绿色债券支持项目目录》的相关要求。

绿色债券具有如下特征：限定募集资金投向；要求具有合理的绿色项目评估与遴选

机制；要求对募集资金实施单独管理；提高定期信息披露要求等，通过多种方式确保募集资金专项用于绿色项目。

绿色债券发行人一般为节能减排、环境保护等领域符合条件的企业，同时适合对于环境生态环保领域有特殊投资倾向的多元化投资人。

（8）双创专项债务融资工具

双创专项债务融资工具是以园区公司为主体发行的，募集资金用途用于当地园区建设或支持入园企业发展的非金融企业债务融资工具。

发行主体准入条件是：除17个双创示范基地外，国家级经济技术开发区、国家级高新技术产业园区、国家级保税区、国家级边境经济合作区、国家出口加工区、其他国家级园区均可。

募集资金用途可用于园区建设、对园区内高科技企业的委托贷款及股权投资（必须针对园区内企业）。用于对园区内高科技企业的委托贷款及股权投资的，形式上可以直接投资或者以基金形式投资，其中基金形式必须以发行人合并报表范围内公司作为普通合伙人。

3.4.3.2 债务融资工具注册流程

1. 分层分类管理

交易商协会对企业公开发行债务融资工具实行分层分类注册发行管理（表3-6）。

表3-6 公开发行债务融资工具的第一类企业和第二类企业的区别

优化流程	第一类企业	第二类企业
项目注册	可就公开发行超短期融资券、短期融资券、中期票据等品种编制统一注册文件，进行统一注册；资产支持票据、项目收益票据等交易商协会相关规则指引规定企业应分别注册的债务融资工具品种除外 第一类企业也可以就公开发行各品种债务融资工具编制相应注册文件，分别进行注册	就公开发行各品种债务融资工具编制相应注册文件，分别进行注册
项目发行	可在注册有效期内自主发行。统一注册多品种（DFI）债务融资工具的，注册阶段可不确定注册额度，发行阶段再确定每期发行品种、发行规模、发行期限等要素	可在接受注册后12个月（含）内自主发行，12个月后发行的应事前先向交易商协会备案

根据《非金融企业债务融资工具公开发行注册工作规程》（2016版），同时符合以下要求的为第一类企业。

- 市场认可度高，行业地位显著，经营财务状况稳健，最近两个会计年度未发生连续亏损；
- 最近36个月内累计公开发行债务融资工具不少于3期，公开发行规模不少于100亿元；
- 最近24个月内无债务融资工具或其他债务违约或者延迟支付本息的事实，控股股东、控股子公司无债务融资工具违约或者延迟支付本息的事实；

- 最近 12 个月内未被相关主管部门采取限制直接债务融资业务等行政处罚，未受到交易商协会警告及以上自律处分；
- 交易商协会根据投资者保护的需要规定的其他条件。

除此之外，不能同时满足上列条件的为第二类企业。

2. 债务融资工具注册文件

在银行间债券市场发行注册债务融资工具，发行企业及提供专业服务的中介机构应按照有关规则指引和《非金融企业债务融资工具注册文件表格体系》要求，编制、披露注册文件。《非金融企业债务融资工具注册文件表格体系》是债务融资工具进行注册、发行和信息披露的最低要求。

《非金融企业债务融资工具注册文件表格体系》主要分为《非金融企业债务融资工具公开发行注册文件表格体系》（2019 版）[1] 和《非金融企业债务融资工具定向发行注册文件表格体系》（2017 版）[2]。下文以《非金融企业债务融资工具公开发行注册文件表格体系》（2019 版）为例，阐述包括注册文件清单、信息披露表格等在内的表格体系。

（1）注册文件清单[3] 列示企业注册或备案发行债务融资工具应向交易商协会提交的要件，如表 3-7 所示。

表 3-7　公开发行债务融资工具注册材料

注册文件清单（Y表）——公开发行			
发行人文件	承销机构文件	中介机构文件	信用增进文件（如有）
注册报告 附：营业执照、公司章程及其有权机构决议、募集说明书	推荐函、承销协议	近三年经审计财务报告及母公司会计报表、近一期会计报表、法律意见书、评级报告及跟踪评级安排	信用增进函 附：信用增进机构营业执照、《公司章程》、有权机构决议及有关内控制度 信用增进机构近三年经审计财务报告及母公司会计报表、近一期会计报表 信用增进机构评级报告及跟踪评级安排 信用增进协议

除必备要件外，涉及特定产品、特定行业或特定情形的债务融资工具在注册或备案时还需提供特定要件，具体要求如表 3-8 所示。

---

[1] 《关于发布〈非金融企业债务融资工具公开发行注册文件表格体系〉（2019年版）的公告》（交易商协会公告〔2019〕10号），http://www.nafmii.org/ggtz/gg/201904/t20190412_76458.html。
[2] 《关于〈非金融企业债务融资工具定向发行注册工作规程〉及相关配套文件的公告》（交易商协会公告〔2017〕24号），http://www.nafmii.org.cn/ggtz/gg/201709/t20170904_65115.html。
[3] 分为注册文件清单（Y表）与备案文件清单（YB表）。

表 3-8 债务融资工具注册的特定要件

类别	情况	需提供的特定要件
特定产品	集合票据	·偿债资金专项账户监管协议
	供应链票据	·募集资金专项账户监管协议
	项目收益票据	·项目收益预测报告 ·资金监管协议 ·账户抵质押协议（如有） ·项目资产抵质押协议及其他担保文件（如有）
	永续票据	·资金监管协议（针对募集资金用于项目资本金的情况） ·项目批复文件复印件加盖公章（针对募集资金用于项目资本金的情况） ·会计师事务所关于会计处理的说明性文件（针对条款不明确或募集资金用于项目资本金等情况）
特定产品	保障性安居工程债务融资工具	·项目的资质认定文件 ·发行主体的资质认定文件 ·项目的合规性文件（合规性文件中也可明确发行人的主体资质） ·资金监管协议
	绿色债务融资工具	·募集资金专项账户监管协议 ·绿色评估报告（如有）
特定行业	涉密企业	·集团保密委员会和发行人出具的脱密说明及豁免披露说明
	涉及产能过剩行业的企业①	·发行人的自查报告 ·主承销商的尽职调查报告
	城建类企业	·主承销商的尽职调查报告
	房地产企业	·主承销商对于房地产合规性的尽职调查报告 ·募集资金专项账户监管协议
	创投企业	·募集资金专项账户监管协议
特定情形	首次注册	·信息披露事务管理制度
	经审计的会计报表为非标意见	·发行人及会计师事务所出具的专项说明原件
	涉及信用增进	·信用增进机构营业执照、公司章程 ·信用增进函（附有关机构决议及有关内控制度） ·信用增进协议（如有） ·信用增进机构近三年经审计的财务报告及近一期会计报表 ·信用增进机构主体信用评级报告及跟踪评级安排
	重组成立未满三年	·发行人近三年经审计的模拟/备考合并财务报告及母公司财务报表，或发行人经审计的合并财务报告、母公司财务报表以及子公司单独的近三年经审计的合并财务报告②

① 对于涉及国发〔2013〕41号文提及的钢铁、水泥、电解铝、平板玻璃等产能过剩行业的企业，要求主承销商及发行人出具针对41号文的尽调及自查报告；对于41号文未提及但38号文提及的煤化工、多晶硅、风电设备、造船、大豆压榨等行业的企业，要求主承销商及发行人出具针对38号文的尽调及自查报告。

② 应比照一般发行人依据M表进行信息披露。发行人模拟/备考合并财务报告应包括合并资产负债表、利润表、现金流量表、所有者权益变动表及财务报表附注。

（续表）

类别	情况	需提供的特定要件
特定情形	重大资产重组①	・发行人近三年经审计的合并财务报告及母公司财务报表、近一期合并及母公司财务报表 ・报告期近一年至募集说明书签署日期间内完成重大资产重组的，还应披露：发行人近一年经审计或审阅的模拟/备考合并财务报告②；或标的资产近一年经审计的合并财务报告
		・标的资产涉及境外的，还应披露： （1）若披露标的资产近一年经审计的合并财务报告的，应将标的资产经审计的合并财务报告翻译为简体中文，翻译范围包括审计意见页及财务报告全文。若披露的财务报告使用范围受限，披露会计师事务所关于财务报告使用范围的说明性文件，包括财务报告的使用范围受限情况、是否能作为公开披露文件用于本次注册发行等。 （2）在标的资产合并财务报告中，若标的资产采用的境外会计准则与中国企业会计准则不等效，还应披露经境内具有证券从业资格的会计师事务所鉴证的近一年差异调节表③。 （3）针对境外重大资产重组是否符合境外投资的相关法律法规及国家相关政策的规定，提供发行人自查报告及主承销商尽职调查报告。
	涉及股权委托管理	・主承销商的尽职调查报告 ・会计师出具的会计处理依据专项说明

（2）信息披露表格列示的内容是对注册文件的最低信息披露要求，包括 M 系列表（募集说明书信息披露表，如表 3-9 所示）、C 表（财务报告信息披露表）、F 系列表（法律意见书信息披露表）、P 系列表（评级报告信息披露表）、Z 系列表（信用增进信息披露表）、FA 表（发行方案信息披露表）、SG 表（申购说明信息披露表）等。各表格以表格中文名称关键字拼音首字母进行命名。

表 3-9 M 系列表（募集说明书信息披露表）目录

表格种类	表格名称	适用范围
母表	M	募集说明书：注册及注册后首期发行信息披露基本内容
	BM	补充募集说明书：注册后后续发行信息披露基本内容
	XM	项目收益票据募集说明书：项目收益票据信息披露基本内容

---

① 发行人划拨、购买、出售资产的资产总额、资产净额和收入占完成重组前一年发行人的资产总额、净资产和收入的比例，三者之一超过50%的，一般可认为构成重大资产重组。发行人构成重大资产重组的，应依据M表和M.4表进行信息披露。
② 发行人模拟/备考合并财务报告应假设重大资产重组事项在期初业已发生，且应至少包括合并资产负债表、利润表、现金流量表及财务报表附注。
③ 差异调节表包括境内外会计准则重要差异、会计准则差异对境外标的资产合并资产负债表（包括净资产）和损益表（包括净利润）所有重要项目的财务影响金额，且应包括本年数和上一年对比数。中国人民银行或财政部另有规定的，从其规定。

(续表)

表格种类	表格名称	适用范围
子表	M.1	安全生产：企业属于高危行业企业或近三年及一期发生《生产安全事故报告和调查处理条例》（国务院令第493号）、《国务院关于进一步加强企业安全生产工作的通知》（国发〔2010〕23号）提及的安全生产事故的，依据M.1表进一步披露信息。高危行业范围参见国家安全生产监督管理有关部门规定
	M.2	非标准审计报告：企业近三年审计报告存在非标准无保留意见的，依据M.2表进一步披露信息
	M.3	关联交易：企业涉及关联交易的，依据M.3表进一步披露信息
	M.4	重大资产重组：企业涉及重大资产重组的，依据M.4表进一步披露信息
	M.5	信用增进：债务融资工具存在信用增进的，依据M.5表进一步披露信息
	M.6	房地产：发行人为房地产企业的，依据M.6表进一步披露信息
	M.7	供应链：发行人涉及以供应链方式发行债务融资工具的，依据M.7表进一步披露信息
	M.8	突发事件：发行人发生或可能发生突发事件的，依据M.8表进一步披露信息
	M.9	永续票据：发行没有固定到期期限债务融资工具的，依据M.9表进一步披露信息
	M.10	创投企业：发行人为创业投资企业的，依据M.10表进一步披露信息
	M.11	超短期融资券：发行超短期融资券的，依据M.11表进一步披露信息
	M.12	投资人保护条款：债务融资工具涉及增设投资人保护条款的，依据M.12表进一步披露信息
	M.13	重要事项：发行人发生重要事项的，依据M.13表进一步披露信息
	M.14	城市基础设施建设类企业：发行人为城市基础设施建设类企业的，依据M.14表进一步披露信息
	M.15	保障性安居工程债务融资工具：发行保障性安居工程债务融资工具的，依据M.15表进一步披露信息
	M.16	绿色债务融资工具：发行绿色债务融资工具的，依据M.16表进一步披露信息
	M.17	股权委托管理：发行人涉及股权委托管理的，依据M.17表进一步披露信息

3. 债务融资工具注册的分工

债务融资工具注册中介机构主要包括主承销商、评级机构、律师事务所、审计机构和信用增进机构（如有）见图3-1。

主承销商是具备债务融资工具主承销资质，并在承销协议中被发行人委任的承销机构。在债务融资工具承销过程中承担主要责任，负责组织中介机构对发行主体进行尽调、撰写募集说明书等。国内债务融资工具主承销商一般由银行和证券公司担任。

主承销商	评级机构	律师事务所	审计机构	信用增进机构（如有）
·明确产品结构、规模、期限、投资者保护机制等 ·组织尽职调查、撰写发行材料 ·关注发行人辅导和投资者培育	·对主体和债项评级	·出具法律意见书	·财务审计	·确定信用增进结构

图 3-1　债务融资工具各中介机构分工内容

评级机构是由专门的经济、法律、财务专家组成的对证券发行人和证券信用进行等级评定的组织。在债务融资工具承销过程中负责对发行人和债券进行信用等级评定。

律师事务所主要负责法律意见书的撰写，对债务融资工具的合法合规情况进行表述。

审计机构即经协会报备认可的会计事务所，对发行人的年度财务状况发表审计意见。

4. 债务融资工具注册流程

发行人在交易商协会注册债务融资工具，主要遵循《非金融企业债务融资工具公开发行注册工作规程》（2016版）等文件。

（1）公开发行产品注册流程（图3-2）。

①材料受理

根据《非金融企业债务融资工具注册发行规则》（2016年版）第十条，企业应当按照交易商协会关于公开发行债务融资工具信息披露内容与格式的规定编制注册文件，并通过符合条件的承销机构将注册文件送达注册办公室。

交易商协会对主承销商报送的注册文件的完整性、齐备性进行审查。根据《公开发行注册工作规程》（2016版）第十六条，注册办公室收到企业注册文件后，在1个工作日对注册文件是否要件齐备进行核对。要件齐备的，注册办公室予以受理并进行预评；要件不齐备的，注册办公室可建议企业或相关中介机构补充、修改注册文件。对于注册项目和备案项目，注册文件的要件要求不尽一致，在要件审核中应予以区分。

②材料预评

交易商协会秘书处下设注册办公室负责对注册文件拟披露信息的完备性进行预评。预评工作人员由协会秘书处专职人员和会员选派人员组成。会员选派人员参与注册办公室工作，有利于市场机构监督注册制的执行情况，有利于在注册工作中贯彻公平、公正、公开的原则。

公开发行注册文件信息披露预评工作实行双人负责制，主要流程包括：注册办公室安排2名预评人，同时按照相关自律规则指引对注册文件拟披露信息的完备性进行预评，并指定其中1名预评人作为主办人，负责进行后续沟通反馈工作。

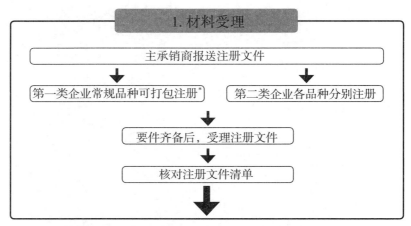

* 常规品种包括超短期融资券、短期融资券、中期票据等品种。资产支持票据、项目收益票据等交易商协会相关规则指引规定企业应分别注册的债务融资工具品种除外。

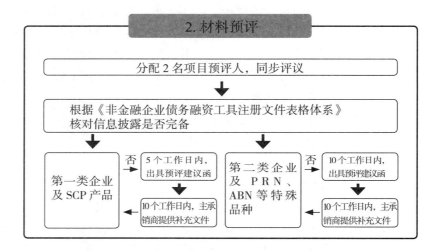

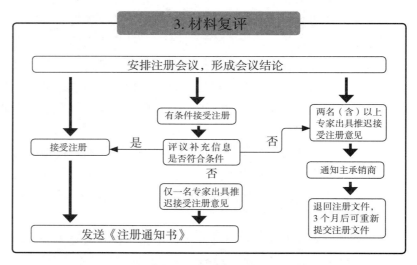

图 3-2 公开发行产品注册工作流程材料受理

预评人认为注册文件拟披露信息不完备的，应由主办人汇总预评意见后，向企业或相关中介机构出具关于建议补充信息的函（简称"建议函"）。其中，第一类企业预评建议函，应在受理注册文件后 5 个工作日内发送；第二类企业预评建议函，应在受理注册文件后 10 个工作日内发送。

企业注册超短期融资券，预评建议函应在受理注册文件后 5 个工作日内发送；企业注册资产支持票据、项目收益票据以及其他特殊品种，预评建议函应在受理注册文件后 10 个工作日内发送。企业或相关中介机构应于收到建议函 10 个工作日内，向注册办公室提交经补充、修改后的注册文件（简称"补充文件"）。未在规定时间内提交的，应出具延迟提交的书面说明。未出具书面说明，或在注册评议阶段（含预评及注册会议评议）累计延迟反馈时间超过 60 个工作日的，交易商协会将建议企业或相关中介机构撤回注册文件。

注册办公室收到企业或相关中介机构的补充文件后，如预评人认为补充文件拟披露信息仍不完备，应由主办人汇总意见后，于收到补充文件后 5 个工作日内出具建议函；如预评人认为补充文件拟披露信息符合相关规则指引要求，由主办人撰写预评报告，并将经预评的拟披露注册文件和预评报告提交注册会议。

③材料复评

注册会议负责注册发行文件的复评工作。《非金融企业债务融资工具注册发行规则》（2016 版）第九条和《非金融企业债务融资工具公开发行注册工作规程》（2016 版）第二条均明确规定："由注册会议决定是否接受债务融资工具发行注册。注册会议根据相关自律规则，对企业及中介机构注册文件拟披露信息的完备性进行评议，并督促其完善信息披露。注册会议不对债务融资工具的投资价值及投资风险作实质性判断。"除注册会议外，交易商协会秘书处下设的注册办公室或其他任何部门均无权决定是否接受债务融资工具的发行注册。注册会议由注册办公室从注册专家名单中随机抽取 5 名注册专家组成，根据注册专家意见，决定是否接受债务融资工具的发行注册。采取注册会议这一集体决策机制，一方面可以充分发挥市场成员的集体智慧和专家的专业水平，另一方面可以有效避免注册过程中的权力寻租现象，确保评议结果的独立、客观、公正。

（2）定向发行产品注册流程（表 3-10）。

表 3-10　定向发行产品注册工作流程

流程阶段	事项
文件报送和要件审核	主承销商报送注册文件 确认发行人会员资格 注册要件核查 安排核对人
注册材料核对	2 名核对人同时核对材料
确定核对结果	核实材料完备性。对于材料不完备出具建议补充材料的函，主承销商提供补充文件及建议补充信息的回函，接受注册；对于材料完备的，接受注册

文件报送和要件审核。定向发行项目和公开发行项目对注册文件的要件要求不尽一致，在要件审核中应予以区分。

注册材料核对。为满足市场快速发展的需要，交易商协会制定了《非金融企业债务融资工具定向发行注册工作规程》（2017版）《非公开定向发行注册文件表格体系》（2017版）以及《债务融资工具定向发行协议》（2017版）等文件，对定向发行注册文件的编制和信息披露的框架提供更具操作性的明确建议。

交易商注册发行部门安排2名核对人，同时按照相关自律规则指引对注册文件及拟披露信息的齐备性进行核对，并指定其中1名核对人作为主办核对人，负责进行后续沟通反馈工作。

确定核对结果。核对人认为注册文件拟披露信息不完备的，由主办核对人汇总意见后，向企业或相关中介机构出具关于建议补充信息的函。企业或相关中介机构按要求补充。注册发行部门收到企业或相关中介机构的补充文件后，如核对人认为补充文件及拟披露信息符合相关规则指引要求，交易商协会按照相关工作流程办理接受注册手续，并向企业出具接受注册通知书。

3.5 企业债

3.5.1 企业债发行条件与条款设计

3.5.1.1 企业债发行条件

企业债是指企业依照法定程序公开发行并约定在一定期限内还本付息的有价证券，包括依照公司法设立的公司发行的公司债券和其他企业发行的企业债券。所依据的政策文件主要有《企业债券管理条例》《绿色债券发行指引》《养老产业专项债券发行指引》《战略性新兴产业专项债券发行指引》《小微企业增信集合债券发行管理规定》及其他国家发展改革委员会发布的公告通知等。

为加强对企业债券的管理，引导资金的合理流向，有效利用社会闲散资金，保证国家重点建设，保护各方合法权益，国务院在1987年颁布了《企业债券管理暂行条例》。1993年，国务院颁布了《企业债券管理条例》，原《企业债券管理暂行条例》废止，后《企业债券管理条例》根据2011《国务院关于废止和修改部分行政法规的决定》进行了修订。同时，国家发展改革委员会根据国家政策导向和企业债市场需求，不断推出各品种的企业债以更好地为企业、社会服务，并不断配套相应的发行指引和管理规定。

1. 企业债主体一般发行资质

根据《证券法》等法律法规，企业债主体发行资质一般需满足以下要求。

- 发行人为中华人民共和国境内注册的非金融类企业法人；

- 发行人为非上市公司（A股）或其子公司；
- 发行人成立时间满3年（以能否提供最近3年连审的财务报告为依据）；
- 发行人最近3年无重大违法违规行为；
- 发行人前一次公开发行的企业债券（若有）已募足；
- 发行人未擅自改变前次企业债券（若有）募集资金的用途；
- 发行人已发行的企业债券或其他债务未处于违约或者延迟支付本息的状态；
- 企业债券债项评级一般不低于AA。

2. 企业债主体一般财务指标

根据发改委发布的《国家发展改革委关于进一步改进和加强企业债券管理工作的通知》（发改财金〔2004〕1134号）等文件，企业债发行主体一般需满足如表3-11所示的财务指标。

表3-11 企业债主体一般财务指标要求

财务指标	法规要求
净资产	股份有限公司，不低于人民币3 000万元； 有限责任公司和其他类型企业，不低于人民币6 000万元
资产负债率	AA、AA+、AAA的城投类发行人应分别小于65%、70%、75%，否则应补充有效增信措施； AA、AA+、AAA的一般生产经营性发行人应分别小于75%、80%、85%，否则应补充有效增信措施； 资产负债率>85%，原则上不得申请发债；但主体评级达到AAA且存在合理理由的，可申请放宽要求； 小微企业增信集合债券、项目收益债券、主体评级达到AA+级以上的企业发行可续期债券可不受该限制
政府类应收款占净资产比例	对于债项评级AA及以下的，政府类应收款占净资产的比例原则上不超过60%；对于债项评级AA+及以上的，不受该限制
补贴收入比例	补贴与营业收入比例不超过3∶7
净利润	企业经济效益良好，发行企业债券前连续三年盈利； 最近三年平均净利润足够支付本次债券一年利息； 主体评级AAA的企业发行可续期债券时，有利息递延条款的可不作此项要求
高利融资	发行人高利融资金额不得超过总资产的9%，其中2014年9月26日之后的高利融资不得超过总资产的4%
累计债券余额占有效净资产[①]的比例	本期债券发行后，发行人累计债券余额[②]不得超过其最近一个会计年度有效净资产的40%

[①] 有效净资产不包括：公益性资产、非经营性资产等没有收益或收益很少的资产；无法办理权属证明的国有土地使用权；以评估价值入账，性质或用途为储备的国有土地使用权；耕地、农地、林地、荒地；城市基础设施建设用地、公益事业用地、教育用地、文体娱乐用地等；未缴纳土地出让金的商住等用途土地，需要补缴的土地出让金和其他费用。

[②] 指发行人已发行未兑付的债券余额，包括公开发行的企业债券、公司债券和中期票据。发行人为其他企业发行债券提供担保的，按担保额的三分之一计入该发行人累计债券余额。

3. 企业债主体其他情况

发改委根据国务院下发的文件，会针对部分领域的企业放开或收紧企业债发行条件。根据《国家发展改革委办公厅关于充分发挥企业债券融资功能支持重点项目建设促进经济平稳较快发展的通知》（发改办财金〔2015〕1327号）等文件的内容，企业债主体的其他情况罗列如下。

① 对于债项信用等级为AAA级，或由资信状况良好的担保公司（主体评级在AA+及以上）提供第三方担保，或使用有效资产进行抵质押担保使债项级别达到AA+及以上的债券，募集资金用于七大类重大投资工程包、六大领域消费工程项目融资，不受发债企业发债数量指标的限制。

② 发行战略性新兴产业、养老产业、城市地下综合管廊建设、城市停车场建设、创新创业示范基地建设、电网改造等重点领域专项债券，不受发债企业数量指标的限制。

③ 对符合条件的企业发行债券，可按照"净利润"和"归属于母公司股东净利润"孰高者测算净利润指标。

④ 债券募集资金占项目总投资比例不超过70%。

⑤ 符合《国务院关于加强地方政府性债务管理的意见》（国发〔2014〕43号）文件精神，偿债保障措施完善的企业发行债券，不与地方政府债务率和地方财政公共预算收入挂钩。

⑥ 将本区域企业发行企业债券、中期票据等余额一般不超过上年度GDP的8%的预警线提高到12%。

⑦ 在偿债保障措施完善、不影响债券信用级别的情况下，发债企业如需变更募集资金投向，用于其他符合国家鼓励方向的项目建设，应发布公告说明相关情况。自发布变更公告之日起15个工作日内，如单独或合计持有未偿还债券本金总额10%及以上的债券持有人（以公告日为债权登记日）向债权代理人提出书面异议，则需召开债券持有人会议对变更事项进行表决，表决通过后中央企业报国家发展改革委、地方企业报省级（计划单列市）发展改革部门备案后实施变更。如没有符合上述条件的债券持有人提出书面异议，则发债企业直接向相应部门备案后实施变更。

⑧ 鼓励一般生产经营类企业和实体化运营的城投企业通过发行一般企业债券、项目收益债券、可续期债券等，用于经有关部门批准的基础设施和公共设施特许经营等政府和社会资本合作（Public-Private Partnership，PPP）项目建设。

⑨ 债项级别为AA及以上的发债主体（含县域企业），不受发债企业数量指标的限制。

3.5.1.2 企业债条款设计

企业债条款设计相对较为简单，主要包含以下方面。

发行规模。国家发展改革委依照规定的职责和国务院确定的企业债券发行总规模，会同有关部门，批准企业发行债券，并对其相关行为进行监督管理。企业发行债券余额不得超过其净资产的 40%。用于固定资产投资项目的，累计发行额不得超过该项目总投资的 20%。

期限。一般为 3—15 年。

利率及付息规定。利率及付息规定由发行人和承销机构按照《企业债券管理条例》等法律法规，根据企业债券信用等级和市场情况提出。企业债券的利率不得高于银行相同期限居民储蓄定期存款利率的 40%。

债券的评级。发行人应当聘请有资格的信用评级机构对发行的企业债券进行信用评级，其中至少有一家信用评级机构承担过 2000 年以后下达企业债券发行规模的企业债券评级业务。

债券的担保。发行人应当切实做好企业债券发行的担保工作，按照《担保法》的有关规定，聘请其他独立经济法人依法进行担保，并按照规定格式以书面形式出具担保函。以保证方式提供担保的，担保人应当承担连带责任。

募集资金用途。支持企业利用不超过发债规模 40% 的债券资金补充营运资金；支持债券资金用于项目前期建设；闲置的部分债券资金可用于保本投资、补充营运资金或符合国家产业政策的其他用途；确保债券资金按募集资金投资项目进度按比例到位，保证项目顺利实施。

发行人应加强债券资金专户管理，严格通过专户支付募集资金用于项目建设；如募集资金投资项目实施确有困难，需要办理募投项目变更的，发行人应及时按程序办理变更手续。对用于保障性住房项目建设的债券资金，确需变更用途的，应由省级发展改革部门征求省级住建部门意见后，由发行人召开债券持有人大会审议通过方可实施。

3.5.2 企业债品种概述与核准程序

3.5.2.1 企业债品种概述

1. 一般企业债

一般企业债是由发改委核准公开发行的企业债券，受企业债一般财务指标的约束。

2. 专项企业债

专项企业债并非一类特殊债券品种，而是在发改委审批范围内用于特定类型募投项目的债券，具体的品种载体可以是企业债，也可以是发改委审批的项目收益债和可续期债券（永续债）。专项企业债在产品形式上相对灵活，主要包括项目收益债、城市地下综合管廊、战略性新兴产业、养老产业、城市停车场、双创孵化、配电网建设改造等。相关指引办法包括：《项目收益债券管理暂行办法》《城市地下综合管廊建设专项债券发行指引》《战略性新兴产业专项债券发行指引》《养老产业专项债券发行指引》《城市停车场建设专项债券发行指引》《双创孵化专项债券发行指引》《配电网建设改造专项债券发行指引》《社会领域产业专项债券发行指引》《农村产业融合发展专项债券发行指引》等。专项债给予企业新的融资方式，能够带动产业的发展，进一步优化增量、盘活存量，引导更多金融资源配置到经济社会发展的重点领域和薄弱环节。

项目收益债券。项目收益债券是由项目实施主体或其实际控制人发行的,与特定项目相联系的,债券募集资金用于特定项目的投资与建设,债券的本息偿还资金完全或主要来源于项目建成后运营收益的企业债券。发行项目收益债券募集的资金只能用于该项目建设、运营或设备购置,不得置换项目资本金或偿还与项目有关的其他债务,但偿还已使用的超过项目融资安排约定规模的银行贷款除外。

项目收益债券可不受《国家发展改革委办公厅关于充分发挥企业债券融资功能支持重点项目建设促进经济平稳较快发展的通知》(发改办财金〔2015〕1327号)关于资产负债率较高需补充担保措施的限制;不考虑政府类应收账款占净资产的比例;若项目实施主体不是发行人,项目收益权人应与发行人就项目收益(经营收入、补贴收入)的归属和偿债问题作出约定,并写入募集、账户监管协议(项目收入归集);募投项目原则上应该为已开工项目,未开工项目应符合开工条件,并于债券发行后三个月内开工建设;项目投资内部收益率原则上应大于8%;对于政府购买服务项目,或债券存续期内财政补贴占全部收入比例超过30%的项目,或运营期超过20年的项目,内部收益率原则上不低于6%;债券存续期内合法合规的政府补贴占项目收入比例合计不得超过50%;项目收益债券的存续期不得超过募投项目运营周期;除债券资金外,项目建设资金来源应全部落实,其中投资项目资本金比例需符合国务院关于项目资本金比例的有关要求,并根据项目实施进度计划足额及时到位,贷款银行应出具贷款承诺函,其他资金来源应提供相关依据;项目实施主体的实际控制人应对项目可能超概算的情况提前作出融资安排,确保项目建设资金足额到位;为保障项目建设进度,鼓励发行人为募投项目购买工程保险;项目建设期间,承包商应提供工程履约担保。

城市地下综合管廊专项债券。城市地下综合管廊的建设可以促进统筹协调、节约空间资源、保障城市安全、降低城市运营成本。

发行城市地下综合管廊建设专项债券的城投类企业不受发债指标限制;募集资金占城市地下综合管廊建设项目总投资比例由不超过60%放宽至不超过70%;将城投类企业和一般生产经营性企业需提供担保措施的资产负债率要求分别放宽至70%和75%;主体评级AAA的,资产负债率要求进一步放宽至75%和80%;不受"地方政府所属城投企业已发行未偿付的企业债券、中期票据余额与地方政府当年GDP的比值超过8%的,其所属城投企业发债应严格控制"的限制;城投类企业不受"单次发债规模,原则上不超过所属地方政府上年本级公共财政预算收入"的限制;对于与新区、开发区、新型城镇化建设规划相配套的综合管廊项目,若项目建设期限超过5年,可将专项债券核准文件的有效期从现行的1年延长至2年,企业可在该期限内根据项目建设资金需求和市场情况自主择机发行。

双创孵化专项债券。双创孵化项目建设有利于降低企业的创业风险和创业成本,提高企业的成活率和成功率,有利于充分发挥各类创新主体的创造潜能,形成"大众创业、万众创新"的生动局面。

双创孵化专项债券准入条件包括:允许上市公司子公司发行双创孵化专项债券;双创孵化专项债券发行主体不受发债指标限制;对企业尚未偿付的短期高利融资余额占总负债比例不进行限制,但发行人需承诺采取有效的风险隔离措施;不受"地方政府所属城投企业已发行未偿付的企业债券、中期票据余额与地方政府当年 GDP 的比值超过 8% 的,其所属城投企业发债应严格控制"的限制。

养老产业专项债券。养老产业项目建设有利于保障老年人权益,使老年人共享改革发展成果,有利于拉动消费、扩大就业,有利于保障和改善民生,促进社会和谐,推进经济社会持续健康发展。

养老产业专项债券准入条件包括:发行养老产业专项债券的城投类企业不受发债指标限制;债券募集资金可用于房地产开发项目中配套建设的养老服务设施项目,具体投资规模可由房地产开发项目审批部门根据房地产开发项目可行性研究报告内容出具专项意见核定;募集资金占养老产业项目总投资比例由不超过 60% 放宽至不超过 70%;将城投类企业和一般生产经营性企业需提供担保措施的资产负债率要求分别放宽至 70% 和 75%;主体评级 AAA 的,资产负债率要求进一步放宽至 75% 和 80%;不受"地方政府所属城投企业已发行未偿付的企业债券、中期票据余额与地方政府当年 GDP 的比值超过 8% 的,其所属城投企业发债应严格控制"的限制;城投类企业不受"单次发债规模原则上不超过所属地方政府上年本级公共财政预算收入"的限制。

城市停车场专项债券。加快推进停车设施建设,可以有效缓解停车供给不足,加强停车运营管理,实现停车规范有序,改善城市环境。以停车产业化为导向,在城市规划、土地供应、金融服务、收费价格、运营管理等方面加大改革力度和政策创新,营造良好的市场化环境。

城市停车场专项债券准入条件包括:发行城市停车场建设专项债券的城投类企业不受发债指标限制;债券募集资金可用于房地产开发、城市基础设施建设项目中配套建设的城市停车场项目,具体投资规模可由主体项目审批部门根据主体项目可行性研究报告内容出具专项意见核定;募集资金占城市停车场项目总投资比例由不超过 60% 放宽至不超过 70%;将城投类企业和一般生产经营性企业需提供担保措施的资产负债率要求分别放宽至 70% 和 75%;主体评级 AAA 的,资产负债率要求进一步放宽至 75% 和 80%;不受"地方政府所属城投企业已发行未偿付的企业债券、中期票据余额与地方政府当年 GDP 的比值超过 8% 的,其所属城投企业发债应严格控制"的限制;城投类企业不受"单次发债规模原则上不超过所属地方政府上年本级公共财政预算收入"的限制。

社会领域产业专项债券。社会领域产业专项债券是指由市场化运营的公司法人主体发行(公立医疗卫生机构、公立学校等公益性质主体除外),募集资金主要用于社会领域产业经营性项目建设,或者其他社会领域相关产业配套经营性项目建设的企业债券。社会领域产业专项债券包括但不限于以下专项债券类型。

- 健康产业专项债券,主要用于为群众提供医疗、健康管理等健康服务项目。
- 养老产业专项债券,主要用于为老年人提供生活照料、康复护理等服务设施设备,以及开发康复辅助器具产品用品的项目。
- 教育培训产业专项债券,主要用于建设教育培训服务设施设备、提供教育培训服务、生产直接服务教育发展的教学教具产品的项目。
- 文化产业专项债券,主要用于新闻出版发行、广播电视电影、文化艺术服务、文化创意和设计服务等文化产品生产的项目,以及直接为文化产品生产服务的文化产业园区等项目。
- 体育产业专项债券,主要用于体育产业基地、体育综合体、体育场馆、健身休闲、开发体育产品用品等项目,以及支持冰雪、足球、水上、航空、户外、体育公园等设施建设。
- 旅游产业专项债券,主要用于旅游基础设施建设、旅游产品和服务开发等项目。

支持企业发行专项债券并同时用于多个社会领域产业项目或社会领域产业融合项目。发债企业可使用债券资金收购、改造其他社会机构的相关设施,或者扩大社会领域产业投资基金资本规模。

社会领域产业专项债券的发行条件包括以下方面。

- 优化社会领域产业专项债券品种方案设计,可根据资金回流的具体情况科学设计债券发行方案,支持合理灵活设置债券期限、选择权及还本付息方式。鼓励企业发行可续期债券,用于剧场等文化消费设施、文化产业园区、体育馆、民营医院、教育培训机构等投资回收期较长的项目建设。
- 社会领域产业专项债券以项目未来经营收入作为主要偿债资金来源。对项目收费标准由政府部门定价的,地方价格部门应及时制定和完善项目收费价格政策。
- 鼓励发行人以第三方担保方式,或法律法规允许的出让、租赁建设用地抵质押担保方式为债券提供增信。对于项目建成后有稳定现金流来源的项目,如体育场、电影院等,允许以项目未来收益权为债券发行提供抵质押担保。项目建成后形成商标权、专利权等无形资产的,经中介机构评估后,可将无形资产为债券发行提供抵质押担保。
- 鼓励采取"债贷组合"增信方式,由商业银行进行债券和贷款统筹管理。以小微企业增信集合债券形式发行社会领域产业专项债券,募集资金用于社会领域产业小微企业发展的,可将《小微企业增信集合债券发行管理规定》中委托贷款集中度的要求放宽为"对单个委贷对象发放的委贷资金累计余额不得超过 5000 万元且不得超过小微债募集资金规模的 10%"。探索保险机构等机构投资者设立特殊目的实体,发行项目收益债券用于社会领域产业项目的建设和经营。

农村产业融合发展专项债券。农村产业融合发展专项债券是指以建立更加完善的农业产业链条、培育更加丰富的农村新产业新业态、打造更加高效的产业组织方式、构建更加紧密的利益联结机制为导向,募集资金用于农村产业融合发展项目的企业债券,重点包括以下六类项目。

- 产城融合型农村产业融合发展项目,主要包括推动农村产业融合发展与新型城镇化建设有机结合,培育农产品加工、休闲旅游等"农字号"特色小城镇,建设农村产业融合发展园区等。
- 农业内部融合型农村产业融合发展项目,主要包括以农牧结合、农林结合、循环发展为导向,发展农林牧渔结合、绿色生态循环农业项目等。

- 产业链延伸型农村产业融合发展项目，主要包括以农业向后延伸或者农产品加工业、农业生产生活服务业向农业延伸为重点，建设农业生产性服务设施、农产品加工和仓储物流、营销网点等。
- 农业多功能拓展型农村产业融合发展项目，主要包括通过推进农业与旅游、教育、文化、健康、养老等产业深度融合，拓展农业新的功能，建设休闲农业、乡村旅游、农事教育体验、文化创意农业、农村生态康养和能源农业等新业态项目。
- 新技术渗透型农村产业融合发展项目，主要包括以信息技术、物联网技术等新技术在农业中的应用为重点，发展"互联网+现代农业"，建设涉农电子商务、智慧农业等项目。
- 多业态复合型农村产业融合发展项目，主要包括同时兼有上述几种类型或者融合其中两个以上类型的项目。

农村产业融合发展专项债券的发行条件包括如下方面。

- 农业产业化龙头企业申请发行农村产业融合发展专项债券，需满足以下所列条件：企业资产规模不低于3亿元或者年度涉农业务收入不低于2亿元；拟投资农村产业融合发展项目总投资不低于1亿元。鼓励通过保底收购价+二次分配、农民参股持股等方式与农民建立紧密利益联结机制的项目申请发行农村产业融合发展专项债券。
- 以小微企业增信集合债券形式发行农村产业融合发展专项债券、募集资金用于农村产业融合小微企业发展的，可将《小微企业增信集合债券发行管理规定》中委托贷款集中度的要求放宽为"对单个委贷对象发放的委贷资金累计余额不得超过5000万元且不得超过小微债募集资金规模的10%"。
- 优化农村产业融合发展专项债券品种方案设计，可根据资金回流的具体情况科学设计债券发行方案，支持合理灵活设置债券期限、选择权及还本付息方式。根据农业项目投资较大、回收期长的特点，支持发债企业发行10年期及以上的长期限企业债券或可续期债券。
- 在相关手续齐备、偿债保障措施完善的基础上，农村产业融合发展专项债券比照发改委"加快和简化审核类"债券审核程序，提高审核效率。在偿债保障措施完善的情况下，允许企业使用不超过50%的债券募集资金用于补充营运资金。鼓励上市公司及其子公司发行农村产业融合发展专项债券。

3.5.2.2 企业债核准程序

1. 企业债核准依据

目前，企业债发行所依法律规章主要包括《公司法》《证券法》《企业债券管理条例》《关于进一步改进和加强企业债券管理工作的通知》（发改财金〔2004〕1134号）、《关于进一步改进企业债券发行工作的通知》（发改办财金〔2013〕1890号）、《关于简化企业债券审报程序加强风险防范和改革监管方式的通知》（发改办财金〔2015〕3127号）等。

2. 企业债审核发行流程

企业债审核发行主要通过国家发展改革委员会进行核准，其流程主要包括：企业债申报、债券受理、债券评估、债券核准和债券发行。

企业债申报。按企业类型和债券种类的不同，企业债适用于不同的申报程序（表3-12）。

表3-12　各类型企业债申报方式

企业类型、债券种类	申报程序
中央企业、地方企业	中央企业直接申报，地方企业通过省级发展改革部门转报
创建社会信用体系建设示范城市所属企业发行的债券以及创新品种债券	可直报国家发展改革委，但须同时抄送省级发展改革部门，由省级发展改革部门并行出具转报文件
符合企业债券"直通车"机制范围的地方企业	不再通过省级发展改革部门转报，由发行人自行出具申请文件并直接在"国家发展改革委政务服务大厅行政审批事项申报系统"申报预约（备注"直通车"机制），按照预约时间到国家发展改革委政务服务大厅现场提交申报材料（同时抄送省级发展改革部门）

债券受理。发改委政务大厅现场受理，接收申报材料；第三方评估机构经初审后出具受理建议，国家发展改革委出具《受理告知书》。

债券评估。发改委委托第三方专业机构就债券申报材料的完备性、合规性开展技术评估并出具评估意见。

债券核准。国家发改委接收评估报告和评估建议，经司专题会和联审联核会评议后，印发核准文件。

债券发行。企业在取得核准文件后，即可择机申请发行。

3. 企业债申报要件

企业债申报要件的具体内容可参见表3-13。

表3-13　企业债申报要件明细

申报请示文件	省发改委转报文； 发行人的发债申请报告； 发行人董事会决议和股东会决议； 发行人和主承销商出具的募集说明书； 主承销商出具的推荐意见
信用类文件	评级机构出具的信用评级报告(含征信报告)； 人民银行信用报告和银行出具的不良贷款说明（若有）； 发行人和中介机构出具的信用承诺书
资产类文件	审计报告、资产清单和关于企业资产、收入结构及偿债来源的专项意见（须由具有证券从业资格的会计师事务所出具）

（续表）

偿债保障类文件	项目收益测算报告或项目可行性研究报告； 如有财政补贴，须提供地方人大同意补贴纳入财政预算的决议文件（对于经开区等不设同级人大的地区，可由区管委会出具财政补贴文件，并提供上级主管部门出具的明确其具有独立财权的说明，明确财政预决算权）； 增信措施文件（第三方担保、资产抵质押）； 差额补偿人相关文件（项目收益债）； 政府类应收款项偿还安排文件（政府红头文件）
项目合法性文件	对于已开工项目，应提供相关发展改革部门出具的可研批复（或核准、备案文件）、项目可行性研究报告，以及环境影响批复、节能批复、社会稳定风险评估报告批复等相关文件

4. 企业申请企业债发债规模程序

企业根据国家发展改革委的通知或公告，按照企业债券发行规模申请材料目录及其规定的格式，提出债券发行规模申请。中央直接管理的企业向国家发展改革委申请；其他企业通过省级发展改革部门或国务院行业主管部门审核后，统一由省级发展改革部门或国务院行业主管部门向国家发展改革委申请。

国家发展改革委根据市场情况和已下达债券发行规模发行情况，不定期受理企业债券发行规模申请，并按照国家产业政策和有关法律法规及国务院有关文件规定的发债条件，对企业的发债规模申请进行审核，符合发债条件的，核定发行规模和资金用途，报经国务院同意后，统一下达发债规模并通知有关事项。中央直接管理的企业由国家发展改革委下达；其他企业由国家发展改革委下达给省级发展改革部门或国务院行业主管部门后，再由省级发展改革部门或国务院行业主管部门下达给企业。

发行人应在企业债券发行规模下达之日起一年内发行。

5. 企业申请企业债发行方案程序

企业债券发行人获准发债规模后，按照公开发行企业债券（公司债券）申请材料目录及其规定格式，上报企业债券发行方案。中央直接管理的企业向国家发展改革委申请；其他企业经省级发展改革部门或国务院行业主管部门审核后，由省级发展改革部门或国务院行业主管部门向国家发展改革委申请。

国家发展改革委受理企业债券发行方案后，根据法律法规及国务院有关文件规定的发债条件，以及国家发展改革委下达规模通知的要求，对企业债券发行方案申请材料进行审核，提出反馈意见，通知发行人及主承销商补充和修改申报材料。

发行人及主承销商根据国家发展改革委提出的反馈意见，对企业债券发行方案及申报材料进行修改和调整，并出具文件进行说明。

国家发展改革委分别会签人民银行、证监会后，印发企业债券发行批准文件，并抄送各营业网点所在地省级发展改革部门等有关单位。中央直接管理的企业由国家发展改革委批复；其他企业由国家发展改革委批复给省级发展改革部门或国务院行业主管部门后，再由省级发展改革部门或国务院行业主管部门批复给企业。

企业债券须在批准文件印发之日起两个月内开始发行。

3.6 公司债

3.6.1 公司债发行条件与条款设计

3.6.1.1 公司债发行条件

公司债是指公司依照法定程序发行、约定在一定期限内还本付息的有价证券。公司债发行的主要依据包括《证券法》《公司债券发行与交易管理办法》《上市公司股东发行可交换公司债券试行规定》《上市公司证券发行管理办法》等。

1. 公司债发行一般政策法规及自律规则

（1）《证券法》

《证券法》第十六条第一款规定："公开发行公司债券，应当符合下列条件：股份有限公司的净资产不低于人民币 3 000 万元，有限责任公司的净资产不低于人民币 6 000 万元；累计债券余额不超过公司净资产的 40%；最近三年平均可分配利润足以支付公司债券一年的利息；筹集的资金投向符合国家产业政策；债券的利率不超过国务院限定的利率水平；国务院规定的其他条件。"

《证券法》第十八条规定："有下列情形之一的，不得再次公开发行公司债券：前一次公开发行的公司债券尚未募足；对已公开发行的公司债券或其他债务有违约或者延迟支付本息的事实，仍处于继续状态；违反本法规定，改变公开发行公司债券所募资金的用途。"

（2）《公司债券发行与交易管理办法》

《公司债券发行与交易管理办法》第十七条规定：存在下列情形之一的，不得公开发行公司债券："最近三十六个月内公司财务会计文件存在虚假记载，或公司存在其他重大违法行为；本次发行申请文件存在虚假记载、误导性陈述或者重大遗漏；对已发行的公司债券或其他债务有违约或者迟延支付本息的事实，仍处于继续状态；严重损害投资者合法权益和社会公共利益的其他情形。"

《公司债券发行与交易管理办法》第十八条规定："资信状况符合以下标准的公司债券可以向公众投资者公开发行，也可以自主选择仅面向合格投资者公开发行：发行人最近三年无债务违约或者迟延支付本息的事实；发行人最近三个会计年度实现的年均可分配利润不少于债券一年利息的 1.5 倍；债券信用评级达到 AAA 级；中国证监会根据投资者保护的需要规定的其他条件。"

未达到前款规定标准的公司债券公开发行应当面向合格投资者；仅面向合格投资者公开发行的，中国证监会简化核准程序。《公司债券发行与交易管理办法》第二十六条规定："非公开发行的公司债券应当向合格投资者发行，不得采用广告、公开劝诱和变相公开方式，每次发行对象不得超过二百人。"

2. 公司债发行特殊政策规定

（1）《上市公司股东发行可交换公司债券试行规定》

《上市公司股东发行可交换公司债券试行规定》（证监会公告〔2008〕41号）规定，申请发行可交换公司债券应当符合下列规定。

- 申请人应当是符合《公司法》《证券法》规定的有限责任公司或股份有限公司；
- 公司组织机构健全，运行良好，内部控制制度不存在重大缺陷；
- 公司最近一期末的净资产额不少于人民币3亿元；
- 公司最近3个会计年度实现的年均可分配利润不少于公司债券一年的利息；
- 本次发行后累计公司债券余额不超过最近一期末净资产额的40%；
- 本次发行债券的金额不超过预备用于交换的股票按募集说明书公告日前20个交易日均价计算的市值的70%，且应当将预备用于交换的股票设定为本次发行的公司债券的担保物；
- 经资信评级机构评级，债券信用级别良好；
- 不存在《公司债券发行试点办法》①第八条规定的不得发行公司债券的情形。

预备用于交换的上市公司股票应当符合下列规定。

- 该上市公司最近一期末的净资产不低于人民币15亿元，或者最近3个会计年度加权平均净资产收益率平均不低于6%；
- 扣除非经常性损益后的净利润与扣除前的净利润相比，以低者作为加权平均净资产收益率的计算依据；
- 用于交换的股票在提出发行申请时应当为无限售条件股份，且股东在约定的换股期间转让该部分股票不违反其对上市公司或其他股东的承诺；
- 用于交换的股票在本次可交换公司债券发行前，不存在被查封、扣押、冻结等财产权利被限制的情形，也不存在权属争议或者依法不得转让或设定担保的其他情形。

（2）《上市公司证券发行管理办法》

《上市公司证券发行管理办法》（证监会令〔2006〕第30号）第十四条规定，公开发行可转换公司债券的公司，除应当符合本章第一节②规定外，还应当符合下列规定。

- 最近三个会计年度加权平均净资产收益率平均不低于6%；
- 扣除非经常性损益后的净利润与扣除前的净利润相比，以低者作为加权平均净资产收益率的计算依据；
- 本次发行后累计公司债券余额不超过最近一期末净资产额的40%；
- 最近三个会计年度实现的年均可分配利润不少于公司债券一年的利息。

---

① 《公司债券发行试点办法》已废止。
② 指《上市公司证券发行管理办法》第二章"公开发行证券的条件"第一节"一般规定"。

3.6.1.2 公司债条款设计

公司债由于发行场所集中在交易所,发行方式较为不同,品种设计灵活多样,可以针对不同的市场需求合理地设置不同的条款以适应市场的发展,具体如表3-14所示。

表3-14 公司债常见条款设计

公司债条款	设计方法
发行方式	网下询价申购与网上认购相结合; 采取网上面向社会公众投资者公开发行和网下面向机构投资者询价配售相结合的方式;一般在总发行规模中设定一定比例作为网上基本发行规模,可在临近发行时点时根据市场环境和投资者需求情况再做调整; 设置网上向网下的单向回拨机制,平衡网上网下供需关系、减小发行风险;若网上初始发行量于T日未得到全额认购,则余量纳入网下发行; 机构投资者可分别参加网上认购与网下询价申购,增加其认购渠道、提高认购灵活性; 网下采用无定金信用申购
上市流通方式	公开发行公司债券:可在上海、深圳证券交易所及全国中小企业股份转让系统间流通; 非公开发行公司债券:可在上海、深圳证券交易所、全国中小企业股份转让系统、机构间私募产品报价与服务系统和证券公司柜台流通
选择权	发行人选择条款:如上调票面利率选择权等; 投资人选择条款:如回售权等
发行主体	所有公司制法人
募集资金用途	偿还银行贷款,补充流动资金,项目建设,并购
发行期限	中长期限
股权债权转换	上市公司可转债、可交换债
担保方式	母公司担保:手续简单,增级效果明显;一般无须付费;对公司的资产规模、盈利水平、资信等级要求较高;符合保险公司投资政策,有利于扩大投资者群体;有利于延长债券的期限; 第三方担保:手续简便;符合保险公司投资政策,有利于扩大投资者群体;需要与发行人有良好的合作关系;对公司的资产规模、盈利水平、资信等级要求较高;费用较高; 担保公司担保:担保公司审查严格,审核周期比较长,且收费水平会较高;对担保公司的资产规模、资信等级要求较高;需要获得投资者对担保公司的认可; 资产抵质押:需要获得投资者的认可,以及突破某些投资政策上的限制;抵质押资产的差异可能会影响发行人的信用等级;需要增加资产评估的环节

3.6.2 公司债品种概述与核准程序

3.6.2.1 公司债品种概述

1. 按发行方式分类

公司债按照发行方式的不同可以分为公众发行公司债券("大公募")、合格投资者发行公司债券("小公募")及非公开发行公司债券(表 3-15)。其中,大公募和小公募的主要区别是投资人群体的不同,大公募可以向公众发行,因此相对要求更高。

表 3-15 大公募、小公募及非公开发行公司债券特点

类型	公众发行公司债券(大公募)	合格投资者发行公司债券(小公募)	非公开发行公司债券
审核方式	证监会债券部审核	交易所预审、证监会核准	上交所、深交所就各自管理的产品,出具《符合转让条件的无异议函》;证券业协会实施备案的自律管理,中证机构间报价系统股份有限公司具体承办非公开发行公司债券备案工作
发行人类型	境内注册的公司制法人(包括非银保监会管理的金融机构,但不包括地方政府融资平台公司)		
审核周期	审核周期 2—3 个月	审核周期 1—2 个月	1 个月以内
净资产要求	不超过最近一期经审计净资产的 40%,扣除企业债、公司债		不受净资产 40% 限制
利润要求	近三年平均归属于母公司净利润足以支付债券一年利息的 1.5 倍	近三年平均归属于母公司净利润足以支付债券一年利息的 1 倍以上。如满足 1.5 倍以上在竞价平台上市;不足 1.5 倍的在固收平台、综合协议平台上市	对利润水平无要求
发行期限和分期发行	公司债券发行期限为 1 年以上,可发行长期限产品(如 10 年);批文 2 年有效,第一期在 1 年内发行		1 年以上,一般不超过 5 年
募集资金用途	可用于项目投资、股权投资或收购资产、补充流动资金或偿还银行贷款等		
发行利率	公募产品成本较低	公募产品成本较低	成本较公募产品稍高
发行对象	公众+合格投资者	合格投资者	合格投资者

公众发行公司债券和合格投资者发行公司债券均属于公开发行公司债券,根据《公司债发行与交易管理办法》,发行人资信状况需等分下列需求。

- 最近三年无债务违约或者迟延支付本息的事实;
- 发行人最近三个会计年度实现的年均可分配利润不少于债券一年利息的 1.5 倍;
- 债券信用评级达到 AAA 级;
- 中国证监会根据投资者保护的需要规定的其他条件。

2. 其他公司债品种[①]

(1)可转换公司债券

可转换公司债券是指发行公司依法发行、在一定期间内依据约定的条件可以转换成

---

① 2015年10月,中证协发布《关于发布公司债券业务自律规则的通知》,废止了《证券公司开展中小企业私募债券业务试点办法》。相应地,沪、深交易所也废止了《中小企业私募债券试点办法》。

股份的公司债券。可转换公司债券的期限最短为一年，最长为六年。

公开发行可转换公司债券需符合下述条件。

- 满足《上市公司证券发行管理办法》公开发行证券条件中的一般规定；
- 财务指标达到《上市公司证券发行管理办法》要求；
- 应当委托具有资格的资信评级机构进行信用评级和跟踪评级，资信评级机构每年至少公告一次跟踪评级报告；
- 应当约定保护债券持有人权利的办法，以及债券持有人会议的权利、程序和决议生效条件。

可转换公司债券在转股方面的规定为如下方面。

- 可转换公司债券自发行结束之日起六个月后方可转换为公司股票，转股期限由公司根据可转换公司债券的存续期限及公司财务状况确定；
- 债券持有人对转换股票或者不转换股票有选择权，并于转股的次日成为发行公司的股东；
- 转股价格是指募集说明书事先约定的可转换公司债券转换为每股股份所支付的价格；
- 转股价格应不低于募集说明书公告日前20个交易日该公司股票交易均价和前一交易日的均价。

可转换公司债券募集说明书的特点为如下方面。

- 可以约定赎回条款，规定上市公司可按事先约定的条件和价格赎回尚未转股的可转换公司债券；
- 可以约定回售条款，规定债券持有人可按事先约定的条件和价格将所持债券回售给上市公司；
- 应当约定上市公司改变公告的募集资金用途的，赋予债券持有人一次回售的权利；
- 应当约定转股价格调整的原则及方式；发行可转换公司债券后，因配股、增发、送股、派息、分立及其他原因引起上市公司股份变动的，应当同时调整转股价格。

募集说明书约定转股价格向下修正条款的，应当同时约定如下方面。

- 转股价格修正方案须提交公司股东大会表决，且须经出席会议的股东所持表决权的三分之二以上同意；
- 股东大会进行表决时，持有公司可转换债券的股东应当回避；
- 修正后的转股价格不低于前项规定的股东大会召开日前20个交易日该公司股票交易均价和前一交易日的均价。

（2）可交换公司债券

可交换公司债券是指上市公司的股东依法发行、在一定期限内依据约定的条件可以交换成该股东所持有的上市公司股份的公司债券。可交换公司债券的期限最短为一年，最长为六年。

可交换公司债券募集说明书的特点包括如下方面。

- 可以约定赎回条款，规定上市公司股东可以按事先约定的条件和价格赎回尚未换股的可交换公司债券；
- 可以约定回售条款，规定债券持有人可以按事先约定的条件和价格将所持债券回售给上市公司股东；
- 可交换公司债券自发行结束之日起12个月后方可交换为预备交换的股票，债券持有人对交换股票或者不交换股票有选择权；
- 公司债券交换为每股股份的价格应当不低于公告募集说明书日前20个交易日公司股票均价和前一个交易日的均价；
- 募集说明书应当事先约定交换价格及其调整、修正原则，若调整或修正交换价格，将造成预备用于交换的股票数量少于未偿还可交换公司债券全部换股所需股票的，公司必须事先补充提供预备用于交换的股票，并就该等股票设定担保，办理相关登记手续；

预备用于交换的股票及其孳息（包括资本公积转增股本、送股、分红、派息等），是本次发行可交换公司债券的担保物，用于对债券持有人交换股份和本期债券本息偿付提供担保。

在可交换公司债券发行前，公司债券受托管理人应当与上市公司股东就预备用于交换的股票签订担保合同，按照证券登记结算机构的业务规则设定担保，办理相关登记手续，将其专户存放，并取得担保权利证明文件。

当债券持有人按照约定条件交换股份时，从作为担保物的股票中提取相应数额用于支付；债券持有人部分或者全部未选择换股且上市公司股东到期未能清偿债务时，作为担保物的股票及其孳息处分所得的价款优先用于清偿对债券持有人的负债。

可交换公司债券持有人申请换股的，应当通过其托管证券公司向证券交易所发出换股指令，指令视同为债券受托管理人与发行人认可的解除担保指令。

在上市公司股权控制方面，拥有上市公司控制权的股东发行可交换公司债券的，应当合理确定发行方案，不得通过本次发行直接将控制权转让给他人。持有可交换公司债券的投资者因行使换股权利增持上市公司股份的，或者因持有可交换公司债券的投资者行使换股权利导致拥有上市公司控制权的股东发生变化的，相关当事人应当履行《上市公司收购管理办法》规定的义务。

3.6.2.2 公司债核准程序

公司债从准备到上市主要分为五个阶段，分别是：前期准备阶段、材料制作阶段、发行申报阶段、审核阶段及发行阶段（图3-3）。

（1）前期准备阶段主要由主承销商负责，包括发行主体的尽职调查、债券发行的方案设计、联系其他中介机构开展工作等。目前，公司债主承销商由有公司债承销牌照的证券公司担任。

图 3-3　公司债申请上市全阶段流程图

（2）材料制作阶段主要由中介机构完成募集说明书、评级报告等上报材料的撰写工作。

（3）发行申报阶段由主承销商根据公司债申报品种报送至证监会、交易所。

（4）审核阶段由证监会、交易所对公司债材料进行审核。

（5）发行阶段指在获得证监会、交易所批准后，发行人与主承销商协商择机选择发行日期，并由主承销商承担发行工作。

公司债根据债券发行方式选择的不同采取不同的审核流程，其中公开发行的公司债券需经中国证监会审核，非公开发行的公司债券则由上交所和深交所就各自的产品进行审核。

1. 面向公众投资者公开发行公司债券的审核流程

（1）受理

中国证监会行政许可受理部门根据《中国证券监督管理委员会行政许可实施程序规定》《公司债券发行与交易管理办法》等要求，接收公司债券发行申请文件，并按程序转公司债券监管部。

公司债券监管部对申请材料进行形式审查。需要发行人补正的，按规定提出补正要求；认为申请材料形式要件齐备、符合受理条件的，通知受理部门作出受理决定；发行人未在规定时间内提交补正材料，或提交的补正材料不符合法定形式的，通知受理部门作出不予受理决定。

（2）审核

申请受理后，公司债券监管部将根据回避要求等确定审核人员。审核人员分别从财务和非财务角度对申报材料进行审核，并适时启动诚信档案查询程序。审核工作遵循双处双审、书面反馈、集体讨论的原则。

（3）反馈

审核人员审阅发行人申请文件，提出初审意见，提交反馈会集体讨论。反馈会主要讨论初步审核中关注的问题、拟反馈意见及其他需要会议讨论的事项，通过集体决策方式确定反馈意见。

原则上反馈会按照申请文件受理时间顺序安排。反馈会后形成书面反馈意见，履行内部程序后转受理部门通知、送达发行人。自申请材料受理至首次反馈意见发出期间为静默期，审核人员不接受发行人来电来访及其他任何形式的沟通交流。

发行人应当在规定时间内向受理部门提交反馈意见回复材料。期间，如有疑问可与审核人员通过电话、邮件、传真、会谈等方式进行沟通。

（4）行政许可决定

公司债券监管部召开审核专题会，集体讨论形成审核意见。原则上依据受理时间顺序安排审核专题会。

审核专题会对发行人的基本情况、审核中发现的主要问题以及反馈意见回复情况进行集体讨论，形成公司债券发行申请的审核意见。审核专题会审核意见分为通过、有条件通过和不予通过。对于发行申请材料仍存在尚需进一步落实的重大问题的，公司债券监管部可以按规定再次发出书面反馈意见。

中国证监会履行核准或者不予核准公司债券发行行政许可的签批程序后，审结发文，公司债券监管部及时完成申请文件原件的封卷归档工作。

发行人领取核准发行批文后，无重大期后事项或已履行完期后事项程序的，可按相关规定启动发行。

（5）期后事项

对于发行人和主承销商领取批文后发生重大事项（简称"期后事项"）的，发行人及相关中介机构应按规定向公司债券监管部提交期后事项材料，对该事项是否影响发行条件发表明确意见。

审核人员按要求及时提出处理意见，需提交审核专题会重新审议的，按照相关规定履行内部工作程序。

审核流程图可参考图3-4。

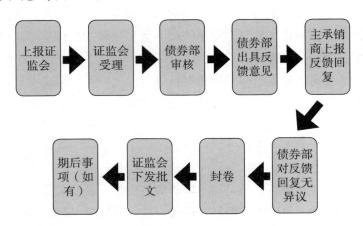

图3-4　面向公众投资者公开发行公司债券的审核流程图

2. 面向合格投资者公开发行公司债券的审核流程

（1）受理

发行人在交易场所预审同意后正式向证监会提交发行申请。按照《中国证券监督管理委员会行政许可实施程序规定》《公司债券发行与交易管理办法》等要求，中国证监会通过交易场所接收并受理。

（2）简化审核程序

申请受理后，公司债券监管部以交易场所上市（挂牌）审核意见为基础简化核准程序。

（3）行政许可决定

证监会履行核准或者不予核准公司债券发行行政许可的签批程序后，审结发文。

发行人到交易场所领取核准发行批文后，无重大事项或已履行完重大事项程序的，可按相关规定启动发行。

面向合格投资者公开发行公司债券的审核流程中，主要审核步骤在交易所的预审。交易所预审工作流程分为受理、审核、反馈、决定、期后事项等环节。

受理。发行人、承销机构通过交易所电子申报系统向交易所提交公司债券上市预审核申请文件。交易所接收申请文件，并对申请文件是否齐全和符合形式要求进行核对。要件齐备的，予以受理；要件不齐备的，一次性告知补正事项。

审核。交易所受理申请文件后，根据回避制度要求确定两名审核人员进行审核。审核人员对申请文件进行审核并查阅证监会和交易所相关诚信档案，提出审核意见提交反馈会集体讨论。

反馈。交易所反馈会主要讨论审核中关注的主要问题，确定需要发行人补充披露、解释说明和中介机构进一步核查落实的问题及其他需讨论的事项，并通过集体决策方式确定书面反馈意见。

交易所将书面反馈意见通知发行人和承销机构。公司债券符合上市条件，无须出具反馈意见的，经反馈会确定，提交审核专家会议进行审核。

发行人、承销机构应对反馈意见进行逐项回复，并由发行人、承销机构加盖公章；回复意见涉及申请材料修改的，应当同时提交修改后的申请文件及修改说明。回复意见及经修改的申请文件不符合要求的，交易所可再次出具书面反馈意见。

决定。经反馈会确定对发行人申请材料无反馈意见，或者发行人和承销机构提交的回复意见及经修改的申请文件符合要求的，审核人员应提请召开审核专家会议，并提交相关申请文件和审核意见。

审核专家会议主要关注审核中提出的反馈意见、反馈意见回复情况及其他重大问题，集体讨论确定预审核意见。

审核专家会议意见分为"通过""有条件通过"和"不通过"三种：审核意见为"通过"的，发行人应报送申请材料原件，交易所收到文件后予以封卷，并向发行人出具同意上市的预审核意见，同时报送中国证监会；审核意见为"有条件通过"的，审核人员将会议意见书面反馈给发行人和承销机构，发行人和承销机构提交书面回复文件并修改相关申请文件，经交易所确认后履行前款封卷、发文程序；审核意见为"不通过"的，交易所向发行人出具不同意上市的审核文件并说明理由。

期后事项。交易所出具审核文件后至公司债券上市前，发生不符合公司债券上市条件、交易所相关规定的情形或者其他可能对债券投资价值及投资决策判断有影响的事项的，发行人和承销机构应当及时向交易所报告并进行核查，对该事项是否影响发行及上市条件发表明确意见。交易所可视情况决定采取重新提交审核专家会议审核，按照规定履行相关工作程序。

3. 非公开发行公司债券的审核流程

非公开发行公司债券审核流程较公开发行公司债券更为简化，仅需交易所对发行人申请材料进行完备性核对即可，如图3-5所示。

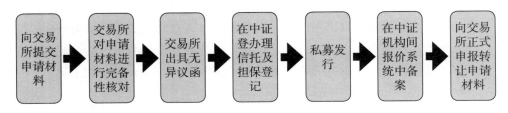

图3-5 非公开发行公司债券的审核流程图

3.7 其他非金融企业债务融资产品

近年来，实体经济尤其是地方基础设施建设融资需求旺盛，银行面对日益加强的信贷政策和存贷比等监管指标约束，开始加大开展以同业、投资、理财资金对接企业融资需求，并借助信托、证券、保险（放心保）、基金等通道，将信贷转换为非标准化债务融资资产的类信贷业务。非标准化债权资产是指未在银行间市场或证券交易所市场交易的债权资产，包括信贷资产、信托贷款、委托债权、承兑汇票、信用证、应收账款、各类收（受）益权、带回购条款的股权性融资等。从资产端看，非标债务融资业务主要有三大类模式。

一是银信、银证、银基合作模式。常见的运作方式包括：用理财资金发放信托贷款；投资于财产（权利）收益权类信托计划（以企业合法拥有或控制的财产或权利的收益权为基础资产发起的信托计划）；投资股权质押担保并带有回购协议（由融资企业或股权持有者提供，并承诺回购或处置）的信托计划；认购"优先－次级结构化信托计划"的优先份额，相较认购次级份额的投资者，银行理财资金承担较低的市场风险并拥有优先投资收益分配权；银基合作模式中，银行投资于基金公司子公司成立的资产管理计划，资产管理计划所募集的资金形成债权。

二是委托贷款（委托投资）模式。其运作方式主要是：用理财资金发放委托贷款、投资委托人指定项目、投资北京金融资产交易所（以下简称"北金所"）挂牌交易的委托债权项目（实践中多是总行将企业融资需求做成委托债权投资产品在北金所挂牌交易，总行理财资金作为委托人摘牌，由该行借款人所在地分支机构充当受托人，代为发放委托贷款）。

三是资产收益权模式。银行以理财资金直接投资于企业所拥有的特定项目或资产收益权（比如商业承兑汇票、应收账款、其他应收款等），到期通过出让企业回购或第三方收购实现投资退出。

3.7.1 北金所债权融资计划

北京金融资产交易所是人民银行授权的债券发行、交易平台，也是财政部指定的金融类国有资产交易平台。[①]

北金所债权融资计划（以下简称"债权融资计划"）是融资人向具备相应风险识别和承担能力的合格投资者，以非公开方式在北金所挂牌募集资金的债权性固定收益类产品，是非金融企业非公开定向发行债务融资工具的子产品。债权融资计划在主体评级、融资规模及行业准入等方面更加灵活（表3-16），具备如下优势。

表3-16 北金所债权融资计划主要特征

发行方式	非公开、北金所指定服务系统挂牌
管理制度	备案制
发行对象	合格投资者，每期实际持有人不超过200人
审核方式	10个工作日内出具《接受备案通知书》，备案有效期2年

---

① 根据《中国人民银行办公厅关于北京金融资产交易所成为中国银行间市场交易商协会指定交易平台的意见》（银办函〔2013〕399号）批复，北金所被认定为交易商协会指定交易平台。交易商协会《关于同意〈北京金融资产交易所债权融资计划业务指引〉备案的通知》（中市协发〔2017〕70号）的出台，标志着债权融资计划正式被划归为银行间市场产品。

(续表)

发行期限	首次挂牌应在备案后 6 个月内完成，有效期内可分次挂牌
主承销机构	主要由银行担任；若券商营销客户发行该计划，银行作为承销通道并收取一定比例费用

- 主体评级：无强制外部评级要求，发行人、投资人及中介机构自行判断风险；
- 融资规模：根据实际需求，自行确定发债额度；
- 资金用途：短期流动资金、长期项目资金、归还借款等；
- 行业准入：以国家政策方针为依据，灵活放宽；
- 期限：以 3 年期为主。

此外，商业银行作为债权融资计划的主承销商，对发行人也设置了相应的准入标准。目前，商业银行多以其行内授信客户作为潜在发行人进行发掘，一般限定发行人公开主体级别在 AA（含）及以上，对于主体级别低于 AA 的发行人多要求其补充增信措施；发行主体所属行业需为非过剩产能行业；若为城投类企业，则不得在银监会融资平台名单中。

3.7.1.1 发行条件

债权融资计划的融资人应符合以下条件：

- 中华人民共和国境内依法设立的法人机构，以及监管部门认可的境外机构；
- 遵守北金所相关规则；
- 在最近 12 个月内不存在重大违法行为，机构财务会计文件不存在虚假记载；
- 北金所要求的其他条件。

债权融资计划的融资人备案时，应提交以下相关文件，包括但不限于如下方面。

- 备案登记表；
- 融资人公司章程及与其一致的有权机构决议；
- 募集说明书；
- 最近一年经审计的财务报告和最近一期会计报表；
- 信用评级报告（如有）；
- 法律意见书；
- 承销协议；
- 北金所规定的其他文件。

3.7.1.2 合格投资者

债权融资计划的投资者应满足合格投资者准入条件。

- 是中华人民共和国境内依法设立的法人或非法人机构和监管部门认可的境外合格

投资者；
- 最近一期经审计净资产不少于等值人民币1000万元或管理资产不少于等值人民币1000万元；
- 北金所要求的其他条件；
- 法律或监管部门认可的其他合格投资者。

3.7.1.3 挂牌和转让

债权融资计划的挂牌和转让应当符合如下要求。

- 在北金所挂牌的债权融资计划应当依法合规，资金投向应当符合国家法律法规和有关政策规定；
- 债权融资计划应于挂牌前向北金所进行备案；债权融资计划融资人在取得北金所出具的《接受备案通知书》后，可在有效期（两年）内多次挂牌；债权融资计划应在北金所指定服务系统挂牌；
- 融资人挂牌债权融资计划须以非公开方式进行，不得使用广告、公开劝诱和变相公开方式进行宣传；
- 债权融资计划须通过北金所转让，北金所可提供信息发布、需求匹配及其他转让相关服务；
- 债权融资计划转让，可以采用协商成交、点击成交、竞价成交等转让方式；
- 债权融资计划存续期届满前的第3个工作日起，北金所终止办理债权融资计划的转让申请；
- 债权融资计划应当向合格投资者转让，每期债权融资计划转让应满足实际持有人数量合计不得超过200人的限制条件。

3.7.2 信托融资

根据2001年通过的《中华人民共和国信托法》，信托是指委托人基于对受托人的信任，将其财产权委托给受托人，由受托人按委托人的意愿以自己的名义，为受益人的利益或者特定目的，进行管理或者处分的行为。简单理解，信托就是"受人之托，代人理财"。

自1979年重新恢复经营以来，信托业走过了近40年的发展历程，并在中国经济金融的发展中发挥了十分重要的作用。但是，信托业在发展过程中也出现了非常多的问题，因此在前30年中经历了六次大规模的行业清理和整顿。在2007年"新两规"[1]颁布实施之后，信托业开始步入现代化发展阶段，实现了9年二十多倍的规模扩张，与此同时也产生了诸多问题和隐患。为了规范信托业务，监管部门不断出台各种监管政策以封堵监管漏洞。总体而言，中国信托业一直在曲折中前行，不断向着专业化和规范化迈进。

---

[1] 指《信托公司管理办法》（银监会令〔2007〕第2号）和《信托公司集合资金信托计划管理办法》（银监会令〔2007〕第3号）。

与其他融资方式比较，信托融资方式具有以下特点。

融资速度快。信托产品筹资周期较短，与银行和证券的评估、审核等流程所花时间成本相比，信托融资时间由委托人和受托人自主商定即可，发行速度快，短的不到三个月。

融资可控性强。我国法律要求设立信托时，信托财产必须与受托人和委托人的自有资产相分离，这使得信托资产与融资企业的整体信用以及破产风险相分离，具有局部信用保证和风险控制作用。银行信贷和证券发行都直接影响企业的资产负债状况，其信用风险只能通过企业内部的财务管理来防范控制。

融资规模符合中小企业需求。信托融资的规模往往很有限，这一特点与中小企业的融资需求相吻合。中小企业由于经营范围和规模较小，对融通资金的需求量也很有限，因此信托资金募集的水平同中小企业的融资需求相对应，信托的成本对于中小企业来讲也处于可以接受的范围。

在产品投资方向上，信托可分为房地产类、基础产业类、金融类、工商企业类、其他类等。其中，房地产类和基础产业类信托融资是我国信托融资的主要投向。

在信托资金的使用方式上，信托产品可分为贷款类、股权投资类、权益类、证券投资类和其他类等。

信托公司提供的信托产品可以分为单一资金信托和集合资金信托。

单一资金信托，也称为个别资金信托，是指信托公司接受单个委托人的资金委托，依据委托人确定的管理方式（指定用途），或由信托公司代为确定的管理方式（非指定用途），单独管理和运用货币资金的信托。单一资金信托的委托人具有不同的风险偏好和收益率要求，因此也就有不同的期限要求，这些个体性问题都可以体现在不同的信托合同上，因此单一资金信托合同的差异性特征非常明显。

集合资金信托（以下简称"信托计划"）是由信托公司担任受托人，按照委托人意愿，为受益人的利益，将两个以上（含两个）委托人交付的资金进行集中管理、运用或处分的资金信托业务活动。集合资金计划的设立需要符合以下要求：委托人为合格投资者；参与信托计划的委托人为唯一受益人；单个信托计划的自然人人数不得超过50人，但单个信托计划中单笔委托金额300万元以上的自然人将不受数量限制；合格机构投资者数量不受限制；信托期限不少于一年；信托资金有明确的投资方向和投资策略，且符合国家产业政策以及其他有关规定；信托受益权划分为等额份额的信托单位；信托合同应约定受托人报酬，除合理报酬外，信托公司不得以任何名义直接或间接以信托财产为自己或他人牟利；中国银监会规定的其他要求。

3.7.3 理财直接融资工具

理财直接融资工具，是指由商业银行作为发起管理人设立、直接以单一企业的债权融资为资金投向、在银行业理财登记托管中心统一托管、在合格投资者之间转让、在中国理财网进行公开信息披露的标准化金融工具（图3-6）。合格投资者指在全国银行业理财信息登记系统进行了电子化报告和信息登记，并取得了产品登记编码的开放式理财产品。

与信托贷款等非标债务融资方式相比,理财直接融资工具有如下优势。

- 无通道成本。理财直接融资工具业务中商业银行直接与融资主体形成债权债务关系,无需通道机构。
- 不占非标规模。目前理财投资非标债权规模受限,而理财直接融资工具作为银监会推出的重大金融创新,属于标准化债权,不受存量非标规模影响。

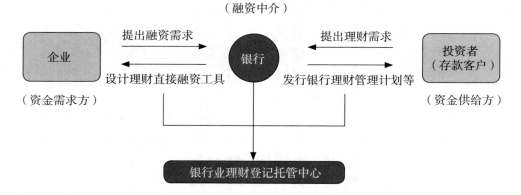

图 3-6　理财直接融资工具和银行理财管理计划业务基础架构

- 无须缴纳增值税。从 2018 年起,资管产品要缴纳 3% 的增值税[1],而理财直融工具作为类似债券的直接融资工具,不涉及增值税。
- 一次注册分期发行。注册成功后,企业可以在一年内分期发行,灵活安排融资计划。
- 提高融资企业知名度。在公开市场发行,有利于提高融资企业知名度,方便后续的融资。
- 标准相对较低。目前理财直接融资工具对企业的资质、融资项目以及申请材料相较于发债略低,且不受企业净资产 40% 的规模限制。
- 募集成功率更高。理论上,银行理财资金可认购不超过 80% 的份额,对外募集资金压力较小。

理财直接融资工具在法律关系、发行主体、投资主体、流动性、发行利率等方面都不同于债券,二者的区别主要表现为:

- 法律关系不同。债券是政府、金融机构、工商企业等向投资者发行,承诺按一定利率支付利息并按约定条件偿还本金的债权债务凭证;理财直接融资工具是商业银行作为发起管理人,为工具份额持有人的利益与融资企业之间建立债权债务关系,发起管理人仅以工具财产为限对工具份额持有人承担责任。
- 发行主体不同。债券的发行主体是企业等;理财直接融资工具的发行对象是企业,但发行承办主体是银行。

---

[1] 中基协.证券投资基金增值税核算估值参考意见及释义.2017-12-29.

- 商业银行的职能不同。在债券业务中，商业银行作为承销商，并不与融资企业构成债权债务关系；在理财直接融资工具业务中，商业银行作为工具发起管理人，代表工具份额持有人的利益，与融资方（企业）签署理财直接融资合同，若融资方出现违约，银行代工具份额持有人行使追索权。
- 投资主体不同。债券的主要投资者是金融机构，风险权利相对集中，而理财直接融资工具的投资者是银行理财产品，其背后是若干个人或实体企业，风险权利相对分散。
- 投资者保护机制不同。不同于债券承销商，商业银行作为工具发起管理人，可持续发挥其信用风险管理优势，更好地保护投资者合法权益。一旦融资企业出现违约情况，银行作为工具管理人将全额退回发起管理费用，和投资者利益保持了一致性。

理财直接融资工具也并非信贷资产证券化产品。在工具业务中，理财直接融资工具是商业银行作为发起管理人，通过创设工具向企业新增融资。与信贷资产证券化产品不同，其并不是将已形成的存量信贷资产打包，也就是说，理财直接融资工具未经历过基础资产打包、证券化的过程。

3.7.4 保险债权融资计划

保险债权融资计划是指保险资产管理公司等专业管理机构作为受托人，向委托人发行受益凭证募集资金，以债权投资方式进行投资，并按照合同约定支付定期收益且兑付本金的金融产品。保险债权融资计划属于另类非标融资。

目前，债权融资计划期限以 5—10 年为主，期限相对较长，投资收益率相对稳定，一般在 6%—8% 之间，因此比较适合长久期的保险资产配置，但对担保和增信也有较高的要求，以此保证到期能够收回债权资金，但也导致项目的供给存在制约性。保险债权融资计划目前主要的投向是基础设施项目，基础设施债权项目具有期限长、收益率高、筹资额大等特点，符合保险资金的特性。保险债权融资计划多由保险机构自主发行，是保险行业投行化牌照下的新型业务载体，近年来作为非标资产的代表，在保险资金中的配置比例持续提升。

3.7.5 委托贷款

委托贷款是指政府部门、企事业单位、保险基金等金融机构或个人等委托人提供资金，委托银行、财务公司等受托人，向指定的借款人发放贷款的行为。贷款对象、金额、用途、期限和利率等都由委托人确定，银行等金融机构作为受托人只是负责代为发放贷款、监督使用和协助收回本息，从中收取手续费，并不承担贷款风险。根据资金来源、委托人与借款人关系等，当前委托贷款的模式大致分为以下三种。

- 同一集团下的关联企业之间的委托贷款，需借助金融机构的通道。

- 银行体系或其他资金（理财产品或表内资金等）借道证券公司或基金子公司，例如银行理财资金对接到定向或者专项资产管理计划，然后由证券公司或基金子公司作为委托人，最终以委托贷款的形式投向房地产、地方融资平台等领域。
- 银行作为中介的传统类型委托贷款。在这一模式下，资金来自委托人自身而非银行体系，委托人和借款人之间不存在关联关系，银行发挥的作用较大，除了需要找对手方外，还在委托贷款的监督使用和协助收回中发挥更大的作用。

本章小结

政府债券分为国债和地方政府债券两类。政府债券具有安全性高、流通性强、可以享受免税待遇、收益稳定、能满足多种需要、利率较低、是中央银行调节货币的有效工具等特点。

金融债券的种类包括政策性金融债券、政府支持机构债、商业银行债券、资本工具、证券公司债、证券公司短期融资券、非银行金融机构债等。不同类别的金融债券发行和承销有所不同。

非金融企业债务融资工具是指具有法人资格的非金融企业在银行间债券市场发行的，约定在一定期限内还本付息的有价证券。非金融企业债务融资工具品种既包括短期融资券、中期票据、超短期融资券、非公开定向债务融资工具、资产支持票据、项目票据等基础产品，也包括熊猫债、永续票据、并购票据、定向可转换票据、供应链融资票据、创投企业债务融资工具、绿色债券、双创债等创新产品。

企业债是指企业依照法定程序公开发行并约定在一定期限内还本付息的有价证券，包括依照公司法设立的公司发行的公司债券和其他企业发行的企业债券。企业债包括一般企业债和专项企业债。

公司债是指公司依照法定程序发行、约定在一定期限内还本付息的有价证券。公司债分为公众发行公司债券（大公募）、合格投资者发行公司债券（小公募）及非公开发行公司债券。

其他非金融企业债务融资产品包括委托贷款、信托融资、北金所债权融资计划、理财直接融资工具等。

本章重要术语

政府债券　金融债　非金融企业债务融资工具　企业债　公司债　债权融资计划　信托融资　理财直接融资工具

思考练习题

1. 政府债券有哪些分类和特点？
2. 国债有哪些发行方式？各类地方政府债券有何异同？
3. 各类金融债券分别有什么特点？
4. 金融债券的发行与承销流程中有哪些操作要点？

5. 核准制、备案制以及注册制的含义及区别是什么？
6. 自律管理的特征和组织形式是什么？
7. 阐述分层分类管理、注册清单以及储架发行的机制安排。
8. 公开发行与定向发行下，流程与机制设计上有哪些区别？
9. 非金融企业债务融资工具的发行条件是什么？
10. 常见的非金融企业债务融资工具有哪些？各品种的特征和适用主体是什么？
11. 非金融企业债务融资工具的注册流程是什么？
12. 企业债的发行条件是什么？
13. 企业债有哪些品种？各品种的发行条件是什么？
14. 专项企业债有哪些品种？
15. 企业债的核准程序是什么？
16. 公司债有哪些品种？各品种的发行条件是什么？
17. 大公募、小公募、非公开发行公司债的核准程序分别是什么？
18. 阐述可转换债券、可交换债券的定义及发行条件与流程。
19. 北金所债权融资计划的发行条件有哪些？
20. 其他非金融企业债务融资产品主要有哪些？其特点是什么？

参考文献

[1] 发改委财政金融司 [EB/OL]. http：//cjs.ndrc.gov.cn/.

[2] 霍志辉, 叶枫, 姜承操. 中国地方政府债券模式演变——历史、现状和未来 [R]. 中债资信, 2014.

[3] 梅世云. 发展理财直接融资, 激发社会投资活力 [J]. 中国银行业, 2016.

[4] 上交所交易类规则：债券类 [EB/OL]. http：//www.sse.com.cn/lawandrules/sserules/trading/bond/.

[5] 深交所业务规则汇总（债券类）[EB/OL]. http：//www.szse.cn/main/rule/bsywgz/jjzqhzqzl/zq_front/.

[6] 徐寒飞, 覃汉. 地方政府发债的历史、现状及未来 [R]. 国泰君安证券, 2014-05-23.

[7] 中国银行间市场交易商协会自律规则汇总 [EB/OL]. http：//www.nafmii.org.cn/zlgz/.

[8] 中国证券业协会自律规则汇总 [EB/OL]. http：//www.sac.net.cn/flgz/zlgz/.

第 4 章
债券投行承做与存续期管理

左毅、叶雨鹏、冯李佳（浦发银行）

本章知识与技能目标

◎ 了解债券融资的核准、注册与备案制度。
◎ 掌握债券融资尽职调查、发行、后续管理各阶段的核心内容、流程及要点。
◎ 了解信用评级的理论、评级流程并掌握评级报告相关内容。
◎ 了解并掌握审计报告、财务报表信息披露关注点及主承销机构的法律责任。

引导案例

甲公司拟启动中期票据项目，选定了 A 银行作为主承销商。2 月，A 银行召集了甲公司、会计师事务所、律师事务所、评级公司召开项目启动会议，并开始尽职调查。

A 银行通过现场查阅甲公司企业制度和业务流程相关文件、访谈企业高管和各部门负责人等方式对甲公司实施了尽职调查。调查内容涵盖甲公司的基本情况、控股股东和实际控制人情况、重要权益投资情况、企业独立性情况、企业高层和员工情况、企业业务板块的经营情况、企业财务状况、企业融资历史和现状、关联交易情况等，并核查了 A 公司募集资金用途的合理性和合规性，评估了甲公司所面临的风险，出具了尽职调查报告。

对于甲公司的历史沿革情况、改制重组情况、股权变动情况、重大诉讼等，律师已单独开展尽职调查，A 银行尽职调查小组人员认为可以依赖于律师的专业意见，无须再重复开展尽职调查。

4月，甲公司中期票据项目报送交易商协会，7月领取了注册通知书，7月22日，甲公司中期票据发行成功。12月，当地国资委出具相关文件并下发至甲公司，拟将甲公司部分资产划转至同属国资委下属的乙企业，该部分资产约占甲企业净资产的15%。甲公司认为此事项尚未正式发生，因而未告知主承销商，A银行在日常业务中了解到此事项。

问题：

1. 除上述提及的查阅、访谈，A银行对甲公司开展尽职调查还可以采取哪些方式？A银行对甲公司开展的尽职调查内容是否全面？如不全面，还应包括哪些方面？

2. 甲公司发行中期票据前需完成哪些发行前准备工作？

3. A银行了解到国资委拟将甲公司部分资产划转的事项后应如何处理？

4. 如债券存续期内发现甲公司在注册前存在重大未决诉讼，此重大未决诉讼未披露，后因法院判决甲公司承担巨额赔偿导致企业偿债能力受到影响，A银行是否应承担法律责任？为什么？

上一章我们介绍了债务融资的主体及产品，并重点介绍了债务融资工具、企业债、公司债等几类企业债券融资产品及注册核准流程。本章将围绕该几类产品融资中涉及的中介机构工作及主要流程环节（见图4-1）进行介绍。

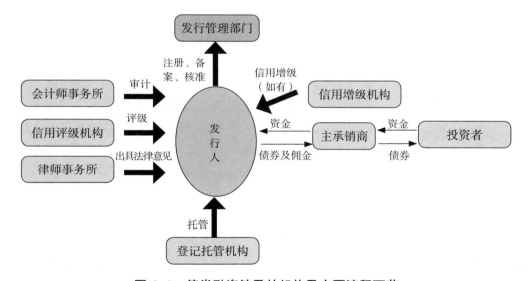

图4-1 债券融资涉及的机构及主要流程环节

不同品种的企业类债券融资发行归不同的管理部门管理。目前，债务融资工具发行的自律管理部门为交易商协会，实行的是注册制；企业债发行的管理部门为发改委，实行的是核准制；公司债发行的管理部门为证监会，实行的是核准制。

无论是债务融资工具、企业债还是公司债，在债券融资过程中涉及的中介机构一般都包括主承销商、信用评级机构、会计师事务所、律师事务所等中介机构，不同的机构在注册发行过程中提供不同的服务。交易商协会《银行间债券市场非金融企业债务融资工具中介服务规则》（2012年）中明确规定："中介服务是指承销机构、信用评级机构、会计师事务所、律师事务所、信用增进机构等中介机构在银行间债券市场为企业发行债务融资工具所提供的专业服务。"

本章后续各节将以债务融资工具为例,对债券融资流程的核心内容(见表4-1)进行介绍,主要围绕主承销商及各中介机构工作展开。

表4-1 债券融资主要流程

流程	主要涉及机构
尽职调查	主承销商、信用评级机构、律师事务所
上报材料准备	发行人、主承销商、信用评级机构、律师事务所、会计师事务所、信用增级机构(如有)等
核准、注册、备案	发行管理部门、发行人、主承销商、信用评级机构、律师事务所、会计师事务所、信用增级机构(如有)等
债券发行	主承销商
存续期管理	主承销商、发行人、信用评级机构、律师事务所、会计师事务所、信用增级机构(如有)等、投资者

4.1 核准、注册与备案

4.1.1 核准、注册与备案制度介绍

审批制是一国在证券市场的发展初期,为了维护上市公司的稳定和平衡复杂的社会经济关系,采用行政计划的办法分配证券发行的指标和额度,由地方或行业主管部门根据指标推荐企业发行证券的一种发行制度。公司发行证券的首要条件是取得指标和额度,也就是说,如果取得了给予的指标和额度,就等于取得了保荐。审批制下公司发行证券的竞争焦点主要是争夺股票发行指标和额度。审批制不设具体的法定条件,企业价值由政府判断,没有一个固定的标准。

注册制是在市场化程度较高的成熟证券市场所普遍采用的一种发行制度。证券监管部门公布证券发行的必要条件,企业只要达到所公布条件的要求即可发行证券。发行人申请发行证券时,必须依法将公开的各种资料完全准确地向证券监管机构申报。证券监管机构的职责是对申报文件的真实性、准确性、完整性和及时性做合规性的形式审查,而将发行公司的质量留给证券中介机构来判断和决定。这种证券发行制度对发行人、证券中介机构和投资者的要求都比较高。

核准制则是介于注册制和审批制之间的中间形式。它一方面取消了指标和额度管理,并引进证券中介机构的责任,由中介机构判断企业是否达到证券发行的条件;另一方面证券监管机构同时对证券发行的合规性和适销性条件进行实质性审查,并有权否决证券发行的申请。

核准制设置了公开发行条件,发行人在申请发行证券时,不仅要充分公开企业的真实情况,而且必须符合有关法律和证券监管机构规定的必要条件。在操作中政府对具体

条件的解释和适用有一定的裁量权。证券监管机构对申报文件的真实性、准确性、完整性和及时性进行审查，还对发行人的营业性质、财力、素质、发展前景、发行数量和发行价格等条件进行实质性审查，并据此作出发行人是否符合发行条件的价值判断和是否核准申请的决定。

需要注意的是，无论是核准制还是注册制，都必须坚持以信息披露为中心，确保企业能够真实、准确、完整、及时披露相关信息。事实上，即使是实行注册制的市场，对首次公开发行的审查也是非常严格和细致的，并非像有些意见认为的仅是简单备案。

4.1.1.1 核准制

证券发行核准制是指发行人不仅需要按照法律规定承担信息公开的义务，其本身还必须满足若干法定条件，而拟发行人能否最终取得发行资格，则有赖于证券监管机关的审核。换言之，核准制下证券监管机关对于发行申请的审查，不仅仅依据其是否严格履行了信息披露义务，而且还必须对拟发行企业的经营状况等诸多因素进行审查。只有当申请提交的文件经过实质性审查并被监管机关予以认可，认为其真实反映出企业良好的经营业绩，拟发行证券具备一定的投资价值，企业才取得发行资格。

核准制贯彻实质性监管原则，证券监管机关不仅必须审查企业披露所信息的真实性，还要对该信息所反映出的包括企业投资价值在内的诸多实质性内容作出价值判断。此外，核准制还要求事前与事后并举，证券监管机关不仅承担严格的事前审查责任，同时对于事后发现的欺诈发行等行为也享有审查和撤销权。

政府希望通过核准制加强对证券市场第一道关卡的监管，监管机构按照发行标准来审核发行人是否达到发行证券的要求。采用核准制的目的在于保证证券发行市场的健康运行，提高证券市场的质量。核准制一方面确保发行人的财务状况维持在一定水平，并充分地披露信息，以保护投资者的利益；另一方面保证具备一定条件的发行人能够从证券市场筹措所需资金，发挥证券市场的融资功能。

4.1.1.2 注册与备案制

证券发行注册制是指由具备一定资质和能力的市场成员，基于保护投资人利益的目的，对发行企业信息披露的完备性、合规性进行评议，以决定是否给予债务融资工具发行资格的制度安排。注册制以约束发行人充分信息披露为核心，通过对主承销商、信用评级机构、会计师事务所、律师事务所等中介机构业务行为的引导和规范，维护市场行为的公平、公正、公开，最终实现投资人自主判断、自担风险，提高了中国非金融企业直接债务的融资效率。

注册制包括以下要点。第一，强调非实质性判断。交易商协会只对企业注册文件作形式评议，不对债务融资工具的投资价值及投资风险进行实质性判断。第二，强调企业充分披露信息和中介机构尽职履职。企业和相关中介机构信息披露必须遵循诚实信用原则，不得有虚假记载、误导性陈述或重大遗漏，并对其信息的真实性、准确性、完整性、及时性负责。第三，强调投资者风险自负。对于市场机构投资者而言，只要企业和相关中介机构充分披露信息，投资者即可依据公开信息作出投资决断。投资者的收益完全取决于投资机构自己对债务融资工具投资价值及投资风险的专业判断，投资者的投资风险完全自负。第四，强调市场自律管理。注册制对企业和中介机构的自律性和业务操作规范性要求较高，交易商协会作为市场成员代表，通过对企业和中介机构实施自律管理，督促企业和相关中介机构规范操作，完善信息披露。

我国债券市场在很长一段时间内都是以行政审批为主，限制了债券市场的发展。2007 年，交易商协会对债务融资工具实施注册管理，实现了从核准制到注册制的重大制度转变。交易商协会自成立初始就致力于国内债券市场的发展创新以及注册机制的实践探索，实施以发行人信息披露为核心、以投资者风险自担为基础、以中介机构尽职履责为保障的注册制管理，促进了直接债务融资市场的快速增长。

2012 年，交易商协会发布《非金融企业债务融资工具注册文件要件和信息披露表格体系》（以下简称《表格体系》），这是交易商协会对于注册文件要件和信息披露体系进行的一次系统化总结和梳理，最终以表格化的形式固化并根据新情况进行更新。其中，注册文件要件全面列示了申请债务融资工具注册时发行人和相关中介机构必须提供的文件材料；信息披露表格体系则详细列示了发行债务融资工具时发行人在募集说明书等披露文件中必须履行的信息披露要求。

同时，非金融企业债务融资工具注册信息系统（简称"孔雀开屏系统"）正式上线。该系统将各主承销商上报的注册文件的初稿、协会审核后的定稿、协会反馈建议等信息公开披露，以此强化市场对承销商和发行人行为的监督约束，实现注册工作的公平公正、公开透明。

4.1.2　银行间市场与交易所市场

我国的债券市场事实上处于"品种分离、监管分工"的监管模式。银行间市场与交易所市场在交易主体、投资品种、交易方式甚至监管主体上都有很大差异。

首先，两市场交易主体不同。银行间市场的交易主体包括各类银行、非银行金融机构、企业、事业（委托代理行进入市场）。虽然近几年保险、券商、基金投资规模有所加大，但商业银行仍是银行间债券市场最大的投资主体。交易所市场的投资者包括非银行金融机构、非金融机构和个人投资者。商业银行不能进入交易所市场进行债券交易，虽然近期这一规定有所松动，部分上市银行获得了交易所市场的许可证，但由于交易所市场本身的容量有限，商业银行仍将重心放在银行间市场。以券商、基金等交易型机构为主的市场参与者模式，导致交易所市场的活跃程度受股票市场的影响远大于银行间市场，尤其在股市呈现单边下跌的情况下，避险资金进入交易所债市的意愿更高，也就形成了人们通常所说的股债"跷跷板"效应。

其次，两市场的投资品种差异较大。交易所市场品种相对单调，纯债品种只有国债、公司债和企业债，比较特殊的是包含部分可转债。银行间市场除了国债、企业债，同时还有政策性金融债、央票、短期融资券、中期票据等长短期不同的投资品种。

再次，两个市场的交易方式不同。银行间市场采用国际债市主流的询价方式进行报价，实行全额结算，更适宜大宗交易；而交易所市场采用与股市相同的集中撮合方式报价，实行净额结算，更适合中小投资者。集中撮合报价方式的缺点在于缺乏价格维护机制，买卖指令不均衡与大宗交易指令都会放大价格的波动区间，造成交易价格的非理性变动。

最后，交易所市场由证监会监管，而银行间市场由人民银行进行监管，不同的行政监管主体也体现了两个市场的分割状况。由于市场特性的差异，银行间市场和交易所市场两个债券市场的债券价格存在利差，交易所市场的债券收益率相对略高，这是对其流动性较差的补偿。

4.2 尽职调查

4.2.1 债务融资工具的尽职调查

4.2.1.1 尽职调查的定义

尽职调查，又称"尽责调查"，在国外也被称为"审慎性调查"。尽职调查范围较广，目前尚无统一的定义，需根据具体目的定义说明。

债券尽职调查，是指相关各中介机构遵循勤勉尽责、诚实信用原则，通过各种有效方法和步骤对发行人进行充分调查，掌握其发行资格、资产权属、债权债务等重大事项的法律状态和企业的业务、管理及财务状况等，对发行人的还款意愿和还款能力作出判断，以合理确信申请文件的真实性、准确性和完整性的行为。

相对于其他中介机构的尽职调查，主承销商尽职调查的关注范围更广，质量要求更高。同时，根据发行人的要求，主承销商可能需要协调其他中介机构在各自专业范围内开展专项尽职调查。此外，无论是公司债、企业债还是债务融资工具的尽职调查都是类似的，因此本节主要以债务融资工具的主承销商尽职调查为主线来介绍相关内容。

主承销商尽职调查的核心意义是减轻债务融资工具市场的信息不对称，促进市场效率的提高。具体包括：减轻投资者与发行人之间的信息不对称，促进债务融资工具市场合理定价，降低市场运行成本；减轻自律管理机构与发行人之间的信息不对称，提高管理效率，降低管理成本；促进发行人提高信息披露和规范运作能力，协助发行人降低融资成本；降低主承销商面临的管理风险、承销风险和声誉风险；为其他中介机构的尽职调查提供总体方向性指引和全局性参考。

4.2.1.2 债务融资工具尽职调查的基本要求

根据《银行间债券市场非金融企业债务融资工具管理办法》（人民银行〔2008〕1号令）精神，交易商协会颁布并更新了相关的自律规则。其中与尽职调查工作比较相关的是《银行间债券市场非金融企业债务融资工具尽职调查指引》（以下简称《尽职调查指引》）以及《银行间债券市场非金融企业债务融资工具中介服务规则》（2012年版）（以下简称《中介服务规则》）。《尽职调查指引》规定主承销商应遵循勤勉尽责、诚实信用的原则，严格遵守职业道德和执业规范，有计划、有组织、有步骤地开展尽职调查，保证尽职调查质量。主承销商应保持职业的怀疑态度，根据企业及其所在行业的特点，对影响企业财务状况和偿债能力的重要事项展开调查。《中介服务规则》也对尽职调查的相关工作进行了规定：主承销商应建立企业质量评价和遴选体系，明确推荐标准，确保企业充分了解相关法律、法规及其所应承担的风险和责任，为企业提供切实可行的专业意见及良好的顾问服务。

经过近几年的承销业务实践，债务融资工具市场各主承销商在《尽职调查指引》和《中介服务规则》等自律规则的指导下，根据各自的业务特点、专业特长和发行人业务特征，结合实践摸索和总结，已初步形成了适应债务融资工具市场特点的尽职调查工作方法，丰富了债务融资工具尽职调查的广度和深度，为债务融资工具尽职调查的进一步完善和规范奠定了基础。

4.2.1.3 债务融资工具尽职调查的主要原则

1. 独立性原则

主承销商尽职调查参与机构应当保持客观公正的态度，不受他方影响，避免自身利益驱动，在形式上、实质上与被调查企业均保持独立。形式上的独立，是指尽职调查参与机构应当避免出现重大失误，使拥有充分信息的理性第三方推断其公正性、客观性或专业性受到损害；实质上的独立，是指尽职调查参与机构应当避免受到与被调查企业可能存在的经济利益关系的影响，公正执业，并始终保持客观立场。

2. 全面性原则

主承销商尽职调查参与机构的尽职调查工作应当在时间上、空间上涵盖所有债务融资工具投资者和市场其他相关参与主体可能关心的、与被调查企业有关的各个重大方面，包括但不限于企业治理结构、重要财务和经营数据、面临的主要风险因素、主要股东情况、行业状况等，以及影响上述经营与财务情况的重大内外部因素。尽职调查的最终目标是借助齐备的证据材料，全面反映被调查企业的情况。

3. 客观性原则

主承销商尽职调查参与机构的尽职调查工作应当真实、准确、谨慎地反映被调查企业的情况，以第一手的基础材料为主要依据，不粉饰，避免过度宣传，除必要的推断，不应作过度预测。对于客户提供的信息，或项目人员从其他渠道得到的信息，都必须具备合法、合规、合理的书面依据，并对调查的方式和过程加以记录，对于一些确实无法取得直接书面依据的重要信息，则需由与项目无利害关系的第三方提供证明和确认。

4. 重要性原则

主承销商从事尽职调查的机构需要在进行尽职调查的过程中明确重要性原则。"披露所有可能存在的重大风险"应当成为尽职调查工作中一条重要的原则。在此，对"重大"一词的界定是本原则的关键，很多时候，在尽职调查的文件中都将数量作为一种界定标准。1999年8月美国证券交易管理委员会的会计成员备忘录99（SAM98）如此表述："'重大'不仅仅是指百分比或总额，它是一个高度相对性的词，它指一般的、谨慎的调查人员认为非常重要的一种水平。因此，尽职调查参与机构的项目人员应当在具体项目执行过程中，根据项目的具体情况，结合自身的实际操作经验，对重要性原则进行灵活掌握。"

5. 灵活性原则

主承销商应当对不同的被调查企业进行区别对待，把握灵活性，对处于不同发展阶段、不同行业、不同背景的企业要有不同的侧重点，对不同关键点采用不同的尽职调查方法和处理方式。

6. 谨慎性原则

主承销商在尽职调查过程中应当保持应有的职业谨慎态度，在有不确定因素的情况下作出判断时，应保持必要的谨慎，既不夸大被调查企业的经营优势和投资价值，也不刻意压低被调查企业的相关风险因素。项目人员应当留心调查现场中的细节问题，对异常情况要反复甄别，对没有确切依据的数据应做到保守估算。

7. 保密性原则

由于尽职调查过程中主承销商可能接触到大量被调查企业的非公开信息和资料，相关项目人员应当注意对这些信息和资料的保密，避免损害被调查企业的合法正当利益。应当签署保密协议，对访谈资料、工作底稿、业务和财务状况实施保密措施，不得向不相关人员或实体透露保密资料。

8. 合作原则

主承销商作为债务融资工具注册与发行工作的总协调人，在项目具体执行过程中应当注意安排律师、会计师、评级机构等其他中介机构的工作，制作明确的工作时间表。在工作安排上充分考虑被调查企业尽职调查的工作量，在提供充分调查结论依据的条件下避免重复工作，遇到难点问题召开中介机构专题会议讨论，出具各自的专业意见，形成有效合作。需要特别注意的是，对尽职调查过程中发现的问题，主承销商应当作出独立的判断，不能完全依赖发行人聘请的中介机构的意见。

4.2.1.4 债务融资工具尽职调查的主要方法

主承销商在进行尽职调查时应用的主要方法包括查阅、访谈、列席会议、实地调查、信息分析、印证和讨论等。需要特别说明的是，并不是所有的方法都适用于所有的债务融资工具发行人，主承销商需要根据发行人的行业特征、组织特性、业务特点选择恰当的方法开展尽职调查工作。

1. 查阅

查阅是指查阅企业制度与业务流程相关文件，全面了解企业日常运行所依赖的主要制度、业务流程和相关内控措施，具体包括组织人事、财务会计、资产管理、公司治理、采购、业务流程、授权与审批、复核与查证、业务规程与操作程序、岗位权限与职责分工、相互独立与制衡、应急与预防等方面的规定和措施。主承销商应选择一定数量的控制活动样本，以评价公司的内部控制措施是否得到有效实施。主承销商还可通过查阅企业财务报告、年度总结等资料，全面了解企业的日常运行状态与财务结果。

2. 访谈

访谈是指通过与企业的高级管理人员以及财务、销售、内部控制等部门的负责人员进行对话，掌握企业的最新情况，并核实已有的资料。针对不同的访谈对象，访谈的目的和方法也有所不同。

- 通过对企业高级管理人员进行访谈，了解企业的主营业务、企业未来的发展目标、发展计划；
- 通过与企业财务人员交谈，了解企业财务政策的稳健性、内控制度的有效性；
- 通过与企业销售人员交谈，掌握企业主要客户和供应商的情况，评估企业主要产品市场稳定性，原材料供应是否有保证；
- 通过与公司员工交谈，评价企业信息沟通与反馈是否有效，包括公司是否建立了能够涵盖其全部重要活动，并对内部和外部信息进行搜集和整理的有效信息系统，以及公司是否建立了有效的信息沟通和反馈渠道，确保员工能通过该渠道充分理解并坚持公司政策和程序，保证相关信息能够传达到应被传达到的人员；
- 与公司内部审计部门人员交谈，了解公司对内部控制活动与措施的监督和评价制度。主承销商可采用询问、验证、查阅内部审计报告和监事会报告等方法，考察公司内部控制和评价制度的有效性。

3. 列席会议

列席会议是指列席企业有关债务融资工具事宜的会议，如股东会、董事会、高级管理层办公会和部门协调会及其他涉及债务融资工具发行目的、用途、资金安排等事宜的会议。主承销商及各中介机构通过列席企业的股东大会或业绩发布会，了解股东关注的问题，从股东的角度了解企业的相关信息。

4. 实地调查

实地调查是指到企业的主要生产场地或建设工地等业务基地进行实地调查。实地调查的内容可包括生产状况、设备运行情况、库存情况、生产管理水平、项目进展情况和现场人员工作情况等。到企业的生产场所实地考察，可以更直观地了解企业经营管理水平、设备运行情况、安全生产和环境保护情况，核实企业的重要实物资产。

5. 信息分析

信息分析是指通过各种方法对采集的信息、资料进行分析，从而得出结论性意见。分析国家产业政策和产业周期，确定企业发展所处的市场环境；分析企业产品的市场占有率，确定企业主要产品的行业地位；计算企业主营业务增长率、主营利润增长率等指标，分析企业主要产品的市场前景；分析企业收入、成本、费用等指标的变动趋势和比例关系，分析它们之间以及它们与其他财务指标之间的配比关系是否合理。例如，通过了解公司主要的上游供应商、下游客户群，关注其供销渠道。供应商和客户的集中度决定了其成本转嫁能力的高低。通过了解公司主营业务所提供产品或服务的市场区域分布，分析其区域市场集中度，关注城市的差别及自然灾害频发地区。

6. 印证

印证主要是指通过与有关机构进行沟通和验证，确认查阅和实地调查结论的真实性。印证主要指信息印证：将访谈、资料调阅分析、实地调查得出的结论进行汇总比较和相互印证。印证还包括通过向企业的客户、供应商、债权人、行业主管部门、行业协会、工商部门、税务部门、同业公司、会计师、律师等在内的第三方就有关问题进行广泛的查询，核实有关调查结果。例如，通过查阅企业的纳税记录就可以核实企业盈利情况的真实性。

4.2.2 尽职调查的内容

4.2.2.1 基本情况调查

历史沿革情况。历史沿革指发行人企业设立、股东股权结构及变化、工商注册及变化、增资、重组合并分立等一系列过程。主承销商应查阅发行人历年营业执照、公司章程、工商登记等文件，公司设立、改制、重组、增资等的批准文件或有权机构的决议，以及历年业务经营情况记录、年度检验、年度财务报告等资料，调查发行人的历史沿革情况，必要时可走访相关政府部门和中介机构。

改制重组情况。若发行人设立后发生过合并、分立、收购或出售资产、资产置换、重大增资或减资、债务重组等重大重组事项，主承销商应取得相关的文件资料。主承销商应通过与重组相关各方和经办人员进行谈话，调查发行人重组动机、内容、程序和完成情况，分析重组行为对发行人业务、控制权、高管人员、财务状况和经营业绩等方面的影响，判断重组行为是否导致发行人主营业务和经营性资产发生实质变更。

主承销商还应通过与发行人董事、监事、高级管理人员（以下简称"高管人员"）及员工谈话等方法，核查发行人改制时的业务、资产、债务、人员等重组情况，分析判断是否符合法律法规，是否符合证券监管、国有资产管理、税收管理、劳动保障等相关规定。

股权变动情况。主承销商应查阅与发行人重大股权变动相关"三会"（董事会、监事会及股东大会）有关文件以及政府批准文件、评估报告、审计报告、验资报告、股权转让协议、工商变更登记文件等，核查发行人历次增资、减资、股东变动的合法性、合规性，核查发行人股本总额、股东结构和实际控制人是否发生重大变动。

股东和实际控制人情况。包括设立时各股东的出资情况以及目前的主要股东情况。主承销商应通过走访主管机构、咨询中介机构、查阅相应的监管记录、与发行人及其主要股东的高管人员及员工谈话等方法，调查主要股东是否存在影响发行人正常经营管理、侵害发行人及其他股东的利益、违反相关法律法规等情形。

对于发行人性质属于民营企业的，应追索到公司最终的实际控制人，对实际控制人的成长经历、经营风格、人品修养及社会关系等进行全面了解，同时要对与控制人的一致行动人进行全面核查。

重要权益投资情况。具体包括如下方面。

- 查阅发行人股权投资的相关资料，了解其报告期的变化情况。
- 取得被投资公司的营业执照、报告期的财务报告、投资协议等文件，取得发行人子公司的成立时间、出资比例、注册地、注册资本、股权结构变更、经营范围、最近一期经审计的总资产、营业收入、净利润等相关信息和资料。了解被投资公司经营状况，判断投资减值准备计提方法是否合理，提取数额是否充分，投资收益核算是否准确。
- 对于依照法定要求需要进行审计的被投资公司，应该取得相应的审计报告。
- 取得报告期发行人购买或出售被投资公司股权时的财务报告、审计报告及评估报告（如有），分析交易的公允性和会计处理的合理性。
- 查阅发行人交易性投资相关资料，了解重大交易性投资会计处理的合理性；取得重大委托理财的相关合同及发行人内部的批准文件，分析该委托理财是否存在违法违规行为。
- 取得重大项目的投资合同及发行人内部的批准文件，核查其合法性、有效性，结合项目进度情况，分析其影响及会计处理的合理性。

员工情况。主承销商应通过查阅发行人员工名册、劳务合同、工资表和社会保障费用明细表等资料，与发行人员工谈话，实地察看发行人员工工作情况等方法来调查发行人员工情况。

4.2.2.2 经营独立性调查

企业的独立，广义上应指企业与相对于自身以外的、所有与之有利益关系的机构或个人保持独立。非金融企业债务融资工具尽职调查关注的是企业相对于公司的控股股东、实际控制人及其关联方保持独立。经营独立性调查通常包括资产独立情况、人员独立情况、机构独立情况、财务独立情况以及业务独立情况五个方面的内容。

资产独立情况。资产的独立性是指资产的权属清晰，不存在纠纷或资产被其他方占用的情况。在对企业资产独立性进行尽职调查的过程中，主承销商应当从固定资产、满足重要性水平的在建工程、无形资产和往来款项四个方面来进行资产独立情况调查。

人员独立情况。债务融资工具发行人的人员独立是指发行人拥有独立、完整的人事管理体系，制定了独立的劳动人事管理制度，由发行人独立与员工签订劳动合同。根据《公司法》的规定，董事、监事的报酬由股东大会决定，其他高级管理人员薪酬由董事会决定，因此，人员独立的一个重要标志就是上述人员不存在其他领取薪酬的安排。

主承销商在进行人员独立性调查时，应重点关注高级管理人员的任职情况，以及是否有在控股股东、实际控制人及其控制的其他企业中担任除董事、监事以外的其他职务，或在控股股东、实际控制人及其控制的其他企业领薪的情形。

机构独立情况。债务融资工具发行人的机构独立性主要是指发行人的机构与控股股东、实际控制人完全分开且独立运作，不存在混合经营、合署办公的情形，且完全拥有机构设置的自主权。

财务独立情况。财务独立性是指财务会计部门独立设置，会计核算体系独立建立，具有独立的会计制度，并且独立开户、独立纳税。

业务独立情况。发行人的业务独立性是指发行人拥有完整的产品生产工艺流程及相关配套设施，有完整的采购、生产、销售体系，具备独立完整的经营业务及自主经营能力，对产供销系统和下属公司有独立的控制权，而且发行人与控股股东、实际控制人不存在同业竞争。

主承销商应查阅发行人控股股东或实际控制人的组织结构资料、发行人组织结构资料、下属公司工商登记和财务资料等，结合发行人的生产、采购和销售记录实地考察其产供销系统，调查分析发行人是否具有完整的业务流程、独立的生产经营场所以及独立的采购、销售系统，调查分析其对产供销系统和下属公司的控制情况；计算发行人关联采购额和关联销售额分别占其同期采购总额和销售总额的比例，分析是否存在影响发行人独立性的重大或频繁的关联交易，判断其业务独立性。

4.2.2.3 内部管理与运作规范性调查

公司章程及规范运作情况。公司章程是指公司依法制定的规定公司名称、住所、经营范围、经营管理制度等重大事项的基本文件，是公司必备的规定公司组织及活动的基本规则的文件，是以书面形式固定下来的股东共同一致的意思表示。通过查阅发行人公司章程、咨询发行人律师等方法，调查公司章程是否符合相关法律法规的规定。

《公司法》对公司制企业（包括有限责任公司和股份有限公司）公司章程的具体内容作出了详细的规定。主承销商应通过查阅发行人公司章程、咨询发行人律师等方法，调查公司章程是否符合《公司法》《证券法》及有关规定。关注董事会授权情况是否符合规定。通过查阅"三会"文件、咨询发行人律师等方法，调查公司章程历次修改情况、修改原因，每次修改是否经过法定程序，是否进行了工商变更登记。了解发行人三年内是否存在违法违规行为，若存在违法违规行为，应详细核查违规事实及受到处罚的情况；若不存在违法违规行为，应取得发行人明确的书面声明。

公司治理和内控制度。公司治理的核心问题是在所有权和经营权分离的条件下，由于所有者和经营者的利益不一致而产生的委托–代理关系。公司治理结构是一种针对上述问题的对公司进行管理和控制的体系。

对于公司制的企业，主承销商分析评价发行人是否具有良好的公司治理结构，主要包括以下几个方面：公司治理结构是否维护股东的权利；公司治理结构是否确保包括中小股东和外国股东在内的全体股东受到平等的待遇；如果股东的权利受到损害，他们能否得到补偿；公司治理结构是否能够确认利益相关者的合法权利，并且鼓励公司和利益相关者为创造财富和工作机会以及为保持企业财务健全而积极地进行合作；公司治理结构是否能够保证及时准确地披露与公司有关的任何重大问题，包括财务状况、经营状况、所有权状况和公司治理状况的信息；公司治理结构是否能够确保董事会对公司的战略性指导和对管理人员的有效监督，并确保董事会对公司和股东负责。

内部控制是指各级管理层为了保护其经济资源的安全、完整，确保经济和会计信息的正确可靠，利用单位内部分工而产生的相互制约、相互联系的关系，形成一系列具有控制职能的方法、措施和程序。内部控制方面的尽职调查内容主要包括内部控制环境、业务控制、信息管理系统控制、会计管理控制、风险控制以及内部控制的监督六大方面。

内部组织机构设置及运行情况。内部组织机构设置及运行情况的尽职调查内容主要包括以下几个方面。

- 了解发行人的内部组织结构、内部机构设置及职能，了解各主要职能部门、业务或事业部和分公司的情况；
- 调查各机构之间的管理、分工、协作和信息沟通关系，分析其组织机构设置的必要性、合理性和运行的有效性；
- 根据公司章程，结合发行人组织结构，核查发行人组织机构是否健全、清晰，其设置是否体现分工明确、相互制约的治理原则。

董事、监事及高级管理人员的情况。包括高管人员的任职情况及任职资格、高管人员的经历及行为操守、高管人员的胜任能力和勤勉尽责、高管人员薪酬的及兼职情况、报告期内高管人员变动、高管人员持股及其他对外投资情况等。

4.2.2.4 主营业务情况调查

主承销商应通过现场调查、咨询中介机构、走访工商管理部门、与发行人业务部门谈话，以及查阅发行人的营业执照、公司章程、生产采购和销售记录、财务报告及审计报告（如有）等方式，调查或了解发行人的主营业务情况，包括发行人的资产情况、生产情况、采购情况、销售情况和未来资本支出计划及发展目标等。

资产情况。主承销商应主要通过实地考察（走访生产部门、设备管理部门和基建部门）及查阅财务资料等方法，调查发行人主要资产的情况，包括但不限于固定资产、在建工程、无形资产及核心技术人员、技术与研发情况。

生产情况。主承销商应主要通过实地考察、走访生产部门及财务部门、查阅年度工作报告及其他相关资料等方法，调查或了解发行人生产情况的主要方面，包括生产流程、生产工艺、主要产品（服务）、生产组织、生产保障、收入和盈利情况、生产成本、产品质量控制、生产安全情况及环境保护情况等。

采购情况。主承销商应主要通过实地考察、走访采购部门及主要供货商、查阅权威研究报告及发行人内部管理制度等方法，调查或了解发行人的采购情况，包括供应方的情况及发行人采购管理制度等方面。

销售情况。主承销商应主要通过实地考察、与营销部门沟通、查阅年度营销计划和内部管理制度等方法，调查或了解发行人的销售情况，包括但不限于销售模式、产品品牌和商标权、产品市场定位、产品销售情况、涉及或有事项和关联交易等方面。

未来资本支出计划及发展目标。主承销商应主要通过实地考察发行人在建项目、查阅有关项目可行性研究报告及监管部门批复等资料、与财务部门或投资部门等相关部门访谈沟通等方法，调查或了解发行人未来（至少3年）的支出计划、主营业务发展目标及规划等情况。

4.2.2.5 财务状况调查

财务报告及相关财务资料。包括调查发行人财务报告所使用的会计准则、审计意见、主要会计科目以及会计政策稳健性等方面。主承销商应根据注册材料拟申报时间点，查阅发行人最近三年及最新一期（如需）的财务报告/报表（含合并、母发行人报告/报表），核实发行人编制财务报表所应用的会计准则。如发行人财务报告涉及对于年初科目余额进行调整的情况，主承销商应结合调整原因，判断在注册材料中进行财务分析时是否应用经调整的年初数。

财务指标分析。主承销商应根据发行人最近三年及最新一期的财务报告（合并/母发行人口径），计算调查期间发行人各期资产负债率、流动比率、速动比率、应收账款周转率和存货周转率等主要财务指标，分析发行人的盈利能力、偿债能力、营运能力及获取现金能力，综合评价发行人财务风险和经营风险，判断发行人财务状况是否良好。各项财务指标与同行业可比公司平均水平相比有较大偏离的，或各项财务指标及相关会计项目有较大变动或异常的，应分析原因并进行调查。

关联交易情况。详见"经营独立性调查"部分。

有息债务情况。主承销商应对发行人的有息债务情况进行尽职调查，关注其直接债务融资情况、间接债务融资情况和未来有息债务偿还计划等。

担保和未决诉讼（仲裁）等重大或有事项或承诺事项情况。主承销商应对发行人的担保和未决诉讼等重大或有事项或承诺事项情况进行尽职调查。关注其对外担保情况、对内担保情况、未决诉讼（仲裁）情况、重大承诺事项情况等重大或有事项情况。

资产限制用途情况。主承销商应对发行人的资产抵押、质押和其他限制用途安排情况进行尽职调查，包括所有具有可对抗第三人的优先偿付负债的情况等。

海外实业投资、衍生产品投资和持有金融资产情况。主承销商应对发行人的海外实业投资情况和衍生产品投资情况进行尽职调查，衍生产品投资情况应包括远期、期货、期权和掉期及其组合产品（含通过银行购买境外机构的金融衍生产品）投资情况。

4.2.2.6 所属行业和行业发展前景调查

行业划分。主承销商应根据发行人的主营业务确定发行人所属行业。主承销商可参考的行业划分方法主要有国民经济行业分类法、上市公司行业分类法、上海证券交易所上市公司行业分类法等。

全球行业发展概况。主承销商应在确定发行人所属行业的基础上，通过查阅行业分析报告等相关行业的背景材料（包括行业其他公司的最近三年年报、行业统计资料、统计年报及年鉴等）、咨询行业分析师、查阅行业协会意见、利用 Wind 和 Bloomberg 等数据处理和分析工具，对发行人所属行业的全球发展情况进行分析，包括对发行人所属行业产品的全球市场供求、产品的产量、价格指数等进行分析。

国内行业发展状况。主承销商对发行人所属行业在我国发展状况的分析可分为市场分析、行业监管分析、行业特性分析、经营模式分析、技术特点分析、利润水平分析等。

所属行业发展前景。主承销商应分析发行人所属行业在产品价值链中的作用，通过对该行业与其上下游行业的关联度、上下游行业的发展前景、产品用途的广度、产品替代趋势等进行分析论证，分析上下游行业变动及变动趋势对发行人所处行业的有利和不利影响。

发行人的行业地位和主要竞争对手。主承销商应明确发行人在国内、国际上的主要竞争对手及其主要产品在国内、国际的市场占有率。概括来说，在分析市场竞争情况时，可首先对行业进行细分，针对行业及子行业了解市场容量、主要企业及其市场份额情况，调查行业及子行业前五位竞争对手基本情况以及各自的市场份额。

主承销商应分析发行人当前在该行业及各子行业中所占的市场份额和所处的市场地位，分析国内与国际同行业未来几年的竞争状况与市场前景，分析发行人在行业中所处的竞争地位及变动情况等。主承销商在分析时要特别注意发行人与其主要竞争对手在地域、细分产品、市场份额等方面的差异，对比发行人与竞争对手过去三年的增长情况。

发行人在行业中的竞争优势。发行人在所属行业中的关键成功因素包括所提供产品的属性、公司的资源、竞争能力以及与公司盈利能力直接相关的市场成就。主承销商应分析发行人的竞争优势，包括客户在各个竞争品牌之间进行选择的基础、行业中一家竞争厂商要取得竞争成功需要怎样的资源和竞争能力、行业中一家竞争厂商要获取持久的竞争优势必须采取什么样的措施等。

4.2.2.7 风险事项调查

发行人财务风险。关注发行人的审计报告等财务信息，在发现问题的基础上与发行人进行沟通取证，并适当揭示风险。

共性风险点如下：资产周转能力较差导致的流动性风险；现金流状况不佳或债务结构不合理导致的偿债风险；主要资产减值准备计提风险；金融资产公允价值大幅波动的风险；毛利率波动较大或呈下滑趋势的风险；费用支出大幅波动的风险；非经常性损益大幅波动的风险；重大担保、诉讼仲裁、资产受限等或有事项导致的风险。

发行人经营风险。关注发行人提供的业务数据，并通过收集宏观经济数据、同行业企业的相关资料进行比较分析，适当揭示风险。

共性风险点如下：宏观经济依赖风险；行业景气依赖风险；原材料供应风险；产品或服务销售的市场风险；客户集中度风险；市场集中度风险；行业竞争风险；品牌维护风险；安全、环保事故风险；不可抗力风险。

发行人管理风险。关注发行人公司章程、内部管理制度、组织架构等信息，并适当揭示风险。

共性风险点如下：股权结构风险；高管人员履职风险；公司治理有待完善的风险；关联企业同业竞争风险；关联交易利益输送风险；技术人才培养风险；管理效率不足风险。

发行人政策风险。关注发行人所在行业、宏观经济运行相关政策，审慎分析可能对发行人经营活动产生不确定影响的政策因素，适当揭示风险。

共性风险点如下：汇率风险；利率风险；产业政策风险；税收、补贴收入政策风险；特许经营风险；安全、环保政策风险；海外投资政策变动风险。

债务融资工具特有风险。关注债务融资工具的发行是否涉及特殊条款（如浮动利率、含权、存在担保、集合发行等），适当揭示风险。

4.2.2.8 募集资金用途调查

募集资金使用为发行人承诺的后续履行事项，前期尽职调查主要关注发行人提出的募集资金安排是否具有财务合理性，如涉及集团内部成员单位分派使用，还需关注集团资金管理制度。调查资金用途需明确以下内容。

- 具体用款主体（本部或是下属企业）及对应的用款额度；
- 募集资金投向是否符合国家相关法律法规及政策要求；
- 用于补充营运资金的，需明确具体用途并说明资金缺口的合理性；
- 用于项目投资建设的，需明确发行人在项目中的权益比例、项目合规性情况（国家有关部委审批、核准或备案情况）、总投资规模、资本金落实进度。

4.2.2.9 资信状况调查

主要通过人民银行征信系统及银行间市场的公开信息等外部渠道，以及企业各家授信合作银行所提供的内部数据，进行资信情况的调查。

- 调查发行人获得主要贷款银行的授信情况。需列示各家授信银行分别给予的授信总额及剩余可用授信额度。
- 近三年是否有债务违约记录。如存在债务违约记录，需披露成因、可能的解决举措等信息。
- 近三年债务融资工具、企业债券、公司债券及可转换债券的偿还情况。如存在未及时偿付的情况，需披露相关背景情况。
- 征信系统的调查以及其他与企业有关的资信情况。主要通过人民银行信贷咨询系统（征信系统）调查发行人母公司在各家银行的信用记录。
- 参考评级机构对发行人作出的资信情况判断，如发行人频繁更换评级机构且评级结果变化较大，需列示历史评级结果记录；如发行人获得同一家评级机构的评级结果连续上调或下降，或评级展望发生变化，也需予以关注。

4.2.2.10 信息披露能力调查

主要调查企业现行的信息披露体系能否满足银行间债券市场平台的持续信息披露要求，了解其相关信息披露内部制度。主要关注点如下：发行人或其子公司涉及在多地上市，而各地对信息披露的要求存在不一致的情况，对此情况发行人如何协调解决；发行人为涉及国家安全的企业，如军工企业，可能需要豁免部分信息披露义务。

4.2.2.11 其他重大事项调查

其他重大事项的范围涵盖较广，主要指在《募集说明书指引》等规范性文件的披露要求之外的事项。

- 企业经营方针和经营范围发生重大变化。如企业在近期刚刚调整业务范围，造成主要业务板块的收入利润数据缺乏连续性。
- 企业生产经营外部条件发生重大变化。如突发性自然灾害（地震、雪灾等），令部分发电、电网设备受损，发电企业暂时无法正常经营。

- 企业涉及可能对其资产、负债、权益和经营成果产生重要影响的重大合同。如企业承揽到一笔合同金额远超过其总资产规模或一年主营业务收入的业务，如果顺利完成则将令资产、收入大幅增长，但如果该合同涉及未能履约的赔偿条款，则可能会令该企业承担较大损失。
- 企业占同类资产总额20%以上资产的抵押、质押、出售、转让或报废，如一些重大的重组或资产剥离情况。
- 企业发生未能清偿到期债务的违约情况。如企业的银行借款发生违约，放款银行将违约记录通过人民银行或银监会通知其他同业，可能会引发整个银行业对该企业的信用紧缩。
- 企业发生超过净资产10%以上的重大损失。如企业发生一些巨额亏损。
- 企业作出减资、合并、分立、解散及申请破产的决定，诸如企业股东由于各类原因打算退出出资企业。
- 企业涉及需要澄清的市场传闻。如新闻媒体报道一些有关于企业经营财务管理的重大事项。
- 企业涉及重大诉讼、仲裁事项或受到重大行政处罚。如发生一些巨额经济纠纷或经营涉嫌违背国家有关法律法规。
- 企业高级管理人员涉及重大民事或刑事诉讼，或已就重大经济事件接受有关部门调查。

其他对投资者作出投资决策有重大影响的事项。

4.2.3 尽职调查底稿与报告

4.2.3.1 债务融资工具尽职调查工作底稿

债务融资工具尽职调查工作的基础资料、全面尽职调查工作过程及结论、尽职调查工作日志等工作底稿的完整性和准确性是判断项目人员是否勤勉尽责的主要依据。债务融资工具尽职调查工作底稿主要包括以下内容。

1. 发行人基本情况

发行人基本情况的调查内容如表4-2所示。

表4-2 发行人基本情况

调查内容	主要资料
设立和历史沿革情况	（1）发行人设立时的政府批准文件、营业执照、公司章程等； （2）发行人的历史沿革情况； （3）发行人重大股权变动情况、重大重组情况； （4）实际控制人的营业执照和证明文件、公司章程、财务报告及审计报告（如有），业务经营情况和关联关系及演变情况； （5）员工情况和统计表

（续表）

调查内容	主要资料
独立情况	（1）控股股东或实际控制人的组织结构资料、发行人组织结构资料、下属公司工商登记和财务资料等； （2）发行人关联采购和关联销售情况； （3）发行人无形资产以及房产、土地使用权、主要生产经营设备等主要财产等资料； （4）金额较大、期限较长的其他应收款、其他应付款、预收及预付账款； （5）发行人财务会计制度、银行开户资料、纳税资料
商业信用情况	发行人完税和税收优惠证明文件、监管机构的信用征信系统的监管记录和处罚文件等

2. 发行人业务和所在行业情况

发行人业务和所在行业情况的调查内容如表 4-3 所示。

表 4-3　发行人业务和所在行业情况

调查内容	主要资料
行业情况及竞争状况	（1）行业主管部门制定的发展规划、行业管理方面的法律法规及规范性文件； （2）行业杂志、行业分析报告、主要竞争对手意见、行业专家意见、行业协会意见等； （3）相关研究报告
采购情况	（1）相关研究报告和统计资料； （2）发行人主要原材料和采购模式、主要供应商的相关资料
生产情况	（1）生产流程资料； （2）主要产品的设计生产能力和历年产量有关资料； （3）主要设备、房产等资产，在发行人及其下属公司的分布情况； （4）设备抵押情况； （5）专利、非专利技术、土地使用权等主要无形资产的说明； （6）发行人质量控制制度、安全生产及以往安全事故处理等方面的资料； （7）历年来在环境保护方面的投入及未来可能的投入情况； （8）未来3—5年主要在建和拟建项目情况（可研报告、项目审批文件、项目预算、资金来源、施工计划等）
销售情况	（1）发行人的销售模式、定价策略、销售区域； （2）注册商标； （3）主要产品市场的地域分布和市场占有率资料； （4）发行人产品销售价格的变动情况； （5）对主要客户的销售额及回款情况； （6）关联销售合同
技术与研发情况	（1）研发体制、研发机构设置、激励制度等资料； （2）研发模式和研发系统的设置和运行情况； （3）主要研发成果、在研项目、研发目标等资料
关联方及关联交易情况	（1）发行人的关联方及关联方关系； （2）发行人及其控股股东或实际控制人的股权结构和组织结构

3. 发行人高级管理人员

发行人高级管理人员的调查内容如表 4-4 所示。

表 4-4　发行人高级管理人员

调查内容	主要资料
高管人员任职情况及任职资格	董事会、监事会、总经理及公司其他决策运营机构的文件
高管人员的经历及行为操守	（1）高管人员个人履历资料； （2）发行人与高管人员所签订的协议或承诺文件； （3）高管人员诚信记录； （4）发行人为高管人员制订的薪酬方案、股权激励方案
报告期内高管人员变动	变动经过、变动原因

4. 发行人组织结构和内部控制

发行人组织结构和内部控制的调查内容如表 4-5 所示。

表 4-5　发行人组织结构和内部控制

调查内容	主要资料
公司章程及其规范运行情况	（1）公司章程； （2）"三会"文件或公司决策运行机构的资料
组织结构和运作情况	（1）发行人的内部组织结构； （2）总部与分（子）公司、董事会、专门委员会、总部职能部门与分（子）公司内部控制决策的形式、层次、实施和反馈的情况； （3）发行人公司治理制度规定，包括"三会"议事规则、董事会专门委员会议事规则、总经理工作制度、内部审计制度等文件资料
内部控制环境	发行人各项业务及管理规章制度
业务控制	（1）关于各类业务管理的相关制度规定； （2）由于风险控制不力所导致的损失事件
信息系统控制	信息系统建设情况、管理制度、操作流程和风险防范制度
会计管理控制	会计管理的相关规章制度
内部控制的监督	内部审计队伍建设情况

5. 财务和会计

财务和会计的调查内容如表 4-6 所示。

表 4-6　财务和会计

调查内容	主要资料
财务报告及相关财务资料	（1）经注册会计师审计或发表专业意见的财务报告及相关财务资料； （2）纳入合并范围的重要控股子公司的财务报告及审计报告（如有）； （3）参股子公司的最近一年及最近一期的财务报告及审计报告（如有）； （4）财务部门近三年年终财务分析报告
会计政策和会计估计	会计制度、财务制度

（续表）

调查内容	主要资料
财务比率	（1）各年度毛利率、资产收益率、利润率指标等； （2）各年度资产负债率、流动比率、速动比率、利息保障倍数； （3）各年度资产周转率、存货周转率和应收账款周转率
销售收入	（1）发行人确认收入的具体标准； （2）银行存款、应收账款、销售收入等相关科目明细表； （3）收入的产品构成、地域构成及其变动情况的资料； （4）主要产品报告期价格变动的资料
货币资金	发行人银行账户资料
应收款项	（1）应收款项明细表和账龄分析表； （2）主要债务人及主要逾期债务人名单等资料
存货	存货明细表
对外投资	（1）发行人股权投资的相关资料； （2）被投资公司的营业执照、报告期的财务报告、投资协议等文件； （3）报告期发行人购买或出售被投资公司股权时的财务报告、审计报告及评估报告（如有）； （4）交易性投资相关资料； （5）重大委托理财的相关合同及发行人内部的批准文件； （6）重大项目的投资合同及发行人内部的批准文件
主要债务	（1）发行人主要银行借款资料； （2）贷款合同和授信证明文件； （3）应付款项明细表
或有负债	（1）对外担保的相关资料； （2）重大仲裁、诉讼和其他重大或有事项的相关资料； （3）海外投资资料、金融衍生品投资资料； （4）发行人的重大资产抵押、质押和限制用途等情况
融资情况	（1）发行人和下属企业直接债务融资情况； （2）发行人和下属企业主要商业银行授信的明细表
合并报表的范围	合并报表的范围
纳税情况	（1）发行人报告期的纳税资料； （2）发行人税收优惠或财政补贴资料

6. 业务发展目标

业务发展目标的调查内容如表4-7所示。

表4-7 业务发展目标

调查内容	主要资料
发展战略	中长期发展战略的相关文件
经营理念和经营模式	发行人经营理念、经营模式的相关资料
近三年发展计划的执行和实现情况	发行人近三年发展计划、年度报告等资料
业务发展目标	发行人未来两年至三年的发展计划和业务发展目标及其依据等资料（中期票据可酌情延长）

7. 募集资金使用情况

募集资金使用情况的调查内容如 4-8 所示。

表 4-8 募集资金使用情况

调查内容	主要资料
本次募集资金使用情况	（1）关于本次募集资金使用的决策文件； （2）关于募集资金运用的具体匡算； （3）发行人关于建立募集资金专项存储制度的文件，募集资金专项账户（如有）； （4）募集资金用于项目的，需要项目的相关资料
募集资金使用主体	募集资金由下属公司使用的，说明对下属公司进行资金调拨和归集的制度

8. 风险因素和其他重要事项

风险因素和其他重要事项的调查内容如表 4-9 所示。

表 4-9 风险因素和其他重要事项

调查内容	主要资料
风险因素	（1）网站、政府文件、专业报刊、专业机构报告； （2）发行人既往经营业绩发生重大变动或历次重大事件的相关资料； （3）发行人针对相关风险的主要应对措施以及这些措施实际发挥作用的情况
重大合同	重大合同
诉讼和担保情况	（1）发行人及控股子公司、参股子公司的对外担保（包括抵押、质押、保证等）资料； （2）发行人及其控股股东或实际控制人、控股子公司的诉讼情况
信息披露制度的建设和执行情况	信息披露制度

根据《银行间债券市场非金融企业债务融资工具中介服务规则》（2012 年）第十八条的要求，工作底稿应至少保存至债务融资工具到期后 5 年。

4.2.3.2 债务融资工具尽职调查报告

尽职调查的尺度和尽职调查报告的制作是每个主承销商自主决定的，也是主承销商业务能力的反映。我们所说的尺度是基于主承销商对非金融企业债务融资工具注册相关制度的理解和工作经验作出的，并不是每个主承销商尽职调查的标准均完全一致。从发挥各主承销商主观能动性的角度出发，尽职调查可根据各主承销商的情况自主决定。

一般情况下，尽职调查报告可包括以下内容：尽职调查工作的具体说明；发行人基本情况；发行人股东结构和实际控制人；发行人公司治理结构和规范运作情况；发行人主营业务及行业地位；发行人会计政策、财务状况及偿债能力；发行人信用记录；发行人或有事项和其他重大事项；发行人关联交易和税收情况；发行人募集资金用途；发行人信息披露能力；发行人所面临的风险；主承销商尽职调查的结论性意见。

4.2.3.3 补充尽职调查报告

按照注册发行相关制度要求，主承销商尽职调查报告分为注册前的尽职调查报告和补充的尽职调查报告，前者是上报注册文件前制作的尽职调查报告，后者是在备案发行时，反映发行人注册生效之后到本次备案发行期间对企业进行尽职调查的情况。

按照要求，在发行人的每一期备案发行前，主承销商都需要对发行人前期发行后到本次备案前的时段内，就发行人最新的基本情况、经营业绩、财务状况、融资情况等方面进行尽职调查，重点调查发行人是否出现重大变化或异常情况，从而制作补充的尽职调查报告，并借此完成主承销商内部的审批流程。

4.3 债券发行

企业在领取接受注册通知书等相关批文之后，可以在有效期内通过簿记建档或招标方式，一次发行或分期发行债券。

4.3.1 债券发行流程

4.3.1.1 招标发行[①]

签署服务协议。发行人应与投标参与人签订一对一的书面协议，以规范、明确双方招投标的权利义务关系。招标发行的相关当事人包括发行人、投标参与人、提供发行服务的中介机构及其他相关人员。

发行材料报送。发行人向人民银行金融市场司提出招标发行的申请，并提交以下材料：主管部门批准本期债券发行的文件、本期债券的发行办法和招标书、投标参与人的名单及其与发行人签订的招投标书面协议、准备公开披露的文件目录。

招标信息披露。在招标发行前，发行人除应按照相关规定向投资者履行信息披露义务外，还应至少提前一个工作日公开披露的信息包括本期债券的发行办法和招标书及投标参与人名单。

公布招标结果。在招标发行结束后，发行人应在一个工作日内公布当期各只债券的招标结果，招标结果应包括实际投标量、投标家数、中标家数和中标利率。

4.3.1.2 簿记建档发行

企业采用簿记建档方式发行的，应使用相关系统规范开展相关工作。企业、承销商等发行参与方应明确专门的机构和人员负责发行工作，并制定规范的内部管理制度和发行操作规程。以下以债务融资工具在北京金融资产交易所债务融资工具集中簿记建档系统进行簿记建档发行的流程为例具体说明。

签署服务协议并开立托管账户。发行人首次委托上海清算所、北京金融资产交易所

[①] 本部分内容主要依据《银行间债券市场债券招标发行管理细则》（银办发〔2011〕128号）以及《关于银行间债券市场招标发行债券有关事宜的通知》（银市场〔2014〕16号）。

有限公司提供相关业务服务，应首先在上海清算所、北京金融资产交易所有限公司开立债券发行账户。

发行时间安排。发行人在注册有效期内可分期发行债务融资工具。发行人应综合考虑自身的融资安排、债券市场情况等因素，选择合理的发行时间。

企业公开发行债务融资工具，应通过交易商协会认可的平台公布当期发行文件。首次公开发行债务融资工具，应至少于发行日前3个工作日公布发行文件；非首次公开发行债务融资工具，应至少于发行日前2个工作日公布发行文件；公开发行超短期融资券，应至少于发行日前1个工作日公布发行文件。公告期结束后，承销团成员进行债券的分销，需要1—2个工作日，所以在确定最佳的发行时间时，首次发行的发行人一般需预留出4—5个工作日的公告分销期。

报备发行方案流程。发行人及主承销商应制定发行方案，至少于公告发行文件前3个工作日向交易商协会备案，并将其作为发行文件的一部分向市场披露。

发行披露文件。企业应通过银行间市场制定信息披露平台公布当期发行文件。发行文件至少应包括以下内容：募集说明书、信用评级报告和跟踪评级安排、法律意见书、企业最近三年经审计的财务报告和最近一期会计报表、发行方案及承诺函。

询价与簿记建档流程。主承销商在簿记建档前准备、申购、定价、配售、投资人债券额度配售等环节使用北金所系统集中簿记建档系统开展业务。

主承销商创建计划发行项目，由主承销商与承销团成员共同进行组团工作。组团完成后，主承销商选定簿记管理人。

主承销商、簿记管理人可与承销团成员、投资人进行询价操作，也可直接记录询价结果。

发行材料公告后，发行人和主承销商结合发行主体资质情况，综合参考市场利率和询价情况，确定发行利率区间，并签署簿记建档利率（价格）区间确认书。

发行前一日，主承销商应当向承销团成员发送申购说明，并将申购说明向市场进行公告。申购说明的主要内容包括申购本期债券的重要提示、本期债券的主要条款、本期债券的申购利率区间、申购时间、申购程序、本期债券的配售与缴款、簿记管理人的联系方式和指定缴款账户等信息。

配售与缴款流程。投资人向主承销商提交申购要约。簿记建档发行，认购人须在约定时间在北金所系统向簿记管理人提交申购要约，在规定时间以外所作的任何形式的认购承诺均视为无效。

主承销商、承销团成员向投资人进行投资人债券额度配售。主承销商、承销团成员集中汇总并确认申购订单后，按照事先确定的配售方式进行投资人债券额度配售，投资人债券额度配售结果可进行调整，如调整，需录入调整原因。

簿记管理人于发行日约定时间向获得配售的承销商发出缴款通知书，通知获配承销商本期债务融资工具配售数量及通过簿记建档确定的发行利率。

簿记管理人按照发行方案中公告的配售原则进行债券额度配售。簿记管理人将配售结果发送至上海清算所。

簿记管理人可在配售完成后生成并打印《配售结果表》《配售确认及缴款通知书》《发

行款到账确认书》《发行情况公告》等制式文本。

分销与上市交易流程。簿记管理人根据债务融资工具分销需要设定分销期，安排承销团成员进行协议分销。分销期自簿记建档日始，至缴款截止日止。承销团成员对承销团以外机构的所有配售应以协议分销的形式在此期间完成。缴款完成的次一工作日，该债券即可在银行间市场流通交易。

4.3.1.3 非公开定向发行操作规程

非公开定向债务融资工具投资人被进一步细分为专项机构投资人（N）和特定机构投资人（X）两类。N类投资者在完成购买某只定向工具的程序后，视为签署该只定向工具的《定向发行协议》，接受协议约定的权利与义务，认可协议约定的信息披露标准，无须就投资单只定向工具另行签署《定向发行协议》。

签署定向发行协议与X类投资者确认函流程。簿记管理人在询价阶段与有投资意向的潜在投资人签署定向工具发行协议和投资者确认函，明确双方的权利与义务。签署了上述文件的投资人才能在定向工具发行时购买并参与上市后的交易流通。

发行启动流程。簿记管理人根据债券市场走势和该期定向工具的询价情况，灵活确定发行时间窗口，与公开发行的不同之处在于发行定向工具不用公开挂网。发行前一日，簿记管理人向签署了《定向发行协议》和《投资者确认函》的投资者发送申购说明，申购说明的主要内容包括申购本期债券的重要提示、本期债券的主要条款、本期债券的申购利率区间、申购时间、申购程序、本期债券的配售与缴款、簿记管理人的联系方式和指定缴款账户等信息。

簿记建档、缴款与分销。定向工具的簿记建档、缴款与分销流程与公开发行的债务融资工具一样，簿记管理人定向发行不得采用公开劝诱和变相公开方式。定向发行相关当事人及其工作人员在定向发行工作中不得有实施或配合实施不正当利益输送的行为。

4.3.2 债券发行定价机制

4.3.2.1 公开招标发行的定价机制

公开招标发行是指发行人通过债券招标系统统一发标、投标人在规定时间内向系统投递标书、投标结束后按照一定中标方法确定债券发行利率的发行方式。投标者中标后，视同投资购买性质，可按一定价格向其他投资者再行出售。

1. 按招标内容分类

按照招标内容，招标可以分为数量招标、价格招标、利率招标和利差招标。

数量招标是指发行主体在招标书中明确债券发行总量、期限、票面利率或价格等要素，承销商只进行数量投标的招标方式。

价格招标是指发行主体在招标书中明确债券发行总量、期限等要素，承销商只进行价格和相应的数量投标的招标方式。

利率招标是指发行主体在招标书中明确债券发行总量、价格、期限等要素，承销商只进行票面利率和相应的数量投标的招标方式。

利差招标是指发行主体在浮动利率债券的招标书中明确浮动利率中的基准利率及其确定方式、发行总量、期限等要素。承销商只进行利差（票面利率与基准利率的差额）和相应的数量投标的招标方式。基准利率＋利差＝招标债券第一个计息期执行的票面利率，以后计息期的票面利率类推。

2. 按中标方式分类

按照中标方式，招标可以分为等比例数量中标、统一价位中标、多重价位中标、混合式中标。

等比例数量中标是指在债券数量招投标结束后，如果有效投标总量小于或等于发行总量，则每个承销商的有效投标量全部中标；如果有效投标总量大于发行总量，则按各承销商有效投标数量占有效投标总量的比例分配发行总量。

统一价位中标，又称"荷兰式"或单一价位中标，是指在投标结束后，发行系统将各承销商有效投标价位进行排序（价格招标由高到低排序，利率、利差招标由低到高排序），直至募满为止，则此时的最低或最高价位为该期债券的中标价位，所有中标的承销商都以该中标价位确定中标的方法。

多重价位中标，又称"美国式"中标，是指在投标结束后，发行系统将各承销商有效投标价位进行排序（价格招标由高到低排序，利率招标由低到高排序），直至累加达到预定发行额时，在此价位以内的所有有效投标，均以各承销商的各自出价中标，并分别按各自的出价计算相应缴款金额。所有中标价位加权平均后的利率或价格为该期债券的票面利率或价格。

混合式中标分为利率招标和价格招标两种情形。①利率招标。在投标结束后，发行系统将各承销商有效投标价位进行排序（由低到高排序），直至募满为止。此时的最高价位点称为边际价位点，对低于边际价位点（含）的各投标价位及对应投标量计算加权平均价位，作为中标票面利率。对低于或等于票面利率的中标价位，按票面利率计算缴款金额；对高于票面利率的标位，按各自中标利率计算缴款金额。②价格招标。在投标结束后，发行系统将各承销商有效投标价位进行排序（由高到低排序），直至募满为止。此时的最低价位点称为边际价位点，对高于边际价位点（含）的各投标价位及对应投标量计算加权平均价位，作为中标价格。对高于或等于中标价格的标位，按中标价格计算缴款金额；对低于中标价格的标位，按各自中标价格计算缴款金额。混合式中标方式目前只在国债招标发行中使用。

3. 按投标性质分类

招标发行中的投标方式，按不同性质有如下分类。

竞争投标与非竞争投标。 竞争投标是指认购者根据自己的判断提出愿意接受的价格或利率，以及认购的数量，进行投标。在招标发行中，发行者则按价格由高到低，或者按照利率由低到高的顺序决定中标者，即通过投标统一按中标者中最低的价格（或最高的利率）作为中标价格发行债券，直到完成预定的发行数量。通常所提的投标方式都是竞争投标，也叫多重价格中标方式。非竞争投标是指认购者只报认购证券数量，发行者按当天成交的竞争性出价的最高价与最低价的平均价格出售。这种投标方式只有在认购数量不大时采用。

价格投标与利率投标。价格投标指在债券利率已确定的条件下，由认购者根据利率与票面价格提出发行价格进行投标，直到完成预定数量。发行者则按照由高到低的次序决定中标者，直到完成预定数量。利率投标即认购者以百分比表示利率（即收益率）进行投标的方法。

4.3.2.2　簿记建档发行定价机制

根据簿记参与者划分，簿记定价方式又可分为承销团簿记与投资者簿记。承销团簿记由承销团成员向簿记管理人投标，承销团成员再向投资者分销债券；投资者簿记则由投资者直接向簿记管理人投标。非金融企业债务融资工具目前采用承销团簿记。在企业领到注册通知书后，主承销商就开始着手债券的发行承销工作，并为簿记建档做准备。

（1）根据相同评级、相同期限的非金融企业债务融资工具的二级市场利率，主承销商先确定一个较为宽泛的价格区间，然后对目标投资者进行初步摸底，即预路演，缩小利率区间。

（2）在预路演收集信息的基础上，进行正式路演，进一步缩小利率区间。

（3）在发行日即簿记建档日之前，在指定信息披露平台披露发行文件，便于投资者进一步做投资决策。

（4）簿记建档日前一天，主承销商向承销团成员发送申购邀约，确定最终簿记建档区间。

（5）簿记建档当天，开展簿记建档，确定最终发行利率。

债券定价通常考虑如下几个方面的因素。

（1）债项评级：债项评级综合考虑了各个企业的主体信用和内外部信用增进状况。

（2）发行期限：一般来说，期限越长，发行利率越高。

（3）市场近期发行利率及二级市场利率：近期相同评级、相同期限债券的发行利率及二级市场利率可以作为新发行债券发行利率的重要参考。

（4）未来利率预期：未来宏观经济及货币政策走向将直接影响当前发行利率的变动。

4.3.2.3　担保信用债券定价

担保是指法律为确保特定的债权人实现债权，以债务人或第三人的信用或特定财产来督促债务人履行债务的制度。担保在信用债领域是一种很常见的增信方式，通过担保，原来债项评级较低的债券可以获得一个相对更高的债项评级，从而在发行时更能得到投资者的认可，获得更低的发行利率。不同的担保信用债的担保形式可以不同，常见的担保形式有不可撤销连带责任担保、资产抵押担保和资产质押担保，其中资产抵（质）押担保又包括土地抵（质）押、应收账款抵（质）押等金融资产担保和实物资产担保。根据担保主体的不同，担保又可以分为专业担保公司提供的担保以及集团或者实业企业提供的担保。不同的担保，其担保效力不同，对债券的增信作用不同，投资者的接受和认可程度也会不同。一般而言，专业担保公司提供的担保更容易被市场接受，不可撤销连带责任担保的形式也往往能够获得投资者认可，对债券的增信作用显著。对于担保信用债的定价，需要考虑以下因素。

- 担保主体及担保形式。正如上文所言，担保主体的性质和资质以及担保的形式影响着投资者对债券本身的判断，从而最终影响到债券的担保效力。被市场认可的担保机构提供的担保、被投资者接受的担保形式能够有效地增进债券的信用，降低发行利率。
- 担保评级跨度。担保评级跨度是考虑担保对定价的影响时一个必须要考虑的因素。从以往的实践看，如果担保主体与被担保主体的信用资质相差不大，则担保的增信作用明显，债券基本能够获得与担保主体信用资质相一致的定价；如果二者信用资质相差较大，则债券往往会获得介于两者信用评级资质之间的定价。

4.3.2.4　长期限含权中期票据定价

长期限含权中期票据，指的是不规定到期期限，债权人不能要求清偿，但可按期取得利息的一种债务融资工具。与传统中期票据相比，长期限含权中期票据在发行条款方面具有不少创新设置，除期限上为长期存续以外，发行人享有依据发行条款的约定赎回本期中期票据的权利。

长期限含权中期票据类似于国际上的永续债券，而永续债券作为混合债务工具的一种，介于传统债务和股票之间。作为对投资者不能收回本金的补偿，永续债券一般会支付高于普通债券的利息，并且永续债券发行人一般会在债券发行一段时间后拥有赎回权，但是由发行日至第一次赎回的日期通常不会少于3年，另外大部分永续债券还附有利息递增条款，提高了债券赎回的可能性，因此在绝大多数情况下，永续债券并不是真正的永远不归还本金。

目前国内大多数信用债券采用簿记建档的方式发行，首先由承销商同发行人根据询价推介获得的市场反馈信息，共同确定申购利率区间。然后债券发行人、主承销商与投资者进行更加深入的沟通，同时簿记管理人开展簿记建档工作，接收申购订单，并根据最终的申购结果与发行人共同确定最终的发行利率。定价时投资者将根据自己对于永续债券赎回可能性的判断，比照同期限其他同评级债券品种的定价水平加上一定溢价，形成永续债券的初始发行成本。相对于普通的公募债券产品而言，永续债券的发行溢价主要基于两方面。

- 由于期限较长及存在发行人还本付息的不确定性而使得债券流动性相对较低；
- 当债券计入权益时，在清偿顺序上的劣后使债券具有一定的次级属性。

对于含有赎回权和利息递延支付条款的永续债券，其未来现金流不确定，因而对此类永续债券的估值判断会较为复杂，需要分析影响其现金流的标的利率（基准利率或市场利率）的波动趋势，采用定量和定性分析相结合的方式。标的利率通常与宏观经济和债券市场环境紧密相关，因此可以从对宏观经济和债券市场的定性分析着手对其未来走势作出大致的判断，作为定量分析的基础和修正。对于结构较为简单的产品可以采用期权定价理论等解析式方法直接进行定量分析；而对于结构较为复杂的产品，可以利用二叉树等利率模型对其标的利率的未来分布进行建模，同时结合蒙特卡洛模拟等方式计算其未来现金流的概率分布，最终完成产品定价。

4.3.3 债券市场受外界因素的影响

4.3.3.1 经济基本面的影响

债券市场受经济基本面的影响，名义经济增长速度决定资产回报，资产回报引导负债成本，所以经济基本面对债券市场利率有重要影响，通过跟踪经济基本面相关指标可以判断市场未来走势。

固定资产投资可以分为房地产投资、基础建设投资、制造业投资三大块。其中房地产投资包括土地出让、房屋新开工、商品房销售和商品房库存等。基础建设投资与房地产投资基本呈负相关关系，决定因素包括政府稳增长意愿和政府债务规模扩大速度。制造业投资则主要受到产能利用率、盈利水平、融资成本等因素的影响。固定资产投资可通过采购经理指数（PMI）、工业增加值、固定资产投资增幅、房地产销量、规模以上工业企业利润等指标来衡量。当相关指标显示投资乏力时，经济增长弱于预期，市场会偏好超额配置债券，从而带来收益率下行。

消费主要分为居民消费和政府消费两大块。居民消费取决于收入预期，主要可以参考社会消费品零售总额、城乡居民消费支出、中采制造业和非制造业 PMI 调查中的就业等相关指数；而政府消费则依赖于政府债务规模扩大速度，可参考指标财政支出中的经常性支出和固定资产折旧。当相关指标显示消费乏力时，经济增长弱于预期，市场会偏好超额配置债券，从而带来收益率下行。

进出口相关数据和生产者价格指数（Producer Price Index，PPI）、消费者价格指数（Consumer Price Index，CPI）等数据对债券市场的影响也较为明显。尤其近年来，人民币汇率压力较大，进出口数据会在较大程度上影响央行对货币市场的干预。另外，PPI、CPI 等数据则是反映经济的价格指数，与债券收益率呈现正相关关系。

4.3.3.2 资金面的影响

流动性主要指银行间债券市场短期资金拆放的流动性，其影响货币市场利率和短期利率。对于银行间市场来说，整个银行体系的流动性最为核心，而对于银行体系来说，可以动用的流动性实质上就是银行的库存现金和超额准备金，而库存现金的变动对于银行而言并不可控，一般与 M0 的变动基本同步。因此，对于银行体系来说，可以自由动用的资金就只有超额准备金，因此超额准备金（超储率）就成为衡量银行体系流动性松紧的关键指标。影响超储率的因素主要包括外汇占款、公开市场操作、法定存款准备金、财政存款等。央行主要通过公开市场操作和法定存款准备金来调节市场流动性。

货币政策对于资金面的影响较大。除较早推出的央票、正逆回购等货币政策工具之外，人民银行陆续推出了短期流动性调节工具（SLO）、常备借贷便利（SLF）、中期借贷便利（MLF）、抵押补充贷款工具（PSL）等新型货币政策工具，有效构建中长期利率走廊，合理控制流动性风险。

4.3.3.3 供需关系的影响

供需关系对债券价格也有显著影响。

从供给端看，利率债的供给相对刚性。中央财政和地方财政赤字主要依靠发行国债和地方债来弥补。政策性银行的新增贷款规模则主要依赖于政策性银行债的发行，整体供给量相对稳定。但信用债主要受到监管政策影响，而且发行人对于利率变动较为敏感，发行供给量存在较大不确定性。

从需求端看，银行自营作为利率债配置的主力，配置规模主要取决于存贷差。另外货币基金近年来规模增长较快，也成为利率债配置的主力。银行理财和券商资管管理的资金成本相对较高，更有意愿配置信用债。另外，保险和债券型基金也会配置部分高评级债券。

4.4 存续期管理

存续期管理工作应根据对应监管部门发布的规则指引开展，主要监管部门包括银行间市场交易商协会、证监会、上海证券交易所以及国家发改委。总体而言，各类产品的存续期管理均涉及信息披露、风险排查、召开持有人会议等主要工作。

4.4.1 信息披露

4.4.1.1 信息披露主要规则指引

1. 非金融企业债务融资工具

非金融企业债务融资工具的自律管理部门为交易商协会，相关产品信息披露工作的主要依据包括《银行间债券市场非金融企业债务融资工具信息披露规则》（以下简称《信息披露规则》）和《非金融企业债务融资工具存续期信息披露表格体系》（以下简称《存续期信息披露表格体系》），具体如表 4-10 所示。

表 4-10 非金融企业债务融资工具信息披露主要规则指引

序号	文件	文号	施行日期	颁布方
1	《银行间债券市场非金融企业债务融资工具信息披露规则》	协会公告〔2017〕32 号	2017-12-18	交易商协会
2	《非金融企业债务融资工具存续期信息披露表格体系》	协会公告〔2013〕10 号	2013-10-01	
2-1	《非金融企业债务融资工具未按期足额偿付本息的信息披露表格》（PW 表）	协会公告〔2015〕9 号	2015-05-01	
2-2	《非金融企业债务融资工具存续期财务信息披露表格》（PC 表格，2015 年修订版）			

（1）《银行间债券市场非金融企业债务融资工具信息披露规则》

《信息披露规则》在定期报告、重大事项、变更已披露信息披露等方面给出了框架性的要求，该规则的规定是信息披露的最低要求，不论规则是否明确规定，凡对企业偿债能力有重大影响的信息，企业及相关当事人均应依据本规则在银行间市场披露。其中，规则对于主要参与方的总体要求如下所示。

- 发行人：企业及其全体董事或具有同等职责的人员，应当保证所披露的信息真实、准确、完整、及时，承诺其中不存在虚假记载、误导性陈述或重大遗漏，并承担个别和连带法律责任。个别董事或具有同等职责的人员无法保证所披露信息真实、准确、完整、及时或对此存在异议的，应当单独发表意见并陈述理由。
- 中介机构：为债务融资工具的发行、交易提供中介服务的承销机构、信用评级机构、会计师事务所、律师事务所等中介机构及其指派的经办人员，应对所出具的专业报告和专业意见负责。
- 投资者：债务融资工具的投资者应对披露信息进行独立分析，独立判断债务融资工具的投资价值，自行承担投资风险。

（2）《非金融企业债务融资工具存续期信息披露表格体系》

《存续期信息披露表格体系》是债务融资工具存续期间的发行企业、信用增进机构和主承销商、会计师事务所、律师事务所等相关中介机构有关事项的信息披露格式规范，包括 PC 表（存续期年度报告信息披露表）、PZ 表（存续期重大事项信息披露表）、PB 表（存续期变更已披露信息披露表）、PD 表（兑付信息披露表）、PH 表（持有人会议信息披露表）、PX 表（存续期信用增进机构信息披露表）、PK 表（存续期会计师事务所专项意见信息披露表）及 PF 表（存续期专项法律意见信息披露表）共 8 套子表格及相关使用说明文件。相关表格中的列示内容是对存续期间相关事项信息披露的最低要求，债务融资工具存续期内，企业、信用增进机构及相关中介机构应按有关法律法规和自律规范文件要求披露信息、出具专业意见，并对所披露的信息和所出具的专业意见承担相应法律责任。

发行企业应依据《信息披露规则》《银行间债券市场非金融企业债务融资工具持有人会议规程》（以下简称《持有人会议规程》），按照 PC 表、PZ 表、PB 表、PD 表及 PH 表要求披露年度报告、重大事项、变更已披露信息、兑付信息及持有人会议等相关信息。

信用增进机构应依据《信息披露规则》，参照发行企业按照 PC 表、PZ 表、PB 表要求披露信息，并按照 PX 表要求披露个别特殊事项信息。

会计师事务所应遵守行业准则及《银行间债券市场非金融企业债务融资工具中介服务规则》（以下简称《中介服务规则》），依据相关规定对企业进行审计，按照 PK 表要求对企业变更已披露经审计财务信息出具专项说明。

律师事务所应遵守行业准则及《中介服务规则》，在充分尽职调查的基础上，针对存续期内相关法律事项，参照 PF 表发表法律意见；出席债务融资工具持有人会议的律师，应依据《持有人会议规程》，按照 PH 表要求对持有人会议的合法合规性出具法律意见。

召集人组织召开债务融资工具持有人会议时，应依据《中介服务规则》《持有人会议规程》，按照 PH 表要求披露持有人会议有关信息。

信息披露一般性要求：引用的有关信息应保证内容真实、准确；文字清晰准确，表述规范，不得出现矛盾和歧义，不得刊载任何祝贺性、广告性和恭维性词句；披露文件应采用盖章的 PDF 格式。债务融资工具以非公开定向方式发行，相关主体于发行协议中约定参照公开发行方式披露相关信息的，应按照《存续期信息披露表格体系》的有关要求予以披露。

2015 年，为进一步完善《存续期信息披露表格体系》，规范债务融资工具违约事件发生后市场成员的信息披露行为，交易商协会组织制定了《非金融企业债务融资工具未按期足额偿付本息的信息披露表格》（PW 表）。同时，为进一步规范企业债务融资工具存续期间财务信息的信息披露行为，交易商协会组织修订了《存续期财务信息披露表格》（PC 表，2015 年修订版）。

2. 公司债券

公司债券的监管部门为证监会和上海证券交易所，信息披露工作的主要依据如表 4-11 所示。

表 4-11 公司债券信息披露主要规则指引

序号	文件	文号	施行日期	颁布方
1	《公司债券发行与交易管理办法》	证监会令〔第 113 号〕	2015-01-15	证监会
2	《公开发行证券的公司信息披露内容与格式准则第 38 号——公司债券年度报告的内容与格式》	证监会公告〔2016〕3 号	2016-01-17	
3	《上海证券交易所公司债券上市规则（2015 年修订）》	上证发〔2015〕49 号	2015-05-29	上海证券交易所
4	《上海证券交易所非公开发行公司债券业务管理暂行办法》	上证发〔2015〕50 号	2015-05-29	
5	《公司债券临时报告信息披露格式指引》	上证发〔2016〕79 号	2016-12-26	

（1）证监会相关规则指引

《公司债券发行与交易管理办法》由证监会于 2015 年公布实施，明确要求公司债券发行人及其他信息披露义务人应当按照中国证监会及证券自律组织的相关规定履行信息披露义务，并就债券存续期内披露中期报告、年度报告、募集资金使用情况、重大事项、信用评级、披露场所等工作要求给出了总体性要求。

《公开发行证券的公司信息披露内容与格式准则第 38 号——公司债券年度报告的内容与格式》由证监会于 2016 年公布实施，该准则详细规定了公司债券年度报告的编制和披露要求。

（2）上海证券交易所相关规则指引

《上海证券交易所公司债券上市规则》（2015 年修订）第三章"信息披露及持续性义务"，对信息披露的一般规定、定期报告、临时报告等进行了总体性要求。

《上海证券交易所非公开发行公司债券业务管理暂行办法》第四章"信息披露及持续性义务",明确了暂缓披露、中介机构书面意见、定期报告、重大事项、跟踪评级、付息兑付、附利率调整、赎回条款、回售条款、发行人续期选择权等情况的信息披露工作总体要求。

《公司债券临时报告信息披露格式指引》提供了常见的31类重大事项报告格式指引,包括适用范围、公告内容、注意事项。临时报告事项不在本指引规定的报告格式指引范围内的,应按照相关法律、法规、规章及自律规则等规定的要求编制,必要时可参考相关报告格式指引的要求。

3. 企业债券

企业债券的监管部门为国家发改委,企业债信息披露工作的主要依据如表4-12所示。

表4-12 企业债信息披露主要规则指引

序号	文件	文号	施行日期	颁布方
1	《关于进一步改进和加强企业债券管理工作的通知》	发改财金〔2004〕第1134号	2004-06-21	国家发展和改革委员会
2	《关于进一步加强企业债券存续期监管工作有关问题的通知》	发改办财金〔2011〕1765号	2011-07-21	国家发展改革委办公厅

2004年,国家发展和改革委员会发布《关于进一步改进和加强企业债券管理工作的通知》,建立了企业债券的信息披露制度。2011年7月,国家发展改革委办公厅发布了《关于进一步加强企业债券存续期监管工作有关问题的通知》,进一步要求完善信息披露、加强债券资金用途监管、实施偿债能力动态监测。

4.4.1.2 信息披露的主要内容及操作要点

信息披露的渠道主要包括中国货币网、上海清算所网站、中国债券信息网、协会综合业务和信息服务平台(北金所系统)披露及定向发送等。其中,公开发行公司债券的发行人及其他信息披露义务人还需同时将披露的信息或信息摘要刊登在至少一种证监会指定的报刊上,供公众查阅。

按照披露时点是否固定,信息披露可分为定期披露和不定期披露。按照信息披露的内容,信息披露主要可分为财务报表相关、付息兑付相关、各类重大事项相关、变更已披露信息等。下面我们从披露内容的角度就相关事项进行概述。

1. 财务报表相关

定期财务报表,包括年度报告或审计报告、中期报表,其中中期报表包括季度报表和半年度报表。目前基本由主承销商代为操作,向相关信息披露平台提交报表。主承销商在协助企业披露报表时,关于披露对象、披露时间、披露格式与内容、披露平台,以及因故无法按期披露的应对措施、对出具审计报告的会计师事务所资格要求等方面的关注点如表4-13所示。

表 4-13 非金融企业债务融资工具和公司债券财务报表披露要求

项目	非金融企业债务融资工具	公司债券	企业债券
披露对象	年度报告或审计报告、一季报、半年报和三季报,其中非公开发行的债券可根据定向协议中的约定披露相关内容,季报和半年报非强制披露内容	年度报告和中期报告,非公开发行的债券应当在募集说明书中约定是否披露定期报告,如发行人委托资信评级机构进行信用评级的,应当在募集说明书中约定披露定期报告	
披露时间	每年4月30日以前,披露上一年度的年度报告和审计报告;每年8月31日以前,披露本年度上半年的资产负债表、利润表和现金流量表;每年4月30日和10月31日以前,披露本年度第一季度和第三季度的资产负债表、利润表和现金流量表;第一季度信息披露时间不得早于上一年度信息披露时间。上述信息的披露时间应不晚于企业在证券交易所、指定媒体或其他场合公开披露的时间	发行人应当在每一会计年度结束之日起4个月内和每一会计年度的上半年结束之日起2个月内,分别向上海证券交易所提交并披露上一年度年度报告和本年度中期报告。公司按照境内外其他监管机构、交易场所等的要求公开披露年度报告、年度财务信息,或者将公司债券年度报告刊登在其他媒体上的时间不得早于在中国证监会指定媒体披露的时间	发行人应当在债券存续期间的每一会计年度结束之日起4个月内,向国家发展改革委及省级发展改革部门报送发行人、担保人经审计的年度财务报告,并公开披露
披露格式与内容	(1)存续期年度报告:需包括重要提示、目录及释义、报告期内企业主要情况(包括企业基本情况、募集资金使用情况)、财务报告,其中财务报告部分需按照交易商协会《关于执行国家关于会计师事务所从事证券期货业务政策过渡期安排的公告》有关要求,并参照 PC 表; (2)存续期季度、半年度财务报表:包括但不限于资产负债表、利润表、现金流量表,财务报表形式上包括但不限于:企业名称、会计期间、人民币金额单位、标明合并财务报表或个体财务报表、各会计科目期初数和期末数(资产负债表)或各会计科目当年累计数和上年同期可比数(利润表和现金流量表)、签字栏(签章遵照《会计法》相关要求,由法定代表人、主管会计工作的公司负责人、公司会计机构负责人(会计主管人员)签名并盖章),若公司设置总会计师的,总会计师应签名并盖章; (3)编制合并财务报表的公司,应提供合并财务报表及母公司财务报表; (4)在境外上市或下属公司在境外上市的企业,应严格按照本规则要求披露季度、半年度和年度财务报表;财务报表应按中华人民共和国企业会计准则编制	(1)定期报告应当至少记载以下内容:发行人概况;发行人经营情况;上半年财务会计状况或者经具有从事证券服务业务资格的会计师事务所审计的年度财务报告;已发行的未到期债券及其变动情况,包括但不限于募集资金使用情况、债券跟踪评级情况、增信措施及其变化情况、债券兑付兑息情况、偿债保障措施执行情况、报告期内债券持有人会议召开情况等;受托管理人在履行受托管理职责时可能存在的利益冲突情形及相关风险防范、解决机制(如有);涉及发行人的重大诉讼事项以及其他可能影响债券按期偿付的重大事项;法律、行政法规、规章和本所要求披露的其他事项; (2)公司应当披露审计报告正文和经审计的财务报表,财务报表包括公司近2年的比较式资产负债表、比较式利润表和比较式现金流量表,以及比较式所有者权益(股东权益)变动表和财务报表附注; (3)编制合并财务报表的公司,除提供合并财务报表外,还应当提供母公司财务报表; (4)财务报表附注应当按照《企业会计准则》的规定编制	财务报表加盖发行公章,并由相关负责人签章

（续表）

项目	非金融企业债务融资工具	公司债券	企业债券
披露平台	中国货币网、上海清算所网站、中国债券信息网、协会综合业务和信息服务平台（北金所系统）披露及定向发送	中国货币网、中国债券信息网、上海交易所网站以及证监会指定的报刊	
因故无法按期披露的应对措施	准备《延期披露财务信息公告》并于信息披露截止日前向市场发布	应当提前10个交易日披露定期报告延期披露公告，说明延期披露的原因，以及是否存在影响债券偿付本息能力的情形和风险	
会计师事务所资格	公募产品的年度报告应当聘请具有从事证券服务业务资格的会计师事务所进行年度审计，非公开定向债务融资工具的审计报告鼓励使用具有从事证券服务业务资格的会计师事务所	年度报告应当聘请具有从事证券服务业务资格的会计师事务所进行年度审计，并就债券募集资金使用情况进行专项说明	应聘请具有证券期货从业资格的会计师事务所出具审计报告，对于上述会计师事务所分所出具的报告，需要提供总所的业务授权书

此外，交易商协会针对首次披露财务信息的企业、内部层级较多且管理结构较为复杂的企业、上市公司、之前在定期财务信息披露中存在违规问题的企业、发行多期债务融资工具且募集资金多样的企业，还提出了如下关注要点（表4-14），主承销商在督导企业披露时应予以重点关注。

表 4-14　财务报表披露中的特殊情形及督导要求

序号	特殊情形	督导要求	适用范围
1	首次披露财务信息	主承销商应重点督导，提示企业严格按照《存续期表格体系》相关要求，对拟披露财务信息的内容完整性、要件齐备性、格式规范性等方面进行仔细核查	年报、季报、半年报
2	内部层级较多管理结构复杂	主承销商应提示其加强对下属公司的财务管理，为合并财务报表编制工作预留合理时间	
3	上市公司	（1）上市公司披露时间均应与其在其他媒体的披露时间保持同步；在境外上市或下属公司在境外上市的企业，应按照财政部颁布的现行企业会计准则编制财务信息； （2）针对年度报告中财务报告的部分，国内上市公司可按其上市地监管机构的要求披露，同时应在银行间市场披露有效网页链接或其他直接指向可阅览的财务数据的途径，并加盖公章；年度报告的其他部分仍应按照PC表要求披露	
4	曾发生信息披露违规问题	主承销商应重点关注，确保其本次定期财务信息披露合法合规	

（续表）

序号	特殊情形	督导要求	适用范围
5	发行多期债务融资工具、募集资金多样	主承销商应提示其协调安排时间，做好募集资金使用排查及相关信息汇总和披露工作督导发行；企业按照PC-1-2表格的要求，披露截至年度报告披露日存续的各期债务融资工具的募集资金使用情况，包括募集总金额、已使用金额、未使用金额以及已使用金额的用途等。募集资金用途若发现存在变更且未履行信息披露义务的，除应按照要求于年度报告中披露外，还应督导发行企业按照PB-2表格（变更募集资金用途）的要求，向市场补充披露资金用途变更的公告，并将相关情况报送至协会	仅适用于年度报告

在信息披露过程中，应特别关注如下三个方面。

（1）明确延期披露的后果：主承销商应提早督导并排查企业披露情况，全面了解企业拟披露信息的准备进度，针对确实不能按期披露财务信息的企业，应提示其该行为将违反自律规则，需准备《延期披露财务信息公告》并于信息披露截止日前向市场发布，同时，提示企业披露上述公告不代表履行了信息披露义务或取得了披露豁免。

（2）避免操作风险：主承销商应提前与信息披露平台做好沟通，合理安排企业财务信息披露时间，避免因文件挂网时间集中、提交财务信息的时间较晚等操作性问题导致企业未按期披露。

（3）关注重大事项：在披露财务报表信息时，主承销商可同步开展企业经营情况的动态监测，排查报告期间企业是否发生重大亏损或重大损失、重大对外担保、资产抵质押等事项，如触发PZ表要求，应督导企业及时披露相关重大事项公告。同时，主承销商还应关注企业财务信息变更的情况，针对企业更正或追溯调整前期已披露财务数据的，主承销商应督导企业和会计师事务所及时做好对已披露信息变更的专项披露工作，并对更换会计师事务所的发行企业财务信息变更情况予以重点关注。同时，若企业变更后的财务信息出现较大不利变化，主承销商应深入了解财务信息的变更事由，评估是否触发债务融资工具持有人会议召开条件，做好持有人会议的组织召集等后续工作。

2. 付息兑付相关

银行间市场要求主承销商应至少提前一个月掌握债务融资工具还本付息的资金安排，并及时了解其他有特殊安排产品的相关情况，督促企业按时履约，并制定兑付信息披露表、未按期足额偿付本息的信息披露表格，分别对企业正常还本付息、未按期足额还本付息等不同情况下需开展的工作作出准备。更多信息可参见表4-15。

（1）企业能按期足额偿付本息

付息兑付日前5个工作日，发行人应根据《存续期信息披露表格体系》之PD表（兑付信息披露表）中兑付公告的内容，通过募集说明书或定向协议约定方式向投资人披露，并及时、足额将兑付本息划转至登记托管机构。

（2）企业付息兑付存在不确定性

如企业付息兑付存在不确定性或出现未按期兑付的情况，应根据《非金融企业债务融资工具未按期足额偿付本息的信息披露表格》（PW表）中的要求及时披露相关公告，主要包括如下情况。

表4-15 付息兑付披露及督导要求

项目	非金融企业债务融资工具	公司债券	企业债券
披露时间	企业应当在债务融资工具本息兑付日前五个工作日，通过交易商协会认可的网站公布本金兑付、付息事项	发行人应当在债权登记日前，披露付息或者本金兑付等有关事宜	（1）发行人应当在债券本金兑付首日60日前向国家发展改革委及省级发展改革部门报告兑付方案，并于兑付首日5个工作日前通过指定媒体公布兑付事项；（2）发行人应当在企业债券付息首日5个工作日前通过指定媒体公布付息事项；（3）企业债券本息兑付首日5个工作日前，发行人应当将兑付资金全额划入指定账户。实名制记账式企业债券划入托管人指定的账户；无记名实物券企业债券划入主承销商指定的账户。主承销商应当在企业债券发行和兑付工作结束后15个工作日内，将企业债券发行、兑付情况报国家发展改革委及省级发展改革部门
还本付息出现不确定性	为债务融资工具提供登记托管和代理兑付的机构（以下简称"登记托管机构"）在债务融资工具本息兑付日12时未足额收到兑付资金的，应及时以书面形式向交易商协会报告，登记托管机构在债务融资工具本息兑付日营业终了仍未足额收到兑付资金的，应向投资者公告企业未足额划付资金的事实	发行人出现不能按时还本付息等情形的，上海证券交易所可以对其债券进行停牌，相关情形消除后予以复牌	（1）发行人不能按照规定期限履行兑付义务的，主承销商应当及时通知担保人履行担保义务；（2）各地发展改革部门应主动取得各级人民政府及其有关部门的支持，督促发行人、担保人、承销商、托管人做好企业债券兑付工作，协调解决企业债券兑付中出现的问题，维护社会稳定

违约前。T日（本息兑付日，下同）前：企业未能按照相关规则指引要求和募集说明书约定归集债务融资工具偿付资金的，应于偿付资金归集约定时点次一交易日当天营业终了后，按照PW-1子表格要求披露《债务融资工具付息或兑付本金的特别风险提示公告》；企业认为债务融资工具偿付存在较大困难的，可于交易日当天营业终了后，按照PW-1子表格要求选择披露该公告。公告内容包括债务融资工具基本信息、风险提示及应对措施、兑付办法、相关机构联系人和联系方式。

债务融资工具设立信用增进措施的，若发行人无法履行本息兑付义务、提请信用增进机构履行本息代偿义务，发行人应参照PD-2子表格披露《提请启动信用增进程序公告》，信用增进机构应参照PX-1子表格披露《信用增进义务履行安排公告》。企业应当于预期/确定无法按照约定履行本息兑付义务之日，且于披露《兑付公告》前披露《提请启动信用增进程序的公告》。

债务融资工具本息兑付日（T日）营业终了仍未足额付息或兑付本金。T日：企业应于当天营业终了后，按照PW-2子表格要求披露《债务融资工具未按期足额付息或兑付本金的公告》，公告内容包括本期债债务融资工具基本信息、未按期足额付息或兑付本金的原因（涉及信用增进机构无法履行本息代偿义务的，应说明有关原因）、部分利息或本金支付安排（若有）、相关后续安排（包括但不限于信息披露、持有人会议、违约救济措施、违约金支付等）、相关机构联系人和联系方式。在后续工作期间，企业应及时披露违约事项处置进展有关信息。

T至T+2日：主承销商应于企业发布未按期足额付息或兑付本金的公告后两个工作日内，按PW-3子表格要求及时披露《主承销商关于债务融资工具未按期足额付息或兑付本金的公告》，包括本期债务融资工具基本情况、后续工作安排、主承销商联系人和联系方式。在后续工作期间，主承销商应参照PH表做好持有人会议信息披露工作，及时发布后续追偿相关事务工作重大进展的信息，并督导企业及时披露违约事项处置进展有关信息。

完成延期支付。企业兑付债务融资工具延期支付的利息或本金的，应于支付完成延期兑付的本息（含违约金）当天，按照PW-4子表格要求披露《债务融资工具延期支付的利息或本金兑付公告》，包括兑付延期利息或本金的债务融资工具基本信息、延期支付利息或本金兑付安排、相关机构联系人和联系方式。

3. 各类重大事项相关

债务融资工具存续期内，企业发生可能影响其偿债能力的重大事项时，应及时向市场披露。

公司债券存续期间，发生可能影响发行人偿债能力或债券价格的重大事项，或者存在关于发行人及其债券的重大市场传闻的，发行人应当及时向上海证券交易所提交并披露临时报告，说明事件的起因、目前的状态和可能产生的后果。

企业债券存续期内，发行人、担保人发生可能影响企业债券兑付的重大事项时，发行人应当及时向国家发展改革委报告，并公开披露；国家发展改革委委托省级发展改革部门做好债券存续期监管有关工作；省级发展改革部门承担区域内企业债券事中事后监管责任；加强对募集资金投资项目建设进度的监督检查，确保债券资金切实发挥作用；发现可能影响企业偿债能力或影响债券价格的重大事件，应及时协调解决，必要时向国家发展改革委报告；实施企业偿债能力动态监控，提前与发行人进行沟通，督促发行人做好偿还本息准备。

重大事项的定义及披露要求见表4-16。

4. 变更已披露信息

非金融企业债务融资工具相关规则指引规定，企业应于有权决策机构作出变更已披露信息决定后两个工作日内披露相关变更公告，《存续期信息披露表格体系》之PB表（存续期变更已披露信息披露表）提供了变更事项的一般通用格式（PB-1）以及募集资金用途变更、中期票据发行计划变更、企业财务信息变更等三类变更事项的特别格式（PB-2、PB-3、PB-4）。

表 4-16 重大事项的定义及披露要求

项目	非金融企业债务融资工具	公司债券
定义	重大事项包括但不限于： （1）企业名称、经营方针和经营范围发生重大变化； （2）企业生产经营的外部条件发生重大变化； （3）企业涉及可能对其资产、负债、权益和经营成果产生重要影响的重大合同； （4）企业发生可能影响其偿债能力的资产抵押、质押、出售、转让、划转或报废； （5）企业发生未能清偿到期重大债务的违约情况； （6）企业发生大额赔偿责任或因赔偿责任影响正常生产经营且难以消除的； （7）企业发生超过净资产10%以上的重大亏损或重大损失； （8）企业一次免除他人债务超过一定金额，可能影响其偿债能力的； （9）企业三分之一以上董事、三分之二以上监事、董事长或者总经理发生变动；董事长或者总经理无法履行职责； （10）企业作出减资、合并、分立、解散及申请破产的决定，或者依法进入破产程序、被责令关闭； （11）企业涉及需要说明的市场传闻； （12）企业涉及重大诉讼、仲裁事项； （13）企业涉嫌违法违规被有权机关调查，或者受到刑事处罚、重大行政处罚；企业董事、监事、高级管理人员涉嫌违法违纪被有权机关调查或者采取强制措施； （14）企业发生可能影响其偿债能力的资产被查封、扣押或冻结的情况；企业主要或者全部业务陷入停顿，可能影响其偿债能力的； （15）企业对外提供重大担保。 以上列举的重大事项是企业重大事项信息披露的最低要求，可能影响企业偿债能力的其他重大事项，企业及相关当事人均应依据《信息披露规则》通过交易商协会认可的网站及时披露。信用增进机构应参照上述要求披露重大事项信息。	重大事项包括： （1）发行人经营方针、经营范围或者生产经营外部条件等发生重大变化； （2）债券信用评级发生变化； （3）发行人主要资产被查封、扣押、冻结； （4）发行人发生未能清偿到期债务的违约情况； （5）发行人当年累计新增借款或者对外提供担保超过上年末净资产的20%； （6）发行人放弃债权或者财产，超过上年末净资产的10%； （7）发行人发生超过上年末净资产10%的重大损失； （8）发行人作出减资、合并、分立、解散及申请破产的决定； （9）发行人涉及重大诉讼、仲裁事项或者受到重大行政处罚； （10）保证人、担保物或者其他偿债保障措施发生重大变化； （11）发行人情况发生重大变化导致可能不符合债券上市条件； （12）发行人涉嫌犯罪被司法机关立案调查，发行人董事、监事、高级管理人员涉嫌犯罪被司法机关采取强制措施； （13）其他对投资者作出投资决策有重大影响的事项； （14）法律、行政法规、规章的规定或中国证监会、本所规定的其他事项。 《上海证券交易所非公开发行公司债券业务管理暂行办法》在此基础上还增加了一条：实际控制人、控股股东、三分之一以上的董事、三分之二以上的监事、董事长或者总经理发生变动；董事长或者总经理无法履行职责

（续表）

项目	非金融企业债务融资工具	公司债券
披露时间	企业应当在下列事项发生之日起2个工作日内，履行重大事项信息披露义务，且披露时间不晚于企业在证券交易所、指定媒体或其他场合公开披露的时间，并说明事项的起因、目前的状态和可能产生的影响： （1）董事会、监事会或者其他有权决策机构就该重大事项形成决议时； （2）有关各方就该重大事项签署意向书或协议时； （3）董事、监事或高级管理人员知悉该重大事项发生并有义务进行报告时； （4）收到相关主管部门决定或通知时。 在上述规定的事项发生之前出现下列情形之一的，企业应当在该情形出现之日起2个工作日内披露相关事项的现状、可能影响事件进展的风险因素： （1）该重大事项难以保密； （2）该重大事项已经泄露或者市场出现传闻。 企业披露重大事项后，已披露的重大事项出现可能对企业偿债能力产生较大影响的进展或变化的，应当在上述进展或者变化出现之日起2个工作日内披露进展或者变化情况、可能产生的影响	一般是事项发生后2个交易日内，公司按照境内外其他监管机构、交易场所等的要求公开披露临时报告，或者将临时报告刊登在其他媒体上的时间不得早于在上海证券交易所披露的时间； 发行人披露重大事项后，已披露的重大事项出现可能对发行人偿债能力产生较大影响的进展或者变化的，应当及时披露进展或者变化情况以及可能产生的影响
操作指引	《非金融企业债务融资工具存续期信息披露表格体系》	《公司债券临时报告信息披露格式指引》

企业变更信息若涉及需由专业机构出具意见的，应同时按照PB-1-2的要求及PK表（存续期会计师事务所专项意见信息披露表）或PF表（存续期专项法律意见信息披露表）的有关要求出具专业机构意见。

企业变更已披露信息的（表4-17），变更前已公开披露的文件应在原披露网站予以保留，相关机构和个人不得对其进行更改或替换。

表4-17 变更已披露信息常见类型及披露要求

类型	非金融企业债务融资工具	参照依据
一般通用格式	（1）变更原因、变更前后相关信息及其变化； （2）变更事项符合国家法律法规和政策规定并经企业有权决策机构同意的说明； （3）变更事项对企业偿债能力和偿付安排的影响； （4）相关中介机构对变更事项出具的专业意见； （5）与变更事项有关且对投资者判断债务融资工具投资价值和投资风险有重要影响的其他信息	PB-1
变更债务融资工具募集资金用途	应至少于变更前5个工作日披露变更公告	PB-2
变更中期票据发行计划	应至少于原发行计划到期日前5个工作日披露变更公告	PB-3

（续表）

类型	非金融企业债务融资工具	参照依据
更正已披露财务信息差错	除披露变更公告外，还应符合以下要求： （1）更正未经审计财务信息的，应同时披露变更后的财务信息； （2）更正经审计财务报告的，应同时披露原审计责任主体就更正事项出具的相关说明及更正后的财务报告，并应聘请会计师事务所对更正后的财务报告进行审计，且于公告发布之日起30个工作日内披露相关审计报告； （3）变更前期财务信息对后续期间财务信息造成影响的，应至少披露受影响的最近一年变更后的年度财务报告（若有）和最近一期变更后的季度会计报表（若有）	PB-4

公司债相关规则指引规定，定期报告和临时报告出现错误、遗漏或误导的，交易所可以要求信息披露义务人作出说明并披露，信息披露义务人应当按照交易所的要求办理。

4.4.2 风险排查与压力测试

4.4.2.1 风险排查主要规则指引

表4-18为风险排查工作主要规则指引。

表4-18 风险排查工作主要规则指引

序号	文件	文号	施行日期	颁布方
1	《银行间债券市场非金融企业债务融资工具主承销商后续管理工作指引》（NAFMII指引0006）	协会公告〔2010〕第5号	2010-04-06	交易商协会
2	《上海证券交易所公司债券存续期信用风险管理指引》（试行）	上证发〔2017〕6号	2017-03-17	上海证券交易所

4.4.2.2 非金融企业债务融资工具风险排查和压力测试要点

1. 风险排查和压力测试的范围、内容

根据《银行间债券市场非金融企业债务融资工具主承销商后续管理工作指引》（以下简称《主承销商后续管理工作指引》），主承销商应结合宏观经济、金融政策和行业运行变化情况，对企业和提供信用增进服务机构的经营管理、财务状况、债务融资工具信息披露、募集资金用途、二级市场交易、公开市场信息等情况，进行动态监测。

在动态监测过程中，对于可能影响企业偿债能力的重大事项，应督促其及时披露；对于偿债能力可能受到严重影响的企业，应进行压力测试。

2. 风险排查和压力测试的操作要点

（1）设定入池标准

根据《主承销商后续管理工作指引》，主承销商通过动态监测，发现企业或提供信用增进服务的机构出现以下可能影响偿债能力情况的，应及时将企业纳入重点关注池。

- 主要经营、财务指标出现不利变化；
- 内部管理架构或高管人员出现重大变动；
- 主体或债项跟踪评级级别下降，或评级展望调至负面；
- 未按时披露财务信息或未及时披露重大事项；
- 未按约定使用募集资金；
- 主承销商认为应入池的其他情况；
- 监管部门或交易商协会要求应入池的其他情况。

实际操作中，部分主承销商的入池标准还包括：企业在各金融机构的授信发生重大变动或在本行的风险分类发生大的变动，企业存续债务发生违约，企业涉及重大诉讼、重大承诺及其他或有事项等。

主承销商应对重点关注池施行动态管理，对于池内企业，经风险排查确认其偿债能力不会受到不利影响的，应及时调整出池。各家主承销商在池企业数量原则上应不少于存续期内企业数量的20%。

（2）风险排查分类及报告要点

定期风险排查企业数量不少于牵头后续管理的存续企业数量20%，该数量按照四舍五入的原则确定。专项风险排查包括协会及其他监管机构要求的专项风险排查及主承销商自发组织的专项风险排查。对纳入风险排查池的集合票据发行企业，每个企业应有针对性地撰写入池原因及应对措施等相关内容。风险排查报告的内容主要包括：

- 企业的入池原因；
- 在池企业的基本情况，包括发行人名称、所在地区、所处行业、企业性质、主体信用级别、债务融资工具存续情况及信用增进情况等信息；
- 在池企业的经营管理概况，包括公司主营业务基本状况、管理层变动情况及重要控股公司概况等；
- 在池企业的财务状况，包括偿债能力、盈利能力及流动性等指标，主承销商应加强对财务数据的分析，对出现重大不利变化的指标进行重点说明。

根据各在池企业的具体情况，对其重点风险因素进行个别分析。

- 在池企业的募集资金使用情况，包括募集说明书中募集资金使用情况和实际使用情况，对出现违规使用募集资金的情况进行重点说明；
- 主承销商认为应当排查的其他情况，比如信息披露情况、企业在各金融机构授信情况、公司或有事项等；
- 应对上述风险状况的措施，包括企业应对风险的措施及主承销商采取的措施。

（3）压力测试分类及报告要点

定期压力测试企业数量不少于定期风险排查企业数量的20%（至少1家），20%的数量应按照四舍五入的原则确定。专项压力测试包括协会及其他监管机构要求的专项压力测试及主承销商自发组织的专项压力测试。对信用增进机构的压力测试报告应比照发行人相同标准执行。压力测试报告的内容主要包括如下方面。

- 挑选该企业进行压力测试的原因；
- 采用的测试方法为敏感性分析或情景测试，部分压力测试还可采用反向压力测试方法：敏感性分析主要是通过测量单个重要因素或者少数几项密切相关的因素由于假设变动对发行人经营状况、还款能力或信用增进机构代偿能力的影响；情景测试主要是假设多个风险因素同时发生变化以及某些极端不利事件的发生对发行人经营状况、还款能力或信用增进机构代偿能力的影响；反向压力测试是指假设发生不能接受的风险后果，以此逆推造成这一后果不利情形的方法；
- 确定风险因素及原因；
- 确定测试指标，测试指标应是与企业盈利能力、偿债能力、现金流等相关的因素，如经营现金流量、利息保障倍数等，若测试指标为主承销商独立设计的，简要说明该指标的设置情况；
- 主要测试程序，可用图表的形式说明测试的逻辑；
- 测试结果，分析不同情境下风险因素的变化对测试指标的影响；
- 针对极端情境下出现不利结果而制定的应对措施。

4.4.2.3 公司债券风险排查要点

1. 债券分类

受托管理人应当通过多种方式和渠道，持续动态收集可能影响债券信用状况的信息，及时准确掌握债券信用变化情况。受托管理人根据债券信用风险监测和分析结果，可以将债券划分为正常类、关注类、风险类及违约类（表4-19）。

表4-19 公司债分类风险排查方式及频次要求

分类	定义	排查方式	排查日期及频次
正常类债券	发行人的偿债能力和增信措施的有效性未发生不利变化、预计能够按期还本付息的债券	采取非现场等方式了解相关情况，提醒发行人落实偿债资金，按时履行还本付息等义务	债券还本付息日前20个工作日
关注类债券	发行人的偿债能力或增信措施的有效性已经或正在发生不利变化、需要持续关注是否存在较大信用风险的债券	受托管理人对初步列为关注类债券的信用风险状况及程度不清的，应当及时以适当方式开展风险排查。受托管理人每年采取现场方式进行风险排查的，关注类债券发行人家数不得少于当年末受托管理的全部关注类债券发行人家数的三分之一	债券还本付息日前2个月

（续表）

分类	定义	排查方式	排查日期及频次
风险类债券	发行人的偿债能力或增信措施的有效性严重恶化、按期还本付息存在重大不确定性且预计将发生违约的债券	风险类债券的风险排查应当以现场方式进行，受托管理人相关负责人应当至少参加风险类债券的首次现场排查和每次还本付息日前的现场排查；经排查发现不影响当期付息或还本，但后续还本付息仍存在重大不确定性的债券，受托管理人仍应当将其列为风险类债券管理	被列为风险类之日起1个月内，且必须至少在该债券每次还本付息日前2个月完成一次排查，并视风险状况增加后续风险排查的频次
违约类债券	已经发生未能按时还本付息的债券	—	—

2. 排查要求

受托管理人应当根据初步划分的债券风险分类情况，组织对债券信用风险状况及程度进行排查。风险排查可以采取现场、非现场或现场与非现场相结合的方式进行。

4.4.2.4　风险事件应急管理操作要点

风险排查中发现企业存在重大偿付不确定性或发生突发违约的，主承销商可依照如下十个方面，妥善处理风险事件，确保履行主承销商相关责任，保护投资人利益。

（1）应急管理预案。初步了解风险事件情况，尽快启动应急管理预案。

- 总分机构成立风险事件应急工作小组。
- 总部、分支机构均指定专人负责风险事件的处理，建立顺畅的沟通渠道。
- 制定突发事件应急管理预案。

（2）初步了解情况。了解发行人情况，初步形成风险判断，以确定后续应对措施。

- 全面梳理发行人生产经营状况、财务状况、受限资产情况、对外担保、司法诉讼等情况。
- 寻找风险事件爆发的关键问题点，督导发行人多方沟通，协助寻求切实可行的解决办法。
- 如果风险事件持续时间较长，后续可以采取定期现场调研与针对重大突发情况的临时性调研相结合的方法。

（3）信息披露。按照交易商协会相关自律规则，督导企业及时做好信息披露工作，违约事件做好定期披露进展情况。

（4）与投资人沟通。积极与投资人沟通，确保信息对称，履行主承销商职责。

- 积极组织召开持有人沟通会和持有人会议，确保投资人与发行人之间沟通顺畅，在律师协助下针对持有人会议提出相关议案。

- 确保日常与投资人沟通畅通，了解其诉求，在能力范围内尽量满足投资人的需求。

（5）政府及监管机构汇报。及时向人民银行、银监会、证监会、发改委、交易商协会及当地政府和相关部门汇报风险事件情况。

- 主承销商总部牵头，积极向人民银行、银监会、证监会、发改委、交易商协会汇报风险事件情况，接受监管自律机构的工作指导。
- 分支机构牵头向当地政府、金融办、人民银行分支行、银监局、证监局、地方发改委汇报风险事件情况并寻求当地政府支持，维护区域金融稳定。

（6）主承销机构内部沟通。机构内部对风险事件形成联动机制。

- 将相关风险事件及时向总部高层领导汇报。
- 将风险事件及时告知风险部等相关部门，做好风险应对措施。
- 协调行内舆情，应对部门制定媒体回复口径，审慎应对媒体，稳定市场舆论。

（7）前期工作梳理。梳理前期工作及募集、定向协议中的特殊性条款。

- 研读相关债项的募集说明书或者非公开定向发行协议，确认是否存在特殊条款。
- 梳理项目前期尽职调查、项目承做、债券发行、后续管理及募集资金使用等各个环节。

（8）中介机构。聘请律师、会计师等专业中介机构通力合作。

- 聘请律师对风险事件处置过程中的合规性进行把关，确保主承销商尽职履责。
- 发行人在困顿情况下，持有人会议的见证律师有可能需要主承销商来聘请。
- 咨询律师意见，如考虑通过诉讼仲裁等手段推进违约事项的处理。

（9）维权。协助投资人维权，保障投资人利益。

- 持续督导发行人多方沟通，寻求切实可行的解决办法，筹措偿债资金。
- 根据实际情况，协助投资人聘请律师，通过法律手段维权。
- 如果风险事件持续时间较长，后续可采取定期现场调研与针对重大突发情况的临时性调研相结合的方法对企业进行长期跟踪。

（10）归档。及时整理、归档相关材料。

- 记录风险事件爆发前后所做的相关工作，形成备忘录。
- 按照前期调查阶段、发行阶段、存续期管理阶段等整理相关合规督导材料。
- 按阶段要求做好日常资料的归档保存。

4.5　信用评级概述

4.5.1　信用评级基本理论

4.5.1.1　信用评级的定义

根据人民银行2006年发布并实施的《信贷市场和银行间债券市场信用评级规定》中的定义，信用评级是由独立的信用评级机构对影响评级对象的诸多信用风险因素进行分析研究，就其偿还债务的意愿和能力进行综合评价，并用简单明了的符号表示出来。

4.5.1.2　信用评级的相关要素

1. 信用评级机构

信用评级机构是依法设立、从事信用评级业务的社会中介机构，具有独立性和专业性。信用评级机构的独立性是指信用评级机构独立于投资者、独立于发债主体，并采用防火墙制度、回避制度使得评级机构和信用分析师独立于投资者和发债主体，以保证信用评级的客观和公正。信用评级机构的专业性是指信用评级机构需要有专业的信用分析框架和信用评级方法、专业的信用评级流程和管理制度，以专门的符号向债券市场传递发债主体或债务工具的信用风险大小信息。

2. 信用评级对象

信用评级的对象即被评对象，是信用评级机构进行信用评级业务的操作对象。信用评级的对象一般可分为债项和主体两类，对应形成债项信用评级和主体信用评级。

主体信用评级是以企业或经济主体为对象进行的信用评级。主体信用评级通常是对即将或已经发行债务融资工具的经济主体进行的信用评级，主要包括工商企业、金融机构和主权三大类。

债项信用评级是在主体信用评级的基础上，以企业或经济主体发行的各种债务工具为对象进行的信用评级。

3. 信用评级结果

信用评级的结果是信用评级机构通过对经济主体、债务工具的信用风险分析，形成具有信用等级符号标识的信用评级报告。信用评级结果是信用评级机构对经济主体或债务工具未来偿还意愿和能力的预期。

信用等级是信用评级机构用既定的符号标识主体和债务融资工具未来偿债意愿及偿债能力可能性的级别。信用评级报告是信用评级机构根据收集后的资信调查资料，作如实的记载和系统分析整理，按既定的评级要求和程序给予信用等级，并撰写充分反映评级对象的真实信用情况和未来信用状况预期的报告。

4.5.1.3 信用评级的分类

信用评级种类活动的复杂性使得评级也出现了多种类别。

1. 主体评级和债项评级

根据评级对象不同,信用评级可以划分为主体评级和债项评级。

主体评级也称债务人评级、发行人评级或企业信用评级等,主体评级主要是对发行主体整体信用状况的评价,包括主权国家评级、地方政府评级、工商企业信用评级、金融企业信用评级等。评级结果是对受评主体偿债能力的全面、综合评价,并不针对某一项特定的债务。

债项评级也称债务评级,主要是对有关债务人(包括政府、企业单位、金融机构等)发行各种长、短期债务工具的违约可能性以及发生违约时损失的严重程度进行预测和评价。

2. 主动评级和委托评级

根据是否需要委托,信用评级可以划分为主动评级和委托评级。

主动评级是评级机构在未接受发债主体委托的情况下,根据公开资料主动对有价证券或其发行者进行评价。在主动评级的情况下,评级机构会主动根据自己收集的公开信息进行评级,为投资者提示风险,供投资者作决策时参考。

委托评级是指评级公司接受企业或证券发行者的委托,对其资信状况进行评级。这类评级必须由被评者主动提出,并在支付评级费用后,评级机构才会开展。这种情况下,被评者积极参与到评级过程中来,信用评级机构进行实地调查,可以掌握比较可靠、完整的信息。

3. 长期评级和短期评级

根据评级覆盖的期限长短不同,信用评级可划分为长期评级和短期评级。

短期评级对象,其债务通常在一年内到期,例如商业票据(短期融资券)、货币市场工具等有关的信用工具以及短期银行贷款等。

长期评级对象,其债务则一般在超过一年的期间到期,例如公司发行的信用债券、抵押债券、中期票据、可转换债券、长期银行贷款等。

对于长、短期评级来说,评级的侧重点不同,各评级机构所用到的评级符号体系也不相同。

4. 本币评级和外币评级

由于债务工具的计价有本币和外币之分,信用评级按照货币的币种可分为本币评级和外币评级。本币评级是以本币作为偿还债务货币的债务工具和主体评级。外币评级是以外币作为偿还债务货币的债务工具和主体评级。一般来说,外币评级要比本币评级复杂,因为政府可能施加严格的资本控制,还会受到汇率风险的影响。

5. 外部评级和内部评级

根据信用评级的行为主体,信用评级可以划分为内部评级和外部评级。

外部评级是由专业化的信用评级机构对债务人或债务工具进行的信用评级,评级对象比较广泛,包括政府、企事业单位、金融机构等,评级的目的是为金融机构的债券投资或授信提供参考，并提高债券市场的交易效率，促进公平交易。

内部评级是金融机构（如银行、保险公司、证券公司、基金公司等）为自身投资决策对债务人或债务工具进行的信用评级，内部评级的主要目的是服务于金融机构自身的投资，而不是给其他的投资者提供参考。

6. 国际评级和国内评级

根据评级机构是国内的评级机构还是国际性的评级机构，信用评级可以划分为国际评级和国内评级。例如，聘请标准普尔、穆迪与惠誉等三大机构作出的评级是国际评级。由于国际评级公司在评级过程中坚持国际标准，因而给出的评级往往偏低；而国内的评级公司更多地考虑到本国的特殊情况，对国际标准进行修正，从而可能使本国的企业或债券得到一个较高的评级。

4.5.1.4 信用评级的等级系统

1. 国内的等级系统

2006年3月29日，人民银行发布《中国人民银行信用评级管理指导意见》（银发〔2006〕95号），这是国内监管部门首次针对信用评级行业发布的管理规定，为提高信用评级机构的评级质量、促进信用评级行业的持续、健康发展奠定了坚实基础。2006年11月，人民银行在《信贷市场和银行间债券市场信用评级规范》（以下简称《评级规范》）中，再次对国内银行间债券市场中长期及短期信用等级、借款企业信用等级和担保机构信用等级的划分、符号和含义进行了统一规定。

根据《评级规范》的规定，银行间债券市场中长期债券[①]信用评级等级划分为三等九级，符号表示为：AAA、AA、A、BBB、BB、B、CCC、CC、C，其中除AAA级和CCC级（含）以下等级外，每一个信用等级可用"+""-"符号进行微调，表示略高或略低于本等级（表4-20）。银行间债券市场短期债券[②]信用评级等级划分为四等六级，符号表示为：A-1、A-2、A-3、B、C、D，每一个信用等级均不进行微调（表4-21）。

表4-20　银行间债券市场中长期债券信用等级符号及含义

信用等级	含义
AAA	偿还债务的能力极强，基本不受不利经济环境的影响，违约风险极低
AA	偿还债务的能力很强，受不利经济环境的影响不大，违约风险很低
A	偿还债务能力较强，较易受不利经济环境的影响，违约风险较低
BBB	偿还债务能力一般，受不利经济环境影响较大，违约风险一般
BB	偿还债务能力较弱，受不利经济环境影响很大，违约风险较高
B	偿还债务的能力较大地依赖于良好的经济环境，违约风险很高
CCC	偿还债务的能力极度依赖于良好的经济环境，违约风险极高
CC	在破产或重组时可获得保护较小，基本不能保证偿还债务
C	不能偿还债务

---

① 偿还期限在1年以上（不含1年）的债券为中长期债券。
② 偿还期限在1年以内（含1年）的债券为短期债券。

表 4-21　银行间债券市场短期债券信用等级符号及含义

信用等级	含义
A-1	还本付息能力最强,安全性最高
A-2	还本付息能力较强,安全性较高
A-3	还本付息能力一般,安全性易受不良环境变化的影响
B	还本付息能力较低,有一定的违约风险
C	还本付息能力很低,违约风险较高
D	不能按期还本付息

根据《评级规范》的规定,借款企业信用等级划分为三等九级,符号表示为:AAA、AA、A、BBB、BB、B、CCC、CC、C,其中每一个信用等级可用"+""-"符号进行微调,表示略高或略低于本等级,但不包括AAA+(表4-22)。

表 4-22　借款企业信用等级符号及含义

信用等级	含义
AAA	短期债务的支付能力和长期债务的偿还能力具有最大保障;经营处于良性循环状态,不确定因素对经营与发展的影响最小
AA	短期债务的支付能力和长期债务的偿还能力很强;经营处于良性循环状态,不确定因素对经营与发展的影响很小
A	短期债务的支付能力和长期债务的偿还能力较强;企业经营处于良性循环状态,未来经营与发展易受企业内外部不确定因素的影响,盈利能力和偿债能力会产生波动
BBB	短期债务的支付能力和长期债务偿还能力一般,目前对本息的保障尚属适当;企业经营处于良性循环状态,未来经营与发展受企业内外部不确定因素的影响,盈利能力和偿债能力会有较大波动,约定的条件可能不足以保障本息的安全
BB	短期债务的支付能力和长期债务的偿还能力较弱;企业经营与发展状况不佳,支付能力不稳定,有一定的风险
B	短期债务的支付能力和长期债务偿的还能力较差;受内外不确定因素的影响,企业经营较困难,支付能力具有较大的不确定性,风险较大
CCC	短期债务的支付能力和长期债务的偿还能力很差;受内外不确定因素的影响,企业经营困难,支付能力很困难,风险很大
CC	短期债务的支付能力和长期债务的偿还能力严重不足;经营状况差,促使企业经营及发展走向良性循环状态的内外部因素很少,风险极大
C	短期债务支付困难,长期债务偿还能力极差;企业经营状况一直不好,基本处于恶性循环状态,促使企业经营及发展走向良性循环状态的内外部因素极少,企业濒临破产

根据《评级规范》的规定,担保机构信用等级设置采用三等九级,符号表示为:AAA、AA、A、BBB、BB、B、CCC、CC、C,其中除CCC级(含)以下等级外,每一个信用等级可用"+""-"符号进行微调,表示略高或略低于本等级,但不包括AAA+(表4-23)。

表 4-23 担保机构信用等级符号及含义

信用等级	含义
AAA	代偿能力最强，绩效管理和风险管理能力极强，风险最小
AA	代偿能力很强，绩效管理和风险管理能力很强，风险最小
A	代偿能力较强，绩效管理和风险管理能力较强，尽管有时会受经营环境和其他内外部条件变化的影响，但是风险小
BBB	有一定的代偿能力，绩效管理和风险管理能力一般，易受经营环境和其他内外部条件变化的影响，风险较小
BB	代偿能力较弱，绩效管理和风险管理能力较弱，有一定风险
B	代偿能力较差，绩效管理和风险管理能力弱，有较大风险
CCC	代偿能力很差，在经营、管理、抵御风险等方面存在问题，有很大风险
CC	代偿能力极差，在经营、管理、抵御风险等方面存有严重问题，风险极大
C	濒临破产，没有代偿债务能力

4.5.2 信用评级付费模式、评级流程与评级报告

4.5.2.1 信用评级的付费模式

评级机构收取费用是市场对信用风险专业化判断的必然结果，出于评级机构的生存和发展以及提高评级质量的考虑，评级机构收取评级费用是应有之义，争议的焦点是向谁收费，由此形成了两种主要的收费模式。

发行者付费模式。对发行者来说，在没有信用评级的情况下，由于信息的不对称，企业融资相对困难，融资成本也会因为风险溢酬而提高，有可能造成逆向选择问题或是道德风险问题。通过信用评级的企业如同获得了一张经济身份证，优质资信等级的企业融资相对要容易得多。目前，向受评对象收费已成为评级公司主要的收入来源。我国市场上的评级公司也普遍采用发行人付费的模式，如中诚信、联合资信、大公国际、新世纪、东方金诚等。

投资者付费模式。对于投资者而言，在作出投资决策之前，必须广泛搜集各类与投资标的相关的信息，以判断发行人的履约能力和信用水平。但是资本市场充斥着各类投资机会，投资者无法对每一个融资企业都拥有完整的信息，更无法进行专业的分析，尤其是随着资本市场的发展，各类复杂的结构化金融产品日益增多，一般投资者很难有足够的信息和能力来评估其所购产品的内在价值和风险。因此，由专业的评级机构通过调研、访谈、分析而评定出来的信用级别，可以给投资者决策提供重要的参考。投资者选用评级机构的出版物、评级报告、行业研究报告等研究成果并向评级机构支付相应的费用，构成传统的投资者付费模式。

作为新兴市场国家，我国债券市场起步晚，信用评级制度是债券市场的一个重要外部约束机制。金融危机之后，评级机构与被评级对象的利益冲突问题再度受到全世界的

诟病。目前，市场上的评级公司普遍采用发行人付费模式，"以价定级"或"以级定价"等级别竞争现象时有发生，影响了评级行业的公信力，一定程度上损害了投资者利益，也制约了金融市场的进一步深化发展。为此，我国立足于推动债务资本市场发展、加强投资人保护的基本点，积极顺应国际趋势，推动评级行业监管改革。人民银行指导交易商协会代表全体会员于2010年9月发起设立中债资信评估有限责任公司，这是国内首家采用投资人付费运营模式的新型信用评级公司，"为投资人服务、由投资人付费"，按照独立、客观、公正的原则为投资人提供债券再评级、双评级等服务，并且定位为债券市场的基础设施，不以商业利益为目的。中债资信评估有限责任公司的成立，有助于使信用评级真正回归到为投资者揭示发行主体或金融产品信用风险的基本定位上，目前已取得初步成效。

4.5.2.2 信用评级的流程规定

人民银行2006年发布的《信用评级管理指导意见》要求信用评级机构遵循以下信用评级程序。

（1）被评对象与信用评级机构当事双方签订评级合作，支付评估费。

（2）被评对象按合同规定向信用评级机构提供所需的真实、完整的有关资料、报表。

（3）信用评级机构收到被评对象提供的资料、报表后，在合同规定期限内按有关规定进行详细审核，并就被评对象经营及财务状况组织现场调查和访谈。

（4）信用评级机构综合搜集到的与被评对象有关的信息资料，经加工分析后提出信用评级报告书。

（5）信用评级机构召开内部信用评级评审委员会，评定等级。

（6）如被评对象有充分理由认为评级结果与实际情况存在较大差异，可在规定的时限内向信用评级机构提出复评申请并提供补充资料，复评次数仅限一次；首日评级后，信用评级机构应将评级结果书面告知被评对象并向人民银行报告。

（7）拟发行债券的信用评级结果由债券发行人在人民银行指定的国有有关媒体上公告。借款企业和担保机构信用评级结果，由信用评级机构在企业自愿的原则下，将其信用等级在国内有关媒体上公告。

（8）信用评级机构在债券存续期和企业信用等级有效期内，应进行跟踪评级。跟踪评级结果与公告结果不一致的，由信用评级机构及时通知被评对象，且在指定媒体上向社会公布并书面报告人民银行。变更后的借款企业信用等级和担保机构信用等级，信用评级机构除书面报告人民银行外，还应在企业自愿的原则下，将其信用等级在国内有关媒体上公告。

4.5.2.3 信用评级的具体工作流程

前期准备阶段。除了主动评级外，目前多数评级活动都是由被评对象提出的，因此企业申请是评级活动的起点。接到评级委托方的申请后，评级机构应首先进行初步调查，判断本评级机构是否具备相应的评级能力，能够按照有关监管要求和执业规范独立、客观、公正地对评级对象进行评级。如果评级机构同意接受申请的，评级对象与评级机构当事双方应签订正式的信用评级委托协议，被评企业还应按照规定缴纳资信评估费用。

信息收集与整理阶段。评级机构的业务部门会根据评级对象的特点成立专门的评级小组，并指定符合条件的小组负责人。一般应由部门负责人来安排和组建评级小组，必要时需请示主管领导。

成立评级小组后，评级分析员要对各种经济和营运环境进行深入的认识和了解，包括会计标准、行业惯例及发行人面对的行业和业务风险。评级对象按照合同的规定和评级小组的要求，提供经注册会计师审核的财务报表及附带的资料，甚至一些未曾公开的资料，并对所提供材料的真实性负责。随后，评级小组依据受评企业提供的资料，连同自身单独搜集的信息进行初步分析，确定材料中遗漏、缺失、错误的信息并通知评级对象进行补充。

依据对收集资料的初步审查结果，评级机构确定详尽的评级对象实地调查内容。实地调查包括与评级对象的高层管理人员及有关人员访谈、查看评级对象现场、对评级对象关联的机构进行调查与访谈等方面的工作。评级小组在实地考察和访谈之后，应根据实际情况随时修改或补充相关资料，并建立完备的实地调查工作底稿。

确定等级。评级小组完成资料收集与整理之后，应当根据与评级对象相适应的评级指标体系和评级方法，对评级材料深入分析，通过定量指标和量化后的定性指标的计算、评级和综合，得出各种定量的结论并评定等级，写成报告，并将审核通过的评级报告提交信用评审委员会。信用评审委员会应召开评审会，听取评估人员情况介绍，对评级报告内容及观点进行讨论、质疑、审核，提出意见并确定评级对象、受评证券的最终信用级别。

通知被评机构。评级项目组根据信用评审委员会反馈信息进行报告修改，无误后交由复核人员进行定稿。评级机构的复核人员负责对评级报告会后修改意见的落实情况进行监督。

在正式发送评级报告前，评级机构应当先以书面形式向委托方和评级对象告知评级结果，并告知评级所根据的理由与依据，让受评机构了解评级委员会作出评级结果的关键因素，倘若评级对象对评级结果有异议，他们有权提出重申，或者选择将结果保密。

复评阶段。在信用评级委员会给出评级结果后，应在两日内将评级结果通知委托方，并将信用评级报告发送给受评对象。如果受评对象在规定的期限内对评级结果没有异议，则评级结果为首次评级的最终信用级别，确定等级工作结束。

如果委托方或评级对象对评级结果存在异议，并且可以提供可能对评级结果产生影响的补充资料，评级对象可向信用评级委员会提出复评申请，信用评级委员会应当受理其申请，但一般仅限一次复评。在要求复评时，被评企业必须针对评级委员会关注的内容提供补充资料。有时重审后，评级结果可能改变。

评级结果的公布或保存。最终信用等级确定后，评级机构需要根据相关情况决定公布或者不公布，以及公布的内容。一般来说，在企业不希望公布结果的情况下，评级机构一般会尊重企业的意愿而不公布信用评级。如果监管部门要求必须公布，则应按照监管部门的要求来处理。

如果企业没有明确要求不能公布，通常情况下评级机构会将评级结果加以公布。发布的内容根据监管的要求及投资者的要求而有所差异。信用分析人员应根据发布的方式做好各种准备工作。

文件存档。评级小组将评级对象的原始资料、评价过程中的文字资料进行分类整理,作为工作底稿存档。这一过程遵循保密制度、档案管理制度等。

信用评级机构一般都建立有完善的档案管理制度,对信用评级的文档进行入库保存管理。信用评级的业务文档包括受托开展证券评级业务的委托书、出具评级报告所依据的原始资料、工作底稿、初评报告、评级报告、评级委员会表决意见及会议记录、跟踪评级资料、跟踪评级报告等。对评级委托方或评级对象特别要求保密的文件,应作为机密文件单独存档。

跟踪评级。在首次发布信用评级信息后,评级机构应在信用等级时效限定期内按照跟踪评级安排继续进行评级服务。评级机构应当在首次评级报告中根据评级业务委托人和监管的要求明确有关跟踪评级的事项,跟踪评级应当包括定期跟踪评级和不定期跟踪评级。评级机构应当要求委托方按照业务委托书约定及时支付跟踪评级费用并提供跟踪评级相关资料,根据需要对评级对象进行电话访谈或实地调查。

评级机构进行不定期跟踪评级,可以要求委托方或评级对象提供相关资料并就该事项进行必要调查,及时对该事项进行分析,据实确认或调整信用级别,并按照相关规则进行信息披露。如果证券评级机构无法收集到评级对象相关资料,可以宣布信用等级暂时失效或终止评级。

4.5.2.4 信用评级报告

1. 信用评级报告的含义

信用评级报告是信用评级机构根据收集到的资信调查资料,作如实的记载和系统分析整理,按照评级要求和程序给予信用等级,并撰写充分反映评级对象真实信用情况的报告。它是信用评级工作的总结报告,评级人员在经过调查、收集资料,并进行全面的分析以后,将综合判断得出的结果用文字报告形式表达出来,提供给被评对象或社会投资者作参考。

2. 信用评级报告的主要内容

信用评级报告一般包括概述、声明、正文、跟踪评级安排和附录等五个部分。

概述。概要介绍评级报告整体情况,至少应当包括评级对象、评级结果、评级项目组人员姓名、联系方式、出具报告时间和报告编号,授予信用级别的基本观点;评级对象、受评证券简要的正面优势分析和风险关注因素等。

评级对象发行债券的,还应当包括受评债券名称、发行规模、债券期限、债券偿还方式、债券担保方式以及发债主体的主要财务数据等内容。评级对象为资产支持证券的,还应当包括受评资产支持证券的名称、发行规模、期限、偿还方式、担保方式以及原始权益人的主要财务数据等内容。

声明。全面登载证券评级机构关于评级情况的声明事项,包括但不限于以下内容。

- 证券评级机构、评级从业人员与评级对象不存在任何影响评级行为独立、客观、公正的关联关系。存在其他关联关系的，应当予以说明。
- 证券评级机构与评级从业人员已履行尽职调查业务，有充分理由采信出具评级报告所依据的数据、资料来源，从而保证评级结论的独立、客观、公正。
- 证券评级机构依据内部信用评级标准和程序对评级结果作出独立判断，不受任何组织或个人的影响。
- 评级报告观点仅为证券评级机构对评级对象、受评证券信用状况的个体意见，并非事实陈述或购买、出售、持有任何证券的结论、建议。投资者应当审慎使用评级报告，自行对投资结果负责。

正文。完整的信用评级报告，应当包括但不限于下列内容。

- 概况。至少应当包括评级对象的历史沿革、股权结构、业务及其特点。评级对象发行债券的，还应当包括对受评债券和融资项目的分析。
- 行业分析。至少应当包括行业概况、行业管理体制、行业政策、行业竞争情况、行业风险关注和说明。
- 业务运营分析。至少应当包括评级对象业务模式、经营情况、发展战略、未来三年再建和拟建项目的计划投资额。
- 财务分析。至少应当重点分析评级对象的资本实力、盈利能力、现金流情况。
- 偿债能力分析。至少应当重点分析评级对象长短期偿债能力、EBITDA对债务本息的保障程度、现金流、再融资能力、财务弹性、对外担保等或有事项、整体抗风险能力和偿债保障措施。

跟踪评级安排。应当明确说明对评级对象、受评债券在存续期内的跟踪评级时间、评级范围、出具评级报告的方式等内容，持续揭示评级对象、受评证券的信用变化情况。

附录。收录其他相关的重要事项，应当包括主要相关主题的财务数据概要、财务指标、财务指标计算公式说明、其他由于内容及版面原因不便在正文详述的股权结构、组织结构、下属子公司等情况。

4.6 审计与法务

4.6.1 审计报告概述与财务报表信息披露关注点

4.6.1.1 财务报告的概念

财务报告是财务会计确认和计量的最终成果，是沟通企业管理层与外部信息使用者之间的桥梁和纽带，是企业对外提供的反映企业某一特定日期的财务状况和某一会计期间的经营成果、现金流量等会计信息的文件。财务报告的使用者主要包括投资者、债权人、政府及其有关部门和社会公众等。

财务报告包括财务报表和其他应当在财务报告中披露的相关信息及资料。其中，财务报表由报表本身及其附注两部分构成，附注是财务报表的有机组成部分，而报表至少应当包括资产负债表、利润表和现金流量表，全面执行企业会计准则体系的企业所编制的财务报表，还应当包括所有者权益（股东权益）变动表。

- 资产负债表是反映企业在某一特定日期的财务状况的会计报表。通过如实反映企业的资产、负债和所有者权益金额及其结构情况，帮助使用者评价企业资产的质量以及短期偿债能力、长期偿债能力和利润分配能力等。
- 利润表是反映企业在一定会计期间的经营成果的会计报表。通过如实反映企业实现的收入、发生的费用、应当计入当期利润的利得和损失以及其他综合收益等金额及其结构情况，帮助使用者分析评价企业的盈利能力及其构成与质量。
- 现金流量表是反映企业在一定会计期间的现金和现金等价物流入和流出的会计报表。通过如实反映企业各项活动的现金流入、流出情况，帮助使用者评价企业的现金流和资金周转情况。
- 附注是对在会计报表中列示项目所作的进一步说明，以及对未能在这些报表中列示项目的说明等。通过对财务报表本身作补充说明，可以更加全面、系统地反映企业财务状况、经营成果和现金流量的全貌，向使用者提供更为有用的信息，帮助其作出更加科学合理的决策。

4.6.1.2 审计报告概述

1. 审计报告的含义

审计报告是指注册会计师根据审计准则的规定，在执行审计工作的基础上，对财务报表发表审计意见的书面文件。注册会计师应当根据由审计证据得出的结论，清楚表达对财务报表的意见。注册会计师一旦在审计报告上签名并盖章，就表明对其出具的审计报告负责。

审计报告是注册会计师对财务报表是否在所有重大方面按照财务报告编制基础编制并实现公允反映发表审计意见的书面文件，因此注册会计师应当将已审计的财务报表附于审计报告之后，以便于财务报表使用者正确理解和使用审计报告，并防止被审计单位替换、更改已审计的财务报表。

2. 审计报告的作用

审计报告主要有鉴证、保护和证明三方面的作用。

鉴证作用。注册会计师签发的审计报告，不同于政府审计和内部审计的审计报告，是注册会计师以超然独立的第三者身份，对被审计单位财务报表合法性、公允性发表的意见。这种意见具有鉴证作用，得到了政府及其各部门和社会各界的普遍认可。股份制企业的股东主要依据注册会计师的审计报告来判断被投资企业的财务报表是否公允地反映了财务状况和经营成果，以进行投资决策等。

保护作用。通过审计，注册会计师可以对被审计单位财务报表出具带有不同类型审计意见的审计报告，以提高或降低财务报表信息使用者对财务报表的信赖程度，能够在一定程度上对被审计单位的财产、债权人和股东的权益及企业利害关系人的利益起到保护作用。如投资者为了减少投资风险，在进行投资之前，必须要查阅被投资企业的财务报表和注册会计师的审计报告，了解被投资企业的经营情况和财务状况，投资者根据注册会计师的审计报告作出投资决策，可以降低其投资风险。

证明作用。审计报告是对注册会计师审计任务完成情况及其结果所做的总结，它可以表明审计工作的质量并明确注册会计师的审计责任，因此审计报告可以对注册会计师的审计工作质量和审计责任起证明作用。审计报告可以证明注册会计师在审计过程中是否实施了必要的审计程序，是否以审计工作底稿为依据发表审计意见，发表的审计意见是否与被审计单位的实际情况相一致，审计工作的质量是否符合要求。

3. 审计报告的主要内容

无保留意见审计报告应当包括下列因素：标题，收件人，审计意见，形成审计意见的基础，管理层对财务报表的责任，注册会计师对财务报表审计的责任，按照相关法律法规的要求报告的事项（如适用），注册会计师的签名和盖章、会计师事务所的名称、地址和盖章，报告日期。在适用的情况下，注册会计师还应按照《中国注册会计师审计准则第1324号——持续经营》《中国注册会计师审计准则第1504号——在审计报告中沟通关键审计事项》《中国注册会计师审计准则第1521号——注册会计师对其他信息的责任》的相关规定，在审计报告中对与持续经营相关的重大不确定性、关键审计事项、被审计单位年度报告中包含的除财务报表和审计报告之外的其他信息进行报告。

如果对财务报表发表非无保留意见，除在审计报告中包含《中国注册会计师审计准则第1501号——对财务报表形成审计意见和出具审计报告》规定的审计报告要素外，注册会计师还应当直接在审计意见段之前增加一个部分，并使用恰当的标题，如"形成保留意见的基础""形成否定意见的基础"或"形成无法表示意见的基础"，说明导致发表非无保留意见的事项。需要特别说明的是，如果注册会计师发表"无法表示意见"，应当修改无保留意见审计报告中"形成审计意见的基础"部分，不应提及审计报告中用于描述注册会计师责任的部分，也不应说明注册会计师是否已获取充分、适当的审计证据以作为形成审计意见的基础。

此外，审计报告中还可能包含强调事项段和其他事项段。强调事项段是指提及已在财务报表中恰当列报或披露的事项，根据注册会计师的职业判断，该事项对财务报表使用者理解财务报表至关重要。其他事项段是指提及未在财务报表中列报或披露的事项，根据注册会计师的职业判断，该事项与财务报表使用者理解审计工作、注册会计师的责任或审计报告相关。

4. 审计意见

审计意见由两部分组成。第一部分指出已审计财务报表，第二部分说明注册会计师发表的审计意见。审计意见大致分为四种类型：无保留意见、保留意见、否定意见和无法表示意见。

如果认为财务报表在所有重大方面按照适用的财务报告编制基础编制并实现公允反映，注册会计师应当发表无保留意见。

当存在下列情形之一时，注册会计师应当发表保留意见：①在获取充分、适当的审计证据后，注册会计师认为错报单独或汇总起来对财务报表影响重大，但不具有广泛性；②注册会计师无法获取充分、适当的审计证据以作为形成审计意见的基础，但认为未发现的错报（如存在）对财务报表可能产生的影响重大，但不具有广泛性。

在获取充分、适当的审计证据后，如果认为错报单独或汇总起来对财务报表的影响重大且具有广泛性，注册会计师应当发表否定意见。

如果无法获取充分、适当的审计证据以作为形成审计意见的基础，但认为未发现的错报（如存在）对财务报表可能产生的影响重大且具有广泛性，注册会计师应当发表无法表示意见。

债务融资工具发行人审计报告涉及非标准无保留意见审计报告时，会计师事务所、发行人需根据要求对非标准无保留意见审计报告涉及事项出具专项说明，内容包括但不限于出具该意见的依据及对发行人的影响程度，同时根据信息披露要求披露相关内容。

4.6.1.3 财务报表信息披露关注点

1. 财务报表信息披露的基本要求

依据各项会计准则确认和计量的结果编制财务报表。企业应当根据实际发生的交易和事项，遵循《企业会计准则——基本准则》、各项具体会计准则的规定进行确认和计量，并在此基础上编制财务报表。企业应当在附注中对这一情况作出声明，只有遵循了企业会计准则的所有规定时，财务报表才应当被称为"遵循了企业会计准则"。同时，企业不应以在附注中披露代替对交易和事项的确认和计量，不恰当的确认和计量也不能通过充分披露相关会计政策而纠正。此外，如果按照各项会计准则规定披露的信息不足以让报表使用者了解特定交易或事项对企业财务状况和经营成果的影响时，企业还应当披露其他的必要信息。

列报基础。持续经营是会计的基本前提，也是会计确认、计量及编制财务报表的基础。在编制财务报表的过程中，企业管理层应当利用其所有可获得的信息来评价企业自报告期末起至少 12 个月的持续经营能力。评价结果表明对持续经营能力产生重大怀疑的，企业应当在附注中披露导致对持续经营能力产生重大怀疑的因素以及企业拟采取的改善措施。

权责发生制。除现金流量表按照收付实现制外，企业应当按照权责发生制编制其他财务报表。权责发生制是以权利和责任的发生来决定收入和费用归属期的一项原则，指凡是在本期内已经收到和已经发生或应当负担的一切费用，不论其款项是否收到或付出，都作为本期的收入和费用处理；反之，凡不属于本期的收入和费用，即使款项在本期收到或付出，也不应作为本期的收入和费用处理。收付实现制是以款项的实际收付为标准来处理经济业务，确定本期收入和费用，计算本期盈亏。

列报的一致性。可比性是会计信息质量的一项重要质量要求，目的是使同一企业不同期间和同一期间不同企业的财务报表相互可比。为此，财务报表项目的列报应当在各个会计期间保持一致，不得随意变更。这一要求不仅只针对财务报表中的项目名称，还包括财务报表项目的分类、排列顺序等方面。

在以下规定的特殊情况下，财务报表项目的列报是可以改变的：会计准则要求改变；

企业经营业务的性质发生重大变化或对企业经营影响较大的交易或事项发生后，变更财务报表项目的列报能够提供更可靠、更相关的会计信息。

依据重要性原则单独或汇总列报项目。关于项目在财务报表中是单独列报还是合并列报，应当依据重要性原则来判断。总的原则是，如果某项目单个看不具有重要性，则可将其与其他项目汇总列报；如具有重要性，则应当单独列报。

财务报表项目金额间的相互抵消。财务报表项目应当以总额列报，资产和负债、收入和费用、直接计入当期利润的利得和损失项目的金额不能相互抵消，即不得以净额列报，但企业会计准则另有规定的除外。

比较信息的列报。企业在列报当期财务报表时，至少应当提供所有列报项目上一个可比会计期间的比较数据，以及与理解当期财务报表相关的说明，目的是向报表使用者提供对比数据，提高信息在会计期间的可比性，以反映企业财务状况、经营成果和现金流量的发展趋势，提高报表使用者的判断与决策能力。列报比较信息的要求适用于财务报表的所有组成部分，既包含四张报表，也适用于附注。

财务报表表首的列报要求。财务报表通常与其他信息（如企业年度报告等）一起公布，企业应当将按照企业会计准则编制的财务报告与一起公布的同一文件中的其他信息相区分。

财务报表一般分为表首、正表两部分，其中，在表首部分，企业应当概括地说明下列基本信息：编报企业的名称，如企业名称在所属当期发生了变更的，还应明确表明；对资产负债表而言，须披露资产负债表日，而对利润表、现金流量表、所有者权益变动表而言，须披露报表涵盖的会计期间；货币名称和单位；财务报表是合并财务报表的，应当予以标明。

报告期间。企业至少应当编制年度财务报表。根据《中华人民共和国会计法》规定，会计年度自公历1月1日起至12月31日止。如果存在年度财务报表涵盖的期间短于一年的情况，如企业在年度中间开始设立等，在此种情况下，企业应当披露年度财务报表的实际涵盖期间及其短于一年的原因，并说明由此引起财务报表项目与比较数据不具可比性这一事实。

2. 财务报表信息披露关注点

除上文提及的信息披露的基本原则以外，针对财务报表具体科目的披露，企业会计准则作出了细化的要求。企业、主承销商和中介机构应特别注意财务报表信息披露必须遵守企业会计准则要求。下文依照合并财务报表的科目顺序，针对披露要求和信息披露关注点，选择比较重要的会计科目予以阐述。

（1）货币资金

货币资金包含现金、银行存款、其他货币资金，在附注中应列示各科目的年初、年末金额。对于有多币种货币资金的企业，还应当按照币种分别予以列示，同时按《企业会计准则第19号——外币折算》的要求[①]予以处理。其他货币资金二级科目通常为外埠存款、银行汇票存款、银行本票存款、信用卡存款、信用证保证金、存出投资款等。主

[①] 《企业会计准则第19号——外币折算》要求，货币性项目按资产负债表日即期汇率折算，非货币性项目按交易日即期汇率折算；产生的汇兑差额计入当期损益。

承销商应重点关注其他货币资金的受限情况，通常来说，银行汇票存款、银行本票存款和信用证保证金存款在主债权到期之前，存在受限情况。

（2）应收账款

应收账款应披露单项金额重大且单项计提坏账准备的应收账款以及按组合计提坏账准备的应收账款。按组合计提坏账准备的应收账款，应注意其计提坏账准备所采取的会计政策，如采用账龄分析法计提坏账准备等。针对采取账龄分析法计提坏账准备的，应披露各账龄的年初、年末余额，所计提的坏账准备比率，坏账准备的年初、年末余额。单项计提坏账准备的应收账款，应披露债务人名称、账面余额、坏账准备余额、账龄、计提比例等。

主承销商应关注其中单笔金额较大的应收账款，着重了解应收账款未回收的原因，并切实评估应收账款回收的可能性和企业的回款计划。同时，应注意应收账款与收入的相关性，通常企业应收账款余额与主营业务收入呈正相关。在可能的情况下，关注应收账款的期后回款情况，例如，针对年度报表的资产负债表日（通常为12月31日）的应收账款，检查下一年度一季度的回款情况。通常产业类企业的应收账款存在一定账期，可以通过企业往期的应收账款的平均账期评估本期应收账款的回款是否正常，核查企业是否存在通过挂账在应收类的科目而虚增收入、资产负债表日后再予以冲回的现象。

（3）预付款项

预付款项包括预付货款和预付工程款等，通常属于流动资产。预付款项是预付给供货单位的购货款或预付给施工单位的工程价款和材料款，通常是用商品、劳务或完工工程来清偿的。预付款项应关注账龄和余额较大的往来方的披露，是否存在将成本支出类挂账在应付账款，从而少计成本支出多计利润的情况。

（4）其他应收款

其他应收款是企业应收款项的另一重要组成部分。其他应收款科目核算企业除存出保证金、拆出资金、买入返售金融资产、应收票据、应收账款、预付账款、应收股利、应收利息、应收保户储金、应收代位追偿款、应收分保账款、应收分保未到期责任准备金、应收分保保险责任准备金、长期应收款等经营活动以外的其他各种应收、暂付的款项。针对其他应收款，主承销商应重点关注其他应收款账龄、其他应收款余额较大的往来方。

对于账龄较长的其他应收款、余额较大的其他应收款、关联方其他应收款，主承销商应了解其他应收款的成因、回收的可能性、回收的计划、计提坏账准备的政策是否合理、是否存在关联方不当占款等。

（5）存货

存货是指企业在日常活动中持有以备出售的产成品或商品、处在生产过程中的在产品、在生产过程或提供劳务过程中耗用的材料和物料等。企业应当在附注中披露与存货有关的下列信息：各类存货的期初和期末账面价值；确定发出存货成本所采用的方法；存货可变现净值的确定依据，存货跌价准备的计提方法，当期计提的存货跌价准备的金额，当期转回的存货跌价准备的金额，以及计提和转回的有关情况；用于担保的存货账面价值。除以上披露信息外，主承销商还应关注企业存货周转率等指标，通常存货周转率下降意味着企业产品存在滞销等情况，应予以核实。

（6）长期股权投资

长期股权投资是指投资方对被投资单位实施控制、重大影响的权益性投资，以及对其合营企业、联营企业的权益性投资。在合并报表中，由于控股子公司通常纳入合并范围，对子公司的长期股权投资在编制合并报表时已经予以抵消，所以合并报表的长期股权投资通常为对被投资单位实施重大影响的投资以及对合营、联营企业的投资。企业应按照《企业会计准则第41号——在其他主体中权益的披露》的要求对长期股权投资进行披露。

主承销商应着重关注对于持股比例小于50%但纳入合并范围及超过50%但未纳入合并范围的情况，了解真实原因。同时针对权益法核算的长期股权投资，由于投资收益通常为被投资企业公允价值变动造成，并无真实的现金流入，在判断企业的偿债能力时，应考虑该部分投资收益对利润的影响。

（7）固定资产

固定资产是指具有下列特征的有形资产：为生产商品、提供劳务、出租或经营管理而持有的，使用寿命超过一个会计年度的有形资产。企业应当在附注中披露与固定资产有关的下列信息：固定资产的确认条件、分类、计量基础和折旧方法；各类固定资产的使用寿命、预计净残值和折旧率；各类固定资产的期初和期末原价、累计折旧额及固定资产减值准备累计金额；当期确认的折旧费用；对固定资产所有权的限制及其金额和用于担保的固定资产账面价值；准备处置的固定资产名称、账面价值、公允价值、预计处置费用和预计处置时间等。

主承销商应重点关注固定资产的所有权瑕疵，对于抵质押的固定资产余额上升较多，而短期借款和长期借款等负债类科目余额没有明显增加的情况，企业存在部分融资未入账的可能性。如果企业存在准备处置的固定资产，应关注固定资产的品类、价值，以及处置的原因，通常企业处置固定资产可能意味着企业现金流存在不稳定性，或者意味着企业的经营方针发生一定变化。

（8）在建工程

在建工程是指企业固定资产的新建、改建、扩建，或技术改造、设备更新和大修理工程等尚未完工的工程支出。在建工程通常有"自营"和"出包"两种方式。自营在建工程指企业自行购买工程用料、自行施工并进行管理的工程；出包在建工程指企业通过签订合同，由其他工程队或单位承包建造的工程。

主承销商应着重关注企业在建工程的现状，针对余额较大的在建工程，了解工程的批文、进度、未来投资计划、工程项目的具体内容以及工程竣工后对企业经营的影响。主承销商还应关注在建工程的形象进度，对于已经达到预定用途的在建工程，要关注企业没有将在建工程结转入固定资产的原因，避免出现因在建工程未结转而少计提折旧，导致虚增利润的情形。

此外，由于很少有企业在投建项目时全部使用自有资金，更多的情形是自有资金和债务融资混合使用，因此当企业在建工程投入较大时，往往伴随着企业金融负债的增加。主承销商应评估在建工程竣工后对企业未来经济利益流入的影响，评估企业项目融资的合理性以及对企业偿债能力的影响。特别地，针对过剩产能和城投类的企业，由于政策风险较高，对于在建工程的项目融资、项目内容、批文的合规性等，主承销商必须予以重点关注。

(9) 无形资产

无形资产是指企业拥有或者控制的没有实物形态的可辨认非货币性资产。企业应当按照无形资产的类别在附注中披露与无形资产有关的下列信息：无形资产的期初和期末账面余额、累计摊销额及减值准备累计金额；使用寿命有限的无形资产，其使用寿命的估计情况；使用寿命不确定的无形资产，其使用寿命不确定的判断依据；无形资产的摊销方法；用于担保的无形资产账面价值、当期摊销额等情况；计入当期损益和确认为无形资产的研究开发支出金额；当期确认为费用的研究开发支出总额。

通常而言，无形资产当中占比较高的二级科目为土地使用权，企业如果无形资产余额较高，主承销商应关注无形资产在附注当中披露的明细内容。对于土地使用权占比较高的，应向企业沟通，获取企业的土地使用权明细，关注企业土地使用权的获取方式、性质、地价、是否足额缴纳土地出让金。针对城投类企业，由于城投类企业与政府部门的关系较为密切，经常会有划拨土地、公益性质的土地（如用于绿地、公园等）、未足额缴纳出让金的土地计入无形资产，这在虚增资产的同时虚增了所有者权益，主承销商应予以重点关注。此外，土地使用权是金融机构较为认可的抵押物，主承销商应关注土地使用权的受限情况。

无形资产当中占比较高的除土地使用权外，还有可能是特许经营权等，例如采矿类企业的探矿权、采矿权，高速公路公司的收费权等。针对此种情况，主承销商也应当关注特许经营权是否存在抵质押，评估企业资产的真实情况和偿债能力。

(10) 短期借款

短期借款是借款的一种，与之相对的是长期借款。短期借款是指企业为维持正常的生产经营所需的资金或为抵偿某项债务而向银行或其他金融机构等外单位借入的、还款期限在一年以下（含一年）的各种借款。短期借款主要有经营周转借款、临时借款、结算借款、票据贴现借款、卖方信贷、预购定金借款和专项储备借款等。

通常而言，短期借款是企业的流动资金借款，由于期限较短，短期借款在重资产型企业当中占金融负债的比例通常不会很高，而长期借款由于期限与企业的项目周期匹配，通常占比较高。主承销商还应关注企业短期借款的担保结构，结合长期借款、一年内到期的非流动负债、应付债券的担保结构，与企业披露的资产受限情况勾稽核对，关注企业所披露的资产受限情况是否存在少披露的可能。

(11) 应付账款

应付账款科目核算企业因购买材料、商品和接受劳务供应等经营活动应支付的款项，通常是指因购买材料、商品或接受劳务供应等而发生的债务，这是买卖双方在购销活动中由于取得物资与支付贷款在时间上不一致而产生的负债。在附注当中通常会披露应付账款的账龄和余额较大的应付账款。主承销商应关注账龄较长、余额较大的应付账款的形成原因。同时，结合应付账款和营业成本的相关性，关注企业是否存在应付账款的异常变动。

(12) 预收款项

预收款项是在企业销售交易成立以前，预先收取的部分货款。在附注中通常披露预收账款的账龄和余额较大的预收账款。主承销商应关注预收账款的形成原因，必要时与企业沟通，针对余额较大的预收账款可以抽取对应的合同和其他会计凭证，核实是否存在挂账在预收账款而未计入收入的情况。

（13）其他应付款

其他应付款是指企业在商品交易业务以外发生的应付和暂收款项，指企业除应付票据、应付账款、应付工资、应付利润等以外的应付、暂收其他单位或个人的款项。由于其他应付款内容通常较为繁杂，企业在附注当中通常会披露其他应付款的账龄和余额较大的其他应付款。主承销商重点关注其他应付款的往来方、是否存在企业的关联方、关注关联方的其他应付款的形成原因、是否实质上为未计入所有者权益的投资或者是发行人对关联方资金的占用。由于债权相对于股权在受偿顺位上的区别，存在此种情况的企业，通常预示着投资者对企业的经营情况存在一定疑虑，主承销商应予以关注。

（14）一年内到期的非流动负债

一年内到期的非流动负债是反映企业各种非流动负债在一年之内到期的金额，包括一年内到期的长期借款、长期应付款和应付债券等。主承销商针对此科目，关注内容与短期借款相仿，着重关注企业一年内到期的非流动负债的担保结构，并与短期借款、长期借款、应付债券等科目相结合，与受限资产勾稽核对。

（15）其他流动负债

其他流动负债科目通常用于归纳不属于短期借款、应付票据、应付账款、其他应付款、预收账款等资产负债表中列明的流动负债。在实务中，其他流动负债科目的内容通常较为繁杂。由于企业会计准则的具体准则并未明确规定该科目的披露内容，部分企业的财务报表附注当中可能会不披露或者少披露。主承销商应结合尽调工作，核实该科目的内容。

通常而言，企业发行的短期融资券、超短期融资券、一年内期限的非公开定向债务融资工具等，在账务处理时计入本科目。主承销商需要结合第三方（如 Wind 等咨询平台）披露的公开信息，与该科目相核对。

（16）长期借款

长期借款是指企业向银行或其他金融机构借入的期限在一年以上（不含一年）或超过一年的一个营业周期以上的各项借款，主要是向金融机构借入的各项长期性借款，如从各专业银行、商业银行取得的贷款；除此之外，还包括向财务公司、投资公司等金融企业借入的款项。

结合目前金融机构的风险偏好，长期借款的担保方式通常涉及抵质押，主承销商应特别关注该科目的担保结构。此外，期限较长的贷款通常是项目贷款，主承销商应关注企业项目贷款增长的同时，在建工程是否对应增长。

（17）应付债券

应付债券是指企业为筹集长期资金而实际发行的债券及应付的利息，它是企业筹集长期资金的一种重要方式。企业发行债券的价格影响因素包括宏观经济形势、监管方的监管政策、市场资金面以及企业本身资质（包括但不限于企业区域的风险情况、企业评级、企业财务状况、行业状况等）。

主承销商应结合第三方平台公开信息的披露，关注企业应付债券的余额是否能够与公开信息相吻合。由于目前大部分企业的债券发行采用信用发行的方式，如果企业对存续债券提供了增信措施或特殊投资人保护条款，通常意味着市场对企业的偿债能力存在疑虑。主承销商应结合财务信息和非财务信息，评估继续给企业增加债务融资的可行性以及企业本身的偿债能力。

（18）预计负债

当与或有事项有关的义务符合确认为负债的条件时应当将其确认为预计负债。确认为预计负债的条件有：该义务是企业承担的现时义务；履行该义务很可能导致经济利益流出企业；该义务的金额能够可靠地计量。或有事项是指过去的交易或者事项形成的、其结果须由某些未来事项的发生或者不发生才能决定的不确定事项，如未决诉讼、债务担保、产品质量保证、亏损合同、重组义务、环境污染整治等。

针对预计负债科目，主承销商应关注或有负债科目背后可能隐藏的未决诉讼、债务担保、产品质保、亏损合同或重组义务等。即使该科目余额较低，也要与企业沟通，了解预计负债产生的原因、目前的处理进度、可预期的结果等。此外，对于没有确认为预计负债的或有事项，主承销商可以通过财务报表附注里的披露（如附注当中单设"其他事项"一段）以及第三方平台的查询（如司法系统的官方网站等），确认企业的或有事项，关注或有事项的成因、进展和可能的结果，评估或有事项对企业偿债能力的影响。

（19）实收资本/股本

实收资本核算企业接受投资者投入的实收资本，股份有限公司应将该科目改为"股本"。投资者可以用现金投资，也可以用现金以外的其他有形资产投资，符合国家规定比例的，还可以用无形资产投资。

初建有限责任公司时，各投资者按照合同、协议或者公司章程投入企业的资本，应全部计入实收资本科目。在企业增资时，如有新投资者介入，新介入的投资者缴纳的出资额大于其按约定比例计算的其在注册资本中所占的份额部分，不计入实收资本，而作为资本公积，计入资本公积——资本溢价科目，股份公司应将该二级科目改为资本公积——股本溢价。

主承销商应关注企业的历史沿革，尤其需要注意沿革过程中的增、减资和股东变更过程。通常而言，企业实收资本的增加均为投资人给予企业的权益性融资，但是也有企业将明股实债的投资计入实收资本，由于此类融资企业承担按期付息、到期回购的义务，实质上是债务融资。此类明股实债的投资通常为非标准化产品，企业与投资方的协议也属于抽屉协议，不对外公开。主承销商应当关注企业实收资本当中的出资方名单，对于明显属于金融机构或产品类的投资方，应向企业沟通，核实该笔投资的实质内容，确认企业所有者权益的实际余额。

（20）资本公积

资本公积是企业收到投资者的超出其在企业注册资本（或股本）中所占份额的投资，以及直接计入所有者权益的利得和损失等。通常资本公积下设资本溢价或股本溢价，以及其他资本公积二级明细科目核算。其他资本公积是指除资本溢价（或股本溢价）项目以外所形成的资本公积。通常形成其他资本公积的事项包含：以权益结算的股份支付；采用权益法核算的长期股权投资。

主承销商应关注企业资本公积变动的原因。尤其针对城投类企业，投资方（通常为政府国资委）对城投类企业的权益性投入，往往包含有公益性资产或划拨土地等，但此类增资除计入实收资本的部分外，其余部分计入资本公积。主承销商应关注投资的内容，在评估企业的偿债能力和发行债务融资工具的最高额度时，应当将此类资产从净资产中予以剔除。

（21）其他综合收益

其他综合收益是指企业根据其他会计准则规定未在当期损益中确认的各项利得和损失，包括以后会计期间不能重分类进损益的其他综合收益和以后会计期间满足规定条件时将重分类进损益的其他综合收益两类。前者主要包括：重新计量设定收益计划净负债或净资产导致的变动，以及按照权益法核算因被投资单位重新计量设定收益计划净负债或净资产变动导致的权益变动，投资企业按持股比例计算确认的该部分其他综合收益项目。后者主要包括：可供出售金融资产公允价值的变动，可供出售外币非货币性项目的汇兑差额，金融资产的重分类，采用权益法核算的长期股权投资，存货或自用房地产转换为投资性房地产，现金流量套期工具产生的利得或损失中属于有效套期的部分，外币财务报表折算差额。

主承销商应关注企业披露的其他综合收益的二级明细科目余额，对于其他综合收益余额较大或者变动较大的企业，应与企业沟通其他综合收益的成因，尤其针对以后会计期间满足规定条件时将重分类进损益的其他综合收益，主承销商应关注企业未来的经营状况是否会触发结转损益的条件，并关注对企业未来利润表的影响。

（22）其他权益工具

企业发行的除普通股（作为实收资本或股本）以外，按照金融负债和权益工具区分原则分类为权益工具的其他权益工具，按照以下原则进行会计处理：企业发行的金融工具应当按照金融工具准则进行初始确认和计量；其后，于每个资产负债表日计提利息或分派股利，按照相关具体的企业会计准则进行处理，即企业应当以所发行金融工具的分类为基础，确定该工具利息支出或股利分配等的会计处理。

对于归类为权益工具的金融工具，无论其名称中是否包含"债"，其利息支出或股利分配都应当作为发行企业的利润分配，其回购、注销等作为权益的变动处理；对于归类为金融负债的金融工具，无论其名称中是否包含"股"，其利息支出或股利分配原则上都按照借款费用进行处理，其回购或赎回产生的利得或损失等计入当期损益。在实务中，出于降低资产负债率等目的，企业发行的永续中票通常计入本科目。但是针对永续中票，目前会计界对其账务处理尚未得出统一结论。尽管企业在发行条款当中通常约定赎回权和递延支付利息条款，但考虑到市场影响和企业的自身形象，通常选择定期还本付息。

主承销商应结合报表附注的披露，了解企业的实际负债情况。针对计入本科目的永续中票，主承销商比较恰当的做法仍然是将其视同负债，并在评估偿债能力时予以调整。

（23）少数股东权益

少数股东权益反映除母公司以外的其他投资者在子公司中的权益，表示其他投资者在子公司所有者权益中所拥有的份额。主承销商针对少数股东权益余额较高的企业，首先应当分析报表附注当中合并范围内子公司的持股情况，并与企业沟通，确认企业是否对合并范围内的子公司都具有实际控制权。此外，部分企业会将永续中票计入本科目，主承销商应予以关注。

（24）营业收入/成本

收入是指企业在日常活动中形成的、会导致所有者权益增加的、与所有者投入资本无关的经济利益的总流入。其中，日常活动是指企业为完成其经营目标所从事的经常性互动以及与之相关的其他活动。按照企业从事日常活动在企业的重要性，可以将收入分为主营业务收入、其他业务收入等。其中，主营业务收入是指企业为完成其经营目标而从事的经常性活动实现的收入；其他业务收入是指与企业为完成其经营目标所从事的与经常性活动相关的活动实现的收入。按照企业从事日常活动的性质，可将收入分为销售商品收入、提供劳务收入、让渡资产使用权收入、建造合同收入等。企业会计准则规定，企业应当在附注中披露与收入有关的下列信息：收入确认所采用的会计政策，包括确定提供劳务交易完工进度的方法；本期确认的销售商品收入、提供劳务收入、利息收入和使用费收入的金额。

主承销商应关注企业收入的会计政策，对于明显违反企业会计准则的，主承销商应当与企业和注册会计师沟通，并关注后续的会计调整。此外，主承销商应当结合主营业务成本科目，计算企业的毛利率，并考虑企业的主营业务和行业情况，与同行业企业进行横向比对，与企业的历史情况进行纵向比对，考察企业的自身经营状况的变化，并以此评估企业未来的偿债能力。主承销商还可以结合企业应收账款、存货、销售商品、提供劳务收到的现金等科目，考察收入的变动趋势是否与以上科目的变动趋势相符。

（25）三大期间费用（销售费用、管理费用、财务费用）

销售费用是指企业在销售商品和材料、提供劳务的过程中发生的各种费用，包括企业在销售商品过程中发生的保险费、包装费、展览费、广告费等。销售费用通常与主营业务收入同比例增长。

管理费用是指企业为组织和管理企业生产经营所发生的管理费用，包括企业在筹建期间内发生的开办费、董事会和行政管理部门在企业的经营管理中发生的或者应由企业统一负担的公司经费、诉讼费、业务招待费、房产税、车船税、土地使用税、印花税、技术转让费、矿产资源补偿费等。管理费用通常与其他利润表科目的联系较小，主承销商关注其中余额异常的二级科目即可。例如诉讼费较往年提升较多，但是企业在或有事项和预计负债中的披露中并未体现出未决诉讼较往年增加，往往预示着企业隐瞒了部分未决诉讼。

财务费用是指企业为筹集生产经营所需资金等而发生的筹资费用，包括利息支出、汇兑损益以及相关的手续费、企业发生的现金折扣或收到的现金折扣等。财务费用当中占比较大的通常为该会计期间内企业费用化的利息支出。主承销商应关注该科目的异常变动，通常财务费用的变动趋势与企业的融资规模呈现正相关性，如果出现偏差，应向企业沟通，了解原因。

（26）资产减值损失

资产的定义中包含资产必须能够为企业带来未来经济利益的流入这一内容，如果资产不能为企业带来经济利益或者带来的经济利益低于其账面价值,那么该资产就不能再以原值予以确认,否则不符合资产定义,也无法反映资产的实际价值。当企业资产的可收回金额低于其账面价值时,表明资产发生了减值,企业应当确认资产减值损失,并抵减资产的账面价值。主承销商应关注企业资产的减值情况,尤其是存货、固定资产、无形资产、长期股权投资等核心优质资产的减值,往往意味着企业的经营发生严重不利的情况,主承销商应了解资产减值的原因,并结合尽职调查,评估企业未来的偿债能力。

(27) 投资收益、营业外收入、营业外支出

投资收益通常为企业对外投资所取得的利润、股利和债券利息等收入减去投资损失后的净收益。营业外收支通常为企业确认的与企业生产经营活动没有直接关系的各种收入和支出。这三个科目均不是企业经常性经营活动中产生的损益。主承销商应当评估这三个科目在企业盈利当中的占比。对于非经常性损益占比较高的企业,应评估企业盈利模式的持续性,扣除非经常性损益后企业的真实盈利情况,进而评估企业未来的偿债能力。

(28) 现金流量表的关注点

现金流量表是指反映企业在一定会计期间现金和现金等价物流入和流出的报表。从编制原则上看,现金流量表按照收付实现制原则编制,将权责发生制下的盈利信息调整为收付实现制下的现金流量信息,便于信息使用者了解企业净利润的质量。从内容上看,现金流量表被划分为经营活动、投资活动和筹资活动三个部分,这些项目从不同角度反映企业业务活动的现金流入和流出,弥补了资产负债表和利润表提供信息的不足。通过现金流量表,报表使用者能够了解现金流量的影响因素,评价企业的支付能力、偿债能力和周转能力,预测企业未来现金流量,为其决策提供有力依据。

经营活动产生的现金流量是现金流量表最值得关注的部分。经营活动产生的现金流量指企业投资活动和筹资活动以外的所有交易和事项产生的现金流量。企业经营活动当中,最核心的是主营业务的经营情况,销售商品、提供劳务收到的现金以及购买商品、接受劳务支付的现金这两个科目反映的通常为企业主营业务活动中所流入和流出的现金流。主承销商应当着重关注这两个科目与主营业务收入和主营业务成本两个科目余额的相关性,同时与公司应收账款、应付账款的周转率相核对。

通常而言,主营业务收入较往年提高,通常意味着经营活动产生的现金流量的提高;主营业务收入较往年降低,通常意味着经营活动产生的现金流量的降低;应收账款周转率较高,意味着收入当中现金流入较多;应收账款周转率较低,通常意味着收入以挂账的应收项目为主,现金流入较少。同理,应付账款周转率较高的企业,日常支付以现金为主,购买商品、接受劳务支付的现金应当较高,反之则购买商品、接受劳务支付的现金较低。主承销商应关注现金流量表科目与资产负债表、利润表科目之间的这种勾稽关系。

经营活动产生的现金流量当中,可能还会有部分企业存在收到其他与经营活动有关的现金或者支付其他与经营活动有关的现金这两个科目余额较高的情况。通常这两个科目的内容较为庞杂。大型的产业类集团公司在日常经营中,经常会存在集团之间账务划转、大股东占用资金等情形;城投类的集团公司,则会存在城投公司之间、城投公司与

政府部门之间互相占用资金等情形。如果这两个科目余额较大，主承销商应结合附注当中关联方往来的披露内容、关注关联方往来的合法合规性，以及资金占用对企业偿债能力的影响。

投资活动产生的现金流量是指企业长期资产的构建和不包括在现金等价物范围内的投资及其处置活动。投资活动既包括实物资产投资，也包括金融资产投资。对于重资产型的产业类企业，如采矿类、冶金类、重型机械制造类等企业而言，投资活动产生的现金净流量通常常年为负，原因在于此类重资产型企业对于固定资产的需求通常较高，例如采矿类企业对矿井设备等固定资产的投入往往较高。针对固定资产的现金投入，在账务处理时，最终体现在构建固定资产、无形资产和其他长期资产支付的现金这一科目当中，该科目余额较大会导致投资活动产生的现金流量净额为负数。对于城投类企业，由于部分城投类企业账务处理不规范，将部分委托代建、BT项目的投资款和回购款计入投资活动产生的现金流量，会导致主承销商对城投企业实际经营情况的判断产生偏差。主承销商为避免造成误解，针对城投类企业投资活动产生的现金流量，可以考虑向发行人或负责审计的注册会计师沟通，了解详细内容，以对企业实际情况作出判断。

值得一提的是，针对投资活动产生的现金流量净额为正数的企业，要关注原因是否为处置固定资产、无形资产和其他长期资产收回的现金净额较高或者处置子公司及其他营业单位收到的现金净额较高，这两项科目余额较高通常意味着企业经营存在一定不稳定性，应关注企业的经营方针、业务板块的变动，向企业了解处置资产、子公司的真实意图，并评估其商业合理性。

筹资活动产生的现金流量是指导致企业资本及债务的规模和构成发生变化的活动所产生的现金流量。吸收投资收到的现金通常是企业收到的投资者投入的现金，包括以发行股票方式筹集的资金实际收到股款净额（发行收入减去支付的佣金等发行费用后的净额）、发行债券实际收到的现金（发行收入减去支付的佣金等发行费用后的净额）等。取得借款收到的现金通常为企业举借各种短期、长期借款所收到的现金。偿还债务支付的现金通常为企业以现金偿还债务的本金，包括偿还金融企业的借款本金、偿还债券本金等。企业偿还的借款利息和债券利息在偿债利息所支付的现金项目反映，不包括在本项目内。筹资活动产生的现金流量反映了企业的融资活动带来的现金流入与流出。

通常而言，对于融资渠道较为通畅并且资金需求较大的企业，该部分的现金流量净额应当保持平稳或者小幅上升。如果出现融资活动现金流量净额断崖式下降，主承销商应核实企业融资是否遇到障碍，向企业了解融资困难的原因，评估企业的偿债能力。此外，考虑到国内企业以现金形式分配股利的情况较少，分配股利、利润或利息支付的现金这一科目的余额通常与企业年度所支付的利息的金额相差不大，主承销商可以将该科目的余额与企业年度融资规模做比较，评估企业的平均融资成本，再与企业提供的融资明细表相互核对，评估企业在未来可能承担的财务成本。

本章小结

在证券发行核准制下,发行人不仅需要按照法律规定承担信息公开的义务,其本身还必须满足若干法定条件,而拟发行人能否最终取得发行资格,则有赖于证券监管机关的审核。证券发行注册制以约束发行人充分信息披露为核心,通过对主承销商、信用评级机构、会计师事务所、律师事务所等中介机构业务行为的引导和规范,维护市场行为的公平、公正、公开,最终实现投资人自主判断、自担风险。

尽职调查包括对基本情况、经营独立性、内部管理与运作规范性、主营业务情况、财务状况、所属行业和行业发展前景、风险事项、募集资金用途、资信状况、信息披露能力及其他重大事项等方面的调查。

债券发行方式包括招标发行与簿记建档发行,簿记建档发行流程包括签署服务协议并开立托管账户、发行时间安排、报备发行方案流程、发行披露文件、询价与簿记建档流程、配售与缴款流程、分销与上市交易流程。

交易商协会及证监会均对存续期债券信息披露作出了明确要求,包括披露的渠道、时点及内容。信息披露主要可分为财务报表相关、付息兑付相关、变更已披露信息、各类重大事项相关等。交易商协会及证监会均要求对存续期债券进行风险排查和压力测试,对入池资产标准、排查内容、压力测试报告内容、排查要求等进行了明确要求。

信用评级工作流程包括前期准备阶段、信息收集与整理阶段、确定等级、通知被评机构、复评阶段、评级结果的公布或保存、文件存档、跟踪评级等环节。评级报告一般包括概述、声明、正文、跟踪评级安排和附录等五个部分。

企业、主承销商和中介机构应特别注意财务报表信息披露必须遵守企业会计准则要求,同时应注意监管部门的披露要求和信息披露关注点。主承销商未勤勉尽责,提供的披露信息存在虚假记载、误导性陈述或有重大遗漏,或者其他违反相关法律法规、规则指引及合同约定的,应承担相应的法律责任。

本章重要术语

注册　核准　尽职调查　发行　簿记建档　后续管理　风险排查　压力测试　信用评级　审计报告　财务报表　法律责任

思考练习题

1. 债券融资方式有哪些相关参与方?它们的组织样式及参与方式如何?
2. 债券融资方式的主要流程与节点包括哪些?
3. 我国债务融资工具市场关于注册制的实践探索有哪些?
4. 银行间市场与交易所市场是如何分工与合作的?
5. 尽职调查的主要原则与方法包括什么?
6. 尽职调查的主要内容与开展方式有哪些?

7. 尽职调查报告包括哪些内容？
8. 债券发行的招标发行和簿记建档发行有什么区别？
9. 分析债券发行定价机制和影响因子。
10. 存续期债务融资工具管理的核心内容包括哪些？
11. 债券存续期信息披露的主要内容和操作要点是什么？
12. 风险排查和压力测试的要点是什么？
13. 存续期公司债券管理的核心容包括哪些？
14. 信用评级的基本理论和相关要素有哪些？
15. 信用评级的工作流程是什么？
16. 信用评级的付费方式有哪些？区别是什么？
17. 评级报告的内容包括哪些？
18. 概述审计报告的主要作用。
19. 财务报表各科目信息披露关注要点分别是什么？
20. 财务报表信息披露中，对现金流量表需要关注的要点是什么？

参考文献

[1] 发改委财政金融司 [EB/OL].http://cjs.ndrc.gov.cn/.

[2] 高杰英. 信用评级理论与实务 [M]. 北京：中国金融出版社, 2016.

[3] 国际上关于新股发行的主要制度 2013-07 [EB/OL].http://www.csrc.gov.cn/pub/newsite/ztzl/xgfxtzgg/xgfxbjcl/201307/t20130703_230244.html.

[4] 国家发展改革委办公厅.《国家发展改革委办公厅关于进一步加强企业债券存续期监管工作有关问题的通知》.

[5] 国家发展和改革委员会.《关于进一步改进和加强企业债券管理工作的通知》.

[6] 交易商协会. 关于提交后续管理工作报告有关事项的通知（2017）.

[7] 交易商协会. 业务提示函 - 主承销商（偿付资金安排）.

[8] 交易商协会. 银行间债券市场非金融企业债务融资工具信息披露规则（2012年），2012年5月21日；《非金融企业债务融资工具未按期足额偿付本息的信息披露表格》《非金融企业债务融资工具存续期财务信息披露表格》（2015年修订版）.

[9] 交易商协会. 银行间债券市场非金融企业债务融资工具主承销商后续管理工作指引 (NAFMII 指引 0006)，协会公告〔2010〕第5号.

[10] 交易商协会. 债券发行"注册制"之路再树里程碑.

[11] 交易商协会"孔雀开屏系统" [EB/OL].http://zhuce.nafmii.org.cn/fans/publicQuery/manager.

[12] 上海证券交易所.《公司债券临时报告信息披露格式指引》.

[13] 上海证券交易所.《上海证券交易所非公开发行公司债券业务管理暂行办法》.

[14] 上海证券交易所.《上海证券交易所公司债券存续期信用风险管理指引（试行）》.

[15] 上海证券交易所.《上海证券交易所公司债券上市规则》（2015年修订）.

[16] 上证债券信息网 [EB/OL].http://bond.sse.com.cn/home/.

[17] 深交所固定收益信息平台 [EB/OL].http://www.szse.cn/main/ints/.

[18] 谢多. 非金融企业债务融资工具实用手册（第二版）[M]. 北京: 中国金融出版社, 2015.

[19] 谢多. 信用评级 [M]. 北京：中国金融出版社, 2014.

[20] 叶伟春.信用评级理论与实务(第二版)[M].上海：上海人民出版社,2015.

[21] 证监会公司债券监管部[EB/OL].http://www.csrc.gov.cn/pub/newsite/gszqjgb/zcfggszq/bmgzjgfxwj/.

[22] 中国证监会.《公开发行证券的公司信息披露内容与格式准则第38号——公司债券年度报告的内容与格式》.

[23] 中国证监会.《公司债券发行与交易管理办法》（证监会令〔2015〕第113号）.

第三篇

资产证券化的中国实践

第 5 章
资产证券化概述

林华、张凡（中国资产证券化研究院）

本章知识与技能目标

◎ 理解资产证券化的基本概念与内涵，知悉资产证券化的基本理论基础和框架。
◎ 分析资产证券化的主要结构设置与安排理由。
◎ 结合多种基础资产类型的资产证券化案例，从项目概要、交易流程、风险防范措施等角度，介绍资产证券化整体业务流程。

引导案例

"东证资管—阿里巴巴1-10号专项资产管理计划"以阿里巴巴小额贷款公司面向小微企业发放贷款形成的债权为基础资产，在3年内不定期发行10期产品，每期发行额度为2亿—5亿元。根据小贷资产期限较短、随借随还的特点，该产品在交易结构设计上采用了循环购买的方式，即基础资产相关债权获得偿还后，用获得的资金循环购买新的合格小贷资产，可解决短期贷款资产和长期证券化产品的期限匹配问题，在国内资产证券化市场是首次尝试。

东证资管—阿里巴巴1号专项资产管理计划于2013年7月29日正式成立，共募集资金5亿元。从产品结构看，根据不同的风险和收益特征，该专项计划资产支持证券分为优先级资产支持证券、次优级资产支持证券和次级资产支持证券，三者比例大致为75%∶15%∶10%。也就是说，优先级资产支持证券募集资金3.75亿元，次优级资产支持证券募集资金0.75亿元，次级资产支持证券募集资金 0.5 亿元。其中，优先级、次优先级份额面向合格投资者发行；次级份额全部由原始权益人持有。优先级资产支持证券获得了 AAA 的市场评级。在风险控制方面，管理人不仅通过结构化的方式进行内部增信，阿里金融旗下的担保公司——商诚担保还提供外部增信，同时还从资产准入、资金运营和实时监控等方面进行严格的风险防范与管理。

5.1 资产证券化概述

5.1.1 资产证券化的定义

资产证券化（Asset-Backed Securitization，ABS）是指将缺乏流动性但预期能够产生稳定现金流的资产，通过重新组合，转变为可以在资本市场上转让和流通的证券的一种融资金融工具。对应地，资产支持证券（Asset-Backed Securities）就是由上述具有自动清偿能力的资产组成的资产池支持的证券。

目前我国资产证券化主要模式包括人民银行和银监会共同监管的信贷资产证券化、证监会监管的企业资产证券化、交易商协会自律管理的资产支持票据（Asset-backed Notes，ABN）、保监会监管的资产支持计划（表 5-1）。在"分业经营，分业监管"的背景下，各种业务模式在监管机构、审核方式、发起机构/原始权益人、受托人/管理人、投资者、基础资产、交易场所、法律关系等方面都有所不同。而且在各监管体系下资产证券化市场发展分化明显，信贷 ABS 及企业 ABS 发行市场发行量与存量较大，ABN 市场正在扩容。

表 5-1 资产证券化的不同模式对比

类型	信贷 ABS	企业 ABS	ABN	保险资产支持专项计划
主管部门	央行、银保监会	证监会	交易商协会	银保监会
发行主体	银行及一些其他金融机构	金融机构、非金融企业	非金融企业	未明确规定
SPV	特殊目的信托	券商资管或基金子公司发行管理的资产专项计划	设立 SPV 的破产隔离结构	资产支持计划
基础资产	银行信贷资产	企业应收账款、BT 回购款、信贷资产、门票收入、基础设施收费、信托受益权、商业地产租金收入等	企业应收账款、租赁债权、信托受益权，以及基础设施、商业物业等不动产财产或相关财产权利	能直接产生独立、可持续现金流的财产、财产权利
审核方式	审批制	备案制	注册制	初次申报核准，后续产品注册
发行方式	公开或定向	公开或非公开	公开或非公开定向	公开或非公开

(续表)

类型	信贷 ABS	企业 ABS	ABN	保险资产支持专项计划
流通市场	银行间债券市场	各类交易所	银行间债券市场	保险交易所
信用评级	需双评级	初始评级+跟踪评级	公开发行需双评级，定向无要求	初始评级+跟踪评级

《信贷资产证券化试点管理办法》（人民银行、银监会公告〔2005〕第7号）第二条将信贷资产证券化定义为"在中国境内，银行业金融机构作为发行机构，将信贷资产信托给受托机构，由受托机构以资产支持证券的形式向投资机构发行受益证券，以该财产所产生的现金支付资产支持证券收益的结构性融资活动"。《证券公司及基金管理公司子公司资产证券化业务管理规定》（证监会公告〔2014〕第49号）第二条明确规定："资产证券化业务，是指以基础资产所产生的现金流为偿付支持，通过结构化等方式进行信用增级，在此基础上发行资产支持证券的业务活动。"

2017年10月9日，交易商协会发布的《非金融企业资产支持票据指引》（协会公告〔2017〕27号）第二条规定："本指引所称资产支持票据，是指非金融企业（发起机构）为实现融资目的，采用结构化方式，通过发行载体发行的，由基础资产所产生的现金流作为收益支持的，按约定以还本付息等方式支付收益的证券化融资工具。"

《资产支持计划业务管理暂行办法》（保监发〔2015〕第85号）第二条规定："资产支持计划业务，是指保险资产管理公司等专业管理机构作为托管人设立支持计划，以基础资产产生的现金流为偿付支持，面向保险机构等合格投资者发行受益凭证的业务活动。"2019年6月26日，银保监会发布《关于资产支持计划注册有关事项的通知》（银保监办发〔2019〕143号），对保险资产管理机构首单资产支持计划之后发行的资产支持计划实行注册制管理，由中保保险资产登记交易系统有限公司具体办理注册事宜。

5.1.2 中国资产证券化的历程

2004年证监会发布《关于证券公司开展资产证券化业务试点有关问题的通知》，2005年人民银行和银监会联合发布《信贷资产证券化试点管理办法》，为我国资产证券化的发展提供了法律基础，资产证券化实践从此在中国拉开了帷幕。由此开始，我国资产证券化的发展历程经过了三个阶段。

1. 第一阶段：资产证券化业务试点阶段（2005—2008年）

2005年3月，人民银行、银监会等十部委组成信贷资产证券化试点工作协调小组，正式启动我国信贷资产证券化试点。

2005年9月，证监会推出中国联通CDMA网络租赁费收益计划，是我国推出的首只企业资产证券化产品。

2005年12月，国家开发银行和中国建设银行分别发行了我国首只信贷资产支持证券和住房贷款支持证券，成为我国试点发行的首批信贷资产证券化产品。

2007年9月，我国启动第二批信贷资产支持证券试点。

国际金融危机期间，我国出于宏观审慎和控制风险的考虑暂停了资产证券化试点。

2. 第二阶段：资产证券化业务常态发展阶段（2011—2014年）

2011年9月，证监会重启对企业资产证券化的审批。

2012年5月，人民银行、银监会和财政部联合发布《关于进一步扩大信贷资产证券化试点有关事项的通知》，标志着在经历了国际金融危机之后，我国资产证券化业务重新启动，正式进入第二轮试点阶段，试点额度为500亿元。

2012年8月，交易商协会发布《银行间债券市场非金融企业资产支持票据指引》，资产支持票据正式诞生。至此，我国主要资产证券化产品类型（企业资产证券化、信贷资产证券化、资产支持票据）全部推出。

2013年3月，证监会发布《证券公司资产证券化业务管理规定》，证券公司资产证券化业务由试点业务开始转为常规业务。

2013年7月，国务院发布《关于金融支持经济结构调整和转型升级的指导意见》，明确要求逐步推进信贷资产证券化常规化发展，盘活资金支持小微企业发展和经济结构调整。

2013年8月，人民银行、银监会推动国开行、工商银行等机构开启第三轮试点工作，试点额度达到4000亿元，我国资产证券化市场正式进入常态化发展时期。

3. 第三阶段：资产证券化业务备案制后快速发展阶段（2014年至今）

2014年年底，我国资产证券化业务监管发生了重要转折，完成了从逐笔审批制向备案制的转变。主管部门通过完善制度、简化程序、加强信息披露和风险管理，促进市场良性快速发展。具体审核方式分析如下。

信贷资产证券化：实施备案制＋注册制。2014年11月20日，银监会发布《关于信贷资产证券化备案登记工作流程的通知》，宣布针对信贷资产证券化业务实施备案制；2015年1月4日，银监会下发批文公布27家商业银行获得开展信贷资产证券化产品的业务资格，标志着信贷资产证券化业务备案制在实操层面落地；3月26日，人民银行发布《关于信贷资产支持证券试行注册制的公告》，宣布已经取得监管部门相关业务资格、发行过信贷资产支持证券并且能够按照规定披露信息的受托机构和发起机构可以向人民银行申请注册，并在注册有效期内自主发行信贷资产支持证券。

企业资产证券化：实施备案制＋负面清单管理。2014年12月26日，证监会发布《资产支持专项计划备案管理办法》，开始针对企业资产证券化实施备案制，同时配套《资产证券化业务风险控制指引》和《资产证券化业务基础资产负面清单指引》，提出8类负面清单，拓宽了发行人及基础资产的可选范围，促进了企业资产证券化近年来的高速发展。

资产支持票据：实施注册制与注册文件表格体系。注册流程是向交易商协会提交资产支持票据注册文件；注册有效期为两年，首期发行应在注册后六个月内完成，后续发行应向交易商协会备案。《非金融企业资产支持票据公开发行注册文件表格体系》（2017年）包括注册文件清单和信息披露表格两部分，具体如下。

- 注册文件清单（YZ 表）列示企业注册或备案发行资产支持票据应向交易商协会提交的要件。
- 信息披露表格列示的内容是对注册文件的最低信息披露要求，包括 ZM 系列表（募集说明书信息披露表）、ZC 表（财务报告信息披露表）、ZF 表（法律意见书信息披露表）和 ZP 系列表（评级报告信息披露表）。各表格以表格中文名称关键字拼音首字母进行命名。

5.1.3 资产证券化：一种创新融资模式

资产证券化是一种介于直接融资和间接融资之间的创新融资模式。直接融资是借款人发行债券给投资者从而直接获取资金的融资形式。该模式对借款人而言减少了交易环节，直接面向市场，能降低融资成本或在无法获得贷款的情况下获得融资，但是对投资者而言风险较大，对于风险的评估和管理主要依赖于借款人本身。间接融资是将银行作为信用中介的一种融资方式，即投资人存款于银行，银行向借款人发放贷款，在此过程中，银行负责对贷款项目进行评审和贷后管理，并承担贷款违约的信用风险。该模式下借款人的资金募集成本低，投资者面临的风险小，但银行集中了大量的风险。

和其他金融工具一样，资产证券化可以用来完善资本市场的结构，改善资源的配置，提高资金的运作效率，从而促进经济结构的优化，达到为实体经济服务的目的。而且和传统的金融过程相比，资产证券化有两个重要的特点：风险隔离、信用增级。风险隔离使得融资从企业层面转为资产层面，从而实现更细致的资产供给和定价；而结合结构金融技术的信用增级则是对资产证券化产品的个性化设计，以实现风险和收益组合的多样性和最优化。

5.1.3.1 企业资产证券化发起人的发行动力

根据《证券公司及基金管理公司子公司资产证券化业务管理规定》的规定，原始权益人是指按照本规定及约定向专项计划转移其合法拥有的基础资产以获得资金的主体。其中，基础资产是指符合法律法规规定，权属明确，可以产生独立、可预测的现金流且可特定化的财产权利或财产。基础资产可以是单项财产权利或财产，也可以是多项财产权利或财产构成的资产组合。

目前开展企业资产证券化业务的机构主要是金融机构之外的机构，包括商务部主管的融资租赁公司、商业保理公司、城投公司、产业类公司、小贷公司等。非银行机构开展企业资产证券化的原因主要有如下方面。

1. 融资渠道

资产证券化的使用可以为发起人提供一条传统融资方式之外的融资渠道。传统融资渠道（股权和一般债务）对企业整体资产、收益表现和信用条件的要求很多，融资的门槛较高，由于风险隔离和信用增级的使用，资产证券化在融资上可以摆脱企业（甚至资产本身）的信用条件的限制，从而降低企业融资的门槛。

而且，资产证券化在设计上比传统融资方式更加灵活多变，可以设计出各种满足投资人需求的产品，所以融资的基础比较厚，渠道比较广。特别是在企业整体信用不佳或融资条件苛刻的情况下，企业的融资渠道是有限的，资产证券化作为一种创新的融资方式，其融资的原理和基础不同于其他传统模式，可以帮助企业挖掘资产优势，拓宽融资渠道。理论上讲，在资产证券化下，以相同质量的资产去做交易的不同企业在融资时是平等的，不管发起人本身的规模、财力、信用或行业如何。

2. 融资成本

融资成本往往是企业融资中最重要的考虑因素。资产证券化可以帮助信用级别较低的发起人取得高信用级别的融资成本，这是资产证券化发展迅速最重要的原因之一。一个非投资级（BBB级以下）企业如果利用自身信用来融资的话，其融资成本要比AAA级证券的成本高很多，但是通过资产证券化，非投资级的企业也有可能来发行AAA级的债券。

3. 流动性

增强流动性是资产证券化的一个自然结果，证券化本身就是一个把流动性差的资产转化为流动性高的证券和现金的过程。资产证券化可以从时间和空间两个方面来实现"变现"的目的，即把将来的现金转变成现在的现金，或是把现在的不流动资产转化成可流通的资产。

4. 融资自由度

其他融资工具可能对发行规模有一定的限制，亦可能对于募集资金的用途有一定的限制和披露要求，即募集说明书当中必须明确披露募集资金用途，且募集资金的使用要严格按照募集说明书载明的用途，不得用于弥补亏损和非生产性支出，不得再次公开发行公司债券的要求。

在传统的股权和债券融资下，企业的管理和财务表现会受到投资方和债权人的严格监督，有时候还会在经济行为和决策中受到很多限制。和传统融资相比，资产证券化融资会给发起人更多的财务自由度和灵活性。

5. 表外融资

很多企业如金融企业有出表的需求，包括但不限于会计出表、银行的风险资本出表，还有一些小贷公司、融资租赁公司受限于风险资本杠杆比例的刚性要求而有风险资本出表的需求。由于资产证券化底层的交易机制是卖断资产包，从交易构建的角度来看，在完成融资的同时也可以实现融资业务不计入表内的目的，或实现将原有资产从表内脱离的目的。

资产证券化融资在符合"真实销售"和一定的条件下，可以实现出表，即不在企业的财务报表上体现交易的资产和发行的证券。这种处理使得企业的资产负债表更加紧凑，杠杆比率更低，资产回报率更高。这些指标虽然只是在数字上提升了企业的实力和表现，但这种提升可以给企业带来很多间接的经济利益，比如良好的声誉或更容易地获得传统融资的机会。

在资产证券化业务初期设计产品结构时，各中介机构经常同融资方进行沟通，询问其开展该业务的诉求。例如，主体信用评级已经达到AAA级的企业如通过发债的方式融资也可以发行 AAA 的债券，其发行资产支持证券可能是为了出表，或取得比银行授信更高的抵押率，更多地释放资产价值。

6. 锁定利润和提高财务表现

资产证券化还可以成为一种资产的销售渠道，且以这种方式进行的资产销售可能会获得比其他渠道更好的回报。从时间上来讲，虽然有些资产在经济上已经内含利润，但利润的实现可能需要长期的过程，或者这些内含利润将来的可实现度变数很大。在这种情况下，企业可以利用资产证券化来提前锁定资产的利润，提高当期的收益率。

5.1.3.2 信贷资产证券化发起人的发行动力

根据《信贷资产证券化试点管理办法》第二章的规定，通过设立特定目的信托转让信贷资产的金融机构为信贷资产证券化发起机构。目前开展信贷资产证券化业务的主要金融机构包括在中国境内依法设立的商业银行、政策性银行、信托公司、财务公司、城市信用社、农村信用社以及中国银监会依法监督管理的其他金融机构。信贷资产证券化使发起人可以实现诸如转移风险、表外融资、降低资本准备金、提高利润率、增强流动性和解决资产和负债的错配问题等功能。

1. 缓解资本金压力，增强流动性

信贷资产证券化可以帮助银行把资产转移出资产负债表，实现资产负债表的紧缩，从而降低资本金要求的基数，缓解资本金压力。同时，把资产通过证券化转化为现金后，银行的流动性也得到提升。

信贷资产证券化将单纯由银行与客户参与的信贷市场与资金配置效率更高的资本市场相连接，可以将原本在银行资产负债表上缺乏流动性的贷款作为基础资产投放到资本市场，通过发行资产支持证券获得流动资金，改善发起人的资产负债期限不匹配状况，降低流动性风险，同时让银行的资金转动起来投入实体经济，同时还可以降低银行营运中的资产与突发事件风险。

2. 解决资产和负债的错配

商业银行以短期储蓄存款（负债）来支撑中长期放贷（资产）的模式中潜藏着各种风险，包括流动性风险、利率风险和价值不对称风险等。首先，短债的高流动性和长期资产的低流动性会给银行带来很大的流动性风险。其次，由于商业银行的资产方利率和负债方利率在变动方面存在不一致，商业银行在资产和负债的价值变化上也会出现错配，从而增加了利率风险和收益的不稳定性。信贷资产证券化可以盘活银行的中长期信贷资产，调节资产和负债的期限结构，帮助银行解决资产和负债错配带来的一系列问题。

3. 实现资本节约，提高资本充足率

一般认为，金融机构负债经营的特殊业务属性使得其在不受限制的情况下可能会通过无限放大的杠杆实现盈利，从而极易引发经济泡沫，影响整个金融体系的稳定性，因此从巴塞尔协议到各国银行业监管机构均对金融机构规定了包括负债率、风险资产等在内的核心监管指标。为满足一系列监管要求，银行业机构应当按照所留的资产证券化各档次所对应的风险权重计提监管资本。目前，信贷资产证券化可以分为水平自留和垂直自留两种方式。无论采取何种方式，按照新资本管理办法，对于发行后高于发行前的监管资本部分，可以进行调整扣减。根据资本充足率的计算公式，如果作为分母的风险加权资产减少，那么资本充足率将提高，或者理解为作为分子的资本得以节约。银行可用节约的资金来放贷或配置别的资产，银行也将有更多的积极性来做信贷资产证券化，从而盘活存量。因此，发起人可以通过资产证券化业务适当降低资本耗用。

具体而言，根据《商业银行资本管理办法（试行）》附件09《资产证券化风险加权资产计量规则》，不同风险资产在银行资产负债表上的风险权重是不同的（表5-2）。同样是信贷资产，企业信贷的风险权重为100%，个人住房贷款的风险权重则为50%；如果是债券资产，评级在B+及以下包括未评级债券的风险权重为1 250%，而评级为AAA到AA-的债券的风险权重仅为20%。

表5-2　银行持有不同等级债券的风险权重

长期信用评级	AAA 到 AA-	A+ 到 A-	BBB 到 BBB-	BB 到 BB-	B+ 及 B+ 以下或者未评级
风险权重	20%	50%	100%	350%	1 250%

注：长期评级在BB+（含BB+）到BB-（含BB-）之间的，发起机构不适用表中的350%的风险权重，而适用1250%的风险权重。

考虑到各类资产的风险权重不同，银行将贷款资产证券化后售出，如果BBB+级（100%风险权重资产）以下的产品占比较低或通过资本市场转成证券化产品，将能够大幅降低银行的风险资本要求，这样银行将通过信贷资产证券化获得巨大的资本优势。2013年12月31日，人民银行和银监会发布公告《中国人民银行中国银行业监督管理委员会公告》〔2013〕21号，将发起人的自留方式改为可以垂直持有，即信贷资产证券化发起机构需保留不低于5%的基础资产信用风险，持有最低档次级资产支持证券的比例不得低于该档次资产支持证券发行规模的5%，这更加有利于资本节约的实现。按照目前市场上发行量最大的工商企业贷款证券化产品，在水平持有的方式下，发起银行发行后的资本耗用相当于发行前的62.5%。若采用垂直持有方式，发起银行发行后的资本耗用将不超过发行前的20%。

4. 分散银行信贷风险

信贷资产证券化可以改变商业银行传统上单一的贷款业务中的"贷款—回收—贷款"模式，使原来的两个阶段分解成两个相对独立的过程，即贷款过程与出售过程，从而使贷款风险不再全部由银行承担。

证券化作为创新性的融资手段，可以为发起人提供一个优化资金结构的平台。一方面，由于采用了分层等信用增级技术，资产支持证券综合融资成本较低。另一方面，资产证券化提供了一种全新的融资手段，可以进一步丰富发起人的融资结构，拓展融资渠道。

发起人在信贷资产证券化实践中遵循国家的政策导向，积极投向政策支持方向，并在资产选择和筛选过程中，适当分散贷款集中度和行业集中度。同时，在资产支持证券存续期间，作为贷款服务机构，发起人需要按照信息披露的有关要求对证券化资产的违约、提前清偿以及违约回收等情况进行定期监控管理和公布报告（通过受托机构），这有利于发起人进一步提高信贷风险管理水平，优化信贷资产结构，分散信贷风险。

5. 提高银行资本回报率

商业银行可以将自己持有的期限长、利率低的信贷资产证券化，实现部分利润的提前兑现，并将收回的资金用于其他投资，提高资本回报率。根据资产回报率的公式（资本回报率＝存贷息差×资产周转率×杠杆率），在利率市场化改革中，存贷息差下降，而《巴塞尔协议Ⅲ》提高了银行业资本充足率要求，限制了杠杆率水平，这些都使得提高资本回报率只能依靠通过资产证券化加快资产周转率来实现。在银行负债端进行融资会扩张资产负债表规模，降低银行的资产周转率。与之不同的是，在银行资产端通过资产证券化形式进行结构化融资会提高资产周转率，减少银行发起人的经济资本占用，实现真正意义上的"盘活存量"。

6. 改变传统盈利模式，提高综合化经营业务收入

除了作为证券化的发起人，商业银行通常还会充当贷款资产服务机构和资金保管机构等角色。以美国为例，房屋按揭贷款资产的年服务费大约是资产的 0.5%，汽车按揭贷款资产的年服务费为 0.75%—1.00%。如果资产证券化达到一定的规模，服务费可以成为重要的中间业务收入来源，而且由于服务费权可以在资产证券化交易发行时确认入资产负债表，它的价值一般与银行其他资产的价值在对利率的反应上呈现相反的走向，是一种天然的价值对冲保护。

20 世纪 80 年代以来，中间业务已成为西方国家商业银行的主要业务品种和收入来源，在总收入中的占比达到 40%—50%，有的甚至超过 70%。我国商业银行中间业务起步较晚，也较为简单，主要部分是手续费和佣金净收入，跟发达国家相比相差甚远。随着国内资本市场的快速发展和利率市场化进程的进一步加快，以利差收入为主的传统商业银行业务将受到进一步冲击。信贷资产证券化与传统的信贷业务盈利模式存在根本的差异，它是一种"发起—销售"模式，即银行在发起贷款后不长期持有以等待借款人还贷，而是直接将贷款通过资产证券化销售给不同风险偏好的投资者。

在这种新型的金融服务运营模式下，银行将期限长、利润薄的信贷资产提前兑现，从而加快信贷资产周转速度，提高资产的收益率。同时，银行作为信用媒介的职能和相应的盈利模式都发生了变化，信用风险可以转移出银行的资产负债表，通过资本市场分散到整个金融体系之中。在这个过程中，银行将风险资产的利差收入转换为无风险的服务收费收入，赚取的是中间业务收入（贷款收入扣除证券化成本后），虽然低于存贷款利差，但这是一种稳定而无风险的收入。此外，发起人在出售基础资产的同时还可以作为贷款服务机构继续为基础资产提供管理从而获得服务报酬，并有机会开拓证券化操作的结算、资金托管、财务顾问、担保等中间业务，提高银行非利差收入来源。

7. 有利于规范投资种类，降低投资风险

资产证券化可以实现收益与风险的重新分配、破产隔离和资产支持证券的信用增进，可以增强银行的风险抵御能力，推动银行业务规范化和标准化运作。将贷款资产证券化后，作为发起机构，银行将信贷资产的收益和风险转移出自身的资产负债表，不再承担贷款风险。对于像住房抵押贷款和基础设施贷款这样的业务，银行也希望有一种金融创新工具和相应的资本市场使它们能够进行长、短期资产的转换，在必要时对冲头寸敞口和规避利率风险，以更好地与负债进行匹配，进行资产负债管理以规避风险。

5.1.3.3 投资者的投资动力

资产证券化市场的不断创新和发展与监管的完善细化存在螺旋上升趋势，二者在实践中不断适应优化，最终促进市场的稳步发展。在投资者领域，政府的准入限制是投资者准入的第一道门槛。随着资产证券化品种和规模的稳步扩大，监管也逐步放松资产证券化市场投资者名单范围，使得各类金融机构得以参与其中。

和其他投资产品相比，资产证券化产品设计灵活，可以按照投资者的不同投资意愿、资金实力及风险偏好等量身定制不同种类、等级、期限和收益的投资产品，这是其他投资产品很难做到的。而且资产证券化的基础资产种类繁多，包括一些一般投资者以前无法参与的资产项目，而对于机构投资者来说，购买资产支持证券不仅可以优化自身的资产结构，而且可以突破某些资产类别的投向限制。

同时，为了培育市场、吸引投资者，资产证券化市场呈现出低风险、高回报的特性。以信贷资产证券化为例，在试点阶段，基础资产池中的企业贷款历史违约率相对较低，原始债务人的信用资质良好，并且通过结构化的产品设计保障优先级投资人收益，这些都使得资产证券化产品相对风险较低。同时，为了吸引投资者，资产证券化产品相较于同评级的中短期票据或企业债会提供较好的利差收益。针对资产证券化产品利差的具体分析，在后文中会详细阐述。

但是，随着证券化市场的不断扩大，发起人主体和基础资产池在不断丰富的过程中会出现信用资质下沉的风险，但是通过产品分级结构的内部增信、超额利差设置、差额支付承诺、保证金担保、加速清偿等增信措施，资产证券化产品的投资性价比依然处于较好的位置。

5.1.4 资产证券化的基本构成

资产证券化项目通常由融资方作为原始权益人发起，委托财务顾问或承销机构安排开展相关具体工作。在项目前期沟通阶段，财务顾问或销售机构根据项目的需要及进度引入管理人以及会计师、法律顾问、评级机构等中介机构，共同设计拟进行的证券化项目的交易结构，对拟入池的基础资产进行相应的尽职调查，撰写专项计划交易文件，并根据尽职调查情况出具会计报告、法律意见书及评级报告等文件。

在具体的交易流程中，销售机构通过公开招标或簿记建档方式确定资产支持证券认购人，并向其发行作为收益凭证的资产支持证券，同时管理人代表专项计划使用募集资金购买原始权益人持有的基础资产。

专项计划存续期间，管理人代表专项计划委任资产服务机构对基础资产进行回收、记录、催收、处置，委任监管银行（如有）以及托管银行对专项计划现金资产进行保管及划付，委任登记托管机构向资产支持证券持有人兑付预期收益及应偿还的本金。

相较于传统融资工具，资产证券化交易由于嫁接了基础资产的信用，交易结构相对复杂，在交易流程中一般会涉及多个参与主体，且每个参与主体与特殊目的载体之间、与原始权益人之间存在不同的法律关系。

5.1.4.1 企业资产证券化交易结构

在一般的企业资产证券化交易中，参与主体主要可以分为以下几类：①原始权益人；②管理人；③销售机构；④资产服务机构；⑤认购人/资产支持证券持有人；⑥登记托管机构/支付代理机构；⑦增信机构；⑧律师、会计师、评级公司等中介机构。

企业资产证券化交易结构如图 5-1 所示。

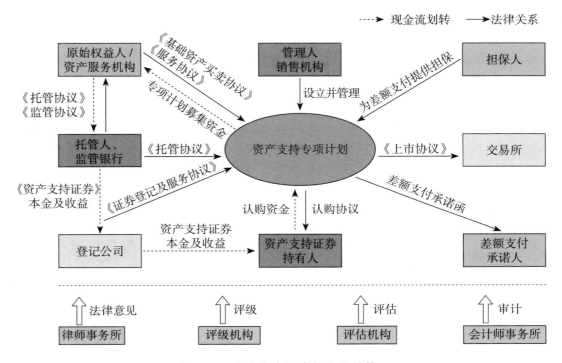

图 5-1 企业资产证券化交易结构

按照上面的交易结构图，可以把企业资产证券化流程拆分为以下步骤：

第一步：构建资产池。由发起人根据自己的融资需求和自己拥有的资产情况，将符合证券化要求的基础资产汇集成资产池。可证券化的资产要求是拥有独立、持续、稳定、可预测的现金流。

第二步：设立特殊目的载体（SPV）。管理人根据发起人的委托，设立资产支持专项计划，发起人向专项计划转让基础资产，实现基础资产破产隔离的目的。管理人作为 SPV 的管理人和代表，是发起人和投资者之间的桥梁，同时负责整个业务过程中 SPV 的运营。

第三步：设计交易结构。SPV 与托管银行、承销机构、担保公司签订托管合同、承销协议、担保合同等，完善交易结构，进行信用增级。

第四步：发行资产支持证券。SPV 通过承销机构向投资者销售资产支持证券，投资者购买证券后，SPV 将募集的资金用于支付发起人基础资产的转让款，发起人实现筹资目的。证券发行完毕后到交易所挂牌上市，实现流动性，在资产支持证券的存续期间，

SPV用基础资产产生的现金流按协议约定向投资者偿付本金和收益,直至到期,整个资产证券化过程结束。

在上述过程中,律师事务所、会计师事务所、资产评估机构、信用评级机构作为中介机构,在各自的领域里为整个资产证券化过程提供专业服务。

5.1.4.2 信贷资产证券化交易结构

信贷资产证券化交易结构如图 5-2 所示。

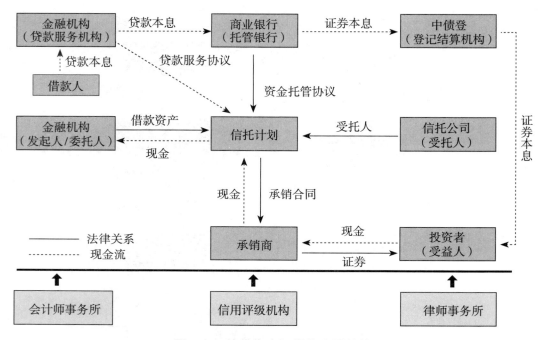

图 5-2 信贷资产证券化交易结构

信贷资产证券化流程与企业资产证券化基本相同,区别主要有两点。

一是发行载体不同。企业资产证券化的载体是资产支持专项计划,信贷资产证券化的载体是特殊目的信托(Special Purpose Trust,SPT),这是由两者的监管部门和适用法规不同造成的。企业资产证券化由证监会监管,适用法规为《证券公司及基金管理公司子公司资产证券化业务管理规定》;信贷资产证券化由人民银行和银监会监管,适用的法规为《信贷资产证券化试点管理办法》,该办法规定,信贷资产证券化中特定目的信托受托机构是因承诺信托而负责管理特定目的信托财产并发行资产支持证券的机构,受托机构由依法设立的信托投资公司或中国银监会批准的其他机构担任。跟 SPV 一样,SPT 具有《信托法》规定的破产隔离的功能。

二是参与主体略有不同。与企业资产证券化相比,信贷资产证券化增加了借款人,减少了外部担保机构,这是由于信贷资产证券化的发起人为银行(或银监会监管的其他金融机构),基础资产为其拥有的债权,信用资质一般较好,借款人数量较多,因此较少采取担保等外部增信措施,主要靠产品内部交易结构的设计来进行增信,如将产品设为优先级、劣后级,劣后级的结构安排即是为了实现内部增信。

5.1.4.3 资产支持票据交易结构

资产支持票据是指依据人民银行颁布的《银行间债券市场非金融企业债务融资工具管理办法》（人民银行令〔2008〕第1号）以及交易商协会颁布的《银行间债券市场非金融企业资产支持票据指引》（协会公告〔2014〕14号），由非金融企业在银行间债券市场发行的，由基础资产所产生的现金流作为还款支持的，约定在一定期限内还本付息的债务融资工具。目前市场上的资产支持票据有两种交易结构。

一是不强制要求引入SPV，发行载体由发起机构担任的"特定目的账户+应收账款质押"交易结构（图5-3）。所谓"特定目的账户"，是指在资金监管银行开立资金监管专户，实现账户隔离，明确基础资产未来产生的现金流直接进入资金监管专户，优先用于偿还资产支持票据，发行人不得动用监管专户内的资金。但特定目的账户并不能实现破产隔离和真实出售，因此资产支持票据和严格意义上的资产证券化还有一定差距。

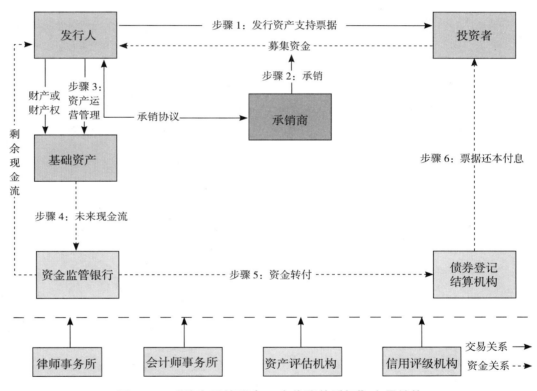

图5-3 "特定目的账户+应收账款质押"交易结构

现金流的归集和监管是资产支持票据交易结构的核心（图5-4），基础资产产生的现金流如何能够安全转付至票据持有人是该交易结构设计应该围绕的核心问题。资产支持票据遵循基础资产支持优先的概念，基础资产产生的现金流最好直接划付至资金专用监管账户，监管账户资金优先用于偿付资产支持票据当期本息和相关费用。

基础资产产生的现金流最好沉淀在监管账户中，发起人理论上对其不再享有支配权。若经协议约定投资人认可，监管账户沉淀资金仅可投资于协议存款、国债等无风险高流动性资产。超出当期应付本息的资金可以作为超额信用支持直至资产支持票据本息完全兑付，也可以在满足交易结构其他各项储备账户要求基础上按约定分配给发行人。考虑到发行人资金的沉淀成本，可以增加票据本金摊还和利息支付的频率，结合基础资产产生现金流实际情况制定灵活的还本付息方式。结合基础资产产生现金流的周期特性，尽量使基础资产现金流与当期资产支持票据本息偿还额度相匹配，以达到最高的资金利用效率。特定月份的现金流评估金额应覆盖当期资产支持票据本息偿付金额一定倍数以上。

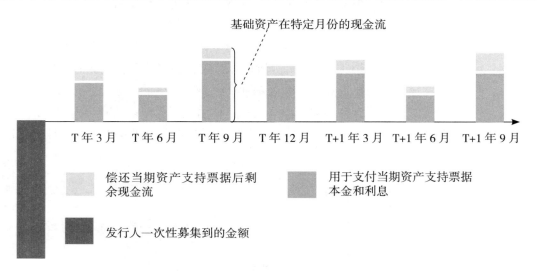

图 5-4　资产支持票据现金流设计示意

二是引入 SPV 后的资产支持票据交易结构（图 5-5）。

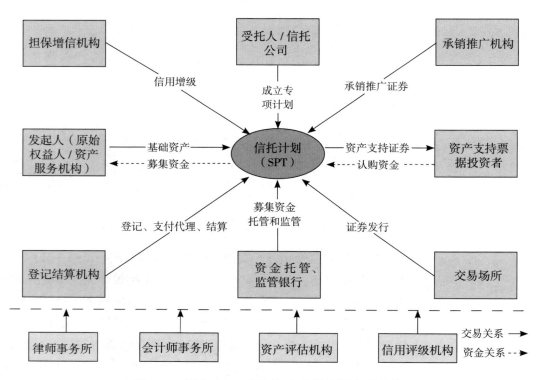

图 5-5　引入 SPV 后的资产支持票据交易结构

2017年10月9日交易商协会发布了《非金融企业资产支持票据指引》（协会公告〔2017〕27号），引入特殊目的载体（SPV）。该指引规定："发行载体由特定目的载体担任的，基础资产应依照相关交易合同转让至发行载体。资产服务机构应将基础资产产生的现金流按约定转入发行载体或其管理机构在资金保管机构开立的资金保管账户。"

信托型资产支持票据则通过引入特殊目的信托（SPT）作为发行主体，实现资产证券化中的真实出售和破产隔离，使得融资人达到表外融资的目的。它与抵质押型资产支持票据的比较见表5-3。

表5-3 抵质押型资产支持票据与信托型资产支持票据比较

	抵质押型资产支持票据	信托型资产支持票据
原始权益人	非金融企业（地方融资平台类企业或公用事业类企业）	非金融企业（民营企业、国有企业或融资租赁公司）
发行人	非金融企业	信托公司
发行方式	公开发行/定向发行（已发行的定向发行为主）	公开发行/定向发行
发行场所	银行间债券市场	银行间债券市场
指导规则	《非金融企业资产支持票据指引》	《非金融企业资产支持票据指引（修订稿）》
基础资产	建设应收款和公用事业收费收入为主	企业应收账款、租赁债权、信托受益权等财产权利，基础设施、商业物业等不动产财产或相关财产权利均可
能否设立SPV	不要强制要求设立SPV	设立SPV
信用评级	主体评级，很少有债项评级	既有主体评级，也有债项评级
能否出表	否	真实出表/实现破产隔离

资料来源：招商证券。

5.1.5 资产证券化的主要参与者

发起人是资产证券化业务中的资金融入方，也是整个业务的发起者。除了补充资金来源外，金融机构参与信贷资产证券化还有提高资本充足率、化解资本约束、转移风险、增强流动性的考虑，非金融机构参与企业资产证券化则希望同时达到扩展直接渠道、优化财务报表、创新经营方式等目的。

受托人或计划管理人是资产证券化项目的主要中介，负责托管基础资产及与之相关的各类权益，对资产实施监督、管理，并作为SPV的代表连接发起人与投资者。在信贷资产证券化市场，信托机构作为受托人，依照信托合同约定负责管理信托财产，持续披露信托财产和资产支持证券信息，分配信托利益。在企业资产证券化市场，券商则作为计划管理人，成立资产支持专项计划，同时全面参与产品设计、销售发行并提供财务顾问等服务。

专业的评级机构通过收集资料、尽职调查、信用分析、信息披露及后续跟踪，对原始权益人基础资产的信用质量以及产品的交易结构、现金流分析与压力测试等进行把关，从而为投资者提供重要的参考依据，保护投资者权益，起到信用揭示功能。

律师事务所作为资产证券化发行过程中的重要中介，对发起人及基础资产的法律状况进行评估和调查，明确其他项目参与者的权利义务，拟订交易过程中的相关协议和法律文件，提示法律风险，提供法律相关建议，是资产证券化过程中的法律护航人，确保项目的合法合规。

会计处理工作是资产证券化过程中的重要环节，会计师需要对基础资产的财务状况进行尽职调查和现金流分析，提供会计和税务咨询，为特殊目的机构提供审计服务。在产品发行阶段，会计师需要确保入池资产的现金流完整性和信息的准确性，并对现金流模型进行严格的验证，确保产品得以按照设计方案顺利偿付。

下面以企业资产证券化为例，详细介绍各参与机构。

1. 原始权益人

在企业资产证券化过程中，原始权益人一般为非金融机构主体。根据《证券公司及基金管理公司子公司资产证券化业务管理规定》（证监会公告〔2014〕49号，以下简称"49号文"），原始权益人是指按照49号文及约定向专项计划转移其合法拥有的基础资产以获得资金的主体，即融资方。根据49号文的规定，原始权益人分为特定原始权益人和非特定原始权益人。其中，特定原始权益人是指业务经营可能对专项计划以及资产支持证券投资者的利益产生重大影响的原始权益人，典型的如应收账款债权人贸易公司、供水、供气、供电、供暖公司、污水处理公司或融资租赁公司。非特定原始权益人，典型的如江苏银行融元1号票据收益权资产支持专项计划，其中作为原始权益人的各持票人就被定性为非特定原始权益人，因为基础资产为票据收益权，依托于票据的无因性，该种票据收益权的最终实现与原始权益人本身的业务经营关联性并不显著，因此可以在类似的项目中将该等原始权益人认定为非特定原始权益人。

根据基础资产类型的不同，原始权益人主要包括持有债券类基础资产的贸易公司、融资租赁公司、保理公司，持有公用事业类基础资产的公交车公司、供水、供气、供电、供暖等公共事业相关产业公司，持有物业费收费权类基础资产的物业公司，持有购房款尾款类基础资产的房地产开发公司、地方的公积金中心，票据收益权项目中的票据持有人，信用证项目中的信用证权益持有人等。

2. 特殊目的载体及其管理人

在49号文中，特殊目的载体被定义为"证券公司、基金管理公司子公司为开展资产证券化业务专门设立的资产支持专项计划，或者证监会认可的其他特殊目的载体"。

为了突出资产信用、降低主体信用的影响，交易结构需满足基础资产在最恶劣的情形——资产转出方/融资方破产——下，证券持有人仍有绝对的控制底层基础资产的权利的要求，这便是设立能够隔离资产转出方破产的特殊目的载体的目的。49号文规定："因专项计划资产的管理、运用、处分或者其他情形而取得的财产，归入专项计划资产；因处理专项计划事务所支出的费用、对第三方所负债务，以专项计划资产承担。专项计划资产独立于原始权益人、管理人、托管人及其他业务参与人的固有资产。原始权益人、管理人、托管人及其他业务参与人因依法解散、被依法撤销或者宣告破产等原因进行清算的，专项计划资产不属于其清算财产。"简单来说，基础资产向特殊目的载体转让后可以实现专项计划资产独立于原始权益人、管理人、托管人及其他业务参与人的固有资产，实现破产隔离，从而达到资产证券化"重资产、轻主体"的目标。

特殊目的载体管理人的主体资格要求主要包含两个方面：一是开展特定业务所需具备的有关政府部门颁发的业务经营资质，具体要求为开展资产证券化业务的证券公司须具备客户资产管理业务资格，基金管理公司子公司须由证券投资基金管理公司设立且具备特定客户资产管理业务资格；二是满足一定程度的内容合规、风控制度要求，包含有完善的合规、风控制度以及风险处置应对措施，能有效控制业务风险以及最近1年未因重大违法违规行为受到行政处罚。

一般而言，管理人在资产证券化业务中需要承担的职责主要分以下阶段。

①专项计划成立前，管理人需对专项计划所涉及交易主体和基础资产按照法律法规的要求进行全面的尽职调查。

②专项计划发行时，办理资产支持证券的发行事宜；履行信息披露义务；按照约定及时将募集资金支付给原始权益人。

③专项计划存续期间，为资产支持证券投资者的利益管理专项计划资产；监督、检查特定原始权益人持续经营情况和基础资产现金流状况，出现重大异常情况的，管理人应当采取必要措施，维护专项计划资产安全；督促原始权益人以及为专项计划提供服务的有关机构履行法律及合同约定的义务；建立相对封闭、独立的基础资产现金流归集机制，切实防范专项计划资产与其他资产混同以及被侵占、被挪用等风险；按照约定向资产支持证券投资者分配收益；履行信息披露义务。

④专项计划终止，负责专项计划的终止清算。

3. 销售机构

区别于银行间市场发行的资产证券化项目必须具备资产支持证券的承销机构，交易所市场发行的资产支持证券项目可以由管理人同时作为资产支持证券的销售机构，对资产支持证券的推介和销售提供相应服务，同时管理人也可以委托其他销售机构对资产支持证券进行销售。

证券公司（或其资产管理业务子公司）设立的专项计划和基金管理公司子公司设立的专项计划对其销售机构的资质要求略有不同。由于资产证券化项目属于资产管理业务的一类，因此基金管理公司子公司在进行资产证券化业务时，如需委托其他机构销售资产支持证券时，应保证该等销售机构具备基金销售资格。证券公司（或其资产管理业务子公司）设立的资产支持专项机构虽未对于销售机构明确约定该等资质要求，但主流观点及市场操作仍要求销售机构取得相应资质。

4. 资产服务机构

资产服务机构在资产证券化业务中主要承担对于基础资产的管理以及对于专项计划现金资产进行归集及转付的工作。由于资产服务机构起到了在原始权益人转让基础资产之后协调底层债务人和专项计划的关系、与底层债务人维护关系的职能，因此在实践操作中往往交由原始权益人这一与底层债务人联结最为紧密的主体担任专项计划的资产服务机构，但应当在财产关系上使基础资产与原始权益人自有资产或其管理的其他受托资产相隔离，防范利益冲突和资金混同风险、道德风险。

原始权益人作为原基础资产的所有权人，其天然满足基础资产运营所需要的资质、证照要求，同时在基础资产的管理方面有着相关经验，聘请原始权益人作为资产服务机构是资产证券化项目中的交易惯例，但也存在个别项目原始权益人不为资产服务机构的情形。

5. 监管/托管银行

监管银行。由于原始权益人一般担任资产服务机构的角色，以其自身名义开立收款账户回收基础资产回收款，为了防止原始权益人自身的挪用风险并尽可能地缩短基础资产回收款在原始权益人名下账户留存的时间以减小混同风险，保障资产支持证券持有人本息的兑付，一般会对收款账户设置监管机制或要求资产服务机构按期将收款账户中的专项计划回收款划付至监管账户，并设置一定的加速归集事件加快归集频率。除非向管理人提供相应证明并取得管理人同意，监管账户内资金仅能定向全额向专项计划账户转付。

托管银行。托管银行是指为资产支持证券持有人的利益，按照规定或约定对专项计划相关资产进行保管，并监督专项计划运作的商业银行或其他机构。托管银行一般由具有证券或基金托管资格的商业银行担任。根据49号文的规定，托管银行应当履行下列职责：安全保管专项计划相关资产；监督管理人专项计划的运作，发现管理人的管理指令违反计划说明书或托管协议约定的，应当要求改正；未能改正的，应当拒绝执行并及时向基金业协会报告，同时抄送对管理人有辖区监管权的中国证监会派出机构；出具资产托管报告；计划说明书以及相关法律文件约定的其他事项。

6. 资产支持证券持有人

资产支持证券持有人是具有投资资产支持证券的所有合法权利、授权及批准，以其来源及用途均合法的资金，在遵守《风险揭示书》中认购人声明的前提下，购买资产支持证券的投资者。管理人宣布资产支持专项计划设立后，该等投资者成为资产支持专项计划的资产支持证券持有人。资产支持证券持有人需在登记托管机构开户，用以在兑付日接收管理人代表专项计划委托登记托管机构向其兑付的预期收益及当期应偿付的本金。

根据49号文的规定，资产支持证券应当面向合格投资者发行，发行对象不超过200人，单笔认购不少于100万元人民币发行面值或等值份额。合格投资者应当符合《私募投资基金监督管理暂行办法》规定的条件，依法设立并受国务院金融监督管理机构监管，不再穿透核查最终投资者是否为合格投资者，也不再合并计算投资者人数。

7. 登记托管机构/支付代理机构

登记托管机构/支付代理机构是为资产支持证券提供登记托管和支付结算的机构。根据挂牌场所的不同，登记托管机构/支付代理机构亦有区分（表5-4）。

表5-4 登记托管机构/支付代理机构

挂牌场所	登记托管机构/支付代理机构
上海证券交易所	中国证券登记结算有限公司上海分公司
深圳证券交易所	中国证券登记结算有限公司深圳分公司
机构间私募产品报价与服务系统	中证机构间报价系统股份有限公司

登记托管机构的主要职能是资产支持证券在转让过户后的登记和资金清算事宜。在专项计划成立后，登记托管机构将根据揭示认购人认购的资产支持证券的情况为认购人办理资产支持证券的初始登记；在兑付日的前一个工作日，亦将根据资产支持证券届时在登记托管机构的登记，办理相应的资产支持证券在兑付日的兑付。在专项计划存续期间，一旦资产支持证券被转让，将由登记托管机构为新的资产支持证券持有人办理登记，并由转让双方在其开立的账户内办理资金结算事宜。

8. 增信机构

差额支付承诺人，向专项计划提供无条件、不可撤销的差额支付承诺，与管理人签署《差额支付承诺函》。也就是说，当专项计划资金不足以根据交易文件的规定在相应兑付日支付完毕优先级资产支持证券当期预期收益和预期应偿还本金时，差额支付承诺人对差额部分承担补足义务，并在专项计划终止后专项计划资产不足以根据交易文件的规定支付完毕所有优先级资产支持证券届时未受偿的预期收益和本金时，对差额部分承担补足义务。

担保人，同差额支付承诺人、管理人共同签署《担保协议》，用以担保《差额支付承诺函》项下管理人在发生差额支付启动事件后要求差额支付承诺人根据《差额支付承诺函》项下的义务支付差额支付款项的权利。在保证范围内的保证责任得以足额实现或保证责任得到适当履行的前提下，免除担保人相应的保证责任，《担保协议》项下保证的范围包括主债权及利息、因主债权及利息而产生的违约金、损害赔偿金、实现债权的合理费用（诉讼费用、律师费用、公证费用、执行费用等）。

流动性支持机构，根据《流动性支持协议》向专项计划提供无条件、不可撤销的流动性支持。管理人查询有权退出的资产支持证券持有人及持有的有权退出的资产支持证券信息，与办理退出确认手续的资产支持证券持有人及持有的资产支持证券信息比对，确认享有退出权的资产支持证券持有人及享有退出权的资产支持证券的类别和份额，管理人通知流动性支持机构于退出行权日买入该等有权退出的资产支持证券，流动性支持机构于退出行权日前将流动性支持资金存放于管理人指定的账户，并于退出行权日买入该等有权退出的资产支持证券，支付收购资金（"流动性支持金"）。

9. 中介机构

会计师/审计师。资产证券化中的会计师/审计师一般由具有从事证券期货相关业务资格的会计师事务所担任。会计师/审计师的职责是在专项计划设立时、存续期间以及终止时，对专项计划中涉及的财务数据进行审计。

评级机构。评级机构接受管理人的委托，就特殊目的载体是否有足够的能力兑付本金和收益以及对资产支持证券的信用状况作出评价。至于评级机构的资质要求，其应当取得中国证监会核准的证券市场资信评级业务资格，方可对证券进行初始评级和跟踪评级。

资产评估机构。在某些特殊的资产支持专项计划中，会聘请资产评估机构对基础资产的价值出具评估报告。49号文明确规定，对不动产等专业性较强的基础资产价值的评估，管理人应当委托符合条件的专业资产评估机构出具评估报告，基础资产为不动产的，发生收购或者处置等影响基础资产价值的重大事项时均应当进行评估，但对于其他类型的基础资产是否需要聘请资产评估机构并未有明确规定。根据《深圳证券交易所资产证券化业务问答（2017年3月修订）》，除要求对不动产等专业性较强的基础资产委托具有从事证券期货相关业务资格的专业资产评估机构出具评估报告外，对部分专业性较强、尽职调查要求较高的基础资产，如高速公司、电力受益权、门票及不动产等基础资产，也需聘请专业机构对基础资产的价值及现金流情况进行评估。

律师事务所。律师事务所在资产证券化项目中主要承担法律尽职调查、法律意见书出具以及交易文件的撰写等法律工作。根据49号文的规定，管理人应当聘请律师事务所对专项计划的有关法律事宜发表专业意见，并向合格投资者披露法律意见书，包括但不限于以下内容：①管理人、销售机构、托管人等服务机构的资质及权限；②计划说明书、资产转让协议、托管协议、认购协议等法律文件的合规性；③基础资产的真实性、合法性、权利归属及其负担情况；④基础资产转让行为的合法有效性；⑤风险隔离的效果；⑥循环购买（如有）安排的合法有效性；⑦专项计划信用增级安排的合法有效性；⑧对有可能影响资产支持证券投资者利益的其他重大事项的意见。在专项计划终止时，有时亦要求律师事务所、会计师事务所和管理人一起组成清算组，承担专项计划资产的清算工作。

5.2 资产证券化业务承揽要点及产品展望

随着资产证券化业务发展日趋常规化，其底层基础资产类型更加丰富。按《非金融企业资产支持票据指引》及《非金融企业资产支持票据公开发行注册文件表格体系》（协会公告〔2017〕27号）定义，基础资产是指符合法律法规规定，权属明确，可以依法转让，能够产生持续、稳定、独立、可预测的现金流且可特定化的财产、财产权利或者财产和财产权利的组合。形成基础资产的交易基础应当真实，交易对价应当公允。

具体而言，基础资产可以是企业应收账款、租赁债权、信托受益权等财产权利，也可以是基础设施、商业物业等不动产财产或相关财产权利等。基础资产为信托受益权等财产权利的，其底层资产需要满足相关指引对基础资产的规定(即需满足"穿透原则")。以基础设施、商业物业等不动产财产或相关财产权利作为基础资产的，发起机构应取得合法经营资质。

本部分将以企业资产证券化为例，梳理企业资产证券化的主要类型，并根据不同类型的特点，总结项目承揽要点。

5.2.1 资产证券化业务按基础资产类别分类

结合49号文第一条、第二条及第四条的相关规定，资产证券化业务为证券公司、基金管理公司子公司等相关主体开展的，以基础资产所产生的现金流为偿付支持，通过设立特殊目的载体，采用结构化等方式进行信用增级，在此基础上发行资产支持证券的业务活动。资产证券化的核心在于依托基础资产向特殊目的载体的转移以及资产现金流和特殊目的载体的风险隔离功能，向投资者进行收益凭证的发行。

5.2.1.1 对基础资产的要求

49 号文第三条规定:"基础资产是符合法律法规规定,权属明确,可以产生独立、可预测的现金流且可特定化的财产权利或者财产。基础资产既可以是单项财产权利或者财产,也可以是多项财产权利或者财产构成的资产组合。财产权利或者财产,其交易基础应当真实,交易对价应当公允,现金流应当持续、稳定。"第五条规定:"专项计划资产独立于原始权益人、管理人、托管人及其他业务参与人的固有资产。"第二十四条规定:"基础资产不得附带抵押、质押等担保负担或者其他权利限制,但通过专项计划相关安排,在原始权益人向专项计划转移基础资产时能够接触相关担保负担和其他权利限制的除外。"第二十六条规定:"基础资产的规模、存续期限应当与资产支持证券的规模、持续期限相匹配。"

总而言之,根据 49 号文,专项计划基础资产的选取应当满足如下条件和要求:合法合规性,权属明确,可特定化,独立性,可预测性及持续稳定性,无权利负担,规模及存续期限与资产支持证券匹配,可组合性,不属于负面清单。

5.2.1.2 基础资产的分类

49 号文第三条明确规定基础资产可以是企业应收款、租赁债权、信贷资产、信托受益权等财产权利,也可以是基础设施、商业物业等不动产财产或不动产受益权,以及中国证监会认可的其他财产或财产权利。

《应收账款质押登记办法》(人民银行令〔2007〕第 4 号)第二条对应收账款给出了举例式的定义,即包括如下方面。

- 销售、出租产生的债权,包括销售货物,供应水、电、气、暖,知识产权的许可使用,出租动产或不动产等;
- 提供医疗、教育、旅游等服务或劳务产生的债权;
- 能源交通运输、水利、环境保护、市政工程等基础设施和公用事业项目收益权;
- 提供贷款或其他信用活动产生的债权;
- 其他以合同为基础的具有金钱给付内容的债权。

企业资产证券化的基础资产类型随着市场的迅猛发展不断丰富和多元化,可分为债权类资产、收益权类资产(表 5-5)及不动产。其中,不动产资产主要包括商业地产、保障房等产生的资产(包括但不限于物业费、购房尾款、商业物业租金、保障房代建应收款、住房公积金贷款债权、类 REITs[①]、CMBS[②] 等),与债权类及收益权类资产存在部分重合。

[①] REITs(Real Estate Investment Trust)是一种以发行收益凭证的方式汇集特定多数投资者的资金、由专门投资机构进行房地产投资经营管理、并将投资综合收益按比例分配给投资者的一种金融投资产品。

[②] CMBS(商业抵押贷款资产证券化)是指基于特定目的载体(SPV)、以商业地产按揭为基础资产的资产证券化产品。

表 5-5 企业资产证券化基础资产的类别

类型	基础资产	典型企业
债权类	融资租赁债权	商务部融资租赁公司
	不动产租赁债权	物业持有人
债权类	公积金贷款债权	地方公积金中心
	股票质押债权	证券公司
	贸易应收账款	贸易公司、机械制造公司等
	保理债权	保理公司
	小额贷款债权	具有贷款业务资格的机构
	委贷债权	除金融资产管理公司和具有贷款业务资格的各类机构外的企事业法人
	信托受益权	信托公司
	购房尾款	房地产企业
收益权类	物业管理费收费权	物业公司
	票款收费权	景区门票收费权——景区
		影院电影票款收费权——影院
	基础设施收费权	热费收费权——供热公司
		水费收费权、污水处理收费权——水务公司
		天然气收费权——天然气公司
		电力上网收费权——电热公司
	交通收费权	公交收费权——公交公司
		路、桥通行费收费权
		BSP 票①收费权——航空公司
		索道费收费权——索道公司
	学费收费权	学院

5.2.1.3 专项计划的其他分类

1. 单一原始权益人模式与集合发行模式

为避免对多个原始权益人进行详细的尽职调查及信息披露造成的复杂工作及文本上的繁琐,有时会将各项目的同类型资产向集团内一家主体资质较好的公司进行转让,并由该公司作为单一原始权益人设立专项计划。但考虑到一些企业持有的资产规模偏小,单个主体发行难度较大,此时可以考虑采取集合发行的模式,即多家同类型企业均作为原始权益人将其同类型资产向同一专项计划转让,该类专项计划多出现于小贷资产,集合发行有利于发挥规模效应,降低交易成本。除此之外,专项计划也可以考虑采取代理人的机制,例如票据收益权资产证券化项目,由牵头银行作为各非特定原始权益人的代

---

① 开账与结算计划(Billing and Settlement Plan)电子客票简称BSP中性票,是国际航空运输协会(IATA)根据协会会员航空公司的要求,为适应国际航空运输的迅速发展,扩大销售网络和规范销售代理人的行为而建立的一种供销售代理人使用中性客票销售和结算的系统。

理人，经过各原始权益人的授权，代理各原始权益人签署相关交易文件、接收基础资产购买价款并完成基础资产的转让及交割手续。

2. 单次发行与储架发行

参考银行间市场发行的资产证券化项目，交易所目前允许基础资产同质化程度较高的资产证券化采取"一次申请、分期发行"的储架发行模式[①]，即在专项计划前期申报阶段，可以不确定具体的基础资产，仅对交易模式及计划文件进行梳理，在拿到交易所规定期限及额度的无异议函后，根据基础资产的形成情况、市场利率情况及原始权益人的资金需求较为灵活地选择发行时点，实现分期发行及备案。

3. 单 SPV 结构与双 SPV 结构

由于一些收益权类的资产在进行严格考量时并不完全满足特定化及可产生稳定现金流的要求，此时可以通过构造双 SPV 的结构来弥补这一瑕疵。例如，星美国际影院信托受益权资产支持专项计划和扬州保障房信托受益权资产支持专项计划均引入信托计划作为 SPV，将基础资产从收益权转化为信托受益权，信托贷款还款来源分别为融资方的电影票款收入和保障房销售收入，且电影票应收账款及保障房销售应收账款设立质押以担保贷款合同项下的还款义务。《应收账款质押登记办法》中对应收账款的定义包含未来的金钱债权及其产生的收益，即该等收益权在法律上存在确定性并可以作为质押财产，但专项计划基础资产的内涵及外延上的要求均高于质押财产的要求，通过双 SPV 结构设计，可以充分利用作为专项计划基础资产存在障碍的资产，达到融资需求。

5.2.2 资产证券化业务承揽标准

根据 49 号文，所有企业的资产证券化业务均需首先符合以下一般性标准。

1. 对原始权益人的基本要求

- 原始权益人为有限责任公司、股份有限公司、全民所有制企业或事业单位；
- 原始权益人内部控制制度健全，具有持续经营能力，无重大经营风险、财务风险和法律风险；
- 原始权益人最近三年未发生重大违约或虚假信息披露，人民银行企业信息信用报告中无不良信用记录；
- 原始权益人最近三年未发生过重大违法违规行为。

2. 对基础资产的基本要求

- 基础资产的交易基础应当真实，交易对价应当公允，现金流应当持续、稳定。
- 基础资产不得附带抵押、质押等担保负担或者其他权利限制，但通过专项计划相关安排，在原始权益人向专项计划转移基础资产时能够解除相关担保负担和其他权利限制的除外。原始权益人可以通过如下三种方式解除基础资产的抵质押等权

---

① 例如广发资管-民生银行安驰1-10号汇富资产支持专项计划、京东白条应收账款债券资产支持专项计划、华泰资管-江苏银行融元系列资产支持专项计划等。

利负担：与贷款银行协商替换担保措施，将基础资产的抵质押释放出来；用部分募集资金提前偿还借款解除基础资产抵质押；发行前寻找过桥资金提前偿还借款解除基础资产抵质押。
- 基础资产不属于《资产证券化基础资产负面清单》的范围。

5.2.2.1 市政收费权

市政收费权主要包括：高速公路（桥梁、隧道）收费权、自来水收费权、污水收费权、燃气收费权、供热收费权、电费收益权、地铁收费权、铁路运输收费权、公交收费权、港口/渡口收费权、飞机起降收费权、有线电视收费权、垃圾处理收费权等。市政收费权资产证券化项目的承揽标准建议如下（PPP 资产证券化项目的承揽标准同市政收费权）。

- 原始权益人所在地区的行政级别包括：省会城市或下辖区、直辖市或下辖区、计划单列市或下辖区、地级市或下辖区、国家级经济开发区或国家级高新技术开发区、百强县。
- 原始权益人或担保人（含差额支付承诺人）的主体评级至少有一个在 AA 以上。

5.2.2.2 不动产物业或租金收益权

不动产物业的类型主要包括：商业地产、工业地产、养老地产、医疗地产和保障房等。这类资产要么以不动产物业的评估价值作为基础发行私募 REITs 产品（即类似于中信启航或苏宁云创资产支持专项计划的 REITs 产品），要么以不动产物业的租金收益权作为基础发行一般的资产证券化产品。这类项目的承揽标准建议如下。

- 一线城市处于比较核心位置或具有特殊区位优势的不动产物业；若位于二线城市比较核心地区或具有特殊区位优势的地区则需要由主体评级为 AA 以上的企业提供担保。
- 若对于民营企业为最高信用方的交易结构中，融资中债权融资部分的本金规模（对于私募 REITs 产品是指优先 A 档或优先级本金规模，对于租金收益权资产证券化产品是指所有优先级产品的本金规模之和）不超过物业资产评估价值的 70%，对此类项目需选择 DTZ 等具有国际知名度、专业度较高的资产评估公司。若本次项目由主体评级为 AA+ 或以上的国企提供有效增信，则对打折率的要求可以适当放松。

5.2.2.3 未来收益权资产

这里的"未来收益权资产"是指市场化程度较高的未来经营性收入，具有较高准入条件但不具有垄断排他性。主要包括：人文景观门票收入、航空客票收入、学费收入、电影票款收益权、物业管理费等。未来收益权资产证券化项目的承揽标准建议如下。

- 原始权益人或担保人（含差额支付承诺人）的主体评级至少有一个在 AA 以上，或者原始权益人和担保人虽不符合前述主体评级要求但基础资产很分散使得优先 A 档产品债项评级不低于 AAA。
- 原始权益人具备比较健全的公司治理结构、比较完善的业务及风控体系。

5.2.2.4 租赁债权

- 原始权益人（租赁公司）的主体评级通常需要在 AA- 以上（"以上"是指"等于或高于"，下同），优先级产品评级在 AA 以上，中间层产品评级在 AA- 以上且厚度不超过 15%。若原始权益人的主体评级为 A+，则需由 AA 以上的担保人提供担保或资产池的加权影子评级达到 AA 以上，并且需要设置严格的权利完善措施来降低原始权益人经营不善对产品兑付的影响（即在原始权益人的经营或财务状况出现下滑时要求承租人将基础资产回收款直接划转至专项计划账户）。
- 原始权益人最近三年不良资产率平均不超过 3%（若成立不足三年则自成立之日起算），且最近一年不良资产率不超过 3%。
- 原始权益人具备比较健全的公司治理结构、比较完善的业务及风控体系。

5.2.2.5 保理债权

- 原始权益人（保理公司）的净资产不低于 5 亿元，优先级产品评级在 AA 以上，中间层产品评级在 AA- 以上且厚度不超过 15%。若担保人主体评级在 AA 以上，则对于原始权益人净资产的要求可以适当放松。
- 原始权益人最近三年不良资产率平均不超过 3%（若成立不足三年则自成立之日起算），且最近一年不良资产率不超过 3%；
- 原始权益人具备比较健全的公司治理结构、比较完善的业务及风控体系。

5.2.2.6 小额贷款

- 原始权益人（小贷公司）的净资产不低于 10 亿元，优先级产品评级在 AA+ 或以上，中间层产品评级在 AA- 以上且厚度不超过 15%。若担保人主体评级在 AA+ 或以上，或者知名企业（例如阿里、京东等）且资产池很分散且优先 AAA 级的占比不低于 60%，则对于原始权益人净资产的要求可以适当放松。
- 原始权益人最近三年不良贷款率平均不超过 3%（若成立不足三年则自成立之日起算），且最近一年不良贷款率不超过 3%。
- 原始权益人具备比较健全的公司治理结构、比较完善的业务及风控体系；
- 取得所在地金融主管部门的书面支持文件。

5.2.2.7 企业应收账款 / 委托贷款 / 信托受益权

- 原始权益人的主体评级在 AA- 以上，优先级产品评级在 AA+ 或以上，中间层产品评级在 AA- 以上且厚度不超过 15%。若担保人主体评级在 AA+ 或以上，或者资产池很分散且优先 AAA 级的占比不低于 60%，则对于原始权益人的主体评级可以适当放松。
- 原始权益人的资产负债率符合行业正常水平。
- 煤炭、钢铁、船舶、造纸等产能严重过剩行业需要谨慎对待。
- 高负债率企业或监管收紧对待的企业的集团内部往来应收款需要谨慎对待。

5.2.2.8 创新项目与豁免情况

- 鉴于资产支持证券业务处于动态发展阶段，若非上述项目类型，可一事一议探讨。
- 若担保人为主体评级为 AA+ 且非"两高一剩"行业的国有企业，则各种类型基础资产的项目可适当降低或豁免。
- 若基础资产为租赁债权、保理债权、委托贷款或信托受益权，而承租人或债务人只有一个，并且资产证券化项目的投资者为机构投资者且只有一家，这类业务可以称为通道业务。若该唯一投资者签署了风险揭示书，并且同意"原状分配"条款以及"未经管理人同意不得转让资产证券化产品"的条款，则该类项目可以豁免前述准入标准。

5.2.3 资产证券化产品品种展望

随着我国的资产证券化发展由起步逐渐走向成熟，越来越多类型的证券化产品被开发出来。下文分别从类 REITs（私募 REITs）、公募 REITs 以及 PPP 资产证券化三个专题，对资产证券化类型的拓展做初步介绍。

5.2.3.1 类 REITs（私募 REITs）[①]

REITs 即房地产信托投资基金（Real Estate Investment Trust），是房地产证券化的重要手段。具体而言，REITs 是一种以发行股票或收益凭证的方式汇集众多投资者的资金、由专门投资机构进行房地产投资经营管理，并将投资综合收益按比例分配给投资者的一种信托基金。目前国内发行的私募 REITs 产品主要直接或通过契约型私募基金份额、信托受益权等间接持有项目公司股权，进而持有基础物业产权（商业地产证券化及抵押型类 REITs 则通过信托发放信托贷款或持有相关收益权益，并不持有物业产权或项目公司股权）。

---

① 在产品性质上，类REITs一般是私募发行，而REITs要求公募。业内人士认为"公募基金+ABS"是未来较为可行的发行模式。

契约型私募基金份额是当前股权类 REITs 的最常见架构，属于双 SPV 架构，由契约型私募基金持有项目公司股权，向项目公司发放委托贷款或收购对项目公司的债权。契约型私募基金具有设立便利、投资灵活、税收中性等特征，可以有效缓释国内资产支持专项计划投资的诸多限制。

信托受益权也是私募 REITs 的常见架构。鉴于信托计划在《信托法》体系下具有完备的破产隔离和信托机制，能够灵活地使用股权投资、信托贷款等方式进行项目投资，信托公司可以作为抵押权益人接受房地产资产抵押，监管部门明确将信托受益权纳入资产证券化基础资产，因此，"资产支持专项计划+信托受益权"的双 SPV 模式成为类 REITs 的可选架构。

私募 REITs 通常采用双 SPV 结构。在专项计划作为 SPV 的基础上，通常需要另一层 SPV 来构建基础资产。此外，部分项目采用直接持有项目公司股权及收益权的方式。例如，深交所挂牌的招商创融-天虹商场资产支持专项计划即采用此种架构，由资产支持专项计划通过现有招拍挂模式下的国资转让程序直接收购项目公司股权。此外，深交所公开发行的鹏华前海万科 REITs 封闭式混合型证券投资基金作为国内第一只公募发行的类 REITs 产品，也采用了直接增资到项目公司股权并通过公司章程、协议等方式锁定收益权的方式。

直接持有项目公司股权及收益权的方式结构简单清晰，但对管理人的资产管理能力提出了较高要求，而且由于缺少抵押债权，一方面如果有其他债权主张权利则可能对收益权造成影响，另一方面由于缺少负债的税盾作用，增加税务负担，实际可分配的现金流相比净现金流产生一定损耗。

国内标准化 REITs 尚未推出，按照国际经验主要分为权益型 REITs、抵押型 REITs 和混合型 REITs 三种类型。权益型 REITs 类似于股票，预计国内推出后将在交易所市场发行与交易；抵押型 REITs 类似于债券，预计将在银行间债券市场或交易所市场发行与交易。目前国内私募 REITs 产品主要在交易所或报价系统发行与交易。

根据目前投资者对私募 REITs 产品的投资准入条件和投资偏好，不同类型私募 REITs 产品的主要投资者群体如表 5-6 所示。整体来看，不同类型私募 REITs 产品的主要投资者群体没有太大差异，主要区别在于交易场所的不同将带来投资者群体的一定差异，另外按照法规要求商业银行自营资金目前不能投资于权益型 REITs。

表 5-6　不同类型私募 REITs 产品的主要投资者群体

产品类型	主要投资者群体
权益型 REITs	保险公司、公募基金、社保基金、银行理财计划、券商资管、企业年金、境外投资者（含 QFII、RQFII）
抵押型 REITs	银行自营资金及理财计划、公募基金、保险公司、券商资管、私募基金、信托计划、企业年金、境外投资者（含 QFII、RQFII）

5.2.3.2　公募 REITs

在国外，权益型的标准 REITs 在市场占主导地位。由于税收政策、法律制度等市场配套机制不够完善，我国当前还没有建立起明确的 REITs 制度，也没有推出标准意义上的公募 REITs，但近些年来监管和市场对于公募 REITs 的探索和呼吁一直都没有停止过。

在私募 REITs 市场发展出现增长态势之前，国内早在 2004 年左右就已经开展了比较正式、成体系的 REITs 研究，得到重视的实际上还是公募 REITs。当时日本、新加坡、中国香港等地区也纷纷推出 REITs，市场及政策层面已开始关注。政策层面对 REITs 产品的推动是从 2006 年开始，至今已经超过 10 个年头。

（1）公募 REITs 的政策探索

公募 REITs 的政策探索主要有三个阶段：从 2006 年到 2010 年是研究及政策试点的第一次探索，由人民银行牵头成立 11 部委的试点工作小组推进政策落地；从 2010 年到 2013 年是房地产调控下的政策"真空期"，仅探索以 REITs 支持保障房融资的方向，公募 REITs 的政策推动基本停滞，在此期间对私募 REITs 的推动随着《基金法》的修改和 ABS 的重启而开始，中信启航项目上报证监会；2014 年至今是 REITs 的新发展阶段，私募 REITs 市场的发展积累了大量经验，预计公募 REITs 有望进入突破性发展的实质探索期。

2014 年 9 月 30 日，人民银行与银监会联合发文《关于进一步做好住房金融服务工作的通知》，明确表示要"扩大市场化融资渠道，支持符合条件的房地产企业在银行间债券市场发行债务融资工具。积极稳妥开展房地产投资信托基金（REITs）试点"。

2015 年 1 月 14 日，住房城乡建设部发布《关于加快培育和发展住房租赁市场的指导意见》（建房〔2015〕4 号，以下简称《意见》），提出要大力发展住房租赁经营机构、支持房企将其持有的房源向社会出租、积极推进房地产投资信托基金试点、从租赁市场筹集公共租赁房源等重大措施。《意见》指出：REITs 是一种金融投资产品，推进 REITs 试点有利于促进住房租赁市场发展，有利于解决企业的融资渠道，有利于增加中小投资者的投资渠道。通过发行 REITs，可充分吸纳社会资金进入租赁市场，多渠道增加住房租赁房源供应。各城市要积极开展 REITs 试点，并逐步推开。积极鼓励投资 REITs 产品。

在私募 REITs 市场发展方兴未艾、积累了一定产品设计和市场经验后，公募 REITs 的试点也取得成效。2015 年 6 月 8 日，前海万科 REITs 正式获批并完成注册，成为中国首只公募 REITs 试点。

2016 年 12 月 21 日，国家发展改革委与中国证监会联合发布《关于推进传统基础设施领域政府和社会资本合作（PPP）项目资产证券化相关工作的通知》(以下简称《通知》)，打开了公共基础设施领域 REITs 的发展空间。根据《通知》要求，中国证监会将与国家发展改革委加强合作，充分依托资本市场，积极推进符合条件的 PPP 项目通过资产证券化方式实现市场化融资，优先鼓励符合国家发展战略的 PPP 项目开展资产证券化。上海证券交易所、深圳证券交易所、中国证券投资基金业协会将建立专门的业务受理、审核及备案绿色通道，专人专岗负责，提高国家发展改革委优选的 PPP 项目相关资产证券化产品的审核、挂牌和备案的工作效率。

（2）国内公募 REITs 操作流程

国内公募 REITs 按投资形式可分为权益型和抵押型两种类型；而从组织形式来看，根据国内目前的法律环境，REITs 很难取得法人资格，未来采取契约型结构的可能性较大。

下面介绍国内公募 REITs 未来可能的操作流程。

1. 权益型 REITs

国内交易所市场权益型 REITs 的操作流程（图 5-6）示意如下。

（1）签订信托契约：投资者作为委托人，与基金管理人签订信托契约，将资金委托给基金管理人设立 REITs 基金，成为基金份额持有人。

（2）投资标的资产：REITs 基金向原物业持有人购买其持有的具有稳定现金流的物业资产的公司股权或物业资产。

（3）选聘托管人和物业管理人：基金管理人与基金托管人签订托管协议，由托管人对基金财产进行托管，基金财产与基金管理人和托管人均实现风险隔离，不属于二者的破产财产。同时基金管理人与物业管理人签订协议，委托其对物业进行管理。

（4）收益分配：基金管理人将期末经审计的可分配净利润的 90% 以上金额以派息的形式分派给投资者，每年至少派息一次。

（5）投资退出：REITs 上市后，基金份额持有人可通过二级市场转让证券实现退出。

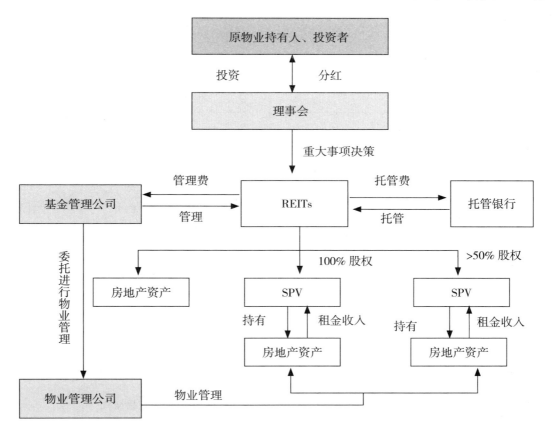

图 5-6 权益型 REITs 交易结构

资料来源：中信证券整理。

2. 抵押型 REITs

国内银行间市场抵押型 REITs 的操作流程（图 5-7）示意如下。

（1）设立财产信托：企业作为委托人，将其持有的房地产物业委托给受托管理人设立财产信托，并获得全部信托受益权。

（2）转让优先级受益权：委托人将其持有的优先级受益权通过受托管理人发行房地产信托受益券（以下简称"受益券"）的方式向银行间债券市场的投资人转让。在受益券存续期间，委托人不得将其持有的次级受益权转让，但委托人破产的情形除外。

（3）收益分配：受托管理人根据信托合同的约定，将物业资产每期的租金收入在扣除相关税费后，按照先后顺序分别向优先级受益券投资人和委托人分配收益。在受益券存续期间，委托人或第三方承诺对受益券的收益水平提供流动性支持（如需）。

（4）受益券赎回：在受益券到期时，委托人或第三方应当按照合同约定的价格收购优先级受益券，当委托人或第三方不能按合同约定进行回购时，受托人有权处分信托财产。

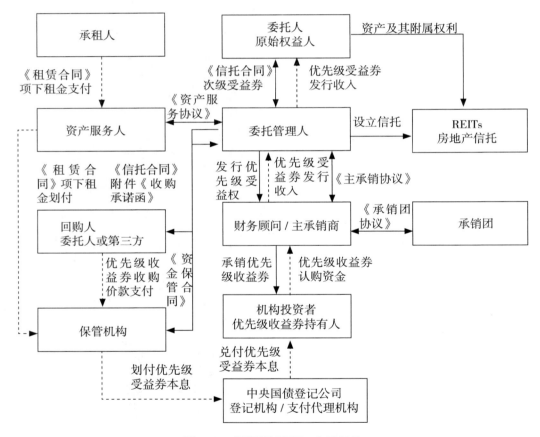

图 5-7 抵押型 REITs 交易结构

资料来源：中信证券整理。

5.2.3.3 PPP 资产证券化

政府与社会资本合作模式（Public-Private Partnership，PPP）是国际上比较成熟的市场机构参与公共资源配置的有效途径。国际上对于 PPP 尚无统一定义，世界银行对 PPP

的定义是私营部门和政府机构间就提供公共资产和公共服务签订的长期合同，而私人部门须承担重大风险和管理责任；亚洲银行对 PPP 的定义是为开展基础设施建设和提供其他服务，公共部门和私营部门实体之间可能建立的一系列合作伙伴关系。PPP 在我国多被称为"政府与社会资本合作模式"，中国财政学会公私合作研究专业委员会将 PPP 定义为政府公共部门与民营部门合作过程中，让非公共部门所掌握的资源参与提供公共产品和服务，从而在实现政府公共部门职能的同时也为民营部门带来利益。广义的 PPP 是指由政府和社会资本通过多种合作方式提供公共服务或公共基础设施，建造—运营—移交（BOT）、建造—移交（BT）等简单的投融资模式都包括在内。狭义的 PPP 则在此基础上更强调社会资本参与项目的运营和管理。

从项目收入来源的角度看（表 5-7），PPP 项目分经营性和非经营性，前者是项目的使用者付费，后者是政府付费，还有一种是介于两者之间的按可用性付费（Availability Payment），可称为准经营性项目或可行性缺口模式，也就是使用者付费不足以覆盖项目公司的投资运营成本，政府还要给予一定的补贴。

表 5-7　PPP 项目的付费模式

收费模式	适用的 PPP 项目类型	基础资产类型	案例
使用者付费模式	通常用于可经营系数较高、财务效益良好、直接向最终用户提供服务的基础设施项目，如市政供水、城市管道燃气、高速公路等	收费收益权	华夏幸福固安工业园区新型城镇化 PPP 项目供热收费收益权资产支持专项计划
政府付费模式	通常用于不直接向最终用户提供服务的基础设施项目，如市政污水处理、垃圾焚烧发电、水源净化，或者市政道路等不具备直接收费权的基础设施项目	政府付费	"中信建投－网新建投庆春路隧道 PPP 项目资产支持专项计划""中信证券－首创股份污水处理 PPP 项目收费收益权资产支持专项计划""广发恒进－广晟东江环保虎门绿源 PPP 项目资产支持专项计划"
可行性缺口模式	即政府对运营商实施补贴，通常用于可经营性系数较低、财务效益欠佳、直接向最终用户提供服务但收费无法覆盖投资和运营成本及合理回报的基础设施项目，如医院、学校、文化及体育场馆、保障房、市政公用项目等	收费收益权和政府付费	

使用者付费的 PPP 合同通常称为特许经营合同，合同期固定，例如 25—30 年，合同期满，运营权交还于主管部门。私营部门通过向公众使用者收费的方式收回投资、运营和融资成本并获取利润，常见项目如公路收费。

按可用性付费的 PPP 最早见于独立发电项目的购电合同中，购电合同这种形式适用于任何的"流程工厂"项目，比如燃气发电厂、管道燃气或者燃油交通项目以及污水处理厂的运营等。英国率先尝试将此类型 PPP 运用于社会基础设施行业（称为私人融资计划，PFI），其他很多国家如澳大利亚、巴西、加拿大、日本、韩国、墨西哥和南非也广泛运用此类 PPP。

2016年12月21日，国家发展改革委和中国证监会联合发布《关于推进传统基础设施领域政府和社会资本合作（PPP）项目资产证券化相关工作的通知》，要求各有关部门充分认识PPP项目资产证券化的重要意义，各省级发展改革部门应大力推动传统基础设施领域PPP项目资产证券化，证券监管部门及自律组织应积极支持PPP项目资产证券化，各方群策群力，共同创造良好的政策环境。

本章小结

本章简要分析了资产证券化的基本概念，企业资产证券化、信贷资产证券化和资产支持票据的基本结构、主要参与者、特点和优势，并从多个角度介绍了资产证券化的分类，最后从项目概要、交易流程、风险防范措施等角度介绍了资产证券化的整体业务流程。

本章重要术语

资产支持证券　循环购买　信用增级　负面清单　可特定化　特殊服务机构　风险报酬转移测试模型　资产负债错配　破产隔离　特殊目的载体（SPV）　资产支持票据　特定目的账户　超额抵押　储架发行

思考练习题

1. 资产证券化的定义与发展沿革是什么？
2. 资产证券化有哪些不同模式？
3. 企业资产证券化对其原始权益人有哪些助力？
4. 信贷资产证券化对其发起人的主要功能是什么？
5. 资产证券化如何实现破产隔离？
6. 企业资产证券化有哪些不同的出表方式？
7. 阐述企业资产证券化典型交易结构。
8. 阐述信贷资产证券化典型交易结构。
9. 阐述资产支持票据的交易结构和基础资产。
10. 资产证券化投行承做的主要操作流程包括什么？
11. 企业资产证券化的基础资产的分类与要求有哪些？
12. 概述证券公司及基金管理公司子公司资产证券化业务管理规定。
13. 资产证券化的内部信用增级方式和外部信用增级方式分别有哪些？
14. 银证合作资产证券化的关注要点是什么？
15. 资产证券化产品的定价原理是什么？
16. 资产证券化相对于其他融资方式的优势在哪里？
17. 私募REITs如何进行产品设计和结构搭建？
18. 国内公募REITs的操作流程包括哪些步骤？
19. 试梳理PPP资产证券化的相关政策。
20. PPP与ABN的操作模式有哪些异同？

参考文献

[1] 弗兰克·J.法伯兹,莫德·修亨瑞.欧洲结构金融产品手册[M].北京:中国金融出版社,2006.

[2] 洪艳蓉.资产证券化法律问题研究[M].北京:北京大学出版社,2004.

[3] 胡喆,陈府申.图解资产证券化[M].北京:法律出版社,2017.

[4] 扈企平.资产证券化:理论与实务[M].北京:中国人民大学出版社,2007.

[5] 机构间私募产品报价与服务系统[EB/OL].http://www.interotc.com/main/index.com.

[6] 李振宇.资产证券化——原理、风险与评级[M].北京:中国建筑工业出版社,2009.

[7] 梁凯文,陈玟佑,梁俐著.全球REITs投资手册[M].北京:中信出版社,2016.

[8] 林华.PPP与资产证券化[M].北京:中信出版社,2016.

[9] 林华.金融新格局:资产证券化的突破与创新[M].北京:中信出版社,2014.

[10] 林华.中国资产证券化操作手册[M].北京:中信出版社,2016.

[11] 沈炳熙.资产证券化:中国的实践(第二版)[M].北京:北京大学出版社,2013.

[12] 万华伟.国内资产证券化信用评级方法综述[J].中国债券,2014(7):43-49.

[13] 中国资产证券化分析网[EB/OL].https://www.cn-abs.com/.

[14] 周杰.ABN新规下的资产支持票据交易[EB/OL].https://www.lexology.com/library/detail.aspx?g=f73c9488-8c32-4ae9-88d0-116414d5789c.

第 6 章
资产证券化业务流程

林华、张凡（中国资产证券化研究院）

本章知识与技能目标

◎ 从整体业务流程角度出发，分别分析信贷资产证券化、资产支持票据以及资产支持专项计划的审核流程和具体操作流程。
◎ 从发起人、交易协调人和受托机构三个维度，知悉相关机构在资产证券化过程中的工作内容。
◎ 全面了解资产证券化的监管审核流程、具体操作流程及相关机构的工作内容。

引导案例

商业银行、汽车财务公司、航空公司、制造企业、保险公司、金融和融资租赁公司、小额贷款公司等都可以成为资产证券化发起人。在多数证券化交易中，发起人往往是信用较好、资产质量较优的金融机构或企业。例如建元2017年第六期个人住房抵押贷款资产支持证券、开元2017年第三期信贷资产支持证券的发起人分别是中国建设银行股份有限公司和国家开发银行。

2014年9月16日，由交银信托作为发行人的交融2014年第一期租赁资产支持证券正式发行，这是自信托公司开展资产证券化业务以来首次以金融租赁资产作为基础资产的证券化。具体的交易模式为：交银租赁作为发起机构将相关资产委托给作为受托人的交银国信，再由交银国信设立交融 2014 年第一期租赁资产证券化信托。受托人向投资者发行资产支持证券，将发行以信托资产为支持的资产支持证券所得认购金额（发起机构持有的资产支持证券除外）扣除承销报酬和交易文件规定的其他费用后的净额支付给发起机构，并以信托财产所产生的现金为限支付相应税收、信托费用及本期资产支持证券的本金和收益。本次资产支持证券分为优先级资产支持证券和次级档资产支持证券，其中优先级资产支持证券包括优先 A 档资产支持证券和优先 B 档资产支持证券。发行人与发起机构、联席主承销商签署《承销协议》，联席主承销商再与承销团成员签署《承销团协议》，承销团对优先级资产支持证券以公开招标方式发行，次级档资产支持证券全部由发起机构持有，也就是说，交银租赁作为发起机构持有本期全部次级档资产支持证券，持有期限至本期次级档资产支持证券到期日。

6.1 资产证券化的工作流程

本节从整体业务流程角度，分别详细分析信贷资产证券化、资产支持票据以及资产支持专项计划的具体工作流程。

6.1.1 信贷资产证券化的工作流程

信贷资产证券化目前主要是在银行间债券市场发行和交易。

6.1.1.1 监管审核流程

信贷资产证券化业务目前采取人民银行注册和银监会备案的管理流程，审核周期大幅缩短，图 6-1 为目前政策环境下在银行间债券市场发行信贷资产证券化的监管机构审核流程。

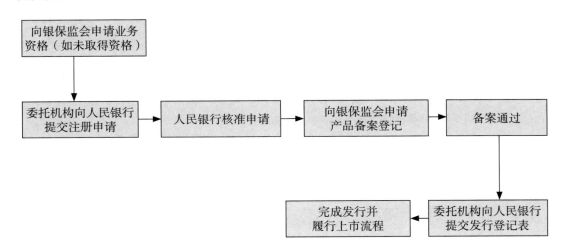

图 6-1　信贷资产证券化在银行间债券市场发行的审核流程

1. 人民银行注册流程

人民银行于 2015 年 3 月 26 日发布了《资产支持证券注册发行有关事宜的公告》（以下简称《注册公告》）及信息披露配套规则，标志着资产支持证券在银行间债券市场的发行管理由审批制转变为注册制，有效缩短了信贷资产证券化业务的操作周期。《注册公告》的要点如下：

- 受托机构在全国银行间债券市场发行资产支持证券，应当向人民银行提交注册发行申请，确定发行额度、参与主体、交易框架和基础资产类型。在人民银行核准的额度内，受托机构可在两年内分期发行该类资产支持证券。
- 取得资产支持证券业务资格的受托机构可直接向人民银行提出注册申请，并提交与交易框架相关的标准化合同文本、承销协议、法律意见书、跟踪评级安排等文本，填报《资产支持证券注册登记表》。
- 大盘优质的证券化产品经人民银行同意后，可自主选择在全国银行间债券市场、交易所市场或跨市场交易。
- 资产支持证券分期发行前 5 个工作日，受托机构按《信贷资产证券化试点管理办法》第三十八条要求向人民银行提交相关文件、填报《资产支持证券发行登记表》后，即可开展发行工作。
- 人民银行在其官方网站"银行间债券市场"栏目下实时公开资产支持证券注册发行信息。市场主体可查询资产支持证券注册申请受理、核准和发行等相关信息。
- 中国银行间市场交易商协会负责组织市场成员起草并发布资产支持证券相关标准合同范本和信息披露指引，定期跟踪市场成员对资产支持证券相关中介机构信息披露情况的评价，对受托机构及相关中介机构提出改进意见，并向人民银行报告。

2. 银保监会备案流程

2014 年 11 月 20 日，中国银监会下发《关于信贷资产证券化备案登记工作流程的通知》（银监办便函〔2014〕1092 号），标志着信贷资产证券化业务迈入备案制。该通知表示，本着简政放权原则，银监会不再针对证券化产品发行进行逐笔审批，银行业金融机构应在申请取得业务资格后开展业务，在发行证券化产品前应进行备案登记。备案流程如表 6-1 所示。

表 6-1 信贷资产证券化业务资格申请和产品备案流程

业务资格审批	银行业金融机构开展信贷资产证券化业务应向银保监会申请相关业务资格，报送各机构监管部并会签创新部； 对已发行过信贷资产支持证券的银行业金融机构豁免资格审批，但需履行相应手续。
产品备案登记	获得业务资格后，金融机构在发行证券化产品前需进行备案登记； 产品备案由创新部受理、核实、登记，并转送各机构监管部实施备案统计； 已备案的产品需在 3 个月内发行。
过渡期安排	目前发行审批通道内的证券化产品仍按照原审批制下的工作流程继续推进； 已发行过信贷资产支持证券的银行业金融机构被视为已具备相关业务资格，可按照上述新工作流程开展报备登记，并应补充完成业务资格审批手续等。

6.1.1.2 具体操作流程

对于开展信贷资产证券化业务的金融机构来讲,不同的入池基础资产决定了不同的资产包现金流表现,也进一步产生了差异化的产品结构设计需求,进而形成了中介机构针对该资产包的尽职调查工作量、法律关系确认、交易文件安排设计方式、路演发售安排等各个方面的工作差异。对于不同的入池基础资产,尽管具体工作细节千差万别,然而总体的资产证券化工作流程具有一定的相似性,可以分为四个阶段:准备阶段、执行阶段、发行阶段和后续管理阶段。具体操作流程如图6-2所示。

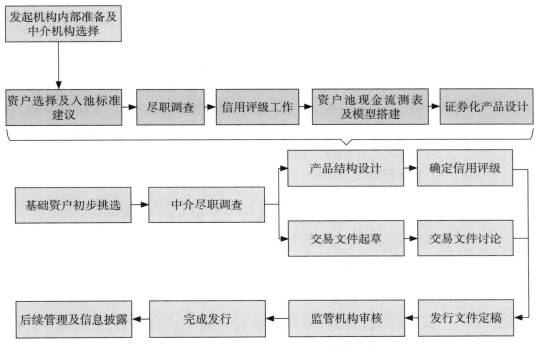

图 6-2 信贷资产证券化业务的操作流程

1. 准备阶段

(1)制定资产证券化目标和管理办法

发起机构在开展信贷资产证券化前需要制定基本目标,即是实现会计出表、调整资产结构还是推动业务转型等,另外还需要确定该年信贷资产证券化的目标规模。在发起机构确定信贷资产证券化业务的基本目标后,各总部(部门)或各分支机构(如分行)可根据自身实际业务发展和经营管理需要,自行分析判断是否存在资产证券化需求。若存在需求,则应按照公司的内部规定申请项目立项,立项通过后,由公司确定牵头部门组织项目落实。

为系统开展信贷资产证券化业务,发起机构需要在主承销商的协助下制定《信贷资产证券化业务管理办法》《信贷资产证券化业务操作规程》等内部办法。

(2)中介机构选择

专业性强、经验丰富的中介机构可以对项目成功发行起到重要作用。中介机构的选择要着重从业务资质、市场占比、费用、沟通合作能力、综合服务能力等多方面进行整体考虑。目前中介机构主要包括信托公司、证券公司、信用评级机构、律师事务所、会计师事务所、资产托管机构等。

对信托公司应重点关注其作为发行人的信托经验；对证券公司重点关注整体协调能力、资产结构设计能力、承销能力以及市场预期判断力；对信用评级机构重点关注既往评级经验、市场评价及评级模型的适用性等；对律师事务所重点关注法律评价经验、创新支撑作用、法律研究能力；对会计师事务所重点关注其对银行总体财务会计状况的熟悉程度、尽调处理效率；对资产托管机构重点关注流程效率。目前参与资产证券化服务的中介机构纷纷跃跃欲试，但由于资产证券化项目设计中间环节较多，参与机构范围较广，因此在合作过程中中介机构需要加强与发起人、协调牵头人的合作，提高处理效率。

（3）分支行动员及培训

对于银行来说，由于分支行较多，若要顺利推进资产证券化业务，需要在正式启动前对分支行进行动员及培训，以提高其积极性和配合度。动员主要是从资产证券化的意义、对分支行的好处、内部绩效考核、利益分配机制等方面进行讲解；培训主要是从资产证券化的基础知识、操作流程、尽职调查过程和注意事项、后续贷款服务等方面开展。

2. 执行阶段

（1）资产池筛选

资产池筛选可以说是信贷资产证券化项目中最重要的一环。对于商业银行来讲，基础资产选择最初应该参照市场的发行经验、资产提供部门的额度需求、存量资产的收益情况、风险资本的调整需要以及对未来市场资金价格和贷款投放价格的判断等方面综合考虑，其筛选标准来自监管机构的基本要求、投资人可能认可和接受的资产风险程度等。

不同的贷款类型具有不同的标准。对于住房抵押贷款，须满足贷款人年龄、贷款账龄、贷款剩余期限、贷款五级分类、抵质押物情况等要求；对于工商企业贷款，须满足信贷资产所属的行业限制、集中度限制、贷款账龄及剩余期限、信用担保情况、初始抵质押率等要求；对于汽车贷款，须满足贷款分散度、资产风险分类、贷款金额分布、账龄、期限、抵押率等要求。同时，鉴于投资者对于资产的穿透分析考虑，入池时会着重考虑具备较高影子评级的资产。

（2）资产证券化系统改造

资产证券化系统是有效保障业务运行的重要手段。其中，贷款抵押债券（Collateralised Loan Obligation，CLO）由于入池资产中贷款笔数较少，部分商业银行采用人工操作、人工核算的方式进行管理，短期来看可行，但规范运作还需建立系统开展工作。对于中小企业贷款、小微贷款，尤其是个人住房抵押贷款、汽车贷款、信用卡、个人消费贷款等基础资产，由于其笔数多、资产分散度高、工作量巨大，必须利用信息化管理系统进行资产筛选、业务操作、会计核算、后续管理等工作。

资产证券化系统改造基本需要实现以下几项功能：资产的筛选（筛入、剔除、清空），封包（选中的资产打包、打标记），交割（出表核算、对标记贷款进行注释），赎回（交割后不合格贷款或发生权利完善事件需要赎回的贷款处理）与清仓回购（未偿本金余额小于一定规模后的清仓回购操作、入表核算、对价支付等）以及后续贷款管理服务（月度服务报告的提供、资产池信息统计等）。系统需要配合资产提供部门的线下贷款服务，包括贷款回款的归集，统计正常还款、提前回收、逾期、严重拖欠、处置等信息并定期向信托公司进行报告。

（3）中介机构尽职调查

尽职调查在整个业务流程中耗用的时间相对较长，一般周期在2-4周左右，因不同项目的材料完备性而有所差异。尽职调查需要发起人、会计师事务所、律师事务所等机构进行紧密配合。若资产池笔数不多，则通常采取全部尽调方式；若资产池笔数众多（如个人住房抵押贷款、汽车贷款等资产类型），则可采取抽样尽调方式，样本会根据所选资产的不同有所区别，抽样比例通常由评级机构根据不同项目的情况进行建议。由于资产往往在分支机构，沟通、协调和调阅资产信息都会在一定程度上影响效率。

在目前的交易结构设计下，主承销商、信托公司、双评级机构、会计师事务所和律师事务所均会从不同方面对资产池的质量、法律完备性、静态动态池数据等进行尽职调查分析，并撰写相关材料。

（4）产品结构设计

如果说所选的入池资产决定了资产支持证券所能达到的最优表现，那么产品结构设计就可以使资产池的特性得以最佳呈现，优秀的产品设计甚至可以在一定程度上弥补资产池的不足，同时也是有效的产品增信措施，能够达到产品本息兑付更加稳健、增强投资者信心以及保障产品评级的作用。信贷资产支持证券的产品结构设计包括分层设计、现金流偿付顺序以及信用触发机制等方面，而产品结构设计又以信用评级机构的信用评级为基础。

证券的分层设计。产品分层设计的前提是在一定的合理早偿率、违约率、损失率、回收率的假设前提下，对资产池现金流进行初步模拟，并根据违约率和回收率等假设前提的分布进行动态现金流预测，现金流安排初步确定后，进行产品分层设计。适当的细化分层有利于满足不同投资者的需求，方便后期的产品发售，然而过多的分层也会降低产品流动性，又因受到单一机构投资同档证券不超过20%的限制，也可能会影响销售发行，故在产品分层设计中需要找到一个平衡点。

从目前已发行的产品来看，所发行的大部分产品均采用了优先/次级分层以及超额利差的内部增信措施，但在不同类型的产品中，次级证券对优先证券的信用支持力度有所不同。对于信贷资产证券化（CLO）等产品，次级档的支持比例较高；而对于住房抵押贷款证券化（RMBS）、汽车抵押贷款证券化等产品，次级档的支持比例却相对较低，这主要也是基于基础资产的分散度和违约率来考虑的。同时，为了保障投资者权益，在目前已发行的产品中均采用了本金账户与收益账户金额互转机制，用以缓释证券支付中的流动性风险。

证券的偿付方式。在产品现金流偿付顺序方面，需结合资产池加权平均期限、利差高低、增信措施多寡，对贷款服务机构费用、次级档兑付本息、利息回补本息等要素进行安排，以使得具备跳动现金流表现的资产池实际兑付现金流趋于平滑，弥补自身利差不足等缺陷。

证券的偿付方式分为摊还型和过手型，基于匹配基础资产现金流的角度，各单产品、各档证券会选择相匹配的证券偿付方式。从目前已发行的情况来看，各产品中证券支付类型的设计主要是基于与基础资产现金流相匹配的考虑，过手型证券的发行金额是摊还型证券发行金额的2倍左右，即在实践中因与基础资产现金流的匹配程度更高，过手型证券的使用频率更高。

证券的信用触发机制。在信用事件触发机制的设置上，绝大部分产品都设置了加速清偿与违约事件触发机制。在加速清偿事件中，累计违约率是重要的量化触发条件之一，累计违约率设置的高低会影响交易结构的安全性，其在各产品中的设置差别较大。对于CLO产品、租赁资产证券化产品，根据基础资产信用质量的差异，会设置不同的加速清偿累计违约率触发条件，相对来说会比个人贷款产品高，但也不会过高，如果过高，则不利于尽早识别基础资产信用质量恶化的风险。对于住房抵押贷款支持证券、汽车贷款支持证券、消费贷款支持证券，一般采用逐年递增的累计违约率触发机制，这种设置比单一门槛更加严格，因为个人贷款管理能力普遍弱于工商企业，但由于其资产池分散度高、单户借款人金额占比低，不会由于个别贷款的违约而触发加速清偿事件。

（5）申报材料制作

申报材料制作需要加强与银保监会、人民银行相关业务部门的沟通。2014年12月之前采用审批制，需要监管部门对发起人资质、资产结构和底层资产情况进行规范性审查，在保障资产规范的同时，也对整体产品运作时间有一定程度的影响，2014年备案制的推出会更加有利于简化流程，提高产品处理效率，推动业务稳健发展。

3. 发行阶段

（1）产品定价

资产证券化产品的定价原理与固定收益证券相似，理论基础均为现金流定价模型，产品价格的确定与其未来产生的现金流的折现值有关。狭义的资产证券化是指信贷资产证券化，信贷资产证券分为资产支持证券（Asset-Backed Security，ABS）和抵押贷款证券（Mortgage-Backed Security，MBS）两种类型，而MBS主要包括住房抵押贷款支持证券（RMBS）与商业抵押贷款支持证券（CMBS）。也就是说，MBS的基础资产是抵押贷款，而ABS的基础资产则是除抵押贷款以外的其他资产。

ABS的定价原理与MBS相似，然而MBS的定价要比ABS更复杂。经典的MBS定价方法主要涉及两个部分，一是确定提前清偿等假设，二是定价模型选取。从中国的资产证券化市场来讲，目前资产证券化产品还存在较高的信用风险溢价和流动性溢价，且行业内并未形成产品估值曲线，也没有做市商报价制度，产品定价无有效参考，故很难通过成熟的现金流估值定价方法进行定价，投资机构多数情况下认同的是在同期限、同评级的信用债价格基础上加上一定的流动性溢价进行定价。

（2）路演工作

当尽职调查工作完成，形成完备的证券化产品申报材料，并通过监管部门审批得到正式批复后，可以开始着手进行产品发行销售的路演工作。路演发售的工作主要包括主承销商、发起人、发行人等机构的初步接洽、电话沟通、现场路演、路演后流程审批及发行前安排预簿记等。

4. 后续管理阶段

（1）后续贷款管理

当信贷资产证券化产品发行成功后，信贷资产证券化产品的后续管理由贷款服务机构和信托公司共同完成，贷款服务机构一般由证券化发起机构担任。后续管理过程指资产支持证券发行结束、相关利益主体的利益实现过程中，为确保各个责任主体根据已签订的协议履行责任而进行的管理活动，主要包括现金流和信息流的建立。

资金流的建立包括中介机构费用的支付、信托利润的分配等，其中最主要的是资产池回收款的转付：贷款服务机构将回收款交给受托人，受托人再将本息拨付给投资者。企业贷款证券化产品的回收款转付一般按季度进行，个人住房抵押贷款证券化一般按月份进行。

信息流的建立是建立完善的信息披露制度。贷款服务机构需要根据资产池信息编写月度服务报告，服务报告内容包含资产池基本信息、本息收付信息、提前偿付信息、逾期及违约信息等。受托人收到贷款服务报告后，可以编写受托机构报告，向投资者公布，以保证履行充分信息披露的义务。我国的信贷资产证券化业务要求受托机构在中债信息网进行披露。后续管理过程同时包括违约贷款的处理：资产池若出现违约贷款，贷款服务机构需依法进行催讨处理。

此外，在发行成功后的后续管理过程中，信用评级机构每年根据资产池情况进行跟踪评级，发布评级报告；信托公司每年需要根据一年内的服务情况，发布年度服务报告；会计师事务所每年需对证券化信托项目进行年度审计，信托公司及发起机构需要根据会计师事务所的要求提供财务报表、应交税费明细、资产明细、利润分配数据，会计师事务所出具审计报告。

（2）信息披露工作

信息披露的主体是资产支持证券受托机构等信息披露义务人，而为证券化提供服务的机构应按照信托合同、主承销商合同、贷款服务合同的约定及时向受托机构提供有关信息报告，并保证所提供的信息真实、准确和完整。根据信贷资产证券化工作的工作流程，信息披露可以分为发行环节信息披露和存续期内信息披露两部分。

发行环节信息披露。受托机构应在资产支持证券发行前的第五个工作日，向投资者披露发行办法、发行公告、发行说明书、信托公告、信用评级报告、募集办法和承销团成员名单。分期发行资产支持证券的，其第一期的信息披露按照以上的规定执行；自第二期以后，受托机构只在每期资产支持证券发行前第五个工作日披露补充发行说明书。同时，受托机构应在每期资产支持证券发行结束的当日或次一工作日公布资产支持证券发行情况。

存续期内信息披露。资产支持证券存续期内，受托机构应在每期资产支持证券本息兑付日的三个工作日前公布受托机构报告，反映当期资产支持证券对应的资产池状况和各档次资产支持证券的本息兑付信息。同时，贷款服务机构和资金保管机构定期向受托机构提供贷款服务报告和资金保管报告，受托机构应与信用评级机构就资产支持证券跟踪评级的有关安排作出商定，于存续期内定期向投资者披露年度跟踪评级报告。

6.1.2 资产支持票据的工作流程

6.1.2.1 监管审核流程

资产支持票据目前的主要法规依据为《银行间债券市场非金融企业债务融资工具管理办法》《银行间债券市场非金融企业资产支持票据指引》（2017年）（以下简称《资产支持票据指引》）以及《非金融企业资产支持票据公开发行注册文件表格体系》，审核方式为注册制，注册发行工作流程与债务融资工具相似，如图6-3所示。

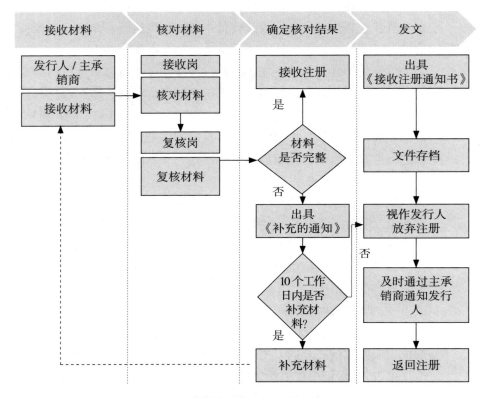

图6-3　债务融资工具注册发行工作流程

资产支持票据注册制的特点包括如下方面。

- 非实质性判断，仅对提供的文件进行形式审核，不会审查其实质是否符合要求；
- 发行人充分披露信息，中介机构尽职履责，即要求发行人要真实、准确、完整、及时地披露信息，并且中介机构要利用其专业优势，尽职履责；
- 投资者风险自担，这也是基于非实质性审核得出的结论，投资人必须自行独立判断；
- 市场自律管理，该制度的核心在于信息披露，而交易商协会仅对企业发行资产支持票据进行形式评议与自律管理，而且注册存在时效，有效期为2年，企业在注册有效期内可一次或分期发行资产支持票据。

资产支持票据属于标准化的金融工具,定向发起方案下资产支持票据的注册材料清单也是固定的,如表6-2所示。

表6-2 定向发起方案下资产支持票据的注册材料清单

序号	责任人	题名
1	主承销商	非公开定向发行注册信息表
2	发行人	非公开定向发行注册材料报送函
3	发行人	内部有权机构决议
4	发行人	企业法人营业执照(副本)复印件或同等效力文件
5	主承销商	非公开定向发行注册推荐函
6	发行人	最近一年经审计的财务报表
7	发行人和投资人及其他相关方	定向发行协议
8	律师事务所	非公开定向发行法律意见书
9	资产评估机构或会计师事务所等	现金流分析报告
10	会计师事务所、律师事务所及其他中介机构	相关机构及从业人员资质证明
11	投资人	定向工具投资人确认函

资料来源:《银行间债券市场非金融企业资产支持票据指引》。

6.1.2.2 具体操作流程

针对债权资产和收益权资产两类资产,资产支持票据业务的操作流程差异不大。从选定主承销商开始,至产品获准注册发行,资产支持票据业务的操作周期一般为1—1.5个月。操作流程如图6-4所示。

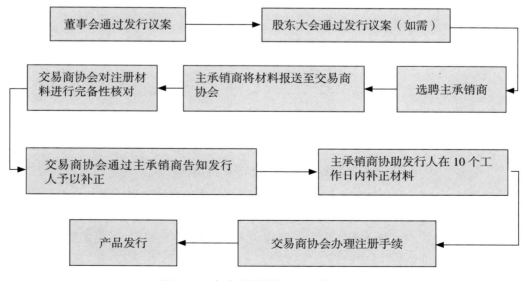

图6-4 资产支持票据项目操作流程

1. 准备阶段

资产支持票据业务准备阶段的主要工作包括内部融资决策、中介机构选择、发行人和基础资产选择、基本融资要素确定等。

2. 执行阶段

资产支持票据业务执行阶段的主要工作包括中介机构尽职调查、交易结构设计、注册文件撰写等,其中交易结构的设计是关键。目前已发行的资产支持票据设置资金监管专户,并设定归集期,用于归集基础资产产生的现金流。质押方式包括基础资产质押(如应收账款、供电收费权、高速公路收费权)和账户内资金的质押。增信措施主要包括优先/次级分层、现金流超额覆盖、发行人差额支付承诺、外部担保等。资产支持票据项目的基本交易步骤示意如下。

①发行人向投资人定向发行 ABN,并与票据代理人签署《应收账款质押合同》等交易文件;

②发行人以其合法享有的基础资产产生的回收款作为第一还款来源,并归集到资金监管账户;

③发行人对基础资产产生的回收款与 ABN 应付本息差额部分负有补足义务;

④在 ABN 本息兑付日前,监管银行将本期应付票据本息划转至上海清算所的账户;

⑤上海清算所将前述资金及时分配给 ABN 持有人。

其交易结构图如图 6-5 所示。

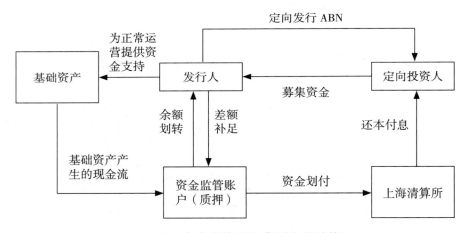

图 6-5 资产支持票据典型交易结构

在基础资产类型方面,《资产支持票据指引》规定:"基础资产是指符合法律法规规定,权属明确,能够产生可预测现金流的财产、财产权利或财产和财产权利的组合。"因此资产支持票据的基础资产既可以涵盖收益类资产,例如租金收入、高速公路收费权、地铁票款收入等,也可以涵盖应收账款类资产,比如承兑汇票、货物应收款、建设转移合同债权(BT 合同)等。

3. 发行阶段

资产支持票据项目在向交易商协会申请注册前需确定意向投资者,并提交《定向发行协议》和《定向工具投资人确认函》，在获得注册通知书后可启动正式发行工作，主承销商将进行产品询价和配售工作，确定最终投资者。

4. 后续管理阶段

资产支持票据与中期票据不同，前者的第一还款来源是基础资产产生的现金流，因此资产支持票据发行完成后，发行人或发行人的子公司（即直接拥有基础资产现金流的主体）需履行后续管理工作，主要工作内容包括管理和运营基础资产、现金流归集和划转、信息披露工作等。

6.1.3 资产支持专项计划的工作流程

6.1.3.1 监管审核流程

资产支持专项计划业务监管机构包括证监会公司债券监管部（以下简称"债券部"）、证监会派出机构、基金业协会、交易场所。其中债券部负责总体业务规则的起草和修订、审核自律组织规则、组织现场检查、协调自律组织的关系等；派出机构负责日常监管和重大事项报告；基金业协会负责资产证券化产品的备案管理和日常监测，以及负面清单的制定和定期修改，并关注产品销售环节的合规情况；交易场所负责挂牌转让、对产品交易结构的设计和风控措施的总体把握等。

资产支持专项计划业务的基本流程示意如下。

①交易所事前审查；
②取得交易所的上市无异议函后发起设立资产支持专项计划；
③专项计划成立后5个工作日内向基金业协会申请备案；
④管理人持备案证明办理交易所挂牌转让；
⑤专项计划存续期间进行日常报告；
⑥专项计划终止后向基金业协会报告。

在证券交易所上市的资产支持专项计划的监管审核流程图如图6-6所示。相关的法规及指引如表6-3所示。

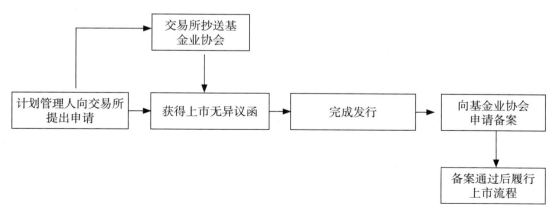

图6-6 资产支持专项计划的监管审核流程（若在证券交易所上市）

表 6-3 资产支持专项计划主要法规及指引

发布方	法规及指引题名
证监会	《证券公司及基金管理公司子公司资产证券化业务管理规定》《证券公司及基金管理公司子公司资产证券化业务尽职调查工作指引》《证券公司及基金管理公司子公司资产证券化业务信息披露指引》
基金业协会	《资产支持专项计划备案管理办法》《资产证券化业务基础资产负面清单指引》《资产证券化业务风险控制指引》《资产支持专项计划说明书内容与格式指引（试行）》《资产支持证券认购协议与风险揭示书（适用个人投资者）》《资产支持证券认购协议与风险揭示书（适用机构投资者）》
证券交易所	《上海证券交易所资产证券化业务指引》《深圳证券交易所资产证券化业务指引》

6.1.3.2 具体操作流程

1. 准备阶段

（1）内部决策

原始权益人对开展资产证券化的必要性、可行性和基本方案进行内部讨论，并报公司管理层进行决策，通过后方可正式实施。必要性即开展资产证券化的动机和目标，可行性包括政策可行性、市场可行性和操作可行性三个方面，基本方案包括关键融资要素（规模、期限、成本等）、增信措施、项目时间表等重要问题。

（2）原始权益人和基础资产选择

原始权益人即直接拥有基础资产的主体，原始权益人可以是股份有限公司、有限责任公司、全民所有制企业或事业单位。对于债权类资产，若原始权益人过于分散而数量较多，建议通过内部债权转让方式将基础资产集中于一到三家原始权益人，以提高执行效率。基础资产选择是资产证券化业务最重要的工作，不同类型基础资产选择的关注点有所不同。

（3）中介机构选择

资产支持专项计划业务的中介机构选择需要重点考虑两个基本方面。一是中介机构的专业性与重视程度。由于资产证券化项目相对传统债券而言比较复杂，因此中介机构的专业性与配合度是首要考虑的因素，需要中介机构及其执行团队有较为丰富的资产证券化运作经验，另外需要考察中介机构的重视程度，可以从项目团队经验、人员配置来进行判断。二是中介机构的收费水平。收费水平会影响到项目的综合融资成本，建议遵循市场化收费原则，过高或过低的中介机构收费水平都不利于项目开展，中介机构收费水平建议综合市场平均水平、项目难易程度、融资规模与期限等因素进行考量。

（4）基本融资要素确定

中介机构基本确定后，原始权益人需与管理人、律师、评级机构等中介机构就基本融资要素进行深入讨论，对内部决策阶段的基本方案进行细化和完善，确定交易结构、产品方案等基本融资要素，为下一步正式执行奠定基础。

2. 执行阶段

（1）中介机构尽职调查

资产支持专项计划业务的尽职调查主要依据《证券公司及基金管理公司子公司资产

证券化业务尽职调查工作指引》开展，原始权益人通常兼任资产服务机构。尽职调查的主要关注因素如表 6-4 所示。

表 6-4 资产支持专项计划业务尽职调查主要关注因素

基本方面	主要关注因素
特定原始权益人	（1）基本情况：特定原始权益人的设立、存续情况；股权结构、组织架构及治理结构。 （2）主营业务情况及财务状况：特定原始权益人所在行业的相关情况；行业竞争地位比较分析；最近三年各项主营业务情况、财务报表及主要财务指标分析、资本市场公开融资情况及历史信用表现；主要债务情况、授信使用状况及对外担保情况；对于设立未满三年的，提供自设立起的相关情况。 （3）与基础资产相关的业务情况：特定原始权益人与基础资产相关的业务情况；相关业务管理制度及风险控制制度等。
资产服务机构	（1）基本情况：资产服务机构设立、存续情况；最近一年经营情况及财务状况；资信情况等。 （2）与基础资产管理相关的业务情况：资产服务机构提供基础资产管理服务的相关业务资质以及法律法规依据；资产服务机构提供基础资产管理服务的相关制度、业务流程、风险控制措施；基础资产管理服务业务的开展情况；基础资产与资产服务机构自有资产或其他受托资产相独立的保障措施。
基础资产	（1）对基础资产的尽职调查包括基础资产的法律权属、转让的合法性、基础资产的运营情况或现金流历史记录，同时应当对基础资产未来的现金流情况进行合理预测和分析。 （2）对基础资产合法性的尽职调查应当包括但不限于以下内容：基础资产形成和存续的真实性和合法性；基础资产权属、涉诉、权利限制和负担等情况；基础资产可特定化情况；基础资产的完整性等。 （3）对基础资产转让合法性的尽职调查应当包括但不限于以下内容：基础资产是否存在法定或约定禁止或者不得转让的情形；基础资产（包括附属权益）转让需履行的批准、登记、通知等程序及相关法律效果；基础资产转让的完整性等。 （4）公司应当根据不同基础资产的类别特性对基础资产现金流状况进行尽职调查，应当包括但不限于以下内容：基础资产质量状况；基础资产现金流的稳定性和历史记录；基础资产未来现金流的合理预测和分析。

资料来源：《证券公司及基金管理公司子公司资产证券化业务尽职调查工作指引》。

（2）交易文件起草及讨论

对于不同类型的基础资产来说，资产支持专项计划业务的交易文件框架和内容基本相同，主要差别在于《标准条款》和《服务协议》两个交易文件，主要交易文件如表 6-5 所示。

表 6-5 资产支持专项计划业务主要交易文件

	交易文件名称	签署方
涉及原始权益人	《基础资产买卖协议》	原始权益人、管理人
	《服务协议》	原始权益人、管理人
	《认购协议》（若原始权益人作为次级投资者）	原始权益人（作为次级投资者）、管理人

(续表)

	交易文件名称	签署方
涉及原始权益人	《监管协议》（如有）	原始权益人、管理人、监管银行
	《差额支付承诺函》（如有）	原始权益人
	《担保协议》（如有）	原始权益人、管理人、担保人
	《回售与赎回承诺函》（如有）	原始权益人、担保人（如有）
不涉及原始权益人	《标准条款》	管理人
	《托管协议》	管理人、托管人
	《代理销售协议》	管理人、代理销售机构

注：由于《标准条款》是纲领性、全局性的交易文件，虽然原始权益人不用签署，但也需要进行审阅并对主要内容进行确认。

（3）履行内部流程

原始权益人需要履行的内部流程主要包括：①内部有权机构同意公司开展资产证券化的决议；②内部有权机构同意公司提供差额支付承诺的决议（如需）。这两个决议可以合在一起出具，内部有权机构一般为董事会或股东会，具体需根据公司章程而定。

（4）信息系统搭建或改进

对于分散性债权资产来说，原始权益人需要对信息系统进行搭建或改进，以满足后续资产服务管理和循环购买（如需）的需求。原始权益人需逐步建立覆盖证券化业务全流程的信息管理系统，实现基础资产选择、项目测算与方案设计、存续期资产管理和服务等环节的系统管理，通过系统化手段取代手工开展业务的方式，在提高工作效率的同时加强系统监测，防范业务办理中出现操作性错误，提升业务风险防控水平。

3. 发行阶段

发行阶段的工作主要是路演推介和产品定价，债权类和权益权基础资产投资的关注点有所不同：对于债权资产类型来说，由于资产证券化产品的信用表现与基础资产的资质关系更密切，因此更关注原始权益人的目标客户定位和风险管理能力；对于收益权资产类型来说，由于资产证券化产品的信用表现与原始权益人自身的运营关系更密切，因此需要更多挖掘原始权益人自身的经营优势和发展规划。

4. 后续管理阶段

（1）资产服务管理

对于债权资产和收益权资产来说，原始权益人提供资产服务管理的工作内容有较大不同，相比而言，债权资产的服务管理工作的内容更多。具体来说，以融资租赁债权和供热收费权为例分别代表债权资产和收益权资产，则原始权益人的资产服务内容比较如表6-6所示。

（2）循环购买

循环购买结构只存在于债权资产证券化项目中，对于租赁债权、小额贷款、应收账款等基础资产来说，循环购买结构经常被运用。这类项目的专项计划存续期分为循环期

表 6-6 资产支持专项计划项目资产服务内容比较

资产类型	资产服务内容
融资租赁债权（代表债权资产）	（1）承租人的关系维护 （2）回收租金的资金管理 （3）租赁项目的跟踪评估 （4）租金回收情况的查询和报告 （5）租赁合同的变更管理 （6）基础资产项目预警管理 （7）基础资产项目出险管理 （8）基础资产合同期满（租赁期结束）的法律手续处理 （9）资料保管
供热收费权（代表收益权资产）	（1）供热用户的关系维护 （2）现金流回款的资金管理 （3）供热收费及其相关供热补贴回收情况的查询和报告 （4）供热合同的变更管理 （5）资料保管

资料来源：天风证券。

和分配期两个阶段：在循环期内，基础资产回收款除了支付专项计划费用和期间产品利息外，并不用于向投资者分配本金，而是按照既定的合格标准持续向原始权益人购买新增基础资产；进入分配期后，基础资产回收款将定期（通常按月或按季）向投资者支付本息。

根据已发行的项目案例，循环购买的频率主要包括每天、每周、每季或每半年。若要高效实现循环购买，需要原始权益人具备比较完善的信息系统以进行资产的后续管理。图 6-7 以阿里小贷专项计划项目为例，介绍循环购买的基本流程。

（3）信息披露工作

按照《证券公司及基金管理公司子公司资产证券化业务信息披露指引》，原始权益人需配合管理人和评级机构等中介机构履行信息披露工作，并定期向管理人提供财务报表、资产服务报告等资料。信息披露的工作要点如表 6-7 所示。

表 6-7 资产支持专项计划业务信息披露工作要点

报告名称	信息披露工作要点
年度资产管理报告	基础资产运行情况；原始权益人、管理人和托管人等资产证券化业务参与人的履约情况；特定原始权益人的经营情况；专项计划账户资金收支情况；各档次资产支持证券的本息兑付情况；管理人以自有资金或者其管理的资产管理计划、其他客户资产、证券投资基金等认购资产支持证券的情况；需要对资产支持证券持有人报告的其他事项
年度托管报告	专项计划资金托管情况：专项计划资金收付情况、专项计划资金余额情况、对管理人的监督情况

（续表）

报告名称	信息披露工作要点
定期跟踪评级报告	评级意见及参考因素、基础资产（池）的变动概况、专项计划交易结构摘要、当期资产支持证券的还本付息情况、基础资产现金流运行情况、现金流压力测试结果、基础资产（池）信用质量分析、特定原始权益人的信用分析、资产证券化交易结构相关各方情况分析和评级结论、循环购买机制有效性的分析（如有）等。

资料来源：《证券公司及基金管理公司子公司资产证券化业务信息披露指引》。

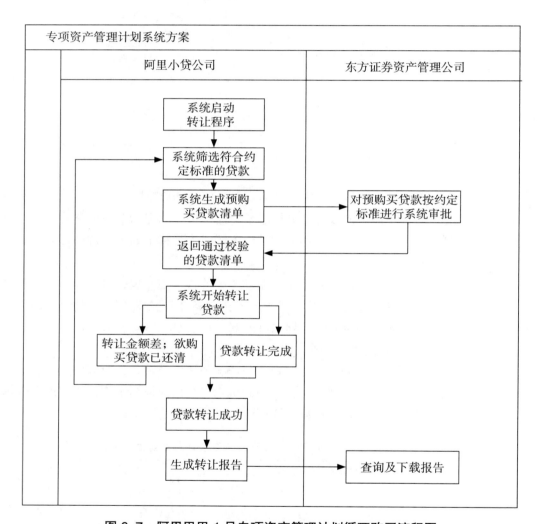

图6-7 阿里巴巴1号专项资产管理计划循环购买流程图

资料来源：《阿里巴巴1号专项资产管理计划说明书》。

6.2 发起人、交易协调人和受托机构的工作内容

发起人是出售资产用于证券化的机构,可以是资产证券化业务的源头。交易协调人是资产证券化交易和市场之间的枢纽,在整个业务流程中起主导作用。交易协调人除了提供市场信息、联络投资人、安排证券发行外,往往还担任整个资产证券化业务的财务顾问,负责协调律师、会计师、评级机构和评估机构(如有)等多方关系,并在交易的产品设计和证券定价过程中扮演关键角色。受托机构是接受发起机构的信托、运用资产证券化资产的机构。本节重点叙述发起人、交易协调人和受托机构在资产证券化过程中的工作内容。

6.2.1 发起人的工作内容

以信贷资产证券化为例,发起人在开展信贷资产证券化时通常会制定《信贷资产证券化业务管理办法》和《信贷资产证券化业务操作规程》,其整体工作内容主要参照这两个办法,后续资产服务主要参照《信贷资产证券化贷款服务管理办法》和《贷款服务手册》,会计核算主要参照《信贷资产证券化业务会计核算规程》。

6.2.1.1 主要工作内容

信贷资产证券化发起人的主要工作包括需求发起、中介机构选聘、基础资产构建及尽职调查、交易结构设计、法律文件准备、监管机构报批工作、定价发行、投资管理及会计处理、信贷资产回收款的回收、服务费的计算及收取、证券化信贷资产质量管理、风险监督与管理、贷款合同管理等。其中与企业资产证券化发起人工作内容有较大差异的部分主要包括投资管理及会计处理、信贷资产回收款的回收、服务费的计算及收取、证券化信贷资产质量管理、风险监督与管理、贷款合同管理等。

1. 投资管理及会计处理

发起人可以作为投资人合规开展资产支持证券的投资。2013年12月31日,人民银行、银监会联合下发《关于规范信贷资产证券化发起机构风险自留比例的文件》("21号文"),明确规定了信贷资产证券化风险自留比例不得低于单只产品发行规模的5%,同时自留最低档次的比例也不得低于最低档次发行规模的5%。

发起人将依据《信贷资产证券化业务会计核算规程》,对所投资资产支持证券进行相应的账务处理。

2. 信贷资产回收款的回收

信贷资产证券化项下信贷资产回收款(即包括贷款本金、利息、罚息、复利、违约金、补偿金、损害赔偿金等属于信贷资产项下应回收的资金)的回收是指发起人接受受托机构的委托作为贷款服务机构,按借款合同约定回收信贷资产回收款后,根据《贷款服务合同》《信托合同》的要求,将信贷资产回收款划入资金保管机构负责保管的信托账户

的过程。

信贷资产证券化项下信贷资产回收款的回收工作目标为：督促借款人按时还本付息；及时划转回收信贷资产回收款；实现单独设账，单独管理；完整记录和保存会计凭证。

3. 服务费的计算及收取

信贷资产证券化服务费的计算及收取工作目标为：确保服务费测算准确；确保服务费按时、足额收取。

信贷资产证券化服务费的计算及收取工作流程示意如下。

（1）发起人总行相关部门测算当季服务费；

（2）受托机构确认并支付服务费；

（3）总行集中收取后，分配并下划给分行；

（4）分行进行账务处理。

4. 证券化信贷资产质量管理

证券化信贷资产质量分类标准、分类操作与管理参照发起人内部制定的《信贷资产风险分类实施办法》《信贷资产风险分类实施标准》等规定执行。

证券化信贷资产质量预测标准和方法参照发起人内部制定的《全面风险管理报告办法》《重大突发信用风险事件应急处置预案》等规定执行，并与表内信贷资产质量预测一同报告内部相关部门。

5. 风险监督与管理

信贷资产证券化风险监督与管理是指银行信贷资产实施证券化后，银行作为贷款服务机构对证券化信贷资产进行的风险监督与管理。主要任务是依据《信托合同》《贷款服务合同》《借款合同》《担保合同》《客户信用评审报告》及《贷款评审报告》对借款人、贷款项目和担保等进行跟踪监督与分析，及早识别并处理信贷风险，确保信贷合同顺利执行。分行对证券化信贷资产要视同表内贷款严格进行信贷风险监督与管理。

监管借款是指结合借款人信用等级，综合运用客户访谈、财务分析、信息采集等方式，及时掌握借款人的经营管理状况及债务偿还能力，维护和发展客户关系；同时，按照监管要点和监管频度要求，重点关注借款人风险控制点，切实防范长期性信贷风险。

6. 贷款合同管理

作为贷款服务机构，发起人不能随意变更已订立的借款合同及担保合同有关条款。

如借款人提出调整分期还款计划的书面申请，分行应于收到书面申请当日将有关情况和处置意见填写《合同变更审批表》报送总行，总行在规定的时间内就此与受托机构沟通。总行根据受托机构的意见指导分行进行相应处置。

如借款人提出提前还款书面申请，分行应于收到书面申请当日填写《合同变更审批表》报告总行，总行在规定的时间内，书面告知受托机构。分行按照借款合同约定办理提前还款的相关手续，如借款合同中规定贷款人有权向提前还款的借款人收取补偿金和/或违约金，分行应按照合同约定方式计算金额，并按照本息回收流程处理向借款人收取有关款项并划付至受托机构的过程。

如人民银行调整基准利率，分行应根据人民银行规定和借款合同约定相应调整贷款利率，并在调整当日填写《资产池项目利率调整表》报送总行，由总行在规定时间内告知受托机构。除上款规定之外，对于借款人提出的其他变更借款利率要求应予以拒绝。

6.2.1.2 后续资产服务

1. 贷款服务的基本概念

信贷资产证券化贷款服务是指发起人接受受托机构委托，作为资产证券化贷款服务机构，自信托生效日起，对证券化信贷资产进行不低于发起人自有贷款管理水平的管理服务。自发起人账上证券化贷款移除并转为代理管理的信托财产交付日起，发起人由债权人转变成代理贷款管理服务机构，代理受托机构管理证券化贷款，按照发起人与受托机构签署的《贷款服务合同》，收取证券化贷款的本金、利息和其他收入以及一切后续授信业务管理及服务，代为保管借款合同、保证合同、有关的借据、还款凭证等以实物形式或电子形式存在的必要的文档、表单、凭证和其他任何性质的协议，并按季或根据《贷款服务合同》约定的时间出具服务机构报告给受托机构。

2. 贷款服务的主要内容

贷款服务的内容包括对证券化信贷资产进行本息回收；对相关业务操作系统信息及授信管理系统信息、授信档案、会计凭证的维护管理；根据资产证券化信托合同、服务合同等法律文件约定对认定的违约贷款进行处置，及时、准确、完整地向信托账户转付证券化信贷资产的各项回收款；根据证券化业务的监管规定及贷款服务合同约定向有关外部机构提供必要的报告与信息等。

3. 证券化贷款资料的特定化标注

证券化贷款的有关资料随证券化信贷资产的交付归受托机构所有，发起人对证券化贷款资料进行特定化标注后，根据发起人相关规定履行代理保管职责。在发生证券化交易合同文件约定的贷款服务机构服务职能终止或证券化信贷资产回购的情况下，除合同另有约定需将证券化贷款资料移交后备贷款服务机构之外，证券化贷款资料的交付应进行相反手续操作。

证券化贷款资料的特定化标注包括对证券化贷款单独设账管理，与发起人自有信贷资产分账管理，不同信贷资产证券化业务项下的证券化信贷资产也应当分别记账、分别管理；在证券化贷款的信贷档案上注明"资产证券化"，并与本行自有信贷资产可识别区分；在业务或管理系统中使证券化贷款信息能与本行自有贷款信息相区别或可供识别。

发起人需根据贷款服务合同的约定，与外部机构保持沟通，并定期向外部机构提供《贷款服务机构报告》（表6-8）及其他有关信息，在必要时向受托机构、评级机构及其他相关当事人发送通知。

表6-8　信贷资产证券化信托贷款服务机构报告

（20××年×月—20××年×月）

	报告内容	页码
1	个别通知事件	
2	贷款服务机构解任事件	
3	加速清偿事件	

(续表)

	报告内容	页码
4	资产池信息	
5	收款信息	
6	划款信息	
7	本收款期间资产池贷款状态特征	
8	不合格资产的赎回	
9	违约信息	
10	违约贷款在本收款期所处的处置状态及抵销权风险监控	
11	当期损失贷款信息	
12	当期违约贷款处置执行费用和执行情况	
说明： （1）本报告内容根据贷款服务机构与受托人相关合同内容编制； （2）本报告金额单位均以人民币元计； （3）收款期间为：____年____月____日至____年____月____日。		

6.2.2 交易协调人的工作内容

在中国，资产证券化市场通常由证券公司担任交易协调人的重要角色。交易协调人是资产证券化发行人和市场之间的枢纽，在整个业务流程中起主导作用。无论是信贷资产证券化还是企业资产证券化业务，交易协调人的作用和责任均可以总结为产品设计、销售与发行以及流动性安排三大方面。

6.2.2.1 产品设计

目前国内信贷资产证券化和企业资产证券化业务均已实现备案制，资产证券化的发展方向将由融资导向型转变为投资导向型，市场规模会越来越大，产品设计能力成为券商的核心竞争力之一。若要实现顺利发行、低成本融资，需根据投资者的需求和偏好，设计更加前置化、专业化和精细化的证券化产品。

1. 基础资产选择

资产证券化的基础资产主要分为债权资产和收益权资产两大类。前者更加标准化、法律结构比较清晰，是国外成熟市场资产证券化的主要资产类型；后者比较个性化、法律结构较为复杂（两类基础资产的对比见表6-9）。

表 6-9 资产证券化两类基础资产对比

	债权资产	收益权资产
主要种类	信贷资产、租赁债权、小额贷款、委托贷款、应收账款、信托受益权	市政收费权、门票收益权、租金收益权、PPP项目收益权、合同未来债权
基本原则	基础资产无法律瑕疵，可转让、可特定化、可预测、现金流比较稳定	

（续表）

	债权资产	收益权资产
关注要点	基础资产的信用资质、分散性、现金流规模、收益率、期限分布、历史违约率、早偿率、担保措施等	基础资产的运营方实力、现金流稳定性、抵质押状况、现金流规模、现金流历史记录、行业前景等

注：（1）信贷资产是指银行业金融机构拥有的贷款债权，包括对公贷款（普通工商企业贷款、商业物业抵押贷款、不良贷款）和个人类贷款（汽车抵押贷款、信用卡贷款、个人住房抵押贷款、个人经营贷款和其他消费信贷）。

（2）市政收费权主要包括高速公路(桥梁、隧道)收费权、供电收费权、有轨电车收费权、铁路运输收费权、港口（渡口）收费权、机场收费权、有线电视收费权、供热收费权、自来水收费权、燃气收费权、公交收费权、地铁收费权、垃圾处理收费权等。

2. 交易结构设计

交易结构设计是资产证券化项目的全局性工作，主要包括如下要素：信用增级措施、信用触发机制、账户设置、现金流划转流程、循环购买结构（如有）等，交易结构设计更多体现为法律条款的设计。券商作为交易协调人，需与发起人、法律顾问就交易结构设计进行沟通。

3. 现金流建模

资产证券化的参与主体很多，需要一套全面的金融模型来满足在发行、评级、投资和监管等方面的要求，这是资产证券化的硬技术所在。对于笔数较多的债权资产来说，在产品方案定型前需要建立比较严密的现金流模型，对基础资产的现金流、产品分层、风险收益特性等进行测算分析。图 6-8 显示了证券化之前发起人各个部门和第三方合作建模的基本流程。

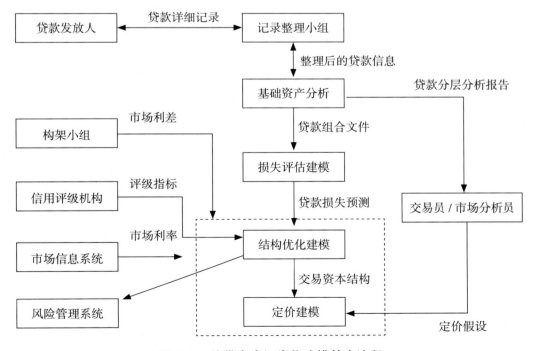

图 6-8 信贷资产证券化建模基本流程

上述流程包括基础资产分析、损失评估建模和结构优化建模三个建模过程,其中结构优化建模还包括组合优化建模和定价建模这两个步骤。对于国内的资产证券化市场,目前现金流建模工作通常由券商牵头完成,发起人、信用评级机构和会计师等也会参与进来,各自对交易进行建模,并对券商的建模结果进行评估和认证。

4. 产品方案设计

产品方案设计是指在基础资产选择、交易结构设计和现金流建模等工作完成后,资产证券化进入发行阶段前的重要工作,主要包括分层结构、发行规模与期限、本息支付方式、利率方式和含权结构等,如表6-10所示。

表6-10　资产证券化产品方案设计的具体内容

产品方案要点	具体内容
分层结构	优先级、中间级(如有)和次级,优先级或中间级可以进行细分
发行规模与期限	通常与基础资产的现金流规模和期限结构相匹配
本息支付方式	包括本金支付方式和本息支付频率,本金支付方式分为固定还本型和过手支付型
利率方式	固定利率、浮动利率
含权结构	包括回售选择权、赎回选择权、回拨选择权和票面利率调整权等

5. 出表方案设计

对于收益权资产来说,由于在产品发行时并未形成存量资产,因此无法实现会计出表;对于债权资产来说,在满足相关条件的前提下可以实现会计出表。有些发起人有会计出表需求,券商作为交易协调人,需与会计师就会计出表方案进行沟通,协助发起人设计会计计量模型、证券自持方案、次级销售方案等。

6.2.2.2　销售与发行

销售与发行是资产证券化产品走向资本市场的最关键一步。信贷资产证券化和企业资产证券化业务的销售与发行流程基本相同,如图6-9所示。

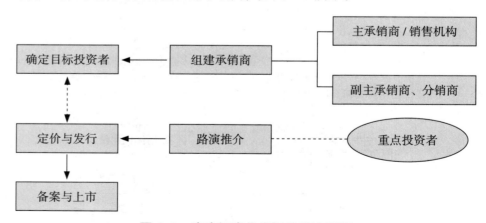

图6-9　资产证券化发行阶段流程图

1. 确定目标投资者

信贷资产证券化主要在银行间债券市场发行与交易，企业资产证券化主要在交易所市场发行与交易。它们的投资者群体和市场特点如表 6-11 所示。

表 6-11　银行间债券市场和交易所市场的投资者群体和市场特点比较

	投资者群体	市场特点
银行间债券市场	银行、信用社、保险公司、公募基金、券商、信托公司、财务公司、企业法人	机构投资者市场；银行、农信社和保险公司是银行间债券市场的主要投资机构，银行居于主导地位
交易所市场	上市银行、银行理财、保险公司、券商、公募基金、私募基金、信托公司、财务公司、企业法人	以非银行投资为主、个人投资者为辅；保险公司、基金是交易所市场的主要投资机构，很多资金（如券商资管、私募基金）间接来自银行

根据目前投资者对不同类型证券化产品的投资准入条件和投资偏好，不同类型证券化产品的主要投资者群体如表 6-12 所示。整体来看，各种类型证券化产品的主要投资者群体没有太大差异，主要区别在于交易场所的不同会带来投资者群体的一定差异，另外商业银行自营资金目前按照法规要求不能投资于权益型产品（权益型 REITs 属于其中之一）。若在银行间债券市场发行，则商业银行是最主要的投资者群体；若在交易所市场发行，则银行理财及非银行机构投资者是最主要的投资者群体。

表 6-12　中国不同类型证券化产品的主要投资者群体

产品类型	主要投资者群体
信贷资产证券化	银行自营资金及理财计划、公募基金、保险公司、财务公司、券商资管、信托计划、私募基金、境外投资者（含 QFII、RQFII）
企业资产证券化	银行理财计划、公募基金、保险公司、券商资管、信托计划、私募基金、企业年金、境外投资者（含 QFII、RQFII）
权益型 REITs	保险公司、公募基金、社保基金、银行理财计划、券商资管、企业年金、境外投资者（含 QFII、RQFII）
抵押型 REITs	银行自营资金及理财计划、公募基金、保险公司、券商资管、私募基金、信托计划、企业年金、境外投资者（含 QFII、RQFII）

2. 组建承销团

确定了目标投资者范围后，对于规模较大的资产证券化项目，券商的一个重要工作是组建承销团。由于商业银行是资产证券化产品的主要投资者，因此承销团的主体将是银行类机构，其中多次参与资产证券化产品的各大银行等机构原则上为承销团的主要邀请对象。在此基础上，综合考虑机构投资其他证券化产品及债券产品的情况、初步需求摸底的情况以及近期是否有证券化产品发行计划等因素，确定其他新增邀请对象，要点如下。

- 金融机构参加承销团的资质要求相对宽松，包括国有商业银行、城市商业银行及农村商业银行等在类的各种类型的银行类金融机构均基本符合参团条件，只要其具有投资需求和参团意愿，均可邀请入团。

- 证券公司作为分销机构，其自身缺乏配置需求，且客户具有同质性，不是组团的重点邀请对象。因此，原则上仅选择分销能力较强的且和主承销商关系密切证券公司参团即可。

3. 路演推介

对于规模较大的资产证券化项目，为增强推介效果，券商可针对重点投资者制订路演推介方案，这对于基础资产类型比较新颖或产品结构比较复杂的证券化产品很有必要。路演推介方案通常分为路演准备、"一对一"和"一对多"路演推介以及锁定投资者需求三个阶段，具体可参见表6-13。

表 6-13　路演推介不同阶段工作重点和预期目标

阶段	工作重点	预期目标
路演准备	（1）与投资者进行广泛沟通，确定针对每家核心投资者的具体销售推介方案，包括是否安排管理层路演等； （2）与发起人讨论路演总体安排，包括形式、时间、人员、路演对象等	（1）通过销售摸底反馈，初步锁定资产支持证券的主要投资者； （2）结合路演对象有针对性地准备路演材料
"一对一"和"一对多"路演推介	（1）路演对象主要是具备一定实力和投资意愿的商业银行或其他类型投资者，陪同发起人对核心投资者进行"一对一"路演，推介发起人及资产证券化产品的投资价值，了解投资者对发起人方案的反馈，了解核心投资者的潜在需求及要求收益率； （2）每天制作路演日报，总结与投资者沟通内容，方便下一步投资者跟进工作； （3）视需要与需求较为分散的投资者安排"一对多"推介	（1）近距离与投资者沟通，详细介绍发起人方案，打消投资者顾虑； （2）充分挖掘市场需求； （3）体现发起人市场地位，维护良好的市场形象，营造热烈的发行氛围
锁定投资者需求	（1）与核心投资者保持密切沟通，最大范围挖掘潜在投资需求，确保发行成功； （2）对于没有进行路演推介覆盖的投资者，如有任何疑问或沟通需要，通过安排电话会或拜访形式进行	进一步明确投资者对收益率的要求，推动投资者内部决策流程，锁定投资者认购意愿

4. 定价的方法与过程

从广义的角度来看，资产证券化产品可以用一个或若干个简单或有要求权的组合来表达，其定价同样也可以用或有要求权的分析方法（Contingent Claim Analysis，CCA）来实现。如果把公司股票和债券等看作是"一次"/"基本"或有要求权，那么资产证券化产品则是一种"二次（多次）"/"衍生"或有要求权或者其组合。因此，对资产证券化产品的定价就必须分解成若干步来完成：①对基础资产池的定价；②对各类别资产支持证券的定价。

完成对基础资产池的定价即相当于确定了资产池未来现金流的分布，这包括现金流入的时间、规模以及对应的概率分布等。根据发行证券化产品契约的约定，各分层证券的现金流入就可以根据资产池定价的结果确定出来（忽略利息支付对本金支付的影响），根据一定的贴现规则，各分层证券化产品的定价就可以计算出来。

由于国内资产证券化市场尚处于初期阶段，所以目前资产证券化产品的定价思路相对比较简单，最常用的为可比定价法，即在可比债券收益率的基础上加上相应的溢价补偿，其思路如图 6-10 所示，用公式表示为：

资产证券化产品的收益率＝无风险债券收益率＋税收补偿＋信用风险补偿＋流动性风险补偿。

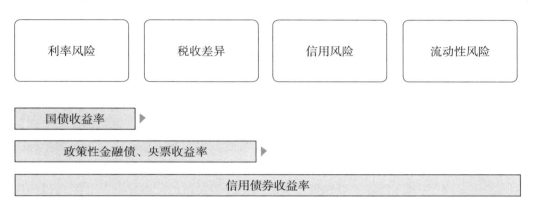

图 6-10　国内资产证券化产品的定价思路

由于证券化产品标准化程度较低，可比产品相对较少，市场交易数据也很少，因此一般采用其他固定收益品种收益率＋风险利差补偿的定价方法，一般参照品种是评级和期限相近的中期票据或短期融资券，在此基础上再加上流动性利差等风险补偿。利差从近期发行的其他类似资产证券化产品与当时市场参照品种的对比情况计算得到。根据近期发行经验，评级为 AAA 的信贷资产支持证券一般在可比品种收益率的基础上上浮 20—60 个基点作为定价中枢；B 级证券与 A 级证券之间大约存在 100—160 个基点的利差。此外，定价时还需要进一步根据证券现金流的转付结构、加权平均期限等因素进行微调。

资产证券化产品的询价、定价过程如图 6-11 所示。

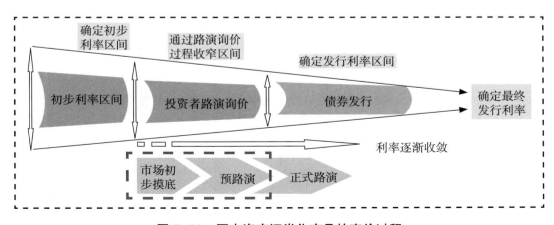

图 6-11　国内资产证券化产品的定价过程

具体可以分为如下几个步骤。

第一步，采用合理的定价理论与方法，并结合市场实际情况确定初步的利率区间，作为进行市场摸底和投资者询价的基本出发点。

第二步，针对潜在投资者进行广泛的销售摸底工作，收集投资者对于投资意向和定价方面的反馈信息，并对利率区间进行必要的调整。在必要的情况下，可能会对重点投资者进行路演拜访，就定价问题进行更为深入的交流。

第三步，根据前期销售摸底的情况，并结合市场环境的变化，确定最终发行时点及发行时的利率区间。

第四步，根据发行时的投资认购情况，在发行利率区间内确定最终发行利率。

5. 发行方式

对于信贷资产证券化来说，在2013年8月之前，信贷资产证券化采取的都是簿记建档发行方式，之后发行的信贷资产支持证券则均采取招标发行方式，招标发行相比此前的簿记建档发行提高了发行透明度，但需在1小时内完成全部招标工作，对招标操作效率的要求很高。不过人民银行2015年3月26日发布的《信贷资产支持证券发行管理有关事宜公告》中提到"采用簿记建档发行的证券化产品，受托机构应提交书面材料，说明采用簿记建档发行的必要性、定价、配售的具体原则和方式，以及防范操作风险和不正当利益输送的措施"，为信贷资产证券化采取簿记建档发行方式留出了空间。

对于企业资产证券化来说，目前主要采取簿记建档发行方式，有些规模较小的项目采取了协议定价发行方式（即直接由发行人和计划管理人协商确定发行价格，不履行严格的簿记建档流程）。

6. 备案与上市

目前信贷资产证券化和企业资产证券化业务均已实现备案制，不同之处在于信贷资产证券化为事前备案，即先备案、然后发行并上市；企业资产证券化为事后备案，即先发行，然后备案并上市（表6-14）。

表6-14 两种资产证券化的备案上市流程比较

	信贷资产证券化	企业资产证券化（以ABS为例）
备案流程	事前备案制。备案申请由银监会创新部统一受理、核实、登记；转送各机构监管部门实施备案统计；备案后由创新部统一出口。备案后3个月内完成发行	事后备案制。发行后5个工作日内向基金业协会申请备案
上市流程	在每期资产支持证券发行前5个工作日，受托机构应将最终项目文件报人民银行备案。资产支持证券在银行间债券市场发行结束后2个月内，受托机构可申请在银行间债券市场交易资产支持证券	在申请备案前需取得证券交易所的上市无异议函，完成备案后向证券交易所申请上市
相关办法	《信贷资产证券化试点管理办法》《关于信贷资产证券化备案登记工作流程的通知》	《资产支持专项计划备案管理办法》《上海证券交易所资产证券化业务指引》《深圳证券交易所资产证券化业务指引》

6.2.2.3 流动性安排

国内资产证券化二级市场流动性弱的问题一直是制约资产证券化市场发展的重要因素，通过相应的流动性安排有利于提升产品流动性、降低发行利率，带动一级市场的快速发展，券商可以在流动性安排方面发挥重要作用。

1. 质押回购融资

目前信贷资产证券化和企业资产证券化产品均可以进行质押式协议回购，质押回购可以为投资者提供融资杠杆，有利于提升产品的流动性。2007年9月30日，人民银行发布了《资产支持证券在全国银行间债券市场进行质押式回购交易的有关事项》，经人民银行批准在银行间债券市场交易流通的资产支持证券可用于质押式回购交易；2015年2月16日，上海证券交易所发布了《上海证券交易所债券质押式协议回购交易暂行办法》和《上海证券交易所债券质押式协议回购交易业务指引》，允许资产证券化产品和债券产品进行质押式协议回购。表6-15是银行间债券市场和上海证券交易所资产证券化质押式协议回购制度要点比较。

表6-15 银行间债券市场和上海证券交易所资产证券化质押式协议回购制度要点比较

	银行间债券市场	上海证券交易所
法规依据	《全国银行间债券市场债券交易管理办法》《资产支持证券在全国银行间债券市场进行质押式回购交易的有关事项》《中国银行间市场债券回购交易主协议（2013年版）》《中央国债登记结算有限责任公司质押券管理服务指引》	《上海证券交易所债券质押式协议回购交易暂行办法》《上海证券交易所债券质押式协议回购交易业务指引》《中国证券登记结算有限责任公司债券质押式协议回购登记结算业务实施细则》
投资者适当性管理	协议回购的参与者应为符合规定的合格投资者，进入全国银行间债券市场应签署债券回购主协议。参与机构包括：（1）在中国境内具有法人资格的商业银行及其授权分支机构；（2）中国境内具有法人资格的非银行金融机构和非金融机构；（3）经人民银行批准经营人民币业务的外国银行分行	协议回购的参与者应为符合规定的合格投资者，在参与业务前应当签署回购主协议，证券公司经纪客户还需签署风险揭示书。业务初期，融资方暂限于金融机构及其发行的理财产品，其他符合条件的投资者仅可融出资金，后续根据业务开展情况再行调整融资方范围
交易时间	协议回购的申报时间为每个交易日的9:00至12:00，13:30至16:30	协议回购申报的时间为每个交易日的9:30至11:30，13:00至15:15
交易结算方式	回购的质押券种、折算比例、回购期限、利率等交易要素由交易双方自主协商确定，但回购期限不得超过365天。协议回购成交后，由中债登提供实时逐笔非担保交收服务	回购的质押券种、折算比例、回购期限、利率等交易要素方式由交易双方自主协商确定，但回购期限不得超过365天。协议回购成交后，由中证登提供实时逐笔非担保交收服务
质押券管理	中债登开发运行了质押券管理服务系统，为质押券管理提供质押券盯市、风险敞口核算、质押券调整、替换、质押券范围设置、质押顺序设置、质押率设置、质押券到期置换等自动化服务	中证登根据交易双方向交易所申报并经交易所确认的相关数据办理协议回购的质押登记或变更质押登记。违约发生后交易双方对违约处理协商一致的，可向交易所申报解除质押登记或办理质押证券处置过户，中证登将依据交易所发送的指令办理解除质押登记

（续表）

	银行间债券市场	上海证券交易所
存续期及到期管理	回购存续期间，按照协议约定可提前终止。回购业务项下的质押券经双方协商可替换，并可根据债券估值情况（盯市）进行质押券调整。回购到期应按照合同约定全额返还回购项下的资金，并解除质押关系，不得以任何方式展期	协议回购提供变更质押券和到期续做功能。回购存续期间，经双方协商一致，可以变更质押券或提前终止。回购到期，正回购方可选择到期结算，也可选择到期续做。选择到期续做的，正回购方的续做应收资金和到期应付资金可以轧差结算，提高了资金使用效率
风险控制与违约处置	如果回购期间出现质押券不足额情况，逆回购方可要求正回购方追加或置换质押券。如果正回购方未能在本金兑付日前追加或置换质押券，逆回购方可要求代理兑付机构扣留质押券应兑付的本金	协议回购的违约处置方式主要由市场自主协商解决。交易双方对质押券处置达成一致的，中国结算所提供快速处置渠道，可采取解除质押登记或非交易过户至守约方的方式处置质押券。上交所将加强对恶意违约行为的自律管理

资料来源：银行间债券市场及上海证券交易所质押回购相关法规。

为促进一二级市场联动，券商在产品发行后可以为质押回购融资提供便利条件，利用自身的资源和优势提供信息服务、资金支持和技术支持。

信息服务：券商可以利用自己掌握的市场信息和投资者网络信息为有意向通过资产证券化产品进行质押融资的投资者提供对手方信息，降低其一对一寻找的难度和成本；

资金支持：资金实力较强的券商可以向投资者融出资金，以资产证券化产品作为质押标的；

技术支持：券商可以为投资者提供质押标的信用分析、质押率测算、融资利率分析等技术咨询服务。

2. 债券借贷

债券借贷是指债券融入方以一定数量的债券为质物，从债券融出方借入标的债券，同时约定在未来某一日期归还所借入标的债券，并由债券融出方返还相应质物的债券融通行为。通过债券借贷业务，借出债券方可以增加收益，提高资产的流动性；借入方可以调整短期债券头寸，实现借券或者卖空的目的。

2006年11月2日，人民银行发布了《全国银行间债券市场债券借贷业务管理暂行规定》，允许银行间市场推出债券借贷业务。2013年7月2日，人民银行公告〔2013〕第8号规定,凡是在同业拆借中心交易系统上已达成的交易一律不允许撤销和变更,随之,线下交易被取消，债券交易日益规范化，市场借券的需求也大幅上升。此外，自2013年下半年以来，债券市场经历了罕见的巨幅调整，债券的波动性也大幅增加，债券（尤其是利率债）的交易空间由此进一步打开，机构做空动力增强，债券的借券需求也有所上升。

交易所正在研究推出针对资产证券化产品的债券借贷制度，下一步券商可以积极参与到这一债券借贷业务中，可以作为债券融入方或融出方，或者为债券借贷双方提供信息咨询服务或交易撮合服务，以提升资产证券化产品的流动性。

3. 做市商机制

债券做市商一般是指经市场主管部门认定的，在债券市场上连续地报出债券现券买、卖双边价格，并按其报价与其他投资者达成交易，承担维持市场流动性义务且享有相应权利的金融机构。从国际债券市场的发展经验来看，做市商在债券交易市场中居于核心位置，发挥着活跃市场、稳定市场的重要作用。做市商制度公开、有序、竞争性的报价驱动是保障债券交易效率、提高市场流动性和稳定市场运行的有效手段。

目前我国银行间债券市场已实施了做市商制度，对市场流动性的提升起到了很大作用。2007年1月9日，人民银行发布了《全国银行间债券市场做市商管理规定》，进一步完善银行间债券市场做市商制度。2008年4月23日，交易商协会发布了《银行间债券市场做市商工作指引》，对银行间债券市场做市商制度的工作流程进行了细化。目前上海证券交易所和深圳证券交易所尚未出台关于债券做市商制度的专门办法，但均已推出了双边报价机制，为做市商制度的正式推出提供了较好的基础。

2014年11月19日，证监会公布《证券公司及基金管理公司子公司资产证券化业务管理规定》，允许管理人为资产支持证券转让提供双边报价服务。2015年3月2日，上海证券交易所发布了《关于上海证券交易所债券市场机构投资者接受货币经纪公司服务有关事项的通知》，明确了上交所债券市场的机构投资者委托货币经纪公司为其债券交易提供居间服务的有关事项，规定上交所债券市场的机构投资者可以委托货币经纪公司提供服务促成交易，债券品种包括在上交所上市或挂牌的债券（含资产支持证券）、债券回购、债券衍生产品以及其他相关品种。

为有效提升证券化产品的流动性，建议制定关于资产证券化业务做市商制度的具体法规和工作指引，以形成合理的价格发现机制和产品流通机制。券商在资产证券化做市商业务中有两种业务模式：一是动用自有资金，提供市场的双向报价服务功能；二是不动用自有资金，为二级市场投资者提供一对一的转让撮合交易服务。

4. 流动性支持

券商可以为资产证券化产品提供流动性支持，解决长期限产品销售难的问题，即通过定期开放赎回的方式提升产品的流动性，获得流动性支持后的产品可以以较低利率对外销售，券商可以获得融资客户接受的总成本与发行利率之间的利差，实现期限套利。我们以某融资租赁公司资产证券化流动性支持方案（表6-16）为例进行说明。

表6-16 某融资租赁公司的券商资产证券化流动性支持方案

产品名称	某租赁信托受益权资产管理计划
发行方式	向机构合格投资者发行
集合资产管理计划存续期限	2.75年
集合资产管理计划开放期安排	每季度开放一次
流动性管理服务	券商资金财务管理总部对本集合资产管理计划做流动性管理服务，即对每季度开放参与低于开放赎回的金额差额部分提供流动性支持
发行规模	7.56亿元人民币
年预计收益率	固定利率，6.3%—6.8%

（续表）

产品名称	某租赁信托受益权资产管理计划
基础资产	教育行业的融资租赁应收款
资产管理计划的资产配置	本集合计划聘请券商作为投资顾问，主要投资于某租赁集合资金信托计划的优先级，并辅以债券、货币基金等固定收益及现金类资产，追求稳健增值的同时兼顾组合的流动性
某租赁集合资金信托计划设置	根据不同的风险、收益特征，本项目发行的资产支持证券分为优先级信托份额和次级信托份额。优先级信托份额和次级信托份额的比例为90%∶10%。某租赁公司以及其他机构投资者全额认购次级信托份额并持有到期

5. 投资者回售管理

投资者回售选择权是债券产品的一种比较常见的含权条款，可以平衡发行人与投资者之间对于产品期限的不同诉求。从历史经验来看，投资者实际回售的概率不高，发行人可以以相对较短期限的发行利率获得较长期限的融资效果，实现成本节约。投资者回售选择权条款目前在企业资产证券化产品中的应用越来越多，有利于解决长期限产品销售难的问题。

但若资产证券化产品发生投资者回售，则会对发起人带来资金压力。券商可以为发起人设计减少投资者回售的方案，解决发起人的流动性问题，这在债券产品中已有过运用，也可以引入资产证券化产品中来。以下是某券商为某债券提供的投资者回售过桥方案。

2016年发行的采取3+n年（如3+3年）期限结构的债券，在2019年陆续进入投资者回售期，当时规定的利率上调的上限已不足以阻止投资者回售债券。某券商充分发挥其在资金实力、客户资源、专业知识和流动性管理方面的优势，为发行人在债券回售到期前提供量身定制的流动性支持方案，并提供相关的交易安排、债券展期等服务，在解决客户问题的同时获取合理利润，具体方案如下：

16**债，2019年M月回售期，券商1—2月份合计买入×亿元，愿意承诺不进行回售，但同时需要发行人为券商承担的市场风险进行补偿从而支付一笔财务顾问费，另外在回售期过后全部减持完毕后再获得一笔交易收益。

6.2.3 受托机构的工作内容

根据工作内容的不同，完整的资产证券化的业务操作可以分为两个阶段，第一个阶段是项目成立前的立项审批阶段，第二个阶段是项目成立后的运营管理阶段（包括终止清算阶段）。

在项目成立前，由发起人会同各个中介机构，包括财务顾问、会计师事务所、律师事务所、承销商、评级机构、受托机构等，完成基础资产筛选、评级，产品结构设计，出具项目的会计、法律意见书，执行商定程序报告，撰写交易文件，上报监管备案，完成路演、发行、登记托管等各项工作，在这一阶段，各参与主体分工明确，互相协助完成各项工作。

项目成立后,中介机构的责任就已经基本完成,除了评级机构对资产池进行跟踪评级之外,大部分中介机构几乎不再参与项目过程,只有受托机构、贷款服务机构、资金保管机构合作进行项目的日常运营管理。

信贷资产证券化项目设立的流程具体包括初始筹备、确定资产池、中介机构进场尽调、确定交易结构、进行信用评级、起草交易文件、签订各项合同、监管机构备案等过程;资产支持证券发行的流程包括签署交易文件、投资者推广、路演推介、簿记建档/招标发行、缴款等过程;资产证券化运行期间的工作则包括贷款本息回收、分配清算、期间投资、信息披露、本息兑付等过程;资产证券化项目终止时则需要进行清算,整个过程中当涉及证券持有人重大利益事项时,还需召开持有人大会。

6.2.3.1 特殊目的信托设立阶段

在信托设立阶段,信托公司需要参与的工作包括尽职调查、参与编写交易文件、备案登记、资产支持证券发行交易、信息披露等事项。

1. 尽职调查

受托机构作为信托财产的受让方,应该对信托财产的真实性、合法性和有效性进行尽职调查。但是在资产证券化的交易中,针对信托财产的尽职调查通常交由律师事务所、审计师以及评级机构完成,受托机构也可独立对基础资产进行调查,但基本流程是相同的。

受托机构尽职调查的另外一个内容是对贷款服务机构履行合同义务的能力的调查,主要包括下述内容:信托财产独立性的保证、信息系统的支持、基础资产出现风险时的应对能力、资金划拨的内部流程,等等。对于规模较大的发起人,履行贷款服务机构的义务一般不成问题,但对于规模较小的发起人,则需要进行细致的调查和访谈,在必要的情况下,甚至需要协助其对内部流程、风险管理体系、信息系统进行适当的改良和改进。

2. 交易文件

信贷资产证券化的交易文件主要包括"主定义表""信托合同""信贷资产交割函""信贷资产清单""贷款服务合同""资金保管合同""担保合同""承销协议""发行协议"和其他的相关协议。

证券化的交易文件由律师起草,交易结构由各中介机构协同确定。虽然经过多年发展,资产证券化的交易文件在内容、格式上已经非常成熟,但由于受托机构是大部分合同的签订主体,所以仍需对交易文件进行全面的审阅。

受托机构的业务部门负责审阅权利义务的适当性、交易结构的合理性、流程时效的可执行性、相关模型的准确性以及各交易文件的一致性等内容,受托机构的风控合规等中台部门负责审阅交易中风险的可控性、与机构内部规章的相容性等内容。

3. 备案报告

2014年11月20日,银监会下发《关于信贷资产证券化备案登记工作流程的通知》,将信贷资产证券化的审批制改为备案制,获得业务资质的银行业金融机构只需向银监会和各机构监管部进行备案登记(备案材料清单如表6-17所示),即可开展资产证券化的发行工作。

表 6-17　银监会备案材料清单

银监会备案材料清单	
信贷资产证券化项目备案登记表	
由发起机构和受托机构联合签署的项目备案报告	一般包括但不限于以下内容： 发行方案申请的动因 发行方案的主要内容 方案的可行性研究 各相关机构的介绍和承诺保证 中介机构的意见
信贷资产证券化项目计划书	具体要求参见《金融机构信贷资产证券化试点监督管理办法》第十三条
法律文件草案	主定义表 信托合同 贷款服务合同 资金保管合同
第三方机构意见	法律意见书草案 会计意见书草案 信用评级报告草案 有关持续跟踪评级安排的说明
受托机构在信托财产收益支付的间隔期内，对信托财产收益进行投资管理的原则及方式说明	
发起机构信贷资产证券化业务资格的批复或相关证明文件	
特殊目的信托受托机构资格的批复	
监管机构要求的其他文件和材料	

4. 资产支持证券发行、交易阶段

受托机构在信贷资产证券化过程中，作为发行人所参与的主要工作如下。

- 编制证券发行说明书草案；
- 和主承销商研讨发行方案、确定发行市场并申请证券发行：在全国银行间债券市场发行的，需要上报人民银行核准，在交易所市场发行的，需要在交易所备案；
- 受托机构协助销售的，需要参与承销团的组建和后续的路演工作；
- 完成发行前的信息披露；
- 完成正式发行——与登记托管机构签订《登记托管和代理兑付委托协议》、开设发行账户、发布招标公告、办理券种注册、完成招标和中标确认、公布发行结果、支付登记托管费用；
- 发行结束后，发行人将募集资金转入发起人的专用账户，并向人民银行和银监会报告资产支持证券发行情况，向人民银行申请证券的交易流通事宜。

5. 资产支持证券的信息披露

信息披露是保护投资者合法权益的一项基本措施，在资产支持证券的发行交易、存续管理期间，都需要进行持续性披露。尤其是资产证券化全面实行备案制以后，监管机构只对发起机构合规性、资料齐备性进行检查，不再对基础资产等具体发行方案进行审查，使信息披露的重要性进一步提高。信贷资产证券化的信息披露相关法律法规主要包括如下方面。

- 《信贷资产证券化试点管理办法》（以下简称《管理办法》）首先规定了资产证券化信息披露的总体原则，并提供了发行说明书的编制规范；
- 《资产支持证券信息披露规则》（人民银行公告〔2005〕第14号）则依据《管理办法》的原则，对资产证券化的信息披露设定了整体框架，规定了信息披露的主体和原则、信息披露渠道、信息披露的保密义务、发行环节信息披露安排、风险提示、存续期信息披露安排、跟踪评级安排、持有人大会决议披露事项以及重大事项信息，并提供了受托机构报告的编制规范；
- 《信贷资产证券化基础资产池信息披露有关事项的公告》（人民银行公告〔2007〕第16号）进一步对基础资产池的信息披露做了细则要求，明确了发行说明书、受托机构报告、信托公告、信用评级报告和跟踪信用评级报告中关于资产池信息的最低披露要求；
- 作为《关于信贷资产支持证券注册发行有关事宜的公告》（人民银行公告〔2015〕第7号）的配套文件，交易商协会组织市场成员起草并发布的信贷资产支持证券相关标准合同范本和信息披露指引（以下统称《信贷资产支持证券信息披露指引》）[1]，进一步强化了注册发行制度下对各类信贷资产证券化的信息披露要求，做了细化规定，并增加了分产品披露、各中介机构在交易中的利益披露等非常具有前瞻性的条款。

从上述法律法规的沿革，可以看出监管部门对于资产证券化信息披露的重视程度越来越高，规则也越来越细化，旨在适应资产证券化业务的新的发展趋势，并逐渐与成熟市场的规则接轨。

根据上述规章与指引，资产支持证券受托机构是信息披露的责任主体，发起机构和其他接受受托机构委托为证券化提供服务的机构向受托机构提供有关信息报告。根据《资产支持证券信息披露指引》，在信息披露中首先强调了受托机构对中介机构的选任标准，凸显了受托机构作为信息披露责任主体应当承担的义务。

在发行环节，受托机构信息披露的主要文件有发行办法、发行公告、发行说明书、信托公告、信用评级报告、募集办法和承销团名单。其中，对投资人而言，发行说明书和信用评级公告是最为主要的信息披露文件。

发行说明书侧重对交易的基本情况进行披露。与《管理办法》相比，《信贷资产支

---

[1] 包括《关于发布〈个人汽车贷款资产支持证券信息披露指引（试行）〉、〈个人住房抵押贷款资产支持证券信息披露指引（试行）〉的公告》（协会公告〔2015〕10号）、《关于发布〈个人消费贷款资产支持证券信息披露指引（试行）〉的公告》（协会公告〔2015〕20号）、《关于发布〈不良贷款资产支持证券信息披露指引（试行）〉的公告》（协会公告〔2016〕10号）、《关于发布〈微小企业贷款资产支持证券信息披露指引（试行）〉的公告》（协会公告〔2016〕33号）等。

持证券信息披露指引》对发行说明书的要求更加细化，主要包括参与机构信息、证券信息、入池资产总体特征、入池资产分类信息、高占比债务人信息、历史信息、评级报告概要、法律意见书概要、税收安排意见书以及其他事项。两者的编制要求对比如表6-18所示。

表6-18 发行说明书的编制要求对比

《信贷资产证券化试点管理办法》	《信贷资产支持证券信息披露指引》
一、发行机构（受托机构）、发起机构、贷款服务机构、资金保管机构、证券登记托管机构及其他为证券化交易提供服务的机构的名称、住所	并入参与机构信息项 增加了受托机构对中介机构的选任标准，强调了受托机构作为发行人的义务
二、发起机构简介和财务状况概要	未明确规定
三、发起机构、受托机构、贷款服务机构和资金保管机构在以往证券化交易中的经验及违约记录申明	并入参与机构信息项，并要求发起机构披露违约、拖欠、早偿等数据
四、交易结构及当事方的主要权利与义务	并入参与机构信息项，增加了受托机构对财产的投资管理安排的披露要求
五、资产支持证券持有人大会的组织形式与权力	未明确规定
六、交易各方的关联关系申明	未明确规定
七、信托合同、贷款服务合同和资金保管合同等相关法律文件的主要内容	未明确规定，拟由银行间交易商协会负责组织市场成员起草相关标准合同范本
八、贷款发放程序、审核标准、担保形式、管理方法、违约贷款处置程序及方法	并入参与机构信息项，增加了发起机构证券化业务会计核算规程、业务操作规程等方面的披露要求
九、设立特殊目的信托的信贷资产选择标准和统计信息	在入池资产总体特征项下，对基础资产的统计信息做了更细化的规定；增加了入池资产分类信息项，以及高占比债务人信息项； 根据资产证券化的基础资产类别，所需披露的具体条目有所不同； 对于CLO和CMBS类产品，需要逐笔披露基础资产情况；对于个人消费贷款，包括RMBS、汽车贷款等，则采取静态池和动态池披露结合的办法，需要披露拖欠、逾期回收、早偿、核销、新增贷款金额等数据，在动态池数据中，还需要披露各时间段的拖欠情况
十、信托财产现金流需要支付的税费清单，各种税费支付来源和支付优先顺序	并入证券信息项，并要求披露贷款服务机构费率、信托服务费、主承销费、资金报告机构费用、评级费、审计费、律师费等中介机构费用
十一、发行的资产支持证券的分档情况，各档次的本金数额、信用等级、票面利率、预计期限和本息偿付优先顺序	并入证券信息项，要求披露各类事件（包括违约事件、权利完善事件、个别通知事件等）的触发条件。要求披露现金流归集表格，以及风险报酬转移比例、信用评级假设参数及模型分析结果等定量数据

（续表）

《信贷资产证券化试点管理办法》	《信贷资产支持证券信息披露指引》
十二、资产支持证券的内外部信用提升方式	并入证券信息项
十三、信用评级机构出具的资产支持证券信用评级报告概要及有关持续跟踪评级安排的说明	保留
十四、执业律师出具的法律意见书概要	保留
十五、选择性或强制性的赎回或终止条款，如清仓回购条款	并入证券信息项
十六、各档次资产支持证券的利率敏感度分析；在给定提前还款率下，各档次资产支持证券的收益率和加权平均期限的变化情况	未明确规定，可以根据基础资产的详尽信息计算得到
十七、投资风险提示	保留
十八、注册会计师出具的该交易的税收安排意见书	保留
十九、证券存续期内信息披露内容及取得方式	并入证券信息项
二十、人民银行规定载明的其他事项	保留

《信贷资产支持证券信息披露指引》对基础资产池的信息披露提出了更高的要求：按照基础资产的类别，制定了不同的信息披露要求，使信息披露更具有针对性。对于 CLO 和 CMBS 产品，需要逐笔披露资产池信息，CLO 需要提供 13 个数据点，CMBS 需要提供 10 个数据点；而对于 RMBS、汽车贷款、个人消费贷款而言，需要提供静态池和动态池的信息，静态池应包含拖欠、早偿、核销的明细信息，动态池中需要以 30 天为间隔披露至少 120 天内的拖欠数据，以及逾期、早偿、核销和新增金额。

除了基础资产的披露更为详细，其他方面的改进也值得关注。首先，发行说明书中要求披露证券化交易中各方的利益情况（包括各中介机构的费率、发起人留存利益）等，使投资人可以更加合理地判断各机构在交易中是否存在潜在的利益冲突；其次，对于部分定量数据的披露要求，包括现金流归集表、风险报酬转移测试结果、信用评级的参数假设和模型结果等，都有助于投资者更好地对基础资产的风险进行自主判断。从实际操作的角度看，对于如此详尽的基础资产信息披露要求，需要依赖发起机构或服务机构的 IT 系统支持，也可通过开放数据接口的方式，由发起机构和受托机构协作完成数据的收集和处理。

信用评级报告侧重对证券的风险进行评估。资产支持证券的信用评级基于证券化的基础资产、交易机构、法律要素以及有关参与方履约及操作风险等因素，对证券的信用风险进行评估。对投资人而言，其必须了解资产支持证券的信用风险，但又缺乏直接了解信用风险的资料和知识，所以专业信用评级机构对证券的评级对投资人的投资决策会起到非常重要的作用。

我国现在采取双评级的策略，使用两个评级机构对同一证券进行评级，一定程度上消除了单个评级机构可能出现错误的风险。当然，由于评级机构的评级结果受参数假设、模型的影响非常显著，因此在评级过程中，受托机构应协调发起人和评级机构，对评级模型中涉及的变量进行充分讨论，确保评级结果的公允和可靠。

6.2.3.2 特殊目的信托运营管理阶段

在特殊目的信托运营管理阶段，参与者主要包括信托公司、发起银行、贷款服务机构和登记托管机构等，这一阶段被称为受托过程管理。

一个完整的受托管理期间以贷款服务机构收到本息开始，在此后的规定日期内，贷款服务机构准备贷款服务机构报告并转付回收款，资金保管机构准备资金保管机构报告，至此，资产端的事务处理完毕。特殊目的机构端的工作时间以本息兑付日为基准，在本息兑付日之前的规定日期内，受托机构完成信托财产收集，撰写受托机构报告，填写付息兑付通知单，并据此向资金保管机构发送划款指令，将应付的所有费用和报酬转到登记托管机构的指定账户，由其向受益人分配。

受托管理期间具体日期的设置一般有两方面的考虑。一是资产池的资金归集所需的时间，首先贷款服务机构需要时间对贷款的回收情况进行统计分析，对各类款项进行核查，在实践中，这一步骤是耗时最长的过程，因此从结息日到贷款服务机构报告/转付日有较长的时间间隔；在贷款服务机构完成资金转付后的第二天，资金保管机构就可以出具资金保管报告。二是资产支持证券的收益兑付所需的时间，这一阶段的进度安排主要根据登记托管机构的工作流程来安排。

1. 项目成立之初的准备工作

从流程上来说，一个受托管理期间从贷款服务机构收到贷款利息开始，但是对于受托机构而言，为了使受托过程管理更加准确、更有效率，在项目设立之初就需要进行一系列的准备工作。准备工作主要包括两方面的内容，一是厘清财产回收及信托收益分配的流程，二是设计好受托管理过程中涉及的各种表格。

信托收益分配的流程在交易文件中有明确的规定，但为了避免分配过程出现错误，需要对分配流程进行梳理，明确各种触发机制。最有效的方式是将信托合同中的支付顺序以流程图的形式表示出来。对于收益分配流程，最重要的几点如下。

- 信托账户的设置；
- 各种费用的支付顺序，包括账户不足时候的处理方式（例如，随着国内资产证券化的交易结构越来越复杂，涉及的现金流分配也越来越复杂，支付顺序也更加多样化）；
- 违约事件触发条件；
- 加速清偿事件触发条件；
- 涉及报酬的各种期间设置（例如，各类日期期间一头一尾的时间如何计算，留头去尾还是留尾去头，在涉及浮动利率贷款或证券时，尤其需要注意）；

- 各种报酬的计算基准（例如，计算各中介机构报酬的基准通常是起初资产池的未偿本金余额，而计算信托收益的基准则是各档资产支持证券的未偿本金余额，如果涉及担保，担保费用的计算基准则通常是所担保优先级的证券的未偿本金余额，等等）。

2. 贷款服务机构报告

资产池中的贷款由贷款服务机构进行管理，贷款服务机构的职责包括如下方面。

- 收取贷款本金和利息；
- 管理贷款；
- 定期向受托机构提供服务报告，报告作为信托财产的信贷资产信息。

贷款服务机构报告是受托机构审阅资产池情况、进行信托收益分配的根本，因此贷款服务机构报告应能全面反映资产池运行情况的信息。受托机构和贷款服务机构可以协商商定具体的内容与形式，通常包括以下几方面的内容。

重大事项的发生情况。重大事项可能触发合同中约定的某些机制，受托机构的工作内容可能发生变化，这些事项主要包括如下方面。

- 权利完善事件：主要指可使受托机构在基础资产中的全部或部分权益面临损失的事件。一类指贷款服务机构信用下降、解任、丧失清偿能力等，这类事件发生的概率极低；另一类涉及抵押贷款，实践中，在发起人将债权转让给受托机构时，通常不办理相关资产项下抵押权的变更登记手续，某些情况导致需对抵押人提起法律诉讼或仲裁时，受托机构需要完善其在基础资产中的部分或全部权利。在出现权利完善事件后，需要向借款人或相关主体递交权利完善通知。
- 贷款服务机构解任事件：通常不可能发生。
- 加速清偿事件：指与参与机构履约能力相关的一系列事件。基础资产本身可触发加速清偿的事件是违约率升高的事件，所以贷款服务报告中应特别标注。出现加速清偿事件后，受托机构需要改变现金流的分配顺序。

资产池信息。信贷资产统计特征说明，包括贷款余额、贷款利率、剩余期限、资产质量五级分类统计等。

收支款信息。信贷资产回收信息，包括但不限于本金和利息的细项分列（含正常还款金额、提前结清金额、部分提前还款金额、处置回收金额及回购贷款金额等）的说明。

扣款信息应包含所有应由信托财产承担的费用，例如违约贷款处置所发生的执行费用。

划款信息为贷款服务机构向信托账户转付的本金回收款金额、收入回收款金额以及回收款总额的汇总信息。

贷款状态特征。包括信贷资产提前还款、拖欠、违约、处置、回收及损失等情况。

违约及严重拖欠信息，包括信贷资产中进入法律诉讼或仲裁程序的信贷资产情况；法律诉讼或仲裁程序进度。

受托机构应判断贷款状态是否与预期情况一致，如果出现明显偏离的趋势，应当与贷款服务机构分析原因，并对可能出现的情况商讨应对措施，且将此情况进一步反映在受托机构报告中，以利于投资人对证券进行合理的评估。

当期损失贷款信息。确认损失的贷款应提供明细，由受托机构留存备查。

贷款服务机构在完成贷款服务机构报告的同时，应按照服务合同的要求，将作为信托财产的信贷资产的回收资金转入资金保管机构（在早期的项目中，回收款转付可发生在受托机构报告日之前，即贷款服务机构收到本息后当日或次日就完成转付）。

上述是贷款服务机构根据贷后管理的实际情况出具服务报告的一般性工作流程。在一般情况下，受托机构并不实际参与贷款的管理，但在某些特殊的情况下，例如基础资产出现违约的情况下，受托机构需要与贷款服务机构协作，对违约的贷款进行处置。

3. 资金保管报告

贷款服务机构收取贷款本金和利息后，应按照服务合同的要求，将作为信托财产的信贷资产回收资金转入资金保管机构开设的特殊目的信托专用账户。本息转入后（一般是回收款转付的第二个工作日），资金保管机构向受托机构出具资金保管报告。

资金保管机构的职责主要包括如下内容。

- 保管信托财产安全；
- 以特殊目的信托名义开设信托财产的资金专户；
- 依照合同约定方式，根据受托机构指令，向资产支持证券持有人支付投资收益；
- 依照合同约定方式，管理信托账户资金；
- 定期向受托机构提供资金保管报告，报告资金管理情况和资产支持证券收益支付情况。

此外，受托机构还需要依据资金保管报告、贷款服务机构报告，对各项账目进行核对，确保资金台账的准确性。

4. 分配清算

在分配清算的环节，最重要的是保证输入数据的准确性。一般来讲，可供验证的数据来源有四个：项目的预测现金流情况、贷款服务报告、资金保管报告和受托机构的资金运用台账。

5. 闲置资金投资

在资产证券化项目运营管理阶段，受托机构的另一个职责是闲置资金处理。闲置的资金主要来自两个方面：一是回收款转付日到本息兑付日之间这段时间的资金闲置，这部分资金投资期限相对固定，在大部分的信贷资产证券化项目中通常短于一个月；二是在信托账户分配清算后沉淀下来的资金，常见于在交易结构中含有提前封包、利差支持账户、储备账户的证券化项目，这一部分资金的投资期限较长，至少会持续一个计算周期（通常是一个季度）。

对于闲置资金投资，法律法规有相应的要求。《信贷资产证券化试点管理办法》对于投资的标的有明确的要求："将信托财产收益投资于流动性好、变现能力强的国债、政策性金融债及中国人民银行允许投资的其他金融产品。"相比之下，证券投资基金业协会的《资产证券化业务风险控制指引》对于企业资产证券化的闲置资金投资标的的规定更为宽泛，为合同的约定提供了更多的空间："管理人应当关注再投资风险，确保再投资在约定范围内进行，不得投资权益类产品；投资固定收益类产品的，应当充分考虑投资标的的信用风险、市场风险和流动性风险。"另外，对于需要出表的基础资产而言，《企业会计准则第23号——金融资产转移》又规定："企业无权将现金流进行再投资，但按照合同约定在相邻两次支付间隔期内将所收到的现金流量进行现金或现金等价物投资的除外。"

实践中，受托机构在闲置资金投资时一般需要考虑四个原则：稳健性、流动性、兼顾收益、全程监督。这是受托机构履行尽职、谨慎义务的要求，在交易合同中对于闲置资金的运用通常也会有相应规定。从实践上看，闲置资金的投资范围非常局限，通常用于投资同业存款，小部分投资于货币基金。

由于实际上每笔资金流入都会有一定资金的闲置，因此闲置资金的收益率对权益类证券（次级）的收益影响相当可观。以加权利率为8%的一年期证券产品为例，如果每个分配周期的平均闲置期间为20天，由于本息流入均可产生闲置，则闲置资金投资利率每变化100个基点，整个资产池收益率的变化接近6个基点（1.08×100×20/365），反映在权益类证券（次级）的收益率上，则更为显著（如果权益类占比10%，则权益类证券的收益率变化接近60个基点）。

正因为闲置资金投资对收益率有明显的影响，不同机构、不同投资类别的利率不同，因此受托机构在作出投资决策时需要进行广泛的询价，这是受托机构对资产进行主动管理的一个例子。当然，可投资标的的扩充对于受托机构进行资产管理也是一个促进。

6. 信息披露

前文叙述了资产支持证券发行时的信息披露要求。在资产支持证券的存续期，信息披露同样非常重要，可以帮助投资人了解资产池的变化对资产支持证券投资价值产生的影响，有助于及时更新投资人对证券风险的判断。存续期的信息披露是资产支持证券具备流动性的根本。

存续期的信息披露包括下列内容：受托机构报告反映当期资产支持证券对应的资产池状况和各档次资产支持证券的本息兑付信息；跟踪评级报告则基于资产池的更新信息进行风险评估。

受托机构报告在本质上属于发行说明书所披露信息的延续，重点应反映资产池的变化情况以及资金的管理和流向。《资产支持证券信息披露规则》（人民银行公告〔2005〕第14号）提供了受托机构报告的编制规范，《信贷资产支持证券信息披露指引》对该规范进行了更新，使报告的内容更加合理。报告的主要内容包括参与机构信息、证券信息、交易结构信息、入池资产总体特征、入池资产分类信息、资产池进入法律诉讼程序的信托资产情况、其他事项等（表6-19）。

表 6-19 受托机构报告的编制要求对比

《资产支持证券信息披露规则》	《信贷资产支持证券信息披露指引》
一、受托机构和证券化服务机构的名称、地址	参与机构信息：仅需列明参与机构变更的情况
二、各档次证券的本息兑付情况，包括各档次证券入库时点的本金金额、本期期初及期末的本金余额、证券票面利率、本期本金和利息支付情况、本期利息迟付情况、本期本金损失情况以及评级情况等	并入证券信息项。除原要求的信息之外，还需要提供税费、中介机构服务费的累计金额，以及信托财产投资收益情况，和各档证券跟踪评级结果等信息
三、本期资产池统计特征说明，包括贷款余额、贷款数目、加权平均贷款利率和加权平均剩余期限等	并入资产池总体特征项。受托机构报告与发行说明书的要求类似，但侧重反映随时间变化的数据，包括基础资产剩余余额、剩余笔数、借款人剩余户数、加权平均剩余期限、加权平均账龄、加权平均利率等，同时，要求披露逾期率水平、逾期回收率、违约率水平、违约回收率、提前还款率等信息
四、本期的资产池本金细项分列（含正常还本金额、本金提前结清金额、部分提前还本金额、处置回收本金金额及回购贷款本金金额等）和利息（含税费支出）细项分列的说明	并入资产池总体特征项
五、资产池提前还款、拖欠、违约、处置、处置回收及损失等情况	并入资产池分类特征项。与发行说明书的内容对应，要求披露入池资产分类信息，包括担保方式分布变化、贷款利率分布变化、五级分类变化的贷款情况、内评级别变化的贷款情况、提前还款贷款情况等信息
六、资产池中进入法律诉讼程序的信托资产情况；法律诉讼程序进度	保留
七、内外部信用增级情况说明	并入证券信息项
八、依信托合同所进行许可投资之投资收入或损失之总金额等情况	并入证券信息项
九、其他情况说明	保留，并新增交易结构信息项，主要披露触发机制触发情况、信用增级变化情况、参与机构变更情况、贷款服务机构解任事件

与《资产支持证券信息披露规则》相比，《信贷资产支持证券信息披露指引》最主要的变化是使受托机构报告和发行说明书在内容编排上保持了一致，从根本上保证了信息披露的连续性，也更方便投资者使用。此外，《信贷资产支持证券信息披露指引》精简了部分不随时间变化而变化的数据，比如各机构的名称和地址；也增加了部分与信托财产分配有关的字段，比如各中介机构的累计费率，这有助于投资者更好地对资产池进行监督。与发行说明书的处理一致，对于不同的基础资产类别，受托机构报告的披露内容也不同，使信息披露的数据更有针对性。

从投资者的角度看，对于资产池出现的任何与预期假设相背离的情况，受托机构都应当进行披露，这有助于投资者进行日常管理，也有助于投资者对二级市场上流通的资产支持证券产品进行估价。资产池的这些变化包括但不限于违约率、早偿率、资产池组成、现金流等的变化以及与预期相背离的情况和原因。

除了在每个受托机构报告日出具受托机构报告，受托机构还需要在每年 4 月 30 日前出具经注册会计师审计的年度受托机构报告。年度受托机构报告所披露的信息也应包括上文所述的内容，而且在编制规范方面，年度报告与每个信托机构报告日出具的受托机构报告也并无区别。

受托机构与信用评级机构约定资产支持证券跟踪评级的有关安排，并于资产支持证券存续期内每年的 7 月 31 日前向投资者披露上年度的跟踪评级报告。跟踪评级报告[①]的内容包括如下方面。

- 评级意见及参考因素。
- 基础资产池的变动概况。截至跟踪信用评级报告日，基础资产池的借款人户数、贷款笔数、未偿本金余额及剩余期限、现行贷款利率等概况；基础资产池在资产质量、贷款性质、债务人分布、行业分布、地区分布、信用等级分布等方面的特征与发行日的变化对比情况。
- 基础资产池信用风险分析。包括从发行日至跟踪报告日的违约率、违约回收率、逾期率、提前还款率等指标的统计情况；截至跟踪报告日资产池贷款所涉及的分类调整、信用等级调整、违约贷款及其处置、提前还款、逾期还款等具体情况的说明及分析。
- 资产证券化交易结构相关各方情况分析和评级结论等。

7. 本息兑付

受托机构在完成受托机构报告等信息披露文件之后，还需要将资金分配方案以资产支持证券付息兑付通知单的形式上传给登记托管机构，并将分配款项从资金保管机构划出，即完成当期本息兑付。

6.2.3.3 特殊目的信托终止与清算

1. 信托终止

通常情况下，特殊目的信托在满足下列条件后，信托终止。

- 信托目的已经无法实现；
- 信托被法院或仲裁机构依法撤销、被认定为无效或被判决终止；
- 银监会或相关监管部门依法命令终止信托；
- 在优先级资产支持票据分配完毕的前提下，资产支持票据持有人会议决议提前终止信托；
- 法定到期日届至；
- 信托财产全部变现（即信托财产全部为现金资产）。

在实践中最常见的情况是信托项下的资产支持证券的本息全部完成兑付，信托终止。

---

① 关于受托机构报告和跟踪评级报告的范本，可参考中国债券信息网上的相关披露文件。

2. 信托清算

信托终止之后，受托机构需要在一定时间内完成信托财产的清算。清算包括现金财产（包括现金、存款以及合格投资）的清算以及非现金财产（除现金、存款以及合格投资之外的财产）的清算。典型的非现金财产包括贷款违约之后归属于信托的抵押物等，受托机构可与贷款服务机构协商，确定清算方案，可能的处置方法包括公开拍卖、变卖等。受托机构的清算方案应获得资产支持证券持有人会议的认可。在信贷资产证券化试点阶段，基础资产均为发起机构的优质资产，极少发生在信托终止后仍处于处置阶段的资产。

受托机构应在信托财产清算完毕之日后 30 个工作日内出具信托清算报告，该信托清算报告应经审计师的审计。审计师出具审计报告之后的规定时间内，受托机构需按指定方式披露，并召开资产支持证券持有人大会，对清算报告进行审查和决议。在实践中，也可以采取公示的方式进行，公示一定时间后，资产支持证券持有人无异议即可视为审议通过。

清算报告的格式与受托机构报告的格式大体一致，根据实际情况可以进行部分调整。例如，证券清算时，资产支持证券的内外部信用增级情况就不再需要进行说明，但需要增加剩余信托财产及返还情况的说明。

6.2.3.4 资产支持证券持有人大会

根据《信贷资产证券化试点管理办法》，需要召开资产支持证券持有人大会的情况包括如下方面。

①提前终止信托；
②改变回收款分配顺序；
③中介机构解任和更换；
④审议超过限额的资金用途；
⑤决定清算方案；
⑥审议清算报告。

在实践中，召开资产支持证券持有人大会的最常见情况是审议清算报告，也有因改变信托合同而召开会议的情况（如建元 2008-1 重整资产证券化信托）。受托机构提议召开资产支持证券持有人大会时，应提前 30 天在中国债券信息网公告会议的召开时间、地点、会议方式、出席对象、审议事项、议事程序和表决方式等。其中，会议方式包括现场方式和通信方式，以通信方式为主；审议事项又可分为全体同意事项（上述①、②项）、特别决议事项（上述③项）和普通决议事项、表决权的票数和资产支持证券的持有面额相关，可在信托合同中约定。证券持有人大会形成的决议，应在持有人大会结束后，报中国人民银行备案，并在中国债券信息网予以公布。

第6章 资产证券化业务流程

■ 本章小结

本章第一节从资产证券化整体业务流程角度出发，分别详细分析了信贷资产证券化、资产支持票据以及资产支持专项计划的监管审核流程和具体操作流程，剖析了准备阶段、执行阶段、发行阶段、后续管理阶段的具体操作流程，包括重组现金流、构建资产池、设立特殊目的机构、资产权属让渡、完善交易结构、进行信用增级和信用评级、发行与销售、获取发行收入、资产池管理和清偿证券等。第二节从发起人、交易协调人和受托机构三个维度，重点叙述了相关机构在资产证券化过程中的工作内容。

■ 本章重要术语

信贷资产证券化　资产支持票据　资产支持专项计划　差额支付承诺　内部增信措施　外部增信措施　现金流超额覆盖　信用触发机制　权利完善事件　加速清偿事件　累计违约率　原始权益人　基础资产选择　资产服务机构　信息系统搭建　循环购买　结构优化　现金流建模　出表方案　风险利差补偿　质押回购融资　债券借贷　做市商机制　投资者回售管理　信托收益分配流程　资产支持证券持有人大会

思考练习题

1. 信贷资产证券化业务的资格申请和产品备案流程包括哪些步骤？
2. 信贷资产证券化进行中介机构选择的主要考虑因素有哪些？
3. 信贷资产证券化的资产池筛选标准是什么？
4. 信贷资产证券化的产品结构设计需要注意哪些方面？
5. 信贷资产证券化的后续管理包括哪些方面？
6. 阐述资产支持票据注册制的主要特点。
7. 资产支持票据项目的典型交易结构与交易步骤有哪些？
8. 概述资产支持专项计划的监管审核流程。
9. 资产支持专项计划不同类型基础资产的关注点有哪些不同？
10. 资产支持专项计划业务尽职调查需要主要关注哪些因素？
11. 阐述循环购买结构的搭建流程与应用场景。
12. 资产证券化发起人的主要工作内容有什么？
13. 资产证券化过程中，交易协调人如何进行交易结构设计？
14. 概述不同类型证券化产品的主要投资者群体。
15. 概述资产证券化的定价思路与模型。
16. 交易协调人如何对资产证券化二级市场进行流动性安排？
17. 受托机构、贷款服务机构和资金保管机构在资产证券化的日常运营管理中起到什么作用？
18. 阐述信托收益分配的流程和典型支付顺序。
19. 特殊目的信托的终止条件是什么？如何进行相关清算？
20. 资产支持证券持有人大会的召开条件是什么？审议内容有哪些？

参考文献

[1] 弗兰克·J.法伯兹，莫德·修亨瑞.欧洲结构金融产品手册[M].北京：中国金融出版社,2006.

[2] 洪艳蓉.资产证券化法律问题研究[M].北京：北京大学出版社,2004.

[3] 胡喆,陈府申.图解资产证券化[M].北京：法律出版社,2017.

[4] 扈企平.资产证券化：理论与实务[M].北京：中国人民大学出版社,2007.

[5] 机构间私募产品报价与服务系统[EB/OL].http：//www.interotc.com/main/index.com.

[6] 李振宇.资产证券化——原理、风险与评级[M].北京：中国建筑工业出版社,2009.

[7] 梁凯文,陈玟佑,染俐著.全球REITs投资手册[M].北京：中信出版社,2016.

[8] 林华.PPP与资产证券化[M].北京：中信出版社,2016.

[9] 林华.金融新格局：资产证券化的突破与创新[M].北京：中信出版社,2014.

[10] 林华.中国资产证券化操作手册[M].北京：中信出版社,2016.

[11] 沈炳熙.资产证券化：中国的实践(第二版)[M].北京：北京大学出版社,2013.

[12] 万华伟.国内资产证券化信用评级方法综述[J].中国债券,2014(7):43—49.

[13] 中国资产证券化分析网[EB/OL].https：//www.cn-abs.com/.

[14] 周杰.ABN新规下的资产支持票据交易[EB/OL].https：//www.lexology.com/library/detail.aspx?g=f73c9488-8c32-4ae9-88d0-116414d5789c.

第 7 章
资产证券化协调人操作要点

林华、张凡（中国资产证券化研究院）

本章知识与技能目标

◎ 从类型标准、法律标准、现金流标准三方面论述如何选择基础资产。
◎ 知悉信贷资产证券化和企业资产证券化的基础资产类型，总结不同类型基础资产的主要风险因素。
◎ 解读《资产证券化业务基础资产负面清单指引》。
◎ 阐述资产证券化尽职调查工作的流程；从信用增级、信用触发机制、账户设置、现金流划转、循环购买等方面说明如何设计证券化产品。
◎ 理解资产证券化现金流测算的方法，阐述如何对资产证券化产品进行合理定价。

引导案例

2016年6月14日，首只由信托公司作为原始权益人的类REITs产品"天风-中航红星爱琴海商业物业信托受益权资产支持专项计划"成功发行。产品所募资金用于向原始权益人中航信托股份有限公司购买基础资产——由原始权益人根据《信托受益权转让协议》约定在专项计划设立日转让给管理人的、原始权益人依据《信托合同》（包括《信托合同A》《信托合同B》）享有的信托受益权，并以基础资产形成的属于专项计划的全部资产和收益，按约定向本次资产支持证券持有人还本付息。

中航信托、上海红星美凯龙企业发展有限公司发起设立宁波星航资产管理有限公司。宁波星航资产管理有限公司和嘉兴天风兰馨投资管理有限公司共同出资组建宁波星航宁馨投资咨询有限公司作为普通合伙人（即GP，承担无限法律责任）发起并管理合伙企业，并由中航信托发行信托C，认购合伙企业的有限合伙（即LP，承担有限法律责任）份额。

原始权益人"中航信托·天启979号爱琴海商业基金投资集合资金信托计划"与中航信托签订信托合同，将6.8亿元资金委托给中航信托设立信托A，从而拥有信托A的受益权；原始权益人"中航信托·天启979号爱琴海商业基金投资集合资金信托计划"与中航信托签订信托合同，将7.2亿元资金委托给中航信托设立信托B，从而拥有信托B的受益权。

中航信托（作为信托A受托人）与项目公司签订《信托贷款合同A》《应收账款质押合同》及《抵押合同》，向项目公司发放6.8亿元信托贷款。中航信托（作为信托B受托人）与合伙企业签订《信托贷款合同B》，向合伙企业发放7.2亿元信托贷款；合伙企业与项目公司签订《合伙企业贷款合同》，向项目公司发放7.2亿元贷款（合伙企业贷款C）。之后通过一系列安排，合伙企业最终持有分立后项目公司的100%股权，从而控制昆明爱琴海购物中心项目。

本次资产支持证券分为优先A类资产支持证券、优先B类资产支持证券和次级资产支持证券，是以基础资产所产生的现金流作为直接还款来源，以项目公司提供的房地产抵押担保、物业租金质押担保、储备金机制、红星企发的业绩补偿承诺、上海红星美凯龙投资有限公司对信托贷款B优先收购权和中航信托的信托受益权回购义务等措施作为主要增信保障的固定收益产品。

7.1　资产证券化基础资产及尽职调查

资产证券化产品操作的第一步就是选择基础资产。基础资产的类型和资质对于后期进行具体资产证券化产品设计等步骤具有决定性作用，对于未来资产证券化产品能否发行成功也至关重要。基础资产选择有三个方面的考量。

一是类型标准。需要选择符合法律法规规定、权属明确、可以产生独立可预测的现金流且可特定化的财产权利或者财产，而且最重要的一点是基础资产不属于《资产证券化业务基础资产负面清单指引》所列的负面清单范围。"负面清单"对于可以进行资产证券化的基础资产具有很强的指导性，其对于基础资产的限制总体划分为八条。实务中最主要的限制是基础资产的债务人不能是地方政府或地方融资平台公司。其他一些限制，比如信托受益权需要穿透、不动产资产或不动产收益权中在建工程不能超过10%等，结合具体项目处理影响不大。

二是法律标准。基础资产不得附带抵押、质押等担保负担或其他权利限制，否则转让会有瑕疵，但通过专项计划相关安排，在原始权益人向专项计划转移基础资产时能够解除相关担保负担和其他权利限制的（比如发行成功后以部分募集资金解除抵质押）除外。

对于基础资产不附带抵质押这一规定，实务中常常有优质资产被银行或租赁公司拿去做抵质押物或租赁标的的情况，此时需要对基础资产的抵质押情况进行一定形式的操作，才能使这样的基础资产满足法律法规要求。实际情况中经常采用解除基础资产项下原有抵质押的形式进行操作。不过，要求企业提前还款把抵质押解除存在一定的风险。目前资产证券化发行无法做到百分之百的成功率，因而最终是否可以打包操作发行具有一定的不确定性，如果企业将资产进行解除抵质押处理之后未实现成功发行，那么对于原始权益人来说就存在原有贷款兑付风险。因此，通常采取的模式是发行之后拿募集资金提前还款解除基础资产抵质押，这对企业来说比较稳妥，是比较常见的拿证券化募集资金解除抵质押的模式。此外，管理人及发行方可以通过与抵质押对手方进行沟通协商，采用变更抵质押物的方法，将收费权质押替换成第三方担保或土地抵押，同样实现基础资产权属清晰的目的。此种操作在市场上已经发行的产品中已有先例，但需要与原有银行或相关金融机构进行协商沟通，具有较大的不确定性，所以此处仅作为参考。

三是现金流标准。基础资产需要产生持续、稳定、可预测的现金流，而且资产要满足存续已有一定时间，且现金流历史记录良好、现金流数据容易获得的条件，交易基础应当真实，交易对价应当公允。

需要注意的是，资产存续期限目前没有行业标准。以目前市场较为关注的 PPP 项目资产证券化为例，基础资产的存续期没有一个绝对标准，主要还是看项目资质——如果施工主体、担保人资质很好，项目也具有很好的政府或股东支持力度，即使存续期较短，短至半年也可以进行资产证券化。

7.1.1 对基础资产的基本要求

具体来讲，对资产证券化基础资产有以下几个要求。

1. 合法合规性

基础资产的合法合规性主要体现为三个方面：基础资产的创设合法合规、基础资产的持有合法合规以及基础资产的转让合法合规。

首先，基础资产需要满足创设的合法合规性。基础资产创设时的合同、法律要件或其他包括但不限于证书、许可等权属证明文件合法有效，以使基础资产在法律上能够准确、清晰地界定为财产权或财产。同时，基础资产所涉及的交易应当真实有效，避免因虚假交易导致法律关系无效从而基础资产自始至终不存在的情况。另外，需要保证原始权益人在基础资产法律关系项下的确权义务已经履行完毕，例如借贷关系项下的贷款已经发放、融资租赁法律关系项下出租方已完成购买价款的支付。

其次，基础资产的持有应合法合规。基础资产涉及的权利应具有明确的法律依据，同时原始权益人针对该等权利已根据法律法规的要求取得相应主管部门的批复、许可等，原始权益人对于产生基础资产所依赖的运营资产合法拥有所有权或使用权。

最后，基础资产的转让应合法合规。在法律法规层面，基础资产不应存在禁止性规定的情况，例如涉及国家战略/机密的协议或资产、具有人身依附性质的协议或资产、债权决算期未届满的最高额抵押权等；合同约定层面，对于合同约定不得转让的资产、对转让设定先决条件而先决条件无法完成的资产以及合同虽未明确约定不得转让但转让可能导致合同在其他层面违约的资产，应事前向对方征得对于转让资产的同意或者签署补充协议放弃或取消前述限制规定；实际操作层面，原始权益人将基础资产转让给管理人发行资产支持证券需取得其内部相关部门及主管部门所必要之批准。同时，对法律法规和合同约定层面均设定转让限制但实际上可能遇到操作障碍的资产，例如不动产抵押变更登记中所遇到的窗口期、顺位问题或者最高额保证中遇到的新增债权占用担保额度分配以及回款债权人间的安排等，亦可能会对被选作专项计划的基础资产产生影响。

2. 权属明确

作为专项计划的基础资产应具有可描述性和可界定性，并可以在时间、空间、金额维度上进行可靠计量，且专项计划应保证由原始权益人完全持有，若基础资产附带担保权益等从权利，从权利应可以通过转让行为完整地转让给转向计划享有。例如，若原始权益人已将拟作为基础资产的债权等资产向其他第三方做了可赎回的转让，那么该等赎回操作必须通过自有资金或过桥资金在专项计划设立前完成，以保证基础资产在计划设立时属于原始权益人，权属明确无争议。

3. 可特定化

基础资产应该可以清晰识别，与原始权益人的其他财产、管理人和托管人的固有财产、管理人管理的其他专项计划的基础资产明确区分。同时，管理人可以通过设定基础资产在基准日和专项计划设立日的合格标准对基础资产进行筛选，并通过设立托管账户归集专项计划资金以完成对专项计划存续期间的资金流转过程实行有效监督。针对同一义务人与原始权益人存在多笔债权债务关系的，需通过相关协议明确约定受偿顺序，以避免出现现金流入无法特定化或出现偿付纠纷的情况。

4. 独立性

首先，基础资产在法律权属上应具有独立性，不应依附于其他权利而存在，亦不应从属于多个权利人而因法定或约定无法按份独立剥离。

其次，基础资产的转让能够实现风险和破产的双重隔离。原始权益人与专项计划管理人对基础资产的买卖在通过公允的对价后，原始权益人对于基础资产不再享有任何权利，该等权利即作为专项计划的财产，可以与原始权益人的自有财产相分离，也就是说在原始权益人破产的情况下，基础资产不会被视为原始权益人的破产财产，从而实现破产隔离。基础资产转让之后，专项计划对于基础资产所拥有的权利受《中华人民共和国企业破产法》保护。

此外，专项计划的现金流具有独立性。自专项计划成立后，管理人在托管人处以专项计划的名义开立专项计划账户，此账户与原始权益人以及代理服务机构完全独立，避免专项计划资金与原始权益人自有资金账户或者收款账户及监管账户发生混同，保证了基础资产完全独立于原始权益人的自有资产。同时，专项计划设置权利完善事件，并在此类事件触发时，采取向债务人发送权利完善通知、转让基础资产对应的标的资产所有权、完善登记等措施，以达到风险隔离的效果。

5. 可预测性及持续稳定性

基础资产在专项计划存续期间可以产生的现金流金额应该可以根据已经签署的基础合同予以确定或根据历史数据进行合理预测，应关注债务人在基础关系项下主张扣减及减免的权利，由有资质的机构出具现金流评估预测报告，考虑债务人的资信情况、偿还能力、持续经营能力、基础资产的历史违约率及分散程度等各种影响现金流波动的因素从而针对造成基础资产现金流波动的因素进行压力测试，说明压力情境的参数设置及其合理性，并披露在正常情况及压力情况下各期基础资产现金流回售金额对于每个收益分配日资产支持证券本息偿付的覆盖倍数。

此外，基础资产在专项计划期间产生的现金流应持续且稳定，例如回收款中涉及财政补贴的部分，由于该等补贴的下发时间存在不确定性，能否入池需要根据历史数据、具体政策等予以确认。又如，市场上出现的学费收费权、影院收费权等资产，考虑到未来政策、经济、民众喜好等因素的可变性，存在招生人数、观影人数及票价等发生变化的可能性，从而导致实际回收的现金流同期初预测存在较大的差异。再如，对于应收账款中属于未来债权的部分，根据合同的约定，债务人的付款义务可能同原始权益人提供货物或服务、项目进度等紧密相关，使得专项计划存续期间的现金流存在较大的不确定性，对于该类资产，目前监管机构及市场动向多偏好于将其进行结构化处理。

6. 无权利负担

《证券公司及基金管理公司子公司资产证券化业务管理规定》（证监会公告〔2014〕第49号）要求基础资产不得附带抵押、质押等担保负担或其他权利限制，但对于基础资产解除相关担保负担和其他权利限制的时点，明确为原始权益人向专项计划转移基础资产时需解除相关担保负担和其他权利限制。如在有些项目中，允许以募集资金解除基础资产上的权利负担。

具体而言，针对已出质的资产，专项计划可以设置相应的安排，由原始权益人委托管理人将募集资金中的部分用于解除该等资产上存在的质押，并在合理期限内完成质押登记注销，并在注销后将该等资产向专项计划转让，否则未按前述时间及方式解除质押的资产自始至终不属于专项计划基础资产，并由原始权益人将相应的资产购买价款金额退还给专项计划。由此，该等以募集资金中部分初始划付用于解除质押的资金监管安排，在确保募集资金有效使用的同时，达到了基础资产能有效地在解除质押时完成转让的目的。

7. 规模及存续期限与资产支持证券匹配

基础资产在专项计划期间产生的现金流的总金额应与各档资产支持证券的总规模相互匹配，若基础资产的回收款中已区分本金和利息，专项计划大多会采取超额利差的增信方式，即全部基础资产所产生的收入现金流流入超过优先级资产支持证券所预期需要支付的收益及其他各项税费的部分，该等安排会为优先级资产支持证券提供一定的信用支持；若基础资产回收款中并不区分本金和利息，为保证基础资产的回收款足以支付全部资产支持证券的本金及优先级资产支持证券的预期收益，管理人与原始权益人对于基础资产的买卖将采取折价的方式，同时专项计划多采用超额覆盖的增信措施，即资产池在专项计划设立日的本金余额以较大比例超出优先级资产支持证券本金金额及预期收益，前述差额将被用于弥补可能产生的回收款不足。

基础资产期限应与专项计划存续期限相匹配。若基础资产涉及基础合同，该等合同的到期日应足够分散，且到期日不晚于次级资产支持证券预期到期日，也可对最早到期的日期予以限制，同时根据基础合同到期日、金额等因素对各档资产支持证券的规模进行切分并确定各档资产支持证券的预期到期日；若基础资产无相应实物资产支撑，例如收费权，则应根据拟入池的基础资产所在的特定区间期限对专项计划存续期间予以确定，并根据基础资产回收计划来确定专项计划兑付日、各档资产支持证券的规模及预期到期日。

8. 可组合性

参考目前已经发行的资产支持专项计划，基础资产可以为单个或多个原始权益人根据单笔或多笔基础合同或基础法律关系对单个或分别对多个债务人的同类型的财产权利打包入池，如物业公司同多个业主之间均存在相应的物业合同，在一份合同中约定了物业管理费、停车管理服务费等多种费用，物业公司作为原始权益人可以将多笔物业合同项下的物业管理费、停车管理服务费等费用支付请求权打包入池；又如，多个融资租赁公司可以均作为原始权益人将其对相应承租人的租金请求权及其附属担保权益打包入池。但是，不同基础合同或基础法律关系项下的不同类型的财产权利，不得组合包装为统一专项计划的基础资产。

9. 不属于负面清单

作为备案制的配套管理手段，中国基金业协会根据基础资产风险状况颁布了《资产证券化业务基础资产负面清单指引》（以下简称"负面清单"），明确了建立基础资产范围的负面清单管理原则，同时中国基金业协会可以根据市场变化情况和时间情况，适时调整负面清单。负面清单明确如下类别的资产不可以证券化。

关于政府融资。以地方政府为直接或间接债务人的基础资产不得证券化，但地方政府按照事先公开的收益约定规则，在政府与社会资本合作模式（PPP）下应当支付或承担的财政补贴除外，同时，中国证监会在《资产证券化监管问答（一）》中明确规定，对于类似污水处理、垃圾处理、政府还贷高速公路通行等为社会提供的公共产品或公共服务，虽然实行收支两条线管理，专款专用，但是因为该等收费最终由使用者付费，并约定了明确的费用返还安排，因此该等收费权类资产可以作为基础资产开展资产证券化业务，但该类基础资产应当取得地方财政部门或有权部门按约定划付购买服务款项的承诺或法律文件。对于以该类资产为基础资产的证券化项目，管理人应当在尽职调查过程中详细了解提供公共产品或公共服务企业的历史现金流情况，约定明确的现金流返还账户，对现金流返还账户获得完整、充分的控制权限。同时，《资产证券化监管问答（一）》还积极鼓励可再生能源发电、节能减排技术改造、能源清洁化利用、新能源汽车及配套设施建设、绿色节能建筑等领域的项目现金流中来源于按照国家统一政策标准发放的中央财政补贴的部分作为资产证券化的基础资产。

关于融资平台。以地方融资平台公司为债务人的基础资产不可证券化，其中，地方融资平台公司是指根据国务院相关文件规定，由地方政府及其部门和机构等通过财政拨款或注入土地、股权等资产设立，承担政府投资项目融资功能，并拥有独立法人资格的经济实体。

关于不确定性。矿产资源开采收益权、土地转让收益权等产生现金流的能力具有较大不确定性的资产不可证券化，关于确定性的界定可参考上述"可预测性及持续稳定性"部分。

关于不动产。有下列情形之一的与不动产相关的基础资产不可证券化：因空置等原因不能产生稳定现金流的不动产租金债权；待开发或在建占比超过10%的基础设施、商业物业、居民住宅等不动产或相关不动产收益权。当地政府证明列入国家保障房计划并已开工建设的项目除外。

关于现金流产生。不能直接产生现金流、仅依托处置资产才能产生现金流的基础资产，如提单、仓单、产权证书等具有物权属性的权利凭证，不能被证券化。

资产组合的限制。很多企业多元化经营，但监管机关希望每次打包做证券化的基础资产具有同质性，即不能把不相关资产放在一起，如销售收入和污水处理费在业务线之间无任何关联性，被严格禁止。但这也要视情况而定，属于同类或同一业务延伸的资产可以进行组合，如污水处理费＋自来水水费、高校学费收入＋杂费＋住宿费、物业管理费＋停车费，即关注业态上是否有关联。

关于穿透核查。如果结构中嵌套信托，以信托受益权的模式进行包装，则需要以穿透的视角判断基础资产是否属于负面清单所列财产。

7.1.2 信贷资产证券化基础资产

7.1.2.1 信贷资产证券化基础资产的主要类型

根据基础资产的特点，信贷资产证券化的基础资产类型可分为对公贷款和个人贷款两大类。

对公贷款主要分为如下几种。

- 普通工商企业贷款。
- 商业物业抵押贷款（CMBS）。目前CMBS在银行间市场还没有推出，但此类产品在交易所市场已经有多单产品发行，形式比较成熟。
- 不良贷款。随着商业银行不良率的提升，如何运用金融工具去盘活不良贷款、降低银行体系风险是资本市场的热点问题。不良贷款证券化与一般贷款的证券化有很大不同，主要体现为不良贷款的估值以及证券化后的出表问题，这些是影响其前景发展的几个重要问题。

个人贷款是投资者认可度非常高的一类资产。目前我国的经济增长处于减速周期，银行并不愿意将对公贷款中的优质贷款拿出来做证券化，而风险相对较高的中小企业贷款或小微贷款投资者又不一定认可。相比对公贷款来说，个人贷款具有笔数众多、单笔金额较小的特点，可以将大量单个资产进行打包，形成一个相对独立的资产包。这样就有效地增加了产品基础资产的分散性，降低了整体宏观经济因素的影响，系统性违约风险相对较低，因此投资者对于这一类基础资产的产品比较看好。

个人贷款主要分为如下几种。

- 汽车抵押贷款；

- 信用卡贷款；
- 个人住房抵押贷款；
- 个人经营贷款；
- 其他个人消费贷款。

在整个信贷资产证券化市场中，工商企业贷款操作模式最为成熟，汽车抵押贷款项目的发行数量也越来越多，创新型基础资产主要包括信用卡（分期付款类）、个人消费贷款和个人经营贷款，此类资产分散度高，期限合适，产品结构灵活，出表难度相对较低，预计未来会有更快的发展。

7.1.2.2 资产池的筛选

资产池筛选可以说是信贷资产证券化项目中最重要的一环，如果入池资产不具备良好的收益及稳健可控的现金流表现，那么证券端产品的表现也将十分不稳定，随时可能面临降级风险，对于不具备优质入池资产的证券化产品，其兑付风险不言而喻。

对于商业银行来讲，基础资产选择最初应该参照市场的发行经验、资产提供部门的额度需求、存量资产的收益情况、风险资本的调整需要，以及对未来市场资金价格和贷款投放价格的判断等多方面信息进行综合考虑，其筛选标准来自监管机构的基本要求、投资人可能认可和接受的资产风险程度。

不同的合格资产具备不同的标准，对于住房抵押贷款，须满足贷款人年龄、贷款账龄、贷款剩余期限、贷款五级分类、抵质押物情况等要求；对于工商企业贷款，须满足信贷资产所属的行业限制、集中度限制、贷款账龄及剩余期限、信用担保情况、初始抵质押率等要求；对于汽车贷款，须满足贷款分散度、资产风险分类、贷款金额分布、账龄、期限、抵押率等要求。同时，鉴于投资者对于资产的穿透分析考虑，入池时会着重考虑具备较高影子评级的资产。

7.1.3 企业资产证券化基础资产

企业资产证券化基础资产的种类非常丰富。从大方向上来看，可以分为债权资产、收益权资产和不动产资产三类。

- 债权资产（既有债权），是指已经在资产负债表的资产项中进行会计确认的债权，是开展资产证券化最为标准的基础资产类型，主要包括信贷资产、租赁债权、保理债权、小额贷款、贸易应收账款、信托受益权等。
- 收益权资产，是指依据政府特许经营权或已经签署的合同将在未来形成的可预期的、比较稳定的财产权利（在产品发行时不在资产负债表上进行确认），主要包括各种收费权、收益权。
- 不动产资产，是指商业地产、工业地产、保障房、医疗地产、养老地产等，更注重物业或物业项目公司股权本身的所有权。

从细分角度来看，又可分为六种（表7-1）。

- 类信贷资产，我国债权资产分为两大类，一类是银监会监管的金融机构拥有的信贷类债权（简称"信贷资产"），还有一类是租赁、保理、小贷、互联网金融债权等，即"类信贷资产"。
- 企业间应收账款，即企业之间因为销售商品或提供劳务所产生的贸易应收账款或委托贷款。
- 基础设施收益权，与我们日常生活息息相关的市政类基础设施收费权，如水、电、热、气、交通运输等。
- PPP项目收益权，目前比较热门的一类基础资产，其实可以归到第三类基础资产中去，因为PPP项目主要针对的也是市政类基础设施，但其重在引入社会资本以降低政府负债，是目前财政部和发改委力推的一种新型地方政府融资模式，在证券化过程中享受绿色通道。比如，基础设施收益权中一般财政补贴不能作为证券化基础资产，但PPP项目除外。
- 不动产资产或不动产收益权，主要是指商业物业、工业物业这些不动产的产权或者其附属的未来租金收益权。
- 其他创新基础资产，如人文景观门票收入、自然景观索道收入、航空公司客票收入、物业管理费收入、学费和住宿费收入等。

表7-1 企业资产证券化基础资产主要类型

主要类型	具体形式
类信贷资产	（1）商务部监管的融资租赁公司的债权； （2）优质小额贷款公司的信贷资产； （3）商业保理公司的保理债权； （4）信托收益权（持有者为商业银行、信托公司或非金融企业）； （5）股票质押贷款、两融收益权。
企业间应收账款	（1）企业之间（含集团内关联企业之间）因贸易、提供服务所产生的应收账款； （2）企业之间的委托贷款。
基础设施收益权	高速公路（桥梁、隧道）收费权、自来水收费权、燃气收费权、供热收费权、电费收益权、地铁收费权、铁路运输收费权、公交收费权、港口/渡口收费权、飞机起降收费权、有线电视收费权、垃圾处理收费权等，不含财政补贴收入
PPP项目收益权	（1）PPP项目未来产生的收费权； （2）PPP项目的地方政府财政补贴。
不动产资产或不动产收益权	（1）商业物业、工业地产、保障房、医疗地产、养老地产等不动产物业基金份额(私募REITs)； （2）不动产物业产生的租金收益。
其他创新基础资产	（1）人文景观门票收入、自然景观索道收入； （2）航空公司电子客票收入、物业管理费等。

7.1.4 不同类型基础资产的遴选要点

基础资产选择是资产证券化业务中最重要的工作,不同类型的基础资产在选择方面各有侧重,进行不同类型资产证券化产品的基础资产筛选时需要有的放矢。各类别基础资产的主要关注点如表7-2所示。

表7-2 资产支持专项计划业务不同类型基础资产的关注点

基础资产类型	主要关注点
租赁债权	基础资产的承租人类型与资质、分散性(行业、地区、个体)、租赁设备的类型(通用型设备/专用型设备)、历史逾期情况、早偿情况、现金流瀑布的均匀性和平稳性
保理应收款	基础资产对应的应收账款的卖方和买方类型与资质、分散性(行业、地区、个体)、对卖方是否有追索权、历史逾期情况、早偿情况、现金流瀑布的均匀性和平稳性
企业应收款	基础资产的类型(销售款/工程款)、债务人类型与资质、分散性(行业、地区、个体)、历史逾期情况、现金流瀑布的均匀性和平稳性
小额贷款	基础资产的地区与行业分布、债务人类型与资质、分散性(行业、地区、个体)、历史逾期情况、早偿情况、现金流瀑布的均匀性和平稳性
委托贷款	基础资产的债务人类型与资质、分散性(行业、地区、个体)、历史逾期情况、现金流瀑布的均匀性和平稳性
信托受益权	基础资产的债务人类型与资质、分散性(行业、地区、个体)、历史逾期情况、现金流瀑布的均匀性和平稳性
市政收费权	基础资产的法律属性界定、特许经营权情况、抵质押情况、可转让情况、历史运营记录、未来现金流预测情况
租金收益权	基础资产的法律属性界定、物业位置及所有权、抵质押情况、租约情况、可转让情况、历史运营记录、未来现金流预测情况
票款收益权	基础资产的类型(门票、航空客票或其他)、法律属性界定、抵质押情况、可转让情况、历史运营记录、未来现金流预测情况
PPP项目收益权	基础资产的法律属性界定、公私合作方式、特许经营权情况、财政补贴情况、抵质押情况、可转让情况、历史运营记录、未来现金流预测情况

7.1.4.1 房地产资产证券化

房地产资产证券化的基础资产类型和模式主要包括私募REITs、物业管理费、购房尾款和CMBS,核心在于物业的位置及产生现金流的能力、主体的增信能力(如有)或资产服务能力。

相较其他类型基础资产的证券化,房地产资产证券化所具有的特点是可以在很大程度上不依赖主体信用进行操作,如果基础资产资质良好,形成的资产证券化产品同样会受到投资者的认可。

在房地产资产证券化领域目前有两种模式。一种是完全的出表模式,相当于资产持有人对产品没有任何的兜底承诺或增信,在这种情况下物业位置和产生现金流的能力非常重要。比如中信证券将其位于深圳和北京的两栋写字楼进行资产证券化操作,设计为私募REITs产品。这两个物业项目在北京和深圳的核心位置,同时中信证券与管理人签署售后返租合同,租户主要是中信证券和中信银行,租金较为稳定,可以产生稳定现金流。

第二种是对于有些资产来讲，其物业资质较差，并非位于城市核心商圈，未来租金收入有一定风险，需要由主体来进行增信或者其他外部担保机构进行增信。例如，如果资产本身位置不占优，距离核心商圈较远，但其主体为拥有较高信用等级的企业，同样也可以通过主体提供差额补足等增信措施提升产品资质。如果主体评级为AA，则一般来说产品评级至少能达到AA，还可以通过其他增信方式叠加，将优先级产品评级达到AA+甚至更高。

但是也有例外，比如部分物业虽然位置不好，但由于其特定化经营、人流量、营业收入等营业情况表现良好，同样可以不通过主体担保即获得投资者认可。比如，在北京五环外的部分大型购物中心，虽然远离北京传统核心商圈，但因为其资产服务能力或运营商品牌强、人流量良好，可以做到不依靠主体信用支持即开展股权转让模式的私募REITs。

7.1.4.2 类信贷资产证券化

类信贷资产证券化的基础资产类型主要包括租赁债权、保理债权、委托贷款、贸易应收账款、小额贷款、消费贷款和信托受益权。这类资产筛选的核心在于基础资产的加权影子评级、分散性、主体的增信能力（如有）或资产服务能力等指标。

影子评级是指针对信贷类资产，对于债务人的信用状况进行评级。基础资产本身要强调加权影子评级，即在没有外部增信情况下资产池的信用资质。部分优质项目底层债权资产的债务人资质良好，即使分散性没有那么高，加权影子评级也在AA到AA+的水平。

在对基础资产进行筛选时，分散性也是重要的衡量指标。但是有些情况下，分散性并不是越分散越好，如果占比最大的几笔资产资质很好（评级达到AAA或AA+），可以对于资产池的分散程度要求有所放松；如果基础资产的资质一般，则需要对资产池进行分散性处理。对于企业信贷资产分散性目前较为广泛认可的标准是前五名规模在总资产池规模的50%以下，所以在对基础资产池进行筛选时，要尽量保证按照这样的标准进行。分散性主要可以通过行业和地区两个维度进行衡量，尽量避免地区经济下滑或行业周期下滑对基础资产现金流的影响。对于个人信贷资产证券化，由于其本身单笔资产规模较小，资产池中资产笔数较多，分散性一般比较好。

主体的增信能力（如有）或资产服务能力也是重要的考虑因素。一些股东背景比较强、资产服务能力强的主体拥有的债权资产，如远东租赁、京东白条的资产证券化产品，都是出表型，可以不提供增信即进行操作。但由于目前市场上大部分债权资产证券化项目的产品信息披露透明度没有那么高，如果是出表型设计则投资者趋于保守，此类产品在后期发行过程中遇到的难度较大，所以一般采取的方式是设置兜底或差额支付条款，提高投资者对资产证券化产品的接受度。

7.1.4.3 基础设施资产证券化

基础设施资产的类型主要包括传统模式的市政收费权、PPP项目等，核心在于基础设施资产所在城市的财政实力、基础设施资产现金流的稳定性和产生现金流的能力、主体的增信能力和资产服务能力。

市政收费权、PPP项目等与地方政府财政实力密切相关,首先要看基础资产所在城市的经济和财政实力。普通县级平台(非百强县)、财政实力比较弱或地方政府历史信用水平不高的地级市在发行证券化产品时会比较困难或成本比较高;对于直辖市、省会城市、发达地级市,或有特色的百强县,如果财政实力很强,则项目的可行性较高。此外,这类项目主要基于地方经济氛围、政府信用以及所在城市居民对公共服务的需求,因此城市越大,需求越强,相应的稳定性越好。

基础资产现金流的稳定性和产生现金流的能力取决于基础资产的类型。不同类型的基础资产本身有差异,如有些基础资产有特许经营权或垄断性,有些基础资产则具有一定的市场竞争性,后者由于具有一定的未来经营风险,所以对外部增信和现金流超额覆盖会有更高的要求。

此外,大部分此类项目需要外部增信,但如果是一线城市的优质PPP项目,则不一定要有外部增信。但对于一般的城市,纳入政府预算或地方政府作为还款来源,如果产品期限很长(10年或超过10年)且没有外部增信,则存在一定的政府换届风险,产品发行时会产生较多障碍。

7.1.4.4　收益权资产证券化

收益权资产的类型主要包括航空客票收入、门票收入、索道收入、学费收入等,核心在于基础资产现金流的稳定性和产生现金流的能力以及主体的增信能力和资产服务能力。

收益权资产证券化的标准化程度没有前三类资产高,因为其类型确实非常多。重中之重是基础资产现金流的稳定性和产生现金流的能力,又由于它处于竞争性比较强的领域,所以非常看重主体的运营能力和行业地位,只有这样才能保证未来现金流的稳定性。另外,这种项目通常情况下需要主体增信,如果没有很强的担保,操作起来会比较困难。

7.2　资产证券化尽职调查

对资产证券化项目进行尽职调查是为了全面了解原始权益人有关情况,审慎选择基础资产,筛选项目的可能风险,合理安排交易结构,保护投资者相关利益,是整个资产证券化项目中的基础性工作。尽职调查可以发现风险,判断风险性质、程度以及对项目进行的影响和后果,并提出解决方案或补救措施,初步了解基础资产是否符合进行证券化的条件,为判断项目是否可以继续进行提供依据。

资产证券化业务中的尽职调查和股份公司股票上市的尽职调查相类似,都是证券上市前的尽职调查。为了维护证券交易市场的秩序和投资者的利益,我国法律对证券公开发行上市过程中各中介机构应承担的勤勉尽责义务都有严格的规定,因此计划管理人应该自觉尽责地对业务参与人和基础资产进行调查,保证尽职调查报告的真实性、可靠性和完整性。

计划管理人应当按照充分性、重要性、针对性、穿透性原则进行尽职调查，要在对各项内容进行充分全面调查的基础上有侧重点地针对重要性内容进行调查，如对发起人（即原始权益人）和基础资产的调查，对基础资产要进行穿透性核查。另外，应当建立调查工作底稿制度，尽职调查过程中获取和形成的文件资料均应作为工作底稿留存备查。

7.2.1 尽职调查的范围与内容

首先，尽职调查包括原始权益人以及其他业务参与人的存续状态、业务资质及相关业务经营情况和财务情况，具体内容因主体不同而有所不同。其次，应当对基础资产的合法合规性、法律权属、转让的合法性、基础资产的运营情况或现金流历史记录进行调查，同时应当对基础资产未来的现金流情况进行合理分析和预测。依据我国证监会发布的《证券公司及基金管理公司子公司资产证券化业务尽职调查工作指引》，计划管理人在进行尽职调查时主要调查如下内容。

7.2.1.1 对业务参与人的尽职调查

1. 对特定原始权益人的尽职调查

基本情况：特定原始权益人的设立、存续情况；股权结构、组织架构及治理结构。

主营业务情况及财务状况：特定原始权益人所在行业的相关情况；行业竞争地位比较分析；最近三年各项主营业务情况、财务报表及主要财务指标分析、资本市场公开融资情况及历史信用表现；主要债务情况、授信使用状况及对外担保情况；对于设立未满三年的，提供自设立起的相关情况。

与基础资产相关的业务情况：特定原始权益人与基础资产相关的业务情况；相关业务管理制度及风险控制制度等。

2. 对资产服务机构的尽职调查

基本情况：资产服务机构设立、存续情况；最近一年经营情况及财务状况；资信情况等。

与基础资产管理相关的业务情况：资产服务机构提供基础资产管理服务的相关业务资质以及法律法规依据；资产服务机构提供基础资产管理服务的相关制度、业务流程、风险控制措施；基础资产管理服务业务的开展情况；基础资产与资产服务机构自有资产或其他受托资产相独立的保障措施。

3. 对托管人的尽职调查

基本情况：托管人资信水平；托管人的托管业务资质；托管业务管理制度、业务流程、风险控制措施等。

4. 对提供信用增级的机构的尽职调查

基本情况：公司设立、存续情况；股权结构、组织架构及治理结构；公司资信水平以及外部信用评级情况。

主营业务情况及财务状况：公司最近三年各项主营业务情况、财务报表及主要财务指标分析及历史信用表现；主要债务情况、授信使用状况及对外担保情况等；对于设立未满三年的，提供自设立起的相关情况。

其他情况：业务审批或管理流程、风险控制措施；包括杠杆倍数（如有）在内的与偿付能力相关的指标；公司历史代偿情况等。

5. 对重要债务人的尽职调查

尽职调查过程中，对于单一应收款债务人的入池应收款本金余额占资产池比例超过15%，或者债务人及其关联方的入池应收款本金余额合计占资产池的比例超过20%的，应当视为重要债务人。对于重要债务人，应当全面调查其经营情况及财务状况，反映其偿付能力和资信水平。

6. 对其他重要业务参与人的尽职调查

对与基础资产的形成、管理或者资产证券化交易相关的其他重要业务参与人的尽职调查，应当包括但不限于以下内容：参与人的基本情况、资信水平；参与人的相关业务资质、过往经验以及其他可能对证券化交易产生影响的因素。

7.2.1.2 对基础资产的尽职调查

对基础资产的尽职调查应当包括：基础资产的法律权属、转让的合法性、基础资产的运营情况或现金流历史记录，同时应当对基础资产未来的现金流情况进行合理预测和分析。具体内容至少应包括：①基础资产的基本情况；②基础资产概述；③基础资产筛选标准；④基础资产池情况详细介绍；⑤基础资产合法性；⑥基础资产形成和存续的真实性和合法性；⑦基础资产权属、涉诉、权利限制和负担等情况；⑧基础资产可特定化情况；⑨基础资产的完整性；⑩基础资产转让合法性；⑪基础资产是否存在法定或约定禁止或者不得转让的情形；⑫基础资产（包括附属权益）转让需履行的批准、登记、通知等程序及相关法律效果；⑬基础资产转让的完整性；⑭基础资产现金流状况；⑮基础资产质量状况；⑯基础资产现金流的稳定性和历史记录；⑰基础资产未来现金流的合理预测和分析。

计划管理人在进行尽职调查时不应局限于《证券公司及基金管理公司子公司资产证券化业务尽职调查工作指引》的一般要求，而应对其认为的对投资者作出投资决策有重大影响的事项均勤勉尽责进行尽职调查，以保护投资者的利益。

例如，对基础资产涉及或主要涉及土地使用权的，计划管理人的尽职调查范围至少应包括以下相关文件或事项。

- 以出让方式取得国有土地使用权的，应核查申请及审批文件、履行招拍挂程序文件、土地使用权出让协议、土地出让价款缴纳凭证、划拨用地（含土地性质变更）补缴的土地出让金（如有）；
- 以受让方式取得国有土地使用权的，应核查土地使用权转让协议、转让价款支付凭证等；
- 以租赁方式取得国有土地使用权的，应核查土地租赁合同、土地租金支付凭证、土地使用权登记文件；

- 涉及使用农村集体土地的，应核查土地承包经营权证、土地承包经营权流转合同；
- 涉及使用林地、草原、海域的，应核查林权证、草原所有权证、草原使用权证、海域使用权证等权属凭证，相应的权属流转合同、登记备案凭证等。

对基础资产涉及或主要涉及房屋所有权的，计划管理人的尽职调查范围至少应包括以下相关文件或事项。

- 以自建方式取得房屋所有权的（含在建工程、临时建筑等），应核查相应的建设用地批准证书、建设用地规划许可证、建设工程规划许可证、建筑工程施工许可证、房产证等相关文件，核查建设过程中涉及的规划、环评、安评、施工、竣工等相关手续是否完备有效；
- 以受让方式取得房屋所有权的，应核查转让协议、价款支付凭证、房产证等相关文件，对于已经竣工投入使用且账上已经转为固定资产的房屋，应当核查竣工验收的全部文件（包括但不限于建设部门、环保部门、消防部门、劳动安全部门的验收文件）；
- 使用非自有房屋的，应核查房屋租赁合同、房产证或其他证明租赁房产权属的文件、租金缴纳凭证、租赁登记备案文件。

7.2.2 尽职调查的穿透性

资产证券化具有复杂的结构模式，导致投资人与基础资产之间的层级过多、相隔过远，结构穿透性较差，投资人往往不能真正了解其所投资对象的风险所在，因此穿透审查基础资产所依附的原始资产就非常有必要，因为此时资产证券化业务的信用支持更实质性地来源于原始资产。所以计划管理人在实务中不单单要对基础资产本身进行核查，而且要对原始资产进行核查，核查原始资产的使用情况、法律状态等，往往还需要通过一定措施来保障基础资产的安全，如高速公路收费收益权资产证券化项目，由于高速公路收费权无法实际转让，一般都要求将该收费权质押给专项计划，以确保专项计划资产的安全。

7.2.3 尽职调查报告

计划管理人应当在尽职调查的基础上形成尽职调查报告。尽职调查报告应当说明调查的基准日、调查内容、调查程序等事项，并且应当对资产证券化项目是否符合相关法律法规、部门规章以及规范性文件的相关规定发表明确意见。计划管理人应当对资产证券化交易中的风险作出说明，并提出解决方案或补救措施，初步判断是否符合将基础资产进行证券化的条件，为判断项目是否可以继续进行以及如何进行提供依据。

7.3 资产证券化结构设计

7.3.1 特殊目的载体的选择

7.3.1.1 特殊目的载体概述

交易结构是资产证券化产品的根本，SPV在资产证券化业务中实现了破产隔离，使得资产支持证券具有较好的安全性。现阶段，由于具体情况的需要，SPV有了较多的创新形式，发展成为双SPV模式，甚至更为复杂的三SPV模式。

对发起人而言，资产证券化业务具有特殊吸引力的主要原因是发起人可以突破自身主体信用的限制，以更低的成本融资，非投资级的企业也可能发行AAA级的债券。

对投资人而言，资产支持证券具有投资价值的原因之一是其具有较好的安全性，其收益几乎不受发起人信用等级下降的影响。资产证券化过程中，发起人将资产"真实出售"给SPV，实现破产隔离，使资产支持证券具有较好的安全性。因此，SPV在资产证券化业务中起着非常重要的作用。

SPV还具有税收中性的作用。在国外，投资资产证券化产品通常可以获得税收优惠，而且由于该笔证券化业务是SPV的唯一业务，其基础资产的利息收入大部分都以证券利息的方式支付出去，所以SPV几乎不用纳税。SPV的税收中性是促使国外资产证券化业务蓬勃发展的主要动力之一。

当然，SPV还承担着发行证券的任务。因为发起人把资产"真实出售"给SPV，所以SPV实际上拥有这些基础资产，具备发行证券的资格。

在资产证券化的实践中，特殊目的载体的种类很多，包括特殊目的信托（SPT）、特殊目的公司（Special Purpose Company，SPC）以及其他类型的特殊目的实体（统称为Special Purpose Entity，SPE）。这些载体具有不同的特点、不同的功能。选择何种载体开展证券化业务，一方面受到分业监管体制的限制，一方面也需要根据具体的目的进行选择。

7.3.1.2 不同SPV特点对比

1. 破产隔离效力

特殊目的信托（SPT）。特殊目的信托是以《中华人民共和国信托法》（以下简称《信托法》）为法律基础，信托公司作为特殊目的信托和资产支持专项计划的受托人，从发起机构或原始权益人处获得基础资产。在这种结构下，破产隔离的效力是《信托法》所赋予的，《信托法》第十五条规定"信托财产与委托人未设立信托的其他财产相区别"，第十六条规定"信托财产与属于受托人所有的财产相区别"。因此，以信托形式进行资产转让，可以实现完全的破产隔离，具有最强的破产隔离效力。也就是说，在资产证化业务中，SPT 的破产隔离体现在两个方面：SPT 和受托人的破产隔离以及 SPT 和发起人的破产隔离。

特殊目的实体（SPE）。在国内，最常见的特殊目的实体是资产支持专项计划（以下简称"专项计划"）。此处以专项计划为例，讨论其破产隔离效力。

根据《证券公司及基金管理公司子公司资产证券化业务管理规定》（49 号文），资产支持专项计划是证券公司或基金管理公司子公司为开展证券化业务专门设立的特殊目的载体（为避免混淆，下文以 SPE 表示）："专项计划资产独立于原始权益人、管理人、托管人及其他业务参与人的固有财产。原始权益人、管理人、托管人及其他业务参与人因依法解散、被依法撤销或者宣告破产等原因进行清算的，专项计划资产不属于其清算财产。"

但是，SPE 与管理人以及原始权益人的关系实际上目前法律并未彻底明确。根据目前已发行的专项计划说明书中的法律意见，通常将其与证券持有人之间的关系定位为"一种委托理财的形式"，资产支持计划与原始权益人签订"资产买卖合同"来实现资产的转移。因此，资产支持专项计划和管理人的资产隔离关系依据 49 号文和《私募投资基金监督管理暂行办法》，和原始权益人的资产隔离关系依据资产买卖合同。

从 49 号文和《私募投资基金监督管理暂行办法》的效力上看，它们都属于部门规章。虽然这两个规章都明确指出，其上位法为《证券投资基金法》和《证券法》，而且在《证券投资基金法》中也明确了证券投资基金具有与信托类似的破产隔离效力，但在该法律制定的时候，资产证券化业务尚未大规模开展，因此专项计划也未被纳入其中。所以，专项计划基于 49 号文和《私募投资基金监督管理暂行办法》的破产隔离效力存在一定的不确定性。

专项计划和原始权益人的破产隔离基于资产买卖合同，应当是具有较好的破产隔离效力的。但由于专项计划的基础资产有时候并不是一项确定的权利本身（例如，涉及特许经营权的时候，通常用收费权的收益权作为基础资产），因此这种资产买卖是否具有破产隔离效力也存在一定的不确定性。

特殊目的公司（SPC）。特殊目的公司天然具有有限责任的特征，即公司的资产与发起公司的个人或机构的资产相互独立，因此 SPC 与管理人之间也具有较好的破产隔离效力。

2. 发行证券

现阶段，各种 SPV 能发行何种证券主要受分业监管的限制。根据目前的实践，SPT 主要在银行间市场发行以信贷资产为基础资产的证券，SPE 主要在交易所发行以非金融企业的资产和非银监会管辖的金融企业的资产为基础资产的证券。

SPT 的发行流程。SPT 的发行证券的流程主要依据《信贷资产证券化试点管理办法》《金融机构信贷资产证券化试点监督管理办法》《关于信贷资产证券化备案登记工作流程的通知》（银监办便函〔2014〕1092 号）以及《关于信贷资产支持证券发行管理有关事宜的公告》（人民银行公告〔2015〕第 7 号）。其中，《关于信贷资产证券化备案登记工作流程的通知》和《关于信贷资产支持证券发行管理有关事宜的公告》标志着信贷资产证券化进入常态化流程，也极大程度地缩短了业务流程（第一次发行仍需较长的流程），并使将来的跨市场发行成为可能。

SPE 的发行流程。SPE 的发行证券的流程和时间主要依据《证券公司及基金管理公司子公司资产证券化业务管理规定》，主要包括交易所事前审查、上报基金业协会备案和挂牌转让等环节。

7.3.1.3 双 SPV 结构

1. 双 SPV 结构兴起的原因

在美国发展资产证券化的过程中，双 SPV 结构兴起的动因是避税需求。在税收中性的相关法律完善之前，原始权益人常常陷入两难境地：如果转让交易构成真实出售，则应确认相关收入并缴纳所得税；若要规避税收，势必要保证转让交易体现出抵押融资的特征，而这就无法实现破产隔离。为了同时实现破产隔离和避税，双 SPV 交易结构（图 7-1）被广泛采用。在双 SPV 结构下，原始权益人将基础资产转让给全资子公司 SPV1，本次转让构成真实销售；SPV1 与 SPV2 的转让交易则采用抵押融资的形式，不构成真实销售。根据美国相关法律，母公司和全资子公司之间的销售活动不计入征税范围，同时由于贷款不构成真实销售，因此也不对其征税。这样，双 SPV 交易结构在实现破产隔离的同时也避免了因缴税而造成的交易成本增加。

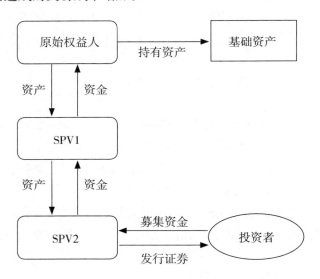

图 7-1 双 SPV 典型交易结构图

就我国而言，采用双 SPV 的主要目的是解决现金流难以特定化的问题，最终目的是构建合格的基础资产。根据现行的《证券公司及基金管理公司子公司资产证券化业务管理规定》，企业资产证券化的基础资产应该是权属明确，可以产生独立、可预测的现金流且可特定化的财产权利或财产。但有些基础资产产生的现金流与原始权益人的经营情况高度相关，波动性较大，特别是对于一些以未来收费收益权作为主要现金流来源的项目，比如未来的学费、票房收入。通过设立中间 SPV，将基础资产由收费权转换为债权，可以实现现金流的特定化和可预测。

另外，需要说明的是，并不是所有的收费收益权都需要采用双 SPV 的交易结构。

比如一些基础设施收费项目，虽然也是未来债权，但一般已经签订了服务合同，因此尽管现金流仍存在一定的波动性，但不确定性大大降低，所以往往直接采用传统的单 SPV 结构。

2. 双 SPV 结构在中国的实践

如前所述，我国资产证券化中采用双 SPV 交易结构主要是为了构造合格的基础资产。银行间的信贷资产证券化只能是债权，天然具有可特定化、可预测性的特点，因此均采用单 SPV 结构。企业资产证券化中基础资产种类多样，因而双 SPV 结构也比较常见。

3. 双 SPV 的主要种类

我国企业资产证券化中的双 SPV 结构大致可分为"信托+专项计划"和"私募基金+专项计划"两类。

"信托+专项计划"。企业资产证券化的基础资产可以是收益权，但收益权的内涵和外延并没有一个明确的定义，这也给合格基础资产的构建造成了比较大的困难。在"信托+专项计划"的双 SPV 结构中，借款人将收益权质押取得信托贷款，原始权益人以信托受益权作为基础资产发行资产支持证券，把未来不确定的收益权转化为确定的债权，满足了特定化的要求，同时法律上也方便转让。另外，信托计划作为中间 SPV 也便于现金流的归集，特别是基础资产涉及多个主体的情形。

"私募基金+专项计划"。"私募基金+专项计划"交易结构常见于国内的类 REITs 项目中，通常借助私募基金以"股票+债权"的方式收购和控制项目公司（标的物业），再以私募基金份额作为基础资产发行资产支持证券。

用"私募基金+专项计划"的双 SPV 形式主要为了达到股权收购和债权投资的目的，这样便能够实现对标的资产的间接持有和最终控制。发起人可通过双层架构实现资产与增信主体在风险、法律上的隔离，同时也给以后可能的 REITs 公募留出操作空间。

根据中国资产证券化分析网（CNABS）统计数据，"私募基金+专项计划"是目前的类 REITs 的主流结构，尽管也有部分采用"信托+专项计划"的模式。在银行间市场发行的兴业皖新阅嘉一期房地产投资信托基金资产支持证券，则采用了"私募基金+信托"的双 SPV 结构，采用信用计划主要是为了在银行间市场发行。

4. 双 SPV 资产证券化项目的关注要点

由于双 SPV 资产证券化项目的交易结构复杂，而且很多项目以信托受益权为基础资产，掩盖了底层资产的多样性，因而给投资分析带来了更大的难度。在进行双 SPV 资产证券化项目的投资分析时，应该重点关注以下几点：

首先，要坚持穿透原则，深入了解底层资产状况，明确是否能够锁定独立、持续、稳定、可预测的现金流作为偿还来源，判断底层资产的现金流是否具有分散性特征，现金流是否足够本息偿付，并进行适当的压力测试。

其次，深入研究交易结构。双 SPV 结构参与主体较多，相应的风险点也更多，需要明确每一笔现金流的具体流向，重点关注可能发生风险的环节。例如，由于涉及两个 SPV，管理人/信托公司的履职能力以及 SPV 之间的协调也非常值得关注。

最后，还要关注与项目相关的担保等增级措施。企业资产证券化项目以融资为主要目的，而且双 SPV 项目的现金流天然波动较大（所以要采用双 SPV 以使现金流特定化、稳定），因此，发起主体的资质也需要重点关注。在交易结构复杂的情况下，如果有强资质的主体进行担保或提供流动性支持，则项目整体风险会显著下降。

7.3.2 资产证券化内部结构设计

内部结构设计是资产证券化项目的全局性工作，主要包括如下要素：信用增级措施、信用触发机制、账户设置、现金流划转流程、循环购买结构（如有）等，交易结构设计更多体现为法律条款的设计，表7-3对结构设计的具体内容进行了简单总结。

表7-3 资产证券化内部结构设计的具体内容

交易结构要素	具体内容
信用增级措施	包括内部增信措施和外部增信措施，前者主要包括结构化分层、超额抵押、超额利差、偿付加速机制、保证金和现金储备账户等；后者主要包括差额支付承诺、第三方担保、回购承诺、流动性支持等
信用触发机制	指与发起人或资产服务机构主体信用等级或运营状况相挂钩的机制，如现金流划转机制、权利完善事件、加速清偿事件、违约事件、提前终止事件等
账户设置	包括募集专用账户、托管账户（即信托账户或专项计划账户）、监管账户、保证金账户、回售与赎回准备金账户以及托管账户的二级分账户等
现金流划转流程	包括现金流归集与划转频率、现金流划转路径、现金流分配顺序等
循环购买结构	包括循环购买频率、循环购买标准、循环购买期、循环购买终止机制等

以下对于每种内部结构要素进行分类梳理。

7.3.2.1 信用增级措施

资产证券化的还本付息是以基础资产现金流回收为支持的，债权类的基础资产现金流回收可能会受到原始债务人还款行为的影响，权益类的基础资产现金流回收则和基础资产经营状况密切相关，其现金流回收可能会出现时间上的不确定和分布上的不均匀。传统的信用债融资中发行主体需要对债券还本付息承担连带责任，而资产证券化通过真实出售形成基础资产池后，其现金流仅和基础资产池内特定的债权债务或某几项业务相关，在没有相应信用增信措施时，违约风险相较传统债券会更加突出。

信用增级是资产证券化发行过程中的核心技术。由于部分机构投资者在投资时只能投资一定信用评级级别以上的金融产品，为了缩小投资人需求和产品基础信用级别之间的差距，需要通过一系列的内部和外部增信措施来保证资产支持证券现金流回收的确定性，提升产品信用质量，最终满足投资者认购要求。信用增级之后，信用等级上升，由于现阶段市场上对于资产证券化产品的要求收益率往往与信用等级挂钩，因此随着评级的升高，资产证券化产品的融资成本也相应降低，这样可以为原始权益人节约一定的融资成本，受到融资方的欢迎。同样，由于管理人业务收入会与发行成本挂钩，更低的融资成本可以为管理人带来更高的利润，所以信用增级对作为管理人的金融机构也具有吸引力。除了可以确保产品的顺利发行，信用增级还可以起到保护投资者利益、降低发行人筹资成本以及增加资产支持证券市场流动性的目的。

资产证券化的信用增级主要分为内部信用增级和外部信用增级两大部分。内部增信是从资产支持证券基础资产池的结构设计、产品的增信机制设计等角度开展，主要包括优先级和次级的结构安排、超额利差设置、超额抵押设置、保证金和现金储备账户等；外部增信则是以外部企业或金融机构提供的信用担保为主，包括机构担保、差额支付承诺、回购承诺、流动性支持等。

1. 资产证券化内部增信措施

优先 / 次级分层结构设计，是资产证券化产品最基本也最常见的内部增信措施，其将资产支持证券分为优先档和次级档或更多级别，在还本付息、损失分配安排上，优先级证券享有优先权，即通过次级证券为优先级进行增信（如图 7-2 所示）。假设基础资产池对应资产支持证券规模 5 亿元，其中优先档 4 亿元，则优先档证券可获得次级档证券提供的相当于基础资产池余额 20% 的信用支持。优先档又可根据投资者需求或现金流情况再进行细分，最高级别的资产支持证券获得的信用支持最大。

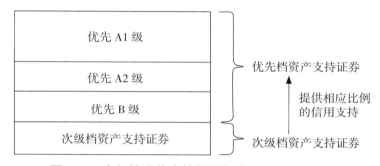

图 7-2　次级档为优先档提供相应比例的信用支持

具体来看，资产值的现金支付顺序是税金和费用支出、高级别资产支持证券利息、储备金及其他费用支出、高级别资产支持证券本金、次级债券本金及利息。如果存在优先档进一步分层的情况，则在违约事件发生前，会按照支付各期优先档利息、各期优先档本金、次级档本息的顺序进行清偿。

如果发生违约，则优先档本息支付顺序有所改变，会先支付最高级别优先 A 档本息，再支付优先 B 档本息，最后支付次级档本息。因此，劣后级别的资产占比、各级别现金流的偿付顺序以及触发机制设置中各种情况下现金流偿付顺序的变化，是判断优先 / 劣后结构增信效果的主要内容。

在对资产证券化产品进行优先级、次级分层之后，优先级别越高，获得的偿付等级越高，现金流的回流就越快。这样一来，偿付顺序靠后的债券就为偿付顺序靠前的债券提供了更好的现金流保障，即次级为优先级进行了信用支持，优先级的债券相应可以得到信用等级的提升。

超额利差是指基础资产池所产生的利息流入要大于资产支持证券支付给投资者的利息和各类税费的总和，一般在债权类基础资产中使用较多。实践中采用超额利差增信的资产证券化产品会建立相应的利差账户，在产生超额利差时会将相应的现金流存入该账户，当发生违约事件时可通过该账户中的资金对投资者提供一定的损失保护。是否设置超额利差增信主要取决于入池资产的利率水平，例如以个人住房抵押贷款作为基础资产的证券化产品一般没有超额利差保护，而小贷公司或租赁公司发行的资产证券化产品利差保护相对较高。其增信方式如图 7-3 所示。

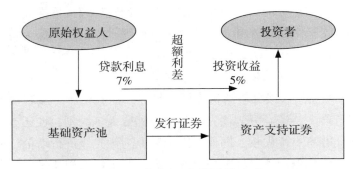

图 7-3　超额利差的增信方式

超额现金流覆盖实际上也是超额利差的一种，但一般多出现在权益类基础资产产品中，如基础资产收费权等。在设计资产证券化产品时，超额现金流覆盖使基础资产产生的未来现金流大于需要支付给投资者的本息，从而增加本息偿付的安全系数。其增信方式如图 7-4 所示。是否设置超额现金流覆盖增级主要需考察现金流回收的保障机制，特别是当发行人信用水平降低时，现金流是否还能维持稳定回收。

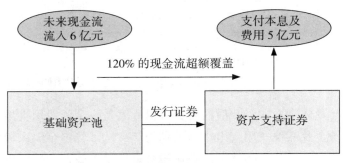

图 7-4　超额现金流覆盖的增信方式

超额抵押是指发行资产支持证券时，基础资产池的本金规模大于发行证券的本金，多出来的这部分就可作为超额抵押为所出售的资产支持证券进行信用增级，而且部分证券化产品会约定在证券偿还期间，当抵押资产价值下降到预先设定的某一规模时，发行人必须增加抵押资产从而恢复超额抵押状态。其增信方式如图 7-5 所示。

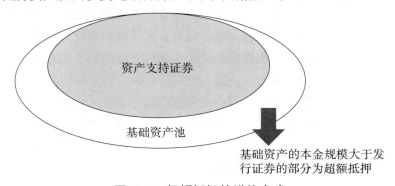

图 7-5　超额抵押的增信方式

保证金/现金储备账户类似于准备金机制，与超额抵押十分相似，但是超额抵押主要是以债权类资产作为抵押，而现金储备账户则是以现金作为抵押，如果出现违约或信用风险，则可以用现金抵押账户中的资产来弥补损失，从而对投资者形成流动性保护。其增信方式如图7-6所示。但是现金储备账户需要在产品成立时将一部分融入资金进行冻结，对发行人有一定资金实力的要求，而且会降低一部分资金的使用效率。

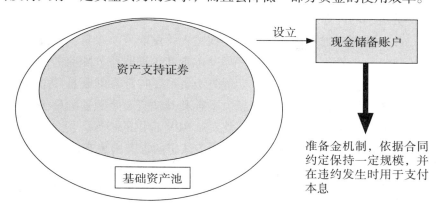

图 7-6　保证金/现金储备账户的增信方式

目前部分产品将现金储备账户的设置与权利完善事件挂钩：正常情况下，保证金提供方无须将资金划转到保证金账户，但当发生权利完善事件后，需要将保证金立即划转至专项计划下的保证金账户。

2. 资产证券化外部增信措施

内部增信主要是在基础资产池构建过程中提高原始资产自身的质量水平，常见的手段包括内部结构分层、超额设置、保证金、信用触发机制等；外部增信则是在SPV之外，由第三方机构对证券进行信用增级（两者的比较如图7-7所示）。一般在原始权益人自身信用水平不足，或是基础资产在内部增信后依然达不到相应评级时，会采取外部增信措施，但外部增信会相应加大发行成本。目前我国资产证券化市场常见的外部增信措施包括第三方担保、差额支付承诺、回购承诺、收益权质押等，且主要集中在企业资产证券化领域。

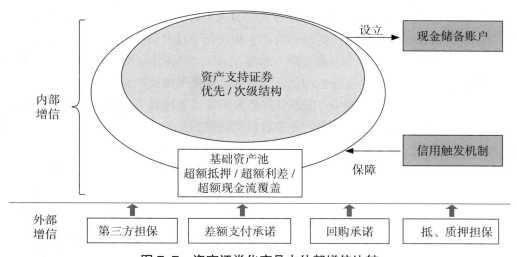

图 7-7　资产证券化产品内外部增信比较

第三方担保是一种较为传统的信用增级方式，由第三方机构对SPV发行的证券进行担保，信用增级效果明显且容易衡量。当原始权益人信用资质较低，基础资产难以达到相应级别要求时，往往采取外部担保机构进行担保，债券评级一般会有较大的提升，满足产品发行要求。为资产证券化提供担保的担保人通常包括企业、担保公司、城投公司或其他信用较好的金融机构。第三方担保既可以用于资产证券化产品，也可用于其中部分级别的证券。

差额支付承诺一般由原始权益人（发起人）出具《差额支付承诺函》，并且承诺在SPV存续期间，如果在某一期基础资产预期收益分配前的资金确认日发现专项计划账户中的资金余额不能支持该期优先级资产支持证券的利息和本金，则由原始权益人按要求将该期资产支持证券的利息、本金和其他资金余额差额足额支付至专项计划的账户。差额支付承诺其实是由原始权益人对SPV提供的担保，但是其也在一定程度上降低了资产真实出售的实际效力，对于会计上认定的资产出表有一定影响。

回购承诺也是由原始权益人（发起人）针对SPV提供的一种外部增信。触发回购条款的事项一般会在产品成立之前进行约定。回购可以针对基础资产池中的单一基础资产，例如，狮桥三期资产支持专项计划约定，当租赁租金未按约定偿还时，原始权益人需按要求以初始基础资产入池标准提供用于替换的基础资产，若不能提供则需对违约的基础资产按照应收融资租赁贷款余额进行回购。回购也可以针对资产支持证券整体，例如，营口华源热力供热合同债权1号资产支持专项计划约定，由于原始权益人业务变更、丧失相关经营资质、政策变更、进入破产程序等原因，导致特定供热收费权全部消失或有无法回收的风险而发生加速清偿事件时，原始权益人有义务回购基础资产。

收益权质押/基础资产抵押。收益权质押是原始权益人或其他相关权利方将基础资产中相应的权益进行质押担保，来保证违约发生且其他外部增信措施失效时，计划管理人有权处置相应基础资产。例如，招商资管一号-云南公投曲胜高速公路车辆通行费收益权资产支持专项计划中约定，为确保原始权益人履行基础资产回购义务，云南公投作为处置人，与计划管理人（代表SPV机构）签订《质押合同》，以其有权处分的高速公路收费权提供质押担保，并在中国人民银行征信中心应收账款质押登记系统进行登记。此外，对应不动产的基础资产，也可将不动产部分以抵押担保的方式为产品提供外部增信。例如，金茂一期资产支持专项计划将基础资产池中占比较大的两个原始债务人/承租人的租赁物作为抵押品，为专项计划提供抵押担保。

金融产品担保。资产支持证券还可以通过购买其他金融产品为债券提供担保，例如，资产池保险由保险公司根据评级公司要求的资产池中需要补充的信用风险金额确定保险金额。此外还有不可撤销担保信用证：由银行向发行人开出、以资产支持证券投资者为受益人的信用证。但是使用金融产品进行担保的成本较高，在我国资产证券化市场中使用并不普遍。

购买次级产品。尽管在产品说明书中不会将发起人支持次级或部分优先级证券作为信用增级措施进行展示，但实际上有发起人或其他关联方购买次级证券，这就为优先级证券投资者提供了一定的信用担保。针对这一增信措施的分析通常可以与产品结构分级一起考虑。

7.3.2.2 信用触发机制

信用触发机制是指在资产证券化产品设计中加入相应条款，如原始权益人信用资质下降或参与机构履约能力下降，则会导致相应的加速清偿或现金流重新安排（如图7-8所示）。信用触发机制可以根据条款约定的不同进一步分为现金流净额覆盖不足事件、权利完善事件、提前终止事件、加速清偿事件、违约事件等，主要是在发生信用违约时作出对优先级投资人有利的保护。在判断触发机制的有效性时，需要分析触发事件的条件约定是否能够起到提前预警或有效保护。

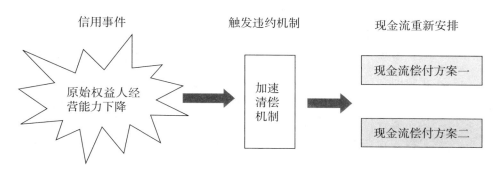

图7-8 信用触发机制的增信方式

1. 现金流净额覆盖不足事件

于每一现金流核算日，管理人及信托受托人将监管账户内对应每一计息期间内的现金流净额与EBITDA目标值进行对比，当现金流净额低于EBITDA目标值的一定倍数时，会引发现金流净额覆盖不足事件。

2. 权利完善事件

《合同法》规定，债权人可以将合同的权利全部或者部分转让给第三人，但在债权进行转让时，必须通知债务人，若未经通知就自行转让，则该转让对债务人不产生法律效力。但在实际操作中，由于有时资产支持证券的基础资产笔数较多，尤其是小额贷款、消费贷款等往往在资产池中达数千笔甚至数万比，如果一一通知债务人，那么对于管理人及基础资产服务机构来说需要消耗大量人力物力，工作过于繁重。考虑到交易成本，当基础资产涉及抵押物权转让时，初始不进行登记转让，而是通过权利完善事件在发生基础资产违约时进行抵押物权变更以对抗善意第三人，这种特殊的交易结构设置正是在法律法规不完善情况下的权宜之计。

具体操作中，专项计划一般在《资产买卖协议》中约定，出现资产服务机构解任、原始权益人主体信用下降、丧失清偿能力时视为权利完善事件的触发，此时原始权益人应按约定向债务人发送债权已转让的通知，并且变更收款账户，用于新的资产服务机构或专项计划账户接收基础资产回收款，如原始权益人怠于发送，则管理人根据原始权益人在专项计划设立时的授权，直接向债务人发送该等通知。在融资租赁债权类项目中，除发送权利完善通知外，在发生权利完善事件时，可能会要求原始权益人将基础资产对应的租赁物件的所有权向专项计划转让，以防止其被处置从而导致基础资产回收受到阻碍。

3. 加速清偿事件

加速清偿事件一般分为两类，包括自动生效的加速清偿事件与需经宣布生效的加速清偿事件。这样的条款设置可以在缓释风险的同时，赋予管理人一定的灵活性。当触发加速清偿事件之后，现金流流转发生变更，在扣除必要的管理费用以及一些中间费用之后，一般会先偿还优先级债券的本息，保证优先级债券的安全性，之后再偿还中间级和劣后级债券本息。

自动生效的加速清偿事件包括如下方面。

①原始权益人发生任何丧失清偿能力事件；

②发生任何资产服务机构解任事件；

③资产服务机构在相关专项计划文件约定的宽限期内，未能依据专项计划文件的约定按时付款或划转资金；

④在任一租金回收期结束时的资产池累计违约率超过5%；

⑤在任一预期到期日的前一个计划管理人报告日专项计划账户内可供分配的资金不足以支付相应的预期到期日优先级资产支持证券的未偿本金余额；

需经宣布生效的加速清偿事件包括：

⑥原始权益人或资产服务机构未能履行或遵守其在专项计划文件项下的任何主要义务（上述③项规定的义务除外），并且计划管理人合理地认为该等行为无法补救或在计划管理人发出要求其补救的书面通知后30日内未能得到补救；

⑦原始权益人在专项计划文件中提供的任何陈述、保证（资产保证除外）在提供时便有重大不实或误导成分；

⑧专项计划文件全部或部分被终止，成为或将成为无效、违法或不可根据其条款主张权利，并由此产生重大不利影响。

发生以上①项至⑤项所列的任何一起自动生效的加速清偿事件时，加速清偿事件应视为在该等事件发生之日发生；发生以上⑥项至⑧项所列的任何一起需经宣布生效的加速清偿事件时，计划管理人应通知所有的资产支持证券持有人，有控制权的资产支持证券持有人大会决议宣布发生加速清偿事件的，计划管理人应向资产服务机构、托管银行和评级机构发送书面通知，宣布加速清偿事件已经发生。

4. 违约事件

在证券存续期内，若产品最优先级别证券能够做到按时兑付，并未触发违约事件，则产品按照正常的现金流分配顺序进行，如图7-9所示。

在证券存续期内，当发生尚未清偿的最优先级别证券未能按时付息等情形时，将触发违约事件。违约事件发生前后的现金流偿付顺序发生改变，如图7-10所示。

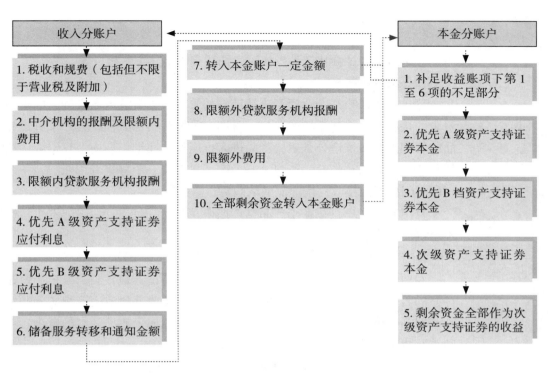

图 7-9　违约事件发生前现金流转付图

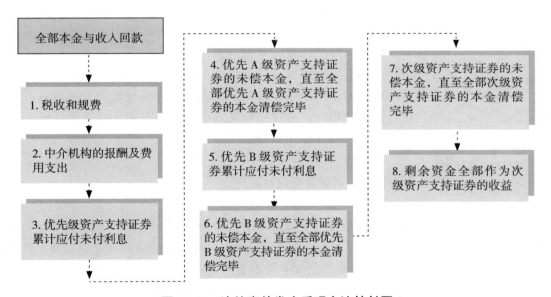

图 7-10　违约事件发生后现金流转付图

7.3.2.3 账户设置

在进行资产证券化产品操作时,往往有以下几个账户设置。

1. 募集专用账户

募集专用账户是企业资产支持证券的管理人以自己的名义开立的主要用于产品认购资金的接收、存放与划转的账户。每期产品发行前都必须设置一个募集专用账户,在产品的管理人发布推广公告后,产品进入推广期。在推广期内,投资者认购该产品缴纳的认购资金应划入募集专用账户。一个产品只对应一个募集专用账户,一个募集专用账户一段时间内只能接收一个产品的认购资金。

募集专用账户只存在于产品推广期内,产品一旦成立,除非发生特殊情况,后续将不会再使用该账户做任何与产品相关的划款。

2. 专项计划账户

专项计划账户俗称托管户,是企业资产支持证券最核心的账户,该账户是管理人以产品的名义在托管人处开立的账户,主要用于接收募集专用账户的认购资金、支付基础资产的购买价款、接收基础资产的回收款或其他属于专项计划的资金、支付专项计划的利益及费用、进行专项计划约定的合格投资等。

专项计划账户中的资产均属于专项计划,与管理人、原始权益人以及其他参与方都会实现破产隔离,是完全属于专项计划的资产。专项计划账户中的资金由管理人按照专项计划合同的约定进行分配和划转,并受托管人的监督。

3. 原始权益人收款账户

原始权益人收款账户是以原始权益人名义开立的用于原始权益人接收基础资产转让价款的账户,该账户由原始权益人指定,一般会在《资产买卖协议》中作出明确约定。对于静态池的企业资产支持证券产品而言,该账户只会使用一次,因为基础资产只会转让一次;但是对于循环的动态池企业资产支持证券产品而言,该账户除了首次基础资产转让时使用外,后续循环期内会一直存在用于接收后续循环购买的基础资产价款,不过前后的收款账户未必是同一个账户,实际情况以每个产品合同的具体约定为准。

4. 原始权益人基础资产收款账户

原始权益人基础资产收款账户是以原始权益人的名义开立的用于接收基础资产未来回收款的账户,在无法变更基础资产资金回流路径时,纳入资产证券化业务的账户范畴。在目前发行的众多企业资产支持证券产品中,基础资产从原始权益人处转让至专项账户之后,原则上应该将基础资产的转让通知到债务人或者相关费用支付人并做相应的回收款变更,但是这个操作在现实中由于各种原因很难实现。因此在一般的企业资产支持证券中,虽然基础资产转让了,但是基础资产的回收款依然回到了原先的原始权益人基础资产收款账户,然后再由原始权益人转付至专项计划账户。该账户有可能是一个,也有可能是多个,一般不会在专项计划的相关合同中列明,主要是通过其他条款或监管账户的设置来约束原始权益人的转付义务,在触发一定事件的情况下,管理人会进行相应的权利完善措施。

5. 监管账户

监管账户并不是企业资产支持证券的必备账户，不过大多数的企业资产支持证券产品都会设置一个监管账户。监管账户可以以原始权益人的名义开立，也可以以专项计划的名义开立。监管账户在企业资产支持证券产品中的作用主要有以下两点。

- 现金流的归集和监管。专项计划一般会约定一定的归集频率，例如按日、按月或者按季要求原始权益人将已经转让给专项计划的基础资产产生的回收款转付至监管账户，回收款进入监管账户后将受到监管银行的监管，除非合同另有约定，否则监管账户中的资金一般只能向专项计划账户划转，一定程度上缓解了专项计划基础资产回收款与原始权益人自有资金的混同风险，也避免了原始权益人对属于专项计划资金的挪用。
- 基础资产的循环购买。对于循环购买的动态池企业资产支持证券产品而言，尤其是小而分散的基础资产，后续循环购买会非常频繁。为了便于循环期基础资产的循环购买，一般会将循环购买的操作设置在监管账户中进行。管理人会授权资产服务机构将监管账户中收到的基础资产回收款用于循环购买原始权益人合格的基础资产。在这种情况下，监管账户的资金将不仅仅是向专项计划划转，而且也会向原始权益人指定的收款账户划转相应的循环购买价款。如果监管账户是以原始权益人的名义开立，则监管账户中的资金只是受到了监管，限制了资金的流向，并没有真正剥离原始权益人，即没有真正实现破产隔离。当监管账户中的资金按照专项计划约定的转付频率转付至专项计划账户之后，才能完全属于专项计划。

6. 投资者收益分配账户

投资者收益分配账户是以投资者的名义开立的用于接收产品按期分配收益及本金的账户。投资者在认购企业资产支持证券产品时，会同步提供相应的收益分配账户。管理人根据投资者认购的份额将产品约定的收益和本金按期划入该账户。对于不同挂牌场所的企业资产支持证券产品，要求投资者提供的收益分配账户也有所区别，主要有以下几种。

- 交易所挂牌的企业资产支持证券：交易所开立的证券账户。
- 机构间私募产品服务与报价系统挂牌的企业资产支持证券：机构间报价系统开立的产品账户和资金结算账户。
- 非挂牌的企业资产支持证券：一般的银行资金账户。

7.3.2.4 现金流划转流程

常规资产证券化项目下的现金流向主要包含如下几个步骤：投资者向专项计划支付价款认购资产支持证券；专项计划向原始权益人支付价款购买基础资产；债务人根据基础贸易合同将应付款项划转至原始权益人收款账户；资产服务机构将回收款划转至监管账户；资产服务机构授权监管银行于回收款转付日扣划相应款项至专项计划账户；管理

人在兑付日对专项计划账户内的资金进行分配（图 7-11）。

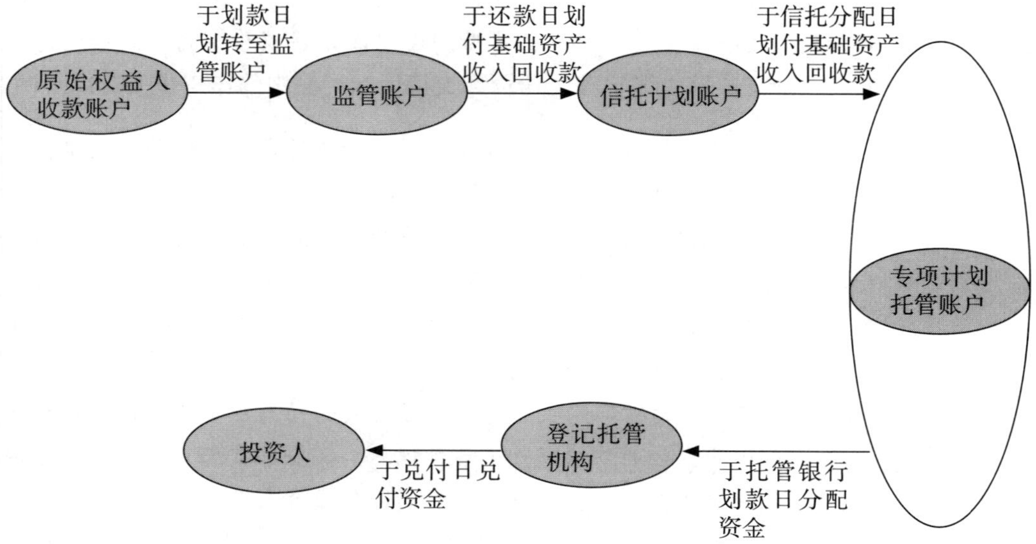

图 7-11　现金流划转流程图

常见的现金流划转主要分为两个步骤：现金流的归集和现金流的分配。

1. 现金流的归集

对基础资产回收款现金流进行归集是资产证券化交易的重要环节，也是进行收益分配的前提。在常见的证券化交易操作中，回收款现金流一般通过如下步骤实现归集：

- 债务人将应付款项划转至收款账户。债务人应当根据基础贸易合同的约定履行付款义务，将其应付款项划转至原始权益人开立的收款账户，资产服务机构根据服务协议的约定履行向债务人沟通、催收等义务，保证回收款按时到账。
- 资产服务机构将回收款划转至监管账户。资产服务机构应根据服务协议的约定将收款账户中归属于基础资产的回收款划转至资产服务机构于监管银行开立的监管账户。
- 监管银行将回收款划转至专项计划账户。资产服务机构授权监管银行，在回收款转付日将监管账户内收到的回收款（通常不包括回收款在监管账户内产生的利息，该等利息由原始权益人享有）在扣除执行费用后，划转至管理人以专项计划的名义在托管银行开立的专项计划账户。

值得注意的是，在部分资产证券化业务的交易结构中并不会纳入上述第二个步骤，即不设立监管账户，回收款直接由托管人从收款账户划转至专项计划账户，该种情形主要存在于原始权益人/资产服务机构主体信用较好的交易中。

2. 现金流的分配

基于对市场实践的观察，资产证券化交易中，现金流的分配顺序会因是否发生违约事件、专项计划是否终止（图 7-12）等不同情形有所变化。

第 7 章 资产证券化协调人操作要点

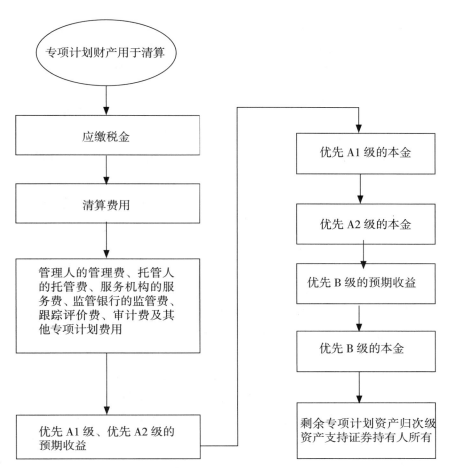

图 7-12 专项计划终止后的现金流分配顺序

注：违约事件发生前及发生后的现金流分配顺序在图 7-9、图 7-10 予以列示。

7.3.2.5 循环购买结构

循环购买是指基础资产池中产生的现金流可以持续购买新的满足合格标准的基础资产，从而使得基础资产池形成一个动态的循环池，是资产证券化业务中的一种交易结构安排。

采用循环购买的产品一般都会设计循环期和摊还期（或分配期）。在循环期内，基础资产生产的现金流只向投资者支付利息不支付本金，多余的现金流用于购买新的满足合格标准的基础资产；在摊还期内，停止购买新的资产，基础资产产生的现金流累积后按照计划向投资者支付本息。

在美国、英国等成熟市场，循环购买的交易结构已经被广泛运用了，尤其是信用卡应收账款这类账期短、还款时间不固定且金额较小的基础资产。2013 年 3 月，证监会发布的《证券公司资产证券化业务管理规定》指出，券商资产证券化业务可以"以基础资产产生现金流循环购买新的同类基础资产方式组成专项计划资产"，为我国资产证券化采用循环购买结构提供了政策依据。

采用循环购买结构的目的主要是解决短期资产与长期证券的期限错配问题。长期以来，一般的企业资产证券化都是采用静态资产池的模式，SPV一次性买入资产后，资产池的资产就固定不变了，之后随着基础资产的到期回款，证券端的产品也会逐渐兑付本息。在这个模式下，证券端的产品期限一般都与基础资产的期限相匹配。由于投资者一般偏好于期限相对较长的证券，比如一年以上，因此这种静态池的模式很大程度上限制了某类流动性较强的短期甚至超短期（例如随借随还）的资产进行证券化。循环购买有效解决了基于短期资产发行长期证券的期限错配问题，为市场上一些期限较短但是能够持续获取的资产提供了证券化融资的可能。

由于循环购买交易结构的复杂性，其有一些区别于传统静态池资产证券化的需要特别关注的风险。

第一，在循环购买模式中存在基础资产质量下降的风险，因此应从两个方面对基础资产入池质量进行控制。

首先是前端控制，即初始入池资产的分析。采用循环购买结构的资产支持证券产品的，基础资产一般都是众多同质类的债权，对于这类基础资产的分析主要是关注其历史表现数据，例如历史违约率、回收率、损失率、违约迁徙情况及损失的时间分布等，另外也要关注历史数据的可信性和适用性，例如历史资产与入池资产的可比性。管理人应该根据上述分析制定出一个适当的基础资产入池标准。

其次是后端控制，即控制循环期新入池基础资产的质量。对循环期新入池的基础资产，有效的质量控制主要取决于两点：一是资产筛选方严格按照入池标准遴选基础资产，二是管理人勤勉尽责。对于像阿里小贷、京东白条这种笔数众多、依靠互联网大数据的基础资产，一般会委托原始权益人作为资产服务机构进行循环期内新增资产的筛选工作，这种情况下入池标准的严格程度和资产服务机构的尽责程度共同决定了新入池资产的质量。另外，管理人在计划存续期内应该持续关注基础资产违约率、回收率及损失率等触发风险的因素。

第二，在循环期内，管理人可以用专项计划中可支配的现金向原始权益人持续购买符合入池标准的新增基础资产，如果合格资产供给不足，从而导致专项计划资金闲置，就会使资产池的整体收益率下降，进而影响优先级利息的兑付。

这一风险可以通过两个方法来控制。首先是在计划成立前对原始权益人以及基础资产的历史数据进行充分分析，重点关注原始权益人自身的发展以及其所属行业的发展情况、历史数据的增长趋势等。除此之外，更重要的是专项计划需要设置特定的触发机制来控制这一风险。

7.4 现金流测算与分析

资产证券化的参与主体很多，需要一套全面的金融模型来满足发行、评级、投资和监管等方面的要求。对于笔数较多的债权资产来说，在产品方案定型前需要建立比较严密的现金流模型，对基础资产的现金流、产品分层、风险收益特性等进行测算分析。

影响基础资产未来现金流的因素很多，包括合同违约率、违约后回收率，早偿率、合同利率等。上述影响因素都具有一定的不确定性，因此对基础资产未来现金流的预测也可能会出现一定程度的偏差，优先级资产支持证券持有人可能面临现金流预测偏差导致的资产支持证券投资风险。

7.4.1 资产池组合风险量化分析

7.4.1.1 债权类资产池组合风险量化分析

资产池组合风险量化分析的目的是确定以基础资产为支撑、拟发行的资产支持证券为达到既定级别（即AAA、AA、A等）所需的必要信用增级量，也就是资产池所能承受的违约损失水平。资产池风险量化分析是资产支持证券能够获得比基础资产自身更高的评级结果的关键环节，因此资产池量化风险分析是资产证券化评级中最重要的环节。

对于债务人及其债务可以通过影子评级来确定其违约概率及违约损失率的资产池，如企业贷款资产证券化、租赁资产证券化、小贷资产证券化等，项目组一般采用蒙特卡洛（Monte Carlo）模拟法来建模进行风险量化分析。蒙特卡罗技术通过模拟系统中每一部分的变化来模拟系统的行为，即通过模拟资产池中每笔资产的违约行为来模拟整个资产池的违约行为，从而模拟出资产池的违约及回收概率分布图，并据此来确定资产支持证券所需的信用增级水平。

对于债务人（主要是自然人）数量众多（一般300人以上）的资产池，如个人汽车消费贷款证券化、个人住房按揭贷款证券化、个人信用卡消费贷款证券化等，项目组一般采用统计精算方法进行风险量化分析。统计精算方法对违约率、回收率等历史数据的要求非常高，包括数据样本的期限、数量、精度等，且相关数据最好能经历一个完整的经济周期。

7.4.1.2 收益权类资产池组合风险量化分析

与债权类资产的信用违约风险不同，收益权类资产的风险量化分析主要是以未来收益现金流大小及分布的经济风险为主（表7-4）。实务操作中，项目组一般采用线性回归方法对影响未来收益现金流的各种因素进行回归分析，确定其中能起到重要作用的显性因素，然后采用相关统计软件进行经济计量建模分析。

表7-4 债权类与收益权类资产证券量化风险建模差异

		债权类资产证券化	收益权类资产证券化
基础资产		标的资产池	风险现金流
名义规模		确定	不确定
基础资产风险建模	风险因素	信用风险	经济风险

（续表）

		债权类资产证券化	收益权类资产证券化
基础资产风险建模	建模对象	违约损失	未来收益
	应用技术	信用风险建模	经济计量建模
	分层保障	信用提升水平	保障概率水平
	重点关注	概率分布右尾	概率分布左尾
返回检验压力测试	分析方法	现金流分析	现金流分析
	测试变量	持平损失比率（Break-even Default Rate, BDR）	债务保障倍率（Debt Service Coverage Rate, DSCR）
	数值实现	数值搜索问题	压力情况预测问题
	检验基准	评级损失比率（Scenario Default Rate, SDR）	评级基准保障倍率集合
	级别认定	BDR ≥ SDR	DSCR ≥ 1
关键考量压力情况设定		违约相关性建模	未来收益建模
		压力情况设定	

需要说明的是，收益权类资产证券化产品的优先/次级分层并不涉及显性的信用提升问题，基础资产的主要风险因素也不是信用风险，现金流分层技术涉及的是保障概率水平，即未来现金流水平超过资产支持证券发行规模的置信概率，这个保障概率基准一般由项目组认定。

7.4.2 现金流压力测试概述

银监会在《商业银行压力测试指引》中提到，压力测试利用定量的风险分析方法建立模型，并在此基础上测量银行面对小概率极端事件时可能受到的影响，同时得出银行盈利能力和资产质量受到不利影响的概率，随后将此方法用来衡量和判断银行或其整个体系的脆弱性。资产证券化产品现金流的压力测试也是基于上述原理：测试极端情况出现时，资产池所产生的现金流是否依旧可以足额支付投资者的本息。虽然不同资产证券化产品的基础资产不同，对极端情况的分析也存在一定区别，但是在进行压力测试时基本思路是一致的。这种一致性一方面体现在压力测试的对象，即待检测的风险类型，一方面体现在压力测试方法的选择与流程的设计。差异性则主要体现在对极端情况的识别与认定。接下来将重点介绍这种一致性与差异性。

7.4.2.1 压力测试风险类型

压力测试是一种风险度量工具，主要被应用于评估金融系统或各种投资组合在面临小概率极端事件时可能产生的损失（表7-5）。

表 7-5 压力测试过程中的风险类型及其应用领域

可能发生的冲击事件	风险类型	应用领域
利率波动以及引致的收益率曲线的移动	利率风险	银行信贷类产品
汇率变动（涨跌幅度超过20%）	汇率风险	存在外币投资的产品
股票市场波动	股票市场风险	股权质押回购类产品
原油、房价等大宗商品价格波动	价格风险	RMBS、CMBS 类产品
违约率或不良率波动	信用风险	租赁、信贷等各类产品
流动性支持波动	流动性风险	挂牌交易的产品
资金闲置期进行投资	再投资风险	各类产品

以住房抵押贷款证券化产品为例，对其进行压力测试时需要考虑的风险类型主要有以下几种。

混同风险。若服务机构发生信用危机，丧失清偿能力甚至破产，标的资产的回收款可能和资产服务机构的其他资金混同，从而导致信托计划收益不确定甚至造成损失。

流动性风险。若当期收入回收款不足以支付各级别单位预期收益及相关各项税费，可能引发流动性风险。

抵销风险。若标的资产的债务人行使可抵销债务权利，那么应收款本息回收可能出现风险。

提前偿还和拖欠风险。如债务人提前、延迟支付租金或缩短、延长支付期限，将会直接影响资产池的现金流入。虽然标的资产的提前偿还有助于各级别产品本金的分配，但在一定程度上有可能影响到利息收入的大小，而标的资产对应债务人的拖欠行为有可能引发流动性风险。

再投资风险。在产品存续期内，专项计划账户所收到的资金在闲置期内可用于再投资，这将使专项计划资产面临一定的再投资风险。

利率风险。由于我国目前多数银行对住房抵押贷款执行浮动利率，因此贷款人承担的资金成本将会受到国家调息政策的影响。如果在产品存续期内国家进行降息，那么将会直接造成资产池现金流入中利息收入的减少，从而影响投资人收益。

因此，在对住房抵押贷款证券化产品的现金流进行压力测试时，需要充分考虑上述风险所引致的极端情况。在充分识别与分析各种极端情况之后，如何实现有效的压力测试同样是关键的一步，这就涉及对压力测试方法的选择和相关流程的设计。

7.4.2.2 压力测试方法的选择

目前对压力测试的技术分类并没有一个统一的标准，结合相关文献，我们在这里将其主要分为敏感性分析和情景分析。

1. 敏感性分析

敏感性分析是对瞬间变化的参数进行直观考察，是指在特定的范围内驱使一组风险因子在发生极端不利情况下波动。例如，分析某个因子下浮 20% 或上扬 100 个基点时对证券化产品现金流的影响。敏感性分析与情景分析不同,它无须明确冲击来源,只关注参数变化,经常是即时的测试。根据敏感性分析的作用范围,可以将其分为局部敏感性分析和全局敏感性分析。局部敏感性分析只检验单个属性对模型的影响程度;而全局敏感性分析检验多个属性对模型结果产生的总影响,并分析属性之间的相互作用对模型输出的影响。局部敏感性分析因其在计算方面的简单快捷以及固有的很强的可操作性,在实际应用中被大量采用。

但是敏感性分析方法也存在一定的缺陷:第一,假设条件难以成立,针对敏感性分析,当风险因子位于极端值时,最大损失不一定就会发生;第二,不适用于复杂形式的因子组合,在该分析的假定下风险因子之间相互独立,但其联合分布的某些特征未被考虑;第三,仅适用于线性近似表示,对于一些金融产品的非线性关系,敏感性分析无法得到精确的结果,因为其敏感性是在具有线性关系的金融资产价值和风险因子中计算所得。

2. 情景分析

情景分析又包括历史情景分析和假设情景分析(表 7-6)。

表 7-6 各种情景设计分析方法的优缺点

类型	缺点	优点
历史情景分析	(1)历史发生的极端事件数量有限 (2)很难选择出一个适用当前产品的情景 (3)历史不一定会重现	充分考虑了各风险之间的相关性
因素分析法	(1)忽略相关性 (2)假设出的情景可能完全没有经济含义	操作简便,应用广泛
专家法	(1)产品可能会受到其他潜在风险的影响 (2)主观评价不适用于复杂的金融产品	可以充分对政治、宏观经济等难以量化的风险进行考量
蒙特卡洛分析法	忽略了各风险之间可能存在的多种组合风险	可以充分分析金融产品的弱点,得出具有针对性的信息
极值理论分析法	现实中出现极值的可能性较小	可以充分估计极端事件带来的尾部效应,比较适合具有后尾效应的金融产品

历史情景分析是指利用历史上发生过的风险事件来分析其会对现在的金融投资产生何种不利的影响。例如,金融机构常常以俄罗斯在1998年发生的信用违约事件作为对象,来针对金融机构的信用风险等问题进行压力测试。以外,一些重大的金融危机也可以用来做测试模板。

第二种为假设情景分析,它通过构造可能的极端风险事件,确定该风险下资产损失的估值。假设情景分析法可以进一步细分为因素分析法、专家法、极值理论分析法和蒙特卡洛分析法等。

7.4.2.3 压力测试流程的设计

在对证券化产品的现金流进行压力测试时，首先需要明确进行压力测试的目标是什么，然后再设计流程。证券化产品现金流的压力测试主要应该关注以下几个问题（图7-13）：

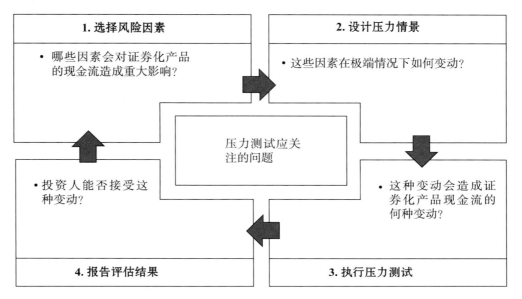

图 7-13 压力测试应关注的问题

- 哪些因素会对证券化产品的现金流造成重大影响？
- 这些因素在极端情况下如何变动？
- 这种变动会造成证券化产品现金流的何种变动？
- 投资人能否接受这种变动？

在明确压力测试目标后，其流程设计有两种基本思路：一种思路是先考量资产池中各基础资产的违约概率和风险等级，然后再考虑资产池整体的组合违约概率和风险等级（以下称为"第一种思路"）；另一种是直接将资产池整体的违约概率和风险等级作为考量对象（以下称为"第二种思路"）。

从理论角度来看，第一种思路能够清晰地表示证券化产品的经济学含义，更好地反映证券化产品的现金流承压能力，但是工作量繁重，尤其是对于基础资产数量往往达到数百笔的信贷类证券化产品，这种思路就不太适合。因此在现实操作中运用更为广泛的是第二种思路。第二种思路对于数据的要求比较简单，例如，对于基础资产较多的租赁类证券化产品，只需要在对资产池每月或每季度的现金流进行分析后整体进行压力测试即可，无须对每一个融资租赁项目进行单独的现金流分析。

综上所述，对证券化产品现金流进行压力测试的流程如图7-14所示。

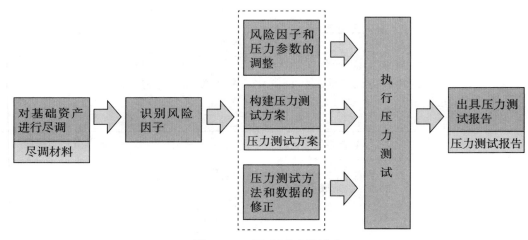

图 7-14 压力测试的流程

7.4.2.4 现金流测算流程示例

现金流测算处于整体项目进度的前沿,为后续评级及其相关机构测算提供数据基础,是整个资产证券化项目的重要组成部分。因此为了全面掌握项目的现金流,我们必须注意测算不同项目阶段沟通的重点有所不同,逐步深入。

1. 测算前

召开项目启动会,与企业及参与整个项目的证券公司、评级机构、会计师事务所和律师事务所了解整个项目的背景和进度安排,为后续工作开展奠定基础。

2. 测算中

- 进行现场访谈,了解标的物业的历史发展、现状、未来发展方向(收入结构调整、标的物业重大装修及更新)。
- 确认本次现金流测算中标的物业经营收入所含范围,了解其经营成本、管理费用、销售费用的相关构成,核实其相关税金的税率及计税基础。
- 取得测算相关数据后,需对企业提供的关联资料进行比对核实,对其有出入的地方与企业进行沟通,明确缘由。
- 确认其成本时,需和企业明确其明细中与标的物业无关的成本,将其从相关成本中剥离。

3. 测算后

测算结果出来后将其报送给企业和相关中介机构。相关机构对结果提出反馈,对测算中不合理的地方进行沟通协调。送审后对监管方提出的问题进行答复。

如上所述,在整个现金流测算过程中,需要协调权益人、管理公司及中介服务公司等,为确保现金流测算数据的合理、客观,需要评估机构与原始权益人、管理公司、评估公司进行多次沟通协调,在这一过程中,除了具备相关的专业技术知识,还需要掌握必要的财务评估相关知识,沟通能力的重要性不言而喻。因此,作为评估人员,需要具备良好的沟通协调能力。

案例 7-1

下面以××融资租赁公司作为原始权益人，以融资租赁债权、附属担保权益和其他权利作为底层资产发行资产支持专项计划为例，说明会计师事务所如何实施现金流预测，进而出具现金流预测分析咨询报告。

咨询背景。某融资租赁有限公司拟以其所拥有的汽车融资租赁合同项下的对承租人享有的租赁债权、附属担保权益和其他权利作为基础资产，设立信托计划。会计师事务所接受该融资租赁有限公司的委托，对信托计划的基础资产对应的现金流情况进行预测。

基础资产的选择。基础资产的选择遵循一定的筛选标准。在筛选基础资产时，不能使用任何会对受托人受让基础资产产生重大不利影响的筛选程序，基础资产的质量在重大方面应不低于该融资租赁公司在其一般融资租赁业务过程中同类资产的平均水平，基础资产合法合规，同时未设定抵押权、质权等担保负担或其他权利限制的情况。

设定预测前提条件。在对现金流进行预测时，应设定一定的前提假设。一般会根据了解的情况及与委托方的商定，作出如下前提假定：

（1）基础资产合法合规且可转让。

（2）基础资产对应的租赁物未来按照目前的用途和使用的方式继续使用。

（3）租赁期结束，资产所有权转让时象征性支付的对价款可忽略不计，该资产处置不产生现金流入或流出。

（4）根据过去的实际情况，测算得出融资租赁产品的不良率平均值及历史累计违约损失率。

（5）对提前退租客户和提前退租期的选择和现金流预测：

a. 对提前退租客户的选择。根据历史情况，得出历史提前退租率。参考融资租赁公司提前退租率的历史水平，谨慎选取融资租赁历史提前退租率的一定倍数作为未来应收融资租赁回收款，考虑提前退租对基础资产未来取得的现金流的影响。对提前退租客户的选择，采用随机抽样法，从资产池的合同中随机抽取租赁客户作为提前退租样本量。

b. 对提前退租客户提前退租期的选择。对纳入资产池的融资租赁合同，选取提前退租期区间为 12 个月内，且假设越往后提前退租概率越小，按一定的假设确定样本量的提前退租期间。

（6）假定该信托计划产品存续期内国家宏观经济政策、产业政策无重大变化，不考虑自然力和其他不可抗力等因素影响。

（7）因原始权益人承诺以其他资金另行支付基础资产应承担的税金，不从信托计划资产中列支，因此在对基础资产现金流进行预测时暂不考虑税金的影响。

首先，需要获得资产现金流预测的基础数据。会计师事务所通过查阅融资租赁合同及其他基础信息，获得包括资产名称、租赁类型、期限、起租日、到期日、租金总额、应收租金余额、还本方式、所属行业、资产信用等方面信息；另外，会计师事务所还需要从各类专业机构和其他市场渠道独立获取资料，包括行业资讯、分析资料、专业报告及政府文件等。

其次，根据融资租赁公司提供的数据和前述相关假设对现金流进行预测。根据融资租赁公司提供的数据和前述相关假设，会计师对基准日后融资租赁合同在各预测期的融资租赁回收款收入进行预测，汇总得出资产支持专项计划存续期间各期现金流，并对现金流在不同累计违约率情况下进行压力测试。基础资产现金流的预测从零累计违约率的静态现金流开始，进而考虑累计违约率下基础资产的现金流变化情况。现金流预测的主要过程如下。

①对原始权益人即委托人的基本情况进行了解。需要了解的内容主要包括：委托人的基本情况、所处行业的发展趋势、委托方的经营情况及市场竞争力、委托人应对各类风险的控制措施等。委托人的经营情况如何，所处行业的发展趋势是否良好，其股东背景是否具有良好的支持、风险控制体系是否合理、业务拓展渠道是否广阔，资金来源是否稳定可靠等信息，可以帮助合理预测未来现金流、确定折现比率、预计损失率、违约率等。

②分析影响基础资产未来现金流的因素。基础资产未来现金流受多方面因素的影响，其中对基础资产未来现金流构成直接影响的主要因素有违约、退租及早偿。违约是影响基础资产未来现金流的最主要因素。如果基础资产发生违约，则违约率和逾期资产回收率均会对现金流产生影响，承租人对租赁合同的违约将使基础资产的现金流减少，从而影响基础资产收益和本金的收回金额和时间。违约损失主要源于整体宏观经济状况、特定行业状况和公司特殊原因等三因素所发生的不利变动。原始权益人应对这样的风险因素具有相应的控制措施。退租、早偿是指承租人提前履行完支付所有租金等义务，结束租赁合同的行为。就信托计划而言，退租、早偿会增加当期可分配的基础资产现金流，但会导致基础资产未来取得的现金流低于预期，优先级受益凭证本金的分配速度加快，缩短其本金回收期，增加优先级受益人的再投资风险。

再次，分析不同情景下基础资产现金流流入情况。先分析在零违约时静态情况下基础资产现金流量，并以此为基础，考虑违约等因素对其产生的影响。静态情况下即零违约、零提前退租率的情况。

之后会计师对累计损失率、不良率及提前退租率变动进行情景分析。分别考虑累计违约率变动、提前退租率、不良率变动的不同场景下的基础资产现金流量。

最终在各种情景进行分析后，会计师结合单位实际情况，取合理的累计损失率及提前退租率，计算基础资产现金流量。

本章小结

本章首先论述如何选择基础资产，阐述了证券化基础资产的要求，介绍了信贷资产证券化和企业资产证券化的基础资产类型，总结了不同类型基础资产主要风险因素，并深入解读《资产证券化业务基础资产负面清单指引》；之后详细阐述了资产证券化尽职调查工作的流程；从信用增级、信用触发机制、账户设置、现金流划转、循环购买等方面说明了如何设计证券化产品；最后介绍了资产证券化现金流测算的方法，阐述了如何对资产证券化产品进行合理定价。

本章重要术语

可特定化　权利完善通知　特殊目的信托(SPT)　特殊目的实体(SPE)　特殊目的公司（SPC）　现金储备账户　循环购买　权利完善事件　加速清偿事件　前端控制　后端控制　蒙特卡洛模拟法　敏感性分析

思考练习题

1. 资产支持专项计划基础资产的基本要求包括什么？
2. 如何理解基础资产负面清单？
3. 试举例不可资产证券化的资产类别。
4. 信贷资产证券化基础资产的主要类型有哪些？
5. 企业资产证券化基础资产如何从不同维度予以分类？
6. 概述不同类型基础资产主要风险因素。
7. 资产证券化尽职调查的目的与原则是什么？
8. 概述尽职调查的穿透性核查及其必要性。
9. 对比 SPT、SPE、SPC 的特点与应用场景。
10. 双 SPV 结构设置的原因是什么？有哪些应用？
11. 债权型资产证券化的超额利差是如何实现增信的？
12. 资产证券化产品的信用触发机制都有哪些？
13. 如何设置循环购买结构？
14. 违约事件发生前及发生后的现金分配顺序有何不同？
15. 收益权类、债权类 ABS 现金流测算的要点有哪些？
16. 概述资产证券化过程中涉及的诸多账户设置及其作用。
17. 资产证券化产品如何定价？
18. 债权类资产池、收益权类资产池的组合风险如何做相应的量化分析？比较各自的不同。
19. 资产证券化产品压力测试所针对的风险类型及其应用领域包括什么？
20. 概述资产证券化产品压力测试的不同方法及其选择情境。

参考文献

[1] 弗兰克·J. 法伯兹, 莫德·修亨瑞. 欧洲结构金融产品手册 [M]. 北京：中国金融出版社, 2006.

[2] 洪艳蓉. 资产证券化法律问题研究 [M]. 北京：北京大学出版社, 2004.

[3] 胡喆, 陈府申. 图解资产证券化 [M]. 北京：法律出版社, 2017.

[4] 扈企平. 资产证券化：理论与实务 [M]. 北京：中国人民大学出版社, 2007.

[5] 林华. PPP 与资产证券化 [M]. 北京：中信出版社, 2016.

[6] 沈炳熙. 资产证券化：中国的实践 (第二版) [M]. 北京：北京大学出版社, 2013.

金融市场从业人员
能力建设丛书

投资银行
理论与实务
（下册）

INVESTMENT BANKING
Theory and Practice

中国银行间市场交易商协会
教材编写组 / 编

北京大学出版社
PEKING UNIVERSITY PRESS

目录 contents

>>>>>> 下 册 <<<<<<

第四篇　股权融资与并购重组

第 8 章　A 股首次公开发行并上市 ········ **355**
- 8.1　上市的益处与相应约束 ········ 356
- 8.2　A 股 IPO 的法定条件 ········ 360
- 8.3　A 股上市与境外上市 ········ 365
- 8.4　A 股 IPO 的过程 ········ 369
- 8.5　A 股 IPO 的审核要点 ········ 394

第 9 章　上市公司再融资 ········ **417**
- 9.1　我国上市公司实施再融资的条件与方式选择 ········ 418
- 9.2　我国上市公司实施再融资的程序 ········ 432
- 9.3　公开增发、配股与非公开发行 ········ 441
- 9.4　混合融资：可转换公司债券与优先股 ········ 447
- 9.5　上市公司股东发行可交换公司债券 ········ 455

第 10 章　新三板的挂牌、定增与转板 ········ **465**
- 10.1　美国市场股票发行注册制概述 ········ 466
- 10.2　新三板的挂牌 ········ 471
- 10.3　新三板挂牌公司股票发行 ········ 483
- 10.4　新三板的转板 ········ 490

第 11 章　并购重组的概念与流程 ········ **497**
- 11.1　并购重组的概念和类型 ········ 498
- 11.2　公司并购的一般操作 ········ 507
- 11.3　杠杆收购 ········ 529

第12章 并购重组的主体与业务操作 ………………………………… 541

- 12.1 上市公司收购 ………………………………… 542
- 12.2 从"借壳上市"到"重组上市" ………………………………… 559
- 12.3 上市公司重大资产重组 ………………………………… 564
- 12.4 非上市公众公司重大资产重组 ………………………………… 576
- 12.5 跨境并购 ………………………………… 583

第五篇 投资银行监管理论与实践

第13章 对投资银行业务的监管 ………………………………… 601

- 13.1 对投资银行进行监管的目标和原则 ………………………………… 603
- 13.2 投资银行的监管模式 ………………………………… 610
- 13.3 对商业银行投行业务的管理 ………………………………… 613
- 13.4 对证券公司投行业务的监管 ………………………………… 624
- 13.5 投资银行监管政策的变化 ………………………………… 634

第四篇

股权融资与并购重组

第 8 章
A 股首次公开发行并上市

沈春晖（红塔证券）

本章知识与技能目标

◎ 掌握在 A 股首次公开发行并上市的法定条件，了解构成发行条件的法规体系，掌握发行条件的具体内容。

◎ 了解选择上市地的一般考虑因素，掌握境外上市的优劣势。

◎ 掌握在 A 股首次公开发行并上市的过程，了解每个阶段的具体工作内容与流程。

引导案例

先行 A 股上市成功的佰利联收购行业龙头龙蟒钛业

佰利联（002601，现已更名为龙蟒佰利）为钛白粉行业的上市公司。2014 年，佰利联钛白粉年产量 19.48 万吨，位居全国同行业第二位。排名第一的是龙蟒钛业，其钛白粉年产量近 30 万吨。这两家企业都曾谋求在 A 股上市，并均提交了上市申报文件。佰利联于 2011 年顺利实现 IPO。龙蟒钛业虽然申报时间更早，但在 2009 年未通过发审会审核。之后，龙蟒钛业又多次尝试以各种方式进入 A 股资本市场，但均未能成功。

佰利联于 2015 年 6 月公告以非公开发行 A 股股票募集资金的方式收购龙蟒钛业 100% 股权。当时，佰利联的市值约为 69 亿元。其通过该次非公开发行共募集现金约 103 亿元，其中约 90 亿元用于收购龙蟒钛业。龙蟒钛业承诺未来三年扣除非经常性损益后的净利润分别约为人民币 7 亿元、

> 9亿元和11亿元。从估值（已上市的佰利联市值69亿元；未上市的龙蟒钛业按收益法估值95.1亿元，作价90亿元）也可以看出，龙蟒钛业的规模比佰利联更大。
>
> 该项收购交易于2016年顺利完成。收购龙蟒钛业之后，佰利联钛白粉年产能达56万吨/年，一举成为亚洲第一、世界第四的钛白粉企业。其国内市场占有率达15.88%，全年出口量约占全国出口量的39.01%。显然，如果没有佰利联率先获得A股上市公司地位，没有上市公司的融资借力，这一"蛇吞象"的交易是难以发生的。

8.1 上市的益处与相应约束

A股首次公开发行并上市（以下简称"IPO"）是最近两年A股资本运作最大的风口，又由于当前还是"中国式上市"新旧两种方式（从核准制到注册制）的过渡融合期和最后的"套利期"，当然值得重视。首先应该了解上市的本质。提起上市，很多人立马就会想到融资、公司治理、资本运作平台等概念，但这些都是上市的功能，不是上市的本质。那么，上市的本质是什么呢？上市的本质是将企业未来多年的预期利润变成现在的资产。具体来说，上市的魔力主要在于两点：其一，将未来的预期利润折现；其二，将静止的资产盘活，获得流动性。把上市的本质梳理清楚了，也就容易理解市值的概念。上市公司的市值＝净利润×市盈率，其中的市盈率其实就清晰地表达了对未来的预期。

8.1.1 上市的益处

8.1.1.1 对拟上市企业而言

其一，企业在可预期的时间内通过发行股票可一次性募集规模较大的资金。通过对募集资金的合理使用，企业能够获得超越同行的快速发展契机。

其二，上市可使企业获得持续、稳定的融资渠道。上市公司信用资质高，更有利于获得银行贷款。更重要的是，企业可以通过在资本市场持续再融资获得源源不断的发展资金，实现直接融资与间接融资"两条腿走路"，有效降低融资成本，降低对银行的依存度，特别是可以避免宏观调控加强、银行信贷收缩时的不利局面。

目前上市公司的再融资手段主要包括股权融资（例如配股、公开增发、非公开发行）、债权融资（例如公司债券）、混合融资（例如可转换债、优先股）和结构融资（例如ABS）等。

其三，上市有助于企业改善财务结构，降低资产负债率，提高抗风险能力。

其四，上市有助于健全企业法人治理机构，为企业"从优秀到卓越"、为企业成为"百年老店"提供制度保障；也有利于引进职业经理人，方便解决接班人问题。

其五，上市可使企业获得资本运作平台，合理使用外部交易扩张型发展战略。企业除了可以用募集资金直接收购竞争对手和上、下游企业，还可以将自身的股权作为支付手段，通过换股的方式进行收购。这时，股票的发行权相当于购买其他公司的一种"货币"（铸币权）。

其六，企业可以借助资本市场建立有效的股权激励机制。无论是国有企业还是民营企业，都可以通过适当的股权激励设计（例如股票期权、限制性股权、股票增值权等）来吸引人才，提高公司经营绩效。

其七，企业可以通过上市提升市场形象，获得宣传平台。上市对企业而言是巨大的无形资产，具有强大的广告效应。在发行股票的过程中，通过市场推介活动，企业可以向资本市场及广大投资者展现企业的综合实力，之后的挂牌交易及持续信息披露也可以持续展示企业形象，这一点对于消费类企业尤其有意义。

其八，企业可以综合利用以上手段，取得相对于竞争对手的竞争优势。

其九，上市可以有效提升企业地位。上市企业无论是在日常运行还是在遭遇危机时都更容易获得政府支持，这一点对于民营企业尤其有意义。

8.1.1.2 对拟上市企业的股东而言

其一，上市可以迅速提升股东的财富价值。企业上市以前，股东的财富价值一般通过净资产计算，而上市之后其价值通过二级市场市值计算，股东的财富价值将获得巨大增值。

其二，通过资产证券化，股东的资产流动性大大增强，可以更方便地在公开市场出售股权。

其三，上市可以使股东分散投资风险，利用资本杠杆控制更多的资源。企业在改制上市过程中既可以通过股权转让或增资扩股引进战略投资者，又可以引进成千上万的公众投资者。在控制权没有转移的情况下，控股股东达到了转嫁和分散风险的目的，同时可以通过层层控股的方式将触角伸得更远更广，以有限的资金去控制更多的资产或资源。

其四，上市可以使股东利用所持股权便利地实现股权融资。上市公司股东可以将所持有的上市公司股权非常便利通过证券公司进行股票质押融资。相较于通过商业银行进行股权融资，证券公司提供的股票质押融资是一种场内交易模式，程序非常简便。

其五，当股东为公司制形式时，可以通过发行可交换债券（EB）方式实现股权减持或者股权融资。可交换债券是公司债券的一种特殊形式，是指持有上市公司股份的股东发行的、在一定期限内依据约定条件可以交换成该股东所持有上市公司股份的公司债券。通过 EB 有序减持，可以减少对二级市场的直接冲击，避免折价减持。通过发行 EB 募集资金，其融资规模一般要大于股票质押融资，且一般利率更低、期限更灵活。

其六，上市可以构筑良好的退出平台，在需要的情况下方便股东顺利退出。

其七，上市可以有效提升大股东（一般是企业创始人）的社会地位。

8.1.2 上市的约束[①]

8.1.2.1 对拟上市企业而言

其一，拟上市企业必须建立规范的公司治理结构。根据规范法人治理结构的要求，上市公司需规范"三会"运作、增设独立董事，重大决策需履行一定程序。但规范的公司治理结构在降低决策风险的同时，也可能增加决策成本、降低决策效率。

其二，拟上市企业运作行为必须规范。上市公司需建立规范的内控制度，包括但不限于在财务、税务、员工社会保障、环保等方面严格执行企业相关规定。非上市企业原来可能存在的"灰色空间"丧失，在长远利好企业发展的同时，也可能增加企业运行成本。

其三，拟上市企业必须进行严格和持续的信息披露。上市企业必须严格遵守相关规则指引，真实、准确、完整的披露信息。严格的信息披露可能增加企业的成本，还可能影响企业的竞争力。

8.1.2.2 对拟上市企业的股东而言

其一，控股股东及实际控制人不得侵害上市公司利益，不得滥用权利，通过关联交易、利润分配、资产重组、对外投资等方式损害上市公司及其他股东的利益。

其二，控股股东及实际控制人必须遵守相关行为指引，依照法律法规以及上市公司章程的规定善意行使权利，严格履行其作出的各项承诺。

其三，控股股东及实际控制人不得利用其身份上的便利进行内幕交易或者操纵市场。

最核心的一点在于，上市公司大股东不能再将已经上市的"公众公司"视为自己的私产，就像不能在街上随便拿别人的东西一样。《中华人民共和国刑法修正案（六）》（2006年）、《关于经济犯罪案件追诉标准的补充规定》（2008年3月5日）设定有"背信损害上市公司利益罪"，其规定：上市公司的董、监、高违背对公司的忠实义务，利用职务便利，操纵上市公司，从事损害上市公司利益的行为，以及上市公司的控股股东或实际控制人，指使上市公司的董、监、高实施损害上市公司利益的行为，涉嫌下列情形之一的，应予追诉：①无偿向其他单位或个人提供资金、商品、服务或者其他资产，致使公司直接经济损失数额在150万元以上的；②以明显不公平的条件，提供或者接受资金、商品、服务或者其他资产，致使公司直接经济损失数额在150万元以上的；③向明显不具有清偿能力的单位或者个人提供资金、商品、服务或者其他资产，致使公司直接经济损失数额在150万元以上的；④为明显不具有清偿能力的单位或者个人提供担保，或者无正当理由为其他单位或者个人提供担保，致使公司直接经济损失数额在150万元

[①] 注意，这里谈的是约束，而非一般情况与"益处"相对应的"坏处"。原因在于，上市本身其实并没有多大坏处，只是要受到一些约束。而且，从长远讲，这些约束也并非一无是处。例如，它也许影响了企业决策的效率，但这有助于保证决策的安全性。当一个企业从创业期开始走向"百年老店"时，这些机制至关重要。又如，它也许会使企业面临信息披露烦琐甚至泄露商业秘密的风险，但它也有利于传递投资故事、赢得公众信赖，从而有助于提升企业市值。

以上的；⑤无正当理由放弃债权、承担债务，致使公司直接经济损失数额在 150 万元以上的……

8.1.3　中国特色的上市"成本"

就目前 A 股的发行审核制度而言，需要在审核环节进行实质性审核、在发行环节设定发行价格上限等，这些制度加上长期形成的一些审核惯例导致在 A 股进行 IPO 有一些具有中国当前特色的特殊"成本"。

其一，时间成本和机会成本。一方面是发行审核节奏与用时不确定，是否能够通过审核不确定；另一方面是在审核期内股权转让、增资扩股、并购重组等均受限，可能严重影响公司的业务发展。这可能是一项难以量化的巨大成本。

具体来说，A 股 IPO 的条件之一是股权清晰，通常要求受报后的企业股权结构不能发生变动，这样就限制了企业进行股权融资。A 股 IPO 的另一个发行条件是三年内企业业务不能发生重大变化，这里的变化既包括质的变化（变化行业），也包括量的变化（并购重组）。政策窗口指导认为，如果购买第三方资产超过拟上市企业同类指标 20% 以上，就会被要求延长运行期限。也就是说，只要企业上报了 IPO 申报材料，在相当长（例如 2012—2014 年申报的企业普遍需要历时 3 年以上）的一段时间里，不能进行股权融资、不能进行大的并购重组，基本只能依靠内生发展。当然，这种状况在 2017 年得到很大缓解。目前的审核速度是最近五年来最快的，创业板上市公司正常情况下能够在一年多一点的时间内完成从申报到发行的全过程。

其二，发行价格抑制带来的股本摊薄成本。当前 A 股 IPO 发行价格的上限被认定为不超过 23 倍。考虑到 A 股市场大部分行业的二级市场估值还是偏高，且 A 股 IPO 的"管制溢价"消除还需要一定时间，这一发行价格上限的设定普遍被认为压低了发行价格，无风险的新股申购、上市后的连续涨停也证明了这一点。监管层对发行价格上限的设定实际是让拟上市企业让利于市场，以获取市场和社会对于 IPO 加速发行的更大理解和支持。

其三，过度审核带来的商业秘密泄露、客户渠道损耗。股票发行审核需进行详细的信息披露，这本来是正常的事，在成熟市场也一样。但由于当前 A 股 IPO 审核仍然是事前审核，为了抑制造假行为的发生，审核中对于财务核查的要求越来越高，包括对于财务信息的披露程度要求越来越详细，对供应商、采购商的核查也越来越烦琐。例如，在实践中，为了防止利用关联方输送利润，设计"假"的"真交易"，对客户股权结构、关联关系等的详尽核查就可能让客户反感，特别是海外客户更是难以理解。

以上这些因素均构成了当前 A 股 IPO 上市的特殊"成本"。考虑到目前 IPO 是新旧两种方式的过渡融合期和最后的"套利期"，对于多数企业，特别是传统行业企业而言，抓住这最后的机会，仍然是利远远大于弊。

8.2　A股IPO的法定条件

8.2.1　A股IPO发行条件的构成

A股IPO的发行条件由三个层次组成。

第一个层次是法律。《证券法》第十三条第1款规定了公司公开发行新股应当符合的四个条件，包括：（一）具备健全且运行良好的组织机构；（二）具有持续盈利能力，财务状况良好；（三）最近三年财务会计文件无虚假记载，无其他重大违法行为；（四）经国务院批准的国务院证券监督管理机构规定的其他条件。IPO属于公司公开发行新股，需满足上述前三个条件及《证券法》授权给中国证监会规定的"其他条件"。

第二个层次是中国证监会的行政规章。根据《证券法》的授权性规定，中国证监会颁布了《首次公开发行股票并上市管理办法（2018年修订）》（以下简称《首发办法》）和《首次公开发行股票并在创业板上市管理办法（2018年修订）》（以下简称《创业板首发办法》），对"其他条件"进行了明确。在主板、中小企业板上市的企业须满足《首发办法》的相关规定；在创业板上市的企业须满足《创业板首发办法》的相关规定。

《首发办法》与《创业板首发办法》均有专节规定"发行条件"。除该节的规定之外，其余部分的规定也有可能在实质上体现为发行条件。例如，与《首发办法》不同，《创业板首发办法》没有在"发行条件"中规定影响持续盈利能力的情况，但在第六条要求保荐人及其保荐代表人对发行人是否具备持续盈利能力作出专业判断，在第三十三条要求发行人在招股说明书披露保荐人对发行人是否具备持续盈利能力的核查结论意见。这在实质上也是发行条件的体现。

此外，中国证监会2015年开始强调以信息披露为中心的审核工作要求，将部分原来在《首发办法》和《创业板首发办法》中规定的发行条件改为披露性要求，体现在招股说明书披露准则中。具体可参考《公开发行证券的公司信息披露内容与格式准则第1号——招股说明书（2015年修订）》和《公开发行证券的公司信息披露内容与格式准则第28号——创业板公司招股说明书（2015年修订）》。这些要求主要体现为对"独立性"的要求与对"募集资金投向"的要求。例如，《首发办法》和《创业板首发办法》均明确规定"发行人应当在招股说明书中披露已达到发行监管对公司独立性的基本要求"，两个《招股说明书披露准则》也明确要求"发行人应披露已达到发行监管对公司独立性的下列基本要求"，所以在实质上其仍然构成发行条件。

需要注意的是，2018年6月证监会颁布《创新企业境内发行股票或存托凭证上市后持续监管实施办法（试行）》，专门针对试点创新企业在境内证券市场公开发行股票或者存托凭证上市确定了监管办法。试点创新企业（以下简称"试点企业"）是指按照《关于开展创新企业境内发行股票或存托凭证试点的若干意见》规定，经中国证监会核准公开发行股票或者存托凭证并上市的企业，包括境内注册的试点创新企业（以下简称"境内企业")和注册地在境外、主要经营活动在境内的试点创新企业（以下简称"红筹企业"）。为此，《首发办法》和《创业板首发办法》进行了修订，豁免了试点企业某些发行条件的适用。

此外，中国证监会及其发行监管部也通过一些规范性文件对涉及发行条件的相关问题进行解释与说明，例如《证券期货法律适用意见第 1 号》（《首发办法》第十二条"实际控制人没有发生变更"的理解和适用）、《证券期货法律适用意见第 3 号》（《首发办法》第十二条"发行人最近 3 年内主营业务没有发生重大变化"的适用意见）等。

第三个层次是交易所的上市条件。该层次的上市条件体现在《上海证券交易所股票上市规则（2014 年修订）》《深圳证券交易所股票上市规则（2018 年修订）》和《深圳证券交易所创业板股票上市规则（2018 年修订）》中，分别适用上交所主板、深交所主板及中小企业板、深交所创业板上市。

名义上，我国实行股票发行与上市分离的制度，发行人完成首次股票公开发行后，向交易所提交上市申请和相应的申请文件，证券交易所审查通过后可安排公司发行的股票在证券交易所上市交易。但实际上，我国 A 股的股票发行与上市是一体联动的。上市的前提是要取得证监会核准，核准后会安排上市，因此要具备发行条件就必须具备上市条件。

根据深沪交易所制定的上市规则，申请股票在上交所主板和深交所主板及中小企业板上市，应符合下列条件：①股票经中国证监会核准已公开发行；②公司股本总额不少于人民币 5000 万元；③公开发行的股份达到公司股份总数的 25% 以上、公司股本总额超过人民币 4 亿元的，公开发行股份的比例为 10% 以上；④公司最近 3 年无重大违法行为，财务会计报告无虚假记载；⑤证券交易所要求的其他条件。

申请在深圳证券交易所创业板上市需符合下列条件：①股票已公开发行；②公司股本总额不少于 3000 万元；③公开发行的股份达到公司股份总数的 25% 以上、公司股本总额超过人民币 4 亿元的，公开发行股份的比例为 10% 以上；④公司股东人数不少于 200 人；⑤公司最近 3 年无重大违法行为，财务会计报告无虚假记载；⑥深交所要求的其他条件。

8.2.2 A 股 IPO 的发行条件

A 股 IPO 的发行条件主要包括主体条件、财务与内控条件、公司治理与规范运作条件三个方面，分别如表 8-1、表 8-2、表 8-3 所示。在梳理完整的发行条件时，要注意不仅要关注定量条件，还要关注定性条件。

表 8-1 A 股 IPO 的主体条件

序号	条件	主板、中小企业板	创业板
1	主体资格	依法设立且合法存续的股份有限公司	
2	经营年限	持续经营 3 年以上，但经国务院批准的除外	持续经营 3 年以上
		有限责任公司按原账面净资产值折股整体变更为股份有限公司的，持续经营时间可以从有限责任公司成立之日起计算	

（续表）

序号	条件	主板、中小企业板	创业板
3	出资	发行人的注册资本已足额缴纳，发起人或者股东用作出资的资产的财产权转移手续已办理完毕，发行人的主要资产不存在重大权属纠纷	
4	股权	股权清晰，控股股东和受控股股东、实际控制人支配的股东持有的发行人股份不存在重大权属纠纷	
5	持续经营	最近3年内主营业务及董事、高级管理人员均没有发生重大变化，实际控制人没有发生变更	最近2年内主营业务及董事、高级管理人员均没有发生重大变化，实际控制人没有发生变更
6	主营业务	最近3年主营业务没有发生重大变化 生产经营活动符合法律、行政法规和公司章程的规定，符合国家产业政策及环境保护政策	最近2年主营业务没有发生重大变化 主要经营一种业务
7	股本	发行前股本总额不少于人民币3 000万元（上市条件要求发行后股本总额不少于5 000万元）	发行后股本总额不少于3 000万元

表8-2　A股IPO的财务与内控条件

序号	条件	主板、中小企业板	创业板
1	财务状况	发行人资产质量良好，资产负债结构合理，盈利能力较强，现金流量正常	
2	财务制度	发行人会计基础工作规范，财务报表的编制符合企业会计准则和相关会计制度的规定，在所有重大方面公允地反映了发行人的财务状况、经营成果和现金流量，并由注册会计师出具了无保留意见的审计报告 发行人编制财务报表应以实际发生的交易或者事项为依据；在进行会计确认、计量和报告时应当保持应有的谨慎；对相同或者相似的经济业务，应选用一致的会计政策，不得随意变更 发行人应完整披露关联方关系并按重要性原则恰当披露关联交易。关联交易价格公允，不存在通过关联交易操纵利润的情形	发行人会计基础工作规范，财务报表的编制和披露符合企业会计准则和相关信息披露规则的规定，在所有重大方面公允地反映了发行人的财务状况、经营成果和现金流量，并由注册会计师出具无保留意见的审计报告
3	盈利能力	①最近3个会计年度净利润均为正数且累计超过人民币3 000万元，净利润以扣除非经常性损益前后较低者为计算依据（中国证监会根据《关于开展创新企业境内发行股票或存托凭证试点的若干意见》等规定认定的试点企业不适用本项） ②最近3个会计年度经营活动产生的现金流量净额累计超过人民币5 000万元；或者最近3个会计年度营业收入累计超过人民币3亿元	标准一：最近两年连续盈利，最近两年净利润累计不少于1 000万元 或者，标准二：最近一年盈利，最近一年营业收入不少于5 000万元。净利润以扣除非经常性损益前后较低者为计算依据 （中国证监会根据《关于开展创新企业境内发行股票或存托凭证试点的若干意见》等规定认定的试点企业不适用本项）

（续表）

序号	条件	主板、中小企业板	创业板
4	资产要求	①最近一期末无形资产（扣除土地使用权、水面养殖权和采矿权等后）占净资产的比例不高于20% ②最近一期末不存在未弥补亏损（中国证监会根据《关于开展创新企业境内发行股票或存托凭证试点的若干意见》等规定认定的试点企业不适用本项）	最近一期末净资产不少于2 000万元，且不存在未弥补亏损（中国证监会根据《关于开展创新企业境内发行股票或存托凭证试点的若干意见》等规定认定的试点企业不适用本项）
5	内部控制	发行人的内部控制制度健全且被有效执行，能够合理保证财务报告的可靠性、生产经营的合法性、营运的效率与效果。发行人的内部控制在所有重大方面是有效的，并由注册会计师出具了无保留结论的内部控制鉴证报告 公司章程中已明确对外担保的审批权限和审议程序，不存在为控股股东、实际控制人及其控制的其他企业进行违规担保的情形 有严格的资金管理制度，不得有资金被控股股东、实际控制人及其控制的其他企业以借款、代偿债务、代垫款项或者其他方式占用的情形	发行人内部控制制度健全且被有效执行，能够合理保证公司运行效率、合法合规和财务报告的可靠性，并由注册会计师出具无保留结论的内部控制鉴证报告
6	或有事项	发行人不存在重大偿债风险，不存在影响持续经营的担保、诉讼以及仲裁等重大或有事项	
7	持续盈利能力	发行人不得有下列影响持续盈利能力的情形：（一）发行人的经营模式、产品或服务的品种结构已经或者将发生重大变化，并对发行人的持续盈利能力构成重大不利影响；（二）发行人的行业地位或发行人所处行业的经营环境已经或者将发生重大变化，并对发行人的持续盈利能力构成重大不利影响；（三）发行人最近1个会计年度的营业收入或净利润对关联方或者存在重大不确定性的客户存在重大依赖；（四）发行人最近1个会计年度的净利润主要来自合并财务报表范围以外的投资收益；（五）发行人在用的商标、专利、专有技术以及特许经营权等重要资产或技术的取得或者使用存在重大不利变化的风险；（六）其他可能对发行人持续盈利能力构成重大不利影响的情形	保荐人及其保荐代表人应当对发行人是否具备持续盈利能力、是否符合法定发行条件作出专业判断 发行人应当在招股说明书中分析并完整披露对其持续盈利能力产生重大不利影响的所有因素，充分揭示相关风险，并披露保荐人对发行人是否具备持续盈利能力的核查结论意见
8	募集资金运用	募集资金原则上应用于主营业务	募集资金应当围绕主营业务进行投资安排

表 8-3 A 股 IPO 的公司治理与规范运行条件

序号	条件	主板、中小企业板	创业板
1	公司治理结构	依法建立健全股东大会、董事会、监事会、独立董事、董事会秘书制度，相关机构和人员能够依法履行职责	具有完善的公司治理结构，依法建立健全股东大会、董事会、监事会以及独立董事、董事会秘书、审计委员会制度，相关机构和人员能够依法履行职责 发行人应当建立健全股东投票计票制度，建立发行人与股东之间的多元化纠纷解决机制，切实保障投资者依法行使收益权、知情权、参与权、监督权、求偿权等股东权利
2	董事、监事和高级管理人员	董事、监事和高级管理人员已经了解与股票发行上市有关的法律法规，知悉上市公司及其董事、监事和高级管理人员的法定义务和责任，符合法律、行政法规和规章规定的任职资格，且不得有下列情形：（一）被中国证监会采取证券市场禁入措施尚在禁入期的；（二）最近 36 个月内受到中国证监会行政处罚，或者最近 12 个月内受到证券交易所公开谴责；（三）因涉嫌犯罪被司法机关立案侦查或者涉嫌违法违规被中国证监会立案调查，尚未有明确结论意见的	董事、监事和高级管理人员应当忠实、勤勉，具备法律、行政法规和规章规定的资格，且不存在下列情形：（一）被中国证监会采取证券市场禁入措施尚在禁入期的；（二）最近三年内受到中国证监会行政处罚，或者最近一年内受到证券交易所公开谴责的；（三）因涉嫌犯罪被司法机关立案侦查或者涉嫌违法违规被中国证监会立案调查，尚未有明确结论意见的
3	行为规范	发行人不得有下列情形：（一）最近 36 个月内未经法定机关核准，擅自公开或者变相公开发行过证券；或者有关违法行为虽然发生在 36 个月前，但目前仍处于持续状态；（二）最近 36 个月内违反工商、税收、土地、环保、海关以及其他法律、行政法规，受到行政处罚，且情节严重；（三）最近 36 个月内曾向中国证监会提出发行申请，但报送的发行申请文件有虚假记载、误导性陈述或重大遗漏；或者不符合发行条件以欺骗手段骗取发行核准；或者以不正当手段干扰中国证监会及其发行审核委员会审核工作；或者伪造、变造发行人或其董事、监事、高级管理人员的签字、盖章；（四）本次报送的发行申请文件有虚假记载、误导性陈述或者重大遗漏；（五）涉嫌犯罪被司法机关立案侦查，尚未有明确结论意见；（六）严重损害投资者合法权益和社会公共利益的其他情形	发行人及其控股股东、实际控制人最近三年内不存在损害投资者合法权益和社会公共利益的重大违法行为 发行人及其控股股东、实际控制人最近三年内不存在未经法定机关核准，擅自公开或者变相公开发行证券，或者有关违法行为虽然发生在三年前，但目前仍处于持续状态的情形
4	税收	发行人依法纳税，各项税收优惠符合相关法律法规的规定。发行人的经营成果对税收优惠不存在严重依赖	

（续表）

序号	条件	主板、中小企业板	创业板
5	独立性	发行人应当在招股说明书中披露已达到发行监管对公司独立性的下列基本要求： （一）资产完整方面。生产型企业具备与生产经营有关的主要生产系统、辅助生产系统和配套设施，合法拥有与生产经营有关的主要土地、厂房、机器设备以及商标、专利、非专利技术的所有权或者使用权，具有独立的原料采购和产品销售系统；非生产型企业具备与经营有关的业务体系及主要相关资产。（二）人员独立方面。发行人的总经理、副总经理、财务负责人和董事会秘书等高级管理人员不在控股股东、实际控制人及其控制的其他企业中担任除董事、监事以外的其他职务，不在控股股东、实际控制人及其控制的其他企业领薪；发行人的财务人员不在控股股东、实际控制人及其控制的其他企业中兼职。（三）财务独立方面。发行人已建立独立的财务核算体系、能够独立作出财务决策、具有规范的财务会计制度和对分公司、子公司的财务管理制度；发行人未与控股股东、实际控制人及其控制的其他企业共用银行账户。（四）机构独立方面。发行人已建立健全内部经营管理机构、独立行使经营管理职权，与控股股东和实际控制人及其控制的其他企业间不存在机构混同的情形。（五）业务独立方面。发行人的业务独立于控股股东、实际控制人及其控制的其他企业，与控股股东、实际控制人及其控制的其他企业间不存在同业竞争或者显失公平的关联交易 发行人应披露是否存在与控股股东、实际控制人及其控制的其他企业从事相同或相似业务的情况。对存在相同或相似业务的，发行人应对是否存在同业竞争作出合理解释	
6	信息披露	发行人申报文件中不得有下列情形： （一）故意遗漏或虚构交易、事项或者其他重要信息； （二）滥用会计政策或者会计估计； （三）操纵、伪造或篡改编制财务报表所依据的会计记录或相关凭证	

8.3　A股上市与境外上市

8.3.1　选择上市地的一般考虑因素

选择上市地的实质是选择拟上市企业未来的股东与监管环境，一般应结合以下因素综合考虑。其一，一级市场的筹资能力、二级市场的流动性、后续融资能力。其二，二级市场的估值水平。二级市场估值除了通常需要考虑的行业市盈率水平外，还需要考虑是否存在行业寡头的估值压制情况。其三，企业主要业务和核心客户所在地、市场的投资者结构、投资者对拟上市企业的认可度。其四，拟上市交易所的优势和行业特色。例如，多伦多证券交易所是全球重要矿业企业的上市地和融资中心。其五，上市难易程度（包括监管机构审核和交易所的上市标准等）、上市所需时间、上市成本（包括初始上市成本以及后续维护成本)。其六,企业上市后的监管成本和监管环境等。

对于中国企业而言,受监管等因素的影响,还需综合考虑不同上市地可能造成的不同实现途径、同一境外上市地的不同实现方式等。例如,前往香港地区上市需要考虑是通过H股方式(中国境内注册的股份公司直接上市)还是红筹方式(境外搭设架构,形式上是在境外注册的公司上市)上市。前者需要通过中国证监会的行政许可。中国证监会官网公布的"股份有限公司境外公开募集股份及上市(包括增发)审核工作流程""股份有限公司境外公开募集股份及上市(包括增发)审核关注要点"可以作为前者的依据。后者则通常需要设计各种模式在法律允许范围内规避《关于外国投资者并购境内企业的规定》等法规的规定,将境内企业权益实质性注入境外注册的拟上市主体并实现上市。前者由于是中国境内企业,其后续再融资仍然需要通过中国证监会的审核,但可以直接增发A股,实现以"H+A"方式在H股和A股双重上市。后者由于是境外企业,其后续资本运作不再受中国监管部门约束,但也不能直接在A股上市。

8.3.2 境外上市的优势

1. 发行审核机制合理,发行方式与发行价格更为市场化

在发行审核方面一般采用注册制或者类似机制。在境外市场,监管部门的审核主要看重信息披露,通常不进行实质性判断,企业通过审核的确定性与审核时间的可预期性较强。而在A股,由于实行核准制和实质性审核,且审核节奏受到较多非市场因素的影响,是否能够通过审核及审核用时均具有较大的不确定性。

监管部门规定的发行(注册)条件及交易所规定的上市条件门槛较低,或者具有较大的灵活性。例如,美国证监会并没有规定注册的实质性门槛条件;纽交所与NASDAQ全球精选市场虽然规定了上市的条件,但可选标准较多,还可以根据实际情况申请豁免。而在A股,发行条件中要求企业持续运行并且持续盈利,且具有刚性。

发行方式与发行价格市场化,股份锁定期较短。在境外成熟市场,发行价格完全由市场决定,发行方式可以自主选择发行新股或者存量发行老股。在美国,相关法规没有规定存量股份的锁定期,为了稳定市场,发行人与券商一般会自主规定6个月的禁售期。在A股,发行价格目前仍受到23倍市盈率上限的窗口指导,这对部分优势成长企业和新兴行业公司不利。另外,股份的锁定期要求是刚性的,且可能通过窗口指导的方式扩大范围。

2. 资本运作与治理结构选择设计更为市场化

在资本市场工具使用方面更为自由。在境外市场,资本运作的工具,无论是创设还是使用方面,一般均为公司自治范围内的事项,只要法律没有明文禁止,均可根据公司章程履行相应决策程序。在A股,上市公司融资工具的使用一般均需要有相应的法规规范在先,且需要遵守其设定的发行条件。凡是涉及股份发行的事项均需要相关部门核准,而且从当前的情况看,审核用时往往在半年至一年以上,且同样实施实质性审核,并对募集资金的使用进行严格审查。

可以实施特殊的公司治理设计安排。总体上讲,境外市场对公司治理结构设计安排的宽容度较大。例如，美国市场允许实施表决权与收益权不一致的双重股本结构（A、B股），对于更为特别的制度设计也持开放态度（例如阿里集团首创的旨在掌控董事会的"合伙人制度"），这些制度有力保障了公司决策权的稳定，对于解决成长期需要大量募资同时又不愿意失去创始人控制权的新兴商业模式企业而言非常重要。在A股，受《公司法》的限制，此类创新因有悖"同股同权"原则与保护股东权益的基本理念而不能适用。

此外，A股还存在一些特殊的政策限制事项，例如不允许上市公司分拆至A股上市，这些限制一方面限制了A股上市公司基于自身战略和股东利益出发的资本运作空间，另一方面也使得A股上市公司控制的子公司不能直接在A股申请IPO上市。

3. 有利于企业的国际化和全球拓展

在境外主流市场上市，有助于企业的国际化和全球拓展。如果企业的主要市场、供应商和投资者在境外，或者有意进一步拓展国外市场，在境外主流交易所上市会取得极大的宣传和广告效应，也对市场拓展有一定的"背书"作用。

8.3.3 境外上市的劣势

1. 受市场因素影响，发行失败风险较大

境外市场虽然通常不存在审核问题，但发行环节的压力较大。特别是除了少数大型企业，我国多数中小规模企业的业务主要在境内，海外投资者不够熟悉，因此能够取得的发行市盈率和获得的融资规模均可能受限，甚至有发行失败的风险。即使是大型企业，在相对熟悉的港股市场，面对90%的国际配售，券商也有较大的承销压力。

而在A股，受到实质性审核的影响，投资者普遍认为IPO存在"管制溢价"，发行一般不存在难度。历史上发行价格不受到限制的时候，往往可以获得较高的发行市盈率；在当前发行价格受到限制的时候，中签率极低，且股票上市后一般会有连续的涨停。

2. 一般而言，发行及后续交易市盈率低于境内

总体上讲，A股多数行业的估值水平及中小盘股的估值水平仍然明显高于成熟市场。对于部分行业，例如游戏、影视等行业，成熟市场与A股市场的估值差别更是巨大。此外，一些业务模式类似的中国企业去成熟市场上市，估值还可能受到行业巨头的压制。

3. 筹资成本与维持成本相对较大

总体上讲，境外市场的上市初始成本和后续维持成本明显高于A股市场。但A股市场对于部分中小型企业而言，近年来受市盈率限制，在筹资额较小的情况下，发行费用率会明显升高。

4. 远离目标市场，远离机构投资者，难以获得宣传效果与"反身效应"

境外市场往往以机构投资者为主体，不到一定市值规模的公司面临缺少机构投资者关注，或商业模式及价值难以被理解的问题。另外，文化背景等差异也可能导致沟通困难，使境外投资者不能充分了解企业的投资价值。如果没有机构投资者持续关注，股票的流动性很难维持，上市公司难以进行融资并购，上市的意义就可能大打折扣。

同时，由于远离目标市场与客户，也就难以带来宣传效果，这对于消费类和互联网企业来说尤为致命。与之相反，以互联网行业为例，在移动互联网时代，中国庞大的人口基数和更高的智能手机渗透率会诞生创新的商业模式。企业在 A 股上市，实现客户、业务所在地重合，使投资者更易认可公司价值，上市公司与投资者之间的良性互动也容易产生巨大的"反身效应"（例如茅台股份二级市场股东与茅台酒消费者之间的重合与相互促进）。

5. 难以适应严格的监管要求、司法环境和市场挑战，可能遭受巨额损失

在境外市场，虽然入口较松，但事后监管非常严厉。例如在美国，对证券市场欺诈行为，除了有美国证监会、联邦检察官的严厉执法之外，还有三种情况是境内市场所没有的：

- 集体诉讼，即律师推动发起的股东代表诉讼。
- 美国证监会的"举报者奖金"项目，其鼓励了解上市公司财务欺诈行为的人向美国证监会举报。帮助美国证监会成功课以违法者超过 100 万美元以上的罚款者，可以获得罚款金额的 10%—30% 作为奖金。
- 市场做空机构，例如著名的浑水公司等。一般认为，做空资产泡沫或弄虚作假的上市公司也是价值投资，是对上市公司欺诈等违法行为进行的一种矫正与惩罚，但对其盯上的上市公司而言，那就是苦不堪言的事。

事后监管严格并非坏事，但这些因素的重叠可能使成长环境不同的中国企业难以适应，并可能导致巨大的损失。

8.3.4　选择本土市场渐成趋势

综合以上因素，目前境外上市的最大优势在于两个方面：一是发行上市条件与审核机制的宽松；二是公司治理结构设计与上市后资本运作的市场化。但 A 股市场的优势也是明显的。对于多数中国企业而言，直接选择 A 股 IPO，选择本土市场，可以实现自身业务、消费者群体、投资者群体的共生发展，并且能够获得更高的市场流动性，是更为有利的选择。甚至受估值因素驱动（很多行业 A 股的估值通常大幅高于境外市场），在美上市"中概股"公司从 2011 年起掀起"私有化"退市潮，意图退市后转回境内资本市场上市。尤其自 2016 年第四季度以来，A 股市场发行审核节奏明显加快，2018 年基本可以实现"即报即审、即审即发"，因此，在 A 股放宽发行条件限制之后，除了一些因特殊行业及商业模式原因确实不具备 A 股上市资格的企业，对于绝对多数中国企业而言，境内 A 股上市是更优的选择。

从国际经验来看，在本土拥有较为发达证券市场的前提下，大多数优势企业都是先充分利用本土证券市场，然后随着企业经营规模的扩大和国际化经营发展再选择境外多地挂牌，这也可以为中国企业所借鉴，例如先在 A 股上市，再考虑通过"A+H"的方式实现境外第二上市。

8.4　A股IPO的过程

8.4.1　设立股份公司

8.4.1.1　设立股份公司的方式

《公司法》第七十七条规定，股份有限公司的设立可以采取发起设立或者募集设立的方式。发起设立，是指由发起人认购公司应发行的全部股份而设立公司。募集设立，是指由发起人认购公司应发行股份的一部分，其余股份向社会公开募集或者向特定对象募集而设立公司。从目前的实务操作来看，由于中国证监会要求股份公司设立后经过保荐机构辅导方可申请发行股票，因此募集设立方式并不具备可操作性。直接设立股份公司只能选择采取发起设立方式。

此外，《公司法》规定有限责任公司可以变更为股份公司。具体规定是：有限责任公司变更为股份有限公司，应当符合本法规定的股份有限公司的条件，其折合的实收股本总额不得高于公司净资产额。因此，有限公司变更为股份公司成为产生股份公司的另一种形式。

综上，当前设立股份公司可以选择直接发起设立股份公司和有限责任公司整体变更为股份公司两种形式。由于A股IPO的条件中包括持续运行（无论是申请主板、中小企业板还是创业板上市均需要自股份公司设立之日起持续运行三年）的要求，如果直接发起设立股份公司则意味着需要等待三年的运行时间。发行条件同时规定，有限责任公司按原账面净资产值折股整体变更为股份有限公司的，持续经营时间可以从有限责任公司成立之日起计算，也就是说，选择由有限公司整体变更为股份公司，可以避免从新开始计算三年持续运行期。因此，整体变更是目前申报A股IPO的股份公司的主要设立方式。

8.4.1.2　设立股份公司之前或者申报之前的资产重组

1. 进行资产重组的原因

如果有限公司由自然人控股，且该自然人及其关联方未控制其他经营实体或者经营其他业务，这种情况下进行整体变更最为简便。或者有限公司由法人或非法人组织控股，该法人或非法人组织由自然人控制，无论是这个法人、非法人组织还是自然人均未持有其他经营实体或者经营其他业务，也可以直接将该有限责任公司变更为股份公司。

但是如果上述的作为控股股东或实际控制人的法人、非法人组织、自然人还控制其他经营实体或者经营其他业务，则应该在设立股份公司之前考虑股份公司的架构问题。这时需要先行通过资产重组的方式完成上市主体的搭建，再将上市主体变更为股份公司，或者在股份公司设立后、申报前完成资产重组。

股份公司的架构问题，其实就是确定拟申报上市股份公司的资产范围。发行条件对上市主体提出了主营业务不能发生重大变化的要求。具体包括两个方面：①主板、中小企业板要求上市主体三年，创业板要求上市主体两年内业务不能发生重大变化。②变化既包括业务内容的变化，也包括外沿并购引起的业务规模变化。考虑到这一时间要求，资产范围的确定越早越好，一般应在股份公司设立之前。

一般的操作方法是，在实际控制人控制的众多主体中，选择其中一个有限公司作为上市主体，然后以其为中心整合其他资产。待整合完成后再将这个有限责任公司变更为股份公司。如果在股份公司设立前没有完成资产整合工作，也应该在辅导验收之前完成该项工作。具体选择哪一个有限公司一般考虑两个因素：①业务规模大小；②历史沿革是否简单清晰、运作规范。

2. 进行资产重组的总体原则

（1）整体上市是基本原则

《证券期货法律适用意见第3号》（2008年）明确指出：发行人对同一公司控制权人下相同、类似或相关业务进行重组，多是企业集团为实现主营业务整体发行上市、降低管理成本、发挥业务协同优势、提高企业规模经济效应而实施的市场行为。从资本市场角度看，发行人在发行上市前，对同一公司控制权人下与发行人相同、类似或者相关的业务进行重组整合，有利于避免同业竞争、减少关联交易、优化公司治理、确保规范运作，对于提高上市公司质量，发挥资本市场优化资源配置功能，保护投资者特别是中小投资者的合法权益，促进资本市场健康稳定发展，具有积极作用。

从证监会的政策指引来看，整体上市是确立上市架构以及进行设立股份公司前资产重组的基本原则。通过整体上市，一方面能够避免未来的上市公司产生与大股东及实际控制人之间的内部独立性问题，避免同业竞争，减少关联交易，保持资产、人员、财务、机构、业务独立，达到发行监管对公司独立性的基本要求；另一方面有利于企业优先资源配置，提升管理效率。

从具体要求来看，其包括如下方面。

其一，若公司控股股东及实际控制人拥有的业务之间有较强相似或相关性，或者之间有上下游关系或者有交易，根据整体上市的要求，需要对这些业务进行重组整合，纳入拟上市主体。

其二，选择上市主体时，将控制范围内某个历史沿革规范、股权清晰、资产规模大、盈利能力强的有限公司确定为上市主体，并以此为核心构建上市架构。

其三，上市主体整体其他业务的方式包括：上市主体收购被重组方股权；上市主体收购被重组方的经营性资产；上市主体的控股股东及实际控制人以被重组方股权或经营性资产对上市主体进行增资；上市主体吸收合并被重组方。

其四，如果公司实际控制人经营的多项业务之间互不相关，既没有业务的相似性，相互之间也没有经常性的交易，可以考虑不纳入一个上市主体。

其五，整体上市是原则，主业突出不是原则。除了非经营性资产可以按照市场化方式合理剥离外，不能背离整体上市的原则，不能以某项业务盈利能力不强或者不是主业为由，将相近相似、相关联的业务剥离。

其六，除了申请在创业板上市的发行人应当主要经营一种业务外，申请在主板、中小企业板上市的发行人可以经营多种业务。

（2）创业板上市公司的特殊规定

《首次公开发行股票并在创业板上市管理办法》（2015年）明确要求申请创业板发行上市的发行人"应当主要经营一种业务"，也就是说，申请创业板发行上市的发行人在贯彻整体上市原则设计上市主体的同时，也要避免多元化经营。根据证监会窗口指导，满足以下两种情况之一的，不违反"发行人应当主要经营一种业务"的规定。

其一，发行人经营的是同一种类别的业务或相关联、相近的集成业务，如与发行人主营业务相关或上下游相关；或者源自同一核心技术或同一原材料（资源）的业务；面向同类销售客户、同类业务原材料供应的业务。例如，中国企业曾经流行的"技、工、贸"发展路径也可以视为一种业务。

其二，发行人在一种主要业务之外经营其他不相关业务的，最近两个会计年度合并报表计算同时符合以下标准：其他业务收入占营业收入总额不超过30%，其他业务利润占利润总额不超过30%，而且应该视其他业务对发行人主营业务影响情况，充分提示风险。

3. 进行资产重组时需避免触及主营业务发生重大变化的发行条件

《证券期货法律适用意见第3号》（2008年）规定，发行人报告期内存在对同一公司控制权人下相同、类似或相关业务进行重组情况的，如同时符合下列条件，视为主营业务没有发生重大变化。

①被重组方应当自报告期期初起即与发行人受同一公司控制权人控制，如果被重组方是在报告期内新设立的，应当自成立之日即与发行人受同一公司控制权人控制；

②被重组进入发行人的业务与发行人重组前的业务具有相关性（相同、类似行业或同一产业链的上下游）。

发行人报告期内存在对同一公司控制权人下相同、类似或相关业务进行重组的，应关注重组对发行人资产总额、营业收入或利润总额的影响情况。发行人应根据影响情况按表8-4所示要求执行。

表8-4 触及主营业务发生重大变化的发行条件

	比重	具体要求
被重组方重组前一个会计年度末的资产总额或前一个会计年度的营业收入或利润总额占重组前发行人相应项目的比重（X）	$X \geq 100\%$	发行人重组后运行一个会计年度后方可申请发行
	$50\% \leq X < 100\%$	保荐机构和发行人律师将被重组方纳入尽职调查范围并发表相关意见，提交会计师关于被重组方的有关文件以及与财务会计资料相关的其他文件
	$X \geq 20\%$	申报财务报表至少须包含重组完成后的最近一期资产负债表

注：①被重组方重组前一会计年度与重组前发行人存在关联交易的，资产总额、营业收入或利润总额按照扣除该等交易后的口径计算。②发行人提交首发申请文件前一个会计年度或一期内发生多次重组行为的，重组对发行人资产总额、营业收入或利润总额的影响应累计计算。

其一，被重组方重组前一个会计年度末的资产总额或前一个会计年度的营业收入或利润总额达到或超过重组前发行人相应项目100%的，为便于投资者了解重组后的整体运营情况，发行人重组后运行一个会计年度后方可申请发行。

其二，被重组方重组前一个会计年度末的资产总额或前一个会计年度的营业收入或利润总额达到或超过重组前发行人相应项目50%，但不超过100%的，保荐机构和发行人律师应按照相关法律法规对首次公开发行主体的要求，将被重组方纳入尽职调查范围并发表相关意见。发行申请文件还应按照《公开发行证券的公司信息披露内容与格式准则第9号——首次公开发行股票并上市申请文件》（证监发行字〔2006〕6号）附录第四章和第八章的要求，提交会计师关于被重组方的有关文件以及与财务会计资料相关的其他文件。

其三，被重组方重组前一个会计年度末的资产总额或前一个会计年度的营业收入或利润总额达到或超过重组前发行人相应项目20%的，申报财务报表至少须包含重组完成后的最近一期资产负债表。

8.4.1.3 整体变更设立股份公司

《公司法》（2013年）和《公司登记管理条例》（2016年）规定了发起设立公司的程序，主要包括：确定发起人，签订发起人协议；发起人出资；召开创立大会及第一届董事会、监事会会议；办理工商注册登记手续。

有限责任公司整体变更为股份公司，从原理上讲并不属于股份公司设立的两种方式（募集设立与发起设立）之一，但由于《公司法》等法规并未对有限公司整体变更的程序性要求进行明确规定，而且修订前的《公司法》还曾经规定"有限公司变更为股份公司，应当符合本法规定的股份公司的条件，并依照本法有关设立股份公司的程序办理"，因此在实务中一般均按照发起设立公司的程序来进行有限公司整体变更，同样包括现有股东签署发起人协议、召开创立大会等程序。虽然《公司法》（2013年）已删除了有限公司变更为股份公司时"依照本法有关设立股份公司的程序办理"，但由于仍然缺乏其他细则规定，在实务中大多依然沿袭过去的做法，按照发起设立股份公司的程序进行有限公司整体变更。具体来讲，主要程序包括如下方面。

（1）确定审计基准日，由具有证券期货从业资格的会计师事务所出具审计报告。

（2）同时以审计基准日作为评估基准日，由具有证券期货从业资格的资产评估机构出具资产评估报告（对于是否需要评估报告，各地工商部门仍有不同的要求，需咨询当地工商部门的意见）。

（3）有限公司董事会、股东会、发起人（有限公司原股东）签署发起人协议、章程草案。

（4）工商局办理股份公司名称预先核准。

（5）由会计师事务所出具验资报告。

（6）召开股份公司第一次股东大会、董事会和监事会：

①召开职工代表大会，选举产生职工代表监事；

②召开股份公司创立大会暨第一次股东大会，审议通过公司章程等文件，同时选举产生董事和股东代表监事；

③召开第一届董事会，选举董事长；聘任总经理、副总经理、财务负责人；

④召开第一届监事会，选举监事会主席。

（7）创立大会召开后 30 日内到工商部门办理设立登记。

8.4.1.4 设立股份公司工作的实务经验

1. 高度重视与成立专门工作机构

在现代市场经济，资本运作与产品运作共同构成企业发展的双轮驱动。IPO 是企业资本运作的重要方式之一。在实务中，企业一般会为上市工作（包括设立股份公司）设立领导小组，通常由董事长亲自"挂帅"，由财务总监或者董事会秘书"牵头"，汇集公司生产、技术、财务、法务等方面的部门负责人参加。领导小组全权负责研究拟订改组方案、聘请改制有关中介机构、召集中介机构协调会、提供中介机构所要求的各种文件和资料。

根据业务实践，建议领导小组下设业务组、法律组和财务组三个具体工作小组。业务组负责协调业务尽职调查，协助完成募集项目设计，负责提供招股说明书业务部分所需资料，主要与保荐机构对接工作。法律组负责协调法律尽职调查，办理股份公司设立相关手续，履行"三会"程序及相关文件，负责招股说明书股东、历史沿革等部分所需资料，主要与保荐机构及律师事务所对接工作。财务组负责协调财务尽职调查，配合会计师事务所完成审计，完善内部控制制度，提供招股说明书财务部分所需资料，主要与会计师事务所及保荐机构对接工作。

2. 从培养人才角度提前布局

根据现行监管要求，公司必须聘请董事会秘书（简称"董秘"）作为公司高级管理人员和证券事务代表。《公司法》规定，上市公司设董事会秘书，负责公司股东大会和董事会会议的筹备、文件保管以及公司股东资料的管理、办理信息披露事务等事宜。在我国上市公司实践中，董秘除了负责公司治理（包括董事会、股东大会筹备等）和信息披露工作外，一般直接负责公司的资本运作事务，包括筹备 IPO 的具体工作。目前也有一些公司由财务总监兼任董秘。这样的配置就比较接近成熟市场的 CFO（即"首席财务官"，其既负责公司财务工作，也负责公司资本运作和投融资事务）。根据交易所上市规则，上市公司董事会应当聘任证券事务代表协助董事会秘书履行职责。实践中，证券事务代表一般相当于公司中层，直接负责管理公司证券部。

前述工作小组中，除了公司相关部门配合提供人员外，证券部人员是常设工作人员，并可能根据需要增加人员数量。

包括设立股份公司在内的上市过程也是企业切实规范公司治理、规范财务运作和内控体系，并且为公司培养人才的过程。企业应该提前考虑与布局未来负责企业资本运作的领军人才（包括财务总监、董秘、证券事务代表等）和具体工作人员（例如证券部、财务部的工作人员），并在整个申请上市过程中让他们通过与保荐机构等中介机构的具体工作得到锻炼与提升。

8.4.2 辅导与申报材料制作

8.4.2.1 关于上市辅导的法律依据与要求

《证券发行上市保荐业务管理办法》（证监会令〔2009〕第63号，以下简称《保荐办法》）明确要求保荐机构在申报前应该对发行人进行辅导，并由发行人所在地的中国证监会派出机构（以下简称"证监局"）辅导验收。因此，接受保荐机构的辅导并通过验收是A股IPO的必经程序。《保荐办法》中的相关具体条文如下。

> 第二十五条：保荐机构在推荐发行人首次公开发行股票并上市前，应当对发行人进行辅导，对发行人的董事、监事和高级管理人员、持有5%以上股份的股东和实际控制人（或者其法定代表人）进行系统的法规知识、证券市场知识培训，使其全面掌握发行上市、规范运作等方面的有关法律法规和规则，知悉信息披露和履行承诺等方面的责任和义务，树立进入证券市场的诚信意识、自律意识和法制意识。

> 第二十六条：保荐机构辅导工作完成后，应由发行人所在地的中国证监会派出机构进行辅导验收。

从以上条文看，其明确：①辅导的对象除发行人本身外，还包括发行人的董事、监事和高级管理人员、持有5%以上股份的股东和实际控制人（或者其法定代表人）；②辅导的内容包括系统的法规知识、证券市场知识培训。

在实践中，辅导是上市过程的必经环节，辅导期是申报前的重要筹备期。在此期间，保荐机构会进一步完成尽调，解决企业上市前需要解决的规范性等问题，并完成财务审计及申报材料的制作。

8.4.2.2 实践中关于辅导的通常程序与要求

中国证监会曾经颁布《首次公开发行股票辅导工作办法》（证监发〔2001〕125号，以下简称《辅导办法》），对辅导机构和辅导人员、辅导协议、辅导内容和实施方案、辅导程序、辅导工作的监管等内容进行了详细的规定。但该《辅导办法》已经被前述《保荐办法》废止，而《保荐办法》对于辅导的规定仅有前文所引的两条。

实践中，保荐机构对发行人辅导主要是依据当地证监局的工作程序规定及保荐机构内部的相关要求，并参照原《辅导办法》的相关内容进行。A股IPO辅导的主要流程如表8-5所示。

表8-5 A股IPO辅导的主要流程

阶段	工作内容
一、辅导备案	
1. 签署辅导协议	发行人与保荐机构签署辅导协议
2. 办理辅导备案	辅导协议签署后5个工作日内到证监局办理辅导备案登记手续

（续表）

阶段	工作内容
二、辅导实施	
1. 对发行人及其他辅导对象进行辅导	辅导机构对发行人进行辅导，包括但不限于法律法规和证券市场基础知识培训，按照发行上市条件的要求对发行人存在的问题进行整改等 建议辅导前期重点可以是摸底调查，全面形成具体的辅导方案并开始实施。辅导中期重点在于集中学习和培训，诊断问题并加以解决。辅导后期重点在于完成辅导计划，进行考核评估，做好 IPO 申请文件的准备工作 建议辅导方式可以包括组织自学、进行集中授课与考试、问题诊断与专业咨询、中介机构协调会、经验交流会、案例分析等
2. 报送辅导工作报告	依据证监局的要求，定期向其报送辅导工作报告
3. 内核	辅导机构完成辅导工作并取得内核意见
三、辅导验收	
1. 提交辅导验收申请	辅导机构根据证监局的要求，向证监局报送"辅导工作总结报告"，提交辅导验收申请
2. 通过验收	证监局对辅导工作进行验收（包括座谈、查看场所、检查工作底稿、对辅导对象进行书面考试）

从 2001 年《辅导办法》颁布实施起，中国证监会就取消了对辅导期限的要求。《保荐办法》同样也没有对辅导期限进行规定。目前，多数发行人的辅导期限为 3—6 个月，并在此期间按当地证监局的相关规定提交 1—3 期辅导工作报告。

8.4.2.3 地方证监局对于辅导备案、辅导过程与辅导验收的一般要求

根据《保荐办法》的相关规定，当地证监局对辅导的验收通过是中国证监会受理 IPO 申报材料的前置程序。业务实践中，各地证监会局通常都会制定关于辅导程序及相关格式文件的具体规定。这些具体规定与程序在细节上存在着不同，且有可能随时进行修订。因此，无论保荐机构是否在当地有过辅导经验，只要一旦准备对发行人进行辅导，就应该首先与发行人共同前往当地证监局的相关处室（一般是"上市处"）进行咨询，获取相关具体规定，然后根据这些规定进行具体辅导工作。

例如，深圳证监局 2017 年 7 月 11 日在官网发布新闻稿指出："为了深入贯彻依法全面从严的监管要求，深圳证监局拓宽'阳光监管'的范围和深度，于 2017 年 6 月新制定了《上市辅导备案及验收申请指南》，同时对原《辅导监管工作指引》予以修订，以进一步优化辅导监管流程，督促发行人提高信息披露质量，督促中介机构勤勉尽责，提升辅导监管法治化和透明化程度。"

根据该新闻稿，该局新制定和修订的《上市辅导备案及验收申请指南》和《辅导监管工作指引》就是对深圳辖区拟上市公司进行辅导的具体工作规定。该新闻稿还指出了该辖区辅导监管流程的三大变化。第一，提高辅导监管过程透明度。在外网网站新增并每月更新拟上市企业辅导工作进展总体情况；在深圳证监局和保荐机构网站同时公示企业辅导备案情况以代替报纸公示。第二，增强辅导监管规范性。深圳证监局对保荐机构辅导工作底稿格式进行修改，同时规范了辅导信息披露文件的内容及格式。第三，减轻

发行相关方辅导成本。深圳证监局扩大了免于"两法"测试人员的范围，放宽了测试预约时间，改进了辅导验收方式。

下面以某证监局对于辅导流程的具体规定为例进行示例性说明。特别需要注意的是，此处的列举只是便于了解实例，具体操作时必须以发行人所在当地证监局的规定为准。

1. 辅导备案

保荐机构与辅导对象形成辅导关系后，提交辅导备案申请。辅导备案材料应包括但不限于以下内容：①辅导备案申请报告，报告内容包括辅导备案请求、辅导对象的设立及历史沿革、发起人或者前五名股东情况、公司基本情况及主营业务介绍、公司设立的批文和营业执照等，辅导备案申请报告应由全体辅导人员和保荐机构负责人签名；②辅导人员姓名及其简历，辅导人员中应至少包含2名保荐代表人；③保荐机构及其辅导人员资格证明文件复印件，并加盖保荐机构公章；④辅导对象全体董事、监事、高级管理人员名单及其简历；⑤辅导协议、辅导工作计划及其实施方案；⑥辅导情况备案表。

经审核认为基本符合备案条件的，确认受理，并出具《保荐机构辅导工作履职提示书》一式二份，要求保荐机构辅导小组负责人签字、加盖保荐机构公章后，交保荐机构、证监局各留存一份；若认为辅导备案材料尚不齐备或存在其他问题，将要求保荐机构在规定时间内补充材料，补充完备后再行受理。

受理辅导备案申请材料后，组织首次见面沟通会，了解辅导对象的基本情况和改制辅导工作进展情况等，并介绍辅导监管工作的基本程序及要求。保荐机构分管投行负责人、辅导对象董事长或总经理、董事会秘书(或履行该职责的其他人员)、辅导小组负责人、至少1名保荐代表人应参加首次见面会。保荐机构分管投行负责人、辅导对象董事长或总经理无法参会时，应暂缓组织首次见面会，待参会人员符合要求时，再行组织首次见面会。

首次见面会后，将出具《辅导备案登记确认书》一式三份，由保荐机构和辅导对象相关人员分别签字后，加盖证监局印章，交保荐机构、辅导对象、证监局各留存一份。首次见面会日即为辅导备案登记确认日。

辅导对象在办理辅导备案登记确认手续后，证监局将在5个工作日内将辅导备案企业的有关情况在互联网平台予以公示。

2. 辅导过程

保荐机构应按照提交的辅导工作计划，认真开展辅导工作，按阶段报送由辅导人员和保荐机构负责人签名、加盖保荐机构公章的辅导工作备案报告；其中，对辅导工作的评价意见应由辅导对象董事长签名，并加盖辅导对象公章。

辅导期间，保荐机构辅导人员发生变更的，应及时提交书面报告，对变更原因和工作交接手续的办理情况作出说明。

辅导期间，保荐机构与辅导对象终止辅导关系的，应分别就终止原因提交书面报告，同时提交终止辅导关系的相关协议。如辅导对象另行聘请保荐机构的，继任保荐机构应重新办理辅导备案登记手续。

辅导期间，保荐机构无故超过6个月未提交辅导工作备案报告，应视作自动终止辅导。

3. 辅导验收

保荐机构完成辅导工作，达到辅导计划既定的目标，可以申请辅导验收。申请材料应包括：①辅导工作总结报告；②验收申请；③辅导对象对保荐机构辅导工作的评价意见；④保荐机构改制、辅导工作核对表；⑤公司营业执照、设立批文、主要业务流程图；⑥公司及其大股东的股权结构图；⑦公司及其大股东控股、参股企业情况说明；⑧公司与控股股东及其实际控制人、关联企业之间业务、人员、机构、资产、财务等分开情况说明；⑨公司董事、监事及高级管理人员兼职情况说明；⑩公司历次验资报告、改制审计报告、最近三个年度又一期的审计报告；⑪关联方关系、关联交易情况说明及相关书面协议；⑫公司聘请的注册会计师对公司财务独立性、是否建立健全的公司财务会计管理体系、资产产权是否明晰、关联关系及关联交易是否规范出具的专项意见；⑬公司聘请的律师对公司设立、改制重组的合法性，"三会"及经营班子运作的规范性，是否有违法违规行为，是否做到业务、资产、人员、财务、机构独立完整以及同业竞争等问题出具的专项意见；⑭环保部门出具的公司整体和募投项目环评报告；⑮国有企业、集体企业改制的，提供省政府出具的对公司转制的确权文件；⑯含有国有股权的，应提供有权部门同意公司发行上市及国有股权划转社保基金的批文。

收到保荐机构的辅导验收申请后，证监局将在5个工作日内完成审核。如发现申请材料不完备的，将待材料补充完备后再进行辅导验收；若发现辅导对象存在构成发行上市申报实质性障碍相关问题的，将待相关问题解决后再进行辅导验收。

辅导验收时需保荐机构及辅导对象准备并提供以下材料原件：①辅导工作底稿、辅导工作教程；②公司章程及上市后生效的公司章程草案（申报稿）；③公司"三会"议事规则；④"三会"会议记录、会议决议以及总经理办公会会议记录等资料；⑤公司职工名单及最近一次工资发放统计表、高级管理人员聘任合同；⑥公司改制、重组资产评估报告和历次验资报告；⑦公司商标、专利、土地、房屋等资产的产权证明；⑧公司及主要子公司截至检查日的贷款卡信息；⑨公司主要的管理和内控制度；⑩税务、工商、社保、海关、外汇等部门（视公司经营而定）对公司出具的近三年不存在违法违规情况的说明；⑪有关诉讼及仲裁事项的说明及相关资料，如判决书、仲裁书等；⑫公司或子公司对外担保、资产质押情况说明及相关书面协议；⑬公司是否享受税收优惠的说明及相关批文。

辅导验收期间，证监局将履行以下工作程序：①安排进场见面会，要求辅导对象董事长或总经理、董秘、财务负责人、至少1名保荐代表人、签字会计师、主办律师参加，了解辅导工作情况和主要整改事项落实情况；②查看辅导对象的办公场所及生产经营场所；③审阅辅导工作底稿；④审阅辅导对象提供的相关材料；⑤约见有关董事、监事、高级管理人员、控股股东（或其法定代表人）以及其他相关人员进行谈话；⑥视情况要求保荐机构、其他中介机构和辅导对象提供说明或其他材料；⑦组织除独立董事外的全体董事、监事、高级管理人员进行书面闭卷考试，对因故不能参加考试的，应提交书面请假报告并由辅导对象加盖公章予以确认。辅导对象参加辅导验收书面考试人数未达到应参加人数60%的，或考试合格人数（60分为合格）未达到参加考试人数80%的，将在辅导对象有关人员通过补考合格后，再出具辅导监管报告。辅导监管报告将在保荐机构提交正式的内核意见后再正式发出。

8.4.2.4 申报材料制作

《证券发行上市保荐业务管理办法》第二十九条规定：保荐机构决定推荐发行人证券发行上市的，可以根据发行人的委托，组织编制申请文件并出具推荐文件。

1. 主板、中小企业板首次公开发行股票并上市申请文件

根据《公开发行证券的公司信息披露内容与格式准则第9号——首次公开发行股票并上市申请文件》（2006年），申报主板、中小企业板IPO的审核文件如表8-6所示。

表8-6 申报主板、中小企业板IPO的审核文件

第一章	招股说明书与发行公告
1-1	招股说明书（申报稿）
1-2	招股说明书摘要（申报稿）
1-3	发行公告（发行前提供）
第二章	发行人关于本次发行的申请及授权文件
2-1	发行人关于本次发行的申请报告
2-2	发行人董事会有关本次发行的决议
2-3	发行人股东大会有关本次发行的决议
第三章	保荐人关于本次发行的文件
3-1	发行保荐书
第四章	会计师关于本次发行的文件
4-1	财务报表及审计报告
4-2	盈利预测报告及审核报告
4-3	内部控制鉴证报告
4-4	经注册会计师核验的非经常性损益明细表
第五章	发行人律师关于本次发行的文件
5-1	法律意见书
5-2	律师工作报告
第六章	发行人的设立文件
6-1	发行人的企业法人营业执照
6-2	发起人协议
6-3	发起人或主要股东的营业执照或有关身份证明文件
6-4	发行人公司章程（草案）
第七章	关于本次发行募集资金运用的文件
7-1	募集资金投资项目的审批、核准或备案文件
7-2	发行人拟收购资产（或股权）的财务报表、资产评估报告及审计报告
7-3	发行人拟收购资产（或股权）的合同或合同草案

（续表）

	第八章　与财务会计资料相关的其他文件
8-1	发行人关于最近三年及一期的纳税情况的说明 8-1-1 发行人最近三年及一期所得税纳税申报表 8-1-2 有关发行人税收优惠、财政补贴的证明文件 8-1-3 主要税种纳税情况的说明及注册会计师出具的意见 8-1-4 主管税收征管机构出具的最近三年及一期发行人纳税情况的证明
8-2	成立不满三年的股份有限公司需报送的财务资料 8-2-1 最近三年原企业或股份公司的原始财务报表 8-2-2 原始财务报表与申报财务报表的差异比较表 8-2-3 注册会计师对差异情况出具的意见
8-3	成立已满三年的股份有限公司需报送的财务资料 8-3-1 最近三年原始财务报表 8-3-2 原始财务报表与申报财务报表的差异比较表 8-3-3 注册会计师对差异情况出具的意见
8-4	发行人设立时和最近三年及一期的资产评估报告（含土地评估报告）
8-5	发行人的历次验资报告
8-6	发行人大股东或控股股东最近一年及一期的原始财务报表及审计报告
	第九章　其他文件
9-1	产权和特许经营权证书 9-1-1 发行人拥有或使用的商标、专利、计算机软件著作权等知识产权以及土地使用权、房屋所有权、采矿权等产权证书清单（需列明证书所有者或使用者名称、证书号码、权利期限、取得方式、是否及存在何种他项权利等内容，并由发行人律师对全部产权证书的真实性、合法性和有效性出具鉴证意见） 9-1-2 特许经营权证书
9-2	有关消除或避免同业竞争的协议以及发行人的控股股东和实际控制人出具的相关承诺
9-3	国有资产管理部门出具的国有股权设置批复文件及商务部出具的外资股确认文件
9-4	发行人生产经营和募集资金投资项目符合环境保护要求的证明文件（重污染行业的发行人需提供省级环保部门出具的证明文件）
9-5	重要合同 9-5-1 重组协议 9-5-2 商标、专利、专有技术等知识产权许可使用协议 9-5-3 重大关联交易协议 9-5-4 其他重要商务合同
9-6	保荐协议和承销协议
9-7	发行人全体董事对发行申请文件真实性、准确性和完整性的承诺书
9-8	特定行业（或企业）的管理部门出具的相关意见
	第十章　定向募集公司还应提供的文件
10-1	有关内部职工股发行和演变情况的文件 10-1-1 历次发行内部职工股的批准文件 10-1-2 内部职工股发行的证明文件 10-1-3 托管机构出具的历次托管证明 10-1-4 有关违规清理情况的文件 10-1-5 发行人律师对前述文件真实性的鉴证意见

（续表）

10-2	省级人民政府或国务院有关部门关于发行人内部职工股审批、发行、托管、清理以及是否存在潜在隐患等情况的确认文件
10-3	中介机构的意见 10-3-1 发行人律师关于发行人内部职工股审批、发行、托管和清理情况的核查意见 10-3-2 保荐人关于发行人内部职工股审批、发行、托管和清理情况的核查意见

2. 创业板首次公开发行股票并上市申请文件

根据《公开发行证券的公司信息披露内容与格式准则第29号——首次公开发行股票并在创业板上市申请文件》（2014年），申报创业板IPO审核的文件如表8-7所示。

表8-7 申报创业板IPO的审核文件

第一章	招股说明书与发行公告
1-1	招股说明书（申报稿）
1-2	发行人控股股东、实际控制人对招股说明书的确认意见
1-3	发行公告（发行前提供）
第二章	发行人关于本次发行的申请及授权文件
2-1	发行人关于本次发行的申请报告
2-2	发行人董事会有关本次发行的决议
2-3	发行人股东大会有关本次发行的决议
第三章	保荐人和证券服务机构文件
3-1	保荐人关于本次发行的文件 3-1-1 发行保荐书（附：发行人成长性专项意见） 3-1-2 发行保荐工作报告（附：关于保荐项目重要事项尽职调查情况问核表）
3-2	注册会计师关于本次发行的文件 3-2-1 财务报表及审计报告 3-2-2 发行人审计报告基准日至招股说明书签署日之间的相关财务报表及审阅报告（发行前提供） 3-2-3 盈利预测报告及审核报告 3-2-4 内部控制鉴证报告 3-2-5 经注册会计师鉴证的非经常性损益明细表
3-3	发行人律师关于本次发行的文件 3-3-1 法律意见书 3-3-2 律师工作报告
第四章	发行人的设立文件
4-1	发行人的企业法人营业执照
4-2	发起人协议
4-3	发起人或主要股东的营业执照或有关身份证明文件
4-4	发行人公司章程（草案）
4-5	发行人关于公司设立以来股本演变情况的说明及其董事、监事、高级管理人员的确认意见
4-6	国有资产管理部门出具的国有股权设置及转持批复文件及商务主管部门出具的外资股确认文件

（续表）

	第五章　与财务会计资料相关的其他文件
5-1	发行人关于最近三年及一期的纳税情况的说明 5-1-1 发行人最近三年及一期所得税纳税申报表 5-1-2 有关发行人税收优惠、财政补贴的证明文件 5-1-3 主要税种纳税情况的说明及注册会计师出具的意见 5-1-4 主管税收征管机构出具的最近三年及一期发行人纳税情况的证明
5-2	成立不满三年的股份有限公司需报送的财务资料 5-2-1 最近三年原企业或股份公司的原始财务报表 5-2-2 原始财务报表与申报财务报表的差异比较表 5-2-3 注册会计师对差异情况出具的意见
5-3	成立已满三年的股份有限公司需报送的财务资料 5-3-1 最近三年原始财务报表 5-3-2 原始财务报表与申报财务报表的差异比较表 5-3-3 注册会计师对差异情况出具的意见
5-4	发行人设立时和最近三年及一期的资产评估报告（含土地评估报告）
5-5	发行人的历次验资报告
5-6	发行人大股东或控股股东最近一年及一期的原始财务报表及审计报告
	第六章　其他文件
6-1	关于本次发行募集资金运用的文件 6-1-1 发行人关于募集资金运用的总体安排说明 6-1-2 募集资金投资项目的审批、核准或备案文件 6-1-3 发行人拟收购资产（或股权）的财务报表、资产评估报告及审计报告 6-1-4 发行人拟收购资产（或股权）的合同或合同草案
6-2	产权和特许经营权证书 6-2-1 发行人拥有或使用的商标、专利、计算机软件著作权等知识产权以及土地使用权、房屋所有权、采矿权等产权证书清单（需列明证书所有者或使用者名称、证书号码、权利期限、取得方式、是否及存在何种他项权利等内容，并由发行人律师对全部产权证书的真实性、合法性和有效性出具鉴证意见） 6-2-2 特许经营权证书
6-3	重要合同 6-3-1 商标、专利、专有技术等知识产权许可使用协议 6-3-2 重大关联交易协议 6-3-3 重组协议 6-3-4 其他重要商务合同
6-4	承诺事项 6-4-1 发行人及其实际控制人、控股股东、持股5%以上股东以及发行人董事、监事、高级管理人员等责任主体的重要承诺以及未履行承诺的约束措施 6-4-2 有关消除或避免同业竞争的协议以及发行人的控股股东和实际控制人出具的相关承诺 6-4-3 发行人全体董事、监事、高级管理人员对发行申请文件真实性、准确性、完整性、及时性的承诺书
6-5	发行人律师关于发行人董事、监事、高级管理人员、发行人控股股东和实际控制人在相关文件上签名盖章的真实性的鉴证意见

（续表）

6-6	发行人生产经营和募集资金投资项目符合环境保护要求的证明文件（重污染行业的发行人需提供符合国家环保部门规定的证明文件）
6-7	特定行业（或企业）的管理部门出具的相关意见
6-8	保荐协议和承销协议

8.4.3 审核

8.4.3.1 A 股 IPO 审核的特点

中国证监会发行监管部门审核发行人 IPO 的申请依据《证券法》的授权，按照《行政许可法》《中国证券监督管理委员会行政许可实施程序规定》规定的程序进行。其特点主要体现在两个方面。

其一，严格的程序化。A 股 IPO 审核工作流程由多个环节组成，由多人参与，相互配合也相互制约。其具体体现为每一个环节、每一个岗位的监督和多层级的审核决策。这一机制使得任何一个个人都不能单独决定一家企业能否上市。特别是发行审核的重要环节与决定均通过会议形式以集体讨论（例如反馈会、预审会）和投票表决（例如发审会）的方式提出意见或者作出决定。

其二，透明基础上的严格舆论监督与公众及利益相关者的参与。这主要表现在审核程序的透明度和实施申报材料的预先披露制度。具体来说，包括但不限于以下措施。

①中国证监会发行监管部门每周五均会在其官网公布"首次公开发行股票审核工作流程及申请企业情况"，每个企业的审核进展均可以得到及时查询。

②发行人申报 IPO 审核前需接受辅导并进行公告。发行人申报材料被中国证监会受理后需要披露招股书。发行人回复反馈意见后，证监会官网会公布反馈意见全文。发行监管部门通知发行人上报"上会稿"之后会在证监会官网更新披露招股书。

③发行监管部门安排发审会之后，会在证监会官网公布发审会召开时间及出席委员名单。发审会召开当天，发行监管部门会在证监会官网公布审核结果及发审会上的聆讯问题。

④证监会还专门发布《发行监管问答——关于反馈意见和发审会询问问题等公开的相关要求》（2015 年 1 月 23 日）和《发行监管问答——关于首次公开发行股票预先披露等问题》（2017 年 12 月 7 日），对反馈意见和发审会询问问题公开、股票预先披露等事项进行明文规定。

⑤定期公布终止审查和未通过发审会的 IPO 企业名单及审核中关注的主要问题。2017 年 6 月 9 日，证监会公布了 2017 年 1—4 月终止审查（申请撤回）和未通过发审会（被否决）IPO 企业情况。其具体公布了每一家终止审查企业和被否决企业在审核中被关注的主要问题。新闻发言人当天表示："今后证监会将继续定期公布终止审查和未通过发审会的 IPO 企业名单及审核中关注的主要问题，持续提高发行监管工作的透明度。"

从以上两个特点可以看出，尽管证监会的 IPO 发行审核仍然需要个人完成，每个参与审核人员的主观能动性对审核结果仍然会有较大影响，但就审核过程的程序性与透明性而言，在中国所有的行政许可中还是比较特别的。

8.4.3.2 A 股 IPO 审核的主要流程

中国证监会官网 2018 年公布的《中国证监会发行监管部首次公开发行股票审核工作流程》指出：按照依法行政、公开透明、集体决策、分工制衡的要求，首次公开发行股票的审核工作流程分为受理、反馈会、初审会、发审会、封卷、核准发行等主要环节（图 8-1），分别由不同处室负责，相互配合，相互制约。对每一个发行人的审核决定均通过会议以集体讨论的方式提出意见，避免个人决断。

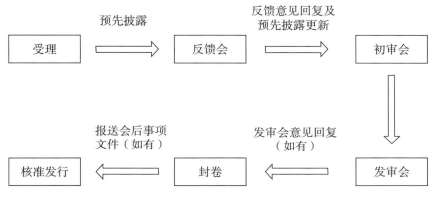

图 8-1　基本审核流程图

1. 受理和预先披露

IPO 审核由中国证监会发行监管部（以下简称"发行部"）负责，但受理是由中国证监会行政许可受理部门统一进行。受理部门根据《首次公开发行股票并上市管理办法》《首次公开发行股票并在创业板上市管理办法》等规则的要求受理首发申请文件，并按程序转发行部。保荐机构在提交申请文件的同时，一并提交预先披露材料。

发行部在正式受理 IPO 申请材料后即会在证监会官网预先披露招股说明书，并将申请文件分发至相关审核处室（目前发行部审核一处、二处分别负责主板及中小板申报企业的非财务和财务事项审核；发行部审核三处、四处分别负责创业板申报企业的非财务和财务事项审核），相关审核处室安排非财务事项和财务事项各一名预审员具体负责审核工作。

中国证监会于 2017 年 12 月 7 日发布《发行监管问答——关于首次公开发行股票预先披露等问题》，专门对预先披露事项进行了规范。根据该监管问答，保荐机构应当按照下列时点要求提交用于预先披露的材料。

其一，保荐机构应在向中国证监会提交首发申请文件的同时，一并提交预先披露材料。

其二，保荐机构应在报送上会材料的同时报送预先披露更新材料。

用于预先披露的材料包括：招股说明书（申报稿）、关于公司设立以来股本演变情况的说明及其董事、监事、高级管理人员的确认意见（仅限创业板），以及承诺函等。中国证监会发行监管部门收到上述材料后，即按程序安排预先披露。

2. 召开反馈会、发出反馈意见

相关监管处室审核人员审阅发行人申请文件后，从非财务和财务两个角度撰写审核报告，提交由发行部组织的反馈会讨论。

反馈会按照申请文件受理顺序安排。反馈会主要讨论初步审核中关注的主要问题，确定需要发行人补充披露以及中介机构进一步核查说明的问题。反馈会参会人员包括相关监管处室审核人员和处室负责人等。反馈会后将形成书面意见，履行内部程序后反馈给保荐机构。反馈意见发出前不安排发行人及其中介机构与审核人员沟通。

何时能够拿到反馈意见对申报企业把握审核进程非常重要。因为这个时间一旦确定，申报企业对整个审核过程的历时就能有一个大致的预期。在IPO排队"堰塞湖"严重的时候，往往要等待一两年的时间才能拿到反馈意见。而所谓发行审核的常态化，一个重要的指标就是能否做到"即报即审"。即报即审是指发行申请材料被受理后，无须等待就能够分发给预审员，预审员便能够开始审阅材料。随着A股IPO审核进程的加快与"堰塞湖"问题的逐步解决，发行人基本上在提交申请文件后三个月以内就能获得反馈意见，已基本实现即报即审。

保荐机构收到反馈意见后，组织发行人及相关中介机构按照要求进行回复。发行人及其中介机构收到反馈意见后，在准备回复材料过程中如有疑问可与审核人员进行沟通，如有必要也可与处室负责人、部门负责人进行沟通。根据《发行监管问答——首次公开发行股票申请审核过程中有关中止审查等事项的要求》（2017年12月7日），发行人及保荐机构应当在第一次书面反馈意见发出之日起1个月内提交书面回复意见，确有困难的，可以申请延期，延期原则上不超过2个月。3个月内未提交书面回复意见且未说明理由或理由不充分的，发行监管部门将视情节轻重对发行人及保荐机构依法采取相应的措施。发行部综合处收到反馈意见回复材料进行登记后转相关监管处室。预审员按要求对申请文件以及回复材料进行审核。

如果发行部发出第二次书面反馈意见的，发行人及保荐机构应当在第二次书面反馈意见发出之日起30个工作日内提交书面回复意见，30个工作日内未提交的，发行监管部门将视情节轻重对发行人及保荐机构依法采取相应的措施。

审核过程中如发生或发现应予披露的事项，发行人及其中介机构应及时报告发行监管部并补充、修改相关材料。初审工作结束后，将形成初审报告（初稿）提交初审会讨论。

3. 预先披露更新

反馈意见已按要求回复、财务资料未过有效期且需征求意见的相关政府部门无异议的，进入预先披露更新阶段。对于具备条件的项目，发行监管部将通知保荐机构报送发审会材料和用于更新的预先披露材料，并在收到相关材料后安排预先披露更新，以及按受理顺序安排初审会。

根据中国证监会于2017年12月7号发布《发行监管问答——首次公开发行股票申请审核过程中有关中止审查等事项的要求》和《发行监管问答——关于首次公开发行股票预先披露等问题》，发行人及保荐机构按要求提交反馈意见的书面回复意见后，中国证监会发行监管部门根据审核进程在中国证监会网站对外公示书面反馈意见，并于公示当日通知保荐机构报送上会材料。发行人及保荐机构应当在书面反馈意见公示之日起 10 个工作日内将上会材料报送至发行监管部门，确有困难的，可以申请延期，延期原则上不超过 20 个工作日。30 个工作日内未报送且未说明理由或理由不充分的，发行监管部门将视情节轻重对发行人及保荐机构依法采取相应的措施。保荐机构应在报送上会材料的同时报送预先披露更新材料。

对于整个审核进程而言，预披露更新是承上启下的关键节点。因为对企业来说，进入这个阶段就意味着应对审核的主要工作已经完成，即将迎来决定自己命运的初审会和发审会阶段。

4. 召开初审会

预先披露更新完成后，发行部将按受理顺序安排初审会。

初审会由审核人员汇报发行人的基本情况、初步审核中发现的主要问题及反馈意见回复情况。初审会由发行监管部综合处组织并负责记录，发行监管部相关负责人、相关监管处室负责人、审核人员以及发审委委员（按小组）参加。

根据初审会讨论情况，预审员修改、完善初审报告。初审报告是发行监管部初审工作的总结，履行内部程序后与申请材料一并提交发审会。

初审会讨论决定提交发审会审核的，将书面告知保荐机构需要进一步说明的事项以及做好上发审会的准备工作（即发出"告知函"）。发行人及保荐机构应当在告知函发出之日起 30 个工作日内提交书面回复意见，30 个工作日内未提交的，发行监管部门将视情节轻重对发行人及保荐机构依法采取相应的措施。

初审会讨论后认为发行人尚有需要进一步披露和说明的重大问题、暂不提交发审会审核的，将再次发出书面反馈意见。

《发行监管问答——关于首次公开发行股票预先披露等问题》专门规定了初审会后发行监管部门、发行人及相关中介机构还需履行的事项，具体包括如下方面。

- 发行监管部门在发行人预先披露更新后安排初审会。初审会结束后，发行监管部门以书面形式将需要发行人及其中介机构进一步说明的事项告知保荐机构，并告知发行人及其保荐机构做好提请发审会审议的准备工作。
- 发审会前，发行人及其保荐机构无须根据发行监管部门的意见修改已提交的上会材料和预先披露材料。涉及修改招股说明书等文件的，在申请文件封卷材料中一并反映。
- 发审会前，相关保荐机构应持续关注媒体报道情况，并主动就媒体报道对信息披露真实性、准确性、完整性提出的质疑进行核查。

5. 召开发审会

发审委制度是发行审核中的专家决策机制，发审委通过召开发审会进行审核。2017 年 7 月 7 日，中国证监会颁布了新修订的《中国证券监督管理委员会发行审核委员会办法》。该办法对发审委制度做了较大的调整。最大的变化是对原有的审核主板、中小板 IPO 的发审委与审核创业板的发审委予以合并，成立一个统一的发审委负责所有 IPO 项目的审核。同时，对发审委员的任职规定进行了调整：发审委委员每届任期一年，可以连任，但连续任期最长不超过两届。发审委委员每年至少更换一半。[①]

目前发审委委员不固定分组，采用电脑摇号的方式，随机产生项目审核小组，依次参加初审会和发审会。各组中委员个人存在需回避事项的，按程序安排其他委员替补。发审委通过召开发审会进行审核工作。发审会以投票方式对首发申请进行表决。根据《中国证券监督管理委员会发行审核委员会办法》规定，发审委会议审核首发申请适用普通程序，也就是说，参会发审委委员7名，5票通过视为通过。发审委委员投票表决采用记名投票方式，会前需撰写工作底稿，会议全程录音。

发审会召开5天前由证监会官网发布会议公告，公布发审会审核的发行人名单、会议时间、参会发审委委员名单等。发审会由预审员和发审委委员参加。预审员首先向委员报告审核情况，并就有关问题提供说明，发审委委员发表审核意见，发行人代表和保荐代表人各2名到会陈述和接受询问。实践中，发行人代表为企业负责人（法定代表人）和另一名相关负责高管（财务总监或董秘）[②]。

聆询结束后由委员投票表决。发审会认为发行人有需要进一步披露和说明问题的，形成书面审核意见后告知保荐机构。保荐机构收到发审委审核意见后，组织发行人及相关中介机构按照要求回复。

综合处收到审核意见回复材料后转相关监管处室。审核人员按要求对回复材料进行审核并履行内部程序。

6. 封卷

发行人的首发申请通过发审会审核后，需要进行封卷工作，即将申请文件原件重新归类后存档备查。封卷工作在按要求回复发审委意见后进行。如没有发审委意见需要回复，则在通过发审会审核后即进行封卷。

7. 会后事项申报

会后事项是指发行人IPO申请通过发审会审核后、招股说明书刊登前发生的可能影响本次发行上市及对投资者作出投资决策有重大影响的应予披露的事项。

保荐机构及发行人律师、会计师要对发行人在通过发审会审核后是否发生重大事项分别出具专业意见。

发生会后事项的需履行会后事项程序，发行人及其中介机构应按规定向发行部综合处提交会后事项材料。综合处接收相关材料后转相关审核处室。预审员按要求及时提出处理意见。需重新提交发审会审核的，按照会后事项相关规定履行内部工作程序。如申请文件没有封卷，则会后事项与封卷可同时进行。

---

① 2017年9月30日，证监会正式公布聘任63人为中国证券监督管理委员会第十七届发行审核委员会委员，其中专职委员42人，兼职委员21人。第十七届发审委成为合并主板、中小企业板与创业板发审委之后的第一届"大"发审委。

② 一般来说，董秘熟悉整个上市过程和相关准备工作，财务总监主要熟悉企业财务情况。选董秘还是财务总监参加发审会往往成为一个令发行人头疼的问题。虽然实践中发审会问题一般不会超过初审会问题的范围（初审会的问题会以告知函的方式通知发行人），但考虑到财务相关事项仍然是主要的否决原因，多数企业会安排财务总监上会。

8. 核准发行

核准发行前，发行人及保荐机构应及时向发行部相关处室报送发行承销方案。封卷并履行内部程序后，将进行核准批文的下发工作。发行人领取核准发行批文后，无重大会后事项或已履行完会后事项程序的，可按相关规定启动招股说明书刊登工作。

自 2018 年起，A 股 IPO 审核已基本实现即审即发。除一些特殊行业、具备特殊事项的企业外，多数发行人在通过发审会后，只要履行了封卷、会后事项申报等必经程序，即可取得发行批文，不需要再经历较长时间的排队等待。

8.4.3.3　A 股 IPO 审核流程中的特殊事项

1. 征求相关政府部门意见

发行审核过程中，证监会将征求发行人注册地省级人民政府是否同意该发行人发行股票的意见。申报主板和中小企业板的企业，证监会还会就发行人募集资金投资项目是否符合国家产业政策和投资管理规定征求国家发改委的意见。《发行监管问答——关于调整首次公开发行股票企业征求国家发改委意见材料的要求》（2014 年）规定主板和中小板首发企业提交用于征求国家发改委意见的材料包括：申请文件电子版光盘一份，募集资金投资项目的项目备案（核准、批复）文件、环评批复、土地预审意见、节能评估文件等固定资产投资管理文件的复印件单行本一份。上述材料须在报送预先披露材料的同时报送。

特殊行业的企业还可能根据具体情况征求相关主管部门的意见。

2. 静默期

《中国证券监督管理委员会行政许可实施程序规定》中关于静默期的规定是：审查部门负责审查申请材料的工作人员在首次书面反馈意见告知、送达申请人之前，不得就申请事项主动与申请人或者其受托人进行接触，在反馈意见发出前，发行人及其中介机构不能与审核人员进行主动沟通。

静默期结束，即发行人及其中介机构收到反馈意见后，在准备回复材料过程中如有疑问可与审核人员进行沟通。

3. 反馈回复时间、中止审查、恢复审查、终止审查等有关事项

中国证监会于 2017 年 12 月 7 号发布《发行监管问答——首次公开发行股票申请审核过程中有关中止审查等事项的要求》，专门对 IPO 申请的反馈回复时间、中止审查、恢复审查、终止审查等有关事项进行了专门规定。

（1）反馈回复时间

发行人及保荐机构应当在中国证监会第一次书面反馈意见发出之日起 1 个月内提交书面回复意见，确有困难的，可以申请延期，延期原则上不超过 2 个月。3 个月内未提交书面回复意见且未说明理由或理由不充分的，发行监管部门将视情节轻重对发行人及保荐机构依法采取相应的措施。

发行人及保荐机构应当在中国证监会第二次书面反馈意见、告知函发出之日起 30 个工作日内提交书面回复意见，30 个工作日内未提交的，发行监管部门将视情节轻重对发行人及保荐机构依法采取相应的措施。

《发行监管问答——首次公开发行股票申请审核过程中有关中止审查等事项的要求》发布之日，第一次书面反馈意见发出之日起已超过3个月未提交书面回复意见的，第二次书面反馈意见、告知函发出之日起已超过30个工作日未提交书面回复意见的，发行人及保荐机构应当在该监管问答发布之日起10个工作日内补充提交。10个工作日内未补充提交且未说明理由或理由不充分的，发行监管部门将视情节轻重对发行人及保荐机构依法采取相应的措施。

（2）报送上会材料

发行人及保荐机构按要求提交第一次书面反馈意见的书面回复意见后，中国证监会发行监管部门根据审核进程在中国证监会网站对外公示书面反馈意见，并于公示当日通知保荐机构报送上会材料。发行人及保荐机构应当在书面反馈意见公示之日起10个工作日内将上会材料报送至发行监管部门，确有困难的，可以申请延期，延期原则上不超过20个工作日。30个工作日内未报送且未说明理由或理由不充分的，发行监管部门将视情节轻重对发行人及保荐机构依法采取相应的措施。

《发行监管问答——首次公开发行股票申请审核过程中有关中止审查等事项的要求》发布之日，自通知之日起已超过30个工作日未报送上会材料的，发行人及保荐机构应当在该监管问答发布之日起10个工作日内补充报送。10个工作日内未补充报送且未说明理由或理由不充分的，发行监管部门将视情节轻重对发行人及保荐机构依法采取相应的措施。

（3）中止审查

发行人IPO的申请受理后至通过发审会期间，发生以下情形时将中止审查。

其一，发行人或发行人的控股股东、实际控制人因涉嫌违法违规被中国证监会立案调查，或者被司法机关侦查，尚未结案。

其二，发行人的保荐机构、律师事务所等中介机构因首发、再融资、并购重组业务涉嫌违法违规，或其他业务涉嫌违法违规且对市场有重大影响被中国证监会立案调查，或者被司法机关侦查，尚未结案。

其三，发行人的签字保荐代表人、签字律师等中介机构签字人员因首发、再融资、并购重组业务涉嫌违法违规，或其他业务涉嫌违法违规且对市场有重大影响被中国证监会立案调查，或者被司法机关侦查，尚未结案。

其四，发行人的保荐机构、律师事务所等中介机构被中国证监会依法采取限制业务活动、责令停业整顿、指定其他机构托管、接管等监管措施，尚未解除。

其五，发行人的签字保荐代表人、签字律师等中介机构签字人员被中国证监会依法采取市场禁入、限制证券从业资格等监管措施，尚未解除。

其六，对有关法律、行政法规、规章的规定，需要请求有关机关作出解释，进一步明确具体含义。

其七，发行人发行其他证券品种导致审核程序冲突。

其八，发行人及保荐机构主动要求中止审查，理由正当且经中国证监会批准。

发行人、保荐机构及其他相关中介机构在应当获知上述情况之日起2个工作日内提交中止审查申请，发行监管部门经核实符合中止审查情形的，履行中止审查程序；

发行人、保荐机构及其他相关中介机构未提交中止审查申请，发行监管部门经核实符合中止审查情形的，直接履行中止审查程序；对于发行人、保荐机构及其他相关中介机构应当获知上述情况而未及时报告的，发行监管部门将视情节轻重依法采取相应的措施。

《发行监管问答——首次公开发行股票申请审核过程中有关中止审查等事项的要求》发布之日尚处于中止审查状态企业，不属于该监管问答规定的中止审查情形的，中国证监会在监管问答发布之日起10个工作日内予以恢复审查。

（4）更换中介机构或中介机构签字人员的程序

发行人更换保荐机构的，除前述中止审查中的情形（即保荐机构存在被立案调查或者执业受限等非发行人原因的情形）外，需重新履行申报及受理程序。

发行人更换律师事务所、会计师事务所、资产评估机构无须中止审查。相关中介机构应当做好更换的衔接工作，更换后的中介机构完成尽职调查并出具专业意见后，应当将齐备的文件及时提交发行监管部门，并办理中介机构更换手续。更换手续完成前，原中介机构继续承担相应法律责任。

发行人更换签字保荐代表人、签字律师、签字会计师、签字资产评估师无须中止审查。相关中介机构应当做好更换的衔接工作，更换后的中介机构签字人员完成尽职调查并出具专业意见后，相关中介机构应当将齐备的文件及时提交发行监管部门，并办理中介机构签字人员更换手续。更换手续完成前，中介机构原签字人员继续承担相应法律责任。

（5）恢复审查

发行人中止审查事项消失后，发行人及中介机构应当在5个工作日内提交恢复审查申请，履行以下程序。

其一，发行人或发行人的控股股东、实际控制人因涉嫌违法违规被中国证监会立案调查，或者被司法机关侦查，已结案且不影响发行条件的，由发行人、保荐机构及发行人律师提交恢复审查申请。

其二，发行人的保荐机构、律师事务所等中介机构因首发、再融资、并购重组业务涉嫌违法违规，或其他业务涉嫌违法违规且对市场有重大影响被中国证监会立案调查，或者被司法机关侦查，已结案且不影响发行条件的，由发行人及保荐机构提交恢复审查申请。

其三，发行人的保荐机构等中介机构因首发、再融资、并购重组业务涉嫌违法违规被中国证监会立案调查，或者被司法机关侦查，尚未结案的，经履行复核程序后，由发行人及保荐机构提交恢复审查申请。

其四，发行人的签字保荐代表人等中介机构签字人员因首发、再融资、并购重组业务涉嫌违法违规被中国证监会立案调查，或者被司法机关侦查，尚未结案，经履行复核程序后，由发行人及保荐机构提交恢复审查申请。

其五，发行人的保荐机构、律师事务所等中介机构被中国证监会依法采取限制业务活动、责令停业整顿、指定其他机构托管、接管等监管措施已解除的，由发行人及保荐机构提交恢复审查申请。

其六，发行人其他证券品种已完成相关发行程序，由发行人及保荐机构提交恢复审查申请。

其七，发行人中止审查后更换保荐机构、律师事务所等中介机构或签字人员，完成更换程序后由发行人及保荐机构提交恢复审查申请，更换前的相关中介机构或签字人员涉嫌违法违规被中国证监会立案调查、被司法机关侦查、或执业受限等情形的，需履行复核程序。

恢复审查后，发行监管部门按照发行人申请的受理时间安排其审核顺序。

（6）需要中介机构履行复核程序的情况及如何复核

需要中介机构履行复核程序的情况包括以下几种：

其一，发行人保荐机构等中介机构因首发、再融资、并购重组业务涉嫌违法违规被中国证监会立案调查，或者被司法机关侦查，尚未结案拟申请恢复审查的。

其二，发行人的中介机构或中介机构签字人员涉嫌违法违规被中国证监会立案调查、被司法机关侦查或执业受限等情形，更换相关中介机构或签字人员后拟申请恢复审查的。

其三，发行人中介机构最近6个月内被中国证监会行政处罚的。

其四，发行人的签字保荐代表人、签字律师、签字会计师、签字资产评估师最近6个月内被中国证监会行政处罚的。

涉及的中介机构应对其推荐的所有在审发行申请项目进行全面复核，由独立复核人员（非专业报告签字人员）重新履行内核程序和合规程序，最终出具复核报告。复核报告需明确复核的范围、对象、程序、实施过程和相关结论，明确发表复核意见。涉及保荐机构的，保荐机构董事长或总经理、合规总监、内核负责人、独立复核人员应在复核报告上签字确认；涉及律师事务所的，律师事务所负责人、内核负责人、独立复核人员应在复核报告上签字确认；涉及会计师事务所的，会计师事务所负责人、质控负责人、独立复核人员应在复核报告上签字确认；涉及资产评估机构的，资产评估机构负责人、质控负责人、独立复核人员应在复核报告上签字确认。

（7）终止审查

首次公开发行申请文件中记载的财务资料已过有效期且逾期3个月未更新的，终止审查。

4. 信息披露质量抽查和现场检查

在 IPO 发行审核过程中，发行部将按照对首发企业信息披露质量抽查的相关要求组织抽查。

《关于组织对首发企业信息披露质量进行抽查的通知》（发行监管函〔2014〕147号）规定：对申请首次公开发行股票的企业，将在上发审会前对发行人信息披露质量进行抽查，以推动各方进一步归位尽责，共同促进首发信息披露质量的提高。抽查将通过审阅申报材料及工作底稿，并以抽样的方式进行现场检查，从而核实和印证中介机构是否就发行人信息披露质量履职尽责。抽查完成后，如发现存在一般性问题的，将通过约谈提醒、下发反馈意见函等方式督促其在后续工作中予以改进。情节较重的，将依法采取监管谈话、警示函等行政监管措施。经过抽查发现明确的违法违规线索的，将移送稽查部门进一步查实查证，涉及犯罪的，将移交司法机关严肃处理。为此，中国证券业协会2014年9月9日发布《首次公开发行股票企业信息披露质量抽签工作规程》（中证协发〔2014〕154号），对抽签工作规程进行了规定。

2017年3月10日，证监会新闻发言人宣布：证监会将对IPO企业实施常态化的现场检查，督促发行人提高信息披露质量，督促中介机构勤勉尽责。检查对象主要来自三个方面：一是首发企业信息披露质量抽查中抽签抽中的企业；二是在标准不降、条件不减前提下享受即报即审、即审即发优惠政策的贫困地区企业；三是日常审核中认为有必要进行现场检查的企业。

8.4.4 发行与上市

拟IPO公司取得证监会核准批文后，应当向交易所提交发行上市阶段的信息披露、发行申请文件、上市申请文件等有关发行上市的材料。

8.4.4.1 发行

1. 发行方式

按照《证券发行与承销管理办法》等有关规定，应通过询价的方式确定发行价格。常用的发行方式目前有以下三种。

其一，网下配售、网上定价相结合的发行方式。目前大多采用初步询价后直接定价发行的方式（图8-2）。

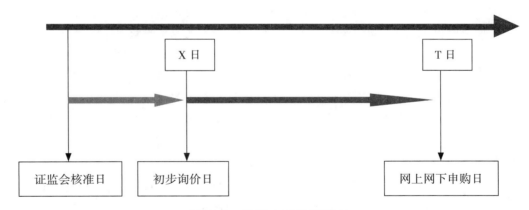

图8-2 发行上市关键节点

其二，首次公开发行股票总数在2000万股以下（含2000万股）且无老股转让计划的，应通过直接定价方式确定发行价格，全部向网上投资者发行，不再安排网下询价和配售。

其三，首次公开发行股票总数在4亿股以上，可以采用向战略投资者配售和网下配售、网上定价相结合的发行方式。

根据《关于加强新股发行监管的措施》（2014年），中国证监会将对发行人的询价、路演过程进行抽查，发现发行人和主承销商在路演推介过程中使用除招股意向书等公开信息以外的发行人其他信息的，中止其发行，并依据相关规定对发行人、主承销商采取监管措施，涉嫌违法违规的，依法处理。

2. 对发行价格进行管理的特别要求

根据目前的窗口指导意见，IPO发行条件的确定要受两个因素的影响。

其一，价格上限限制。发行市盈率不得超过23倍。该市盈率计算中的每股收益按照扣除非经常性损益前后孰低的发行前1个会计年度的净利润除以本次发行后总股本计算。

其二，发行价格如果超过行业市盈率需要发布投资风险特别公告。根据《关于加强新股发行监管的措施》（2014年），如拟订的发行价格（或发行价格区间上限）对应的市盈率高于同行业上市公司二级市场平均市盈率，发行人和主承销商应在网上申购前三周内连续发布投资风险特别公告，每周至少发布一次。风险公告内容至少包括：比较分析发行人与同行业上市公司的差异及该差异对估值的影响；提请投资者关注发行价格与网下投资者报价之间存在的差异；提请投资者关注投资风险，审慎研判发行定价的合理性，理性作出投资决策。发行人应依据《上市公司行业分类指引》确定所属行业，并选取中证指数有限公司发布的最近一个月静态平均市盈率为参考依据。

8.4.4.2 上市

股票上市是指经证监会核准发行的股票在证券交易所挂牌交易。

根据《证券法》（2014年）的规定，申请证券上市交易，应当向证券交易所提出申请，由证券交易所依法审核同意，并由双方签订上市协议；申请股票、可转换为股票的公司债券或者法律、行政法规规定实行保荐制度的其他证券上市交易，应当聘请具有保荐资格的机构担任保荐人。《证券法》还规定了股票上市的条件。

从法律设计看，我国的股票公开发行与上市是两个过程，前者由中国证监会核准，后者由证券交易所审核同意。但在实践中，拟IPO的企业在证监会审核时的标准其实就已经包括了上市条件。发行人领取发行核准批文当日就需与证券交易所联系确定证券简称及证券代码。此外，《证券发行上市保荐业务管理办法》直接将保荐机构的保荐工作定义为证券发行上市保荐业务，涵盖了股票发行与上市两个过程。因此，当前交易所对股票上市的审核更多是一种形式意义上的审核。

根据相关规定，保荐机构保荐股票上市时，应当向证券交易所提交上市保荐书、保荐协议等内容。股票发行结束后，发行人可向证券交易所申请其股票上市。申请时，应当按照相关规定编制上市公告书。

深沪交易所均有详细的流程指南规定股票上市的相关过程及要求（图8-3）。例如深交所制定了《深圳证券交易所首次公开发行股票发行与上市指南》（2016年修订），上交所制定了《上海证券交易所证券发行上市业务指引》（2017年修订）。

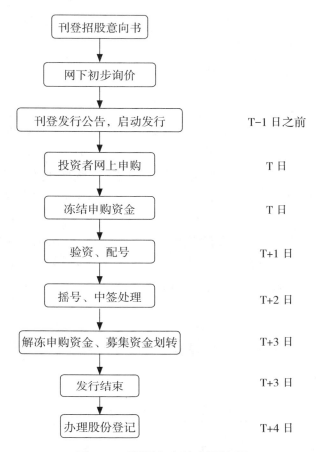

图 8-3 股票上市的主要流程

8.4.4.3 持续督导

股票上市完成后，即进入持续督导期。

1. 持续督导的内容

根据《证券发行上市保荐业务管理办法》（2009 年）的相关规定，保荐机构应当针对发行人的具体情况，确定证券发行上市后持续督导的内容，督导发行人履行有关上市公司规范运作、信守承诺和信息披露等义务，审阅信息披露文件及向中国证监会、证券交易所提交的其他文件，并承担下列工作。

其一，督导发行人有效执行并完善防止控股股东、实际控制人、其他关联方违规占用发行人资源的制度；

其二，督导发行人有效执行并完善防止其董事、监事、高级管理人员利用职务之便损害发行人利益的内控制度；

其三，督导发行人有效执行并完善保障关联交易公允性和合规性的制度，并对关联交易发表意见；

其四，持续关注发行人募集资金的专户存储、投资项目的实施等承诺事项；

其五，持续关注发行人为他人提供担保等事项，并发表意见；

其六，中国证监会、证券交易所规定及保荐协议约定的其他工作。

2. 持续督导的期限

首次公开发行股票并在主板、中小企业板上市的，持续督导的期限为证券上市当年剩余时间及其后 2 个完整会计年度。

首次公开发行股票并在创业板上市的，持续督导的期限为证券上市当年剩余时间及其后 3 个完整会计年度。首次公开发行股票并在创业板上市的，持续督导期内保荐机构应当自发行人披露年度报告、中期报告之日起 15 个工作日内在中国证监会指定网站披露跟踪报告。发行人临时报告披露的信息涉及募集资金、关联交易、委托理财、为他人提供担保等重大事项的，保荐机构应当自临时报告披露之日起 10 个工作日内进行分析并在中国证监会指定网站发表独立意见。

持续督导的期限自证券上市之日起计算。持续督导期届满，如有尚未完结的保荐工作，保荐机构应当继续完成。保荐机构在履行保荐职责期间未勤勉尽责的，其责任不因持续督导期届满而免除或者终止。

8.5 A 股 IPO 的审核要点

8.5.1 IPO 审核的三大核心理念

根据投行业务实践，当前 IPO 审核的核心理念包括三个方面：实质性审核、风险导向审核和多因素综合考量。

1. 实质性审核

从理论上讲，我国当前实施的股票发行核准制（"实质性审核主义"）与注册制（"完全信息披露主义"）有着根本区别。与注册制仅对信息披露的齐备性、一致性、可理解性进行审核不同，核准制是以强制性信息披露和合规性审查为核心，并对发行企业的投资价值进行实质性审核。

目前我国 IPO 的实质性审核主要体现在以下两个方面。

其一，总体上对公司发展前景以及投资价值进行实质性判断。尽管这一判断不会直接体现在发行部的初审报告和发审委的否决意见中，但这一总体印象对于企业能否通过审核具有重要意义。简单来说，这一判断其实就是在总体上看发行人是不是一个"好"企业。从这个意义上讲，发行人及申报材料体现的商业逻辑的合理性非常重要。

其二，对是否符合发行条件进行实质性判断。现行发行条件（主要体现在《证券法》《首次公开发行股票并上市管理办法》《首次公开发行股票并在创业板上市管理办法》中）除少量的定量条件外，主要体现为定性条件。对于是否满足这些定性条件，除了证监会的一些官方解释和窗口指导外，主要取决于审核方的实质性判断，而且发审委的否决意见最终均要体现为具体的发行条件条文。

2. 风险导向审核

从历史上看，我国选择实施股票发行核准制的一个重要理论依据就是我国的证券市场处于"新兴＋转轨"阶段，由于市场及投资者不够成熟，为了充分保护投资者利益，需要加强入口的审核力度。

尽管成熟市场的 IPO 仍然需要进行审核，成熟市场的证券监管机构也被认为是市场的"看门狗"，但在审核逻辑上我国市场与成熟市场却有着截然不同的区别。在成熟市场，证券监管机构会倾向于认为投资者是成熟的，其任务主要是让信息披露材料更清晰、避免误解，以节约市场的交易成本，依靠事后监管让违规的发行人承担严重的法律责任。在中国，证券监管机构通常认为投资者尚不具备足够的风险识别能力，是需要保护的对象，因此对于发行人的任何可能导致发行人投资风险的因素必须加倍审视，从而构成了我国现行 IPO 审核中的风险导向审核理念，即对发行人的任何疑点均不放过，识别其可能导致的最大风险。只有潜在发行人经过最严格的审查仍然没有发现问题，或者最大化风险可能导致的后果后仍然符合发行条件，才能顺利通过审核。

为了严防发行人财务造假和上市后业绩迅速"变脸"，审核方要求发行人具备一定的体量以防止行业、自身经营环境的重大变化导致的风险，同时从各个方面严控企业进行财务粉饰的行为，力图通过这种严格审核使企业业绩"变脸"的风险尽量减小。

3. 多因素综合考量

发行人能否通过审核往往是审核方多因素综合考量的结果。具体来说，其体现为以下几方面。

其一，一票否决因素。财务问题往往构成发行人被否决的致命伤和一票否决因素。财务问题反映的是公司的经营问题，而为了掩盖公司经营问题，发行人往往会实施财务操纵（包括财务舞弊和过于明显的财务粉饰）。

其二，相互关联。审核中被关注的事项往往是相互联系的，或者是相互依存、相互影响的。例如，关联交易问题一方面是独立性问题，另一方面也是财务操纵的重要手段。又如员工社保与劳务派遣问题，既是规范运作问题，也会对财务利润构成影响。

其三，叠加效应。如果说可能被一票否决的大毛病如同"癌症"，一些规范运作就像"癣疥之疾"，"癣疥之疾"从单个来看虽不致命，只要披露和"担责"（例如大股东承担兜底责任）即可，但如果小问题过多，也可能导致对大股东及发行人诚信和内控的整体怀疑，而且其叠加起来也可能对财务数据构成较大影响。

其四，综合效应。除了一些具有明显"硬伤"的企业可能会被一票否决，大多数发行人无法通过审核的原因往往是多个因素复合交织的结果。同意与否实质上体现了审核方对多个问题综合影响的容忍度。总体来讲，一个规模大、前景好的公司，相对容忍度就高。

根据致同研究（2016）[①]，仅从证监会公布的否决理由（并不是某发行人被否决的全部原因）来看，因同时多种原因而被否的案例增加在 20% 以上，尤其是财务与会计、规范运行、信息披露三方面的问题往往互相关联。例如内部控制问题出现疑点后，往往

[①] 致同研究之资本市场——历年 IPO 被否原因汇总分析[EB/OL]. 2016-12-31.

会在会计处理等方面有所体现，进而影响到信息披露的一致性等。反过来，其他方面的问题又可能体现为内控方面的问题。又如，对持续盈利能力的质疑主要是因为发行人规模过小同时又不能完全排除财务操纵的嫌疑。

8.5.2 财务事项审核

8.5.2.1 财务审核是IPO审核的核心

基于当前A股IPO审核的核心理念（实质性审核、风险导向审核、多因素综合考量），财务事项成为发行人能否通过审核的核心与关键，原因在于这三个理念其实都指向了财务审核。

从实质性判断来看，判断企业是不是一个"好"企业，最关键的问题就是经营问题，而财务事项是经营的集中反映。从这个意义上讲，申报材料一定要将企业的商业模式，包括产供销模式描述清楚，方便审核方在此基础上理解财务数据，了解企业商业模式的合理性。

从风险导向审核来看，为了防止企业财务舞弊和上市后业绩"变脸"，审核方会使用分析性复核的方法，考虑会计信息各构成要素之间的关系、会计信息与相关非会计信息之间的关系，运用各种方法发现一切可能的问题与疑点。

从多因素综合考量来看，发行人大多数事项都与财务问题相关或者与财务问题相互影响，它们要么会影响企业的经营业绩，要么可能构成财务操纵的疑点，要么不利于企业的持续经营能力，要么揭示企业内控方面的薄弱环节。

致同研究（2016）指出，自2010年以来，财务与会计方面的问题（主要体现为持续盈利能力和会计核算）是IPO审核未通过的主要原因之一。2010年至2016年，直接因财务与会计方面的问题而未通过IPO审核的意见数共计128次，占IPO审核未通过意见总数的48.3%。2017年6月9日，证监会新闻发言人公布的2017年1-4月18家未通过发审会的拟IPO企业共存在五类问题（内控制度的有效性及会计基础的规范性存疑，6家，占比33.33%；经营状况或财务状况异常，5家，占比27.78%；持续盈利能力存疑，3家，占比16.67%；关联交易及关联关系存疑，3家，占比16.67%；申请文件的真实、准确、完整和及时性存疑，1家，占比5.55%），大多与财务问题直接相关。

8.5.2.2 IPO财务审核的"四轮驱动"模型

IPO财务审核可以总结为一个"四轮驱动"模型（图8-4）。这"四轮"包括：其一，"块头"，要求发行人具备一定的净利润规模；其二，"增长"，要求发行人具备一定的成长性，至少不能业绩下滑；其三，"实在"，要求防范财务操纵（包括财务舞弊和过度的财务粉饰），保证盈利真实性；其四，"持续"，要求避免影响持续盈利的不确定事项。

图 8-4　IPO 财务审核的"四轮驱动"模型

具体理解"四轮驱动"模式需要注意以下几方面：

其一，审核理念中的"多因素综合考量"不仅体现在对发行人整体的判断上，而且也体现在财务审核上。财务审核上的多因素考量主要就体现为"块头""增长""实在""持续"这四个因素。

其二，综合考量四个因素均具有较好表现的发行人，通过审核会有很大的把握。也就是说，一个具有一定的净利润体量，保持业绩增长，财务操纵嫌疑小，没有明显影响持续盈利能力的不确定性事项的发行人，容易通过 IPO 审核。

其三，具体分析这四个因素，"块头""增长"偏定量，"实在""持续"偏定性。如果企业无法在四个因素上均具有良好的表现，那么前两个因素决定了对后两个因素的容忍度，同时如果后两个因素特别"过硬"，那么前两个因素的影响程度就会变低。

8.5.2.3　防范财务操纵

1. 发行条件关于防范财务操纵的相关规定

《首次公开发行股票并上市管理办法》和《首次公开发行股票并在创业板上市管理办法》均要求发行人会计基础工作规范，财务报表的编制符合企业会计准则等相关规定，并且财务报表应在所有重大方面公允地反映了发行人的财务状况、经营成果和现金流量。

《首次公开发行股票并上市管理办法》第二十九条规定发行人申报文件中不得有下列情形：（一）故意遗漏或虚构交易、事项或者其他重要信息；（二）滥用会计政策或会计估计；（三）操纵、伪造或篡改编制财务报表所依据的会计记录或相关凭证。这些规定的主旨就是要关注发行人是否存在财务操纵的情形。从第二十九条的规定来看，第（一）（三）项属于财务舞弊行为，第（二）项属于过度的业绩粉饰行为。

2017 年 6 月 9 日，证监会新闻发言人宣布："下一步，证监会将进一步强化发行监管，严格审核，在严防企业造假的同时，严密关注企业通过短期缩减人员、降低工资、减少费用、放宽信用政策促进销售等方式粉饰业绩的情况,一经发现,将综合运用专项问核、现场检查、采取监管措施、移送稽查等方式严肃处理。"

2. 经营业绩"实在"(防范财务操纵)是财务审核"四轮"中最重要的一轮

一般认为,财务舞弊和过度的业绩粉饰共同构成IPO过程中的财务操纵。IPO拟发行人操纵申报报表主要以虚增报告期内的利润为目的。

证监会发行部财务审核初审人员所使用的审核方法类似于注册会计师在审计过程中进行的会计报表整体分析性复核,重点考虑会计信息各构成要素之间的关系、会计信息与相关非会计信息之间的关系,主要运用简易比较、比率分析、结构百分比分析、趋势分析等方法发现问题与疑点。基于风险导向审核理念,凡是可能构成财务舞弊和业绩粉饰的疑点均会被重点关注。

一般认为,财务操纵的主要方法分为会计方法与非会计方法。会计方法主要是指利用会计政策、会计估计变更和会计差错更正,不当地进行收入确认或者成本、费用、损失的处理;非会计方法主要是指通过不正当的商业手段虚构或歪曲销售、通过不正当的行为影响成本费用的计量等。

具体来说,从会计方法来看,常见的财务操纵手段包括:①在收入方面,将不该确认的收入进行确认;提前或推迟确认收入;签订复杂的交易合同把销售收入、维护收入、融资收入等进行捆绑混同。②在成本、费用方面,随意变动发出存货的计价方法;违背配比原则和权责发生制不及时结转或少结转销售成本;少提或不提折旧;少提或不提资产减值准备;少提或不提安全生产费用等费用科目;通过过激的资本化政策不计或少计当期利息;不当的研发费用资本化;将应确认为当期的费用列入"待摊费用""长期待摊费用"科目等。

从非会计方法来看,常见的财务操纵手段包括:通过伪造销售合同、商品出货单、银行账单、税务发票、海关报关单等资料虚构收入;利用关联关系或特殊业务关系,先销后退,对开增值税发票,利用过桥交易一条龙虚构收入;销货退回及折让不入账;利用法律纠纷带来的违约金或定金、赔偿金虚构收入;伪造虚假的加工费、咨询费、技术服务费、品牌使用费等收入;供应商减价、经销商加价提货或囤货、职工降薪、皮包公司报销费用或虚增收入、地方政府减税或增加补贴等。

在IPO财务审核的"四轮驱动"中,"实在"(即避免财务操纵,包括防范财务舞弊和过度的财务粉饰)是最重要的一轮。

存在财务舞弊嫌疑的发行人,受风险导向审核理念的影响,基本上会被"一票否决",是无法通过审核的,一般在发行部初审环节就很难通过。即便能够提交发审委审核,发行部的初审报告一般也会将相关事项列为关注问题,提请发审委员注意,其结果通常是不言而喻的。尽管公开的否决理由中很少直接出现因财务"造假"(财务舞弊)被否决的表述,一般会委婉地表达为会计基础的规范性存疑、内控制度的有效性不足等,但实质问题很可能就是因为存在对财务舞弊的疑虑。

是否属于明显的财务粉饰,则更多地受实质性审核理念和多因素综合考量的影响。在"块头"不达标、无法做到"增长"(甚至下滑)的情况下,审核对财务粉饰的容忍度就会小一些,会本着风险导向审核理念从严把关。反之,如果企业基本面良好,"块头"大、增长趋势明显（不仅体现在财务数字上，也体现在申报材料披露的业务实际经营状况中），审核对是否存在过度的财务粉饰的容忍度就相对大一些。例如，同样是研发费用资本化，如果发行人体量够大，资本化数额占净利润比重很小，审核尺度可能就相对较宽；但如果发行人体量很小，资本化数额占净利润比重很大，扣除就可能危及发行条件，那么审核中对其是否能够资本化的条件要求就会非常高，甚至完全不能容忍。

3. 从财务专项核查看证监会对防范财务操纵的具体要求

2012年证监会启动了财务专项核查。在当时，这是一项有时限的专项任务。之后，其过程中的具体要求被程序化、固定化，成为目前保荐机构从事IPO保荐工作必须进行的尽调内容与核查要求。因此，财务专项核查期间证监会出台的相关规范性文件既是目前保荐机构从事IPO保荐工作的工作指南，也是防范财务操纵的最好指导性文件，反映了财务审核的重点要求。这些文件最主要包括以下三种。

《关于进一步提高首次公开发行股票公司财务信息披露质量有关问题的意见》（证监会公告〔2012〕14号）。这个文件非常重要，一般被简称为"14号公告"。该文件指出财务信息是发行人招股说明书的编制基础，目前少数发行人存在业绩造假、利润操纵等可疑情形，明确提出了如何关注申报期内的盈利增长情况和异常交易、如何进行关联方认定和充分披露关联方关系及其交易、如何结合经济交易的实际情况进行收入确认、如何对发行人主要客户和供应商进行核查、如何完善存货盘点制度、如何关注现金收付交易等七方面的重点工作。

《关于做好首次公开发行股票公司2012年度财务报告专项检查工作的通知》（发行监管函〔2012〕551号）。该文件要求重点关注发行人报告期内收入、盈利是否真实、准确，是否存在粉饰业绩或财务造假等情形，而且以列举的方式要求对11种常见的财务操纵事项进行重点核查。这些方式包括：以自我交易的方式实现收入、利润的虚假增长；发行人或关联方与其客户或供应商以私下利益交换等方法进行恶意串通以实现收入、盈利的虚假增长；关联方或其他利益相关方代发行人支付成本、费用或者采用无偿或不公允的交易价格向发行人提供经济资源；保荐机构及其关联方、PE投资机构及其关联方、PE投资机构的股东或实际控制人控制或投资的其他企业在申报期内最后一年与发行人发生大额交易从而导致发行人在申报期内最后一年收入、利润出现较大幅度增长；利用体外资金支付货款，少计原材料采购数量及金额，虚减当期成本，虚构利润；采用技术手段或其他方法指使关联方或其他法人、自然人冒充互联网或移动互联网客户与发行人（即互联网或移动互联网服务企业）进行交易以实现收入、盈利的虚假增长等；将本应计入当期成本、费用的支出混入存货、在建工程等资产项目的归集和分配过程以达到少计当期成本费用的目的；压低员工薪金，阶段性降低人工成本粉饰业绩；推迟正常经营管理所需费用开支，通过延迟成本费用发生期间，增加利润，粉饰报表；期末对欠款坏账、存货跌价等资产减值可能估计不足；推迟在建工程转固时间或外购固定资产达到预定使用状态时间等，延迟固定资产开始计提折旧时间。

《会计监管风险提示第4号——首次公开发行股票公司审计》（证监办发〔2012〕89号）。该文件就会计师执行IPO审计业务的监管风险进行提示，要求重点关注财务信息披露和非财务信息披露的相互印证、申报期内的盈利增长和异常交易、关联方认定及其交易、收入确认和成本核算、主要客户和供应商、资产盘点和资产权属等事项。

除了这三个重要文件外，还有两个与财务审核相关的重要文件需要提醒注意。一是《关于首次公开发行股票并上市公司招股说明书中与盈利能力相关的信息披露指引》（2013年），要求保荐机构结合发行人所处的行业、经营模式等有针对性地分析和披露盈利能力相关信息，主要解决过去财务信息披露过于"粗糙"的问题。二是《关于首次公开发行股票并上市公司招股说明书财务报告审计截止日后主要财务信息及经营状况信息披露指引》（2013年），又称"及时性指引"，主要解决报告期后的"业绩变脸"问题。

8.5.3 非财务事项审核

8.5.3.1 独立性

1. 相关规范对发行人独立性的要求

《首次公开发行股票并上市管理办法》（2015年，以下简称《首发办法》）第四十二条：发行人应当在招股说明书中披露已达到发行监管对公司独立性的基本要求。《公开发行证券的公司信息披露内容与格式准则第1号——招股说明书》（2015年，以下简称《招股书准则》）第五十一条：发行人应披露已达到发行监管对公司独立性的下列基本要求，该条从资产完整、人员独立、财务独立、机构独立、业务独立等五方面进行了具体规定。

《首次公开发行股票并在创业板上市管理办法》（2015年，以下简称《创业板首发办法》）第三十四条：发行人应当在招股说明书中披露已达到发行监管对公司独立性的基本要求。《公开发行证券的公司信息披露内容与格式准则第28号——创业板公司招股说明书》（2015年，以下简称《创业板招股书准则》）第四十九条："发行人应披露已达到发行监管对公司独立性的下列基本要求"，该条从资产完整、人员独立、财务独立、机构独立、业务独立等五方面进行了与《招股书准则》一样的规定。

基于我国IPO审核的实质性判断理念和风险导向审核理念，独立性问题非常重要。而且独立性事项又很容易与发行人是否存在财务操纵、是否缺乏持续盈利能力、内部控制机制是否有效运行等事项联系起来，导致发行人很容易被审核方基于多因素综合考量的审核理念而被否决，但将否决理由直接归因于独立性问题。

随着发行审核体制改革，2015年版的《首发办法》和《创业板首发办法》将独立性问题从发行条件中删除，但在《招股书准则》与《创业板招股书准则》中明确规定"发行人应当在招股说明书中披露已达到发行监管对公司独立性的基本要求"，因此，在实质上发行条件仍然包括对独立性的要求。

总体上讲，独立性问题主要分两类：一是对内独立性不够，需要解决的是发行人与控股股东、实际控制人（以下简称"公司控制权人"）及关联方之间的关系问题；二是外部独立性不够，需要解决的是发行人与其商业伙伴之间的关系问题。独立性问题的核心是发行人是否具备独立经营能力，指在采购、生产/建设/设计、销售（包括涉及的知识产权使用、营业许可、土地厂房、财务运行、人员使用）等经营活动的重大环节中，是否存在对公司控制权人及其控制的其他企业的重大依赖，是否存在对其他方（如主要供应商、主要客户、核心技术提供方）的重大依赖，企业是否具有独立面向市场的议价和定价能力。

2. 对发行人内部独立性的要求

根据《招股书准则》和《创业板招股书准则》的规定及审核实践，对发行人内部独立性的要求一般归纳为资产、人员、财务、机构、业务的"五独立"。

资产完整。生产型企业具备与生产经营有关的主要生产系统、辅助生产系统和配套设施，合法拥有与生产经营有关的主要土地、厂房、机器设备以及商标、专利、非专利技术的所有权或者使用权，具有独立的原料采购和产品销售系统；非生产型企业具备与经营有关的业务体系及主要相关资产。

本项主要要求发行人具备独立于控制权人之外的完整业务体系，包括独自拥有的土地、知识产权、机器设备等，独立产、供、销系统，主要原材料采购和产品销售不依赖实际控制人。

人员独立。发行人的总经理、副总经理、财务负责人和董事会秘书等高级管理人员不在控股股东、实际控制人及其控制的其他企业中担任除董事、监事以外的其他职务，不在控股股东、实际控制人及其控制的其他企业领薪；发行人的财务人员不在控股股东、实际控制人及其控制的其他企业中兼职。

关于人员独立，历史上曾经有过的禁止董事长双重任职（发行人与公司控制权人董事长由同一人担任）的规定已取消。另外，审核中要求禁止董事、监事、高管和发行人共同出资设立公司，当控股股东或实际控制人是自然人时也同样适用。

财务独立。发行人已建立独立的财务核算体系，能够独立作出财务决策，具有规范的财务会计制度和对分公司、子公司的财务管理制度；发行人未与控股股东、实际控制人及其控制的其他企业共用银行账户。

与财务独立相关的是，禁止存在公司控制权人的资金占用问题。如果存在此问题，解决是前提，而且审核会结合报告期内资金占用的形式、频率、原因等做实质性判断。此外，会进一步考察公司控制权人的业务情况，关注其自身经营或其他特殊事项对发行人资金的渴求程度，从源头上判断未来是否存在新发生资金占用的风险。

机构独立。发行人已建立健全的内部经营管理机构，独立行使经营管理职权，与控股股东和实际控制人及其控制的其他企业间不存在机构混同的情形。

业务独立。发行人的业务独立于控股股东、实际控制人及其控制的其他企业，与控股股东、实际控制人及其控制的其他企业间不存在同业竞争或者显失公平的关联交易。发行人应披露保荐人对前款内容是否真实、准确、完整发表的结论性意见。

本项是要求发行人具备直接面向市场的独立经营能力，且明确要求不存在同业竞争或者显失公平的关联交易。对于同业竞争是严格禁止，对于关联交易是有条件禁止。

3. 发行人内部独立性问题的形成原因及解决方案

从源头上讲，发行人内部独立性问题产生的原因主要包括以下几方面：

其一，国企改制成股份公司时没有进行整体改制，只纳入部分业务或者优质资产，导致与之相关联的业务或环节仍然在体外，因而可能产生大量关联交易等独立性问题。此等情况在我国资本市场诞生的初期普遍存在，近年来，随着国企改革的进程不断推进，此等情形已经很少出现，国企本身也不再构成拟上市企业的多数。

其二，部分民企，包括少数国有企业集团，内部有多项业务，形成大集团带多个经营主体的情况，在进行股份公司设立时，它们没有将整个集团作为发行人，而是将部分业务或资产整合成发行人，从而形成集团控股发行人，同时集团还控制其他经营主体的局面。此等情况下，发行人可能与集团之间出现没有做到"五独立"的情况。

其三，部分民企虽然是整体变更为股份公司，但由于其在大家族中，存在其他亲属同样拥有经营实体的情况，因此在这种情况下会否产生严重的独立性问题、是否存在同业竞争，更多地要从亲属之间的实际关系、各自企业的形成历史、经营中的关联状况等多因素做具体和个别判断。

其四，部分企业还存在设立股份公司时并不存在关联交易与同业竞争问题，但是在之后的运营中，发行人或公司控制权人收购其他企业，导致双方新形成关联交易或者同业竞争问题。

面对这些情况，一般的解决方案如下：

第一，在设立股份公司时，严格遵循"整体上市"的基本原则，从源头上解决独立性问题。如果能将整个集团直接整体变更或者全部业务整体纳入发行人范围，是最好的选择。如果不能全部纳入，也要保证将相同相类似业务、上下游之间业务全部纳入发行人范围。必须明确，在股份公司改制设立方案的设计上，"整体上市"远远重要于所谓的"主业突出"等考虑因素。

第二，通过发行人设立之后的资产重组解决独立性问题。此类资产重组应该在申报材料前完成，目前审核不允许将解决该类问题的资产收购等作为本次IPO的募集资金投资项目。

第三，严格建立规范的公司治理结构及有效的内部控制机制，严格按照"五独立"的要求规范发行人与控股股东、实际控制人及其控制的其他企业之间的关系。

4. 对发行人外部独立性的要求

发行人外部独立性不够，主要是由于公司的商业模式与业务经营实际状况决定的，通常表现为在技术或业务（例如采购和销售）上对其他公司的依赖。包括但不限于对供应商的依赖，对单一客户的依赖，对他方技术、商标、销售渠道的依赖等。此等依赖可能被认为发行人存在影响持续盈利能力的情形，如果与其他财务审核相关因素结合可能对发行人通过审核造成重大影响。

8.5.3.2 同业竞争

同业竞争属于发行人的内部独立性问题，但由于其重要性，单独再对其进行详细分析。

1. 相关规范对发行人同业竞争的要求

《招股书准则》第五十一条规定："发行人应披露已达到发行监管对公司独立性的下列基本要求：……（五）业务独立方面。发行人的业务独立于控股股东、实际控制人及其控制的其他企业，与控股股东、实际控制人及其控制的其他企业间不存在同业竞争或者显失公平的关联交易。"第五十二条规定："发行人应披露是否存在与控股股东、实际控制人及其控制的其他企业从事相同、相似业务的情况。对存在相同、相似业务的，发行人应对是否存在同业竞争作出合理解释。"第五十三条规定："发行人应披露控股股东、实际控制人作出的避免同业竞争的承诺。"

《创业板招股书准则》第四十九条至第五十一条，与《招股书准则》的规定一致。

尽管与同业竞争相关的条款规定在《招股书准则》和《创业板招股书准则》中，但在实质要求上与发行条件并无二致。根据这些条文的规定，目前IPO对于同业竞争问题的要求包括三个方面：其一，发行人不得与控股股东、实际控制人及其控制的其他企业存在同业竞争；其二，不存在同业竞争是指与发行人与竞争方之间不存在相同、相似业务或者有相同、相似业务但不存在竞争关系；其三，发行人的控股股东、实际控制人应该作出避免同业竞争的承诺。

2. 同业竞争的构成要件

同业竞争的构成要求包括三个方面。

（1）"竞争方"的构成

根据《招股书准则》和《创业板招股书准则》的规定，严格意义上讲，"竞争方"是指"控股股东、实际控制人及其控制的其他企业"，这里其实是要考察两个条件。其一，竞争方需是发行人的控股股东、实际控制人，而非发行人的其他中小股东；其二，需是发行人的控股股东、实际控制人"控制"的企业，而非发行人的控股股东、实际控制人参股的企业。对于"控制"的理解，一般参照《上市公司收购管理办法》（2014年）第八十四条的规定（有下列情形之一的，为拥有上市公司控制权：①投资者为上市公司持股50%以上的控股股东；②投资者可以实际支配上市公司股份表决权超过30%；③投资者通过实际支配上市公司股份表决权能够决定公司董事会半数以上成员选任；④投资者依其可实际支配的股份表决权足以对公司股东大会的决议产生重大影响；⑤中国证监会认定的其他情形）执行。

但在实践中，在审核发行人的同业竞争事项时，对发行人需要披露的事项做了扩大化处理。

其一，当发行人的控股股东、实际控制人为自然人时，竞争方扩展至其直系亲属。

从审核实践来看，一般认为发行人控股股东、实际控制人的直系亲属也应纳入规范范围，即这些亲属控制的企业也属于竞争方。非直系亲属则需要根据其所控制企业的业务情况具体问题具体分析：①与发行人的业务是一体化经营之后分家的，可能不被认可，应进行整合；②与发行人业务关系紧密（如上下游配套等）也应进行整合；③亲戚关系不紧密、业务关系不紧密、各方面都独立运作（例如商标等）的，则可根据实际情况灵活处理，不作强制要求，保荐机构应做好尽职调查，发行人应如实进行信息披露。

这里有一个问题是"直系亲属"的范围问题。我国《民法通则》、自2017年10月1日起施行的《民法总则》对此均没有规定，《婚姻法》和《继承法》也都没有解释这个概念（《婚姻法》仅提到"直系血亲"，但没有解释直系血亲的含义；《继承法》仅提到第一顺序的继承人是谁）。从民法法理上看，直系亲属包括父母、祖父母、外祖父母、子女、孙子女、外孙子女等，但不包括兄弟姐妹。但从近期证监会的反馈意见来看，其把作为发行人控股股东、实际控制人的夫妻双方的近亲属（即配偶、父母、子女、兄弟姐妹、祖父母、外祖父母、孙子女、外孙子女）均列入直系亲属范围。

其二，竞争方扩展至对发行人有重大影响的股东以及持股5%以上股东控制的企业。

已废止的《股票发行审核标准备忘录第一号》（2001年发布）将竞争方的范围规定为"适用于一切直接、间接地控制公司或有重大影响的自然人或法人及其控制的法人单位"。另外，目前适用的《公开发行证券公司信息披露的编报规则第12号——公开发行证券的法律意见书和律师工作报告》（2001年）将关联交易与同业竞争列在同一条，在将持有发行人股份5%以上的股东界定为关联方的同时，要求说明发行人与关联方之间是否存在同业竞争。

由于前一个文件已经废止，后一个文件仅是对律师工作报告的要求（该编报规则中只是在规定律师工作报告时要求就该事项进行说明和披露，但对法律意见书则无此要求），因此不能将其等同于发行条件的要求，但审核方可以要求进行披露。而且，存在此种情况时，审核方即便不能直接将其视为同业竞争，但也可以以实质性审核理念认为其会导致发行人独立性不够而否决发行人IPO申请，所以，对此仍然要进行尽职调查和给予充分重视。建议保荐机构根据具体情况说明其他主要股东是否会对发行人的独立性有重大影响，包括要结合股权结构是否分散及股东的影响力等对此进行说明。

需要补充的是，第二大股东的身份比较敏感，审核上一般将其与控股股东等齐论之，拟上市企业也不允许存在与第二大股东有同业竞争。

其三，竞争方扩展至控股股东、实际控制人虽不控制但能施加重大影响的企业。

此种情况与前述第二种情况类似。虽然不是严格上的"竞争方"，但仍然应该进行充分尽调，考察控股股东、实际控制人对该企业的实际影响力，说明是否会对发行人的独立性构成影响。

（2）关于"同业"

根据《招股书准则》和《创业板招股书准则》的规定，只要发行人与竞争方有从事相同、相似业务的情况就构成"同业"。业务实践中，审核方要求不能简单依据经营范围就对是否"同业"作出判断，应该对竞争方的实际经营情况充分尽调后，从同一业务或相似业务的实质判断出发得出结论。一般来说，只要业务之间具备替代性即可认为是相同或相似业务。此外，虽然业务不具替代性，但拥有共同采购或销售渠道等对独立性有重大影响的事项也有可能被认定为"同业"。

（3）关于"竞争"

根据《招股书准则》和《创业板招股书准则》的规定，只要发行人与竞争方有从事相同、相似业务的情况就构成同业竞争，除非发行人能够对不存在同业竞争作出合理解释。也就是说，与竞争方同业即构成同业竞争，除非有强有力的反证来说明"同业不竞争"或者不存在"实质性同业竞争"。

从审核实践看，能够被审核方接受的同业不竞争的理由有越来越收紧的趋势。审核方明确要求不能仅以经营区域、细分产品、细分市场的不同来认定不构成同业竞争。一般认为，如果要论证同业不竞争，要结合生产、技术、研发、设备、渠道、客户、供应商等因素进行综合考虑，除关注是否存在直接竞争外，要具体看是否存在替代关系，是否存在利益冲突，是否可能争夺商业机会，是否使用相同的商号、商标、原料、销售渠道、经销商、供应商，以及设备、工艺流程、技术等是否具有通用性。

3. 同业竞争的解决方案

包括同业竞争在内的内部独立性问题的根源往往在于发行人在股份公司设立方案（改制方案）的设计上，所以整体上市的改制方案可以从源头上解决同业竞争问题。从目前审核实践看，反馈意见往往会询问涉嫌构成同业竞争的经营实体未纳入发行人的原因。

在股份公司设立后，如果面临同业竞争问题（包括前文所提到的不构成严格意义上的"同业竞争"但同样可能对独立性构成严重影响的情况），发行人应在提出发行上市申请前考虑采取"买"（纳入发行人）、"卖"（发行人或竞争方出售构成竞争的业务或经营主体）、"停"（发行人或竞争方停止从事相竞争的业务）等三大类方式予以解决。

具体来说，"买"是三类方式里面最受鼓励的。《证券期货法律适用意见第3号》（证监会公告〔2008〕22号）对同一控制下的业务重组给予了明确支持的态度。在同一公司控制权人下相同、类似或相关业务进行重组的，只要被重组方重组前一个会计年度末的资产总额或前一个会计年度的营业收入或利润总额未超过重组前发行人相应项目100%的，将不会被要求增加运行时间。

如果选择"卖"，则有发行人出售给第三方或者发行人出售给竞争方两种选择。对于前者，审核方一般会本着风险导向审核理念，对"卖"的真实性（即收购方作为非关联第三方的真实性、是否会有后续回购、仍然掌控控制权等"抽屉协议"等）提出进一步的核查与披露要求。对于后者，审核方则会关注是否影响发行人业务发展、估值定价的公允性、是否新产生关联交易等问题。例如，2017年7月18日召开的发审会通过了广东骏亚电子科技股份有限公司的IPO申请。从聆讯问题看，发审委对于发行人以"卖"的方式解决同业竞争问题存在较大疑虑。这类问题包括如下方面：

- 发行人控股股东转让深圳万基隆电子科技有限公司（以下简称"万基隆电子"）股权而不是纳入发行人的原因及商业合理性，是否存在关联交易非关联化情形，程序是否合法合规；
- 报告期内发行人与万基隆电子是否存在同业竞争，万基隆电子的收入、资产和利润情况及其对发行人独立性和资产完整性的影响，是否构成业务重组及其会计处理是否符合会计准则的规定；
- 万基隆电子是否存在重大违法违规行为，股权转让和资产转让协议的具体约定情况是否存在争议或潜在的纠纷，发行人的环保是否符合相关法律法规的要求；
- 股权受让方在万基隆电子已出售PCB业务相关机器设备并转移订单的情况下收购万基隆电子的目的和原因及合理性，收购价格及定价依据，目前经营情况。

如果选择"停"，则最好是由竞争方停止业务。如果由发行人停止业务，则要充分说明合理性及对发行人业务发展机会不构成影响。另外，目前审核实践不同意发行人使用募集资金解决同业竞争问题。

8.5.3.3 关联交易

1. 关联交易既是非财务事项，也是财务事项，对其的审核集中体现了 A 股 IPO 的审核理念

关联交易作为市场经济中普遍存在的经济现象，有好的一面（按照新制度经济学的理论，关联交易存在的主要意义在于节约交易成本），有中性的一面（关联企业之间通过转移定价方式实现利润转移以降低税负），也可能有明显的坏的一面（例如利用关联交易来粉饰业绩甚至财务舞弊）。因此，目前 A 股 IPO 审核对关联交易事项虽然并没有完全禁止（与同业竞争问题显著不同），但同时保持着高度"警惕"，对关联交易的审核历来是 A 股 IPO 审核的重点事项。2017 年 6 月 9 日，证监会新闻发言人公布 2017 年 1—4 月 18 家未通过发审会的拟 IPO 企业存在五方面的问题，其中关联交易及关联关系存疑占 3 家，占比 16.67%。

就目前 A 股 IPO 审核实践来说，对关联交易的审核集中体现了三大审核理念。①关联方的认定具有复杂性，不仅有规则之间的交叉，而且有很大的实质性判断的成分。至于关联交易的公允性、对发行人独立性的影响等更是需要进行实质性判断。②基于 A 股 IPO 的风险导向审核理念，审核方对于关联交易对发行人报告期内乃至未来上市后独立性的影响特别关注。加上近年来利用关联交易来进行财务粉饰甚至财务舞弊的情况较为普遍，审核方总体上还是希望发行人尽可能减少关联交易。③由于关联交易与公司治理、发行人内控机制建设、业绩的真实性等密切相关，审核方往往出于多因素综合考量的理念，综合各种因素来全面看待发行人的关联交易事项，并最终得出审核结论。

2. 关联方的界定

《公司法》（2013 年）第二百一十六条明确规定："关联关系，是指公司控股股东、实际控制人、董事、监事、高级管理人员与其直接或者间接控制的企业之间的关系，以及可能导致公司利益转移的其他关系。但是，国家控股的企业之间不仅因为同受国家控股而具有关联关系。"这一界定规定了认定关联关系的总体原则，有三层意思。

其一，关联关系是指公司控股股东、实际控制人、董事、监事、高级管理人员与其直接或者间接控制的企业之间的关系。发行人与控股股东、实际控制人、董事、监事、高级管理人员及其直接或者间接控制的企业之间是关联方。

基于这一原则性规定，《上市公司信息披露管理办法》（证监会令〔2007〕第 40 号，以下简称为《信息披露办法》）对关联关系与关联方进行了具体规定。深沪交易所《股票上市规则》的规定与《信息披露办法》基本一致。同时，发行人编制财务会计报告应当执行《企业会计准则第 36 号——关联方披露》的规定。

因此，在界定关联方时，首先要根据现有相关规范性文件、上市规则和《企业会计准则》的明确规定执行。这些规定的具体规定参见表 8-8。同时，应根据《关于进一步提高首次公开发行股票公司财务信息披露质量有关问题的意见》（证监会公告〔2012〕14 号）"发行人及各中介机构应严格按照《企业会计准则》《上市公司信息披露管理办法》和证券交易所颁布的相关业务规则的有关规定进行关联方认定，充分披露关联方关系及其交易"的要求，IPO 申报材料对关联方的界定应同时执行会计准则和证券监管规则规定的两套标准，并以其"并集"作为关联方的范围。其中唯一例外的是发行人的子公司。根据会计准则，子公司也是关联方。

表 8-8 证券监管规则和会计准则对于关联方界定的具体规定

内容		《上市公司信息披露管理办法》、交易所《股票上市规则》	《企业会计准则第 36 号——关联方披露》
关联交易		关联交易，是指上市公司或者其控股子公司与上市公司关联人之间发生的转移资源或者义务的事项	关联方交易，是指关联方之间转移资源、劳务或义务的行为，而不论是否收取价款
关联自然人	有股权关系的自然人	直接或者间接持有 5% 以上股份的自然人及与其的关系密切的家庭成员（包括配偶、父母、年满 18 周岁的子女及其配偶、兄弟姐妹及其配偶，配偶的父母、兄弟姐妹，子女配偶的父母）	主要投资者个人（能够控制、共同控制一个企业或者对一个企业施加重大影响的个人投资者）及与其关系密切的家庭成员（指在处理与企业的交易时可能影响该个人或受该个人影响的家庭成员） 控制是指有权决定一个企业的财务和经营政策，并能据以从该企业的经营活动中获取利益。共同控制，是指按照合同约定对某项经济活动所共有的控制，仅在与该项经济活动相关的重要财务和经营决策需要分享控制权的投资方一致同意时存在。重大影响，是指对一个企业的财务和经营政策有参与决策的权力，但并不能够控制或者与其他方一起共同控制这些政策的制定
	有管理关系的自然人	董事、监事及高级管理人员	关键管理人员（有权力并负责计划、指挥和控制企业活动的人员）及与其关系密切的家庭成员
	与母公司及以上相关的自然人	直接或者间接地控制上市公司的法人的董事、监事及高级管理人员及与其的关系密切的家庭成员（包括配偶、父母、年满 18 周岁的子女及其配偶、兄弟姐妹及其配偶，配偶的父母、兄弟姐妹，子女配偶的父母）	母公司的关键管理人员及与其关系密切的家庭成员
关联法人	母公司及以上	直接或者间接控制上市公司的法人或其他组织	该企业的母公司
	同被控制的兄弟公司	由前项所述法人直接或者间接控制的除上市公司及其控股子公司以外的法人	与该企业受一母公司控制的其他企业
	被关联自然人控制的公司	关联自然人直接或者间接控制的、或者担任董事、高级管理人员的，除上市公司及其控股子公司以外的法人或其他组织	主要投资者个人、关键管理人员或与其关系密切的家庭成员控制、共同控制或施加重大影响的其他企业
	其他股东	持有 5% 以上股份的法人或者一致行动人	对该企业实施共同控制的投资方、对该企业施加重大影响的投资方
	其他关联法人		该企业的子公司、该企业的合营企业、该企业的联营企业

（续表）

内容	《上市公司信息披露管理办法》、交易所《股票上市规则》	《企业会计准则第36号——关联方披露》
关联方兜底条款	中国证监会、证券交易所或公司根据实质重于形式原则认定的其他与公司有特殊关系，可能导致公司利益对其倾斜的法人或自然人	财政部关于36号准则的《指南》要求判断关联方交易的存在应当遵循实质重于形式的原则
关联方时效条款（潜在关联方和历史关联方）	在过去12个月内或者根据相关协议安排在未来12个月内，存在上述情形之一的	
例外条款	受同一国有资产管理机构控制的，不因此而形成关联关系，但该法人的法定代表人、总经理或者半数以上的董事兼任上市公司董事、监事或者高级管理人员的除外	仅与企业存在下列关系的各方，不构成企业的关联方：与该企业发生日常往来的资金提供者、公用事业部门、政府部门和机构；与该企业发生大量交易而存在经济依存关系的单个客户、供应商、特许商、经销商或代理商；与该企业共同控制合营企业的合营者；仅仅同受国家控制而不存在其他关联方关系的企业，不构成关联方
关联交易类型	购买或者出售资产；对外投资（含委托理财、委托贷款等）；提供财务资助；提供担保；租入或者租出资产；委托或者受托管理资产和业务；赠与或者受赠资产；债权、债务重组；签订许可使用协议；转让或者受让研究与开发项目；购买原材料、燃料、动力；销售产品、商品；提供或者接受劳务；委托或者受托销售；在关联人财务公司存贷款；与关联人共同投资；其他通过约定可能引致资源或者义务转移的事项	购买或销售商品；购买或销售商品以外的其他资产；提供或接受劳务；担保；提供资金（贷款或股权投资）；租赁；代理；研究与开发项目的转移；许可协议；代表企业或由企业代表另一方进行债务结算；关键管理人员薪酬

其二，存在可能导致公司利益转移的其他关系也可能构成关联方。这一界定带有很大的实质性判断成分。《信息披露办法》就此明确规定关联方包括：中国证监会、证券交易所或者上市公司根据实质重于形式的原则认定的其他与上市公司有特殊关系，可能或者已经造成上市公司对其利益倾斜的法人。2012年的保代培训也提出：按照《公司法》的定义，有可能导致公司利益转移关系的就可以认定为关联方。因此，有些情况即便按照某些规则不属于关联方，但也应按照实质重于形式的原则将其披露出来。

此外，上交所《上市公司关联交易实施指引》（2011年）对关联法人的相关规定是"本所根据实质重于形式原则认定的其他与上市公司有特殊关系、可能导致上市公司利益对其倾斜的法人或其他组织，包括持有对上市公司具有重要影响的控股子公司10%以上股份的法人、其他组织或自然人等"。这一规定把发行人的重要控股子公司的参股股东（持股10%以上）也纳入了关联方范围。

因此，即便不属于上述规则界定的关联方，在必要的情况下也要基于实质重于形式的原则，界定其是否属于可能导致公司利益转移的其他关系。如果属于，也要按照关联方来披露。

其三，国家控股的企业之间不会仅因为同受国家控股而具有关联关系。

3. 关联交易的界定

根据《信息披露办法》，关联交易是指上市公司或者其控股子公司与上市公司关联人之间发生的转移资源或者义务的事项。根据《企业会计准则第36号——关联方披露》，关联方交易是指关联方之间转移资源、劳务或义务的行为，而不论是否收取价款。交易所的《股票上市规则》和《企业会计准则第36号——关联方披露》均各自列举了关联交易的具体类型（表8-8）。

需要注意的有两点：其一，关联交易的类型不仅限于已经列举的这些类型。只要关联方之间发生的各种形式的交易或者并非一般意义上的"交易"，涉及了转移资源、劳务或义务的行为或事项，均构成关联交易。其二，即便是已经列举的行为，也不能简单看形式，要从实质上进行判断。

例如，交易所《股票上市规则》明确列举了"与关联人共同投资"这一形式。在实际表现上，除了通常的发行人与控股股东共同投资设立企业明显符合，也还可能有以其他形式显现但实质上是"与关联人共同投资"，如发行人从无关联第三方购买控股股东控股的子公司的少数股权。该交易从形式上来看是发行人与无关联第三方的交易，不构成关联交易，但是该交易的后果会形成发行人与控股股东共同持有同一公司股权的情形，那么从严格意义上讲，这一交易也应该被视为关联交易，董事会或股东大会在进行审议时关联方应该回避表决。

4. 相关规范对发行人关联交易的要求

《公司法》（2013年）第二十一条：公司的控股股东、实际控制人、董事、监事、高级管理人员不得利用其关联关系损害公司利益。违反前款规定，给公司造成损失的，应当承担赔偿责任。

《首次公开发行股票并上市管理办法》（2015年，以下简称《首发办法》）第四十二条：发行人应当在招股说明书中披露已达到发行监管对公司独立性的基本要求。

第二十五条：发行人应完整披露关联方关系并按重要性原则恰当披露关联交易。关联交易价格公允，不存在通过关联交易操纵利润的情形。

《招股书准则》第五十一条：发行人应披露已达到发行监管对公司独立性的下列基本要求：……（五）业务独立方面。发行人的业务独立于控股股东、实际控制人及其控制的其他企业，与控股股东、实际控制人及其控制的其他企业间不存在同业竞争或者显失公平的关联交易。

第五十四条：发行人应根据《公司法》和《企业会计准则》的相关规定披露关联方、关联关系和关联交易。

第五十五条：发行人应根据交易的性质和频率，按照经常性和偶发性分类披露关联交易及关联交易对其财务状况和经营成果的影响。购销商品、提供劳务等经常性的关联交易，应分别披露最近三年及一期关联交易方名称、交易内容、交易金额、交易价格的确定方法、占当期营业收入或营业成本的比重、占当期同类型交易的比重以及关联交易增减变化的趋势，与交易相关应收应付款项的余额及增减变化的原因，以及上述关联交易是否仍将持续进行。偶发性的关联交易，应披露关联交易方名称、交易时间、交易内容、交易金额、交易价格的确定方法、资金的结算情况、交易产生利润及对发行人当期经营成果的影响、交易对公司主营业务的影响。

第五十六条：发行人应披露是否在章程中对关联交易决策权力与程序作出规定。公司章程是否规定关联股东或利益冲突的董事在关联交易表决中的回避制度或做必要的公允声明。发行人应披露最近三年及一期发生的关联交易是否履行了公司章程规定的程序，以及独立董事对关联交易履行的审议程序是否合法及交易价格是否公允的意见。

第五十七条：发行人应披露拟采取的减少关联交易的措施。

《创业板招股书准则》做了与《招股书准则》基本相同的规定。

5. 关联交易审核的一些具体要求

与关联交易审核相关的一些具体要求如下，可参见表8-9。

表8-9 目前IPO审核对于关联交易的关注点

审核关注点		要求
关联交易的真实性		交易真实发生；交易出于发行人正常经营需要，不存在商业以外的目的与动机；关联销售的商品被关联方实际使用或者实现了最终销售
对发行人独立性的影响	必要性与合理性	与关联方而非市场第三方进行该项交易具有商业合理性，是必要的
	可替代性	是否可以通过非关联交易解决，即对关联方是否具有较强的依赖性
	重要性	按照性质（经常性关联交易与偶发性关联交易）分别考察，对于在销售、采购等核心业务环节发生的经常性关联交易更加重视
	比例	既考察该关联交易占发行人同类业务的比例，也考察该关联交易占交易对方的比例
	对业绩的影响	来自关联销售业务收入占发行人营业收入、毛利的比重
	趋势	该关联交易占发行人同类业务的比例与数量是否呈下降趋势
关联交易的公允性	交易条件与定价	交易价格的确定公允，且有足够的证据能够证明交易条件与交易价格的公允性
	毛利率	来自关联销售的业务毛利率与非关联销售的业务毛利率没有显著差别
关联交易的合规性	决策程序	按照章程规定的程序予以决策与批准，关联方回避表决，独立董事发表意见
	充分披露	按照相关监管要求真实、准确、完整地披露关联方与关联交易
	会计处理	严格按照会计准则相关要求进行会计处理

（1）全面核查与披露关联方及关联交易

审核高度关注关联方的认定是否合规，披露是否完整，是否存在隐瞒关联方的情况。要求根据《公司法》《企业会计准则》《上市公司信息披露管理办法》以及证券交易所颁布的相关业务规则的规定准确、完整披露关联方及关联关系；关联关系的界定主要关注是否可能导致发行人利益转移，而不仅限于是否存在股权关系、人事关系、管理关系等，也就是说，保荐机构在关联方的尽职调查中，依据要全面，并且要按照实质重于形式原则，只要可能存在利益输送就需要被确认为关联方。例如，直接按照《企业会计准则第

36号——关联方披露》，发行人重要控股子公司的参股股东不是关联方。但是，上交所《上市公司关联交易实施指引》已经把"持有对上市公司具有重要影响的控股子公司10%以上股份的公司"列入了关联方范围，此外按照《公司法》"存在可能导致公司利益转移的其他关系"以及《企业会计准则应用指南》"遵循实质重于形式的原则"来看，应该把发行人重要控股子公司的参股股东列入重点核查范围，按照或者比照关联方来调查和披露该参股股东的详细情况及相关交易情况。

（2）对重要客户、供应商关联身份及交易真实性的核查

前一项是要求完整披露关联方与关联交易并对已披露的关联方与关联交易进行核查，本项重点是对未披露为关联方和关联交易的情况进行核查，核心是发现有无遗漏或者故意隐瞒关联关系的情况。其原因在于，从审核实践来看，部分IPO拟申报企业存在利用未披露的关联关系来进行财务粉饰甚至财务舞弊的情况，证监会对此也历来高度重视。如果重要客户、供应商隐瞒关联关系并向发行人输送利润（例如抬高销售价格、压低供应价格、代为承担费用等），则是明显的财务粉饰行为。如果重要客户隐瞒关联关系并与发行人发生并未实现最终销售的交易，则是明显的财务舞弊行为（所谓"假的真交易"）。

一般来说，此类财务粉饰和财务舞弊行为都是发行人管理层故意安排与实施的行为，难以通过内部控制机制来发现，这就需要保荐机构通过充分获取外部证据的方式来应对这种内部舞弊，所以必须对重要客户、供应商的身份进行尽职核查。

常见的方式包括两种。一种是从主体出发，通过对客户、供应商进行实地走访、信息比对，发现主要客户、供应商是否存在隐瞒关联关系的可能。例如，详细核查发行人的所有关联方（包括发行人引入的PE股东及其出资人）及职工（含离职员工）、详细核查发行人的董监高及其他核心人员（包括与其关系密切的家庭成员）是否在发行人的客户或供应商（或与上述客户或供应商存在关联关系的单位、上下级单位、上下级公司）任职或担任股东。

另外一种是从交易出发。对于报告期内的重大异常、不合理交易（例如明显不符合商业逻辑的交易、报告期最后一期突然新出现大客户等），应当予以充分关注和核查，包括交易的真实性、交易对方是否为未披露的关联方等。

此外，需要注意的是，也可能存在经销商与发行人确实不存在通常意义上的关联关系，但为了配合发行人"冲业绩"而故意采购囤货、帮忙做高业绩的情况。在这种情况下，这些经销商其实也就具备了前文所述"可能导致公司利益转移的其他关系"这种关联方认定的情形，在实质上也构成了公司的关联方，而且应该关注发行人及其控股股东与这些经销商是否有其他利益关系和承诺事项。

（3）关联交易的公允性论证

关联交易的定价政策及其公允性论证是申报材料必须披露和保荐机构必须发表意见的内容。

财政部会计司在"《企业会计准则——关联方关系及其交易的披露》问题解答"（2000）中指出：国际会计准则提供了关联方交易中确定价格的几种方法，如可比不可控价格、转售价格、成本加利润法等。《企业会计准则——关联方关系及其交易的

披露》没有提供交易的计价方法，但应在会计报表附注中说明关联交易的定价政策，包括：

- 关联交易定价方法，即是按市价、出厂价、协议价、成本价定价，还是按其他方式定价；
- 与非关联方的交易价格是否一致，即说明关联交易价格与非关联交易价格在定价时上下浮动的比例；
- 关联方交易没有金额或只有象征性金额的交易情况。

实践中论证交易公允性可选择的方法包括：同类或近似产品既有关联方交易又有非关联方交易的，直接对比关联方与非关联方交易的价格；不存在同类非关联方交易的，通过说明关联交易价格的生成机制，如运用成本加成法定价等，分析并论证定价方法的合理性；此外，还可以通过分析关联方之间通过关联交易各自获取的收益水平的合理性，间接论证关联交易价格的公允性。

（4）对关联交易占比数量要求的政策演化

《关于进一步规范股票首次发行上市有关工作的通知》（证监发行字〔2003〕116号）曾经要求：最近一年和最近一期，发行人与控股股东及其全资或控股企业，在产品（或服务）销售或原材料（或服务）采购方面的交易额，占发行人主营业务收入或外购原材料（或服务）金额的比例，均不超过30%；具有完整的业务体系，最近一年和最近一期，发行人委托控股股东及其全资或控股企业，进行产品（或服务）销售或原材料（或服务）采购的金额，占发行人主营业务收入或外购原材料（或服务）金额的比例，均不超过30%；具有开展生产经营所必备的资产，最近一年和最近一期，以承包、委托经营、租赁或其他类似方式，依赖控股股东及其全资或控股企业的资产进行生产经营所产生的收入，均不超过其主营业务收入的30%。

这是所谓关联交易占比不超过30%要求的政策来源。该规定已经于2006年被废止。之所以放弃数量定量要求，是因为由于商业模式与行业及自身股权结构、历史沿革的不同，不同企业的关联交易情况对其独立性、持续经营能力和经营业绩的影响是复杂的，不宜于以简单使用数量标准"一刀切"，而是应该基于实质性判断和多因素综合考量的审核理念，对不同企业的具体情况具体分析。所以，尽管30%仍然可以作为一个参考指标，但实际上更重要的是结合发行人自身的各种情况看交易实质，在尽调中做实质性判断，而不是简单地看比例为多少。例如，关联交易对于发行人业务链的完整到底具有多大的影响。又如，不仅要看关联交易占发行人同类业务的比例，而且要看该项关联交易占交易对方同类业务的比例。

（5）消除与减少关联交易的措施

内部独立性问题（包括关联交易）的根源往往在于发行人在股份公司设立方案（改制方案）的设计上，所以整体上市的改制方案可以从源头上解决关联交易问题。

在股份公司设立后，如果面临关联交易问题（例如关联交易占比较大），发行人应在提出发行上市申请前考虑两大类方式予以解决。

第一大类是消除关联交易。这类方式也可以分成两个思路。一个思路是"买"，即发行人通过收购等方式将关联方纳入发行人，以消除关联交易。另一个思路是"卖"，包括发行人将涉及关联交易的业务出售给关联方或者第三方，实际控制人将关联方或者涉及关联交易的业务出售给第三方等。因为"买"是纳入发行人主体，监管机构历来更鼓励通过购买资产的方式来消除关联交易。如果选择"卖"，审核方一般会本着风险导向审核理念，对"卖"的真实性提出进一步的核查与披露要求，也就是所谓"关联交易非关联化"的问题。

第二大类是披露与合理解释，并且提出未来减少关联交易的措施。这是关联交易事项与同业竞争的不同。对于同业竞争，发行条件是要求严格消除；而对于关联交易，发行条件并没有完全禁止。因此，可以通过披露与合理解释来说明当前关联交易的合理性与必要性，并且说明交易公允，已经采取措施减少未来关联交易的金额和占比。

（6）重点关注"关联交易非关联化"

消除关联交易的方法中包括发行人或实际控制人将涉及关联交易的业务或主体出售给第三方，从而将关联交易转换为市场竞争主体之间的正常交易。这在审核中一般被称为"关联交易非关联化"。基于IPO审核中的风险导向审核理念，审核方一般会对"关联交易非关联化"问题高度警惕。主要的审核要求如下：

其一，在信息披露方面严格要求。要求发行人详细披露"非关联化"的相关具体情况，包括但不限于注销、转让等情况。在报告期内注销、转出的关联方仍然要做详尽披露，注销要提供清算之前的财务数据。

其二，如果是以转让的方式进行"非关联化"，要求中介机构重点核查以下事项：①转让的真实性、合法性、合理性，包括受让主体的身份，与发行人是否存在关联关系，是否存在委托或代理持股，是否存在未来回购安排（申报前出售、上市后购回）、仍然掌控控制权等"抽屉协议"等。特别是要从商业合理性方面考虑交易的真实性，并关注异常情况。例如，如果准备接手的第三方是发行人的高管（前高管）、员工（前员工）、与新引入PE的关联方及实际控制人存在其他关系（但并不构成关联方）等，都建议尽量避免。确实已经发生的，建议要么如实披露并进行充分的分析说明，要么进一步予以处理。②转让价格是否公允。③转让后与发行人是否仍存在交易及资金往来情况。④转让后相关资产、人员的最终去向。

其三，如果是以注销的方式进行"非关联化"，要求中介机构重点核查以下事项：注销的关联企业情况，注销的原因，是否存在较多的债务或持续的亏损，该注销主体自设立以来的生产经营情况，存续期间是否合法经营，注销前从事的业务及与发行人的业务、资产、技术、营销网络等方面之间的关系，注销后管理人员和生产人员的去向，与发行人的人员是否重叠。一般还会要求提供注销前一年的财务报表和注销的相关证明文件，注销履行的内部决策程序和债权人告知程序以及是否存在纠纷和潜在纠纷等。

其四，非关联化的标的历史上是否存在重大违法行为。

除了关联方的不当"非关联化"外，还要注意关联交易的不当"非关联化"，例如通过一个非关联方（过桥主体）将一个关联交易化解为两个非关联交易等。

8.5.3.4 规范运作

1. 发行人及其控股股东、实际控制人不得存在重大违法行为

《首次公开发行股票并上市管理办法》（2015年）第十八条规定发行人不得有下列情形：（一）最近36个月内未经法定机关核准，擅自公开或者变相公开发行过证券；或者有关违法行为虽然发生在36个月前，但目前仍处于持续状态；（二）最近36个月内违反工商、税收、土地、环保、海关以及其他法律、行政法规，受到行政处罚，且情节严重；（三）最近36个月内曾向中国证监会提出发行申请，但报送的发行申请文件有虚假记载、误导性陈述或重大遗漏；或者不符合发行条件以欺骗手段骗取发行核准；或者以不正当手段干扰中国证监会及其发行审核委员会审核工作；或者伪造、编造发行人或其董事、监事、高级管理人员的签字、盖章；（四）本次报送的发行申请文件有虚假记载、误导性陈述或者重大遗漏；（五）涉嫌犯罪被司法机关立案侦查，尚未有明确结论意见；（六）严重损害投资者合法权益和社会公共利益的其他情形。在这些情况中，实践中主要使用的是第二款，即最近36个月内违反工商、税收、土地、环保、海关以及其他法律、行政法规，受到行政处罚，且情节严重。

《首次公开发行股票并在创业板上市管理办法》（2015年）第二十一条规定：发行人及其控股股东、实际控制人最近三年内不存在损害投资者合法权益和社会公共利益的重大违法行为。发行人及其控股股东、实际控制人最近三年内不存在未经法定机关核准，擅自公开或者变相公开发行证券，或者有关违法行为虽然发生在三年前，但目前仍处于持续状态的情形。

与主板、中小板相比，创业板将条件浓缩为一条，但在适用上与主板、中小板是基本一致的。同时，将对发行人的要求扩展到了对控股股东、实际控制人的要求。根据监管部门的窗口指导，对于主板、中小板来说，也同样延展适用至控股股东、实际控制人。因此，总体上讲，主板、中小板与创业板在规范运作上的要求是一致的，均是要求发行人及其控股股东、实际控制人不得存在重大违法行为情形。

在现行审核实践中，所谓"重大违法行为"是指违反国家法律、行政法规，受到刑事处罚或行政处罚且情节严重的行为。原则上，凡被行政处罚的实施机关给予罚款以上行政处罚的，都被视为"情节严重"而构成重大违法行为。但行政处罚的实施机关依法认定该行为不属于重大违法行为，并能够依法作出合理说明的除外。这里的行政处罚主要是指财政、税务、审计、海关、工商等部门实施的，涉及发行人经营活动的行政处罚决定。被其他有权部门实施行政处罚的行为，涉及明显有违诚信、对发行人有重大影响的，也在此列。

没有触及上述标准的违法行为，一般不被视为重大违法行为，不影响发行条件。在实践中，大家更关心的是，如果有触及以上标准的违法行为（例如某事项受到了工商部门罚款的行政处罚），是否一定会被视为重大违法行为而影响发行条件。答案是否定的，但需要发行人与中介机构论证其不构成"重大违法"或者"情节严重"。

例如，2017年9月20日召开的创业板发行审核委员会2017年第75次会议审核通过了江苏怡达化学股份有限公司的IPO申请。聆讯问题包括：招股说明书披露，报告期发行人多次受到行政处罚，包括一次消防处罚、三次环保处罚。请发行人代表说明相关事项是否构成重大违法行为，并结合发行人产品特性说明与安全生产和环境保护相关的内部控制是否存在重大缺陷。业务实践中，论证的具体要求包括以下几点。

第一，如果行政机关作为处罚依据的法律规定中有明确的"情节严重"的界定，或者虽然没有直接界定，但是规定了"情节严重"的处罚区间，而实际发生的行政处罚不触及"情节严重"，或者不属于该处罚区间，则是一个有利的证明。

第二，根据发行人违规行为的性质、情节、社会危害性等因素进行综合判定，论证其不属于"情节严重"。除了发行人的说明，保荐机构、律师事务所等中介机构要对此发表专业意见。必须时，根据违法行为的性质还可以考虑请司法鉴定机构等权威机构发表专业意见。

第三，提供作出该项行政处罚的行政机关对该行为性质的认定证明，看其是否将拟发行人的违规行为认定为"重大违法"。如果该机关明确认为违法行为"情节轻微"，则是一个有利的证明。但需要说明的是，由于目前多数地方对于企业上市持支持态度，部分地方的行政机关有可能应发行人的要求或其他部门的压力而对一些明显违法情节严重的行为也出具类似证明，对此，监管部门可能按照实质性审核理念而不予认可。

需要注意的是，存在合规瑕疵或者违法行为的发行人，无论是否构成"情节严重"或者"重大违法"，都应该对该行为及其处罚如实进行披露。

2. 重大违法行为的起算点

根据证监会的窗口指导，关于重大违法行为的起算点，对被处罚的法人违法行为从发生之日起计算，违法行为有连续或继续状态的，从行为终了之日起计算；对被处罚的自然人以行政处罚决定作出之日起计算。如果发行人的违法行为确实构成重大违法行为，影响了发行条件，那么要按照以上起算点的规定运行三年之后方重新满足发行条件的规定。

与之相关的一个事项是行政处罚的时效问题。《行政处罚法》第二十九条规定：违法行为在二年内未被发现的，不再给予行政处罚。法律另有规定的除外。前款规定的期限，从违法行为发生之日起计算；违法行为有连续或继续状态的，从行为终了之日起计算。因此，如果发行人历史上存在违法行为，但该违法行为发生的时间超过两年，且不存在有连续或继续状态，那么可以认定该违法行为已超过追责时效期限，不会再被行政处罚。

本章小结

本章介绍了A股首次公开发行的条件，包括发行条件的体系和发行条件的具体内容；对比了A股上市与境外上市，主要介绍发行人选择上市地的一般考虑因素、境外上市的优势与劣势，并对发行人给出具体建议；具体地梳理了A股首次公开发行并上市的过程，包括设立股份公司、辅导、审核、发行上市四个主要部分；最后阐述了监管部门对A股首次公开发行并上市的审核，包括审核理念、主要财务与非财务审核事项。

本章重要术语

A股首次公开发行并上市　境外上市　发起设立　有限公司变更为股份公司　辅导　招股说明书　保荐机构　发审委　静默期　中止审查　发行价格　持续督导　实质性审核主义　财务操纵独立性　同业竞争　关联交易　重大违法行为

思考练习题

1. A股IPO发行条件的构成，其主要法律依据是什么？
2. A股IPO的发行条件中，与财务相关的量化条件包括哪些？
3. 企业选择上市地的一般考虑因素都有哪些？
4. 试对比企业境外上市与境内A股上市的优劣势。
5. A股IPO需要历经的主要过程或阶段包括哪些？
6. 试总结在IPO申报之前确定上市主体架构（资产重组）的总体原则。
7. 在IPO申报之前进行资产重组时如何避免触及主营业务发生重大变化的发行条件？
8. 试总结关于IPO上市辅导的法律依据与具体要求。
9. 主板、中小企业板及创业板IPO的申请文件主要包含哪些内容？
10. 简述A股IPO审核的主要流程。
11. 概述A股IPO审核流程中的特殊事项。
12. 发行人IPO的申请受理后至通过发审会期间，发生哪些情形时将中止审查？
13. 按照《证券发行与承销管理办法》等有关规定，应通过询价的方式确定发行价格。常用的发行方式目前有哪些？
14. 股票上市完成后，即进入持续督导期。持续督导的主要内容是什么？
15. A股IPO审核的核心理念包括哪些？
16. 如何才能通过IPO的财务审核？
17. 简述发行人内部独立性问题的形成原因及解决方案。
18. 相关规范对发行人同业竞争的要求有哪些？同业竞争的构成要件包括什么？
19. 如何对关联交易进行界定？
20. IPO审核对于关联交易的关注点包括哪些？

参考文献

[1] 深圳证券交易所创业企业培训中心. 中小企业板、创业板股票发行上市问答（第2版）[M]. 北京：中国财政经济出版社，2017.

[2] 张兰田. 企业上市审核标准实证解析（第2版）[M]. 北京：北京大学出版社，2013.

第 9 章
上市公司再融资

沈春晖（红塔证券）

本章知识与技能目标

◎ 了解 A 股上市公司实施再融资时可供选择的主要方式，掌握选择再融资方式时具体需要考虑的因素；
◎ 了解 A 股上市公司实施再融资的程序，掌握上市公司的决策程序和审核程序等；
◎ 具体了解 A 股上市公司实施再融资的三种股权融资方式，掌握每种融资方式的具体条件与优劣势分析；
◎ 具体了解 A 股上市公司实施再融资的两种混合融资方式，掌握每种融资方式的具体条件与优劣势分析；
◎ 了解上市公司股东发行的可交换公司债券，掌握该种产品的主要功能。

引导案例

小康股份因为监管政策变化更改再融资方式

重庆小康工业集团股份有限公司（简称小康股份，代码 601127）主营汽车整车及其发动机、零部件业务，是微车整车市场的龙头企业之一，于 2016 年 6 月 15 日在上海证券交易所上市。

2016 年 12 月 20 日，小康股份公告《非公开发行 A 股股票预案》，拟以询价方式向不超过 10 名的特定投资者非公开发行股票，募集资金总额不超过 39.6 亿元，用于以下项目：①年产 5 万辆纯电动乘用车建设项目，使用募集资金 20 亿元；②纯电动智能汽车开发项目，使用募集资金 19.6 亿元。

2017 年 3 月 20 日，小康股份公告《关于终止非公开发行 A 股股票的公告》，其中说明终止本次非公开发行股票事项的原因为：近期，中国证券监督管理委员会发布了《关于修改〈上市公司非公开发行股票实施细则〉的决定》和《发行监管问答——关于引导规范上市公司融资行为的监管要求》。经比对监管要求，公司本次非公开发行股票董事会决议距离前次募集资金到位日少于 18 个月，不符合相关规定。

2017 年 4 月 6 日，小康股份公告《公开发行 A 股可转换公司债券预案》，拟公开发行可转换公司债券，募集资金总额不超过 15 亿元，全部用于投资年产 5 万辆纯电动乘用车建设项目。

2017 年 9 月 15 日，小康股份公告《关于公开发行可转换公司债券申请获中国证监会核准的公告》。

9.1　我国上市公司实施再融资的条件与方式选择

9.1.1　上市公司再融资的方式

上市公司再融资，是资本市场的重要活动之一，也是公司融资的重要手段之一。经过二十多年的发展，我国上市公司再融资处于不断变化的过程，上市公司再融资的偏好随着政策与市场环境的不同表现出了完全不同的风格。我国上市公司再融资的方式主要包括配股、公开增发、非公开发行（在市场中又常被称为"定向增发"或"定增"）、可转换公司债券（一般简称为"转债"）、优先股等。

这些再融资方式，按融资的性质，可以分为股权融资和混合融资两类（表 9-1）。混合融资是指兼具股性与债性、结合了股债两类融资特性的融资方式。

表 9-1　再融资方式的分类（按融资性质区分）

类别	融资方式
股权融资	配股
	公开增发
	非公开发行（定向增发）
混合融资	可转换公司债券
	优先股

注：历史上还存在过另外一种混合融资品种——分离交易的可转换公司债券，其实际上是一种"公司债券＋认股权证"的产品。该产品已不再允许发行。

按发行方式的不同，再融资方式可以分为公募和私募两类（表9-2）。

表9-2 再融资的不同分类（按发行方式区分）

类别	融资方式
公募	配股
	公开增发
	可转换公司债券
	公开发行优先股
私募	非公开发行（定向增发）
	非公开发行优先股

9.1.2 上市公司再融资的基本条件

根据我国《证券法》（2014年）的规定，上市公司公开发行证券和非公开发行新股，均需要符合一定的条件并报国务院证券监督管理机构核准。

9.1.2.1 主板、中小企业板上市公司公开发行证券的一般规定

根据《上市公司证券发行管理办法》（2006），主板、中小企业板上市公司公开发行证券（包括配股、公开增发、转债）需要满足的一般性条件包括以下几点。

第一，组织机构健全、运行良好，符合下列规定：公司章程合法有效，股东大会、董事会、监事会和独立董事制度健全，能够依法有效履行职责；公司内部控制制度健全，能够有效保证公司运行的效率、合法合规性和财务报告的可靠性；内部控制制度的完整性、合理性、有效性不存在重大缺陷；现任董事、监事和高级管理人员具备任职资格，能够忠实和勤勉地履行职务，不存在违反《公司法》第一百四十八条、第一百四十九条规定的行为，且最近36个月内未受到过中国证监会的行政处罚、最近12个月内未受到过证券交易所的公开谴责；上市公司与控股股东或实际控制人的人员、资产、财务分开，机构、业务独立，能够自主经营管理；最近12个月内不存在违规对外提供担保的行为。

这里涉及的《公司法》条文规定：董事、监事、高级管理人员不得利用职权收受贿赂或其他非法收入，不得侵占公司的财产。董事、高级管理人员不得有下列行为：挪用公司资金；将公司资金以其个人名义或者以其他个人名义开立账户存储；违反公司章程的规定，未经股东会、股东大会或者董事会同意，将公司资金借贷给他人或者以公司财产为他人提供担保；违反公司章程的规定或者未经股东会、股东大会同意，与本公司订立合同或者进行交易；未经股东会或者股东大会同意，利用职务便利为自己或他人谋取属于公司的商业机会，自营或者为他人经营与所任职公司同类的业务；接受他人与公司交易的佣金归为己有；擅自披露公司秘密；违反对公司忠实义务的其他行为。董事、高级管理人员违反前款规定所得的收入应当归公司所有。

第二，上市公司的盈利能力具有可持续性，符合下列规定：最近三个会计年度连续盈利（扣除非经常性损益后的净利润与扣除前的净利润相比，以低者作为计算依据）；业务和盈利来源相对稳定，不存在严重依赖于控股股东、实际控制人的情形；现有主营业务或投资方向能够可持续发展，经营模式和投资计划稳健，主要产品或服务的市场前景良好，行业经营环境和市场需求不存在现实或可预见的重大不利变化；高级管理人员和核心技术人员稳定，最近12个月内未发生重大不利变化；公司重要资产、核心技术或其他重大权益的取得合法，能够持续使用，不存在现实或可预见的重大不利变化；不存在可能严重影响公司持续经营的担保、诉讼、仲裁或其他重大事项；最近24个月内曾公开发行证券的，不存在发行当年营业利润比上年下降50%以上的情形。

第三，上市公司的财务状况良好，符合下列规定：会计基础工作规范，严格遵循国家统一会计制度的规定；最近三年及一期财务报表未被注册会计师出具保留意见、否定意见或无法表示意见的审计报告，被注册会计师出具带强调事项段的无保留意见审计报告的，所涉及的事项对发行人无重大不利影响或者在发行前重大不利影响已经消除；资产质量良好，不良资产不足以对公司财务状况造成重大不利影响；经营成果真实，现金流量正常；营业收入和成本费用的确认严格遵循国家有关企业会计准则的规定，最近三年资产减值准备计提充分合理，不存在操纵经营业绩的情形；最近三年以现金方式累计分配的利润不少于最近三年实现的年均可分配利润的30%。

第四，上市公司最近36个月内财务会计文件无虚假记载，且不存在下列重大违法行为：违反证券法律、行政法规或规章，受到中国证监会的行政处罚，或者受到刑事处罚；违反工商、税收、土地、环保、海关法律、行政法规或规章，受到行政处罚且情节严重，或者受到刑事处罚；违反国家其他法律、行政法规且情节严重的行为。

第五，上市公司募集资金的数额和使用应当符合下列规定：募集资金数额不超过项目需要量；募集资金用途符合国家产业政策和有关环境保护、土地管理等法律和行政法规的规定；除金融类企业外，本次募集资金使用项目不得为持有交易性金融资产和可供出售的金融资产、借予他人、委托理财等财务性投资，不得直接或间接投资于以买卖有价证券为主要业务的公司；投资项目实施后，不会与控股股东或实际控制人产生同业竞争或影响公司生产经营的独立性；建立募集资金专项存储制度，募集资金必须存放于公司董事会决定的专项账户。

第六，上市公司存在下列情形之一的，不得公开发行证券：本次发行申请文件有虚假记载、误导性陈述或重大遗漏；擅自改变前次公开发行证券募集资金的用途而未作纠正；上市公司最近12个月内受到过证券交易所的公开谴责；上市公司及其控股股东或实际控制人最近12个月内存在未履行向投资者作出公开承诺的行为；上市公司或其现任董事、高级管理人员因涉嫌犯罪被司法机关立案侦查或涉嫌违法违规被中国证监会立案调查；严重损害投资者的合法权益和社会公共利益的其他情形。

9.1.2.2 创业板上市公司发行证券的条件

与主板、中小企业板上市公司分别规定公开发行证券与非公开发行证券的条件不同，

《创业板上市公司证券发行管理暂行办法》（2014年）直接规定了创业板上市公司发行证券需要满足的条件（除特别指出的之外，公开发行与非公开发行均要遵守）。

第一，符合以下规定：最近两年盈利，净利润以扣除非经常性损益前后孰低者为计算依据；会计基础工作规范，经营成果真实；内部控制制度健全且被有效执行，能够合理保证公司财务报告的可靠性、生产经营的合法性，以及营运的效率与效果；最近两年按照上市公司章程的规定实施现金分红；最近三年及一期财务报表未被注册会计师出具否定意见或者无法表示意见的审计报告；被注册会计师出具保留意见或者带强调事项段的无保留意见审计报告的，所涉及的事项对上市公司无重大不利影响或者在发行前重大不利影响已经消除；最近一期末资产负债率高于45%，但上市公司非公开发行股票的除外；上市公司与控股股东或者实际控制人的人员、资产、财务分开，机构、业务独立，能够自主经营管理；上市公司最近12个月内不存在违规对外提供担保或者资金被上市公司控股股东、实际控制人及其控制的其他企业以借款、代偿债务、代垫款项或者其他方式占用的情形。

第二，上市公司存在下列情形之一的，不得发行证券：本次发行申请文件有虚假记载、误导性陈述或者重大遗漏；最近12个月内未履行向投资者作出的公开承诺；最近36个月内因违反法律、行政法规、规章受到行政处罚且情节严重，或者受到刑事处罚，或者因违反证券法律、行政法规、规章受到中国证监会的行政处罚；最近12个月内受到证券交易所的公开谴责；因涉嫌犯罪被司法机关立案侦查或者涉嫌违法违规被中国证监会立案调查；上市公司控股股东或者实际控制人最近12个月内因违反证券法律、行政法规、规章，受到中国证监会的行政处罚，或者受到刑事处罚；现任董事、监事和高级管理人员存在违反《公司法》第一百四十七条、第一百四十八条规定的行为，或者最近36个月内受到中国证监会的行政处罚、最近12个月内受到证券交易所的公开谴责；因涉嫌犯罪被司法机关立案侦查或者涉嫌违法违规被中国证监会立案调查；严重损害投资者的合法权益和社会公共利益的其他情形。

第三，上市公司募集资金使用应当符合下列规定：前次募集资金基本使用完毕，且使用进度和效果与披露情况基本一致；本次募集资金用途符合国家产业政策和法律、行政法规的规定；除金融类企业外，本次募集资金使用不得为持有交易性金融资产和可供出售的金融资产、借予他人、委托理财等财务性投资，不得直接或者间接投资于以买卖有价证券为主要业务的公司；本次募集资金投资实施后，不会与控股股东、实际控制人产生同业竞争或者影响公司生产经营的独立性。

创业板将主板、中小企业板上市公司公开发行证券的很多条款设置为创业板发行证券的条件（例如连续盈利、前次募集资金使用等），实际上增加了在创业板非公开发行的难度。

9.1.2.3 上市公司发行配股的条件

配股指上市公司向原股东配售股份的股票发行行为。

如果实施配股，主板、中小企业板上市公司除满足公开发行证券的一般规定，创业板上市公司除满足发行证券的一般规定外，还应当符合下列规定：拟配售股份数量不超过本次配售股份前股本总额的30%；控股股东应当在股东大会召开前公开承诺认配股份的数量；采用《证券法》规定的代销方式发行。

控股股东不履行认配股份的承诺，或者代销期限届满，原股东认购股票的数量未达到拟配售数量70%的，发行人应当按照发行价并加算银行同期存款利息返还已经认购的股东。

根据《发行监管问答——关于引导规范上市公司融资行为的监管要求》（2017年2月），上市公司申请配股的，本次发行董事会决议日距离前次募集资金到位日原则上不得少于18个月。前次募集资金包括首发、增发、配股、非公开发行股票。根据证监会2017年3月的窗口指导，前次存在重组配套融资和前次发行H股的不受此18个月的限制。

9.1.2.4 上市公司公开增发的条件

公开增发是指上市公司向不特定对象公开募集股份的股票发行行为。

如果实施公开增发，主板、中小企业板上市公司除满足公开发行证券的一般规定外，还应当符合下列规定：最近三个会计年度加权平均净资产收益率平均不低于6%，扣除非经常性损益后的净利润与扣除前的净利润相比，以低者作为加权平均净资产收益率的计算依据；除金融类企业外，最近一期末不存在持有金额较大的交易性金融资产和可供出售的金融资产、借予他人款项、委托理财等财务性投资的情形；发行价格应不低于公告招股意向书前20个交易日公司股票均价或前1个交易日的均价。

如果实施公开增发，创业板上市公司除满足发行证券的一般规定外，还应当符合下列规定：除金融类企业外，最近一期末不存在持有金额较大的交易性金融资产和可供出售的金融资产、借予他人款项、委托理财等财务性投资的情形；发行价格不低于公告招股意向书前20个交易日或者前1个交易日公司股票均价。与主板、中小企业板上市公司实施公开增发要求最近三年平均净资产收益率不低于6%不同，创业板上市公司实施公开增发仅需连续两年盈利，无净资产收益率要求。

根据《发行监管问答——关于引导规范上市公司融资行为的监管要求》（2017年2月），上市公司申请增发的，本次发行董事会决议日距离前次募集资金到位日原则上不得少于18个月。前次募集资金包括首发、增发、配股、非公开发行股票。根据证监会2017年3月的窗口指导，前次存在重组配套融资和前次发行H股的不受此18个月限制。

9.1.2.5 上市公司发行转债的条件

可转换公司债券，是指发行公司依法发行在一定期间内依据约定的条件可以转换成股份的公司债券。现行规范仅允许上市公司公开发行可转换债券。

如果发行转债，主板、中小企业板上市公司除满足公开发行证券的一般规定外，还应当符合下列规定：最近三个会计年度加权平均净资产收益率平均不低于6%，扣除非经常性损益后的净利润与扣除前的净利润相比，以低者作为加权平均净资产收益率的计算依据；本次发行后累计公司债券余额不超过最近一期末净资产额的40%；最近三个会计年度实现的年均可分配利润不少于公司债券一年的利息；公开发行可转换公司债券，应当提供担保，但最近一期末经审计的净资产不低于人民币15亿元的公司除外。

与主板、中小企业板上市公司发行转债要求最近三年平均净资产收益率不低于6%不同，创业板上市公司发行转债仅需连续两年盈利，无净资产收益率要求。

9.1.2.6 上市公司非公开发行的条件

非公开发行股票，是指上市公司采用非公开方式向特定对象发行股票的行为。

主板、中小企业板上市公司存在下列情形之一的，不得非公开发行股票：本次发行申请文件有虚假记载、误导性陈述或重大遗漏；上市公司的权益被控股股东或实际控制人严重损害且尚未消除；上市公司及其附属公司违规对外提供担保且尚未解除；现任董事、高级管理人员最近36个月内受到过中国证监会的行政处罚，或者最近12个月内受到过证券交易所公开谴责；上市公司或其现任董事、高级管理人员因涉嫌犯罪正被司法机关立案侦查或涉嫌违法违规正被中国证监会立案调查；最近一年及一期财务报表被注册会计师出具保留意见、否定意见或无法表示意见的审计报告，保留意见、否定意见或无法表示意见所涉及事项的重大影响已经消除或者本次发行涉及重大重组的除外；严重损害投资者合法权益和社会公共利益的其他情形。

创业板上市公司除满足发行证券的一般条件外，没有单独对其设置非公开发行的条件，而且创业板上市公司非公开发行股票募集资金用于收购兼并的，免于适用"最近二年盈利"的要求。

根据《发行监管问答——关于引导规范上市公司融资行为的监管要求》（2017年2月），上市公司申请非公开发行股票的，本次发行董事会决议日距离前次募集资金到位日原则上不得少于18个月。前次募集资金包括首发、增发、配股、非公开发行股票。根据证监会2017年3月的窗口指导，前次存在重组配套融资和前次发行H股的不受此18个月限制。

9.1.2.7 上市公司发行优先股的条件

优先股是指依照《公司法》，在一般规定的普通种类股份之外，另行规定的其他种类股份，其股份持有人优先于普通股股东分配公司利润和剩余财产，但参与公司决策管理等权利受到限制。《优先股试点管理办法》（2014年）对上市公司发行优先股的条件进行了规定。

1. 上市公司发行优先股的一般条件

第一，上市公司应当与控股股东或实际控制人的人员、资产、财务分开，机构、业务独立。

第二，上市公司内部控制制度健全，能够有效保证公司运行效率、合法合规和财务报告的可靠性，内部控制的有效性不存在重大缺陷。

第三，上市公司发行优先股，最近三个会计年度实现的年均可分配利润应当不少于优先股一年的股息。

第四，上市公司最近三年现金分红情况应当符合公司章程及中国证监会的有关监管规定。

第五，上市公司报告期不存在重大会计违规事项。公开发行优先股，最近三年财务报表被注册会计师出具的审计报告应当为标准审计报告或带强调事项段的无保留意见的审计报告；非公开发行优先股，最近一年财务报表被注册会计师出具的审计报告为非标准审计报告的，所涉及事项对公司无重大不利影响或者在发行前重大不利影响已经消除。

第六，上市公司发行优先股募集资金应有明确用途，与公司业务范围、经营规模相匹配，募集资金用途符合国家产业政策和有关环境保护、土地管理等法律和行政法规的规定。

第七，除金融类企业外，本次募集资金使用项目不得为持有交易性金融资产和可供出售的金融资产、借予他人等财务性投资，不得直接或间接投资于以买卖有价证券为主要业务的公司。

第八，上市公司已发行的优先股不得超过公司普通股股份总数的50%，且筹资金额不得超过发行前净资产的50%，已回购、转换的优先股不纳入计算。

第九，上市公司同一次发行的优先股，条款应当相同。每次优先股发行完毕前，不得再次发行优先股。

第十，上市公司存在下列情形之一的，不得发行优先股：本次发行申请文件有虚假记载、误导性陈述或重大遗漏；最近12个月内受到过中国证监会的行政处罚；因涉嫌犯罪正被司法机关立案侦查或涉嫌违法违规正被中国证监会立案调查；上市公司的权益被控股股东或实际控制人严重损害且尚未消除；上市公司及其附属公司违规对外提供担保且尚未解除；存在可能严重影响公司持续经营的担保、诉讼、仲裁、市场重大质疑或其他重大事项；其董事和高级管理人员不符合法律、行政法规和规章规定的任职资格；严重损害投资者合法权益和社会公共利益的其他情形。

2. 上市公司公开发行优先股的条件

上市公司公开发行优先股，除满足发行优先股的一般条件，还需要满足下述条件：

其一，上市公司公开发行优先股，应当符合以下情形之一：其普通股为上证50指数成分股；以公开发行优先股作为支付手段收购或吸收合并其他上市公司；以减少注册资本为目的回购普通股的，可以公开发行优先股作为支付手段，或者在回购方案实施完毕后，可公开发行不超过回购减资总额的优先股。中国证监会核准公开发行优先股后，若被上证50指数删除，上市公司仍可实施本次发行。

其二，上市公司最近三个会计年度应当连续盈利，扣除非经常性损益后的净利润与扣除前的净利润相比，以孰低者作为计算依据。

其三，上市公司公开发行优先股应当在公司章程中规定以下事项：采取固定股息率；在有可分配税后利润的情况下必须向优先股股东分配股息；未向优先股股东足额派发股息的差额部分应当累积到下一会计年度；优先股股东按照约定的股息率分配股息后，不再同普通股股东一起参加剩余利润分配。商业银行发行优先股补充资本的，可就"在有可分配税后利润的情况下必须向优先股股东分配股息"和"未向优先股股东足额派发股息的差额部分应当累积到下一会计年度"事项另行约定。

其四，上市公司最近36个月内因违反工商、税收、土地、环保、海关法律、行政法规或规章，受到行政处罚且情节严重的，不得公开发行优先股。

其五，上市公司公开发行优先股，公司及其控股股东或实际控制人最近12个月内应当不存在违反向投资者作出公开承诺的行为。

9.1.2.8 交易性金融资产限制条件

根据《发行监管问答——关于引导规范上市公司融资行为的监管要求》（2017年2月），上市公司申请再融资时，除金融类企业外，原则上最近一期末不得存在持有金额较大、期限较长的交易性金融资产和可供出售的金融资产、借予他人款项、委托理财等财务性投资的情形。

中国证监会2017年3月的窗口指导意见对此进行了解释。①金额较大：指相对于募集资金而言，财务性投资超过募集资金金额的；或者对于虽然没超过募集资金，但是金额也较大的；或历史上就持有该股权，也不准备出售的，将结合具体情况，审慎关注。②期限较长：指一年以上，或者虽然不超过一年，但是一直滚存使用的。③发生期间：指本次发行董事会决议前6个月，到本次发行完成。

9.1.2.9 上市公司实施再融资不得与实施利润分配方案冲突

《证券发行与承销管理办法》第三十三条明确规定：上市公司发行证券，存在利润分配方案、公积金转增股本方案尚未提交股东大会表决或者虽经股东大会表决通过但未实施的，应当在方案实施后发行。相关方案实施前，主承销商不得承销上市公司发行的证券。上海证券交易所公司管理部《关于严格执行〈证券发行与承销管理办法〉第三十三条的通知》（2011年）也明确要求上市公司必须严格执行《证券发行与承销管理办法》第三十三条的规定，在实施已提出的利润分配方案、公积金转增股本方案前，不得实施证券发行方案，擅自违规发行的，将报证监会相关部门查处。

根据上述规定，上市公司再融资方案（公开增发、配股、非公开发行、转债）获得中国证监会核准后，如果在发行启动之前发现上市公司存在利润分配方案、公积金转增股本方案尚未提交股东大会表决或者虽经股东大会表决通过但未实施的，应当在利润分配方案、公积金转增股本方案实施后启动再融资发行。

9.1.3 上市公司选择再融资方式的考虑因素

1. 发行条件的限制

《证券法》《上市公司证券发行管理办法》《创业板上市公司证券发行管理办法》等对不同的再融资品种设置了不同的发行条件（表9-3）。上市公司首先要在既定的约束条件下根据自身的实际情况确定可以选择的再融资方式。

表 9-3 各种再融资方式的主要条件对比分析

种类		优先股	主板、中小板非公开发行	创业板非公开发行	创业板转债、公开增发、配股	主板、中小板转债	主板、中小板公开增发	主板、中小板配股
发行条件	盈利能力（定量）	公开发行优先股的，要求最近三年连续盈利		最近两年盈利		最近三年连续盈利；最近三年加权平均净资产收益率平均不低于6%	最近三年连续盈利；最近三年加权平均净资产收益率平均不低于6%	最近三年连续盈利
	盈利能力（定性）							业务和盈利来源相对稳定，不存在严重依赖于控股股东、实际控制人的情形；现有主营业务或投资方向能够可持续发展，经营模式和投资计划稳健，主要产品或服务的市场前景良好，行业经营环境和市场需求不存在现实或可预见的重大不利变化；高级管理人员和核心技术人员稳定，最近12个月内未发生重大不利变化；公司重要资产、核心技术或其他重大权益的取得合法，能够持续使用，不存在现实或可预见的重大不利变化；不存在可能严重影响公司持续经营的担保、诉讼、仲裁或其他重大事项；最近24个月内曾公开发行证券的，不存在发行当年营业利润比上年下降50%以上的情形

（续表）

种类		优先股	主板、中小板非公开发行	创业板非公开发行	创业板转债、公开增发、配股	主板、中小板转债	主板、中小板公开增发	主板、中小板配股
发行条件	财务状况	上市公司报告期不存在重大会计违规事项；公开发行优先股，最近三年财务报表被注册会计师出具的审计报告应当为标准审计报告或带强调事项段的无保留意见的审计报告；非公开发行优先股，最近一年财务报表被注册会计师出具的审计报告为非标准审计报告的，所涉及事项对公司无重大不利影响或者在发行前重大不利影响已经消除	最近一年及一期财务报表被注册会计师出具保留意见、否定意见或无法表示意见的审计报告的，保留意见、否定意见或无法表示意见所涉及事项的重大影响已经消除，或者本次发行涉及重大重组；除金融类企业外，原则上最近一期末不得存在持有金额较大、期限较长的交易性金融资产和可供出售的金融资产、借予他人款项、委托理财等财务性投资的情形	最近三年及一期财务报表未被注册会计师出具否定意见或者无法表示意见的审计报告；被注册会计师出具保留意见或者带强调事项段的无保留意见审计报告的，所涉及的事项对上市公司无重大不利影响或者在发行前重大不利影响已经消除；除金融类企业外，原则上最近一期末不得存在持有金额较大、期限较长的交易性金融资产和可供出售的金融资产、借予他人款项、委托理财等财务性投资的情形	最近三年及一期财务报表未被注册会计师出具否定意见或者无法表示意见的审计报告；被注册会计师出具保留意见或者带强调事项段的无保留意见审计报告的，所涉及的事项对上市公司无重大不利影响或者在发行前重大不利影响已经消除；最近一期末资产负债率高于45%；除金融类企业外，原则上最近一期末不得存在持有金额较大、期限较长的交易性金融资产和可供出售的金融资产、借予他人款项、委托理财等财务性投资的情形	财务状况良好；最近三年及一期财务报表未被注册会计师出具保留意见、否定意见或无法表示意见的审计报告；被注册会计师出具带强调事项段的无保留意见审计报告的，所涉及的事项对发行人无重大不利影响或者在发行前重大不利影响已经消除；资产质量良好，不良资产不足以对公司财务状况造成重大不利影响；经营成果真实，现金流量正常；营业收入和成本费用的确认严格遵循国家有关企业会计准则的规定，最近三年资产减值准备计提充分合理，不存在操纵经营业绩的情形；除金融类企业外，原则上最近一期末不得存在持有金额较大、期限较长的交易性金融资产和可供出售的金融资产、借予他人款项、委托理财等财务性投资的情形		
	分红	上市公司最近三年现金分红情况应当符合公司章程及中国证监会的有关监管规定		最近二年按照上市公司章程的规定实施现金分红		最近三年以现金方式累计分配利润不少于最近三年实现的年均可分配利润的30%		
	时间间隔		本次发行董事会决议日距离前次募集资金到位日原则上不得少于18个月（前次募集资金包括首发、增发、配股、非公开发行股票）		本次发行董事会决议日距离前次募集资金到位日原则上不得少于18个月（前次募集资金包括首发、增发、配股、非公开发行股票），转债除外		本次发行董事会决议日距离前次募集资金到位日原则上不得少于18个月（前次募集资金包括首发、增发、配股、非公开发行股票）	

（续表）

种类		优先股	主板、中小板非公开发行	创业板非公开发行	创业板转债、公开增发、配股	主板、中小板转债	主板、中小板公开增发	主板、中小板配股
发行条件	规范运行	上市公司不得存在严重损害投资者合法权益和社会公共利益的情形，例如：最近12个月内受到过中国证监会的行政处罚；因涉嫌犯罪正被司法机关立案侦查或涉嫌违法违规正被中国证监会立案调查；上市公司的权益被控股股东或实际控制人严重损害且尚未消除；上市公司及其附属公司违规对外提供担保且尚未解除；存在可能严重影响公司持续经营的担保、诉讼、仲裁、市场重大质疑或其他重大事项；其董事和高级管理人员不符合法律、行政法规和规章规定的任职资格； 公开发行优先股的，不得存在以下情况：最近36个月内因违反工商、税收、土地、环保、海关法律、行政法规或规章，受到行政处罚且情节严重的；公司及其控股股东或实际控制人最近12个月内存在违反向投资者作出的公开承诺的行为	上市公司不得存在严重损害投资者合法权益和社会公共利益的情形，包括：上市公司的权益被控股股东或实际控制人严重损害且尚未消除；上市公司及其附属公司违规对外提供担保且尚未解除；现任董事、高级管理人员最近36个月内受到过中国证监会的行政处罚，或者最近12个月内受到过证券交易所公开谴责；上市公司或其现任董事、高级管理人员因涉嫌犯罪正被司法机关立案侦查或涉嫌违法违规正被中国证监会立案调查	上市公司与控股股东或者实际控制人的人员、资产、财务分开，机构、业务独立，能够自主经营管理；上市公司最近12个月内不存在违规对外提供担保或者资金被上市公司控股股东、实际控制人及其控制的其他企业以借款、代偿债务、代垫款项或者其他方式占用的情形 上市公司不存在严重损害投资者的合法权益和社会公共利益的行为，包括：最近12个月内未履行向投资者作出的公开承诺；最近36个月内因违反法律、行政法规、规章受到行政处罚且情节严重，或者受到刑事处罚，或者因违反证券法律、行政法规、规章受到中国证监会的行政处罚；最近12个月内受到证券交易所的公开谴责；因涉嫌犯罪被司法机关立案侦查或者涉嫌违法违规被中国证监会立案调查；上市公司控股股东或者实际控制人最近12个月内因违反证券法律、行政法规、规章，受到中国证监会的行政处罚，或者受到刑事处罚；现任董事、监事和高级管理人员最近36个月内受到中国证监会的行政处罚、最近12个月内受到证券交易所的公开谴责；因涉嫌犯罪被司法机关立案侦查或者涉嫌违法违规被证监会立案调查	现任董事、监事和高级管理人员最近36个月内未受到过中国证监会的行政处罚、最近12个月内未受到过证券交易所的公开谴责；最近12个月内不存在违规对外提供担保的行为； 上市公司最近36个月内财务会计文件无虚假记载，且不存在下列重大违法行为：违反证券法律、行政法规或规章，受到中国证监会的行政处罚，或者受到刑事处罚；违反工商、税收、土地、环保、海关法律、行政法规或规章，受到行政处罚且情节严重，或者受到刑事处罚；违反国家其他法律、行政法规且情节严重的行为； 上市公司不存在严重损害投资者的合法权益和社会公共利益的行为，包括：擅自改变前次公开发行证券募集资金的用途而未作纠正；上市公司最近12个月内受到过证券交易所的公开谴责；上市公司及其控股股东或实际控制人最近12个月内存在未履行向投资者作出的公开承诺的行为；上市公司或其现任董事、高级管理人员因涉嫌犯罪被司法机关立案侦查或涉嫌违法违规被中国证监会立案调查
	前次募集资金使用				前次募集资金基本使用完毕，且使用进度和效果与披露情况基本一致			

（续表）

种类		优先股	主板、中小板非公开发行	创业板非公开发行	创业板转债、公开增发、配股	主板、中小板转债	主板、中小板公开增发	主板、中小板配股
发行条件	本次募集资金使用	募集资金应有明确用途，与公司业务范围、经营规模相匹配，募集资金用途符合国家产业政策和有关环境保护、土地管理等法律和行政法规的规定；除金融类企业外，本次募集资金使用项目不得为持有交易性金融资产和可供出售的金融资产、借予他人等财务性投资，不得直接或间接投资于以买卖有价证券为主要业务的公司		募集资金用途符合国家产业政策和法律、行政法规的规定；除金融类企业外，本次募集资金使用不得为持有交易性金融资产和可供出售的金融资产、借予他人、委托理财等财务性投资，不得直接或者间接投资于以买卖有价证券为主要业务的公司；本次募集资金投资实施后，不会与控股股东、实际控制人产生同业竞争或者影响公司生产经营的独立性	募集资金数额不超过项目需要量；用途符合国家产业政策和有关环境保护、土地管理等法律和行政法规的规定；除金融类企业外，本次募集资金使用项目不得为持有交易性金融资产和可供出售的金融资产、借予他人、委托理财等财务性投资，不得直接或间接投资于以买卖有价证券为主要业务的公司，投资项目实施后，不会与控股股东或实际控制人产生同业竞争或影响公司生产经营的独立性；建立募集资金专项存储制度		
	其他	普通股为上证50指数成份股				最近一期末净资产低于15亿元的应提供担保		
融资规模		最近三个会计年度实现的年均可分配利润应当不少于优先股一年的股息；已发行的优先股不得超过公司普通股股份总数的50%，且筹资金额不得超过发行前净资产的50%，已回购、转换的优先股不纳入计算	拟发行的股份数量不得超过本次发行前总股本的20%			发行后累计债券余额不超过最近一期末净资产的40%；最近三年实现的年均可分配利润不少于公司债券一年的利息		新发行股份不超过现有总股本的30%

注：是否盈利及净资产收益率计算均以扣除非经常性损益后的净利润与扣除前的净利润相比，以低者作为计算依据。

2. 与公司自身发展战略的契和度

这主要要求分析所选择的再融资方式及其发行方式、募集资金投向等是否有利于公司的长期发展，是否与公司的发展战略、资本运作规划相符等。

3. 与公司资本结构、财务状况的契和度

这主要要求分析所选择的再融资方式及其融资规模等对公司负债比率等资本结构的影响、对公司财务杠杆和财务费用的影响等。例如，公司资产负债率较低的情况下可以考虑选择混合融资方式。

4. 考虑股东结构的影响

在控股股东持股比例较低的情况下应该充分考虑再融资对公司控制权的影响。例如，选择配股方式再融资就不会摊薄大股东的持股比例；而且在大股东全额参与配股的情况下还会因为部分中小股东出于各种原因而发生的"弃配"现象使得持股比例有所提升。另一方面，如果在控股股东持股比例很高的情况下配股，则融资主要来自大股东，少部分来自市场（其他股东）。

5. 考虑对老股东（现有股东）利益的影响

这包括新发行股本对原股东持股比例的稀释影响、折价发行股份（发行价格相对于市价的折扣）对老股东利益的影响、公司每股收益的摊薄对股东利益的影响等。这些影响一般或者短期内多是负面影响。配股由于只向老股东发行，只要老股东参与配股，就不会出现股权比例稀释与折价发行影响老股东利益的问题。同时，不同品种的影响程度也不尽相同。例如，转债在转股后也会稀释股权和短期摊薄每股收益，但其影响程度较公开增发要缓和。

6. 融资规模的限制

相关规范对大多数再融资方式均设定了一定的规模限制指标，因此需要比较各种再融资方式能够实现的融资规模范围，结合公司的融资需求进行考虑。

7. 方案设计的自主性

这主要体现为相关规范及审核要求对于具体发行方案设计的影响，包括发行/换股价格的设定、具体条款的设置（例如转债方案中的回售条款、向下修正条款）、募集资金投向的限制等。

8. 监管与审核因素的影响

这包括监管机构的政策偏向、审核速度与排队进程、审核松紧程度等。例如，由于主板、中小企业板转债的发行条件要求高、融资规模限制严，一般只有业绩优异且具备一定规模的优质企业能够发行，监管机构一直对转债发行持支持态度。

9. 市场因素的影响

这主要包括市场接受程度（如再融资方案公布后二级市场股价走势）、通过股东大会审议的难度、通过证监会审核后的实际发行难度等。例如，一直实行市价发行的公开增发的发行难度极大，极易出现主承销商大幅包销的情况。2017年修改发行方式后的非公开发行由于缩小了折价发行的可能区间，也面临较大的发行困难。而受到市场欢迎的转债品种不仅没有发行风险，而且申购中签率极低。因此，为了避免发行风险，再融资方案的设计就非常重要。例如，通常来说，配股方案中配股价格的折扣力度越大，越能刺激老股东参与配股。

表 9-4　当前 A 股股权融资、混合融资类的再融资品种比较

方式	增发	配股	非公开发行	转债	优先股
融资规模	不受限制	新发行股份不超过现有总股本的30%	拟发行的股份数量不得超过本次发行前总股本的20%	发行后累计债券余额不超过最近一期末净资产的40%；最近三年实现的年均可分配利润不少于公司债券一年的利息	最近三个会计年度实现的年均可分配利润应当不少于优先股一年的股息；已发行的优先股不得超过公司普通股股份总数的50%，且筹资金额不得超过发行前净资产的50%，已回购、转换的优先股不纳入计算
发行/换股价格	不低于发行期首日前20个交易日均价或前1个交易日均价	灵活度大，可以在净资产值与市价之间选择，通常发行价格为市价的50%—80%	不低于发行期首日前20个交易日均价的90%	不低于发行期首日前20个交易日均价和前1个交易日均价	不涉及
募集资金投向限制	必须用于具体项目	除用于具体募投项目外，可100%用于补充流动资金或偿还贷款（允许补流或还贷的金额上限要符合窗口指导的计算原则）	除用于具体募投项目外，询价方式发行的可有不超过30%的部分用于补充流动资金或偿还贷款；锁价方式发行的可100%用于补充流动资金或偿还贷款（允许补流或还贷的金额上限要符合窗口指导的计算原则）	除用于具体募投项目外，可不超过30%的部分用于补充流动资金或偿还贷款（允许补流或还贷的金额上限要符合窗口指导的计算原则）	列明用途即可
业绩摊薄	发行后股本扩大会摊薄每股收益，总体上短期摊薄压力较大	发行后股本扩大会摊薄每股收益，总体上短期摊薄压力较大	发行后股本扩大会摊薄每股收益，总体上短期摊薄压力较大	转股后股本扩大会摊薄每股收益，总体上摊薄较为缓和	因优先股股利会对普通股每股收益有所摊薄
融资成本	无付息成本，但以稀释股权、短期摊薄每股收益为代价	无付息成本，如果原股东全额参与认配，不会稀释股权，但会短期摊薄每股收益	无付息成本，但以稀释股权、短期摊薄每股收益为代价	由于权证交易溢价收益的补偿作用，通常票面利率水平在0.5%—2.0%	优先股股利相当于固定付息成本，且不能税前扣除
锁定期	无（除受短线交易限制的股东外）	无（除受短线交易限制的股东外）	根据发行类型及认购对象类型锁定一年或三年	无	无

(续表)

方式	增发	配股	非公开发行	转债	优先股
监管政策支持力度	支持力度小，审核周期较长，通过概率相对较低	支持力度大，审核周期较短，通过概率较高	支持力度小，审核周期较长，通过概率相对较低	支持力度大，审核周期较短，通过概率较高	支持力度大，审核周期较短，通过概率较高
发行风险	市价发行，受发行期市场环境影响极大，可控性差，发行风险极大	主要取决于配股价格的折扣力度和主要股东的参与程度	发行期首日定价，类似于市价发行，发行风险较大	发行风险较小，可在多种市场环境中启动发行	受发行期市场利率环境影响较大

注：①部分内容来自监管部门的窗口指导意见；②除锁定期外，涉及的大股东、特定股东（大股东外持有首发前股份、非公开发行股份的股东）、董监高减持需符合交易所《上市公司股东及董事、监事、高级管理人员减持股份实施细则》的规定。

9.2 我国上市公司实施再融资的程序

9.2.1 上市公司决策程序

9.2.1.1 聘请保荐机构

1. 主板、中小企业板

《上市公司证券发行管理办法》（2006年）规定：上市公司申请公开发行证券或者非公开发行新股，应当由保荐人保荐，并向中国证监会申报。也就是说，在主板、中小企业板公开增发、配股、非公开发行、发行转债，均需要聘请保荐机构。

该法规同时规定：上市公司发行证券，应当由证券公司承销；非公开发行股票，发行对象均属于原前十名股东的，可以由上市公司自行销售。尽管非公开发行在一定条件下可以自行销售，但由于非公开发行必须由保荐机构保荐，因此实践中即便具备条件的上市公司也一般不会选择自行销售。

2. 创业板

《创业板上市公司证券发行管理暂行办法》（2014年）规定：上市公司公开发行证券，应当由证券公司承销。非公开发行股票符合以下情形之一的，可以由上市公司自行销售：（一）发行对象为原前十名股东；（二）发行对象为上市公司控股股东、实际控制人或者其控制的关联方；（三）发行对象为上市公司董事、监事、高级管理人员或者员工；（四）董事会审议相关议案时已经确定的境内外战略投资者或者其他发行对象；（五）

中国证监会认定的其他情形。上市公司自行销售的，应当在董事会决议中确定发行对象，且不得采用竞价方式确定发行价格。

该法规同时规定：上市公司申请发行证券，应当由保荐人保荐，但是根据适用简易程序且采取自行销售的除外。简易程序是指申请非公开发行股票融资额不超过人民币5000万元且不超过最近一年末净资产10%，而且最近12个月内非公开发行股票的融资总额同样不超过最近一年末10%的情况。也就是说，创业板上市公司在适用简易程序且选择自行销售的情况下，可以不聘请保荐机构。

3. 上市公司发行优先股

《优先股试点管理办法》（2014年）规定：上市公司申请发行优先股应当由保荐人保荐并向中国证监会申报，其申请、审核、核准、发行等相关程序参照《上市公司证券发行管理办法》和《证券发行与承销管理办法》的规定。发审委会议按照《中国证券监督管理委员会发行审核委员会办法》（2017年）规定的特别程序，审核发行申请。

9.2.1.2　董事会作出决议

上市公司董事会就下列事项作出决议：新股发行的方案、本次募集资金使用的可行性报告、前次募集资金使用的报告、其他必须明确的事项等，并提请股东大会批准。涉及关联交易的，关联董事应当回避表决。

9.2.1.3　股东大会批准

股东大会应当就本次发行证券的种类和数量、发行方式、发行对象及向原股东配售的安排、定价方式或价格区间、募集资金用途、决议的有效期、对董事会办理本次发行具体事宜的授权、其他必须明确的事项进行逐项表决。

股东大会就发行证券事宜作出决议，必须经出席会议的股东所持表决权的2/3以上通过。向本公司控股股东及其关联方发行证券的，股东大会就发行方案进行表决时，关联股东应当回避。

9.2.2　编制申报文件

保荐机构应当按照中国证监会相关规定编制和报送发行申请文件。

9.2.2.1　主板、中小企业板上市公司公开发行证券申请文件

根据《公开发行证券的公司信息披露内容与格式准则第10号——上市公司公开发行证券申请文件》（2014年），主板、中小企业板上市公司公开增发、配股、发行转债的申报文件目录如表9-5所示。

表 9-5　主板、中小企业板上市公司公开增发、配股、发行转债的申报文件目录

	第一章　本次证券发行的募集文件
1-1	募集说明书（申报稿）
1-2	募集说明书摘要
1-3	发行公告（发审会后按中国证监会要求提供）
	第二章　发行人关于本次证券发行的申请与授权文件
2-1	发行人关于本次证券发行的申请报告
2-2	发行人董事会决议
2-3	发行人股东大会决议
	第三章　保荐机构关于本次证券发行的文件
3-1	证券发行保荐书
3-2	保荐机构尽职调查报告
	第四章　发行人律师关于本次证券发行的文件
4-1	法律意见书
4-2	律师工作报告
	第五章　关于本次证券发行募集资金运用的文件
5-1	募集资金投资项目的审批、核准或备案文件
5-2	发行人拟收购资产（包括权益）有关的财务报告、审计报告、资产评估报告
5-3	发行人拟收购资产（包括权益）的合同或其草案
	第六章　其他文件
6-1	发行人最近三年的财务报告和审计报告及最近一期的财务报告
6-2	会计师事务所关于发行人内部控制制度的鉴证报告
6-3	会计师事务所关于前次募集资金使用情况的专项报告
6-4	经注册会计师核验的发行人最近三年加权平均净资产收益率和非经常性损益明细表
6-5	发行人董事会、会计师事务所及注册会计师关于非标准无保留意见审计报告的补充意见
6-6	盈利预测报告及盈利预测报告审核报告
6-7	最近三年内发生重大资产重组的发行人提供的模拟财务报告及审计报告和重组进入公司的资产的财务报告、资产评估报告和/或审计报告
6-8	控股股东（企业法人）最近一年的财务报告、审计报告以及保荐机构出具的关于实际控制人情况的说明
6-9	发行人公司章程（限于电子文件）
6-10	资信评级机构为本次发行可转换公司债券出具的资信评级报告
6-11	本次发行可转换公司债券的担保合同、担保函、担保人就提供担保获得的授权文件
6-12	特定行业（或企业）主管部门出具的监管意见书
6-13	承销协议（发行前按中国证监会要求提供）
6-14	发行人全体董事对发行申请文件真实性、准确性和完整性的承诺书

9.2.2.2 主板、中小企业板上市公司非公开发行证券申请文件目录

根据《上市公司非公开发行股票实施细则》（2017年），主板、中小企业板上市公司非公开发行目录申报文件如表9-6所示。

表9-6 主板、中小企业板上市公司非公开发行的申报文件目录

第一章	发行人的申请报告及相关文件
1-1	发行人申请报告
1-2	本次发行的董事会决议和股东大会决议
1-3	本次非公开发行股票预案
1-4	公告的其他相关信息披露文件
第二章	保荐人和律师出具的文件
2-1	保荐人出具的证券发行保荐书
2-2	保荐人尽职调查报告
2-3	发行人律师出具的法律意见书
2-4	发行人律师工作报告
第三章	财务信息相关文件
3-1	发行人最近一年的财务报告和审计报告及最近一期的财务报告
3-2	最近三年一期的比较式财务报表（包括合并报表和母公司报表）
3-3	本次收购资产相关的最近一年一期的财务报告及其审计报告、资产评估报告，本次收购资产相关的最近一年一期的财务报告及其审计报告、资产评估报告，本次收购资产相关的最近一年一期的财务报告及其审计报告、资产评估报告，本次收购资产相关的最近一年一期的财务报告及其审计报告、资产评估报告
3-4	发行人董事会、会计师事务所及注册会计师关于上市公司最近一年及一期的非标准无保留意见审计报告的补充意见
3-5	会计师事务所关于前次募集资金使用情况的专项报告
第四章	其他文件
4-1	有关部门对募集资金投资项目的审批、核准或备案文件
4-2	特定行业主管部门出具的监管意见书
4-3	国务院相关主管部门关于引入境外战略投资者的批准文件
4-4	附条件生效的股份认购合同
4-5	附条件生效的资产转让合同
4-6	发行人全体董事对相关申请文件真实性、准确性和完整性的承诺书

9.2.2.3 创业板上市公司公开发行证券申请文件目录

根据《公开发行证券的公司信息披露内容与格式准则第37号——创业板上市公司发行证券申请文件》（2014年），创业板上市公司公开增发、配股、发行转债申报文件目录如表9-7所示。

表 9-7　创业板上市公司公开增发、配股、发行转债的申报文件目录

\multicolumn{2}{c}{第一章　本次证券发行的募集文件}
1-1	募集说明书（申报稿）
1-2	发行公告（发审会后按中国证监会要求提供）
\multicolumn{2}{c}{第二章　发行人关于本次证券发行的申请与授权文件}
2-1	发行人关于本次证券发行的申请报告
2-2	发行人董事会决议
2-3	发行人股东大会决议
\multicolumn{2}{c}{第三章　保荐机构关于本次证券发行的文件}
3-1	证券发行保荐书
3-2	保荐机构尽职调查报告
\multicolumn{2}{c}{第四章　发行人律师关于本次证券发行的文件}
4-1	法律意见书
4-2	律师工作报告
\multicolumn{2}{c}{第五章　关于本次证券发行募集资金运用的文件}
5-1	募集资金投资项目的审批、核准或备案文件
5-2	发行人拟收购资产（包括权益）有关的财务报告、审计报告、资产评估报告
5-3	发行人拟收购资产（包括权益）的合同或其草案
\multicolumn{2}{c}{第六章　其他文件}
6-1	发行人最近三年的财务报告和审计报告及最近一期的财务报告
6-2	会计师事务所关于发行人内部控制制度的鉴证报告
6-3	会计师事务所关于前次募集资金使用情况的专项报告
6-4	经注册会计师核验的发行人非经常性损益明细表
6-5	发行人董事会、会计师事务所及注册会计师关于非标准无保留意见审计报告的补充意见
6-6	盈利预测报告及盈利预测报告审核报告
6-7	最近三年内发生重大资产重组的发行人提供的模拟财务报告及审计报告和重组进入公司的资产的财务报告、资产评估报告和/或审计报告
6-8	控股股东（企业法人）最近一年的财务报告、审计报告以及保荐机构出具的关于实际控制人情况的说明
6-9	发行人公司章程（限于电子文件）
6-10	资信评级机构为本次发行可转换公司债券出具的资信评级报告
6-11	本次发行可转换公司债券的担保合同、担保函、担保人就提供担保获得的授权文件
6-12	特定行业（或企业）主管部门出具的监管意见书
6-13	承销协议（发行前按中国证监会要求提供）
6-14	发行人全体董事对发行申请文件真实性、准确性和完整性的承诺书

9.2.2.4 创业板上市公司非公开发行股票申请文件目录

根据《公开发行证券的公司信息披露内容与格式准则第37号——创业板上市公司发行证券申请文件》（2014年），创业板上市公司非公开发行股票的申报文件目录如表9-8所示。

表9-8 创业板上市公司非公开发行股票的申报文件目录

	第一章　发行人的申请报告及相关文件
1-1	发行人申请报告
1-2	本次发行的董事会决议
1-3	股东大会决议，或最近一年年度股东大会授权董事会决定发行融资总额不超过最近一年末净资产10%的股票的决议
1-4	发行申请如适用简易程序是否符合相关条件的专项说明
1-5	本次非公开发行股票预案
1-6	关于本次发行涉及/不涉及重大资产重组的说明
1-7	公告的其他相关信息披露文件
	第二章　保荐人和律师出具的文件
2-1	保荐人出具的证券发行保荐书（按规定适用简易程序且采取自行销售的除外）
2-2	发行保荐工作报告（按规定适用简易程序且采取自行销售的除外）
2-3	发行人律师出具的法律意见书
2-4	发行人律师工作报告
	第三章　财务信息相关文件
3-1	发行人最近二年的财务报告和审计报告及最近一期的财务报告
3-2	最近三年一期的比较式财务报表（包括合并报表和母公司报表）
3-3	本次收购资产相关的最近一年一期的财务报告及其审计报告、资产评估报告
3-4	发行人董事会、会计师事务所及注册会计师关于上市公司最近一年及一期的非标准无保留意见审计报告的补充意见
3-5	会计师事务所关于前次募集资金使用情况的专项报告
	第四章　其他文件
4-1	有关部门对募集资金投资项目的审批、核准或备案文件
4-2	特定行业主管部门出具的监管意见书
4-3	国务院相关主管部门关于引入境外战略投资者的批准文件
4-4	附条件生效的股份认购合同
4-5	附条件生效的资产转让合同
4-6	发行人全体董事、监事、高级管理人员对相关申请文件真实性、准确性和完整性的承诺书

9.2.2.5 上市公司发行优先股申请文件目录

证监会2014年发布了上市公司发行优先股相关信息披露准则，包括《公开发行证券的公司信息披露内容与格式准则第32号——发行优先股申请文件》（表9-9）、《公开发行证券的公司信息披露内容与格式准则第33号——发行优先股发行预案和发行情况报告书》和《公开发行证券的公司信息披露内容与格式准则第34号——发行优先股募集说明书》。这三个准则是落实《国务院关于开展优先股试点的指导意见》和《优先股试点管理办法》的重要配套文件。申请文件体现了"放松管制、加强监管"的要求，强调持续监管的重要性，更多地依靠日常信息披露文件，简化申报要求。

表9-9 上市公司发行优先股的申请文件目录

第一章	本次发行优先股的募集文件
1-1	募集说明书（申报稿）
1-2	募集说明书概览（申报稿）
第二章	发行人的申请与授权文件
2-1	发行人申请报告
2-2	发行人发行预案
2-3	发行人董事会决议
2-4	发行人股东大会决议
第三章	保荐机构和发行人律师出具的文件
3-1	保荐机构出具的证券发行保荐书
3-2	保荐机构出具的保荐工作报告
3-3	发行人律师出具的法律意见书
3-4	发行人律师出具的律师工作报告
第四章	关于本次发行优先股募集资金使用的文件
4-1	发行人拟收购资产（包括权益）最近一年的财务报告和审计报告及最近一期的财务报告、资产评估报告
4-2	发行人拟收购资产（包括权益）的合同或其草案
第五章	其他文件
5-1	发行人最近三年的财务报告和审计报告及最近一期的财务报告、最近三年及一期比较式财务报表，如最近三年发生重大资产重组的，还应提供重组时编制的重组前模拟财务报告及审计报告
5-2	发行人最近三年及一期非经常性损益明细表
5-3	审计机构关于发行人最近一年末内部控制的审计报告或鉴证报告
5-4	发行人董事会、审计机构关于报告期内非标准审计报告涉及事项对公司是否有重大不利影响或重大不利影响是否已经消除的说明（如有）
5-5	盈利预测报告及盈利预测报告审核报告（如有）
5-6	资信评级机构为本次发行优先股出具的资信评级报告（如有）

(续表)

5-7	本次发行优先股的担保合同、担保函、担保人就提供担保获得的授权文件（如有）
5-8	发行人对本次发行优先股作出的有关声明和承诺
5-9	审计机构关于本次发行优先股相关会计处理事项的专项意见
5-10	发行人公司章程（限电子文件）
5-11	特定行业（或企业）主管部门出具的监管意见书
5-12	承销协议（发行前按中国证监会要求提供）
5-13	发行人全体董事对发行申请文件真实性、准确性和完整性的承诺书

9.2.3 审核程序

根据《中华人民共和国证券法》《中华人民共和国公司法》和国务院《关于开展优先股试点的指导意见》（国发〔2013〕46号）等法律法规的规定，实施行政许可的再融资工具主要包括公开增发、配股、非公开发行股票、优先股、可转债、分离债、公司债、可交换债、证券公司债等。申请审核的主要环节包括以下几方面：

1. 受理

中国证监会受理部门根据《中国证券监督管理委员会行政许可实施程序规定》（证监会令第66号，以下简称《行政许可程序规定》）、《上市公司证券发行管理办法》（证监会令第30号）、《公司债券发行试点办法》（证监会令第49号）、《优先股试点管理办法》（证监会令第97号）、《创业板上市公司证券发行管理暂行办法》（证监会令第100号）和《上市公司股东发行可交换公司债券试行规定》（证监会公告〔2008〕41号）等规则的要求，依法受理再融资申请文件，并按程序转发行监管部。发行监管部在正式受理后，将申请文件分发至相关监管处室，相关监管处室根据发行人的行业、公务回避的有关要求以及审核人员的工作量等确定审核人员。

2. 反馈会

相关监管处室审核人员审阅发行人申请文件后，从非财务和财务两个角度撰写审核报告，提交反馈会讨论。反馈会主要讨论初步审核中关注的主要问题，确定需要发行人补充披露以及中介机构进一步核查说明的问题。

反馈会按照申请文件受理顺序安排。反馈会由综合处组织并负责记录，参会人员有相关监管处室审核人员和处室负责人等。反馈会后将形成书面意见，履行内部程序后反馈给保荐机构。反馈意见发出前不安排发行人及其中介机构与审核人员沟通。

保荐机构收到反馈意见后，组织发行人及相关中介机构按照要求进行回复。综合处收到反馈意见回复材料进行登记后转相关监管处室。审核人员按要求对申请文件以及回复材料进行审核。

发行人及其中介机构收到反馈意见后，在准备回复材料过程中如有疑问可与审核人员进行沟通，如有必要也可与处室负责人、部门负责人进行沟通。

审核过程中如发生或发现应予披露的事项，发行人及其中介机构应及时报告发行监管部并补充、修改相关材料。初审工作结束后，将形成初审报告（初稿）提交初审会讨论。

3. 初审会

初审会由审核人员汇报发行人的基本情况、初步审核中发现的主要问题及反馈意见回复情况。初审会由综合处组织并负责记录，发行监管部相关负责人、相关监管处室负责人、审核人员以及发审委委员（按小组）参加。

根据初审会讨论情况，审核人员修改、完善初审报告。初审报告是发行监管部初审工作的总结，履行内部程序后与申请材料一并提交发审会。

初审会讨论决定提交发审会审核的，发行监管部在初审会结束后出具初审报告。初审会讨论后认为发行人尚有需要进一步披露和说明的重大问题、暂不提交发审会审核的，将再次发出书面反馈意见。

4. 发审会

发审委制度是发行审核中的专家决策机制。发审委会议审核公开发行股票申请和可转换公司债券等中国证监会认可的其他公开发行证券申请适用普通程序，发审委会议审核非公开发行股票申请和中国证监会认可的其他非公开发行证券申请适用特别程序。根据《公司债券发行试点办法》，发审委会议审核公司债券申请适用特别程序。

根据《发行审核委员会办法》（2017年）规定，发审会适用普通程序的，会议召开5天前中国证监会发布会议公告，公布发审会审核的发行人名单、会议时间、参会发审委委员名单等；发审会适用特别程序的，中国证监会不公布发审会审核的发行人名单、会议时间、参会发审委委员名单等。发审会由审核人员向委员报告审核情况，并就有关问题提供说明，委员发表审核意见，发行人代表和保荐代表人各2名到会陈述并接受聆讯，发行人聆询时间不超过45分钟，聆询结束后由委员投票表决。发审会认为发行人有需要进一步披露和说明问题的，形成书面审核意见后告知保荐机构。

保荐机构收到发审委审核意见后，组织发行人及相关中介机构按照要求回复。综合处收到审核意见回复材料后转相关监管处室。审核人员按要求对回复材料进行审核并履行内部程序。

5. 封卷

发行人的再融资申请通过发审会审核后，需要进行封卷工作，即将申请文件原件重新归类后存档备查。封卷工作在按要求回复发审委意见后进行。如没有发审委意见需要回复，则在通过发审会审核后即进行封卷。

6. 会后事项

会后事项是指发行人再融资申请通过发审会审核后、启动发行前发生的可能影响本次发行上市及对投资者作出投资决策有重大影响的应予披露的事项。发生会后事项的需履行会后事项程序，发行人及其中介机构应按规定向综合处提交会后事项材料。综合处接收相关材料后转相关监管处室。审核人员按要求及时提出处理意见。需重新提交发审会审核的，按照会后事项相关规定履行内部工作程序。如申请文件没有封卷，则会后事项与封卷可同时进行。

7. 核准发行

封卷并履行内部程序后，将进行核准批文的下发工作。发行人领取核准发行批文后，无重大会后事项或已履行完会后事项程序的，可按相关规定启动发行。

审核程序结束后，发行监管部根据审核情况起草持续监管意见书，书面告知日常监管部门。

证券发行申请未获核准的上市公司，自中国证监会作出不予核准的决定之日起 6 个月后，可再次提出证券发行申请。

9.3 公开增发、配股与非公开发行

9.3.1 公开增发

公开增发是指上市公司向不特定对象公开募集股份的股票发行行为。

1. 公开增发的优势

其一，融资规模不受限制。其二，除受短线交易限制（6个月）的股东外，其他认购者没有锁定期限制。

2. 公开增发的劣势

（1）市价发行且发行风险极大

公开增发要求发行价不低于招股意向书公布前 20 个交易日均价或前 1 个交易日均价，属于市价发行。在市价发行机制下，一般投资者还是会要求发行价格相对于市价有一个折扣，否则理论上参与增发不如直接在二级市场购买股票。在这样的定价机制下，要成功实施公开增发，必须把握两个关键点。

其一，发行人的二级市场股价必须正处于上行区间，使得前 20 个交易日均价（或前 1 个交易日均价）显著低于前 1 个交易日收盘价，然后以前 20 个交易日均价（或前 1 个交易日均价）定价。这样操作可以使得发行价格相对于前 1 个交易日收盘价有一个折扣区间，从而有利于发行。

其二，选择良好的市场时机，尽量避免二级市场的系统性风险和发行人的特殊风险。为了保证公开增发成功，除向好的市场气氛整体有助于发行外，还应注意增发的特殊发行安排。根据发行安排（图 9-1），在增发的发行价格确定后，还需要经历 2 个交易日后才停牌进入申购期。也就是说，即便发行价格相对于发行价格确定日前一天的市价有折扣（例如 9 折），但如果之后的 2 个交易日二级市场整体出现大幅下跌引发发行人股票大幅下跌，或者发行人因自身原因出现股票大幅下跌（例如连续 2 天跌停），均可能使得已经确定的发行价格低于市价，从而出现"破发"。在这种情况下，增发的发行风险极大，很可能出现主承销商大幅包销的情况。

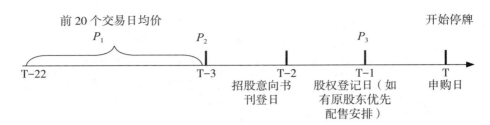

图 9-1　实施公开增发的关键时间节点

具体来说，发行价格不能低于公告招股意向书前 20 个交易日股票均价 P_1 或前一个交易日的股票均价 P_2。刊登招股意向书前 1 日（T-3）为定价日。为取得发行折扣，一般会选择 P_1、P_2 明显低于 T-3 日的收盘价时，以其为发行价格（设为 P）。

发行价格 P 确定后，还需要公开交易 T-2、T-1 日。T 日（申购日）发行人股票停牌。投资者将把 T-1 日（股权登记日）的股价 P_3 与 P 与进行比较：若 P_3 高于 P，则发行成功概率较大；若 P_3 低于 P，则面临较大的发行风险。

总结起来，公开增发必须选择在整体市场气氛较为乐观、基本可以排除系统性风险，同时发行人个股股价处于明显上升空间且不存在影响股价的突然性事件的情况之下进行。

（2）发行条件要求高

主板、中小企业板上市公司要求最近三个会计年度加权平均净资产收益率平均不低于 6%，扣除非经常性损益后的净利润与扣除前的净利润相比，以低者作为加权平均净资产收益率的计算依据。创业板上市公司实施增发要求连续两年盈利，且资产负债率不低于 45%。就主板、中小企业板上市公司而言，该等条件是所有再融资品种中最高的。

（3）距离上次再融资需要距离 18 个月

申请公开增发的董事会决议日距离前次募集资金到位日原则上不得少于 18 个月。前次募集资金包括首发、增发、配股、非公开发行股票。

（4）募集资金投向限制

募集资金必须用于具体项目，不能用于补充流动资金和偿还银行贷款。

总体上讲，公开增发由于其发行条件要求高、审核难度大（基于 2014 年之前的审核实践反映出来的状况），又面临极大的发行风险（特别是发行价格确定后的 2 个交易日使得"破发"风险几乎难以掌控），使得其成为市场上的罕见品种。特别是非公开发行渐趋"流行"（同样有融资规模不受限制的优势，同时可以利用定价的便利实现多种目的）之后，使得其市场空间进一步被挤占，成为被市场遗忘的品种。自 2014 年沧州大化实施公开增发（这也是 2014 年全年唯一一单公开增发）后，A 股市场最近几年没有一单新的公开增发实施。

9.3.2　配股

配股指上市公司向原股东配售股份的股票发行行为。其特点是仅向股权登记日在册的原股东发行。

1. 配股的优势

（1）对原股东最为友好，既不会摊薄原股东持股比例，也不会因为折价发股影响原股东利益

对于股权再融资而言，由于要吸引投资者认购，通常发行价格都会相对市价有一定折扣，从而对老股东利益有所影响。但配股仅向老股东发行，如果老股东参与配股，即便折价发股也不会影响老股东利益，而且股东持股比例也不会被摊薄。

（2）发行价格灵活度大

相关规范对配股价格的确定没有限制性要求，可以自行定价，在净资产值与市价之间灵活选择。从市场实践来看，发行价格通常在市价的 50%—80% 之间。一般而言，选择高折扣低价配股可以吸引股东踊跃参与配股。而且在董事会公告配股预案可以不确定具体价格（只列示定价原则），而在取得中国证监会核准启动发行时确定。例如，可以在配股预案里对配股价格进行这样的规定：根据刊登发行公告前 A 股市场交易的情况，在配股价格不低于发行前本公司最近一期经境内审计师根据中国会计准则审计确定的每股净资产值的原则下，采用市价折扣法确定配股价格，由董事会根据股东大会的授权自行或授权他人在发行前根据市场情况与保荐人/主承销商协商确定。定价依据：①不低于发行前公司最近一期经审计的每股净资产值；②参考公司股票在二级市场的价格、市盈率及市净率等估值指标，并综合考虑公司发展与股东利益等因素；③考虑募集资金投资项目的资金需求量；④遵循公司董事会与保荐机构（主承销商）协商确定的原则。

（3）募集资金投向灵活

除用于具体募投项目外，配股募集资金可 100% 用于补充流动资金或偿还贷款（允许补流或还贷的金额上限要符合证监会发行部窗口指导的计算原则）。

（4）没有锁定期

除受短线交易限制（6 个月）的股东外，其他股东配股获得的股票没有锁定期限制。

（5）能够在一定程度上提升控股股东持股比例

无论配股方案如何设置，总会有股东因为不知道、没有资金等原因放弃参与配股，因此在控股股东全额认配的情况下，不仅不会摊薄持股比例，反而会使持股比例有所上升。如果选择较大折扣的配股价格，那么实际是给了控股股东一次低价增持的机会。

（6）政策支持力度大，审核周期较短，通过概率较高

由于配股要求一定的财务条件且规模受到限制，因此一直是监管部门支持与认可的再融资方式，一般审核周期较短，通过概率较高。

2. 配股的劣势

（1）发行条件相对较高

主板、中小企业板上市公司实施配股要求最近三个会计年度连续盈利，创业板上市公司要求最近两个会计年度连续盈利，且资产负债率不低于 45%。

（2）融资规模受限制

拟配售股份数量不超过本次配售股份前股本总额的 30%。由于配股规模受到限制，大多数方案都顶格按照十配三的比例配股，也有少数规模较大的企业选择较低的比例配股。

（3）距离上次再融资需要18个月

申请配股的董事会决议日距离前次募集资金到位日原则上不得少于18个月。前次募集资金包括首发、增发、配股、非公开发行股票。

（4）存在发行失败的风险

根据相关规范，配股只能采用代销方式发行。控股股东应当在股东大会召开前公开承诺认配股份的数量。如果控股股东不履行认配股份的承诺，或者代销期限届满时原股东认购股票的数量未达到拟配售数量70%的，发行人应当按照发行价并加算银行同期存款利息返还已经认购的股东。也就是说，控股股东不履行认配承诺或认配股权总数不到七成会导致配股发行失败。

为避免配股发行失败，最关键的两个因素在于：其一，控股股东及其他主要股东的参与程度；其二，配股价格的折扣力度。

（5）大股东资金压力较大

为了保证发行成功，大股东一般必须参与配股，又由于配股只能采用现金方式认配，因此大股东会面临一定的资金压力。如果上市公司大股东及其关联方持股比例较高，选择配股方式会导致来自外部市场的资金较少。

（6）对每股收益等盈利能力指标摊薄效应较大

为了保证发行成功，吸引中小股东踊跃参与配股，同时给予大股东低价增持的机会，配股一般会选择较高折扣的低价配股方式。在这种情况下，在募集资金投资项目产生效益前，净资产收益率、每股收益等盈利能力指标将面临较大的摊薄效应。

总体上讲，在具备发行条件（连续盈利）的情况下，只要控股股东持股比例不高并且愿意参配，配股是一个比较好的再融资工具。

9.3.3 非公开发行

非公开发行股票，是指上市公司采用非公开方式，向特定对象发行股票的行为。非公开发行方式自产生以后，就以其发行条件低（无财务条件要求）、发行规模大（无发行规模限制）和定价相对灵活而受到市场青睐，成为A股上市公司最经常采用的再融资工具。2017年2月中国证监会对非公开发行适用的规范进行调整之后，非公开发行这种工具将面临很大的变化。

1. 锁价发行与询价发行的区别

非公开发行根据发行方式的不同可以分为锁价发行与询价发行两种方式（表9-10）。

表9-10 非公开发行方式的比较

	锁价发行	询价发行
发行方式	以事先确定的价格向事先确定的投资者发行（董事会决议确定具体发行对象）	事先确定发行底价，通过对投资者有效申购报价进行累计统计，按照价格优先的原则确定发行对象、发行价格（董事会决议未确定具体发行对象）

（续表）

	锁价发行	询价发行
锁定期	36个月	12个月（如果大股东及关联方参与认购，锁定36个月）
募投资金是否可以用于补充流动资金与偿还银行贷款	可全部用于补充流动资金或偿还贷款（允许补流或还贷的金额上限要符合窗口指导的计算原则）	可有不超过30%的部分用于补充流动资金或偿还贷款（允许补流或还贷的金额上限要符合窗口指导的计算原则）
发行价格	不低于发行期首日前20个交易日均价的90%	在不低于发行期首日前20个交易日均价的90%基础上，由投资者竞价确定最终发行价格
对上市公司的意义	如果引入长期战略投资者，有利于完善公司治理结构、获得更多外部支持；如果由大股东或员工持股计划参与认购，有助于增强市场对公司的信心	一般由财务投资者参与认购，有利于扩大投资者参与范围，增强公司股票的流动性与活跃度

2. 创业板非公开发行与主板、中小企业板非公开发行的差别

创业板非公开发行与主板、中小企业板非公开发行有一定差别，具体可参见表9-11。

表9-11　创业板非公开发行与主板、中小企业板非公开发行的差别

	主板中小板	创业板
发行对象	发行对象不超过10名	发行对象不超过5名
发行条件	无盈利要求	最近二年盈利，非公开发行股票募集资金用于收购兼并的豁免适用此要求
简易程序	无	融资额不超过5000万元且不超过最近一年末净资产10%的，证监会适用简易程序，但是最近12个月内上市公司非公开发行股票的融资总额超过最近一年末净资产10%的除外。简易程序自受理之日起15个工作日内做核准或者不予核准决定
保荐	必须保荐机构保荐	在适用简易程序且选择自行销售的情况下，可以不聘请保荐机构
承销	应当由证券公司承销；发行对象均属于原前十名股东的，可以由上市公司自行销售	应当由证券公司承销。符合以下情形之一的，可以由上市公司自行销售：发行对象为原前十名股东；发行对象为上市公司控股股东、实际控制人或其控制的关联方；发行对象为上市公司董事、监事、高级管理人员或员工；董事会审议相关议案时已经确定的境内外战略投资者或其他发行对象；中国证监会认定的其他情形。上市公司自行销售的，应当在董事会决议中确定发行对象，且不得采用竞价方式确定发行价格

3. 非公开发行的优势

（1）发行条件最低

主板、中小企业板上市公司没有盈利条件要求。创业板上市公司需满足连续两年盈利的要求，但非公开发行股票募集资金用于收购兼并的，可免于适用。

（2）募集资金使用相对灵活

除用于具体募投项目外，以询价方式进行的非公开发行可有不超过30%的部分用于补充流动资金或偿还贷款；以锁价方式进行的非公开发行可100%用于补充流动资金或偿还贷款（允许补流或还贷的金额上限要符合窗口指导的计算原则）。

4. 非公开发行的劣势

（1）募集资金受限

拟发行的股份数量不得超过本次发行前总股本的20%。融资规模不受限制曾经是非公开发行最大的优势，但2017年2月《发行监管问答——关于引导规范上市公司融资行为的监管要求》对此进行了修订。根据证监会2017年3月的窗口指导，20%股本计算的基数包括A股、B股、H股合并计算。

（2）距离上次再融资需要18个月

申请非公开发行的董事会决议日距离前次募集资金到位日原则上不得少于18个月。前次募集资金包括首发、增发、配股、非公开发行股票。

（3）发行价格为准市价发行，面临较大的发行风险

根据《上市公司非公开发行股票实施细则》（2017年），定价基准日被固定为发行期首日，发行价格（锁价发行）或发行底价（询价发行）为不低于发行期首日前20个交易日均价的90%。也就是说，在董事会决议非公开发行时，发行价格尚不能确定。发行价格或发行底价需等待发行申请经中国证监会核准并进入发行期后才能确定。这样的定价方式使得非公开发行类似于市价发行，发行风险极大。①

对于锁价发行而言，投资者在决策投资非公开发行时，面临无法确定发行价格的窘境，而且还面临一个尴尬的两难局面：如果此项投资被市场看好，上市公司股价大幅上涨，投资者要面临将来高价获得股权的压力；如果此项投资不被市场看好，投资者却可以以相对较低的价格获得上市公司股权。这一奇特的境地，有可能诱发上市公司与投资者的道德风险和逆向选择问题。

对于询价发行而言，发行底价与市价之间几乎没有折价却要承担一年的锁定期，这可能对投资者的投资意向造成较大的影响。

（4）锁定期及减持限制

非公开发行根据发行类型及认购对象类型需要锁定1年或3年。锁价发行，所有投资者均需要锁定3年；询价发行，实际控制人及其关联方需要锁定3年，其他非关联投资者锁定1年。取得上市公司非公开发行股票的股东减持该部分股票需符合交易所《上市公司股东及董事、监事、高级管理人员减持股份实施细则》。

（5）审核难度仍相对较大，审核周期相对较长

在2017年对非公开发行的定价方式进行改革前，非公开发行不属于监管部门支持的发行方式，审核周期相对较长，通过概率相对较低；在改革之后，监管部门对于非公开发行的审核政策逐渐偏中性化。

---

① 在2017年2月非公开发行规则调整前，其发行价格的确定具有较大的选择余地与灵活性。发行人一般会通过对定价方式的选择（一般选择董事会公告日前20个交易日均价的9折），确定一个相对较低的发行价格（锁价发行）或发行底价（询价发行）。此价格相对于市价一般有较大的折扣。

（6）总体上存在短期摊薄盈利能力指标的压力

在募集资金投资项目产生效益前，净资产收益率、每股收益等盈利能力指标将面临摊薄效应。总体上讲，非公开发行是2017年上市公司再融资规范调整中受影响最大的品种。政策调整之后，从各方面综合比较来看，非公开发行成为"性价比"最差的再融资品种。除了因为财务条件限制只能选择非公开发行，或者是确实需要引进确定的战略投资者而使用锁价发行方式，上市公司一般情况下不适宜选择非公开发行方式。

9.4 混合融资：可转换公司债券与优先股

可转换公司债券与优先股都是皆具股、债双重属性的混合融资工具。特别是可转债，既受到市场欢迎，也是监管部门相对支持的融资工具。在2017年1月20日中国证监会的新闻发布会上，新闻发言人明确指出："总体考虑是严格再融资审核标准和条件，解决非公开发行与其他融资方式失衡的结构性问题，发展可转债和优先股品种，抑制上市公司过度融资行为。"

9.4.1 可转换公司债券

可转换公司债券，简称转债，是指在一定期间内依据约定的条件可以转换成股份的公司债券。现行规范仅允许上市公司公开发行可转换债券。转债是一种混合型融资工具，兼具股票期权和债券的特性。其发行时为债券，转股期内债券持有人可按事先约定的条件和价格转换为公司股份，同时转债余额相应减少。如果转债被投资人全部转换为股份，则债券将不存在，上市公司也不再需要还本付息；如果没有转股或者没有全部转股，上市公司则需要在债券存续期间支付债券利息，转债到期时还需要返还本金及利息。

由于转股期权的存在，转债不仅可以平衡，而且可以最大化地满足发行人与投资者的利益诉求，实现投融方的"双赢"，因此转债是一种在各类型资本市场都极普遍和受欢迎的产品。对于投资者来讲，投资转债相当于购买了"保底"的股票：发行人股票下跌时基本不承担风险，股票上涨时却能获得与直接投资股票相近似的收益。这样可以保底也可能带来高收益的产品，是市场最为欢迎的品种。对于上市公司而言，发行转债相当于延迟转股的公开增发，而且发行风险较小。由于转股价格应不低于募集说明书公告日前20个交易日该公司股票交易均价和前1交易日的均价，而公开增发的发行价格不低于公告招股意向书前20个交易日或前1个交易日公司股票均价，转股价格会高于或相当于公开增发的发行价。可转换公司债券自发行结束之日起6个月后方可转换为公司股票，如果投资者转股，折价效应小于公开增发，且对于公司业绩的短期摊薄效应也明显小于公开增发；如果投资者没有转股，就相当于发行了公司债券，但债券的利息成本却远远低于通常的公司债券，相当于发行人要么是能低成本地债务融资，要么是能成功地以市价完成公开增发，两者都相宜。

9.4.1.1 主板、中小企业板和创业板上市公司发行转债的条件对比

就主板、中小企业板上市公司而言，发行转债的盈利条件要求是最高的，与公开增发一致。创业板上市公司发行转债仅需连续两年盈利，无净资产收益率要求，但有资产负债率的要求。详情可见表 9-12。

表 9-12 主板、中小企业板和创业板上市公司发行转债的条件对比

	主板中小板	创业板
盈利能力	最近三个会计年度连续盈利	最近两个会计年度连续盈利
资产负债率	无要求	资产负债率高于 45%
净资产收益率	最近三个会计年度扣非后孰低的加权平均净资产收益率不低于 6%	无要求
融资额度	本次发行后累计公司债券余额不超过最近一期末净资产额的 40%；最近三个会计年度实现的年均可分配利润不少于公司债券一年的利息	
前次募集资金使用	不存在擅自改变前次公开发行证券募集资金的用途而未作纠正的情形	前次募集资金基本使用完毕，且使用进度和效果与披露情况基本一致
债券期限	最短为一年，最长为六年	最短为一年
评级	强制要求进行资信评级及跟踪评级	
担保	公开发行可转换公司债券，应当提供全额担保，最近一期末经审计的净资产不低于人民币 15 亿元的公司除外	无需强制担保

9.4.1.2 发行转债的优势

1. 发行时间无间隔期限制

转债不受再融资 18 个月的时间间隔（指前次再融资募集资金到位日距离本次再融资的董事会决议日）的限制。这包括两个方面：其一，前次再融资无论是什么产品，本次发行转债均不受 18 个月时间间隔的限制（创业板上市公司要同时满足"前次募集资金基本使用完毕"）；其二，本次发行转债的，下次再融资无论发行什么品种，均不受 18 个月时间间隔的限制。

2. 债券利率低，转股不折价，对上市公司极为有利

在转股前，转债体现为公司债券，由于有转股期权的存在，其票面利率水平远低于公司债券（通常为 0.5%—2.0%），而且与公司债券的利率水平受发行人的信用评级水平影响重大不同，转债的利率确定受发行人的信用水平影响程度较低。

按相关规范，转股价格不能低于募集说明书公告日前 20 个交易日该公司股票交易均价和前 1 交易日的均价。这一价格的确定比公开增发更为严格，尽管都是市价定价，但公开增发是要求仅满足两个标准中的一个即可（招股意向书公布前 20 个交易日均价，或前 1 个交易日均价），而转债是要求同时满足两个标准。尽管如此，由于转债的转股期限转长且有债券的"保底"功能存在（投资者可以选择不转股而持有到期），投资者在认购转债时并不会过多计较转股价格与当前市价是否有折价。因此，相对于公开增发

的市价发行而言，转债由于转股价设置更为严苛，以发行当时的股价计，折价效应更小，对老股东的利益摊薄也更少。

3. 募集资金投向相对宽松

根据监管部门的窗口指导意见，转债募集资金投向除用于具体募投项目外，可将不超过 30% 的部分用于补充流动资金或偿还贷款（允许补流或还贷的金额上限要符合窗口指导的计算原则）。

4. 对盈利指标的摊薄较为缓和

股权再融资品种都面临发行后股本迅速扩大、短期会立即摊薄每股收益和净资产收益率的问题，但转债需要进入转股期才能转股，且转股一般会经历一个过程，因此无即时摊薄效应，而且总体上讲摊薄效应较为缓和。

5. 适合于资产负债率不高的上市公司优化财务结构

转债具有债券和股票的双重特征，使用得当可以优化公司财务结构，特别是对于资产负债率较低的企业而言，转债在转股前体现为公司债券，可以提升公司杠杆率、优化财务结构，在当前再融资需要审核的情况下，也有利于说明进行再融资的合理性。

6. 发行风险较小

由于转债兼具股权与债权的混合特性，且兼顾了上市公司与投资者的诉求，其使投资者能够在风险极小的情况下享受上市公司股价上涨的无限收益，因此总体上发行风险较小，可以在各种市场环境中启动发行。

7. 转债条款设计空间较大，可以满足上市公司更多诉求

与其他再融资品种相比，转债的条款选择与条款具体内容设计有更大的灵活性和适应性。发行人如果能够合理设计并灵活使用回售权、赎回权、转股价格向下修正条款等，就能够满足上市公司更多诉求，也能更好地满足不同投资者的需求。

8. 政策支持力度大，审核时间短，通过机率高

由于转债有最高的财务条件要求与规模限制，能够发行转债的上市公司一般业绩较好、资产规模相对较大，代表着市场上最好的上市公司群体，因此证监会一直对转债发行持支持态度，体现为审核时间短、通过概率高。

9.4.1.3 发行转债的劣势

1. 财务盈利条件要求高

主板、中小企业板上市公司要求最近三个会计年度加权平均净资产收益率平均不低于 6%，扣除非经常性损益后的净利润与扣除前的净利润相比，以低者作为加权平均净资产收益率的计算依据。创业板上市公司实施增发要求连续两年盈利，且资产负债率不低于45%。就主板、中小企业板上市公司而言，该等条件是所有再融资品种中要求最高的。

2. 发行额度受限制

相关规范要求发行转债后，累计债券余额不超过最近一期末净资产的 40%；最近三年实现的年均可分配利润不少于公司债券一年的利息。前面一个要求直接限制了转债发行的规模，后面一个要求也有可能对转债发行的规模有所限制。需要注意的是，这里的 40% 不是仅指本次发行的额度占发行人净资产的比例，而是指本次发行后累计债券余额占净资产的比例。由于近年来公司债券市场得到迅猛发展,很多上市公司发行了公司债券,因此在计算本次转债额度时要进行相应扣除。

3. 主板、中小企业板规模较小的公司发行转债需提供担保

根据相关规范,对于主板、中小企业板公司而言,净资产低于15亿元的公司发行转债应当提供担保。担保应当为全额担保,担保范围包括债券的本金及利息、违约金、损害赔偿金和实现债权的费用。以保证方式提供担保的,应当为连带责任担保,且保证人最近一期经审计的净资产额应不低于其累计对外担保的金额。证券公司或上市公司不得作为发行可转债的担保人,但上市商业银行除外。设定抵押或质押的,抵押或质押财产的估值应不低于担保金额。估值应经有资格的资产评估机构评估。

由于投资者更偏重看待转债的股性,是否提供担保(对债性的保障)并不会对转债的发行难度、发行利率等造成影响,因此除法规要求的公司外,发行人一般不会对转债进行担保。

9.4.1.4 转债的主要条款分析

转债是兼顾股性与债性的混合融资品种,能够平衡投资者与发行人利益。在具体条款设计时,也应该进一步贯彻与体现这一原则。具体来说,可以包括以下三个方面:其一,提高对投资者的吸引力与降低发行人筹资成本的平衡。其二,保证发行人股权融资成功(转股)与维护现有股东关系的平衡。其三,发行人取得最佳筹资质量与转股后摊薄效应的平衡。基于以上考虑,我们按照债性条款、股性条款和其他条款三个方面对转债的主要条款逐一分析(表9-13)。

表9-13 转债的主要条款分析

	条款	解析
债性条款	票面利率	公司与主承销商根据市场情况协商确定。由于可转债期权价值的存在,可转债票面利率大幅低于同期同评级公司债券利率 一般采用逐年递进式利率,例如某软件行业上市公司发行的转债利率如下:第一年0.5%,第二年0.8%,第三年1.1%,第四年1.5%,第五年1.5%,第六年2%
	到期偿还价格	到期偿还价格是指债券期满后按可转债票面金额上浮一定比例(含最后一期利息)的价格,向投资者赎回全部未转股的可转债 到期偿还价格条款的设置实际是给予一直持股而未转股投资者的补偿(未转股的原因一般是因为市价低于转股价)。到期偿还价格越高,越有利于降低回售的可能性 到期赎回价格的合理设计能够提升可转债的债券价值,提高转债的投资吸引力,降低债券部分的发行利率水平
	回售条款	回售条款是对投资者的利益保障条款,是指存续期内,在特定条件下持有人可按约定价格将可转债回售给公司 回售条款分为:(1)有条件回售条款:当正股价格持续低于当期转股价格的一定比例时,持有人可以要求回售。设置此等条款完全是基于对投资者投资收益的保护,从而提升转债的股性和投资价值,但同时也给了发行人巨大的压力。如果回售条件具备,投资者选择回售,则意味着转股(股权融资)目的无法达到,且公司面临巨大的财务压力(需要现金满足投资者的回售要求)。基于此,有条件回售条款的设置实际是转债方案的

(续表)

条款		解析
债性条款	回售条款	一个重要看点之一，发行人设计此条款的常见思路包括：A.不设置回售条款。此等设计对发行人有利，完全无回售压力，但降低了转债的股性，影响了转债的投资价值。此等设计常出现于超大型上市公司（例如商业银行）的转债方案中。B.在回售期的时间上做文章。除常见的以整个转股期为回售期（此等设计对投资者最友好，发行人风险最大）外，有的方案将回售期限制于转股期内的特定时间段（例如以最后一个或两个计息年度为回售期）。C.将回售价格设置为较低水平，以抑制投资者的回售冲动，让投资者不回售而寄希望于股价在转股期内上涨。综合以上考虑，对于通常的上市公司，可以考虑如下的回售条款：在可转债最后两个计息年度，如果公司股票在任何连续30个交易日的收盘价格低于当期转股价的70%，可转债持有人有权将其持有的可转债全部或部分按103%（含当期应计利息）回售给公司 （2）附加回售条款：法规规定，当出现募集资金投向变更等情况，持有人可回售。这是相关规范的强制性规定。建议可以考虑这样规定：若公司本次发行的可转债募集资金投资项目的实施情况与公司在募集说明书中的承诺情况相比出现重大变化，根据中国证监会的相关规定被视作改变募集资金用途或被中国证监会认定为改变募集资金用途的，公司本次发行的可转债持有人享有一次回售的权利，回售价格为103%（含当期应计利息）
	担保	相关规范规定主板和中小企业板公开发行可转换公司债券，应当提供担保，但最近一期末经审计的净资产不低于人民币15亿元的公司除外。而创业板并无相关的担保规定为将保险公司纳入销售范围，部分超大型上市公司发行超大规模转债时，可以考虑为转债提供担保。但考虑到转债受市场欢迎，通常无发行压力，一般的上市公司建议选择不提供担保
股性条款	转股价格	相关规范规定转股价格不得低于募集说明书公告前20日股票均价和前1日股票均价。这是要求转股价格不得低于两者的高者。从发行实践来看，绝大多数转债的初始转股价格就设置为上述价格。从理论上讲，若公司对未来股价有信心，也可在底价基础上设置一定的转股溢价，从而进一步提高融资效率，削弱未来转股的摊薄幅度。但同时溢价率越高，可转债隐含的期权价值就越小，相对应的债性要求就越强
	转股期限	相关规范要求自发行结束之日起6个月后方可转换为公司股票，转股期限由公司根据可转换公司债券的存续期限及公司财务状况确定。从发行实践来看，绝大多数转债设置为自发行后6个月开始转股。一般而言，转股期越长，转股成功的可能性越大，转债的期权价值越大，对投资者越友好
	转股价格例行调整	相关规范要求募集说明书应当约定转股价格调整的原则及方式。发行可转债券后，因配股、增发、送股、派息、分立及其他原因引起上市公司股份变动的，应当同时调整转股价格
	转股价格向下修正条款	转股价格向下修正条款也是转债方案中可以灵活设计的看点之一，是增强转债股性、促进转股的重要条款。如果发行人股价持续低于当期转股价格，发行人则可向下修正转股价格，从而促进投资者转股并且避免回售压力。这也就说，此等条款有利于发行人在股价低迷时实现股权融资目的，并且避免投资者选择回售时带来的资金压力。此等调整降低了转股价格，同时也对转债的投资者有利。但转股价格的向下调整也意味着上市公司本次转债同等金额可以转换的股权增多，上市公司的股本增加程度高于原方案，上市公司面临加大的业绩摊薄压力，也可能对上市公司原股东的利益造成影响。因此，相关规范规定转股价格修正方案须提交股东大会且须经出席会议的股东所持表决权的2/3以上同意（持有公司转债股东应当回避），而且修正后的转股价格不低于该次股东大会召开前20个交易日股票交易均价和前1交易日的均价及公司每股净资产。实践中可以考虑将转股价格修正条款设置为：在本次发行的可转债存续期间，当公司A股股票在任意连续20个交易日中有至少10个交易日的收盘价低于当期转股价格的90%时，公司董事会有权提出转股价格向下修正方案并提交公司股东大会表决

(续表)

条款		解析
股性条款	赎回条款	赎回条款是指存续期内,若发行人股价持续高于当期转股价格的一定幅度,发行人可按约定价格将可转债从持有人处提前赎回。与回售条款保护投资者不同,此等条款主要是保护发行人利益。 其一,当转债发行后,发行人股价上涨并大幅高于转股价格时,投资者以初始转股价格转股,实际上意味着上市公司是以远低于当时市价的价格增发股票,对上市公司的利益不利。赎回条款的设置实际是设置市价相对于转股价格的最大溢价幅度(或者说是转股价格相当于市价的最高折扣度)。 其二,有利于促进转股,也被称为"加速条款"。在实践中,即便发行人股价大幅高于转股价格,仍然有投资者不愿意转股,除部分是因为期待发行人股价继续上涨外,还因为转债本身也在交易所交易,其交易价格也会随着股价的上涨而上涨,部分投资者直接通过交易转债获利,而不愿意轻易转股。在这种情况下,如果设置强制性的赎回条款,投资者就可能为了避免赎回而选择转股,使得发行人的股权融资目的得以实现。实践中可以考虑将转股价格修正条款设置为:可转债转股期内,股票连续30个交易日中至少15个交易日的收盘价格不低于当期转股价格的130%(含130%),或者当未转股余额少于3000万时,公司有权按照债券面值加当期应计利息的价格赎回全部或部分未转股的可转债
其他条款	发行规模	相关规范要求发行后累计公司债券余额不超过最近一期末净资产额的40%;最近三个会计年度实现的年均可分配利润不少于公司债券一年的利息
	债券期限	相关规范要求主板、中小企业板转债期限最短为一年,最长为六年,创业板最短为一年。建议规范允许范围内,尽量发行较长期限的转债。其原因在于,由于投资者看重股性,投资者对转债期限要求并不敏感,但对于发行人来说,转债期限较长可以增加转股灵活性,提高转股概率
	优先配售	相关规范规定,转债可以全部或者部分向原股东优先配售,优先配售比例应当在发行公告中披露。原股东放弃配售的部分,向市场公开发行。由于转债受到市场欢迎,且没有锁定期,相当于存在一定的无风险收益,因此,从维护现有股东利益角度出发,一般采取全部或者绝大部分(例如80%)对原股东优先配售的方式
	评级	相关规范规定:公开发行可转换公司债券,应当委托具有资格的资信评级机构进行信用评级和跟踪评级,资信评级机构每年至少公告一次跟踪评级报告

9.4.2 优先股

优先股是指依照《公司法》,在一般规定的普通种类股份之外,另行规定的其他种类股份,其股份持有人优先于普通股股东分配公司利润和剩余财产,但参与公司决策管理等权利受到限制。从优先股股东的权利与义务看,优先股也是介于股票与债券之间的一种股债混合投融资工具。由于具有股息可固定、通常情况下无表决权等特性,优先股拥有债性。其股性则主要表现为,在符合条件的情况下可作为企业股本和银行的核心资本,当公司发生特定事件或优先股股息支付非正常支付时,优先股股东享有部分表决权和表决权恢复等权利。根据具体合同条款,不同的优先股的股债属性也具有差异性:如可赎回累积优先股具有更强的债权性质,而非累积不可赎回优先股更突显优先股的股权本质。

优先股的股债双重混合属性对于改善公司的资产负债结构具有良好效果。对于发行人来说，由于投资者不具有投票权，不会分散原股东对公司的控制权。如果能够作为权益工具核算，可以降低资产负债率。同一般的债务融资相比，优先股通常期限更长。其定价基本不受二级市场影响，在二级市场低迷、发行普通股较困难时，优先股为公司开辟了一条新的融资渠道。其可以具有多样化的条款设计方案，满足投资者的不同需求。其不算作普通股，不会摊薄公司的每股收益。对于投资人来说，优先股是一种收益较为稳定、风险相对较低的稳健投资工具。

9.4.2.1 优先股的分类

累积优先股和非累积优先股。根据公司因当年可分配利润不足而未向优先股股东足额派发股息，差额部分是否累计到下一会计年度，优先股可分为累积优先股和非累积优先股。累积优先股是指公司在某一时期所获盈利不足，导致当年可分配利润不足以支付优先股股息时，则将应付股息累积到次年或以后某一年盈利时，在普通股的股息发放之前，连同本年优先股股息一并发放。非累积优先股则是指公司不足以支付优先股的全部股息时，对所欠股息部分，优先股股东不能要求公司在以后年度补发。现行规范要求公开发行的优先股须是累积优先股。

参与优先股和非参与优先股。根据优先股股东按照确定的股息率分配股息后，是否有权同普通股股东一起参加剩余税后利润分配，可分为参与优先股和非参与优先股。持有人只能获取一定股息但不能参加公司额外分红的优先股，称为非参与优先股。持有人除可按规定的股息率优先获得股息外，还可与普通股股东分享公司的剩余收益的优先股，称为参与优先股。现行规范要求公开发行的优先股须是非参与优先股。

可转换优先股与不可转换优先股。根据优先股是否可以转换成普通股，可分为可转换优先股和不可转换优先股。可转换优先股是指在规定的时间内，优先股股东或发行人可以按照一定的转换比率把优先股换成该公司普通股，否则是不可转换优先股。

可转换优先股相当于赋予了优先股换股期权，对于提升优先股的投资价值具有重大意义。我国《优先股试点管理办法》的征求意见稿曾经规定"上市公司可以发行可转换为普通股的优先股"。但正式出台的管理办法将其予以了删除，规定"上市公司不得发行可转换为普通股的优先股"，仅对商业银行有除外规定（考虑商业银行资本监管的特殊要求，规定商业银行可根据商业银行资本监管规定，非公开发行触发事件发生时强制转换为普通股的优先股）。

9.4.2.2 A股市场发行优先股的优势

1. 距离上次再融资没有时间间隔

与转债一样，优先股不受再融资18个月的时间间隔（指前次再融资募集资金到位日距离本次再融资的董事会决议日）限制。这包括两个方面：其一，前次再融资无论是什么产品，本次发行优先股均不受18个月时间间隔限制。其二，本次发行优先股的，下次再融资无论发行什么品种，均不受18个月时间间隔限制。

2. 政策支持力变大

优先股属于审核政策支持的品种，审核周期相对较短，通过概率较高。

3. 募集资金投向相对宽松

募集资金列明用途即可，可以选择的余地大。除了投入具体项目，可以用于偿还银行贷款与补充流动资金。

9.4.2.3　A股市场发行优先股的劣势

1. 公开发行优先股需有一定的条件限制和盈利要求

具体来说，包括三个方面。

其一，能够公开发行优先股的上市公司要么是大型公司（上市公司为上证50指数成分股）融资，要么需具有以下特定目的之一。

- 以公开发行优先股作为支付手段收购或吸收合并其他上市公司；
- 以减少注册资本为目的回购普通股的，可以公开发行优先股作为支付手段，或者在回购方案实施完毕后，可公开发行不超过回购减资总额的优先股。这两种目的一个是作为并购支付手段，一个是作为市值管理工具（发行优先股来回购普通股），并不是单纯的融资工具，目前实践中尚无先例。

其二，公开发行优先股的上市公司需要最近三个会计年度连续盈利。扣除非经常性损益后的净利润与扣除前的净利润相比，以孰低者作为计算依据。

其三，公开发行优先股的上市公司应当在公司章程中规定以下事项：采取固定股息率；在有可分配税后利润的情况下必须向优先股股东分配股息；未向优先股股东足额派发股息的差额部分应当累积到下一会计年度；优先股股东按照约定的股息率分配股息后，不再同普通股股东一起参加剩余利润分配。商业银行发行优先股补充资本的，可就"在有可分配税后利润的情况下必须向优先股股东分配股息"和"未向优先股股东足额派发股息的差额部分应当累积到下一会计年度"事项另行约定。

2. 发行优先股受到一定的规模限制

最近三个会计年度实现的年均可分配利润应当不少于优先股一年的股息；已发行的优先股不得超过公司普通股股份总数的50%，且筹资金额不得超过发行前净资产的50%，已回购、转换的优先股不纳入计算。

3. 发行优先股由于无税盾作用，相比普通公司债券融资成本更高

优先股股利从税后支付，相当于固定付息成本，且不能税前扣除，也就是说，公司通过优先股筹资享受不到"税盾"的益处。对同一公司来说，和发行一般公司债券相比（利息成本税前扣除），优先股融资成本更高。

4. 作为一种更偏债性的融资工具，受到发行期市场利率环境影响，发行风险较大

同为混合融资工具，转债受转股期权的影响，股性更强，债券部分仅起到"保底"作用，因此基本不受债券利息率的影响，基本没有发行风险；而对于优先股，由于目前不允许发行可转换优先股，投资者主要考虑其股利收益，会将其与普通公司债券的收益率进行对比。

9.4.2.4 A股市场优先股的适用范围

综合以上优先股的优劣势分析可以发现,由于我国的优先股一无"税盾"作用,二无转股期权降低融资成本(不允许发行可转换优先股)的优势,使得其融资成本高于普通公司债券。因此,对于一般能够通过普通公司债券进行债务融资的公司来说,发行普通公司债券优于发行优先股,除非基于以下两种特殊情况:

- 因为自身财务情况实际需要,利用优先股混合融资工具的特性将其计入公司资本从而改善自身的资产负债结构。
- 因为发行额度等因素限制,无法通过相对低成本的普通公司债券融资,只能选择优先股。

因此,除了一些已经没有公司债券融资额度的高负债公司外,商业银行等金融机构通过发行符合条件的优先股用于补充其他一级资本,是最适合发行优先股的情况。为此,中国银监会和中国证监会于2014年联合发布《关于商业银行发行优先股补充一级资本的指导意见》,规定了商业银行发行优先股的申请条件和发行程序,进一步明确了优先股作为商业银行其他一级资本工具的合格标准。商业银行发行优先股,应向银监会提出发行申请;取得银监会的批准文件后,再向证监会提出发行申请。

9.5 上市公司股东发行可交换公司债券

可交换公司债券(Exchangeable Bond,EB)是指持有上市公司股份的股东发行的在一定期限内依据约定的条件可以交换成该股东所持有上市公司股份的公司债券。此外,可交换公司债券是上市公司股东的融资方式,而不是上市公司的融资方式。需要注意的是,由于可交换公司债券是一种公司债券,其发行人必须具备公司形态,因此上市公司的自然人股东不能发行可交换公司债券。

9.5.1 可交换公司债券与可转换公司债券的区别

可交换公司债券与转债的共同点在于都是股债混合融资工具,二者区别主要在于:转债是由上市公司发行,投资者转股后上市公司股本增加,上市公司获得融资,原股东股权被摊薄;可交换公司债券是由上市公司的股东发行,投资者换股后上市公司股本不增加,该股东所持的上市公司股份减少,该股东获得融资,其他股东的持股比例不被摊薄。正是因为转债的转股标的是上市公司新发行的股票,而可交换公司债券的换股标的是上市公司存量(已有)股票,因此转债是单纯的公司债券+转股期权,而可交换公司债券则是有股票担保的公司债券+换股期权(图9-2)。

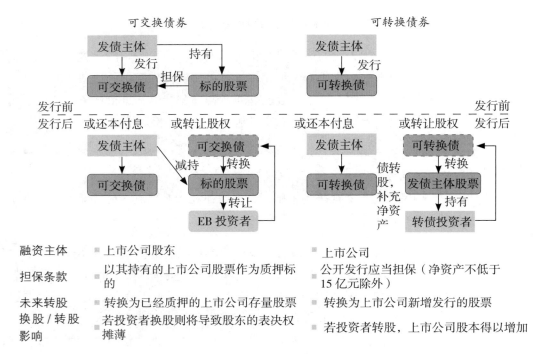

图 9-2 可交换债券与可转换债券的区别

转债相当于一种延期进行的公开增发，上市公司获得股权融资是其主要目的，而可交换公司债券则呈现出更为多样性的目的。这导致虽然两者都存在转股（换股）、赎回、回售、向下修正转（换）股价等基本条款，但后者由于其发行目的的差异而呈现出更加多样性的特点。转债均为公开发行，主要受《上市公司证券发行管理办法》《创业板上市公司证券发行管理暂行办法》的约束；可交换公司债券则按照《公司债券发行与交易管理办法》的规定区分为公募与私募品种。

9.5.2 可交换公司债券的主要功能

对投资者来说，可交换公司债券是一种"保本+浮动收益"的投资品种：转股前为债券，发行人有还本付息义务，在不违约情况下，投资者能够保本并获取一定的固定收益；若二级市场上股价上涨，则投资者可选择换股，享受换股带来的溢价收益。对发行人来说，可交换公司债券是一种拥有换股期权的债券。在换股之前，可交换债由于其换股期权的存在，作为债的融资成本有可能大幅下降，是一种好的债务融资工具；如果成功换股，则成为一种股权融资工具。对于私募可交换公司债券来说，尚处于限售期的股份也可以作为换股标的，只是需要在条款设计时将转股期设计在解除限售之后。

可交换公司债券，特别是私募可交换公司债券，由于其条款的灵活性，可以实现多种功能。目前，我国可交换公司债券普遍使用的是融资功能与减持功能。

其一，融资功能。上市公司股东通过发行可交换公司债券来融资，相对于股权质押贷款，在融资额度、融资成本等方面具备一定的优势。

其二，减持功能。相对于直接在二级市场竞价交易出售和大宗交易出售，上市公司股东通过发行可交换公司债券来实现减持的目的，具备多重优势。

其三，套利功能。通过将可交换公司债券（上市公司股东通过实现转股而减持股票）与其他资本运作工具（例如上市公司通过定向增发增持股票）相结合，上市公司股东可以进行"逆周期"管理，实现低买高卖股票的套利和价值发现功能。

其四，员工激励功能。通过向员工持股计划发行可交换公司债券并设置一定的考核条款，上市公司股东可以实现员工激励的目的。

其五，并购重组的支付工具功能。在上市公司并购中使用可交换公司债券作为支付工具，可以平衡收购方与出售方的利益。

9.5.3 私募可交换债与公募可交换债的比较

可交换公司债券的出现源自2008年《上市公司股东发行可交换公司债券试行规定》的设定，其上位法是《公司债券发行试点办法》。当时由证监会监管的公司债券尚处于试点阶段，只有公开发行的品种，因此当时可交换债也仅能以公募的方式出现。2012年，深沪交易所针对中小微型企业推出了"中小企业私募债券"，这是一种通过非公开方式发行的私募债券。2013年，深交所在"中小企业私募债券"的体系下发布《关于中小企业可交换私募债券试点业务有关事项的通知》，创造了私募可交换债这一新的可交换债品种。

尽管公募可交换债的规则颁布在前，但中国资本市场第一只可交换债却是私募可交换债。2013年10月，作为私募可交换债的"13福星债"发行，发行人为福星晓程（300139）的股东武汉福星生物药业有限公司。直到2014年，作为第一只公募可交换债的"14宝钢EB"得以发行，发行人是新华保险（601336）的股东宝钢集团有限公司。这似乎也在预示着，可交换公司债券市场上私募可交换债将唱主角。

2015年1月《公司债券发行与交易管理办法》颁布，将中小企业私募债券这个品种纳入公司债券体系。新的公司债券体系中包含了公开发行的品种（根据是向所有投资者发行还是仅向合格投资者发行区分为大公募公司债与小公募公司债）与非公开发行的品种（即私募公司债）。《公司债券发行与交易管理办法》也明确规定上市公司股东可发行附带换股条款的公司债（即可交换公司债券）。随后沪深交易所发布的《非公开发行公司债券业务管理暂行办法》明确将私募可交换债纳入监管框架。

至此，被纳入统一的公司债券体系的可交换公司债券也根据公开发行与否（表9-14）区分为公开发行的可交换债（即公募可交换债，包括大公募可交换债和小公募可交换债）和非公开发行的可交换债（即私募可交换债）。

表9-14 私募可交换债与公募可交换债的比较

	公募可交换债	私募可交换债
发行人	公募可交换债与私募可交换债均要求发行人为上市公司的法人制股东，包括有限公司和股份公司。自然人、有限合伙等非企业法人不能发行可交换债。根据《财政部关于国有金融企业发行可转换公司债券有关事宜的通知》的规定，国有金融企业不得发行可交换公司债券	

（续表）

	公募可交换债	私募可交换债
发行人	最近一期末的净资产额不少于人民币 3 亿元（专门针对公募可交换债的规定），最近三年平均可分配利润足以支付公司债券一年的利息（针对公募公司债券的规定）。如果发行人最近三年年均可分配利润不少于债券一年利息的 1.5 倍且债券信用评级达到 AAA 级，可以申请发行面向所有投资者的大公募可交换债，否则只能发行面向合格投资者的小公募可交换债	
标的股票	发行时，标的股票不存在被查封、扣押、冻结等财产权利被限制的情形，也不存在权属争议或者依法不得转让或设定担保的其他情形，而且股东在约定的换股期内转让该部分股票不违反其对上市公司或其他股东的承诺	仅要求在交换起始日前为非限售股即可。这使得尚处于限售或锁定期的股份也可以作为私募可交换债的股票标的，只需要在条款设计时将转股期设计在解除限售或锁定之后即可
	用于交换的标的上市公司最近一期末的净资产不低于人民币 15 亿元，或者最近三个会计年度加权平均净资产收益率平均不低于 6%（扣除非经常性损益后的净利润与扣除前的净利润相比，以低者作为加权平均净资产收益率的计算依据）。用于交换的股票在提出发行申请时应当为无限售条件股份	
标的股票的质押率和发行规模限制	可交换债的募集资金额度（即发行规模）上限取决于两个因素：一是法规本身对发行规模上限的限制性规定；二是标的股票的市值规模及质押率	
	累计债券余额不得超过发行人净资产 40%。发行金额不超过标的股票按募集说明书公告日前 20 个交易日均价计算的市值的 70%（即质押率最高 7 成）	质押股票数量应当不少于预备用于交换的股票数量（即质押率最高 100%）
换股价格	换股价格不低于募集说明书公告日前 20 个交易日标的股票均价和前 1 个交易日的均价	不低于发行前 1 日标的股票收盘价的 90% 以及前 20 个交易日收盘价均价的 90%
	对于国有股东而言，根据《关于规范上市公司国有股东发行可交换公司债券及国有控股上市公司发行证券有关事项的通知》，换股价格应不低于债券募集说明书公告日前 1 交易日、前 20 个交易日、前 30 个交易日该上市公司股票均价中的最高者	
债券期限	最短 1 年，最长不超过 6 年	不短于 1 年
换股期限	发行结束日起 12 个月后方可换股	
评级	经资信评估机构评级，债券信用级别良好	
债券流通	交易所集中竞价系统上市交易	仅能在交易所综合协议交易平台（深交所）、固定收益证券综合电子平台（上交所）交易

9.5.4 可交换公司债券的融资功能

作为一种股权混合融资产品，融资功能是可交换公司债券的基本功能之一。

9.5.4.1 相比股权质押贷款的优势

由于可交换公司债券是由持有上市公司股权的股东发行,并需要将其持有的股权质押,因此其融资功能的参照物是上市公司股权质押贷款。相比股权质押贷款,其优势主要在于以下三方面:

其一,杠杆比例(即质押率、折扣率)高。目前,公募可交换债的折扣率为7折,私募可交换债最高可达100%,均远高于一般股票质押融资的折扣率(通常为3—5折)。

其二,融资利率低。一般来说,因嵌入转股期权,可交换公司债券的融资利率相对于股权质押贷款利率低,但此等因素也要受到发行人资质、折扣率等因素的影响。股权质押贷款由于股权折扣率低以及设置预警线、平仓线等措施,其还款保障主要来自被质押的上市公司股权本身,贷款利率水平也主要取决于市场利率,而与借款人本身信用水平的关系比较小。可交换公司债券的发行利率则更多地受到发行人本身信用水平的影响。

其三,期限更灵活。股权质押贷款一般期限1年,最长不会超过3年,而可交换公司债券的期限则可以灵活选择,公募可交换债可以在1—6年之间选择,私募可交换债没有年限上限规定。

总之,在持有同等上市公司股权数量的情形下,通过发行可交换公司债券募集的资金规模要大于以股票质押融资方式募集的资金规模,且一般利率更低、期限更灵活。

9.5.4.2 相比股权质押贷款的劣势

其一,股权质押贷款程序简单,操作所需时间短;而发行可交换公司债券由于需要通过审核,程序较为繁琐,操作所需时间长,且对发行人本身的资质有一定要求。可交换公司债券属于公司债券的体系,其发行需要通过审核。大公募可交换债需要通过证监会审核和核准,小公募可交换债需要通过交易所审核和证监会核准,私募可交换债也需要取得交易所的无异议函(目前实际与审核无区别)。相关法规对于公司债券的发行主体有一定的资质要求,且可能受到行业政策调控的影响,例如,在对房地产开发企业发行公司债券政策收紧的时候,也会对从事房地产行业的股东发行可交换公司债券造成影响。

其二,与股权质押贷款的质押股权仅作为还款保障不同,用于发行可交换公司债券的股权有被换股的可能,从而导致可交换公司债券发行人持股比例下降。具体来说,在正常情况下,股权质押贷款的借款人只要能够偿还借款,且在借款有效期内没有因为股票价格的大幅下降而被证券公司采取保全措施,其持有的上市公司股权数量不会受到影响。但可交换公司债券则不同。如果上市公司股价走势良好,超过设定的换股价格,可交换公司债券持有人可能选择换股。在这种情况下,可交换公司债券发行人将不需要偿还债券本息,但其持有的上市公司股权数量和持股比例将下降。

9.5.4.3 以融资为目的的可交换公司债券的条款设计

如果发行人发行可交换公司债券的主要目的是融资,而非减持,则其在发行可交换公司债券时需要考虑以下几点。

其一,在条款设计时提高转股价的溢价比例,增大转股的难度。但这样设计的结果会导致可交换公司债券债性增强、股性减弱，会提升可交换公司债券的发行利率、增加融资成本。

其二，由于股价走势难以预料，以融资而非减持为目的的发行人需要预留一定的安全边际，以避免因投资者转股而导致控股股东丧失控制权的极端情形发生。当然，最好的情况是：发行人持股数量较多，虽然不以减持为目的，但如果股价大幅上涨，对被换股也乐见其成，这也是一种常见的逆周期操作的市值管理方法。

例如，14海宁债即为典型的以融资为目的的强债性可交换公司债券。其发行人海宁市资产管理有限公司为海宁皮城（002344）的控股股东，该债券于2014年7月31日发行，转股期为2015年8月3日—2016年7月27日。

该可交换公司债券设计的转股溢价率达到了32.94%（即换股价格比发行时的上市公司股价高三成），且没有设置换股股价下修条款（在换股价格高于股价时，可以通过下调换股价格来刺激持有人换股），也没有设置换股期前赎回条款（在进入换股期前，如果股价大幅高于换股价格，可以通过一定的溢价赎回可交换公司债券以避免被换股），这样的设计均表明发行人基本没有减持意愿，主要是以融资为目的来发行可交换公司债券。当然，在这种情况下，发行人也承担了较高的票息，该可交换公司债券的发行利率达到7.3%。

从实际情况看，由于海宁皮城股价走势低迷，进入换股期后，股价最高点也未达到换股价格，因此最终到期时几乎没有换股，发行人对债券还本付息。

9.5.5 可交换公司债券的减持功能

可交换公司债券赋予了债券持有者一个换股期权。当投资者选择换股时，相当于发行人（即上市公司股东）以所持有的上市公司股权偿还了对可交换公司债券投资者的负债，对发行人来说，也就实现了其所持上市公司股票的减持。但与直接减持行为不同，可交换公司债券发行人获得资金在前，真实实现减持在后（可交换公司债券进入换股期且投资者选择换股方可实现减持），但是，尽管能够先行获得资金，但发行人能否实现减持具有不确定性，如果投资者到期没有换股，减持行为也就没有发生，发行人需偿还投资者本息。

9.5.5.1 利用可交换公司债券进行股票减持的有利之处

上市公司股东通过发行可交换公司债券来进行股票减持的有利之处在于以下四个方面。

其一，有序减持，减少对二级市场的冲击。通过可交换公司债券减持，由于实际减持时间发生在进入换股期之后，且换股期会持续一段时间，投资者换股时间不同，换股后的卖出时间也不一致，可以避免相关股票因大量集中抛售导致股价受到冲击。

其二，避免折价减持，通常能够实现平价或者溢价减持。一般而言，上市公司直接竞价或者通过大宗交易减持股份时，均可能存在一定的折价状况；但通过可交换公司债券减持，由于可交换公司债券具有"保本+期权"的特性，换股价格通常可以设置为平价甚至溢价，而且从目前市场实际状况看，与大股东公告减持计划一般会冲击股价不同，当大股东准备发行可交换公司债券时，反而存在给予市场反向信号（特别是换股价有一定溢价时，市场通常理解为大股东有"做高"股价的动力）从而实现相对高价减持的可能。

其三，锁定减持价格，充当市值管理手段。可交换公司债券的换股价格提前确定，这意味着如果能够顺利换股，相当于提前锁定了减持价格。能够提前锁定减持价格可以为上市公司提供很好的市值管理手段。市值管理不是管理市值，其本质上是通过市值提供的信号进行合理的资本运作，特别是通过逆周期管理手段来实现上市公司和大股东价值的最大化。例如，股价过高时上市公司可以增发股份、大股东可以减持；股价过低时上市公司可以回购股份，大股东可以增持。通过发行可交换公司债券，锁定目标价格，大股东可以进行合理的股份减持操作。

其四，提前获得减持资金。根据私募可交换债的规范性要求，标的股票仅需满足在交换起始日为非限售股即可，因此，私募在发行可交换债时，用于质押的股票是可以处于限售或者锁定状态的，只需要对换股期进行合理设置即可。

案例 9-1

正邦集团发行的以正邦科技为标的股票的可交换公司债券是规避不减持承诺的一个案例。受股灾影响，正邦集团于 2015 年 7 月 9 日承诺未来 6 个月内不通过二级市场减持股份。2015 年 11 月 23 日，正邦集团发行私募可交换债，获得资金。

一体集团发行的以中珠医疗为标的股票的可交换公司债券是规避股权限售的一个案例。2016 年中珠医疗换股收购一体集团持有的一体医疗 100% 股权，一体集团成为中珠医疗第二大股东。但该部分股权存在限售期，最早一批解禁时间是 2017 年 2 月 24 日。2016 年 8 月和 9 月，一体集团分别发行"16 体 EB01"和"16 体 EB02"两只可交换公司债券。

9.5.5.2　通过灵活的条款设计，帮助上市公司股东获得灵活的操作空间

由于二级市场的不确定性，上市公司股东面对是否减持、何时减持等问题常常进退两难，在这种情况下，其可以通过私募可交换债灵活的条款设计来获得更大的操作空间。也就是说，股东可以先行设置当时市场情况下较为合适的换股价格。如果之后市场情况变化，股价下跌，股东仍然希望减持，可以通过下修换股价格来促进换股；如果之后市场情况变化，股价大幅上涨，股东觉得之前设置的换股价格过低，可以通过行使赎回条款、上修换股价格等来终止换股或者提升换股价格。当然，需要说明的是，后一种情况在保证了股东利益的同时，实际上可能影响投资者的收益。设置这种条款有可能增大发行难度，也可能需要在其他方面（例如债券利息）对投资者进行补偿。

案例 9-2

世宝控股以浙江世宝为标的股票发行的"15世宝01",是通过下修换股价格来促进换股的案例。"15世宝01"于2016年5月19日进入换股期,由于股价低迷达到下修条款的触发条件(标的股票在任意连续10个交易日中至少5个交易日的收盘价低于当期换股价格的90%时,发行人董事会有权在5个交易日内决定换股价格是否向下修正。修正后的换股价格应不低于该次董事会决议签署日前1个交易日收盘价和前20个交易日标的股票收盘价的均价)。6月1日,世宝控股董事会决议调整换股价格,从36元/股调整为26元/股。6月29日,浙江世宝公告"15世宝01"全部4亿元债券均完成换股,世宝控股合计减持15 384 611股。

美大集团以浙江美大为标的股票发行的"15美大债"是通过设置换股期前赎回条款来赎回债券避免换股的案例。"15美大债"于2015年7月29日进入换股期,但由于其设置了换股期前赎回条款——在本期私募债券M-15日—M-6日中至少有5个交易日的收盘价不低于初始换股价格130%时,发行人董事会有权在本期私募债交换期首日前5个交易日内决定按照债券面值的105%(含应计利息)赎回全部或部分本期私募债券,M为本期私募债交换期的首日——,发行人提前赎回债券。显然,由于股票价格大幅上涨,股东不愿意以之前设置的低价换股,故行使了赎回权。

由此可见,在面对股价大幅上涨时,赎回条款是对发行人权益的一种保护,可以避免相对于当时市价的低价换股(减持)的发生。通常的赎回条款均有一定的股价触发条件。但沪美公司以猛狮科技为标的股票发行的"14沪美债"设置了换股期前无理由赎回条款。

案例 9-3

"14沪美债"本应于2015年6月12日进入换股期,但其设置了提前赎回条款——在本期私募债券质押股票解除禁售(即2015年6月12日)前5个交易日内,发行人有权决定按照债券面值的110%(含应计利息)赎回全部或部分本期私募债券——,这就意味着在换股期到来前5天,发行人有权无理由赎回债券。就本案例而言,由于猛狮科技股价暴涨,收盘价已超过换股价的140%以上,沪美公司行使了赎回权。但无理由赎回条款的约定也给了发行人以除股价上涨之外的其他任何因素都可以终止换股的可能。

发行可交换公司债券后,如果股价大幅上涨,发行人不愿意低价换股,通常行使赎回条款赎回可交换公司债券,这样虽然避免了低价换股,但毕竟需要偿还债券本息。但也有发行人既不愿意低价换股,但又还是有资金需求或者减持意愿,就可以考虑通过上修条款来满足。

> **案例 9-4**
>
> 万泽集团以万泽股份为标的股票发行的"16万泽02"首次设置了换股价格上修条款。2016年6月29日,万泽集团发行两期可交换债"16万泽01"和"16万泽02"两期可交换公司债券,期限均为2年,转股起始日均为2016年12月29日。其中"16万泽01"的换股价格为15.1元/股,票面利率4.5%;"万泽02"的换股价格19.6元/股,票面利率7.5%。"16万泽02"除常见的赎回条款和股价向下修正条款外,首次设置了向上修正条款:在任意连续20个交易日中有10个交易日的收盘价高于当期换股价格的130%时,公司董事会(或董事会授权的机构/人士)有权决议换股价格向上修正方案。调整后换股价格不低于作出决定之日前1日标的股票收盘价的90%以及前20个交易日收盘价均价的90%。

9.5.5.3 不适宜使用可交换公司债券进行减持的情况

用可交换公司债券减持相对于传统的减持方式也有劣势。例如,虽然只要发行成功就可以获得资金,但实现减持即换股需要一个过程,因此,对于希望通过减持获得会计上的投资收益或者希望通过减持来灵活调节自身利润的发行人来说,可交换公司债券这种方式就不能很好地满足其需要。

本章小结

本章第一节介绍了A股上市公司实施再融资的方式、基本条件和具体选择何种方式的考虑因素。第二节介绍了A股上市公司实施再融资的程序,主要包括决策程序、编制申报文件和审核程序三个部分。第三节具体介绍了A股上市公司再融资方式中的股权融资方式,包括公开增发、配股与非公开发行。第四节具体介绍了A股上市公司再融资方式中的混合融资方式,包括可转换公司债券和优先股。第五节介绍了A股上市公司的股东发行可交换公司债券融资。

本章重要术语

《上市公司证券发行管理办法》 《创业板上市公司证券发行管理暂行办法》 配股 公开增发 公开增发的交易性金融资产限制条件 非公开发行 可转换公司债券 转股期权 回售条款 优先股 可交换公司债券 利润分配方案 锁定期 窗口指导 申报文件目录 增发定价机制 募集资金用途 减持限制

思考练习题

1. 我国上市公司再融资的方式主要包括哪些？
2. 主板、中小企业板上市公司公开发行证券（包括转债、配股、公开增发）需要满足的一般性条件有哪些？
3. 创业板上市公司发行证券的条件有哪些？
4. 上市公司发行配股的条件有哪些？
5. 上市公司公开增发的条件有哪些？
6. 上市公司发行转债的条件有哪些？
7. 上市公司非公开发行（定增）的条件有哪些？
8. 上市公司发行优先股的一般条件有哪些？
9. 上市公司选择再融资方式需要考虑哪些因素？
10. 概述我国上市公司实施再融资的主要程序。
11. 概述上市公司公开增发的定价机制及其需要把握的关键点。
12. 分析上市公司配股的优劣势。
13. 简述上市公司非公开发行的发行方式及各种具体方式之间的比较。
14. 发行可转换公司债券的优势主要包括哪些？
15. 分析上市公司发行可转换债券的主要条款。
16. 简述优先股的分类。
17. 简述A股市场发行优先股的优势和适用范围。
18. 上市公司股东发行可交换债券可以实现哪些功能？
19. 可转换债券与可交换债券有什么不同？
20. 试比较私募可交换债与公募可交换债。

参考文献

[1] 《关于修改〈上市公司非公开发行股票实施细则〉的决定》（证监会公告〔2017〕5号）.
[2] 《优先股试点管理办法》（证监会令〔2014〕第97号）.
[3] 曾颖,陆正飞.信息披露质量与股权融资成本[J].经济研究,2006(02):69—79+91.
[4] 发行监管问答——关于首发、再融资申报文件相关问题与解答（2017-07-04）.
[5] 发行监管问答——关于引导规范上市公司融资行为的监管要求（2017-02-17）.
[6] 发行监管问答——关于优先股和创业板再融资发行承销相关问题的解答（2014-08-29）.
[7] 严俊,彭嵩.私募可交换债解析及市场展望[J].债券,2017(04):42—45.
[8] 郑振龙,林海.中国可转换债券定价研究[J].厦门大学学报(哲学社会科学版),2004(02):93—99.

第 10 章
新三板的挂牌、定增与转板

沈春晖（红塔证券）

本章知识与技能目标

◎ 理解美国的股票发行监管制度、注册流程，以及与中国相关制度与流程的区别。
◎ 掌握企业在新三板挂牌的基本条件和准入标准，掌握挂牌的程序。
◎ 了解新三板挂牌公司的股票发行，掌握挂牌公司股票发行的特征、类型和发行程序。
◎ 了解新三板挂牌公司转板到 A 股上市，掌握转板的途径、申报 A 股 IPO 审核的方式和审核中的关注事项。

引导案例

怡达化学转板 A 股创业板 IPO

江苏怡达化学股份有限公司于 2014 年 8 月 22 日在全国中小企业股份转让系统挂牌。2016 年 2 月 5 日，公司公告拟首次公开发行人民币普通股并在创业板上市，已于 2016 年 2 月 4 日收到江苏证监局发出的《关于江苏怡达化学股份有限公司辅导备案受理函》。经公司第二届董事会第三次会议、2016 年第一次临时股东大会批准，公司向 53 名投资者定向发行 1030 万股，募集资金 10 866.5 万元。该次股票发行符合豁免向证监会申请核准股票发行的条件。公司向股转系统提交了备案申请材料，于 2016 年 7 月 1 日取得了股转系统出具的《关于江苏怡达化学股份有限公司股

> 票发行股份登记的函》，并在中国证券登记结算有限公司（北京分公司）办理了股份登记手续。
> 　　2016年12月27日，公司公告于2016年12月23日向中国证监会提交了《江苏怡达化学股份有限公司首次公开发行股票并在创业板上市》申请材料。公告称由于公司近期可能会收到证监会的受理函件，为避免股价异常波动，维护广大投资者利益，特向全国中小企业股份转让系统有限责任公司申请公司股票暂停转让。公司股票自2016年12月28日起在全国中小企业股份转让系统暂停转让。
> 　　2017年1月12日，公司公告已取得了《中国证监会行政许可申请受理通知书》。2017年9月21日，公司公告根据2017年9月20日召开的中国证券监督管理委员会创业板发行审核委员会2017年第75次会议审核结果，公司IPO申请获通过。

10.1 美国市场股票发行注册制概述

10.1.1 美国的股票发行监管制度

美国的股票发行监管制度大致可以分为"松""严""放松"三个阶段。

第一阶段是各州的单一"蓝天法"监管阶段。1911年，出于对证券发行与销售的监管需要，美国堪萨斯州颁布"1911法案"，对证券发行进行实质性审核，被称为"蓝天法"。这一行为也得到了其他各州的纷纷效仿，从而形成了在各州层面的证券发行监管。

第二阶段是"州法"加联邦法双重监管阶段。受1929年美国经济大萧条和股市崩盘的影响，美国联邦政府颁布《证券法》与《证券交易法》，规定联邦对证券发行实施注册审查。这开启了美国联邦层面新股发行注册制的时代，也奠定了美国股票发行审核的长期框架：股票发行与上市是彼此独立的过程，股票发行采用州与联邦政府的双重监管架构，上市则是企业与各个交易所双向选择的结果。

在发行监管方面，联邦层面的监管是注册制，即只对申请材料的披露提出要求。具体来说，美国证监会（Securities and Exchange Commission，SEC）的审核主要依据"披露原则"，即原则上不对公司的盈利、管理等实质性内容设置门槛，而仅着眼于公司"是否披露了所有投资者关心的信息"。而各个州对发行监管的主要目的是预防欺诈和非法交易行为，其中有一些州会对"招股书中对未来盈利和股东收益的预期"作出规定，这也给予了一些州对公司盈利等实质性内容提出要求的权力，相当于要对申请企业进行实质性审查，对投资风险与价值进行判断。

第三阶段是1996年以后。当年颁布的《国家证券市场改进法》规定在纽交所（NYSE）、纳斯达克（NASDAQ）全球精选市场、AMEX等全国性交易场所上市的公司，包括外国公司，可以取得州一级审核的豁免权。也就是说，符合条件的企业不需要再接受州一级的实质性审查，只需要在联邦一级（SEC）注册即可。我们现在通常说美国实行注册制，并没有关注州一级的审查，原因就在于此。也就是说，我们所关注的大型公司上市，包括中概股公司到美国纽交所、纳斯达克上市，均根据该法案的规定仅需通过 SEC 的注册即可。

10.1.2 美国证监会的审核流程

SEC 的审核主要关注企业在招股说明书中有没有公布所有投资者感兴趣的信息。SEC 网站提示："只检查公开的内容是否齐全，格式是否符合要求，而不管公开的内容是否真实可靠，更不管公司经营状况的好坏……坚持市场经济中的贸易自由原则，认为政府无权禁止一种证券的发行，不管它的质量有多糟糕。"

1. 美国证监会审核的流程

SEC 审核机构设置有 12 个按行业划分的办公室，每个办公室 25—30 个人，主要由法律与会计的专业人才组成。在发行人和承销商向 SEC 提交注册登记书和审计报告后，SEC 根据企业的性质安排一个审核小组进行审核。

SEC 根据审核情况向企业下发反馈意见书（Letter of Comments）。意见书中通常会提出关于企业信息披露的问题，以及企业注册登记书中提出事项的补充说明。第一轮反馈意见的问题数量通常约 80—100 个。以 Facebook 和 Twitter 为例，SEC 在第一轮反馈意见中分别对它们提出了 92 和 66 个问题。SEC 经常提出的问题包括：①公司的产品、服务等所属行业的情况；②新产品的开发、生产、营销以及客户满意度；③是否有关联交易未被披露；④对财务报表遗漏的风险因素的说明。

企业根据 SEC 的反馈意见进行回复（Response Letter）且附上修改后的注册登记书。SEC 会再根据修改过的注册登记书中不清楚的地方发出第二封反馈意见。根据需要，这种发出和回复反馈意见的过程会持续到 SEC 认为所有投资者需要了解的信息都被披露为止。通常情况下，SEC 会提出四轮以上的反馈意见。

之后 SEC 会在电子文档系统（EDGAR）上发出生效通知。至此，注册程序结束。更多信息可见图 10-1。

2. 对审核流程的实证数据统计

深交所研究人员曾经对 50 家在美国上市的公司（包括 9 家中概股公司）案例进行研究，得出的数据分析如下。

- 平均审核反馈沟通（即提出问题让发行人回答）轮次为 4.58 轮，最少为 1 轮，最多为 9 轮。
- 就问题数量而言，第一轮平均提 50.52 个问题，最少为 2 个，最多为 105 个。
- 企业得到第一轮审核反馈问题的周期平均为 26.62 天，最短为 6 天，最长为 38 天。
- 企业回复一轮问题平均为 23.18 天，最短为 1 天，最长为 188 天。
- 所有轮次全部反馈意见平均为 82.02 个，最少为 2 个，最多为 217 个。
- 企业注册生效的平均周期为 224.79 天，最短为 21 天，最长为 832 天。

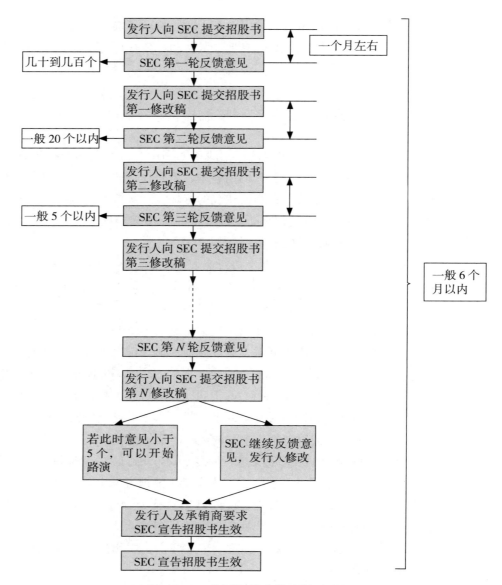

图 10-1　美国证监会的审核流程图

10.1.3　美国证监会的审核内容

1. 审核内容的基本原则

关于 SEC 审核的内容，有两个关键点需要注意，这两点也充分体现了注册制和信息披露审核的特点。

其一，SEC 不对注册材料的真实性进行审核。也就是说，信息披露材料的真实性是发行人与承销商自己的责任，SEC 也会在材料均为真实的假设上进行审核。

在 SEC 的审核中，并没有专门针对真实性的审核，也就是说，对真实性的要求主要隐含在 SEC 保留事后追究的权力中。SEC 自身的相关审核规程也明确指出：SEC 对信息的真实性不作审核，如果事后发现信息造假，发行人对报告中的造假要负全部责任，承销商和审计机构要为自己在尽职调查中没有发现的问题负相应的责任。

其二，SEC的反馈问题涉及实质性判断，但只要求发行人对相关信息进行更为详尽的披露，不会因为这些实质性判断而否决企业的上市。

例如，SEC会对企业的盈利状况、未来的盈利预期等实质性问题提出疑问，但是这些疑问一般仅由于SEC认为有一些投资者需要知道的信息没有得到披露，也就是说披露还不到位，而并非对这些指标有硬性要求，也不会因为这些问题而否决公司的上市。

例如，SEC的反馈意见可能包含如下内容："我们注意到在你们的报告中指出了你们在新兴市场上的利润下降了。我们认为新兴市场的主权债务存在比较大的风险，在你们的招股说明中，请提供你们在新兴市场主权债务的头寸，以及可能导致的风险。"在这个例子中，SEC虽然提出了公司在新兴市场上的利润下降，但是并没有将这个利润下降问题作为公司不能上市的理由，而是将新兴市场主权债务的头寸作为披露的要求提出。

再比如，SEC的反馈意见可能包含如下内容："我们注意到在你们的报告中提到你们购买了许多评级比较低的公司债券，请你们在以后的报告中披露你们对这些债券的风险计量方法，以及针对这些债券的会计准则。"在这个例子中，SEC虽然认为购买垃圾债券有风险，但是并没有把风险过大作为企业不能上市的理由，而是要求企业充分披露计量风险的方法和会计准则。

2. 具体审核问题分析

本着要求充分披露的出发点，SEC近年来的审核问题也充分体现了目前市场突出的热点、难点问题。具体包括：披露的信息是否完备准确清晰、或有损失的计算和披露、财务报表和会计问题、中国公司的协议控制（Variable Interest Entities，VIE）模式、法律和政府政策的影响、商业运营与盈利来源等。SEC还会对很多未来预期的变化，或者假设情景下公司业务可能会受到的影响作出披露要求。

10.1.4 美国的交易所审核

美国交易所审核流程与内容相对简单，主要考虑公司是否符合交易所上市规则中规定的上市要求，基本满足要求即可上市。

发行人通常会同时向SEC和交易所提交申请，申请文件的主要内容相同，但会根据SEC、交易所的具体要求有所区别。在审核过程中，SEC与交易所也是各自独立操作，不会就审核中的问题交换意见或进行协调。

交易所在对拟上市公司审核时主要考虑公司的各项指标是不是达到了交易所规定的上市标准，在指标的选取上则重点关注财务指标、流动性和公司治理要求等方面。例如，纳斯达克和纽交所对上市申请仅进行形式审核，检查公司是否满足其规定的定量标准和定性要求，同样不对公司的盈利前景、募集资金用途合理性等提出实质性意见。相较于SEC，交易所的审核流程更加简单，且交易所不会否决符合标准的公司的上市申请。

10.1.5 美国注册制与目前中国核准制的主要区别

从美国审核实践来看,美国的注册制审核与我国目前的核准制审核的差异并不在于"审不审",在美国上市同样要经历严格的审核过程;也不在于审核的时间长短,以截至 2017 年第四季度的情况来看,申请在中国创业板上市的发行人从受理到通过审核的时间已经与美国 SEC 注册的平均历时很接近。实际上,两者的差别主要还是在理念上。美国注册制审核贯彻的是市场化原则。发行人和承销商对材料的真实性自负其责,投资者对是否购买股票的投资决策自负其责。SEC 只是本着节约交易成本的原则,让发行人与承销商把情况尽量说清楚,不要让投资者和市场产生误解。也就是说,真正的审核主体、真正对发行人的价值有判断权的主体只是市场。只要发行人能够把需要披露的事项,包括 SEC 判断的市场可能会关注的影响投资决策的事项说清楚,就可以通过注册。而中国核准制的审核理念是行政把关和事前判断。监管部门既要防止发行人说假话,又要通过对发行人的合规性判断与商业性判断(是否有投资价值)来实质性地决定发行人是否适合上市,不适合的要予以否决。具体来说,两者的区别体现在以下三方面:

其一,审核部门是否对发行人申报材料的真实性做判断。在美国,SEC 假定申报材料均是真实的,如果发行人和承销商造假,有事后的严厉惩罚措施来处置。在中国,监管部门更倾向于假定发行人可能造假,要通过审核和提问让其露出蛛丝马迹,从而戳穿其欺诈上市的"阴谋"。

其二,审核部门是否会因为发行人披露的信息而对发行人做是否适合上市的实质性判断。在美国,SEC 的提问会不可避免地带有实质性判断的因素,但其是从帮助市场判断的角度尽可能让发行人说清楚,以帮助市场做投资决策,SEC 本身不会因为自己对发行人的判断来决定其是否能够上市。在中国,监管部门既要求发行人真实、准确、完整披露,又可能因为这些披露而认为发行人存在不规范事项、盈利能力不确定等事项而不适合上市,也就是说,对发行人来说,既要完整地说真话、披露缺陷,又要让监管部门认为自己完美无缺,确实是一个为难的事,实践中经常被批评的"捉迷藏""挤牙膏"式披露有时候也是承销商面对这种悖论的无奈之举,这种状况实际上会损害信息披露的质量,对投资者是不利的。

其三,发行人对能否通过审核是否拥有确定性和可预期性。在美国,发行人通过 SEC 和交易所审核的确定性很大,可预期性很明确,唯一不确定的是股票能否发行出去和能够以什么价格发行出去。在中国,发行人通过审核的确定性和可预期性较低。由于商业世界的复杂性,再优秀的企业也不可能在运作中没有任何瑕疵,因此除了少数超大型央企外,在发审委宣布前,没有任何中国企业对自己能否通过审核具有确定性判断。当然,正是由于这个不确定性和实质性审核,中国企业一旦通过审核,就拥有了"审核溢价",不必担心发行问题,而且一般还能被作为新股"爆炒"一把。

总结起来,美国注册制与中国核准制的核心差异在于审核机关是否作价值判断。注册制不等于不审核,相反,注册制会对企业披露信息的完备性和准确性做更为严格的审核,但审核机构不代替市场对企业是否能够发行股票作价值判断。

10.2 新三板的挂牌

全国中小企业股份转让系统(简称"全国股转系统",俗称"新三板")是经国务院批准,依据证券法设立的继上交所、深交所之后的第三家全国性证券交易场所,也是我国第一家公司制运营的证券交易场所。全国中小企业股份转让系统有限责任公司(简称"全国股转公司")为其运营机构。全国股转公司主要职能包括:提供证券交易的技术系统和设施;制定和修改全国股转系统业务规则;接受并审查股票挂牌及其他相关业务申请,安排符合条件的公司股票挂牌;组织、监督证券交易及相关活动;对挂牌公司及其他信息披露义务人进行监管;对主办券商等全国股转系统参与人进行监管;管理和公布全国股转系统相关信息;中国证监会批准的其他职能。

2013年12月13日,国务院发布《关于全国中小企业股份转让系统有关问题的决定》(国发〔2013〕49号),进一步巩固了全国股转系统作为全国性公开证券市场的法制基础,明确全国股转系统主要为创新型、创业型、成长型中小微企业发展服务,境内符合条件的股份公司均可通过主办券商申请挂牌,公开转让股份,进行股权融资、债权融资、资产重组等。截至2018年12月31日,全国股转系统挂牌公司达10 691家,其中创新层公司914家、基础层公司9 777家;总市值约3.45万亿元。

10.2.1 新三板挂牌的基本条件和适用标准

《全国中小企业股份转让系统业务规则(试行)》(2013年2月8日发布,2013年12月30日修改)对企业在新三板挂牌设置了六项基本条件。股转系统2017年9月颁布的《全国中小企业股份转让系统股票挂牌条件适用基本标准指引》按照"可把控、可举证、可识别"的原则,将这六项挂牌条件细化形成了可执行标准。

1. 依法设立且存续满两年

(1)依法设立,是指公司依据《公司法》等法律、法规及规章的规定向公司登记机关申请登记,并已取得《企业法人营业执照》。

①公司设立的主体、程序合法、合规。

其一,国有企业需提供相应的国有资产监督管理机构或国务院、地方政府授权的其他部门、机构关于国有股权设置的批复文件,但因客观原因确实无法提供批复文件且符合以下条件的,在公司和中介机构保证国有资产不流失的前提下,可按以下方式解决:以国有产权登记表(证)替代国资监管机构的国有股权设置批复文件;公司股东中含有财政参与出资的政府引导型股权投资基金的,可以基金的有效投资决策文件替代国资监管机构或财政部门的国有股权设置批复文件;国有股权由国资监管机构以外的机构监管的公司以及国有资产授权经营单位的下属子公司,可提供相关监管机构或国有资产授权经营单位出具的批复文件或经其盖章的产权登记表(证)替代国资监管机构的国有股权设置批复文件;公司股东中存在为其提供做市服务的国有做市商的,暂不要求提供该类股东的国有股权设置批复文件。其二，外商投资企业须提供商务主管部门出具的设立批复或备案文件。其三，《公司法》修改（2006年1月1日）前设立的股份公司，须取得国务院授权部门或省级人民政府的批准文件。

②公司股东的出资合法、合规，出资方式及比例应符合《公司法》相关规定。

其一，以实物、知识产权、土地使用权等非货币财产出资的，应当评估作价，核实财产，明确权属，财产权转移手续办理完毕；其二，以国有资产出资的，应遵守有关国有资产评估的规定；其三，公司注册资本缴足，不存在出资不实情形。

（2）存续两年是指存续两个完整的会计年度。

（3）有限责任公司按原账面净资产值折股整体变更为股份有限公司的，存续时间可以从有限责任公司成立之日起计算。整体变更不应改变历史成本计价原则，不应根据资产评估结果进行账务调整，应以改制基准日经审计的净资产额为依据折合为股份有限公司股本。公司申报财务报表最近一期截止日不得早于股份有限公司成立日。

2. 业务明确，具有持续经营能力

（1）业务明确，是指公司能够明确、具体地阐述其经营的业务、产品或服务、用途及其商业模式等信息。

（2）公司可同时经营一种或多种业务，每种业务应具有相应的关键资源要素，该要素组成应具有投入、处理和产出能力，能够与商业合同、收入或成本费用等相匹配。

（3）公司业务在报告期内应有持续的营运记录。营运记录包括现金流量、营业收入、交易客户、研发费用支出等。公司营运记录应满足下列条件。

- 公司应在每一个会计期间内形成与同期业务相关的持续营运记录，不能仅存在偶发性交易或事项。
- 最近两个完整会计年度的营业收入累计不低于1 000万元；因研发周期较长导致营业收入少于1 000万元，但最近一期末净资产不少于3 000万元的除外。
- 报告期末股本不少于500万元。
- 报告期末每股净资产不低于1元/股。

（4）持续经营能力，是指公司在可预见的将来，有能力按照既定目标持续经营下去。公司存在以下情形之一的，应认定为不符合持续经营能力要求。

- 存在依据《公司法》第一百八十条规定解散的情形，或法院依法受理重整、和解或者破产申请。
- 公司存在《中国注册会计师审计准则第1324号——持续经营》应用指南中列举的影响其持续经营能力的相关事项或情况，且相关事项或情况导致公司持续经营能力存在重大不确定性。
- 存在其他对公司持续经营能力产生重大影响的事项或情况。

3. 公司治理机制健全，合法规范经营

（1）公司治理机制健全，是指公司按规定建立股东大会、董事会、监事会和高级管理层（以下简称"三会一层"）组成的公司治理架构，制定相应的公司治理制度，并能证明相关机构和制度可以有效运行，保护股东权益。

①公司依法建立"三会一层"，并按照《公司法》《非上市公众公司监督管理办法》及《非上市公众公司监管指引第3号——章程必备条款》等规定制定公司章程、"三会一层"运行规则、投资者关系管理制度、关联交易管理制度等，建立全面完整的公司治理制度。

②公司"三会一层"应按照公司治理制度进行规范运作。在报告期内的有限公司阶段应遵守《公司法》的相关规定。

③公司董事会应对报告期内公司治理机制执行情况进行讨论、评估。

④公司现任董事、监事和高级管理人员应具备《公司法》规定的任职资格，履行《公司法》和公司章程规定的义务，且不应存在以下情形。

- 最近24个月内受到中国证监会行政处罚，或者被中国证监会采取证券市场禁入措施且期限尚未届满，或者被全国中小企业股份转让系统有限责任公司认定不适合担任挂牌公司董事、监事、高级管理人员；
- 因涉嫌犯罪被司法机关立案侦查或者涉嫌违法违规被中国证监会立案调查，尚未有明确结论意见。

⑤公司进行关联交易应依据法律法规、公司章程、关联交易管理制度的规定履行审议程序，保证交易公平、公允，维护公司的合法权益。

⑥公司的控股股东、实际控制人及其关联方存在占用公司资金、资产或其他资源情形的，应在申请挂牌前予以归还或规范（完成交付或权属变更登记）。

占用公司资金、资产或其他资源的具体情形包括：从公司拆借资金；由公司代垫费用、代偿债务；由公司承担担保责任而形成债权；无偿使用公司的土地房产、设备动产等资产；无偿使用公司的劳务等人力资源；在没有商品和服务对价情况下其他使用公司的资金、资产或其他资源的行为。

（2）合法规范经营，是指公司及其控股股东、实际控制人、下属子公司（下属子公司是指公司的全资、控股子公司或通过其他方式纳入合并报表的公司或其他法人，下同）须依法开展经营活动，经营行为合法、合规，不存在重大违法违规行为。

①公司及下属子公司的重大违法违规行为是指公司及下属子公司最近24个月内因违犯国家法律、行政法规、规章的行为，受到刑事处罚或适用重大违法违规情形的行政处罚。

其一，行政处罚是指经济管理部门对涉及公司经营活动的违法违规行为给予的行政处罚。

其二，重大违法违规情形是指，凡被行政处罚的实施机关给予没收违法所得、没收非法财物以上行政处罚的行为，属于重大违法违规情形，但处罚机关依法认定不属于的除外；被行政处罚的实施机关给予罚款的行为，除主办券商和律师能依法合理说明或处罚机关认定该行为不属于重大违法违规行为的外，都视为重大违法违规情形。

其三，公司及下属子公司最近24个月内不存在涉嫌犯罪被司法机关立案侦查、尚未有明确结论意见的情形。

②控股股东、实际控制人合法合规，最近24个月内不存在涉及以下情形的重大违

法违规行为：

- 控股股东、实际控制人受刑事处罚；
- 受到与公司规范经营相关的行政处罚，且情节严重；情节严重的界定参照前述规定；
- 涉嫌犯罪被司法机关立案侦查，尚未有明确结论意见。

③公司及下属子公司业务如需主管部门审批，应取得相应的资质、许可或特许经营权等。

④公司及其法定代表人、控股股东、实际控制人、董事、监事、高级管理人员、下属子公司，在申请挂牌时应不存在被列为失信联合惩戒对象的情形。

⑤公司及下属子公司业务须遵守法律、行政法规和规章的规定，符合国家产业政策以及环保、质量、安全等要求。

公司及下属子公司所属行业为重污染行业的，根据相关规定应办理建设项目环评批复、环保验收、排污许可证以及配置污染处理设施的，应在申请挂牌前办理完毕；不属于重污染行业的，但根据相关规定必须办理排污许可证和配置污染处理设施的，应在申请挂牌前办理完毕。

⑥公司财务机构设置及运行应独立且合法合规，会计核算规范。

其一，公司及下属子公司应设有独立财务部门，能够独立开展会计核算、作出财务决策。

其二，公司及下属子公司的财务会计制度及内控制度健全且得到有效执行，会计基础工作规范，符合《会计法》《会计基础工作规范》以及《公司法》《现金管理条例》等其他法律法规要求。

其三，公司应按照《企业会计准则》和相关会计制度的规定编制并披露报告期内的财务报表，在所有重大方面公允地反映公司的财务状况、经营成果和现金流量，财务报表及附注不得存在虚假记载、重大遗漏以及误导性陈述。

公司财务报表应由具有证券期货相关业务资格的会计师事务所出具标准无保留意见的审计报告。财务报表被出具带强调事项段的无保留审计意见的，应全文披露审计报告正文以及董事会、监事会和注册会计师对强调事项的详细说明，并披露董事会和监事会对审计报告涉及事项的处理情况，说明该事项对公司的影响是否重大、影响是否已经消除、违反公允性的事项是否已予纠正。

其四，公司存在以下情形的应认定为财务不规范。

- 公司申报财务报表未按照《企业会计准则》的要求进行会计处理，导致重要会计政策适用不当或财务报表列报错误且影响重大，需要修改申报财务报表（包括资产负债表、利润表、现金流量表、所有者权益变动表）；
- 因财务核算不规范情形被税务机关采取核定征收企业所得税且未规范；
- 其他财务信息披露不规范情形。

4. 股权明晰,股票发行和转让行为合法合规

(1)股权明晰,是指公司的股权结构清晰、权属分明、真实确定、合法合规,股东特别是控股股东、实际控制人及其关联股东或实际支配的股东持有公司的股份不存在权属争议或潜在纠纷。

①公司的股东不存在国家法律、法规、规章及规范性文件规定不适宜担任股东的情形。

②申请挂牌前存在国有股权转让的情形,应遵守国资管理规定。

③申请挂牌前外商投资企业的股权转让应遵守商务部门的规定。

(2)股票发行和转让合法合规,是指公司及下属子公司的股票发行和转让依法履行必要内部决议、外部审批(如有)程序。

①公司及下属子公司股票发行和转让行为合法合规,不存在下列情形:

- 最近36个月内未经法定机关核准,擅自公开或者变相公开发行过证券;
- 违法行为虽然发生在36个月前,目前仍处于持续状态,但《非上市公众公司监督管理办法》实施前形成的股东超200人的股份有限公司经中国证监会确认的除外。

②公司股票限售安排应符合《公司法》和《全国中小企业股份转让系统业务规则(试行)》的有关规定。

(3)公司曾在区域股权市场及其他交易市场进行融资及股权转让的,股票发行和转让等行为应合法合规;在向全国中小企业股份转让系统申请挂牌前应在区域股权市场及其他交易市场停牌或摘牌,并在全国中小企业股份转让系统挂牌前完成在区域股权市场及其他交易市场的摘牌手续。

5. 主办券商推荐并持续督导

(1)公司须经主办券商推荐,双方签署了《推荐挂牌并持续督导协议》。

(2)主办券商应完成尽职调查和内核程序,对公司是否符合挂牌条件发表独立意见,并出具推荐报告。

6. 全国股份转让系统公司要求的其他条件

新三板挂牌还需要满足全国股份转让系统公司要求的其他条件。

10.2.2 金融类企业新三板挂牌的特殊准入标准

股转系统2016年5月颁布《关于金融类企业挂牌融资有关事项的通知》(股转系统公告〔2016〕36号),就金融类企业挂牌融资有关事项进行了专门规定。

10.2.2.1 金融类企业的挂牌准入标准

1. "一行两会"监管的企业

对人民银行、银保监会、证监会监管并持有相应监管部门颁发的《金融许可证》等证牌的企业(以下简称"一行两会"监管的企业),按现行挂牌条件审核其挂牌申请,对其日常监管将进一步完善差异化的信息披露安排。

2. 私募机构

在现行挂牌条件的基础上，对私募基金管理机构（以下简称"私募机构"）新增8个方面的挂牌条件。

- 管理费收入与业绩报酬之和须占收入来源的80%以上；
- 私募机构持续运营5年以上，且至少存在一只管理基金已实现退出；
- 私募机构作为基金管理人在其管理基金中的出资额不得高于20%；
- 私募机构及其股东、董事、监事、高级管理人员最近三年不存在重大违法违规行为，不属于中国证券基金业协会"黑名单"成员，不存在"诚信类公示"列示情形；
- 创业投资类私募机构最近3年年均实缴资产管理规模在20亿元以上，私募股权类私募机构最近3年年均实缴资产管理规模在50亿元以上；
- 已在中国证券基金业协会登记为私募基金管理机构，并合规运作、信息填报和更新及时准确；
- 挂牌之前不存在以基金份额认购私募机构发行的股份或股票的情形；募集资金不存在投资沪深交易所二级市场上市公司股票及相关私募证券类基金的情形，但因投资对象上市被动持有的股票除外；
- 全国股转公司要求的其他条件。

3. 其他具有金融属性企业

小额贷款公司、融资担保公司、融资租赁公司、商业保理公司、典当公司等具有金融属性的企业（以下统称"其他具有金融属性企业"）大多处于新兴阶段，所属细分行业发展尚不成熟，监管政策尚待进一步明确与统一，面临的监管形势错综复杂，行业风险突出。在相关监管政策明确前，暂不受理其他具有金融属性企业的挂牌申请。对申请挂牌公司虽不属于其他具有金融属性企业，但其持有其他具有金融属性企业的股权比例20%以上（含20%）或为第一大股东的，也暂不受理，对已受理的，予以终止审查。

10.2.2.2　关于新老划断的处理措施

对"一行两会"监管的企业、私募机构、其他具有金融属性企业（包括申请挂牌公司虽不属于其他具有金融属性企业，但其持有其他具有金融属性企业的股权比例20%以上（含20%）或为第一大股东的）处于新申报、在审、已取得挂牌函、已挂牌等不同阶段，全国股转公司采取以下新老划断处理措施。

1. 新增申报的处理

对"一行两会"监管的企业，继续执行现行挂牌条件，正常受理。对私募机构，符合新增挂牌条件，正常受理。对其他具有金融属性企业，在相关监管政策明确前，暂不受理。

2. 在审企业的处理

对"一行两会"监管的在审企业，按正常程序审查，因暂停审查而致财务报表过期的，经补充审计报告后，继续审查。对在审的私募机构，须按新增挂牌条件审查，因暂停审查而致财务报表过期的，应在本通知发布之日起 1 年内按新增挂牌条件补充材料和审计报告，如符合新增挂牌条件的，继续审查。对其他具有金融属性的在审企业，采取终止审查措施，待相关监管政策明确后，重新申报。

3. 已取得挂牌函的处理

已取得挂牌函的"一行两会"监管的企业，按正常程序办理后续挂牌手续。已取得挂牌函的私募机构，须按照新增挂牌条件重新审查，如符合新增挂牌条件，可办理后续挂牌手续；如不符合新增挂牌条件，应在本通知发布之日起 1 年内进行整改，整改后符合新增挂牌条件的，可办理后续挂牌手续，否则将撤销已取得的挂牌函。对已取得挂牌函的其他具有金融属性企业，终止挂牌手续，撤销已取得的挂牌函，待相关监管政策明确后，重新申报。

4. 挂牌企业的处理

已挂牌的"一行两会"监管的企业，按监管规定履行信息披露义务。已挂牌的私募机构，应当对是否符合新增挂牌条件（第二项、第三项和第七项除外）进行自查，并经主办券商核查后，披露自查整改报告和主办券商核查报告。不符合新增挂牌条件第一项、第四项、第五项、第六项和第八项的，应当在《关于金融类企业挂牌融资有关事项的通知》发布之日起 1 年内进行整改，未按期整改或整改后仍不符合要求的，将予以摘牌。已挂牌的私募机构发行股票（包括发行对象以其所持有该挂牌私募机构所管理的私募基金份额认购的情形），发行对象已完成认购的，可以完成股票发行备案并办理新增股份登记手续。已挂牌的其他具有金融属性企业不得采用做市转让方式，但《关于金融类企业挂牌融资有关事项的通知》发布前已采用做市转让方式的除外。

10.2.2.3 关于信息披露及监管的要求

1. 挂牌准入的差异化信息披露要求

"一行两会"监管的企业。应结合相关指标的分析以及内控措施等充分揭示信用风险、流动性风险、操作风险及其他风险等；应披露业务监管的相关情况，包括但不限于监管层级安排，监管的主要思路及具体措施；应披露与业务开展相关的情况，包括但不限于业务符合现行规定和监管要求的情况，业务的风险控制具体制度安排及相应措施；应披露报告期内监管指标情况，并分析波动原因以及是否符合监管标准等。

私募机构。应披露：管理模式相关的情况，包括但不限于基金管理模式；设立及日常管理相关的情况，包括但不限于存续基金的基本情况；基金投资相关的情况，包括但不限于投资项目的遴选标准、投资决策体系及执行情况；项目退出相关的情况，包括但不限于累计已退出项目数量、累计已退出项目的投资总额；基金清算相关的情况，包括但不限于基金名称、存续时间、实缴金额、清算原因、清算进展、基金及申请挂牌公司收益情况；财务信息相关的情况，包括但不限于报告期内收入来源、收入确认方法、收入和成本（费用）结构，收入、成本（费用）等应与业务内容相匹配等。

2. 挂牌期间的差异化信息披露及监管要求

已挂牌的"一行两会"监管的企业。应当按照相关监管机构的规定合法规范经营，切实履行信息披露义务，做好风险防控工作；在此基础上，可以进行股票发行、并购重组等业务。

已挂牌的私募机构。对监管和信息披露提出以下四个方面的要求。

其一，股票发行，每次发行股票募集资金的金额不得超过其发行前净资产的50%，前次发行股票所募集资金未使用完毕的，不得再次发行股票募集资金；不得以其所管理的基金份额认购其所发行的股票；募集资金不得用于投资沪深交易所二级市场上市公司股票及相关私募证券类基金，但因投资对象上市被动持有的股票除外。

其二，规范运作，应当建立受托管理资产和自有资金投资之间的风险隔离、防范利益冲突等制度；作为基金管理人在其挂牌后新设立的基金中的出资额不得高于20%。

其三，涉及私募基金管理业务的并购重组，如收购人收购挂牌公司的，其所控制的企业中包括私募基金管理人的，应当承诺收购人及其关联方在完成收购后，不以重大资产重组的方式向挂牌公司注入私募基金管理业务相关的资产。

其四，信息披露要求，应当披露季度报告，在定期报告中充分披露在管存续基金的基本情况和项目投资情况等。

已挂牌的其他具有金融属性企业。应当披露季度报告，在定期报告披露中，合法合规经营、监管指标、主要财务数据、风险因素及其风险防控机制等方面的披露口径，与申请挂牌准入的披露口径保持一致。

不属于其他具有金融属性企业的挂牌公司，其募集资金不得用于参股或控股其他具有金融属性的企业。

10.2.3 新三板挂牌的程序

如果企业拟在新三板挂牌，主要程序包括设立股份公司、推荐挂牌、挂牌审核与挂牌交易四个阶段。

10.2.3.1 设立股份公司

设立股份公司通常也被称为股份制改造。根据新三板挂牌需要满足存续两个完整会计年度、有限责任整体变更可以连续的要求，挂牌企业通常都是由有限公司整体变更为股份公司。根据股转公司要求，整体变更不应改变历史成本计价原则，不应根据资产评估结果进行账务调整，应以改制基准日经审计的净资产额为依据折合为股份有限公司股本。申报财务报表最近一期截止日不得早于改制基准日。有限公司变更为股份公司的程序按照《公司法》《公司登记管理条例》等规范性文件的要求进行，与拟申请首次公开发行股票的股份公司程序一致。

10.2.3.2 推荐挂牌

证券公司经向中国证券业协会申请并取得证券公司从事代办股份转让主办券商业务资格后可以作为主办券商从事代办股份转让业务。根据《全国中小企业股份转让系统主办券商推荐业务规定（试行）》（2013年）的规定，主办券商应对申请挂牌公司进行尽职调查和内核。同意推荐的，主办券商向股转系统提交推荐报告及其他有关文件。

1. 尽职调查

主办券商应针对每家申请挂牌公司设立专门项目小组，负责尽职调查、起草尽职调查报告、制作推荐文件等。项目小组应由主办券商内部人员组成，其成员须取得证券执业资格，其中注册会计师、律师和行业分析师至少各一名。行业分析师应具有申请挂牌公司所属行业的相关专业知识，并在最近一年内发表过有关该行业的研究报告。

2. 主办券商内核

主办券商应设立内核机构，负责推荐文件和挂牌申请文件的审核，并对下述事项发表审核意见：项目小组是否已按照尽职调查工作的要求对申请挂牌公司进行了尽职调查；申请挂牌公司拟披露的信息是否符合全国股份转让系统公司有关信息披露的规定；申请挂牌公司是否符合挂牌条件；是否同意推荐申请挂牌公司股票挂牌。

主办券商内核机构根据项目小组的申请召开内核会议。每次会议须七名以上内核机构成员出席，其中律师、注册会计师和行业专家至少各一名。内核会议成员应独立、客观、公正地对推荐文件和挂牌申请文件进行审核，制作审核工作底稿并签名。审核工作底稿应包括审核工作的起止日期、发现的问题、建议补充调查核实的事项以及对推荐挂牌的意见等内容。内核会议应对是否同意推荐申请挂牌公司股票挂牌进行表决。表决应采取记名投票方式，每人一票，三分之二以上赞成且指定注册会计师、律师和行业专家均为赞成票为通过。

主办券商应根据内核意见，决定是否向全国股份转让系统公司推荐申请挂牌公司股票挂牌。决定推荐的，应出具推荐报告。

主办券商向全国股份转让系统公司报送推荐文件后，应当配合全国股份转让系统公司的审查，并承担下列工作：组织申请挂牌公司及证券服务机构对全国股份转让系统公司的意见进行答复；按照全国股份转让系统公司的要求对涉及本次挂牌的特定事项进行尽职调查或核查；指定项目小组成员与全国股份转让系统公司进行专业沟通；全国股份转让系统公司规定的其他工作。

10.2.3.3 挂牌审核

根据《国务院关于全国中小企业股份转让系统有关问题的决定》（2013年），中国证监会豁免核准股东人数不到200人的挂牌公司申请在全国中小企业股份转让系统挂牌，直接向股转系统提交审核申请；股东人数大于200人的挂牌公司，由主办券商向中国证监会递交挂牌申请文件，审查通过后出具核准文件。因此，根据申请挂牌公司股东人数的不同，分为股转系统审核与中国证监会审核两种情况。股东人数不到200人的公司仅需履行股转系统审核程序，股东人数超过200人的公司在正常履行股转系统审核程序外，需要先行经过证监会审核并取得核准文件。

1. 股转系统审核

股转系统审核的流程包括：主办券商申报材料、补正材料、接收材料、形成反馈意见、回复反馈意见、通过反馈意见、审查会议、出具审查意见。根据《全国中小企业股份转让系统挂牌申请文件内容与格式指引（试行）》（2013年），向股转系统申请挂牌审核需提交的文件如表10-1所示。这些文件是股转系统对挂牌申请文件的最低要求。根据审查需要，股转系统可以要求申请挂牌公司和相关中介机构补充文件。如部分文件对申请挂牌公司不适用，可不提供，但应书面说明。

表 10-1　向股转系统申请挂牌审核需提交的文件目录

第一部分　要求披露的文件	
第一章　公开转让说明书及推荐报告	
1-1	公开转让说明书（申报稿）
1-2	财务报表及审计报告
1-3	法律意见书
1-4	公司章程
1-5	主办券商推荐报告
1-6	定向发行情况报告书（如有。如果在挂牌的同时定向发行的，需提交，下同）
第二部分　不要求披露的文件	
第二章　申请挂牌公司相关文件	
2-1	向全国股份转让系统公司提交的申请股票在全国股份转让系统挂牌及定向发行（如有）的报告
2-2	向中国证监会提交的申请股票在全国股份转让系统公开转让及定向发行（如有。根据相关规定，如果发行后证券持有人累计不超过200人的证监会豁免核准，否则就需要申报中国证监会核准）的报告
2-3	有关股票在全国股份转让系统公开转让及定向发行（如有）的董事会决议
2-4	有关股票在全国股份转让系统公开转让及定向发行（如有）的股东大会决议
2-5	企业法人营业执照
2-6	股东名册及股东身份证明文件
2-7	董事、监事、高级管理人员名单及持股情况
2-8	申请挂牌公司设立时和最近两年及一期的资产评估报告
2-9	申请挂牌公司最近两年原始财务报表与申报财务报表存在差异时，需要提供差异比较表
2-10	全部股票已经在中国证券登记结算有限责任公司登记的证明文件（挂牌前提供）
2-11	申请挂牌公司全体董事、监事和高级管理人员签署的《董事（监事、高级管理人员）声明及承诺书》（挂牌前提供）
第三章　主办券商相关文件	
3-1	主办券商与申请挂牌公司签订的推荐挂牌并持续督导协议
3-2	尽职调查报告
3-3	尽职调查工作文件
3-3-1	尽职调查工作底稿目录、相关工作记录和经归纳整理后的尽职调查工作表
3-3-2	有关税收优惠、财政补贴的依据性文件
3-3-3	历次验资报告
3-3-4	对持续经营有重大影响的业务合同

（续表）

3-4	内核意见
3-4-1	内核机构成员审核工作底稿
3-4-2	内核会议记录
3-4-3	对内核会议反馈意见的回复
3-4-4	内核专员对内核会议落实情况的补充审核意见
3-5	主办券商推荐挂牌内部核查表及主办券商对申请挂牌公司风险评估表
3-6	主办券商自律说明书
3-7	主办券商业务备案函复印件（加盖机构公章并说明用途）及项目小组成员任职资格说明文件
第四章　其他相关文件	
4-1	申请挂牌公司全体董事、主办券商及相关中介机构对申请文件真实性、准确性和完整性的承诺书
4-2	相关中介机构对纳入公开转让说明书等文件中由其出具的专业报告或意见无异议的函
4-3	申请挂牌公司、主办券商对电子文件与书面文件保持一致的声明
4-4	律师、注册会计师及所在机构的相关执业证书复印件（加盖机构公章并说明用途）
4-5	国有资产管理部门出具的国有股权设置批复文件及商务主管部门出具的外资股确认文件

2. 证监会审核

为了规范股东人数超过200人的未上市股份有限公司（以下简称"200人公司"）在股转系统挂牌公开转让等行政许可事项，中国证监会2013年12月颁布《非上市公众公司监管指引第4号——股东人数超过200人的未上市股份有限公司申请行政许可有关问题的审核指引》。中国证监会非上市公众公司监管部负责此项审核工作。

（1）审核标准

第一，公司依法设立且合法存续。200人公司的设立、增资等行为不违反当时法律明确的禁止性规定，目前处于合法存续状态。城市商业银行、农村商业银行等银行业股份公司应当符合《关于规范金融企业内部职工持股的通知》（财金〔2010〕97号）。200人公司的设立、历次增资依法需要批准的，应当经过有权部门的批准。存在不规范情形的，应当经过规范整改，并经当地省级人民政府确认。200人公司在股份形成及转让过程中不存在虚假陈述、出资不实、股权管理混乱等情形，不存在重大诉讼、纠纷以及重大风险隐患。

第二，股权清晰。200人公司的股权清晰，是指股权形成真实、有效，权属清晰及股权结构清晰。具体要求包括如下方面。

- **股权权属明确**。200人公司应当设置股东名册并进行有序管理，股东、公司及相关方对股份归属、股份数量及持股比例无异议。股权结构中存在工会或职工持股会代持、委托持股、信托持股以及通过"持股平台"间接持股等情形的，应当进行规范。"持股平台"是指单纯以持股为目的的合伙企业、公司等持股主体。

- 股东与公司之间、股东之间、股东与第三方之间不存在重大股份权属争议、纠纷或潜在纠纷。
- 股东出资行为真实，不存在重大法律瑕疵，或者相关行为已经得到有效规范，不存在风险隐患。
- 申请行政许可的200人公司应当对股份进行确权，通过公证、律师见证等方式明确股份的权属。申请公开发行并在证券交易所上市的，经过确权的股份数量应当达到股份总数的90%以上（含90%）；申请在全国股份转让系统挂牌公开转让的，经过确权的股份数量应当达到股份总数的80%以上（含80%）。未确权的部分应当设立股份托管账户，专户管理，并明确披露有关责任的承担主体。

第三，经营规范。200人公司持续规范经营，不存在资不抵债或者明显缺乏清偿能力等破产风险的情形。

第四，公司治理与信息披露制度健全。200人公司按照中国证监会的相关规定，已经建立健全了公司治理机制和履行信息披露义务的各项制度。

（2）申请文件

《非上市公众公司信息披露内容与格式准则第2号——公开转让股票申请文件》（2013年）规定了超过200人公司申请挂牌提交证监会的文件要求及目录（表10-2）。这些申请文件是中国证监会对公开转让申请文件的最低要求。根据审核需要，中国证监会可以要求申请人和相关证券服务机构补充文件。如果某些文件对申请人不适用，可不提供，但应向中国证监会作出书面说明。

表 10-2　股东超过200人企业申请挂牌，需向提交证监会的文件目录

第一章	公开转让说明书及授权文件
1-1	申请人关于公开转让的申请报告
1-2	公开转让说明书（申报稿）
1-3	申请人董事会有关公开转让的决议
1-4	申请人股东大会有关公开转让的决议
第二章	主办券商推荐文件
2-1	主办券商关于公开转让的推荐报告
第三章	证券服务机构关于公开转让的文件
3-1	财务报表及审计报告（申请人最近两年原始财务报表与申报财务报表存在差异时，需要提供差异比较表及注册会计师对差异情况出具的意见）
3-2	申请人律师关于公开转让的法律意见书
3-3	申请人设立时和最近两年及一期的资产评估报告
第四章	其他文件
4-1	申请人的企业法人营业执照
4-2	申请人公司章程（草案）
4-3	国有资产管理部门出具的国有股权设置批复文件及商务主管部门出具的外资股确认文件

10.2.3.4 挂牌交易

根据《全国中小企业股份转让系统股票挂牌业务操作指南（试行）》（2015 年）的相关规定，挂牌公司与主办券商需要履行申请证券简称和代码、办理信息披露、股份初始登记、办理股票挂牌等程序以完成挂牌操作。

10.3 新三板挂牌公司股票发行

新三板挂牌公司的股票发行是一种非公开发行股票的形式，又被称为新三板公司定向增发、定向发行，是新三板挂牌公司直接融资的主要形式。

10.3.1 新三板挂牌公司股票发行的特征

新三板股票发行也是一种非公开发行的股权融资方式，与作为上市公司再融资方式的非公开发行相比，其具有以下特征。

其一，对于股东人数不超过 200 人的股票发行，无须中国证监会行政许可，由股转系统备案管理；而上市公司的非公开发行均需要取得中国证监会核准。

其二，股票发行的价格由公司与投资者协商确定，可以是自主定价或者通过询价方式确定；而上市公司的非公开发行对发行价格的确定有严格的限制性规定。

其三，每次股票发行的对象除现有股东外新增发行对象不超过 35 人；而上市公司非公开发行的发行对象为包括现有股东在内的所有发行对象每次不超过 10 人（创业板为 5 人）。

10.3.2 新三板挂牌公司股票发行的类型

10.3.2.1 按照发行时间分类

1. 挂牌同时定向增发

根据《全国中小企业股份转让系统股票发行业务细则（试行）》（2013 年），申请挂牌公司申请股票在股转系统挂牌的同时定向发行的，应在公开转让说明书中披露。

与挂牌后定向增发相比，挂牌同时定向增发的企业须在公开转让说明书中披露以下内容：在公开转让说明书第一节基本情况中披露"拟发行股数、发行对象或范围、发行价格或区间、预计募集资金金额"。在公开转让说明书中增加一节"定向发行"，披露本次发行股票的数量、价格、对象以及发行前后企业相关情况的对比等内容。

2. 挂牌后定向增发

大部分企业将挂牌和定向增发分为两步进行。挂牌解决企业的证券化需求，挂牌后定向增发解决企业的资金需求。

10.3.2.2 按照股东人数分类

1. 由证监会核准的发行

股东人数超过200人的挂牌公司(包括向特定对象发行股票导致股东人数累计超过200人、股东人数超过200人的挂牌公司向特定对象发行股票两种情况)发行股票需要由中国证监会核准。

2. 由股转系统备案管理的发行

股票发行后股东人数累计不超过200人的挂牌公司发行股票由股转系统实施备案管理。

10.3.3 新三板挂牌公司股票发行的对象

10.3.3.1 发行对象的范围

挂牌公司可以向特定对象发行股票融资,特定对象的范围包括:公司股东;公司的董事、监事、高级管理人员、核心员工;符合投资者适当性管理规定的自然人投资者、法人投资者及其他经济组织。核心员工的认定应当由公司董事会提名,并向全体员工公示和征求意见,由监事会发表明确意见后,经股东大会审议批准。根据2017年7月修订的《全国中小企业股份转让系统投资者适当性管理细则》,符合投资者适当性管理规定的自然人投资者、法人投资者及其他经济组织具体包括如下方面。

- 符合以下要求的机构投资者:实收资本或实收股本总额500万元人民币以上的法人机构;实缴出资总额500万元人民币以上的合伙企业。
- 证券公司资产管理产品、基金管理公司及其子公司产品、期货公司资产管理产品、银行理财产品、保险产品、信托产品、经行业协会备案的私募基金等理财产品,社会保障基金、企业年金等养老金,慈善基金等社会公益基金,合格境外机构投资者(QFII)、人民币合格境外机构投资者(RQFII)等机构投资者。
- 同时符合下列条件的自然人投资者:①在签署协议之日前,投资者本人名下最近10个转让日的日均金融资产500万元人民币以上。金融资产是指银行存款、股票、债券、基金份额、资产管理计划、银行理财产品、信托计划、保险产品、期货及其他衍生产品等。②具有2年以上证券、基金、期货投资经历,或者具有2年以上金融产品设计、投资、风险管理及相关工作经历,或者具有证券公司、期货公司、基金管理公司及其子公司、商业银行、保险公司、信托公司、财务公司,以及经行业协会备案或者登记的证券公司子公司、期货公司子公司、私募基金管理人等金融机构的高级管理人员任职经历。具有前款所称投资经历、工作经历或任职经历的人员属于《证券法》规定禁止参与股票交易的,不得申请参与挂牌公司股票公开转让。

10.3.3.2 发行对象的人数限制

挂牌公司每次定向发行,除现有股东外,新增人数合计不得超过35人。

10.3.3.3 关于持股平台参与股票发行的特殊规定

《非上市公众公司监管问答——定向发行(二)》(2015年)规定:为保障股权清晰、防范融资风险,单纯以认购股份为目的而设立的公司法人、合伙企业等持股平台,不具有实际经营业务的,不符合投资者适当性管理要求,不得参与非上市公众公司的股份发行。股转系统挂牌公司设立的员工持股计划,认购私募股权基金、资产管理计划等接受证监会监管的金融产品,已经完成核准、备案程序并充分披露信息的,可以参与非上市公众公司定向发行。其中金融企业还应当符合《关于规范金融企业内部职工持股的通知》(财金〔2010〕97号)有关员工持股监管的规定。

股转系统要求,主办券商和律师事务所应当分别在"主办券商关于股票发行合法合规性意见"和"股票发行法律意见书"中就本次发行对象是否存在持股平台发表明确意见。通过设立员工持股计划参与挂牌公司股票发行的,挂牌公司应当履行法定的决策程序和信息披露义务。

10.3.3.4 关于股份代持的监管

禁止通过股份代持的形式参与挂牌公司的股票发行。股转系统要求,主办券商和律师事务所应当分别在"主办券商关于股票发行合法合规性意见"和"股票发行法律意见书"中就本次发行对象是否存在股份代持发表明确意见。

10.3.3.5 关于私募基金管理人及私募投资基金登记备案的要求

《全国中小企业股份转让系统机构业务问答(二)——关于私募投资基金登记备案有关问题的解答》(2016年)规定:为提高审查效率,为(拟)挂牌公司提供挂牌、融资和重组便利,自本问答发布之日起,在申请挂牌、发行融资、重大资产重组等环节,私募投资基金管理人自身参与上述业务的,其完成登记不作为相关环节审查的前置条件;已完成登记的私募投资基金管理人管理的私募投资基金参与上述业务的,其完成备案不作为相关环节审查的前置条件。上述私募投资基金管理人及私募投资基金在审查期间未完成登记和备案的,私募投资基金管理人需出具完成登记或备案的承诺函,并明确具体(拟)登记或备案申请的日期。主办券商或独立财务顾问在持续督导过程中,需持续关注私募投资基金管理人的承诺履行情况并将承诺履行结果及时报告全国股转公司,承诺履行结果应说明具体完成登记备案的日期及私募基金管理人登记编号或私募基金编号。

10.3.4 新三板挂牌公司股票发行的程序

10.3.4.1 适用股转系统备案管理类发行的程序

1. 召开董事会并披露

董事会决议确定具体发行对象的,董事会决议应当明确具体发行对象及其认购价格、认购数量或数量上限、现有股东优先认购办法等事项。认购办法中应当明确现有股东放弃认购股票份额的安排。已确定的发行对象（现有股东除外）与公司附生效条件的股票认购合同应当经董事会批准。

董事会决议未确定具体发行对象的，董事会决议应当明确发行对象的范围、发行价格区间、发行价格确定办法、发行数量上限、现有股东优先认购办法等事项。

发行对象以非现金资产认购发行股票的，董事会决议应当明确交易对手（应当说明是否为关联方）、标的资产、作价原则及审计、评估等事项。董事会应当在发行方案中对资产定价合理性进行讨论与分析。

董事会应当说明本次发行募集资金的用途。

挂牌公司应当在董事会通过股票发行决议之日起两个转让日内披露董事会决议公告和经董事会批准的股票发行方案。以非现金资产认购股票涉及资产审计、评估的，资产审计结果、评估结果应当最晚和召开股东大会的通知同时公告。

2. 召开股东大会并披露

挂牌公司应当按程序要求召开股东大会。股东大会应当审议股票发行方案，就股票发行等事项作出决议。挂牌公司应当在股东大会通过股票发行决议之日起两个工作日内披露股东大会决议公告。

3. 路演与询价（如有）

董事会决议已确定发行对象的，按认购合同直接缴款，无须询价。董事会决议未确定发行对象的，股东大会后可以采用询价发行。采用询价发行的，挂牌公司和主办券商可以进行路演。询价的流程一般为：发放认购邀请书、申购报价、确定发行价格与发行对象。

4. 披露认购公告

在挂牌公司确定股票发行的认购对象之后，最迟应当在缴款起始日前的两个转让日内披露股票发行认购公告。本次股票发行如有优先认购安排，认购公告中还应披露现有股东的优先认购安排。

5. 认购、缴款

参与认购的投资者和现有股东应按照认购公告和认购合同的约定，在缴款期内进行缴款认购。

6. 申请备案

挂牌公司应当在股票发行验资完成后的10个转让日内，向股转系统申请备案。2013年，股转系统颁布了《全国中小企业股份转让系统股票发行业务指引第1号——备案文件的内容与格式（试行）》《全国中小企业股份转让系统股票发行业务指引第2号——股票发行方案及发行情况报告书的内容与格式（试行）》《全国中小企业股份转让系统股票发行业务指引第3号——主办券商关于股票发行合法合规性意见的内容与格式（试行）》《全国中小企业股份转让系统股票发行业务指引第4号——法律意见书的内容与格式（试行）》。挂牌公司与主办券商需按照相关指引的要求编制备案文件（表10-3）。

表 10-3 挂牌公司与主办券商需要编制的备案文件

	第一部分　要求披露的文件
1-1	股票发行方案
1-2	股票发行情况报告书
1-3	公司关于股票发行的董事会决议
1-4	公司关于股票发行的股东大会决议
1-5	股票发行认购公告
1-6	主办券商关于股票发行合法合规性意见
1-7	股票发行法律意见书
1-8	具有证券、期货相关业务资格的会计师事务所或资产评估机构出具的资产审计或评估报告（如有）
	第二部分　不要求披露的文件
	一、挂牌公司相关文件
2-1	备案登记表
2-2	股票发行备案报告
2-3	认购合同或认购缴款凭证
	二、其他文件
2-4	挂牌公司全体董事对备案文件真实性、准确性和完整性的承诺书
2-5	本次股票发行的验资报告
2-6	资产权属证明文件（如有）
2-7	资产生产经营所需行业资质的资质证明或批准文件（如有）
2-8	签字注册会计师、律师或者资产评估师的执业证书复印件及其所在机构的执业证书复印件
2-9	要求报送的其他文件

股转系统对提交的文件进行审查。股转系统在备案审查过程中，如发现挂牌公司、主办券商、律师事务所和其他证券服务机构有需要补充披露或说明的情形，可以要求其提供补充材料或进行补充披露。

股转系统备案审查的重点包括：发行备案的材料齐备、内容合规、材料之间无相互矛盾；应当披露的文件已完成披露；验资报告证明出资缴款到位；挂牌公司及主办券商、律师事务所在相关发行文件中的确认意见等。

7. 办理股份登记并披露相关公告

股转系统审查后，同意出具股份登记函的，进入办理股份登记的程序。挂牌公司应在 T-3 日（T 日为新增股份可转让日）前（含 T-3 日）披露本次新增股份的相关文件，包括：发行情况报告书、股票发行法律意见书、主办券商关于股票发行合规性意见、股票挂牌转让公告。

10.3.4.2 适用中国证监会核准类发行的程序

1. 召开董事会、股东大会并披露

挂牌公司应当按程序召开董事会审核股票发行事项，对股票发行作出决议。董事会决议后，应当按程序召开股东大会审议股票发行事项，对股票发行作出决议。董事会、股东大会的决议和披露要求与股转系统备案管理类发行相同。

2. 编制并报送申请文件

挂牌公司应当按照中国证监会《非上市公众公司信息披露内容与格式准则第4号——定向发行申请文件》（2013年）、《非上市公众公司信息披露内容与格式准则第3号——定向发行说明书和发行情况报告书》（2013年）的要求制作申请文件，申请文件主要包括：定向发行说明书、律师事务所出具的法律意见书、会计师事务所出具的审计报告、证券公司出具的推荐文件等。

3. 证监会审核

证监会受理申请后进行审核，作出是否核准的决定。证监会作出核准决定后，挂牌公司应当披露下列文件：取得证监会核准的公告、定向发行说明书、定向发行推荐工作报告、定向发行法律意见书。

4. 启动发行、认购缴款[①]

5. 向股转系统申请备案、股份登记[②]

10.3.5 新三板挂牌公司股票发行中的特殊事项

10.3.5.1 对赌条款（股票发行认购协议中的特殊条款）

《挂牌公司股票发行常见问题解答（三）——募集资金管理、认购协议中特殊条款、特殊类型挂牌公司融资》（2016年）规定挂牌公司股票发行认购协议中签订的业绩承诺及补偿、股份回购、反稀释等特殊条款（简称"特殊条款"）应当满足以下监管要求。

- 认购协议应当经过挂牌公司董事会与股东大会审议通过。
- 认购协议不存在以下情形：①挂牌公司作为特殊条款的义务承担主体；②限制挂牌公司未来股票发行融资的价格；③强制要求挂牌公司进行权益分派，或不能进行权益分派；④挂牌公司未来再融资时，如果新投资方与挂牌公司约定了优于本次发行的条款，则相关条款自动适用于本次发行认购方；⑤发行认购方有权不经挂牌公司内部决策程序直接向挂牌公司派驻董事或者派驻的董事对挂牌公司经营决策享有一票否决权；⑥不符合相关法律法规规定的优先清算权条款；⑦其他损害挂牌公司或者挂牌公司股东合法权益的特殊条款。
- 挂牌公司应当在股票发行情况报告书中完整披露认购协议中的特殊条款；挂牌公

---

① 与适用于股转系统备案管理类发行程序之3、4、5相同。
② 与适用于股转系统备案管理类发行程序之6、7相同。

司的主办券商和律师应当分别在"主办券商关于股票发行合法合规性意见""股票发行法律意见书"中就特殊条款的合法合规性发表明确意见。

10.3.5.2 募集资金管理

根据《挂牌公司股票发行常见问题解答（三）——募集资金管理、认购协议中特殊条款、特殊类型挂牌公司融资》（2016年）的相关规定，挂牌公司发行股票除满足《非上市公众公司监督管理办法》《全国中小企业股份转让系统业务规则（试行）》《全国中小企业股份转让系统股票发行业务细则（试行）》等相关规定外，还应当满足以下监管要求。

1. 募集资金的使用要求

挂牌公司募集资金应当用于公司主营业务及相关业务领域。除金融类企业外，募集资金不得用于持有交易性金融资产和可供出售的金融资产或借予他人、委托理财等财务性投资，不得直接或者间接投资于以买卖有价证券为主营业务的公司，不得用于股票及其他衍生品种、可转换公司债券等的交易；不得通过质押、委托贷款或其他方式变相改变募集资金用途；暂时闲置的募集资金可以进行现金管理，经履行法律法规、规章、规范性文件以及公司章程规定的内部决策程序并披露后，可以投资于安全性高、流动性好的保本型投资产品。

挂牌公司应当防止募集资金被控股股东、实际控制人或其关联方占用或挪用，并采取有效措施避免控股股东、实际控制人或其关联方利用募集资金投资项目获取不正当利益。

挂牌公司应当按照发行方案中披露的募集资金用途使用募集资金，改变募集资金用途的，应当在董事会审议后及时披露，并提交股东大会审议。

2. 募集资金的专户管理要求

挂牌公司应当建立募集资金存储、使用、监管和责任追究的内部控制制度，明确募集资金使用的分级审批权限、决策程序、风险控制措施及信息披露要求。

挂牌公司募集资金应当存放于公司董事会为本次发行批准设立的募集资金专项账户（以下简称"专户"），并将专户作为认购账户，该专户不得存放非募集资金或用作其他用途；挂牌公司应当在发行认购结束后验资前，与主办券商、存放募集资金的商业银行签订三方监管协议，三方监管协议应当在股票发行备案材料中一并提交报备。

挂牌公司董事会应当每半年度对募集资金使用情况进行专项核查，出具《公司募集资金存放与实际使用情况的专项报告》，并在披露挂牌公司年度报告及半年度报告时一并披露；主办券商应当每年就挂牌公司募集资金存放及使用情况至少进行一次现场核查，出具核查报告，并在挂牌公司披露年度报告时一并披露。

3. 股票发行方案的信息披露要求

挂牌公司股票发行方案中应当详细披露本次发行募集资金的用途并进行必要性和可行性分析：募集资金用于补充流动资金的，应当结合公司目前的经营情况、流动资金情况，说明补充流动资金的必要性和测算的过程；募集资金用于偿还银行贷款的，应当列明拟偿还贷款的明细情况，披露募集资金偿还贷款对挂牌公司经营和财务状况的影响；募集资金用于项目建设的，应当结合项目立项文件、工程施工预算、采购协议及其他资金使用计划量化说明资金需求和资金投入安排；募集资金用于股权收购的，应当对标的资产与挂牌公司主业的相关程度、协同效应进行说明，列明收购后对挂牌公司资产质量及持续经营能力的影响；募集资金用于购买非股权资产（是指构成可独立核算会计主体的经营性资产）的，发行前挂牌公司应当与交易对方签订合同或协议，在发行方案中披露交易价格，并有审计报告或者资产评估报告的支持。

挂牌公司发行股份购买资产构成重大资产重组并募集配套资金的，应当从以下方面进行说明，包括但不限于：挂牌公司前次募集资金金额、具体用途及剩余资金安排；本次配套募集资金与本次重组事项的相关性，募集资金金额是否与挂牌公司及标的资产现有生产经营规模、财务状况相匹配等。独立财务顾问应当对募集资金用途、合理性、必要性进行核查并发表明确意见。募集资金用于其他用途的，应当明确披露募集资金用途、资金需求的测算过程及募集资金的投入安排。

挂牌公司股票发行方案中应当详细披露前次发行募集资金的使用情况，包括募集资金的具体用途、投入资金金额以及对挂牌公司经营和财务状况的影响等。

挂牌公司的主办券商应当在"主办券商关于股票发行合法合规性意见"中就挂牌公司本次发行是否符合募集资金专户管理要求、是否符合募集资金信息披露要求等逐项发表明确意见。

10.3.5.3　类金融类企业进行股票发行的特别规定

根据《关于金融类企业挂牌融资有关事项的通知》，其他具有金融属性的挂牌公司在相关监管政策明确前，应当暂停股票发行、重大资产重组等相关业务。小额贷款公司、融资担保公司、融资租赁公司、商业保理公司、典当公司等具有金融属性的挂牌公司均属于"其他具有金融属性的挂牌公司"，其发行股票的，发行对象不得以所持有的其他具有金融属性的企业相关资产进行认购；募集资金不得用于参股或控股其他具有金融属性的企业；如果其股东或子公司为其他具有金融属性的企业，应当承诺不以拆借等任何形式将募集资金提供给该其他具有金融属性的企业使用。

10.4　新三板的转板

转板是指上市主体从资本市场的一个板块转入另一个不同层级的板块。新三板转板是指新三板挂牌企业转板至交易所市场（上交所主板、深交所主板、中小企业板和深交所创业板）上市交易。

10.4.1　新三板挂牌公司转板的途径

新三板转板有两种方式：第一种是直接转板，目前仅存在于理论上；第二种则是按正常程序申报 IPO，与其他非新三板挂牌企业申请 IPO 历经完全一样的程序。

10.4.1.1 直接转板

第一种方式是指不需要向证监会申报发行上市申请，直接向交易所申请上市交易。《国务院关于全国中小企业股份转让系统有关问题的决定》（国发〔2013〕49 号）规定：在全国股份转让系统挂牌的公司，达到股票上市条件的，可以直接向证券交易所申请上市交易。这种方式类似于香港市场的"介绍上市"，即拟上市主体已经具备交易所规定的包括股权分布等在内的全部上市条件，不向公众公开发行，即直接将全部老股在交易所上市。这是一种只上市、不融资的特殊方式。在香港地区，已上市公司分拆子公司上市经常采用介绍上市的方式。例如，2013 年，TCL 集团（000100.SZ）子公司 TCL 多媒体（01070.HK）分拆全资子公司通力控股在香港联交所主板上市，分拆方式为 TCL 多媒体以实物分派方式分派通力控股的全部股权给全部股东。分派后，TCL 多媒体与通力控股的股东结构完全一致，然后通力控股以介绍方式上市。

直接转板方式目前仅因为国务院文件的那条规定而存在于纸面之上，尚没有任何具体细化操作方案出台。交易所的股票上市规则也还是继续将"股票经中国证监会核准已公开发行"列为上市条件，因此此路不通。中国证监会 2017 年 7 月 3 日《对十二届全国人大五次会计第 2432 号建议的答复》中也指出：新三板挂牌企业直接转板或开通 IPO 绿色通道的制度设计，需统筹考虑市场公平与监管秩序，审慎研究推进。

10.4.1.2 按正常程序申报 IPO

第二种方式则是正常向证监会提交 IPO 申请，与其他非新三板挂牌企业无任何区别，均需经历受理和预先披露、反馈会、见面会、预先披露更新、初审会、发审会、封卷、会后事项、核准发行九个环节后才能实现在交易所市场上市。

10.4.2 新三板挂牌公司申报 IPO 审核的两种方式

已在新三板挂牌的企业申报 IPO 审核可以在两种方式之间进行选择：其一，以新三板挂牌企业身份申报；其二，在新三板摘牌后以非新三板挂牌企业身份申报。

10.4.2.1 挂牌情况下申报 IPO 并暂停转让，获批后终止挂牌

新三板挂牌企业申报 IPO 流程主要包括：①在公司内部决策决定 IPO，董事会和股东大会表决通过相关决议后要及时公告；②在向证监会提交申报材料并取得申请受理许可通知书后，公司申请在新三板暂停转让；③在获得证监会审核通过后，申请终止在新三板挂牌并公告。

以中旗股份为例，其 IPO 申报材料于 2015 年 2 月 15 日收到《证监会行政许可申请受理通知书》；2 月 16 日公告公司股票在全国股份转让系统暂停转让；2016 年 8 月 19 日创业板发审委 2016 年第 51 次会议审核通过该公司 IPO 申请；9 月 30 日，该公司董事会审议通过《申请公司股票在全国中小企业股份转让系统终止挂牌的议案》；10 月 27 日，

提交临时股东大会审议通过；11 月 11 日，该公司公告收到股转系统出具《关于同意江苏中旗终止股票在全国中小企业股份转让系统挂牌的函》，在全国股转系统终止挂牌；11 月 18 日，该公司获得证监会 IPO 发行批文，启动 IPO 发行。

10.4.2.2　先行摘牌，再以非新三板挂牌企业身份申报 IPO

此种方式的好处在于 IPO 审核期间不再受新三板相关规范的监管和约束，但需要先行履行与摘牌相关的程序。摘牌后，新三板挂牌企业的身份丧失，将承担未能正常申报 IPO 或者审核不成功的风险。

10.4.3　新三板挂牌公司 IPO 审核中的关注事项

与非新三板挂牌企业相比，新三板挂牌企业或者曾经在新三板挂牌过的企业在审核中需要注意以下关注事项。

10.4.3.1　新三板申报材料与挂牌信息披露的差异

对于新三板挂牌企业（包括曾经在新三板挂牌的企业），证监会 IPO 反馈意见均会询问 IPO 申报文件是否存在与新三板挂牌及后续信息披露时内容不一致的事项。例如，对凯伦建材的反馈意见包括："2014 年 12 月，公司在全国中小企业股份转让系统挂牌。请发行人补充说明首发申报文件和在新三板挂牌期间对外发布的文件中披露的信息是否存在重大差异及原因。请保荐机构、发行人律师核查并发表明确意见。"2017 年 3 月 14 日，已申报 IPO 并获得反馈意见的世纪天鸿因为信息披露不一致而受到股转系统的自律监管措施。据股转系统下发的监管函，世纪天鸿存在以下问题：① 2013 年度和 2014 年度前五大客户销售情况信息披露不真实；②预付账款性质信息披露不真实；③关联交易信息披露不真实和不完整；④ 2013 年度前五名供应商采购情况信息披露不真实。

2017 年 3 月 28 日，股转系统发布《挂牌公司信息披露及会计业务问答（三）》，要求新三板企业申报 IPO 材料与在新三板已经公开披露的定期报告有不一致的，应当及时进行更正，并在 IPO 招股书披露前，披露更正公告、更正后的定期报告、会计师专项说明、券商专项说明（如需），且对更正公告的内容进行了规定。

信息更正并不必然对 IPO 审核造成重大影响。以上述世纪天鸿为例，其相关信息披露差异原因多为统计口径、误写、遗漏披露导致且披露差异变化比率较小，不涉及对报告期经营成果和财务状况的调整，而且自律监管措施不属于行政处罚范畴、不属于重大违法，因此在履行相关更正公告程序并在招股书披露后，并没有对后续 IPO 审核造成重大影响。该公司已经成功在 A 股上市。

尽管如此，也必须郑重提醒：在现实实践中，因为新三板实施注册制审核方式，部分券商基于成本等因素等考虑，曾经存在非投行专业人员承做或者外包，导致部分新三板挂牌企业承做质量差、历史问题未解决、企业未实际规范，甚至在财务、税务等关键问题上没有正确处理等情况，这样的企业如果申报 IPO 可能就面临严重障碍，不一定能够通过信息披露更正解决，而可能需要重新运行更长的时间才能具备 IPO 申报条件。

10.4.3.2 与新三板挂牌交易相关的问题

对于新三板挂牌企业（包括曾经在新三板挂牌的企业），目前 IPO 反馈意见均要求披露以下事项：说明是否存在或曾经存在股东超过 200 人的情形；发行人股份在新三板挂牌期间的交易情况，披露本次申报后的股权结构变动情况；请保荐机构、律师对上述问题进行核查，说明核查过程并发表意见。

目前监管部门已明确：股东人数超过 200 人的新三板公司在挂牌后，如通过公开转让导致股东人数超过 200 人的，并不违反相关禁止性规定，可以直接申请 IPO；如通过非公开发行导致股东人数超过 200 人，根据《非上市公众公司监督管理办法》，在进行非公开发行时应先获得证监会核准，其合规性已在非公开发行时经过审核，可以直接申请 IPO。

10.4.3.3 "三类股东"问题仍需谨慎

"三类股东"是指信托计划、契约型基金和资产管理计划。一般认为，"三类股东"等作为持股平台为拟上市公司股东的，可能会存在以下问题：①出资人和资金来源核查与准确披露较为困难；②投资决策、收益分配机制未经有效披露，容易引起纠纷，不符合 IPO 对股权结构清晰的要求；③可能因存续期到期而造成股权变动，影响股权稳定性。"三类股东"并不是 IPO 审核的新问题，IPO 审核历史上一直不允许"三类股东"成为拟上市企业的股东。因此，过去拟上市企业均会在引进股东时注意该事项，排除"三类股东"成为自己的股东。需要说明的是，"三类股东"问题与合伙企业问题性质还不尽相同。合伙企业是我国《民法》上认可的法律主体，可以办理工商登记，也有组织机构代码证、税务登记证等，最初受到限制的原因是无法在登记结算公司开户，解决了开户问题后，其成为拟上市企业股东就没有障碍了。而"三类股东"的特殊性还在于其本身并不是法律主体，只能以管理人的名义签署合同、从事民事行为。

"三类股东"成为新三板企业申报 IPO 焦点问题的原因在于，股转系统允许资产管理计划和契约型基金作为拟挂牌企业的股东。股转系统的业务问答明确规定：资产管理计划、契约型私募基金所投资公司申请在全国股转系统挂牌时，主办券商在《公开转让说明书》中将资产管理计划或契约型基金列示为股东……中国结算发行人业务部核对股份登记信息与披露信息的一致性后，将股份直接登记在资产管理计划或契约型私募基金名下。此外，新三板企业挂牌交易，特别是做市交易后，因难以对股东身份进行控制而导致"三类股东"成为自己的股东。

在"三类股东"作为直接股东的政策障碍没有解决之前，部分上市公司采用了清理"三类股东"的办法。清理方式包括股权转让、拟 IPO 企业回购、拟 IPO 企业的大股东收购等。例如，同一家私募基金内部以有限合伙形式的基金收购原有"三类股东"形式存在的基金所持股权。这种清理又分为两种情况。一种是在申报 IPO 之前解决，一种是申报 IPO 之后解决。需要说明的是，针对后种情况需要注意两点。第一，其涉及申报期间股东持股变化，需要与审核人员充分沟通。第二，只有在新三板摘牌后的发行人才能在申报期间清理。原因在于，申报 IPO 后，发行人在新三板处于暂停交易状态。由于新三板没有非交易过户的制度安排，因此没有在新三板摘牌的发行人是不能在暂停交易期间实现股权转让的。

案例 10-1

新三板挂牌企业申请 IPO 过程中遇到的"三类股东"问题

2018 年 1 月 12 日的证监会新闻发布会首次对新三板挂牌企业申请 IPO 过程中的"三类股东"问题的审核政策进行了明确说明。证监会说明如下。

2016 年以来，随着新三板挂牌企业申请 IPO 数量逐步增多，部分企业出现了契约型私募基金、资产管理计划、信托计划等"三类股东"。鉴于"三类股东"具有一定的特殊性，可能存在层层嵌套和高杠杆，以及股东身份不透明、无法穿透等问题，在 IPO 发行审核过程中会予以重点关注。此前，部分在审企业对"三类股东"采取了主动清理的办法。

考虑到"三类股东"问题不仅涉及 IPO 监管政策，还涉及新三板发展问题，证监会对"三类股东"问题的处理非常慎重，经反复研究论证，近期明确了新三板挂牌企业申请 IPO 时存在"三类股东"的监管政策。

根据发行审核部门的明确监管政策，对"三类股东"的具体要求体现为四个方面。

第一，发行人的控股股东、实际控制人、第一大股东不得为"三类股东"。

第二，"三类股东"依法设立并规范运作且已经纳入金融监管部门有效监管。具体来说，要求"三类股东"已按照规定履行审批、备案或报告程序，其管理人已依法注册登记。中介机构应当就发行人三类股东是否符合上述要求、是否依法设立并有效存续发表明确意见。

第三，存在高杠杆结构化产品和层层嵌套的投资主体提出符合监管要求的整改计划，并对"三类股东"做穿透式披露，同时要求中介机构对发行人及其利益相关人是否直接或间接在"三类股东"中持有权益进行核查。这包括两个方面的要求。首先，中介机构应该核查"三类股东"是否符合《中国人民银行、银监会、证监会、保监会、外汇局关于规范金融机构资产管理业务的指导意见》的相关要求，尤其是关于资管产品杠杆、分级和嵌套的要求，并发表明确意见。对于"三类股东"不符合上述相关要求的，应当提出切实可行、符合要求的整改规范计划，并予以披露。其次，对"三类股东"做层层穿透披露，要求中介机构对控股股东、实际控制人、董监高及其亲属、本次发行的中介机构及其签字人员是否直接或间接在"三类股东"中持有权益进行穿透核查，并发表明确意见。

第四，"三类股东"对其存续期作出合理安排以确保能够符合现行锁定期和减持规则。也就是说，目前以"三类股东"作为直接股东的发行人必须对照上述要求进行核查、整改与披露。能够满足上述要求的，"三类股东"作为发行人的直接股东进行 IPO 已经没有政策障碍；不能够满足的，则仍然需要对"三类股东"直接持股进行清理。

考虑到上述监管要求，特别是穿透式披露要求仍然有一定的工作难度，我们仍然建议拟上市企业引入"三类股东"时应审慎决策。如果已经引入但能够满足上述监管与核查要求的，其通过审核不存在障碍。如果难以满足上述要求，则建议在申报 IPO 之前进行清理。

本章小结

本章首先介绍了新三板挂牌，具体包括挂牌的基本条件和挂牌的程序等；其次介绍了新三板挂牌公司如何通过发行股票融资，具体包括发行对象、发行程序等；最后介绍了已在新三板挂牌的公司如何转板 IPO 上市，具体包括转板的途径、审核中的关注要点等内容。

本章重要术语

多层次资本市场　全国中小企业股份转让系统　区域性股权市场　金融类企业的挂牌准入标准　新三板挂牌公司股票发行　推荐挂牌　主办券商内核　公开转让说明书　股份代持　对赌条款　转板　介绍上市　"三类股东"　穿透式披露

思考练习题

1. 新三板挂牌的六项基本条件分别是什么？
2. 新三板挂牌基本条件中，对于具有持续经营能力的具体要求是什么？
3. 新三板挂牌基本条件中，对于"股权明晰，股票发行和转让行为合法合规"的具体要求是什么？
4. 金融类企业新三板挂牌的特殊准入标准有哪些？
5. 在现行挂牌条件的基础上，对私募基金管理机构新增的挂牌条件都有哪些？
6. 简述金融类企业新三板挂牌的信息披露差异与监管要求。
7. 企业拟在新三板挂牌的主要程序包括哪些？
8. 主办券商应对申请挂牌公司进行尽职调查和内核，具体包括哪些方面？
9. 向股转系统申请挂牌审核需提交的文件主要有哪些？
10. 新三板挂牌公司进行股票发行有什么特点？
11. 新三板挂牌公司股票发行的对象包括哪些？
12. 股转系统对新三板公司股票发行备案审查的重点包括哪些方面？
13. 挂牌公司股票发行认购协议中签订的业绩承诺及补偿、股份回购、反稀释等特殊条款应当满足哪些监管要求？
14. 新三板挂牌公司股票发行的募集资金管理需要注意哪些方面？
15. 简述新三板挂牌公司转板的途径。
16. 新三板挂牌公司或者曾经在新三板挂牌过的

公司在IPO审核中需要特别注意哪些事项？
17. 新三板挂牌公司申报IPO审核的两种方式是什么？比较其优劣势。
18. 新三板申报IPO材料与挂牌信息披露的差异应该如何处理？
19. 信托计划、契约型基金和资产管理计划等"三类股东"在新三板挂牌公司申请IPO过程中的问题焦点是什么？

参考文献

[1]《全国中小企业股份转让系统非上市公众公司重大资产重组业务指引(试行)》(2014年7月25日).

[2]《全国中小企业股份转让系统股票挂牌条件适用基本标准指引》(2017年10月13日).

[3]《全国中小企业股份转让系统挂牌公司分层管理办法》(2017年12月22日).

[4]《全国中小企业股份转让系统挂牌公司信息披露细则》(2017年12月22日).

[5]《全国中小企业股份转让系统投资者适当性管理细则》(2017年10月13日).

[6]《全国中小企业股份转让系统主办券商执业质量评价办法》(2018年1月9日).

[7]《全国中小企业股份转让系统自律监管措施和纪律处分实施办法(试行)》(2016年4月29日).

[8]《全国中小企业转让系统优先股业务指引(试行)》(2015年9月22日).

[9] 全国中小企业股份转让系统有限责任公司. 新三板挂牌公司规范发展指南[M]. 北京：中国金融出版社，2017.

第 11 章
并购重组的概念与流程

张涛、刘雪、尹彤（华泰联合证券）

本章知识与技能目标

◎ 掌握并购重组的基本概念与类型，了解并购对公司价值影响的相关理论；
◎ 了解公司并购的一般动因和我国企业并购的特定动因；
◎ 了解公司并购一般操作中对目标公司筛选的原则、评价的标准，掌握目标公司估值的基本方法和原理，了解交易方案设计及实施的步骤，了解并购整合的风险及其防范措施；
◎ 掌握杠杆收购的基本概念，了解杠杆收购中准备、筹资、执行、转型等各个阶段的程序，学习分析杠杆收购实施过程中的收益和风险。

引导案例

汇丰银行（HSBC）成立于 1865 年，是一家以香港市场为起点、辐射亚太周边地区的银行。汇丰银行通过并购不断进行扩张，其全球化过程就是通过不断的并购实现的。

20 世纪 50 年代，汇丰银行开始通过并购进行扩张：1959 年，并购印度商人银行和中东的英国银行，成立汇丰中东分公司；1965 年，收购恒生银行 51% 股权，成为中国香港地区最大的银行；20 世纪 80 年代，通过收购海丰银行（Marine Midland Banks）进入美国市场；1992 年，收购英国的主要银行之一米特兰银行（Midland Bank）；1996 年，通过收购巴西的银行进入拉美市场；1997 年，收购阿根廷第六大银行；1999 年，收购美国的利宝银行；2000 年，收购法国第七大银行法国商业贷款银行（CCF）；2002 年，收购墨西哥第五大银行比塔尔银行；2003 年，收购美国的家庭国际贷款公司（Household International Inc.），同年收购墨西哥最大的消费金融银行；2004 年，收购英国的玛莎理财（M & S Money）；2005 年，收购美国信用卡发行商梅翠斯公司（Metris Companies Inc.）。通过这一系列收购，汇丰目前已成为一家全球化银行，全球化的战略使其形成了全球化的资产组合。

并购重组是企业发展到一定阶段继续扩大规模的快捷途径，本章会对并购重组相关的基本概念、类型、动因、一般操作及杠杆收购进行介绍。

11.1 并购重组的概念和类型

11.1.1 并购重组的基本概念与类型

11.1.1.1 并购重组的基本概念

合并（Consolidation）是指两家或更多的公司变更为一家公司的行为。《中华人民共和国公司法》第一百七十三条规定：公司合并可以采取吸收合并或新设合并。实务中，一般将合并分为吸收合并、新设合并以及控股合并。吸收合并指将一个或一个以上的公司并入另一个公司，被吸收的公司解散的经济行为。吸收合并后，被合并方法人资格取消，融入合并方，成为合并方的一部分。新设合并指新注册一家公司，将所有合并意向方的资产与负债注入新注册公司中的经济行为。控股合并指的是合并方在企业合并中取得对被合并方的控制权，被合并方在合并后仍保持其独立的法人资格并继续经营的经济行为。

收购（Acquisition）是指投资者购买其他公司的部分或全部股权或资产，从而获得其他公司的控制权的投资行为。购买其他公司股权或资产的一方为收购方，转让资产或股权的公司或个人为出售方或转让方，收购方所购买的资产或股权称为标的。收购须具备两个特征：一是实际控制权必须发生转移；二是标的必须构成业务。其中，业务的定义为企业内部某些生产经营活动或资产的组合，该组合一般具有投入、加工处理过程和产出能力，能够独立计算其成本费用或所产生的收入，但不构成独立法人资格的部分，比如企业的分公司、不具有独立法人资格的分部等。若标的不构成业务，则该交易或事项不能形成收购。

重组（Restructuring）是指运用经济、行政、法律等手段，对企业间原有的各类资源要素进行分拆、整合及内部优化，即资源的重新组合，既包括记录在财务报表上的资产、负债与未记录在财务报表上的其他资源的整合，也包括将其他企业资源整合进自己企业。重组中配置的对象是公司资源，而实施重新配置的主体可能是公司管理层，也可能是公司的实际控制人。由公司管理层主导的对公司内部资源的重组，一般称为内部重组；而由公司实际控制人主导的对公司控制权的重组，一般称为公司重组。

重大资产重组主要是指上市公司根据证监会关于重大资产重组管理办法要求，达到一定比例的资产收购或者出售，主要针对上市公司而言。

并购（M&A） 并没有严格的法律定义，通常指企业非经营性的资产或股权交易。一般而言，企业并购指企业兼并（Merger）和企业收购（Acquisition）。兼并是指一家企业通过产权交易获得其他企业产权和控制权的行为，交易后转让产权的企业丧失法人资格，相当于吸收合并。收购是指一家企业购买其他企业的资产或股权的行为。并购是企业通过资本集中实现企业扩张的重要途径，也是市场经济下调整产业结构、对资源配置进行优化的重要形式。

并购重组。并购重组分为并购与重组两部分。由于形成资产重组的大多数原因是并购，所以经常将其作为组合使用。需要说明的是，能构成资产重组的经济行为不局限于并购，例如股权转让、资产剥离、所拥有股权出售、资产置换等也可能形成并购重组。对并购重组来说，并购是方式和手段，达到资产的重组及优化配置是结果。

11.1.1.1.2 并购重组的类型

严格地说，并购重组并非严谨的法律概念，而是一种约定俗成的商业术语。在我国，上市公司的并购重组就交易形态而言，包括上市公司收购、重大资产重组、回购、合并、分立等对上市公司股权结构、资产组合、业务开展等产生重大影响的活动。公司并购可以按照不同的标准进行分类。

1. 横向并购、纵向并购、混合并购

按照并购方与标的方所处行业的不同，并购可以分为横向并购、纵向并购和混合并购。

横向并购是同一产业或同一生产部门的企业之间发生的并购，或者说是两个（或两个以上）生产和销售相同或相似产品的企业之间的并购。横向并购由于规模效应而使企业的生产成本降低，提高企业的市场份额，从而增强企业的竞争力和盈利能力。这种并购方式可以发挥经营管理上的协同效应，便于企业在更大的范围内进行专业分工，采用先进的技术，形成集约化经营，产生规模效益。同时，横向并购容易破坏自由竞争，形成高度垄断的局面。近年来，由于全球性的行业重组浪潮，结合我国各行业实际发展需要，以及我国国家政策及法律对横向重组的一定支持，行业横向并购的发展十分迅速。

纵向并购也称垂直并购，指处于产业链上下游或者具有纵向协作关系的企业之间的并购。纵向并购除了可以扩大生产规模、节约共同费用，还可以使生产过程各个环节密切配合，加速生产流程，缩短生产周期，节约资源和能源。

混合并购是指处于不同行业、在经营上也无密切联系的企业之间的并购行为。通过混合并购，一个企业可以不局限于在某一个产品或服务的生产上实行专业化，而可以生产一系列不同的产品和服务，从而实现多元化经营战略。混合并购有助于降低经营风险和提高进入新行业的成功率。

混合并购对市场占有率的影响多以隐蔽的方式实现。在大多数情况下，企业通过混合并购进入的往往是同它们的原有产品相关联的领域。在这些领域中，它们使用同主要产品一致的原材料、技术、管理规律或销售渠道，使企业加强对原有供应商和销售渠道的控制，从而提高它们对主要产品市场的控制。另一种更为隐蔽的方式是企业通过混合并购增加绝对规模，使企业拥有相对充足的财力，同原市场或新市场的竞争者进行价格战，采用低于成本的定价方法迫使竞争者退出某一领域，达到独占或垄断某一领域的目的。

2. 现金收购、换股收购、综合证券收购

按照支付方式分类，企业并购可以分为现金收购、换股收购和综合证券收购。

现金收购指以现金作为并购目标公司支付方式的收购活动。在这种情况下，目标公司的股东可以取得某种形式的票据，但其中不含股东权益，只是某种形式的、推迟了的现金支付。一旦目标公司的股东收到对其拥有股份的现金支付，就同时失去了对原公司的任何权益，这是现金收购方式的一个鲜明特点。现金收购是企业并购活动中最明确而又迅速的一种支付方式，在各种支付方式中占有很高的比例。

现金收购的优点包括：从收购方角度看，以现金作为支付工具的最大优势是速度快，可使有敌意情绪的目标公司措手不及，无法获取充足的时间实施反并购措施，同时也使与收购公司竞购的公司或潜在对手公司因一时难以筹措大量现金而无法与之抗衡，有利于收购交易尽快完成；对目标公司而言，现金收购可以将其虚拟资本在短时间内转化为现金，交割简单明了，目标公司不必承担证券风险，日后亦不会受到兼并公司发展前景、利率以及通货膨胀率变化的影响，所以常常是目标公司最乐于接受的一种收购支付方式。

现金收购的缺点包括：对收购方而言，以现金收购目标公司，现有的股东权益虽不会因此而被"淡化"，但却是一项沉重的即时现金负担；对目标公司的股东而言，现金收购方式使他们无法推迟资本利得的确认，从而提早了纳税时间，不能享受税收上的优惠。

换股收购指收购公司直接向目标公司的股东发行股票，以换取目标公司的股票或资产。换股收购的结果是收购方取得了目标公司的大部分或者全部股票或资产，从而成为目标公司的控股股东，目标公司的一些原股东也成了收购方的新股东。对于大型的收购行为，尤其是带有产业整合性质的并购行为，涉及金额巨大，若只以现金方式收购，可能会因资金不足而流产，而采用换股方式就可以避免资金不足的问题，同时也有利于产业的整合。

换股收购可以发生在上市公司对上市公司的收购上，也可以发生在非上市公司对上市公司的收购上，前提是收购方必须为股份公司。换股收购的关键是换股价格的确定，一般采取溢价的方式。

换股收购的特点在于：不需要为收购支付大量现金，不必考虑资金筹措和资金成本问题，不影响企业现金流量，不会造成不必要的资金短缺；目标公司股东不失去股权，仍然可以保留他们的所有者权益，这容易使他们从心理上接受收购；无论是单纯换股，还是增发新股，被收购方的股东被吸纳成为新股东，收购方的股权比例也会发生变化，股权会更加分散，即大股东股权被稀释，股东权益被淡化。

综合证券收购是指收购者以现金、股票、认股权证、可转换公司债券等多种支付方式组合购买目标公司股票完成收购的行为。综合证券收购形式多样，集中体现了现金、股票、债券等各形式的优点，可取长补短，以定制化的方案满足并购双方的需要。其特点在于：可以避免支出更多现金；可以防止控股权转移；可以通过认股权证、可转换债券等支付方式吸引更多资金，有利于收购的顺利完成。

3. 善意并购、敌意并购

根据收购方和标的方的合作态度，即同意与否，并购可以分为善意并购和敌意并购。

善意并购又称友好并购，是指并购公司与标的公司双方通过友好协商确定并购诸项事宜的并购，善意并购有如下特点。

- 主动性。由于善意收购通常既是收购方的意愿，也为标的方所认同，所以主动性来自收购的双方。双方有主动追求利益一致的共识。
- 协商性。收购虽然是在收购双方共同意愿的基础上产生的，但双方都会有自己的利益所在，因此就收购的价格、条件等问题进行的磋商不仅在收购前期会产生，而且会贯穿整个收购过程的始终。
- 互利性。一旦收购完成，收购方将最大限度得到预期利益，从而实现收购前所设定的目标。标的方也能得到一定的利益和效益，如获得新技术使其产品能够更快地更新换代，从而在市场上具有竞争力，还能得到更广阔的市场空间和更充足的资金。

敌意并购是指当标的方的管理者对收购方提出的收购条件不满意，收购方的并购行为成为一种敌意行为的情况。敌意收购有如下特点。

- 隐蔽性。敌意收购在公开收购前要制定严密的收购实施计划并保密，以防止股价上涨，增加收购成本。
- 突然性。收购方通常事先不和标的方协商，而是自行选择收购目标，制定收购计划，并利用适当的时机宣布收购，使标的方措手不及。
- 破坏性。敌意收购是在违背标的方意愿的情况下发生的，结果往往会使标的方资产被拆散重组，打乱其原有的经营计划与目标，而且可能打破标的方所在行业的均衡。

4. 重组上市、整体上市、产业并购

根据并购的意图，可以将上市公司的并购重组分为重组上市（即借壳上市）、整体上市和产业并购，这是我国上市公司并购重组实务中最常用的分类方法。

（1）重组上市

根据我国的监管实践及《证券法》等相关法律法规的规定，拟上市企业完成上市需经过中国证监会的审核。在监管实践中，一方面我国 IPO 的审核周期存在一定不确定性，审核压力较大，大量企业上市的需求未能得到及时满足；另一方面部分上市公司经营不善，业绩增长乏力，市值较低，丧失了上市的意义。在此情况下，重组上市成为我国拟上市企业一种较为常见的上市形式，主要指上市公司向新实际控制人收购的资产达到特定比例，从而使上市公司实际控制人发生变化。

《上市公司重大资产重组管理办法》（2016年修订）第十三条对构成重大资产重组的条件作出了明确规定：上市公司自控制权发生变更之日起60个月内，向收购人及其关联人购买资产，导致上市公司发生以下根本变化情形之一。

- 购买的资产总额占上市公司控制权发生变更的前一个会计年度经审计的合并财务会计报告期末资产总额的比例达到100%以上；
- 购买的资产在最近一个会计年度所产生的营业收入占上市公司控制权发生变更的前一个会计年度经审计的合并财务会计报告营业收入的比例达到100%以上；
- 购买的资产在最近一个会计年度所产生的净利润占上市公司控制权发生变更的前一个会计年度经审计的合并财务会计报告净利润的比例达到100%以上；
- 购买的资产净额占上市公司控制权发生变更的前一个会计年度经审计的合并财务会计报告期末净资产额的比例达到100%以上；
- 为购买资产发行的股份占上市公司首次向收购人及其关联人购买资产的董事会决议前一个交易日的股份的比例达到100%以上；
- 上市公司向收购人及其关联人购买资产虽未达到上述标准，但可能导致上市公司主营业务发生根本变化的。

重组上市中，需要在两方面进行平衡：一是资产方（即拟上市企业，法律上体现为上市公司收购的资产）股东与上市公司股东的商业利益平衡，核心的商业安排在于交易完成后双方的持股比例；二是重组上市需获得监管的审核通过，一般情况下，监管机构主要关注拟上市资产的资产质量、业务合规性、盈利预测的合理性等。重组上市在监管审核过程中等同于IPO，拟上市企业面临着较高的规范成本；重组上市会使资产方股东的持股比例稀释，相关商业成本较高；由于"壳"上市公司市值普遍较高，客观要求拟上市企业利润体量较大，同时资产方股东和上市公司股东一般会就相关商业细节安排进行激烈的博弈，交易达成的不确定性较大，因此每年重组上市的案例数量并不多，但由于重组上市实现了"壳"上市公司的"乌鸦变凤凰"，且重组上市的交易金额一般较大，因此获得了较高的市场关注度。

（2）整体上市

整体上市即上市公司大股东的资产注入，它与借壳交易的主要差别在于整体上市交易前后上市公司的实际控制人不发生变化。与借壳上市相同，整体上市也是股东驱动的关联交易行为，把股东资产注入上市公司，从而增加上市公司的资产量并提高股东的权益比例。整体上市可以实现大股东资产的证券化。

（3）产业并购

跟重组上市和整体上市相区别，产业并购有以下特点：首先，产业并购是以上市公司作为主体来并购的，推动并购的主体不再是股东；其次，产业并购是向独立的第三方进行市场化的并购，交易条件主要是通过市场化博弈谈判确定的；再次，产业并购具备一定的产业逻辑，比如横向扩张，增加规模和市场占有率，或者上下游拓展延伸产业链，增强抗风险能力，或者基于研发、客户等进行相关多元化拓展，也有部分产业并购是为了实现业务转型。

11.1.2 并购价值效应与并购动因

并购是一种创造价值还是毁灭价值或零和价值的活动？如果并购不能为并购公司创造价值，甚至可能损害公司价值，为什么许多公司热衷于并购活动？为此，国内外许多学者进行了相应的研究。本节将主要梳理国内外对"并购能否创造价值"的理论讨论以引起读者思考。

11.1.2.1 西方并购价值效应分析的经典理论

西方对并购价值效应的理论阐释主要可以归纳为价值创造理论与价值转移或再分配理论两大类。

1. 并购价值创造理论

支持并购创造价值的研究者认为，并购是监督经营者的有效工具，是一个价值再发现与创造的过程，在很大程度上能够提升公司的内在价值。

（1）协同效应理论

协同效应假设收购公司和目标公司的管理层都是为了股东价值最大化，并购对收购公司和目标公司双方都是价值增值的投资，因而并购的总收益为正。并购的协同效应主要体现在效率的改进上，包括管理协同效应、经营协同效应以及财务协同效应。

管理协同效应表明，当收购公司的管理效率高于目标公司的管理效率时，并购后，目标公司的管理效率会有所提升，可以从中获得价值增加。

经营协同效应是并购效率改进的重要来源之一，即并购能够在生产、技术、管理和经营上实现协同收益。这种协同收益可能源于单位成本的降低，也可能源于范围经济和规模经济。横向并购后，公司可以选择能够降低单位成本的生产技术或组织形式，重新配置资源或共享互补资源，进而提高公司的创新能力与市场竞争力，实现并购的价值创造功能。

财务协同效应体现在，通过并购可以实现合理避税，以及增强信用从而降低对外的举债成本，而增加公司价值。更为重要的是，当外部资本市场受到约束时，可以通过并购建立内部资本市场，从而充分利用公司的自由现金流量，优化资产结构，提高资本使用效率。

（2）代理理论

公司的代理问题可经由适当的组织设计解决，即当公司的经营权与所有权分离时，决策的拟订和执行与决策的评估和控制应加以分离，前者是代理人的职权，后者归所有者管理，这是通过内部机制设计来控制代理问题。而 Manne（1965）认为收购事实上可以提供一种控制代理问题的外部机制，当目标公司代理人有代理问题产生时，收购或代理权的竞争可以降低代理成本。此外，Fama & Jensen（1983）提出的自由现金流假说认为，与管理者和股东之间在自由现金流支出方面的冲突联系在一起的代理成本是并购活动的一个主要原因。

并购作为一种公司治理的手段，其价值创造的机理在于：一方面，并购活动能够对管理者产生替代威胁，减轻代理问题，降低代理成本，从而增加公司价值；另一方面，如果通过并购使目标公司股权适当集中，收购公司成为目标公司的大股东，则该股东能够有效地监督公司的管理者，从而减轻代理人问题，降低代理人租金，提升公司价值。

2. 并购价值转移或再分配理论

有实证研究认为并购并不能带来真正意义上的价值创造，相反，并购可能毁灭公司的价值，即使有所谓的并购价值实现，也仅仅是各个利益主体之间的价值转移或再分配的结果，是一场被诸多合约及协议包装成的零和游戏。持这种观点的主要有自负理论、再分配理论和掏空理论。

（1）自负理论

根据有效市场假说，在强有效市场中，公司的市值已经反映了其价值。自负理论（Roll，1986）认为并购方的管理层在并购决策中往往过于自信、盲目乐观，他们充分相信自己对目标公司的"错误"估价以及对协同效应的"错误"判断，并在并购交易中过度支付，致使目标公司股东价值的提升以收购公司的股东价值下降或转移为代价。很多实证研究也证实了收购公司股东财富受损，而目标公司股东获得收益，自负理论在一定程度上能够解释这种并购现象。

（2）再分配理论

再分配理论认为并购会引起利益相关者之间的利益再分配，并购活动只是使利益从债权人、公司员工或政府等其他利益相关者手中转移到股东手中，并不会真正带来价值增值。譬如，盈利公司并购亏损公司可以少纳税，这实际上是财富从政府向并购后的公司转移；或者通过并购增强企业的市场力量甚至形成垄断，借以实现超额利润，导致财富从消费者向并购公司转移，等等。在杠杆收购下，目标公司股东收益大部分是从债券持有者与优先股持有者转移过来的。再分配理论说明并购后公司经营绩效的提高源于财富的转移，目标公司的股东能够获得超额收益。

（3）掏空理论

掏空理论中的"掏空"是指公司的控股股东为了自身的利益将公司的财产和利润转移出去的行为。这种行为主要是在金字塔结构下，最终所有者以较小的现金流实现对目标公司的控制，并通过金字塔链条以出售资产、转移定价、自我交易等方式实现资源的转移，谋取控制权的私有收益，形成对小股东的利益侵害。根据掏空理论，掏空动机是最终所有者发起对其他公司收购、形成金字塔结构的主要激励来源。并购后，收购公司可能根据自身的需要对目标公司现有资源重新进行分配。如果控股公司的并购只是赤裸裸的利益侵占行为，则会损害公司的长期价值。因此，掏空理论在一定程度上可以用于解释为什么并购后的企业长期绩效较差或缺乏可持续性。

综上所述，协同效应理论与代理理论认为并购能够提高公司效率、解决代理问题，为目标公司股东创造价值；而自负理论与再分配理论认为并购只是一种价值转移与再分配的活动，并没有真正创造价值。掏空理论则认为控股公司通过并购获取公司的最终控制权以攫取控制权私有收益，使得目标公司未来经营绩效恶化，从长期看损害了公司价值。

11.1.2.2 我国并购价值效应的理论阐释与启示

1. 我国关于并购价值的研究

我国学者研究认为，西方经典的并购价值效应理论分析对我国的并购现象具有一定的解释能力，但他们也根据我国市场新兴加转轨的经济特征以及并购实践的演进与发展，提出了更为深邃的理论阐释，侧重于并购不能真正创造价值的解释。

特殊的经济特征与制度背景扭曲了我国并购活动的真正意义，出现了并购行为的异化局面。1993年"宝延事件"第一次揭开了并购的面纱，随后的并购活动大多与政府的政策直接相关，尤其1997年后的并购日益增加，且"保配""保壳""买壳"上市成为并购的主旋律，并购后并无实质性的重组，如珠海恒通收购上海棱光实业，首开国有股转让的先河，但最终却以掏空上市公司而收场。2002年证监会颁布了《上市公司收购管理办法》，使并购行为逐步规范化、市场化，但在金字塔控股结构下凸显的大股东利用控制权攫取私人收益、侵害小股东利益，使得并购成为获取控制权的一种有效途径，而非价值创造的手段。

事实上，并购的真正价值不在于并购活动本身，而在于并购后的资源整合，实践中真正应该追求的是并购后的协同效应。而研究并购的价值效应也不应仅局限于上市公司并购前后财富与业绩变化的测度上，更应侧重于考察并购后上市公司一系列资产重组行为对公司业绩的影响，检验并购后业绩的变化是否源于公司经营效率的改进与提高，是否能够真正实现价值创造。

2. 并购价值理论对我国并购市场的启示

并购重组作为资源配置的主要环节，一直是证券市场上的热点。在我国，从"宝延事件"起，并购重组也经历了萌芽、数量型发展和趋向理性发展的三个阶段。现在上市公司的并购重组方兴未艾，然而人们对上市公司并购重组价值效应的认识存在很大差异。一方面，我国经济正处于转轨阶段，提高经济效率的空间还很大，股权和产业结构有待改善，所以收购方能够比较容易地发现有潜力的行业和价值被低估的上市公司，并通过并购重组进行整合，提高上市公司的价值；另一方面，我国证券市场的体制问题和上市公司治理结构缺陷导致的问题比较多，因此，公司的并购重组能否创造价值又令人怀疑。

总体而言，上市公司并购重组的价值效应往往会受到宏观经济体制因素与上市公司所处的历史背景的影响。我国经济的转轨特征决定了并购重组有创造价值的巨大空间。具体到国内上市公司，主要表现在股权结构和资产结构等方面亟须调整。在上市公司中，国有性质的公司占绝对多数，经营效率却很低；民营和集体企业经营效率高，所占比例却很低。上市公司的产业结构也要调整，以引入和增加更富有活力的产业。此外，上市公司的内部人（管理层）利用上市公司的资源来谋私利的"内部人控制"问题比较严重，需要通过建立和完善公司控制权市场来加强对内部人的约束。因此，上市公司可以通过并购重组调整整体结构，改善公司治理，进而提高运营效率。所以说，我国经济的转轨特征决定了上市公司并购重组有创造价值的巨大空间。

11.1.2.3 并购动因

企业并购的动因较为复杂，往往难以区分，仅为某个单一原因而进行的兼并与收购并不常见，大多数兼并与收购有着多种动因，而且不同时期可能有不同的特点。目前大家广为接受的理论包括效率理论、代理理论、税负考虑等。并购动因决定了并购后的企业整合方式，并影响着企业并购的效果。除了企业并购的一般动因，我国的企业并购还具有一些特定的动因。

1. 消灭亏损企业

企业的政府主管部门出于减少亏损的目的促成企业并购，是我国企业并购初始阶段最常见的动因。改革开放以来，我国经济一方面在快速增长，另一方面也却受着长期的涉及面广、规模庞大且不断膨胀的企业亏损问题的困扰。在"搞活国有大中型企业"的呼声中，1991年国有企业的亏损面达36%，1993年预算内企业亏损继续扩大。随着国有企业改革的深入，这一问题日益明显，为数不少的企业长期亏损却占用大量资金，而经营效益好的企业却因资金、设备、场地等限制得不到发展。并购对改善这一现象可以起到立竿见影的效果，成为政府消灭亏损企业的一个有效方法。事实表明，并购能实现优势企业低成本扩张，增强社会稳定，是企业并购在我国改革开放进程中产生明显的经济效益和社会效益、充分显示出其生命力和强大示范效应的重要原因。

2. 实现产业结构调整

传统的计划经济体制采用行政方式配置资源，造成我国的产业结构过于趋同，引发了过度竞争，大量的生产能力不能充分利用，也阻碍了生产的分工和企业规模的发展，使得行业内资源配置极度分散，难以向优势企业集中，浪费严重。尽管国家已进行了多次调整，但问题并未得到很好的解决，现阶段传统体制下存在的大而全、小而杂的封闭经济结构和低水平盲目重复建设现象不仅没有消除，反而由一般的初级加工业扩展到机械、电子、汽车等支柱产业，造成新一轮的重复建设。这与调整方式的偏差大有关系。历次产业结构调整走的都是以增量调整为主的路子，惯用的"铺新摊子"的手法既受资金不足的制约，也养成了地方和企业"等""靠""要"的消极机制，制约着产业结构调整的效果，使我国的产业结构很难得到实质性的调整和优化。很显然，要从根本上改变产业结构不合理的状况，就必须对传统的调整方式进行变革，对存量调整引起足够的重视。

政府希望通过企业并购对现有的资产存量和分布进行调整，使闲置、无效的资本流向急需发展的产业部门，达到优化资源配置、调整产业结构的目的。企业并购正是基于产业结构调整方式转变这种内在要求，在不增加资金总量的情况下，改善企业资金存量结构、促进产业结构优化调整的重要方式。

3. "壳"资源的再利用

上市公司的"壳"是一种稀缺资源，公司上市意味着获得一种较为稳定的融资渠道，然而由于一家企业从发行股票到上市往往要经过一系列严格的审批程序，并要付出相当大的成本，因此导致一些优秀的公司不能上市，难以享受到上市公司高溢价发行股票、高价配股以及无形的广告效果的机会，限制了这些公司的发展。而非上市公司收购上市公司股权，获得"壳"资源，无疑是其取得上市资格、实现低成本"买壳上市"的一条捷径，为企业价值的猛增和融资、再融资，以求进一步发展提供了很好的机会。

成为"壳"目标的公司一般是拥有和保持上市资格、无业绩、总股本或流通股本规模小、股价较低的上市公司。符合企业开展资产重组宗旨的"买壳上市"，不仅有利于企业发展，给公司增添新的利润增长点，而且有利于证券市场的稳定发展。但由于并购可使股票市场对企业股票的评价发生变化，提高并购方的价格收益比率，因而增加了股票投机的因素，容易诱发企业只为上市圈钱而进行虚假并购的行为，导致低质资产或效益不好的企业进入证券市场，破坏市场稳定，影响股东利益。

4. 利用优惠政策

近年来，为鼓励企业并购，我国政府和银行对优势企业给予了政策倾斜，制定了许多财税、信贷方面的优惠政策。银行提取相当数量的呆账、坏账准备金，用以推动企业并购。地方政府也制定了一系列地方性的优惠措施，鼓励并购。不少企业在政府鼓励下积极参与并购。由此产生的并购中，既有适应生产力发展需要的政府行为，也存在借并购之名行自身利益之实的行为。在优惠政策鼓励下，有些企业并购并不是为获得被并购企业财产，而是想获得银行贷款和减税、免税或财政补贴等优惠政策，它们以此为目的，选取享受财政补贴的亏损企业和享受减税、免税待遇的其他企业作为并购目标，而在并购签约后，被并购企业可能人事不变、产品不变、机制不变，仅仅是换了一块牌子，甩掉了银行债务，导致银行坏账、呆账超常增长，引发金融风险。此外，由于政府在政策上对民营企业、国有企业区别对待，许多效益好的民营企业希望得到某些特殊资源却又受到政策限制，它们为了获得原本只有国企才能享受的特殊资源，便对这些国有企业进行并购。

11.2 公司并购的一般操作

11.2.1 对目标公司的筛选

并购失败的原因主要有三个：目标企业选择错误、支付过多以及整合不利，其中并购目标选择错误是最主要的原因。对目标公司的筛选和确定是影响企业并购重组能否成功的关键环节之一。

11.2.1.1 对目标公司筛选的原则

1. 符合并购方的并购战略

企业开展并购活动首先需要明确并购动机与目的，因此并购战略在企业并购重组中处于核心地位。并购方的并购战略需要与其他发展战略相互配合，为提升企业核心竞争力和为股东创造价值服务。

在制定并购战略前，并购方首先应该分析自身的发展战略和实际情况，结合公司面临的内外部环境确定公司的并购战略所需达成的目标。根据并购战略目标确定并购目的和并购类型，进而锁定并购标的公司的产业范围。再从具体的产业范围中进行并购目标群的选择，最终通过定性与定量相结合的方法，分析、评价并选择最优的并购标的公司。

如果并购方的战略目标是扩大生产规模实现规模经济效益，则应选择横向并购，筛选同行业标的公司进行整合；如果并购方的战略目标是降低交易成本、实现产业一体化，则应选择纵向并购，筛选所处产业链上下游的标的公司；如果并购方的战略目标是多元化经营，开发新的业务模块，则应该选择多元化并购，筛选目标行业的优质标的公司实施转型。

2. 确保协同效应的最大化

企业并购是为了实现"1+1＞2"的协同效应。在筛选目标公司的过程中，收购方需要充分了解目标公司的业务模式，并研究其业务与收购方业务的替代或互补效果，以判断并购后的协同效应是否能够达到预期。

通常来讲，预期协同效应分析的关注点主要有三个：第一，并购后是否可以达到规模经济，规模经济可以降低成本，并使生产经营更加有效；第二，并购后是否可以实现多个方面的优势互补，购买方与目标公司的优势互补通常可以体现在人才、技术、产品、资源等领域；第三，并购后是否可以形成更具规模的市场势力，横向并购的企业一般考虑并购后的市场份额、与上下游的议价能力，纵向并购的企业一般考虑并购后打通上下游形成完整的产业结构从而间接提高最终产品的市场竞争力。

3. 保证并购后整合的顺利开展

在筛选目标公司的过程中，需要考虑实施并购后的整合能否顺利开展。需要综合分析出让方的出让意愿、目标公司管理层的潜在行动能力，并在与目标公司进行前期接洽时判断其态度。若多方在前期能够就交易达成一致，后期整合的推行会更加顺利。若前期未做好多方态度或目的的统一，则交易后的整合可能会遇到抵抗，消耗企业资源，甚至造成更大的损失。

4. 建立系统化的筛选体系

目前国内公司的并购整合处于加速阶段，但部分并购项目启动时随意性较强，没有综合考虑并购战略等因素就进入下一环节，这将导致并购方资源和时间的浪费。而系统化的筛选流程和评价体系可以帮助并购方快速准确地抓住理想的商业机会，在有效利用有限资源的基础上，优先把握价值最大的并购机会，为项目后续的顺利推进打下坚实基础。

11.2.1.2 获取目标公司信息的主要途径

1. 并购方自身资源

并购方可以依靠自身资源积累搜寻目标公司，比如通过参加行业内专业展会、与政府和行业主管部门沟通等方式，了解行业的发展现状和发展趋势，同时获取潜在目标公司的相关信息。该种方式不仅可以降低从其他渠道获取信息的成本，而且还能及时准确地捕捉交易机会。并购方还可以依托其股东、管理层的人脉资源，拓展潜在目标公司的信息挖掘渠道。

2. 公开信息披露渠道

非公开信息披露渠道获取的信息往往不完整，不能充分了解潜在标的公司的具体情况并作出判断。相较于上述渠道，新三板挂牌企业及海外上市中概股的信息披露更加严格规范，降低了信息不对称风险、估值风险及合规性风险，成为并购方，尤其是上市公司寻找潜在标的公司的理想途径。

3. 借助外部力量

目前资本市场中存在大量的中介机构为并购双方在并购重组过程中提供专业服务，尤其是以证券公司为代表的财务顾问具备良好的专业素质和广泛的业务资源。并购方可以借助中介机构的力量搜寻并获取潜在标的公司信息，中介机构也可以帮助并购方对潜在标的公司进行甄别和筛选，拟订初步的交易方案和谈判策略。应该注意的是，并购方应尽量选择与在并购重组领域具备丰富的成功操作经验和良好的执业信誉的中介机构合作。

11.2.2 对目标公司的评价

并购方通过各种途径和渠道搜寻到候选目标公司后，需要对这些公司进行进一步的评价与筛选。一般情况下，并购交易前对目标公司的评价主要来自尽职调查。尽职调查是指中介机构在标的公司的配合下，对其进行深入的核查。尽职调查的主要目的是减少买方和卖方之间的信息不对称，判断标的公司质量，降低卖方的收购风险，同时尽职调查还可以为标的公司指出存在的问题并提出整改办法，推动项目的进一步实施。尽职调查的结果是交易能否继续推动的重要依据，也是交易双方讨论确定标的资产估值和交易方案的基础。

通过尽职调查，并购方可以形成对目标公司的完整评价，主要包括对目标公司法律、财务和业务等方面的梳理。

11.2.2.1 法律方面

标的公司法律方面的评价应重点考察是否存在影响标的公司合法存续或正常经营的法律瑕疵、是否存在影响本次重组交易的法律障碍、拟交易的标的公司股权是否存在瑕疵或潜在纠纷等。法律方面的评价通常包括以下方面。

1. 标的公司的设立及合法存续

主要关注标的公司的设立是否经有权审批部门的批准（如需），股东是否适格，股东出资是否真实、充足等。

标的公司的设立：标的公司的设立程序、方式应符合法律法规的规定，取得管理部门必要和有效的批准和授权，所从事的行业应取得行业主管部门的批复，其工商注册登记需要合法、真实。

股东资格：如果标的公司的股东是法人或其他组织，应具备股东资格，取得必要的内部授权，投资行为应取得相关管理部门必要和有效的批准和授权；如果标的公司的股东是自然人，应具备民事行为能力；如果标的公司的股东是外国投资者，其出资需符合所在国家或地区的法律法规。

股东出资方式：涉及非货币资产出资的，出资股东应合法拥有出资资产的所有权，该等资产应权属完整、不存在纠纷；涉及债权出资的，用于出资的债权形成以及处置应合法、合规、真实、有效；涉及以在其他企业中的投资权益出资的，应保证用于出资的投资权益真实、有效，不存在投资限制等。

出资到位情况：股东对于标的公司的出资应足额缴纳。

2. 标的公司的股权结构

主要关注标的公司股权是否为交易对方合法拥有、是否可自由转让、是否存在代持、是否存在信托持股和职工持股会持股等情形。

标的公司股权权属及权利限制：标的公司设立时股权设置应符合法律法规，股权清晰且股份持有人明确，标的公司历次增减资应履行必要的法律手续，股权变动情况合法、合规、真实、有效。

实际股份权益人：股东应为实际权益持有人，不应存在代持情形，如存在上述情形则需要确认是否存在潜在风险。

3. 标的公司的业务经营

标的公司不仅应依法成立，而且应始终守法经营，不存在因不当行为导致其无法持续经营的法律障碍。还需要关注标的公司的经营范围、经营方式、业务发展目标、业务变动情况，以及与业务经营相关的投资项目是否符合相关法律法规的规定。

关于标的公司的经营范围，应符合有关法律、法规和规范性文件的规定，实际经营范围应与工商登记一致，同时应取得其从事经营范围内的业务所需的所有批准、登记、备案、经营资质或许可。

4. 标的公司的资产状况

主要关注标的公司拥有的重要资产，包括但不限于土地使用权、房屋建筑物、主要生产经营设备、无形资产、对外投资等的权属是否清晰，是否存在任何权利限制等。

土地使用权和房屋建筑物：标的公司拥有的土地使用权及房屋建筑物应取得权属证书，其取得土地使用权及房屋建筑物产权的方式和途径应合法合规，其实际占有使用的土地及房屋建筑物应与证载情况一致。对于未取得产权证书的，应了解原因并判断是否存在办理证书的法律障碍。

主要生产经营设备：标的公司应实际占有、使用主要生产经营设备，该等设备不应存在任何权利限制等。

无形资产：标的公司对商标、专利等无形资产的占有或使用不应存在任何法律障碍或权利限制、纠纷或潜在纠纷等。

对外投资：标的公司对于对外投资子公司权益的形成过程应合法、合规、真实、有效，该等子公司应合法成立并有效存续，标的公司持有的对外投资子公司应权益清晰无争议。

5. 标的公司的重大债权债务情况

主要关注债权债务的内容、形成原因，是否存在纠纷或潜在纠纷，是否可能对标的公司的生产经营产生不利影响等。

6. 标的公司的独立性

主要关注标的公司是否在业务、资产、人员、财务、机构等方面具备独立于控股股东及其他关联方的运营能力，以保证其在被并购后能够持续稳健地生产经营。

业务独立性：标的公司应具有独立于控股股东或其他关联方的场地、设备、供应商、客户等。

资产独立性：标的公司股东用于出资的相关资产应完整注入标的公司，标的公司对生产经营所需的土地、房屋建筑物、生产设备、辅助生产系统和配套设施、商标、专利、非专利技术等应具备完整、合法的财产权属以及实际占有和使用，不存在资产被股东或其他关联方控制或占用的情况等。

人员独立性：标的公司高管、财务人员不应存在在控股股东单位任职并领取薪酬的情况，标的公司与股东或其他关联方不应存在混用销售、采购等人员的情况。

财务独立性：标的公司应设立独立的财务部门，建立独立的财务核算体系，具有规范的财务会计制度，独立进行财务决策，具有独立的资金管理体系。

机构独立性：标的公司应具备独立健全的经营管理机构，标的公司与股东及其他关联方不应存在机构混同的情况等。

7. 关联交易和同业竞争

重点关注标的公司的控股股东和其他关联方是否通过不正当的关联交易侵占标的公司利益，是否通过关联交易影响标的公司的独立性，是否因存在同业竞争而影响标的公司的盈利能力和持续经营能力等。

关联交易：标的公司应建立健全关联交易决策程序，并且该等制度应被有效执行，重点关注关联交易的必要性和公允性。

同业竞争：重点关注标的公司的控股股东、实际控制人及其控制的其他公司是否存在与标的公司相竞争的业务，控股股东、实际控制人在采购、销售、投资或存在其他业务机会时是否存在利益倾斜，控股股东、实际控制人是否已采取有效措施避免同业竞争等。

8. 标的公司的法律纠纷情况

重点关注标的公司是否存在重大法律纠纷或潜在纠纷，该等纠纷处理的进展情况，是否会对标的公司的资产状况或持续经营造成重大不利影响等。

11.2.2.2 财务方面

标的公司财务方面的评价重点考察并购标的公司的内部控制、财务制度、会计政策和会计估计，并在此基础上确认其财务报表的真实性和准确性。另外，通过对重要财务指标进行趋势分析，确保标的公司财务预测的合理性和可实现性，为标的公司估值提供基础材料。

1. 标的公司与财务相关的内部控制体系

重点关注标的公司是否建立并完善了与财务相关的内部控制体系，是否存在会计基础工作薄弱或财务管理不规范的情形。标的公司现有与财务相关的内部控制体系和内部控制制度是否能保证财务报表真实公允地反映标的公司的财务状况、经营成果以及现金流量。

2. 标的公司会计政策和会计估计的稳健性

重点关注标的公司执行的会计政策是否符合企业会计准则的相关规定，且与其实际经营情况相符；重点关注会计政策和会计估计与同行业公司相比是否稳健；如果标的公司近年会计政策或会计估计发生过重大变化，需要考核其变更是否符合相关会计准则规定，变更依据是否充分、合理，以及对标的公司的历史经营业绩产生的影响等。

3. 标的公司的主要财务指标

重点关注标的公司的资产负债结构、周转情况、盈利能力相关的指标与同行业公司相比是否存在重大异常。通过对标的公司的资产负债结构、盈利能力等进行分析，尤其是对同行业公司的相关财务指标进行对比分析，不仅能够对标的公司的资产流动性和经营能力进行评价，而且可能发现其财务报表是否存在失实的情况。

4. 标的资产的真实性及其价值

重点关注标的公司的主要资产，如固定资产及无形资产等是否真实存在，其权属是否存在纠纷或争议；资产价值是否准确，各项资产减值准备计提是否合理、充分。

5. 标的公司的债务

重点关注标的公司是否存在逾期未偿还的借款；若标的公司存在大量负债，主要的债权人对于标的公司的债权是否存在特别约定，是否会因为并购的发生导致债务成本上升或是债务的立即偿还。标的公司是否存在对外担保责任，是否有因重大诉讼、仲裁及未决诉讼、仲裁事项和产品质量情况等产生的或有债务或潜在债务。这些潜在负债或承诺事项可能导致标的公司流出现金或发生损失，影响到交易价格的确定和并购交易的成败。

6. 标的公司的薪酬政策

重点关注标的公司的薪酬政策是否具有市场竞争力，是否按照国家及当地政府的相关规定及时计提和缴纳社会保险和住房公积金；标的公司是否存在"金色降落伞"等类似针对高级管理人员等进行补偿的约定；如果实施并购，相关核心人员的稳定性是否会影响标的公司的持续经营能力。

7. 标的公司的税务情况

重点关注标的公司执行的税种、税率是否符合法律、法规和规范性文件的要求，历年各项税款是否足额缴纳，享受的税收优惠是否有国家和地方政府文件的支持；是否存在内账外账差异的税务风险，是否存在拖欠税款的情形，是否受到过税务部门的处罚等。

8. 标的公司的营业收入

重点关注标的公司的收入确认标准、收入的变化趋势、质量及其集中程度等。通过查阅审计报告、穿透测试等了解标的公司实际核算中确认收入的具体标准，判断收入确认标准是否符合会计准则的要求，是否存在提前或延迟确认收入或虚增收入的情况；通过月度分析和期后截止性测试等核查标的公司在会计期末是否存在突击确认销售的情况；通过对比最近几个年度的收入增长情况以及分析客户的集中程度、稳定性和依赖性等评价标的公司收入的可持续性；分析经营活动产生的现金净流量的增减变化情况与销售收入变化情况和营业利润是否匹配等。

9. 标的公司的存货与营业成本

重点关注期末存货盘存情况以及在产品、发出商品等方面是否存在余额巨大等异常情况，判断是否存在应转未转成本的情况；结合毛利率指标分析最近几个年度的变化情况并判断未来变动趋势；与同行业公司进行比较分析时产品毛利率、营业利润率等是否正常。

10. 标的公司的非经常性损益

重点关注非经常性损益的来源及对当期利润的影响。相关款项是否真实收到、会计处理是否正确，并分析对财务状况和经营业绩的影响；结合业务背景和业务资料，判断重大非经常性损益项目发生的合理性和计价的公允性；计算非经常性损益占当期利润的比重，分析由此产生的风险。

11. 标的公司的关联交易及其披露

重点关注标的公司关联交易的必要性和合理性以及价格的公允性。判断关联方和关联交易是否披露完整；了解发生关联交易的必要性，并对比第三方价格等判断关联交易价格的公允性以及对当期利润的影响；关注其控股股东、实际控制人或关联方资金往来情况和资金占用情况；标的公司是存在关联交易非关联化等情形。

12. 标的公司的现金流

重点关注标的公司的现金流是否健康，经营活动产生的现金流量净额是否与净利润匹配；目前的资金是否足以支持未来的资本性支出。

11.2.2.3 业务方面

相比法律和财务方面的评价，业务方面的评价除关注标的公司存在的风险外，更侧重挖掘标的公司是否存在改善经营、提升业绩的空间，是否能与并购方现有主营业务产生协同效应。

1. 标的公司所处的宏观环境

重点关注标的公司所处行业的监管体系和政策趋势，了解标的公司所在行业对主要宏观经济指标（GDP、固定资产投资总额、利率、汇率等）变动的相关性和敏感度，分析标的公司所在行业与其上下游行业的关联度、上下游行业的发展前景、上下游行业的变动趋势等。

2. 标的公司的市场情况

重点关注标的公司主要产品或服务的市场发展趋势，从供给和需求角度估算市场规模，分析客户购买标的公司主要产品或服务时所看重的关键因素，预测市场发展趋势的延续性和未来可能发生的变化。

3. 标的公司的竞争情况

重点关注标的公司所在市场的竞争环境和进入壁垒，获取标的公司现有和潜在主要竞争对手的资料，预计替代产品产生的可能性和导致的竞争后果。

4. 标的公司的业务流程

重点关注标的公司研发、采购、生产、销售、物流配送和售后服务等各个业务环节的流程，标的公司在各业务环节是否设置并有效执行了内部控制程序，通过分析标的公司如何通过业务流程创造最终产品或服务的附加价值或者业务流程如何影响销售收入和利润，确定标的公司的核心竞争优势和业务流程可以改进的环节。

5. 标的公司的研发和技术水平

重点关注标的公司的研发模式和研发系统的设置和运行情况，是否存在良好的技术创新机制，是否能够满足标的公司和并购方未来发展的需要，标的公司对核心技术人员的奖励制度，对关键技术人才是否实施了有效约束和激励，是否有效避免了关键技术人才的流失和技术秘密的外泄。

6. 标的公司的业绩情况

重点关注标的公司的业绩情况，从业务、产品、区域、客户等视角分析标的公司的业绩驱动因素，通过已获取的财务数据对标的公司的盈利能力、成本构成、资本结构和运营效率进行全面分析。

11.2.3 对目标公司的估值

并购交易中交易双方的谈判重点是交易价格，而交易价格确定的基础是对目标公司的估值。标的公司的估值水平不仅决定了并购方付出的成本和被并购方股东获得的收益，而且也会影响并购完成后的整合效果。

在我国的并购交易中，标的资产的估值多由专业的第三方评估机构独立进行。最终定价则是在估值结果的基础上，综合对标的公司前期尽职调查的评价，由交易双方通过谈判协商最终确定。

11.2.3.1 企业价值评估的主要方法

企业价值评估主要有三类方法，包括收益法、成本法（资产基础法）和市场法。

1. 收益法

企业价值评估中的收益法是指通过估算标的公司未来产生的预期收益的现值进而判断标的公司价值的方法，在此方法中通常利用资本化和折现的手段来得出评估结果。收益法的基本公式可表达为：

$$V=\sum_{i=1}^{n}\frac{R_i}{(1-r)^i}$$

其中：R代表净收益；n代表收益期数；r代表折现率。

在实务中，收益法多采用未来现金流折现模型。未来现金流折现模型是从企业价值创造的角度进行评估，认为企业的价值是企业未来创造的现金流量的现值。企业创造的现金流量包括股权投资者的现金流量、债权人的现金流量以及实体现金流量三种。评估企业价值时可根据前两者评估出股权价值和债权价值，两者相加即可得到企业价值，也可直接以企业实体现金流量贴现得到企业价值。

使用收益法需要满足以下要求：评估对象经营时间较长且具有连续性，能在未来若干年内取得收益；评估对象的未来收益和风险能用货币来衡量。收益法的核心问题就是确定预期收益额、未来收益期和折现率三个基本参数。

2. 成本法（资产基础法）

企业价值评估中的成本法（资产基础法）是指首先评估标的公司的重置成本，然后估算标的公司已存在的各种类型的贬值因素，包括实体性损耗、功能性损耗及经济性损耗等，通过将这些贬值因素从所估算的重置成本中扣除来得到标的公司的价值。成本法（资产基础法）的基本公式可表达为：

$$V = N - M$$

其中：N 代表重置成本；M 代表价值减损。

由于成本法是从取得资产的角度来反映资产价值，因此要求被评估资产必须处于继续使用的状态下。而资产的继续使用不仅反映了资产在物理性条件下的存在，同时反映了资产在经济性条件下的存在，即资产能够继续使用并且在这种继续使用中能够为利益相关者带来一定的经济利益。因此，在使用成本法的时候，被评估资产必须处于继续使用或假定上的继续使用状态，同时该项资产的预期收益必须保证能够支持其重置和投入价值。

3. 市场法

企业价值评估中的市场法是指利用市场上相同的或类似的资产的相近时期交易价格，通过比较分析来估算目标资产的价值。实质就是在市场上找出一个或几个与被评估企业相同或近似的参照企业，在分析、比较两者之间重要指标的基础上，修正、调整企业的市场价值，最后确定被评估企业的价值。市场法的基本公式可表达为：

$$V = N \times P_i$$

其中：N 代表比较实例价值；P_i 代表修正参数，$i = 1, 2, \cdots, n$。

市场法有两种比较常用的方法：可比公司法和可比交易法。可比公司法主要是通过对资本市场上存在的与标的公司处于相同或相似行业的上市公司进行财务及经营方面的数据分析，得出一定合适的价值比率，在与标的公司进行比较分析之后，得出标的公司的价值。可比交易法则是通过分析与标的公司处于相同或相似行业的公司买卖、并购案例中存在的数据资料，得出一定合适的价值比率，在与标的公司进行比较分析后，得出标的公司的价值。

11.2.3.2 企业价值评估主要方法的评价

《财政部关于印发〈资产评估基本准则〉的通知》（财资〔2017〕43号）第十六条规定：确定资产价值的评估方法包括市场法、收益法和成本法三种基本方法及其衍生方法。资产评估专业人员应当根据评估目的、评估对象、价值类型、资料收集等情况，分析上述三种基本方法的适用性，依法选择评估方法。

市场法需要满足的最基本的前提是：拥有一个活跃的公开市场以及在该市场上存在可比的资产及其交易活动。在公开市场下，按市场行情评估目标资产价值，评估结果充分反映了市场情况，也更容易被交易中的双方接受。然而这种市场导向性的评估方法依赖于一个有效市场的存在。由于我国证券市场发展时间较短，使用市场法作出的评估结果会在一定程度上偏离企业的实际价值。目前我国上市公司并购重组案例中使用市场法作为标的公司最终估值方法的主要集中在金融行业。

收益法通过对投资收益及收益折现等方法的运用，把标的公司的价值利用其预期产出及获利能力直观估算出来。根据标的公司的预期收益来评估企业价值，从理论上来看是较为合理的评估方法之一，也容易被相关各方所接受，因此收益法在企业价值评估中得到了越来越多的运用，尤其适用于轻资产公司、高新技术公司估值。

成本法的使用也较为普遍，成本法考虑到了现行价格因素对于被评估目标的重置成本的影响，但是成本法在反映企业价值时存在一定的局限性：首先，成本法反映的是一个历史上的概念，这就会使得资产的获取成本和其自身价值之间的关系难以得到合理判断；其次，企业的整体价值和单一资产价值的简单加总是有明显区别的，通常而言前者会大于后者，特别是对于高新技术和创新型的企业而言，成本法忽略了影响企业发展的市场因素，很难真实反映出企业价值。

综上，市场法、收益法和成本法是国际公认的三大价值评估方法，也是我国价值评估理论和实践中普遍认可、采用的评估方法。就具体的评估项目而言，由于评估目的、评估对象、资料收集情况等相关条件不同，要恰当地选择一种或多种评估方法。

11.2.3.3 特殊资产评估

1. 土地使用权

目前主要的土地使用权评估方法包括市场比较法、收益还原法和成本逼近法。其他方法还包括假设开发法、基准地价系数修正法等。

市场比较法是最常用的估值方法之一，主要用于地产市场发达、土地交易活跃的地区。收益还原法基于土地使用权可以产生收益，因此适用于有收益的土地和建筑物，或房地产的估价。成本逼近法一般用于评估新开发的、土地市场成交量较少的土地，主要基于投资成本及一定的利润进行评估，但由于其无法评估未来土地产生的收益，因此无法完全表现土地的真实价值。

2. 矿业权

矿业权是指矿产资源使用权，包括探矿权和采矿权。矿业权的评估主要采用包括现金流量折现法和收益法。

现金流量折现法主要需要考虑矿业权的基础价值和矿产开发地质的风险系数。收益法评估的原理与现金流量折现法基本相同，不同的是收益法对净利润进行估算，要求评估对象生产经营稳定、持续经营。

3. 知识产权

知识产权主要包含商标权、专利权、著作权等。其评估方法的主要原则包括替代原则、预期收益原则等。

在评估知识产权价值的过程中，需要重点考虑该知识产权是否有替代品的风险，能否确实产生预期收益。另外，对企业知识产权的评估应基于其最具潜力的使用，而不是评估时其被企业实际使用的方式。

11.2.4 收购的实施

并购方通过对目标公司的筛选，寻找并锁定潜在标的进行尽职调查，在完成对目标公司评价和估值后，如果确定对目标公司进行收购，则进入收购实施的实质性阶段。收购的实施主要包括交易方案设计、商业谈判和资产交割三个主要阶段。

11.2.4.1 交易方案设计

并购交易方案是在平衡交易各方诉求的基础上，综合商业利益、政策监管等各方面因素形成的。交易方案设计作为交易谈判的基础，贯穿于整个并购活动，期间需要不断动态调整，并且直接决定了并购交易的成败。上市公司并购不仅是上市公司与交易对方（标的资产的股东，可能包括产业投资者和财务投资者）的博弈，而且包含对上市公司控股股东、中小股东、债权人、监管机构等其他参与者的平衡。

交易方案所涉及的核心问题包括并购参与主体、交易价格、支付工具、业绩补偿和业绩奖励安排以及过渡期安排等。

1. 参与主体

一般情况下，并购交易参与主体即交易双方，也就是并购方和被并购方的股东。但上市公司并购交易中参与主体可能更为复杂，因为上市公司在并购过程中会根据交易各方诉求、上市公司自身资金实力、风险承受能力、可动用的外部资源以及政策监管要求等综合考量，最终决定是通过上市公司直接进行并购还是借助外部力量（如控股股东或PE等）完成并购。

（1）上市公司直接收购标的公司

在标的资产规范性较好、盈利能力较强的情况下，上市公司可以通过股份支付、现金支付及股份和现金混合支付等方式直接收购标的公司股权，迅速提升上市公司经营规模和盈利能力，实现外延式增长。

（2）上市公司控股股东或实际控制人先行收购标的公司，分步实施并购

由于上市公司直接收购标的公司的并购时机较难把握，涉及发股购买资产的还需经由证监会相关部门审批，耗时较长，且直接收购可能会对上市公司造成一定的资金压力，因此在上市公司控股股东或实际控制人具备较强的资金和业务实力的情况下，可以分步实施并购，由上市公司控股股东或实际控制人先行收购并锁定标的公司，再择机注入上市公司。同时对于成长前景较好但短期内盈利能力较弱或规范性尚待提高的资产，可以先由控股股东或实际控制人收购后进行培育，降低未来上市公司后续收购和整合的风险。

但是在该种分步收购的模式下，上市公司应注意防止股价炒作和异常波动，并按照交易所相关信息披露备忘录的要求履行信息披露义务。同时，如果是横向产业并购，这种收购模式将可能导致上市公司与控股股东或实际控制人之间产生持续性的同业竞争，控股股东或实际控制人应按照要求提出切实可行的解决同业竞争的承诺措施。上市公司

向控股股东或实际控制人再行购买该部分标的资产时构成关联交易，应注意不能存在隐含的利益输送，需要保护中小股东利益。

（3）"上市公司+PE"设立基金实施收购

《上市公司重大资产重组管理办法》第九条规定：鼓励依法设立的并购基金、股权投资基金、创业投资基金、产业投资基金等投资机构参与上市公司并购重组。

一般而言，"上市公司+PE"设立基金主要有两种模式。一种是以上市公司为主导，上市公司或旗下的投资平台作为基金管理人或普通合伙人成为基金的核心管理者，外部PE投资机构以资金等形式参与；另外一种是以外部PE为主导，与上市公司无关的PE机构作为基金管理人或普通合伙人进行资源整合，上市公司作为有限合伙人出资投资项目。

"上市公司+PE"设立的基金既有并购基金、产业投资基金，也有早期创业投资基金、夹层基金等，参与的上市公司大多集中于制造业、软件信息技术服务业、文娱消费、互联网等行业，具有产业整合和外延式扩张的并购诉求。该模式下成立的基金可以围绕上市公司相关主业进行前瞻性投资，优先锁定具有良好成长性和发展前景的标的公司，在其培育成熟后再由上市公司或其他第三方收购。

上市公司参与设立基金优势主要包括：第一，上市公司通过设立产业基金可以完善自身产业链布局，寻找并投资行业内的优质标的资产；第二，上市公司利用杠杆收购可以借助PE募资，减少自身资金的占用；第三，专业投资机构可以协助上市公司进行尽职调查和投后管理，提供专业的资本运作意见。但在该模式下，上市公司与PE合作后往往会带来股价大幅上涨，容易陷入市值管理与炒作的争议，同时在并购交易中也需防范内幕交易风险。

2. 交易价格

交易价格是交易双方博弈的核心环节，也是交易能否达成的最为关键的影响因素。交易价格的确定受标的公司自身估值水平、并购方提供的支付工具作价水平等因素的影响，同时还存在并购溢价或者差异化定价等情形。

（1）估值水平

交易价格是在标的资产估值的基础上确定的，直接关系到并购双方的利益，是并购财务决策中最关键的问题。交易标的的估值水平要综合考虑被收购对象的利润及成长性、市场可比交易的行情等。目前实务中企业价值的评估方法主要包括收益法、成本法（资产基础法）和市场法。

（2）支付工具作价水平

交易价格的确定需要同时结合支付方式综合考虑，目前上市公司并购重组的主要支付方式包括股份支付、现金支付以及股份和现金混合支付。考虑发股价格定价基准日的不同和二级市场的股价变化，不同支付手段会对交易双方实际成本和收益产生影响。支付手段的选择通常要考虑交易规模、上市公司状况、交易对方需求、操作可行性等多方面因素。

（3）并购溢价

交易价格除了标的公司自身价值以外，还包括标的公司对上市公司的附加价值，即并购溢价。并购溢价是并购企业支付的高于被并购企业估值的部分差额，反映了并购方对交易完成后的协同效应的预期收益。但过高的并购溢价会产生巨额商誉，一旦标的公司后续整合出现问题或者业绩无法达标，并购方付出的巨额溢价将转化为风险，以商誉减值的方式侵蚀公司净利润。

（4）差异化定价

目前并购重组业务市场化水平越来越高，因差异化支付、差异化承诺导致的差异化定价是利益各方博弈的结果。上市公司并购重组的交易对象可能既包含标的公司的原始股东和产业投资者，也包括私募股权投资基金、并购基金、政府引导基金等财务投资者，不同的交易对方在并购过程实施中（特别是在后期整合过程中）承担的股份锁定、业绩对赌、竞业禁止等责任和风险并不相同，根据交易各方的差异，对标的资产的权益制定不同的交易价格（同股不同价），可以有效平衡交易各方的利益诉求，推动并购重组的顺利完成。

3. 支付工具

并购交易中的支付方式主要为现金支付、股份支付股份以及股份和现金混合支付，从融资来源看，主要分为自有资金（现金）、股权融资（发行普通股、优先股）、债务融资（银行贷款、发行债券）等。

（1）自有资金（现金）支付

自有资金支付是并购中最为常见的支付方式，即企业用自有现金置换标的公司的资产或股权，以达到收购标的公司的部分股权或全部控制权的目的。用企业的自有资金支付全部并购对价主要发生在并购交易规模较小、收购方自有资金充裕、变现能力强的情况下。

自有资金（现金）支付的优势主要包括：交易简单快速，可有效缩短并购周期；与股份支付并购对价相比，现金支付可以保持收购方股权结构不变，防止股东权益被稀释；标的公司股东直接现金退出，降低其风险和不确定性。

自有资金（现金）支付的劣势主要包括：现金支付减少了收购方的营运资金，增加了流动性压力；若收购方自有资金及变现能力有限，现金支付对价将限制其交易标的的规模和可选范围。

综上，收购方用自有现金支付并购对价更加简单快速，且能保持收购方股权结构稳定，但也受到企业自有资金规模的限制。因此，在很多并购交易中，尤其是上市公司收购标的公司时，上市公司均采用现金与股份相结合的支付方式。

（2）普通股支付

在我国上市公司并购重组中，上市公司通过发行股份方式支付并购对价是较为常见的。

《上市公司重大资产重组管理办法》第四十五条规定：上市公司发行股份的价格不得低于市场参考价的90%。市场参考价为本次发行股份购买资产的董事会决议公告日前20个交易日、60个交易日或者120个交易日的公司股票交易均价之一。本次发行股份购买资产的董事会决议应当说明市场参考价的选择依据。前款所称交易均价的计算公式为：董事会决议公告日前若干个交易日公司股票交易均价＝决议公告日前若干个交易日公司股票交易总额/决议公告日前若干个交易日公司股票交易总量。

股份支付方式可使上市公司避免使用自有资金（现金）支付对价造成的流动性压力，但会稀释上市公司原股东的股权比例，特别是会对控股股东的控制权造成一定影响。另外，由于二级市场的股票价格具有波动性，会影响交易双方的实际成本和收益。

上市公司发行股份购买资产除了重组上市（借壳上市），还可以同时募集部分配套资金，所配套资金比例不超过拟购买资产交易价格100%的，一并由并购重组审核委员会予以审核。"拟购买资产交易价格"指本次交易中以发行股份方式购买资产的交易价格，但不包括交易对方在本次交易停牌前6个月内及停牌期间以现金增资入股标的资产部分对应的交易价格。募集资金可以支付本次并购交易中的现金对价。

综上，上市公司可以采用发行股份支付、现金支付或两者相结合的方式购买标的资产，其现金一般来源于自有资金或者通过向特定对象发行股份募集的配套资金。

（3）优先股支付

上市公司除了可以发行普通股，还可以发行优先股进行并购对价的支付。

优先股是指依照《公司法》，在一般规定的普通种类股份之外，另行规定的其他种类股份，其股份持有人优先于普通股股东分配公司利润和剩余财产，但参与公司决策管理等权利受到限制。

2014年3月，证监会出台的《优先股试点管理办法》规定，上市公司可以公开或非公开发行优先股作为并购的支付方式，也可在发行优先股的同时募集配套资金。但以公开发行优先股作为支付手段仅可用于收购或吸收合并其他上市公司的情形。

由于优先股不具有经营决策权，不会影响上市公司股权结构，上市公司以发行优先股作为支付方式，可以避免上市公司实际控制人控制权的稀释。同时，优先股可按照交易需求嵌入个性化条款，比如回售条款和赎回条款，提高交易的灵活性，增加交易双方谈判的空间。

目前在我国上市公司的并购重组中，暂时没有以发行优先股作为并购支付方式的市场案例，但是出现了发行优先股募集配套资金的尝试。

2014年9月，中国电建（证券代码：601669.SH）发布公告，拟以非公开发行普通股并承接债务的方式购买电建集团持有的中国水电工程顾问集团、北京勘测设计研究院等8家公司100%股权，交易作价171.66亿元，同时非公开发行优先股募集配套资金。预案中，优先股募集资金总额上限为25亿元，用途为支付承接电建集团债务的25亿元现金对价；方案的修订稿中，优先股的募集资金总额上限修改为20亿元，用途更改为补充标的公司运营资金与上市公司流动资金。2015年5月，该交易获得证监会核准并完成标的资产的交割。2015年9月，中国电建优先股发行完成。

该交易中，中国电建采用发行优先股方式募集配套资金，避免了发行价低于每股净资产的情形，如果采用发行普通股方式，由于股价处于下行周期可能出现发行价破净情况，将导致国有资产流失和交易失败。

（4）并购贷款融资支付

并购贷款，即商业银行向并购方企业或并购方控股子公司发放的，用于支付并购股权对价款项的贷款。为并购交易提供信贷融资是国外商业银行常见的重要业务，商业银行在投资银行的牵头下加入银团贷款为并购交易提供融资，但目前国内的并购贷款还处于起步和发展阶段。

2008年12月6日，银监会发布《商业银行并购贷款风险管理指引》，针对境内企业以通过受让现有股权、认购新增股权，或收购资产、承接债务等方式以实现合并或实际控制已设立并持续经营的目标企业的交易行为，允许符合发放条件的商业银行对其提供并购贷款。这为我国并购贷款的推出奠定了法律基础，也为日益增长的并购行为提供了更多的金融保障。2015年2月10日，银监会修订了《商业银行并购贷款风险管理指引》，主要包括延长并购贷款期限、提高并购贷款比例、调整并购贷款担保要求等举措：将并购贷款期限从5年延长至7年，将并购贷款占并购交易价款的比例从50%提高到60%，将担保的强制性规定修改为原则性规定，同时删除了担保条件应高于其他种类贷款的要求。上述规定和指引进一步鼓励了商业银行推进并购贷款业务，优化并购贷款投向，加大对先进制造业、产能过剩等行业企业兼并重组的支持力度，推动有竞争优势的境内企业"走出去"。

近年来为推动产业链的整合，支持企业做大做强，国家先后出台各种鼓励企业并购重组的文件。中国并购市场的交易规模呈现逐年上升趋势，而且海外并购也大量涌现，交易金额显著提升。日益增长的并购行为为并购贷款提供了广阔的市场基础。

除了商业银行，其他政策性银行，比如国家开发银行、国家进出口银行等，也都配合国家"走出去"的策略，大力发展海外并购贷款以帮助国企、大型民企到海外并购战略资产。

（5）发行债券融资支付

随着我国债券市场的不断发展，发行债券融资用于并购交易也开始不断出现尝试和突破。主管部门对发行债券融资支付并购价款的发行条款不断放开，逐渐从私募发行到公募发行，从置换并购贷款到直接支付并购款项，从担保发行到纯信用发行。但从并购债的发行主体来看，仍以具备较强综合实力和较高行业地位的大型企业为主，更看重发行人的主体信用而非并购交易本身。除上市公司作为主体发行债券融资支付外，目前市场上也出现了上市公司控股股东采用发行可交换债券方式融资支付并购款项的金融创新案例。

2016年，艾派克（证券代码：002180.SZ）收购美国利盟（Lexmark International, Inc.）交易金额达到174亿元，全部为现金收购。在本次收购中，艾派克使用了"自有资金＋PE投资＋银行贷款＋股东借款"的多元融资方式。控股股东塞纳科技提供的股东借款主要来自其自有资金及其所持有的上市公司股票融资，其中赛纳科技以发行可交换债方式募集60亿元资金，向艾派克提供借款。

可交换债的融资功能正逐渐引起我国并购重组市场参与者的重视，被越来越多地被应用于并购融资中。可交换债作为并购融资的创新方式，相较于其他融资工具具有如下优势：融资成本低，具有比公司债融资更低的利率水平，节省财务费用；条款灵活，通过合理的条款设计，可以确保融资目的的实现，同时便于与其他融资工具的组合使用；融资规模大，非公开发行股票融资有发行前总股本20%的规模限制，发行可转债、公开发行公司债融资有净资产40%的规模限制，而发行私募可交换债融资却没有融资规模方面的强制要求，在资金需求规模非常大的并购融资中更能满足需求；发行难度小、审核简单快捷，相较于非公开发行、配股、可转债等融资方式需要证监会再融资通道审核，公司债方式需要证监会公司债通道审核，私募可交换债及小公募可交换债的发行仅需证券交易所审核，审核流程简单，周期短，发行难度小，有利于在瞬息万变的并购市场中帮助收购方迅速锁定标的。

4. 业绩补偿和业绩奖励安排

业绩补偿和业绩奖励的对赌条款实质上是标的公司估值调整的方式，普遍存在于并购交易中。对赌安排产生的根源是标的公司未来盈利能力的不确定性，为了保证收购方的利益，同时对被收购方起到一定激励作用，交易方案中通常会安排业绩补偿和业绩奖励条款。上市公司并购重组的核心目的是收购优质资产，提高上市公司的盈利能力，从而为股东持续创造价值，因此标的公司未来能否实现预期的盈利水平是投资者和监管机构考察上市公司并购效果的最直接的指标。当标的公司预期盈利水平的实现存在较高的不确定性时，业绩补偿和业绩奖励安排可以敦促并激励标的公司原股东和管理层在交易完成后继续勤勉尽责地履行其应尽的义务，保证标的公司持续盈利能力和业绩水平。

（1）业绩补偿安排的相关要求

《上市公司重大资产重组管理办法》第三十五条规定：（一）采取收益现值法、假设开发法等基于未来收益预期的方法对拟购买资产进行评估或者估值并作为定价参考依据的，上市公司应当在重大资产重组实施完毕后3年内的年度报告中单独披露相关资产的实际盈利数与利润预测数的差异情况，并由会计师事务所对此出具专项审核意见；交易对方应当与上市公司就相关资产实际盈利数不足利润预测数的情况签订明确可行的补偿协议。（二）预计本次重大资产重组将摊薄上市公司当年每股收益的，上市公司应当提出填补每股收益的具体措施，并将相关议案提交董事会和股东大会进行表决。负责落实该等具体措施的相关责任主体应当公开承诺，保证切实履行其义务和责任。（三）上市公司向控股股东、实际控制人或者其控制的关联人之外的特定对象购买资产且未导致控制权发生变更的，不适用本条前二款规定，上市公司与交易对方可以根据市场化原则，自主协商是否采取业绩补偿和每股收益填补措施及相关具体安排。

2016年1月，证监会发布《关于并购重组业绩补偿相关问题与解答》规定：无论标的资产是否为其所有或控制，也无论其参与此次交易是否基于过桥等暂时性安排，上市公司的控股股东、实际控制人或者其控制的关联人均应以其获得的股份和现金进行业绩补偿。在交易定价采用资产基础法估值结果的情况下，如果资产基础法中对于一项或几项资产采用了基于未来收益预期的方法，上市公司的控股股东、实际控制人或者其控制的关联人也应就此部分进行业绩补偿。

根据最新修订的《上市公司重大资产重组管理办法》，理论上上市公司并购重组中向非关联第三方购买资产时可以根据市场化原则自主协商，不需再做强制性的业绩承诺与业绩补偿。但是实务中，由于标的公司的估值往往是交易双方商业博弈的结果，缺乏一个客观、合理的可评判标准，因此上市公司多要求标的公司原股东和管理层对并购完成后的业绩作出承诺，并在承诺期未完成承诺业绩时作出业绩补偿，以期通过业绩承诺与业绩补偿证明估值的合理性和标的公司的持续盈利能力，实现对中小投资者的保护。

（2）业绩补偿安排的原则

上市公司并购重组中，在业绩补偿期限方面，一般为交易实施完毕后的三年，对于标的资产估值作价较账面价值溢价过高的，视情况延长业绩补偿期限。在补偿主体方面，由于各利益主体享有的估值溢价不同，业绩承诺方通常由交易双方或标的公司内部协商确定。在补偿方式方面，主要为股份补偿、现金补偿以及股份＋现金补偿。

2015年9月，证监会发布《上市公司监管法律法规常见问题与解答修订汇编》，其中规定：交易对方为上市公司控股股东、实际控制人或者其控制的关联人，应当以其获得的股份和现金进行业绩补偿。如构成借壳上市的，应当以拟购买资产的价格进行业绩补偿的计算，且股份补偿不低于本次交易发行股份数量的90%。业绩补偿应先以股份补偿，不足部分以现金补偿。

在交易对方以股份方式进行业绩补偿的情况下，通常按照下列原则确定应当补偿股份的数量及期限。

①补偿股份数量的计算

采用收益现值法、假设开发法等基于未来收益预期的估值方法对拟购买资产进行评估或估值的，每年补偿的股份数量为：

当期补偿金额＝（截至当期期末累积承诺净利润数－截至当期期末累积实现净利润数）÷补偿期限内各年的预测净利润数总和×拟购买资产交易作价－累积已补偿金额

当期应当补偿股份数量＝当期补偿金额/本次股份的发行价格

当期股份不足补偿的部分，应现金补偿。

采用现金流量法对拟购买资产进行评估或估值的，交易对方计算出现金流量对应的税后净利润数，并据此计算补偿股份数量。此外，在补偿期限届满时，上市公司应当对拟购买资产进行减值测试，如果期末减值额/拟购买资产交易作价＞补偿期限内已补偿股份总数/认购股份总数，则交易对方需另行补偿股份，补偿的股份数量为：

当期应补偿股分数量＝期末减值额/每股发行价格－补偿期限内已补偿股份总数

采用市场法对拟购买资产进行评估或估值的，每年补偿的股份数量为：

当期应补偿股分数量＝期末减值额/每股发行价格－补偿期限内已补偿股份总数

当期股份不足补偿的部分，应现金补偿。

按照前述两项公式计算补偿股份数量时，应遵照下列原则：

- 前述净利润数均应当以拟购买资产扣除非经常性损益后的利润数确定；
- 前述减值额为拟购买资产交易作价减去期末拟购买资产的评估值并扣除补偿期限内拟购买资产股东增资、减资、接受赠与以及利润分配的影响。会计师应当对减值测试出具专项审核意见，同时说明与本次评估选取重要参数的差异及合理性，上市公司董事会、独立董事及独立财务顾问应当对此发表意见；
- 在逐年补偿的情况下，在各年计算的补偿股份数量小于0时，按0取值，即已经补偿的股份不冲回；
- 拟购买资产为非股权资产的，补偿股份数量比照前述原则处理；
- 拟购买资产为房地产公司或房地产类资产的，上市公司董事会可以在补偿期限届满时，一次确定补偿股份数量，无需逐年计算。

②补偿期限

业绩补偿期限一般为重组实施完毕后的三年，对于拟购买资产作价较账面值溢价过高的，视情况延长业绩补偿期限。

（3）业绩奖励安排的相关要求

2016年1月，证监会发布《关于并购重组业绩奖励有关问题与解答》，其中规定：上市公司重大资产重组方案中，基于相关资产实际盈利数超过利润预测数而设置对标的资产交易对方、管理层或核心技术人员的奖励对价、超额业绩奖励等业绩奖励安排时，上述业绩奖励安排应基于标的资产实际盈利数大于预测数的超额部分，奖励总额不应超过其超额业绩部分的100%，且不超过其交易作价的20%。上市公司应在重组报告书中充分披露设置业绩奖励的原因、依据及合理性，相关会计处理及对上市公司可能造成的影响。

业绩奖励安排作为市场化交易条款，实质上是对标的公司估值的调整，同时也是对业绩奖励对象的激励。业绩奖励对象一般是标的公司的核心管理层或技术人员，该等人员未来享受超额业绩奖励与其在标的公司经营中发挥的重要作用相匹配。如果产生超额利润，可以由上市公司和业绩奖励对象按比例分成，有助于上市公司分享标的公司的真实价值。

同时，设置业绩奖励安排时也应该考虑和控制以下方面的风险：第一，标的公司被上市公司收购后，其超额利润在实现过程中可能利用了上市公司提供的资金、品牌或其他方面支持，过度奖励标的公司原股东或管理层可能存在向交易对方过度让渡利益而侵害中小股东权益的嫌疑；第二，业绩奖励机制意味着标的公司的业绩为了独立核算，始终要单独以子公司形态保留并由原管理层经营，可能不利于上市公司并购后实施整合。

5. 过渡期安排

并购交易中，出让方与受让方签订股权转让协议或约定的交易基准日和正式办理交割日不一致，该期间即为过渡期。在此期间，因交易双方不能立即完成标的资产的交割，为维持标的公司正常运营，防止出让方利用过渡期内尚存的实际控制权变相从标的公司获取不正当利益或者采取恶意行为侵害受让方权益，交易双方应做好过渡期安排，明确过渡期内交易双方的权利与义务。

为避免过渡期内的相关风险，受让方可以安排财务人员或管理人员提前进驻标的公司，参与标的公司的实际经营，尤其是涉及标的公司对外提供担保、投资、资产购买、处置等重大决策方面，需要出让方和受让方共同确认。同时，交易双方应针对资产完整性、人员和业务稳定性等相关事项提前做好约定。

关于上市公司重大资产重组的过渡期损益安排，2015年9月证监会发布的《上市公司监管法律法规常见问题与解答修订汇编》规定：对于以收益现值法、假设开发法等基于未来收益预期的估值方法作为主要评估方法的，拟购买资产在过渡期间（自评估基准日至资产交割日）等相关期间的收益应当归上市公司所有，亏损应当由交易对方补足。该条款充分保证了并购重组交易过渡期间上市公司及中小股东的利益。

11.2.4.2 商业谈判

商业谈判是交易双方在商业条款上的博弈，主要涉及交易价格和交易条件的确定，包括交易价格、支付方式、支付期限、对赌条款、交割时间、并购后的整合安排、有关手续的办理与配合等问题。双方协商达成一致意见后，一般会签订框架协议或者并购意向书。经过对交易条款的进一步谈判修改后，交易双方会签订正式协议书，明确双方的权利和义务。

商业谈判是并购交易达成的必经之路，是交易双方互相博弈互相妥协的过程。谈判通常由投行等中介机构进行对接，中介机构在谈判前与交易双方进行必要的沟通，根据各方诉求全面判断各种可选择的方案和可能出现的结果。在此基础上，交易双方就商业条件进行全面磋商，达成阶段性的共识并形成相应备忘录巩固谈判成果。最终交易的达成需要综合平衡各方利益主体，只有在充分博弈基础上形成的交易条款才能保证稳定性。

11.2.4.3 资产交割

交易双方经过商业谈判的充分博弈，签署并购交易的正式协议文件并经各自董事会、股东会或股东大会等内部审批后，如上市公司涉及发行股份购买资产还需要经过中国证监会并购重组委审批和核准，在取得监管机构批准后，交易双方可以进行资产交割，办理工商登记变更手续，上市公司实现对标的公司的接管，并购实施完毕。

11.2.5 收购后的整合

11.2.5.1 并购后的整合及其风险

企业通过并购重组实现外部扩张是企业成长过程中的重要战略选择，并购后的整合直接决定了整个并购活动能否达到预期目标。公司并购重组整合的最终目标是提高公司核心竞争力、提升企业价值，因而整合需要并购方和被并购方在发展战略、组织结构、财务、人力资源、企业文化等多方面的协调配合。

1. 发展战略整合及其风险

发展战略整合是企业并购整合能否取得成功的关键一环，只有战略整合有效进行，并购公司对标的公司的后续各项整合才能被有效贯彻。企业并购后，两个不同的公司主体成为一个新的公司主体就要经历战略整合问题，并购的双方都无法避免。并购整合的新战略要充分考虑并购后企业的长、短期目标，考虑发展条件、环境能否实现企业的核心能力和并购价值。

并购企业战略整合关系到企业未来的成长方向，在整合中会存在重大风险。

- 由于并购双方处于不同的环境、有不同的战略定位、有不同的企业优势，因此如何将并购双方的战略能力进行有效转移成为战略整合风险点；
- 如何将并购双方的经营环境、战略目标、企业能力有机结合，确定新的战略目标、经营业务范围等，以实现企业的并购价值；
- 并购企业是否可以全面认识被并购企业的实际行业现状和自身经营状况，并将其纳入并购企业的未来发展战略体系中。如果不能正确选择并购行业或者不明确并购竞争力，则会制定出错误的并购战略，双方不能形成新的并购战略体系。

发展战略作为一个企业的基因，决定了企业的方向与文化，当并购重组后的收购方与标的公司无法在战略上真正协调一致时，并购整合将面临严重的风险。

2. 组织结构整合及其风险

组织结构整合是根据并购整合的战略方向，综合考虑企业内外部环境的变化，合理适时地完善或重建并购后新企业的组织架构，从而保证新企业在整合后拥有科学合理的组织架构和管理制度，最终实现并购双方的组织协同效应，减少企业过多的内部消耗，提高并购整合后企业的组织运行效率。

组织结构整合的风险表现主要表现在如下方面。

- 双方企业的机构设置是否冗余，董事会、监事会和管理层是否有明确的权责区分，决策层能否将信息和命令传达给管理层，管理层能否在下达命令时受到相关内部控制约束；
- 并购双方整合后新公司的组织结构是否可以提高企业整体的运行效率，是否具有明确的权力和责任范围，是否形成相互制约、互相独立的治理结构，是否有内部审计委员会，内部审计开展情况如何；
- 采用集权制还是分权制；
- 并购方是否可控制被并购方的财务、投资、采购等管理制度，包括重大投资和重大对外担保等。

案例 11-1

东方航空吸收合并上海航空，组织结构成功整合

2009 年之前，东方航空属于中国综合实力排名前三的航空公司，拥有飞机 240 架，服务于国内外约 134 个城市，经营客运航线 423 条、货运航线 16 条；上海航空业务主要面向国内，拥有飞机 66 架，经营客运航线 170 余条。东方航空及上海航空总部均位于上海，经营业务高度同质化。

2007—2008 年，受国际航油价格高企以及金融危机等不利因素的影响，东方航空和上海航空都亏损严重。同时，由于双方业务重心均位于上海，客观上形成了激烈的同业竞争。最终双方谋求合并。

不同航空公司的组织结构较为类似，在整合过程中具有天然的优势。双方在交易后，通过整合资源，实现了明显的协同效应。其组织结构融合的优势体现在航线布局更加优化、航班时刻覆盖更为广泛、各销售机构交叉销售能力加强、统一建设后台组织结构有效降低成本等方面。

由于双方组织结构的相似性，合并后的公司实现了有效的资源整合，最大化地利用了现有的资源，形成强强联合。

3. 财务整合及其风险

财务整合是指并购方对被并购方的财务制度体系、会计核算体系实施统一管理和监控。财务信息能够较为全面地反映企业生产经营状况，因此财务整合是并购企业获取被并购企业信息并对其管理施以有效控制的重要途径。财务整合的主要内容包括：财务管理目标整合、财务制度体系整合、会计核算体系整合、业绩考核体系整合、内部控制体系整合等。

企业并购后要整合双方企业的各类资源重新投入新的生产运营当中以及用于偿还相应的并购融资债务，容易出现偿债风险、流动性风险和财务制度的运营风险等。财务整合的风险主要表现在如下方面。

- 现金流风险与偿债风险。现金流是企业正常运行的命脉，企业采用现金方式支付并购交易对价时需要大量资金，如果企业无法控制现金流，维持较为安全的现金存储量，可能出现不能到期清偿债务或者临时支付困难的问题。
- 财务制度的统一与运营风险。财务整合涉及并购双方企业的财务目标、财务核算制度、各类资源、负债、绩效考核等多种内容的整合，还包括对企业信息传递系统的整合。这些具体内容的整合的影响面极广，可能直接影响其他整合或者企业的正常运转。

在并购后财务整合的过程中，收购方若突破了双方固有的财务限制，一味追求规模或业务范围的扩大，将导致严重的损失。

4. 人力资源整合及其风险

并购的过程是并购双方人力资源的重新组合过程，企业中的员工特别是被并购方的员工会因并购而产生较大的心理震荡并对其行为产生相应的影响。一个成功的企业并购应该使资源得到充分利用，而人力资源充分利用是靠并购中人力资源的整合来实现的。妥善安置遣散职工并给予恰当的补偿、合理安排留任职工职责划分、设置适当的激励措施和合理的薪酬待遇，可以调动劳动者的工作积极性和创造性，提高企业劳动生产效率，保证并购整合的稳定性。

人力资源整合的风险点在于如下方面。

- 如何稳定企业原有员工和被并购企业员工以防止优秀核心技术人才流失；
- 是否能够构建员工心理契约，让员工了解认同企业文化和未来企业及自身成长走向；
- 是否有合理的权责分工和员工激励政策。

根据对众多并购重组整合案例的分析可以发现，不当的人力资源安排会阻碍公司并购后的业务发展，甚至当公司处于重要时间节点时，会错过重要的战略机遇期。

5. 企业文化整合及其风险

企业文化主要由企业最高目标或宗旨、企业长期形成的共同价值观、作风和行为规范及规章制度等构成，它是公司管理的主要内容，具有个性化、一贯性和隐含控制性等特征。当企业并购发生时，两个企业间广泛而深入的资源与结构重组必然触动文化的碰撞，如果两个企业的文化不能相容，则会使企业员工丧失文化的确定感，继而产生行为的模糊性和降低对企业的承诺，最终影响并购方实现并购的预期收益。

不同的并购方式所要求的文化整合模式是不同的，如果是纵向并购或混合并购，企业之间经营业务和相关理念的联系不是很紧密，不要求高度统一的文化体系，可以存在独特的文化因素。但如果是横向并购，就要求双方在战略上实现互补匹配，因此对企业间文化的协同性有所要求。如果是跨国并购，还将涉及两个国家或者两个民族的文化、宗教背景差异，这种文化差异势必会造成企业经营理念、行为理念、企业价值观、工作方式、管理制度等方面的不同。

文化整合的风险来源于并购双方企业特有的文化差异以及双方企业对文化差异的容忍程度，文化整合的风险主要表现在如下方面。

- 由于并购双方不可能在企业设立环境、成长方式、领导人风格上处于完全一致的状态，因此文化整合风险包括管理人员与企业员工之间不能协调产生的管理失败的风险、由于文化沟通障碍和误会而导致沟通失败的风险以及并购双方业务上的经营管理习惯不能适应而导致并购失败的风险等；
- 每个企业对不同种文化差异都有一定的包容程度，单一文化企业可能对文化差异的包容度较低，它们追求文化的统一性；多元文化企业对文化差异的包容度会高一些，它们更多地是追求多种文化的相互融合和碰撞。文化差异包容程度的不同也会导致并购整合失败的风险。

11.2.5.2　并购整合风险的防范

并购后的整合是影响并购成败的重要因素，因此要防范并购整合风险，主要应从以下两个方面考虑。

1. 并购前充分考虑整合风险

并购后的整合虽然只是并购交易的环节之一，但却是时间最长、变量最多、与并购结果相关程度最高的环节。在并购前如果盲目乐观，轻视整合风险，高估并购的协同效应，可能会导致交易价格被不恰当地高估。因此，并购方在并购前应该保持审慎态度，客观判断并购后的协同效应，对并购整合后可能出现的情形进行深入分析，组织公司各部门对发展战略、组织结构、财务、人力资源、企业文化等多方面整合风险做好充分的准备和应对措施。

2. 并购后高效执行整合方案

并购方需要制定完整可行的并购整合方案，并由专业团队负责执行。在整合方案执行过程中，需要具备贯穿始终的清晰的整合战略，整合实施过快或过慢都可能导致整合失败。同时，需要关注并购后外部环境的变化，包括国内及国际政治环境变化、宏观经济变化、产业环境变化、政策变化等，以防外部环境变化给整合带来不利影响。

11.3 杠杆收购

11.3.1 杠杆收购的概念与一般程序

11.3.1.1 杠杆收购的概念

杠杆收购（Leverage Buy-out，LBO）是指某一企业拟收购其他企业并进行结构调整和资产重组时，以被收购企业的资产和将来的收益能力作为抵押，通过大量举债筹资，向股东购买企业股权的行为。杠杆收购中收购公司不必拥有巨额资金，只需以目标公司的资产及营运所得作为融资担保或还款来源，所贷得的金额即可兼并任何规模的公司，实现"以小博大"。杠杆收购在国外往往是由被收购企业发行大量的垃圾债券，成立一个股权高度集中、财务结构高杠杆性的新公司。在中国，由于垃圾债券尚未兴起，收购者大都是用被收购公司的股权作质押向银行借贷来完成杠杆收购。杠杆收购具有以下特点：

第一，高负债。杠杆收购中收购方的自有资金很少，一般占标的方股份购买价格的10%左右。一般而言，在收购所需全部资本构成中，杠杆收购是以高负债取代股本在目标公司中的资产负债地位，一旦公司全部收益率低于所借资本的全部成本，公司将不得不考虑减少一些部门，或者变卖资产偿还债务。因此，杠杆收购的特点之一就是使标的方由一家财务结构较健康的公司变成一家高负债比率的公司。

第二，高风险。杠杆收购具有很高的风险性，杠杆收购所需要的大量资本是靠借贷得到的。在杠杆收购中，收购所需资金的构成一般为投资银行贷款占60%，垃圾债券占30%，收购方自有资金占10%，并购后的公司面对极沉重的债务压力。一旦经济形势出现不利于公司发展的变化，收购公司的债务负担将进一步增加。

第三，高收益。对于提供贷款的金融机构来说，其可以从杠杆收购中获得更高的收益。同时，由于标的方的交易价格一般低于实际价格，因此收购方也可以获得额外收益。不过，由于杠杆收购具有"债融资"的性质，债权人只要求偿还利息和本金，而不会分享利润，所以当杠杆收购完成后，如果企业的资产利润大于借款利息，收购方将获得高额收益。

第四，高难度。在实际中，由于收购双方信息不对称、标的方的选择比较难以把握、资金来源有限、垃圾债券发行受阻、担保方式的可行性等原因，杠杆收购在具体操作中比较复杂。

11.3.1.2 杠杆收购的一般程序

每一例杠杆收购的具体操作程序都不一样，其中的典型步骤示意如下。

1. 准备阶段

准备阶段又称为设计阶段，包括发起人的确定、杠杆收购方案的制订以及一些具体细节的规划。概括地说，在准备阶段的方案中，应包括选择目标公司、确立恰当的战略战术、确定收购中的交易价格、对目标公司具有潜在利害关系和影响力的团体与个人进行公关、选择投标方式、草拟收购合同、合理安排各个收购环节的布局。收购方案的制订是整个收购工作的基础。

（1）选择发起人

通常发起人是公司的收购者，它们会先组织投资家、选择投资银行等顾问。有时投资银行和专门为收购而成立的"精品公司"也可能成为发起人。无论谁作为杠杆收购的发起人，能胜任该工作的企业必须具有相当强的筹资能力、扩充自有资金的实力、善于管理各类资金的能力，与融资机构有良好的关系和信誉，能够吸引、调动和激励被收购企业管理人员的兴趣、积极性和敬业精神，有很强的自律能力。

在发起人确定后，通常注册一家"模拟公司"或"纸上公司"，并以此公司的名义举债从目标公司股东手中收购股票。表面上这家虚拟公司是杠杆收购的主体，但实际上并非真正的发起人。特别是当买方由多方投资人组成，或者由管理者收购本公司股票时，由这样一家有少量自有资金注册的公司出面，利用目标公司的资产做担保来贷款，不仅可为融资提供方便，而且可以避免法律上的麻烦。

（2）选择目标公司

在杠杆收购中，什么样的公司是理想的收购对象，主要视买方的目的和能力而定。一般情况下，买方在选择目标公司时比较注重目标公司的以下条件：管理核心是否有能力、长期负债的数量、市场占有率、现金流量状况、企业的发展前景等。

概括地说，目标公司一般具有如下特征：管理技能良好；经营计划和经营战略周全、合理；企业实际价值远高于账面价值，比如在遭遇经济萧条时，股票价格已不能真实反映企业的状况，有些企业的股价甚至已跌至账面价值以下，但实际价值却远远高于账面价值；长期负债相对较少；现金流量比较稳健；产品或其营业受周期性需求的影响较小；市场占有率高。具备上述条件的公司极易成为市场上的被收购目标。

有时即使企业不完全符合上述条件，甚至公司在财务和经营方面出现了困难，但如果该公司今后几年有扩大的机会并且主要费用都是可递延的，或者该企业的设备是现代化的，收购之后不需要大量的研究和开发投入，或者该企业的资产在出售后不至于影响公司的主要业务，且出售后的收入可以作为早几年债务的现金支付，或者只要具备了收购企业认为有价值的东西，如商誉、易于变现的资产、一定的销售网络或收购企业有能力整顿，也会成为被收购的目标。总而言之，收购者看中的是有潜力的公司。

2. 筹资阶段

杠杆收购与一般收购的最大差异在于它是通过大量的债务融资来完成的。一般来说，由杠杆收购者自筹收购所需资金总额的10%，然后以公司的资产作为抵押品向银行借入收购所需资金的 50%—70%，在收购完成之后，再将此债券转移到目标公司身上。

筹资阶段是杠杆收购活动的重头戏，直接关系到杠杆收购的成败及风险、收益。银行根据目标公司的财务及经营状况进行信用分析并决定是否提供融资。收购者对所需资金来源进行合理安排，即杠杆结构的规划。杠杆收购的融资结构最后会演变为合并后的公司的资本结构，它对收购后公司价值能否在数年内迅速增加、股票能否顺利上市或转让有决定性的影响，因此该阶段至关重要。

3. 执行阶段

执行阶段即购入阶段。收购者在筹得资金以后就要开始执行收购，对上市公司而言，收购者出价购进市场上流通的股份。这个阶段的主要任务是执行已经制定好的杠杆收购方案。在执行的过程中，有时要根据当时的客观环境做一些微调。完成收购后，上市公司由公众公司变为私人公司，即所谓的上市公司私有化。

4. 转型阶段

如前所述，杠杆收购多半是由一个新注册的公司通过向各方融资来完成的。其中，投资银行为促使杠杆收购的迅速达成，还会向注册公司提供一种以投资银行自有资本支持的过渡性贷款。在收购完成后，这笔过渡性贷款一般需立即偿还。偿还的办法就是转移，即安排原注册公司消减，目标公司继续存在，构成一种"反向合并"。续存的目标公司实际上是已消减的原注册公司和目标公司的合并体，原债务也成为新公司负债的一部分。

具体过程是：合并后，目标公司即新公司以库存现金或出售资产来偿还原注册公司的部分债务，其余债务以优先债及从属债替换，并募集资金认购优先股及普通股。至此，目标公司的资本结构被改变，债务比例提高，与原注册公司的资本结构基本相同。从以上安排可以看出，收购完成后继续存在的公司仍要负担巨大的利息支出。因此，部分公司出于某些考虑，会通过公开发行股票的方式来使已成为非上市公司的公司再次上市，即所谓的反向杠杆收购。促使私有化公司再次上市成为公众公司的动机主要有三：一是使现有股东的股票能够变现；二是通过公开筹集股款，降低杠杆比例，减少公司的债务负担；三是公司可以将此款用于资本支出，以增加公司的投资收益。

由于杠杆收购的目的并不仅在于通过改善经营功能来获利，而且高比例的负债及由此带来的大量利息还迫使收购者急于获取现金还债以减轻债务负担，因此大多数杠杆收购完成后都有一个拆卖重组、再上市的过程。完成杠杆收购后，董事会将针对目标企业的发展，制定出一系列的战略整合意见和一套行之有效的激励机制，进而优化目标企业的经营方式，控制其经营成本，同时对目标企业中存在的不良或低效率资产进行处置和剥离，以此改变目标企业的市场战略发展方案，最终增加目标企业的利润和现金流。也就是说，杠杆收购后应该对目标企业进行整改，重组生产设备，提高产品质量，同时降低目标企业的应收账款，减少不良资产的存量，减少新工厂和其他方面的投资，同时削减研究经费，使企业尽快增加现金流，偿还债务，最终创造企业价值。

经过目标企业一段时间的经营后，收购者预期股市会出现一个很好的时机，在那时，目标企业可实施增发，这部分股票增发的收入会被用来偿还企业的债务。同时，随着目标企业的经营逐渐步入正轨，企业股票的溢价能够提高企业的市场价值。在目标企业上市交易一段时间后，收购方可通过公开市场卖出自己手中的股票，以实现最终目的。

完成这样一个程序一般需要 5—7 年，因此杠杆收购是一个中长期活动，在杠杆收购的过程中，投资者和合作者要接受在相当长的一段时间内不能够收回自己的投资的情况，此外，他们还得为目标企业的发展出力，以此实现企业价值的创造。

11.3.2 杠杆收购的收益和风险

11.3.2.1 杠杆收购的收益

在杠杆收购中，收购者主要通过大量的债务融资来收购公众公司的股票或资产，实现"空手套"的资本运作。由于债务资本在收购资金中占据较大比例，而债务成本比权益成本要低，充分利用债务筹资可以增加股东财富。此外税法规定一般债务利息允许在税前扣除，所以债务资本的高财务杠杆效应会带来大量的节税收益。总结起来，杠杆收购可带来财务杠杆收益和税收收益。财务杠杆收益是指企业由于大量运用资本成本率较低的债务资本所带来的收益，而税收收益是指债务利息抵税带来的收益。为了便于理解，下面举例说明杠杆收购给企业带来的收益。

假设企业进行杠杆收购前后除负债权重外其他指标不变，如表 11-1 所示。

表 11-1 某企业财务数据

项目	杠杆收购前	杠杆收购后
年税前利润（EBIT）（万元）	6 500	6 500
企业总资产额（TA）（万元）	29 600	29 600
资产收益率（ROA）	22%	22%
名义债务成本（NDC）	8%	8%
实际债务成本（EDC）	6%	6%
权益成本（K）	12%	12%
负债权重（D）	40%	80%
所得税税率（T）	33%	33%

财务杠杆收益（非抵税负债成本节省收益）

$$= 杠杆收购后的无抵税企业价值 - 杠杆收购前的无抵税企业价值$$

$$= \frac{\text{EBIT} \times (1-T)}{\text{NDC} \times D_2 + K \times (1-D_2)} - \frac{\text{EBIT} \times (1-T)}{\text{NDC} \times D_1 + K \times (1-D_1)}$$

其中，D_2 为收购后负债权重；D_1 为收购前负债权重。将表 11-1 中的数据代入可得企业财务杠杆收益为 7613.6 万元。

$$税收收益（抵税债务成本节省收益）= \frac{\text{EBIT} \times (1-T)}{\text{EDC} \times D_2 + K \times (1-D_2)} - \frac{\text{EBIT} \times (1-T)}{\text{EDC} \times D_1 + K \times (1-D_1)}$$

将表 11-1 中的数据代入可得税收收益为 15 121.5 万元。此外杠杆收购中的净杠杆收益率反映负债给股东带来的收益：

$$\text{净杠杆收益率（NLER）} = \frac{D}{E} \times (\text{ROA} - K)$$

进而可以得到：

$$\text{净杠杆收益} = \frac{\text{BNLER} \times \text{TA} \times (1 - D_2)}{K} - \frac{\text{ANLER} \times \text{TA} \times (1 - D_1)}{K}$$

其中，ANLER 为收购后净杠杆收益率；BNLER 为收购前净杠杆收益率。将表 11-1 中的数据代入可得净杠杆收益为 9 866.7 万元。

企业进行杠杆收购所带来的所有收益表现为杠杆收购的协同收益：

$$\begin{aligned}\text{杠杆收购协同收益} &= \text{财务杠杆收益} + \text{税收收益} + \text{净杠杆收益} \\ &= 7\,613.6 + 15\,121.5 + 9\,866.7 = 32\,601\text{ 万元}\end{aligned}$$

由此可见，企业进行杠杆收购所带来的收益是巨大的。这也可以在一定程度上解释为什么一些企业热衷于联合风险基金、投资银行进行杠杆收购。

11.3.2.2 杠杆收购的风险

从有关杠杆收购的一般理论分析中我们了解到，杠杆收购的融资过程运用了财务杠杆原理，而财务杠杆是一把双刃剑，当资产收益率大于借入资金的利率时，增加财务杠杆可以大幅提高企业盈利；反之，如果企业经营不善，则会使得企业净收益或每股盈余急剧减少，因此收购方一定不能忽视杠杆收购的风险性。具体来说，在杠杆收购实施的准备阶段，主要存在法律风险、定价风险；在杠杆收购的实施过程中，主要存在融资风险、运作风险；杠杆收购实施后，主要存在财务风险、经营及整合风险等。

1. 杠杆收购实施准备阶段的风险分析

（1）法律风险分析

在法律制度健全、政策环境稳定的西方国家，企业实施杠杆收购通常都有明确的法律依据可循，收购程序有法可依，在一定程度上避免了产权变动引起的震荡，保障了杠杆收购的顺利实施。但是，我国企业实施杠杆收购的制度环境尚不成熟，缺乏相应的法律法规。从我国现有的有关法律法规条文来看，相关法律规范过于简略、宽泛且限制颇多，使得许多方面处于无法可依的状态（表 11-2）。实际操作中，大多数想要实施杠杆收购的企业可引用的规定只是那些临时性、地方性、政策性的办法和条例，它们不具备立法权威性和统一适用性，这在一定程度上阻碍了杠杆收购的实施。具体到操作细节上，如收购主体设立、融资等环节，操作性不强，限制性也较多。由于我国大部分的案例都集中体现为管理层收购，而我国法律中有关的法律条文则相对更少。

表 11-2 杠杆收购适用的相关法律法规

法规	相关规定
《公司法》	第三十五条规定：有限责任公司股东向股东以外的人转让其出资时，必须经全体股东过半数同意，不同意转让的股东应当购买该出让的出资，如果不购买该转让的出资，视为同意转让。经股东同意转让的出资，在同等条件下，其他股东对该出资有优先购买权
	对外累计投资额不得超过公司净资产的 50%
	有限责任公司的股东人数不能超过 20 人
《贷款通则》	从金融机构取得的贷款不得用于股本收益性投资，国家另有规定的除外
《证券法》	第六十七条规定：禁止证券交易内幕信息的知情人员利用内幕信息进行证券交易活动
	第六十八条规定：发行股票或者公司债券的公司董事、监事、经理、副经理及有关的高级管理人员，为知悉证券交易内幕信息的知情人员
	第八十九条规定：采取协议收购方式的收购人可以依照法律行政法规的规定同被收购公司的股东以协议方式进行股权转让
	第九十一条规定：在上市公司收购中收购人对所持有的被收购的上市公司的股票在收购行为完成后的 6 个月内不得转让
	第一百四十七条规定：公司董事、监事、经理应当向公司申报所持有的本公司的股份，并在任职期间内不得转让
《上市公司收购管理办法》	第三条规定：收购人可以通过协议收购、要约收购或者证券交易所的集中竞价交易方式进行上市公司收购，获得对一个上市公司的实际控制权
	第六条规定：上市公司收购可以采用现金、依法可以转让的证券以及法律、行政法规规定的其他支付方式进行
	第七条规定：收购人不得利用上市公司收购损害被收购公司及其股东的合法权益；禁止不具备实际履约能力的收购人进行上市公司收购，被收购公司不得向收购人提供任何形式的财务资助
	第八条规定：上市公司的控股股东和其他实际控制人对其所控制的上市公司及该公司其他股东负有诚信义务。收购人对其所收购的上市公司及其股东负有诚信义务，并应当就其所承诺的具体事项提供充分有效的履行保证
	第十五条规定：管理层、员工进行上市公司收购的，被收购公司的独立董事应当就收购可能对公司产生的影响发表意见。独立董事应当要求公司聘请独立财务顾问等专业机构提供咨询意见，咨询意见与独立董事意见一并予以公告。财务顾问费用由被收购公司承担
《关于规范国有企业改制工作的意见》	企业的专利权、非专利技术、商标权、商誉等无形资产必须纳入评估范围
	经营管理者筹集收购国有产权的资金，要执行《贷款通则》的有关规定，不得向包括本企业在内的国有及国有控股企业借款，不得以这些企业的国有产权或实物资产作标的物为融资提供保证、抵押、质押、贴现等
	国有企业改制要征得债权金融机构同意，保全金融债权，依法落实金融债务，维护其他债权人的利益
	非上市企业国有产权转让要进入产权交易市场，公开信息，竞价转让
《企业国有产权向管理层转让暂行规定》	管理层存在下列五种情形，不得受让标的企业的国有产权： 一、经审计认定对企业经营业绩下降负有直接责任的； 二、故意转移、隐匿资产，或者在转让过程中通过关联交易影响标的企业净资产的； 三、向中介机构提供虚假资料，导致审计、评估结果失真，或者与有关方面串通，压低资产评估结果以及国有产权转让价格的； 四、违反有关规定，参与国有产权转让方案的制订以及与此相关的清产核资、财务审计、资产评估、底价确定、中介机构委托等重大事项的； 五、无法提供受让资金来源相关证明的。
	四类企业国有产权不得向管理层转让，这四类企业包括大型国有及国有控股企业、大型企业主营业务的重要子公司、上市公司及国家有特殊规定的中小企业。

除了现有的法律法规不健全等客观困难，一些企业在实施杠杆收购的过程中也没有严格遵守现有的操作程序。正是因为上述法律风险的存在，我国企业在实施杠杆收购时，一方面由于法律法规不健全而存在大量规避法律的"灰色地带"；另一方面，企业由于缺乏法律法规的引导，稍有不慎就会因"触雷"而不得不前功尽弃。这些都在无形中给杠杆收购的操作带来了难度，使得中国的杠杆收购、管理层收购更多只是"暗流涌动"，已经尝试操作杠杆收购的企业也大都较为低调。

（2）定价风险分析

在杠杆收购中，由于涉及目标企业资产或负债的全部或部分转移，需要对目标企业的资产、负债进行评估。对标的进行评估是双方能够成交的基础，也是双方谈判的焦点所在。国外的企业交易市场较为成熟，定价模式拥有充分的数据支持、规范的中介参与，辅以敌意收购和公开竞价，过程中的价格确定相对较为合理。

在国内，由于我国资本市场的发展时间并不长，公开披露的会计信息和数据难以反映企业的真实价值和营运状况。而从资产清查来看，资产评估部门在有限的时间内不可能对被兼并企业进行彻底清查，导致评估结果存在一定的误差。同时，由于我国资产评估行业处于发展阶段，在评估的技术或手段上尚不成熟，这种误差可能更加明显。此外，资产评估部门也有可能在多方干预或自身利益的驱动下，出具虚假不实的评估报告。到目前为止，杠杆收购仍没有找到一个合理的定价模式。

我国企业在实施杠杆收购时通常会参照《上市公司收购管理办法》中有关协议收购和要约收购价格的规定：协议收购非流通股价格不低于每股净资产，要约收购价格按照流通股价格，具体可选择的定价依据见表11-3。由于在我国实施杠杆收购的方式大部分是协议转让，在缺乏市场化定价机制的情况下，每股净资产就"自然而然"地成为交易定价的参照标准。

表 11-3　杠杆收购可选定价依据

企业性质		定价依据
国有企业	国有股权的转让或国有企业的增资价格	一般不应低于每股净资产值，并且必须经过相应国有资产主管部门的批准，但根据政策法规可以享有优惠政策的除外
	国有股权转让	转让股份的价格必须依据公司的每股净资产、净资产收益率、实际投资价格（投资回报率）、近期市场价格以及合理的市盈率等因素来确定，但不得低于每股净资产值
	国有企业改建为股份公司	《股份有限公司国有股权管理暂行办法》中规定：国有资产严禁低估作价折股，一般应以评估确认后的净资产折为国有股的股本。如不全部折股，则折股方案须与募股方案和预计发行价格一并考虑，但折股比率（国有股股本/发行前国有净资产）不得低于65%
非国有企业	非国有法人股股权转让	一般由股权转让双方或相关利益主体自主交易而定

但是，这种定价标准存在一些不容忽视的问题。第一，净资产反映的是历史成本，是沉没成本，并不能反映企业的未来获利能力，而杠杆收购中，看中的正是企业的未来获利能力，即企业的未来价值，因此净资产与杠杆收购决策是不相关的。第二，无形资

产价值被忽略。有些无形资产，如顾客群、自创商誉、品牌效应和客户网络等由于当前会计核算的局限性而未能在资产负债表中反映出来，但它们却能为评价企业的未来获利能力提供很多信息。也就是说，每股净资产只是企业资产在某一点上的静态价值，不能全面反映企业资产的现状。第三，机械地以净资产作为定价标准，也为内部人人为造假压低净资产留下了空间。一些管理者利用自己获得的信息、对企业架构的控制权以及选择中介机构的职务便利，通过调剂或隐瞒资产的办法，来压低每股净资产，从而实现低价收购，将企业资产在缺乏社会监督和竞争机制的情况下转移到自己名下。

围绕净资产的定价同时存在两方面的风险。一方面，如果公司有良好的发展前景，预期未来有较强的盈利能力，则该方法显然低估了公司价值，给原股东造成损失。另一方面，如果公司发展前景暗淡，预期盈利能力不好甚至很糟糕，收购方就形成了一个多付风险。如果并购成本相对于目标公司的价值而言高出较多，则买价过高的负面影响将会持续多年，并购企业的每股收益和资产负债表的良好状况也许再也无法复原，这就是杠杆收购的多付风险。出价过高主要有两个原因，一是对市场前景过于乐观，二是对协同作用的期望过高。

2. 杠杆收购实施过程中的风险分析

（1）融资风险分析

由于实施杠杆收购所需的金额较大，这就需要有畅通、广泛的融资渠道。在国外杠杆收购操作过程中，杠杆收购所需资金除少量自筹外，其余资金则通过融资来筹措，可以通过目标企业的资产担保来向银行申请抵押贷款，也可以以私募方式向养老基金、保险公司或风险投资基金等发行优先股或次级债券而募得，甚至可以在市场上公开发行"垃圾债券"来筹措。而国内实施杠杆收购的融资渠道十分有限，且融资限制较多。

第一，目前国内银行和非银行金融机构尚不能对杠杆收购提供全面直接的融资支持。银行对具有较大风险的杠杆收购，往往要求有充足的资产作为抵押，而根据目前的规定，收购方不能以被收购企业的资产作抵押，只对证券公司进行股票抵押贷款，还不对企业或个人进行这方面的贷款业务。

金融管制措施也使我国企业不可能直接从金融机构那里取得杠杆收购所需要的资金。根据人民银行《贷款通则》的规定，从金融机构取得的贷款主要应该应用于补充企业流动资金和固定资金的不足，一般不得用于股本权益性的投资，而且杠杆收购的风险和资金需要量都很大，一般的商业银行也不愿意支持。此外，企业很难在现有的法律框架内找到进行杠杆收购活动的直接融资渠道，我国企业债券、股票的发行基本上都是为了企业筹集固定资产投资资金，审批严格，专款专用。由此可见，我国企业融资渠道很狭窄，使得杠杆收购所需的大量资金难以找到有效的来源渠道。

第二，在我国企业不能作为融资的主体。如果是管理层收购，实施收购的管理者无法向包括本企业在内的国有及国有控股企业借款，也无法以这些企业的国有产权或实物资产做标的物为融资提供保证、抵押、质押、贴现等。

第三，我国杠杆收购的融资品种和工具少。债务融资中，银行融资可能性小，缺乏机构投资者，缺乏信用贷款、卖方融资、公司债券、次级票据等工具；权益融资中，不能发行优先股，这将失去优先股投资者；此外还缺乏债权与股权之间相应的转换工具，亟须配套的金融制度改革。

正是因为现阶段杠杆收购的资金来源受到诸多限制，面临巨大的资金压力，所以从国内已经发生的案例来看，在相关公告中对收购资金来源问题一般避而不提，也就是说，在实际操作中，不得不使用各种方式以规避当前严格的金融制度管制。

此外，在西方国家的杠杆收购中，中介机构的作用是举足轻重的；我国相关专业中介机构的缺位使得杠杆收购的融资缺乏专业的支持与指导，增加了其融资风险。

（2）运作风险分析

国外杠杆收购的具体运作一般都有大量中介机构的参与，由专业的投资银行、咨询机构、投资基金的咨询部门等来进行协调，由资产评估师、注册会计师、律师等来制定具体的收购策略、安排融资结构。此外，如果上市公司的一桩交易涉及50%或更多资产且为关联交易，或者这家公司将被收购，还必须聘请一家独立的财务顾问机构对交易进行评估，并作出详细的信息披露。

目前国内运作杠杆收购的关键点主要包括收购主体搭建、融资方案、还款方案、股权定价标准及定价程序、享受地方政策、风险规避措施等，运作过程相当复杂，技术含量高，但是我国相关中介机构的发展却相对滞后，成熟高水准的专业中介机构较少，具体主要表现在以下几方面：第一，我国资产评估业水平较低，目前的评估机构绝大多数是由政府部门组建并管理的；第二，在我国从事投资银行业务的金融机构发展迅速、潜力较大，但由于其尚在初创阶段，不可避免地会存在很多缺陷，在资金基础、业务范围、经营管理、行业分工、专业化程度和从业人员素质等方面与真正的现代投资银行有相当大的差距，其业务也受到一定的政策限制；第三，我国律师事务所、注册会计师事务所等中介机构，无论人员的结构和素质还是资产的规模，都与国内市场的需求有很大的差距，并且缺乏必要的经验，服务水平不高，难以满足需要。因而在杠杆收购的运作过程中，我国中介机构最多只能帮助设计收购方案，还难以在融资、谈判以及收购后的整合中发挥作用，更难以在管理层的股权分配和经营管理上提供有效的建议。因此国内杠杆收购的顺利运作还有待于中介机构的成长与配合。

3. 杠杆收购实施后的风险分析

（1）财务风险分析

杠杆收购中，企业为完成收购行为需要大量举债，而高额的债权性筹资将会增加股权投资者遭受潜在损失的风险。这种财务风险的决定因素包括用于收购的负债数额和将由收购方承担的目标企业的债务。另外，收购方还必须承担被收购企业无形资产所有权存在虚假的风险，以及被收购企业因担保抵押引起的财务风险。

就负债风险具体来说，杠杆收购的特征之一就是具有较高的财务杠杆比率。这种负债经营的方式可能带来很高的投资回报率，通常都高于普通资本结构的回报率，但高收益必定与高风险相联系，这种经营方式也会带给企业很大的偿债压力，在杠杆放大的效应下，财务风险非常显著。而且每期定期还本付息要求企业有较充分的现金流量，若企业存在账面价值较高但现金流量很少的情况，也会产生到期无法支付本金利息的财务危机。另外，从目前情况看，融资的还款渠道主要集中在收购后企业经营活动中产生的现金流，还款渠道过于单一，很容易出现财务危机。

（2）经营及整合风险

经营风险是指企业未来经营收益及本身所固有的不确定性，也即在没有负债时公司资产的风险。经营风险是由现代企业的本质决定的，因为面对市场的经营都有很大的不确定性，任何公司在做计划时都不可能确保自己的预期收益一定实现，如果达不到预期的资产收益率，就会出现投资损失，这就是经营风险。收购后的经营风险与管理层的管理能力、市场需求的不确定性、产品售价的不确定性以及成本的不确定性等有关。再加上杠杆收购形成较高的财务杠杆，收购完成后急于偿还部分债务，就可能出现占用企业来年发展的资金或者经营所需正常的流动资金的情况，这会导致企业投资回报率降低，甚至影响企业的日常运作，同样引发财务危机。

在杠杆收购完成后的企业重组和经营改进过程中，企业管理者的作用非常重要。公司强有力的经营管理是杠杆收购取得成功的重要保证。杠杆收购完成后，我们看到的是一个面临巨大财务风险的企业，企业管理者要想使企业的资本收益率大于贷款利率，使企业现金流量接济得上，就必须给企业注入新资源，对企业实施有效的重整。有的企业或许成功地以低成本完成了杠杆收购，但是如何安然度过企业重组和经营改进阶段，对它们来说仍然是一个巨大的挑战。杠杆收购后的整合包括人事整合、经营政策整合、制度整合、运行系统整合与经营整合等。

许多研究表明，并购整合的最大障碍来自各种非正式的关系、联系和行为方式，也就是一体化中不同公司文化的冲突。并购事件所带来的变化会导致公司管理层和普通员工的担忧、焦虑与紧张。公司管理层和普通员工的职位与具体工作的变化，以及企业文化氛围上的差异等，都是整合中遇到的难题。杠杆收购后，对经营业务的整合也是一个重要方面，如果实施杠杆收购后不能迅速进行业务整合，公司将面临巨大的财务压力。

案例 11-2

广东宝利来投资股份有限公司（以下简称"宝利来"，为上市公司）通过发行股份和支付现金的方式购买王志全等89名交易对方合计持有的北京新联铁科技股份有限公司（以下简称"新联铁"，为标的公司）100%股份，并募集配套资金。本次交易完成后，宝利来将持有新联铁100%股份。2015年1月8日，中国证监会核准了本次交易。

为了改变长期存在的缺乏实质性主营业务、持续经营能力严重不足的局面，2012年12月，宝利来向控股股东收购了高端酒店资产。然而，宏观经济形势低迷导致国内消费市场增速放缓，国家出台的一系列限制"三公"消费的政策更是对国内高端餐饮、住宿等行业造成了不利影响。

为了进一步提高公司的资产质量和盈利能力，上市公司（宝利来）选择了进行跨界多元化并购，标的公司（新联铁）所属轨道交通运营维护业务的市场前景广阔。较之IPO或者借壳上市，产业并购尤其是跨界并购的整合风险非常突出，加之本次交易对方数量众多、身份及诉求各异，如何通过利益平衡达成本次交易成为难点。为此，在本次交易过程中，上市公司与交易对方、交易对方内部进行了大量的沟通谈判工作，最终的交易方案也呈现出显著有别于一般重组的个性化、差异化安排。

从重组后的效果来看，本次交易实现了包括上市公司的中小股东、控股股东，标的公司的实际控制人、财务投资者、管理团队、业务骨干等多方共赢的有利局面。上市公司的持续发展能力得到根本性改善，一举成为我国轨道交通运营维护细分领域的龙头企业；标的公司也获得了宝贵的资本运作平台，借助我国以高铁为代表的轨道交通行业大发展的有利契机，力争实现跨越式发展。从后续运作来看，本次交易完成后，上市公司迅速通过重大资产重组完成了两个重量级标的公司的整合，进一步完善了在轨道交通运营维护领域的战略业务布局，巩固和提高了优势竞争地位。

本章小结

并购包括兼并和收购。兼并是指一家企业通过产权交易获得其他企业产权和控制权的行为，交易后转让产权的企业丧失法人资格，相当于吸收合并；收购是指一家企业对其他企业的资产或股权的购买行为。对于并购重组来说，并购是方式和手段，达到资产的重组及优化配置是结果。按照不同的分类依据，并购可以分为横向并购、纵向并购、混合并购，也可以分为善意并购和敌意并购。本章还总结了国内外关于并购对公司价值的影响研究。上市公司通过并购重组，可以调整企业结构，改善公司治理，进而提高运营效率。我国经济的转轨特征决定了上市公司并购重组会有创造价值的巨大空间。

公司并购的动因较为复杂，往往难以区分，仅为某个单一的原因而进行的兼并与收购并不常见。大多数兼并与收购有着多种动因，而且不同时期可能有不同的特点。目前广为大家接受的理论包括效率理论、代理理论、税负考虑等。并购动因决定了并购后企业整合的方式，并影响着企业并购的效果。除了企业并购的一般动因，我国的企业并购还具有一些特定的动因。

并购是一个复杂的系统工程，从研究准备到方案设计，再到谈判、签约和成交，以及并购后整合，整个过程都是由一系列活动有机结合而成的。公司一般的并购操作包括对目标公司的筛选、评价、估值以及收购的实施及收购后的整合。各个阶段都有其关注要点，需要结合并购交易的具体情况具体分析。

本章还对杠杆收购进行了介绍，其本质即是举债收购，指收购者仅有少许资金，借由举债借入资金来收购其他公司。本章对杠杆收购的一般程序、收益及风险进行了具体介绍。

本章重要术语

合并　收购　重组　并购　并购重组　并购动因　杠杆收购　重组上市　整体上市　产业并购　协同效应　并购整合　收益法　成本法　市场法　业绩补偿　业绩奖励

思考练习题

1. 简述收购与兼并的异同。
2. 按照不同分类简述并购的分类。
3. 简述换股收购的特点。
4. 简述敌意收购的特点与应对措施。
5. 简述借壳上市的定义、动因及政策导向。
6. 简述并购对公司价值的影响。
7. 试分析并购价值转移或再分配理论。
8. 经典并购价值理论对我国并购市场有什么启示?
9. 公司并购的动因理论有哪些?
10. 对目标公司进行筛选时都有哪些需要注意的原则?
11. 简述目标公司估值的主要方法及适用条件。
12. 并购交易方案的整体设计需要考虑哪些方面?
13. 作为交易双方博弈的核心环节,交易价格是怎样确定的?
14. 并购交易中的主要支付工具有哪些?各自有什么样的特点?
15. 简述标的公司估值调整的方式。
16. 并购后的整合需要考虑哪些风险?如何防范这些风险?
17. 请简单介绍一下杠杆收购。
18. 杠杆收购的一般程序都有哪些步骤?
19. 杠杆收购的收益来源主要是什么?
20. 试分析杠杆收购实施后可能面临的风险。

参考文献

[1] Fama E. F., Jensen M. C. Agency Problems and Residual Claims [J]. *The Journal of Law and Economics*, 1983(26, 2): 327—349.

[2] Manne H. G. Mergers and the Market for Corporate Control [J]. *Journal of Political Economy*, 1965 (73, 2): 110—120.

[3] Roll R. The Hubris Hypothesis of Corporate Takeovers [J]. *Journal of Business*, 1986: 197—216.

[4] 《非上市公众公司重大资产重组管理办法》(证监会令〔2014〕第103号).

[5] 《关于加强非上市公众公司监管工作的指导意见》(证监会公告〔2015〕13号).

[6] 胡海峰. 公司并购理论与实务 [M]. 北京: 首都经济贸易大学出版社, 2007.

[7] 江苏省上市公司协会. 上市公司并购重组流程及案例解析(第二版)[M]. 南京: 江苏人民出版社, 2016.

[8] 深圳证券交易所. 上市公司并购重组问答(第二版)[M]. 北京: 中国财政经济出版社, 2017.

[9] 张金鑫. 企业并购 [M]. 北京: 机械工业出版社, 2016.

第 12 章
并购重组的主体与业务操作

孙帆、焦皓珅、陈一辉（华泰联合证券）

本章知识与技能目标

◎ 了解并掌握上市公司收购的概念、收购当事人的义务，了解预防性和主动性反收购策略及其在我国 A 股市场的应用，掌握要约收购的概念、分类、豁免情况，了解协议收购的概念；

◎ 了解并掌握上市公司重大资产重组的概念，了解上市公司重大资产重组的适用标准、实施程序，掌握重组上市的标准，熟悉上市公司发行股份购买资产、重大资产重组后再融资等特别规定；

◎ 了解非上市公众公司（又称挂牌公司）重大资产重组的概念及判断标准，重大资产重组的实质条件，重大资产重组流程概要，重点流程的注意事项，以及重组与证券发行的关系、终止重组等特殊事项的要求；

◎ 结合近期经典案例，了解中国企业走出去的近况，初步学习掌握跨境并购的基本流程、涉及的监管审批、中介机构选聘及交易的常用融资方式等内容，对跨境并购操作有一个初步的理解。

> **引导案例**
>
> 恒天然乳品（香港）有限公司（以下简称"恒天然香港"）拟自2015年2月12日起以部分要约收购方式向贝因美婴童食品股份有限公司（以下简称"贝因美"）收购不高于204 504 000股的股份。截至2015年3月13日，本次要约收购期限届满。根据中国证券登记结算有限责任公司深圳分公司提供的数据统计，在2015年2月12日至2015年3月13日要约收购期限内，预受要约股份共计199 382 283股，撤回预受要约股份共计6 955 171股，最终贝因美股东的3 654个账户、共计192 427 112股股份接受收购人发出的收购要约。
>
> 根据《上市公司收购管理办法》的规定，本次要约收购生效。对于本次要约收购最终预受要约股份数没有超过收购人预定收购数204 504 000股的，收购人按照收购要约约定的条件全部购买股东预受要约的192 427 112股。本次要约收购前，收购人未持有贝因美股份，本次要约收购后，收购人持有贝因美192 427 112股股份，占总股本的18.82%。本次要约收购股份的过户手续已于2015年3月18日办理完毕。

企业并购是企业发展到一定阶段的必然选择，尤其对于上市公司而言，作为行业细分领域的龙头企业，通过并购来扩大规模、完善产业链从而得到迅速发展更是必经之路。我国股票市场全流通后，监管机构相继出台了多个关于上市公司并购重组的文件，由于政策支持和上市公司产业整合的兴起，我国的并购市场近几年飞速发展。

实务中，法定需要或建议中介机构介入的企业并购重组主要包括上市公司收购、上市公司重大资产重组、非上市公众公司重大资产重组和跨境并购。本章主要对前述四类企业并购行为的概念、流程和注意事项等基本内容展开介绍。

12.1 上市公司收购

12.1.1 上市公司收购概述

12.1.1.1 上市公司收购的概念

上市公司收购是指收购人通过直接或间接的方式获得上市公司控制权的行为。收购上市公司股份的手段有二级市场竞价、要约收购、协议收购和委托书收购等。

收购人包括投资人及其一致行动的他人。一致行动是指投资者通过协议或其他安排，与其他投资者共同扩大其所能够支配的一个上市公司股份表决权数量的行为或者事实。在上市公司的收购及相关股份权益变动活动中有一致行动情形的投资者，互为一致行动人。

收购人可以通过取得股份的方式成为一个上市公司的控股股东,可以通过投资关系、协议、其他安排等途径成为一个上市公司的实际控制人,也可以同时采取上述方式和途径取得上市公司控制权。

有下列情形之一的,为拥有上市公司控制权:①投资者为上市公司持股50%以上的控股股东;②投资者可以实际支配上市公司股份表决权超过30%;③投资者通过实际支配上市公司股份表决权能够决定公司董事会半数以上成员选任;④投资者依其可实际支配的上市公司股份表决权足以对公司股东大会的决议产生重大影响;⑤中国证监会认定的其他情形。

为了规范上市公司的收购以及股份权益变动行为,中国证监会于2006年7月31日发布《上市公司收购管理办法》,2008年8月27日通过了《关于修改〈上市公司收购管理办法〉第六十三条的决定》,2012年2月14日再次通过了《关于修改〈上市公司收购管理办法〉第六十二条及第六十三条的决定》。出于简政放权的目的,2014年10月23日,中国证监会发布了重新修订的《上市公司收购管理办法》(以下简称《收购办法》)。新修改的《收购办法》进一步减少了并购重组行政许可事项,确立了以市场化为导向的上市公司收购制度,简化了并购重组行政许可程序,对提高并购重组效率具有重要意义。

12.1.1.2 上市公司收购中当事人的义务

1. 收购人的义务

报告义务。实施要约收购的收购人必须事先向中国证监会报送上市公司收购报告书。要约收购完成后,收购人应当在15日内将收购情况报告中国证监会和证券交易所。

禁售义务。收购人在要约收购期内,不得卖出被收购公司的股票。

锁定义务。收购人持有的被收购的上市公司的股票,在收购行为完成后的12个月内不得转让。但是收购人在被收购公司中拥有权益的股份在同一实际控制人控制的不同主体之间进行转让不受前述12个月的限制,不过应当遵守《收购办法》有关豁免申请的有关规定。

此外,收购人还应当履行守约义务、平等对待被收购公司所有股东的义务等。

2. 被收购公司的控股股东或实际控制人的义务

被收购公司的控股股东或实际控制人不得滥用股东权利,损害被收购公司及其他股东的合法权益。被收购公司的控股股东、实际控制人及其关联方有损害被收购公司及其他股东合法权益的,上述控股股东、实际控制人在转让被收购公司控制权之前,应当主动消除损害;未能消除损害的,应当就其出让相关股份所得收入用于消除全部损害,对不足以消除损害的部分应当提供充分有效的履约担保或安排,并依照公司章程取得被收购公司股东大会的批准。

3. 被收购公司的董事、监事、高级管理人员的义务

被收购公司的董事、监事、高级管理人员对公司负有忠实义务和勤勉义务,应当公平对待收购本公司的所有收购人。被收购公司董事会针对收购所作出的决策及采取的措施,应当有利于维护公司及其股东的利益,不得滥用职权对收购设置不适当的障碍,不得利用公司资源向收购人提供任何形式的财务资助,不得损害公司及其股东的合法权益。

12.1.1.3 持股权益披露

1. 大股东披露和权益变动披露

《证券法》第八十六条规定：通过证券交易所的证券交易，投资者持有或者通过协议、其他安排与他人共同持有一个上市公司已发行的股份达到5%时，应当在该事实发生之日起三日内，向国务院证券监督管理机构、证券交易所作出书面报告，通知该上市公司，并予公告；在上述期限内，不得再行买卖该上市公司的股票。投资者持有或者通过协议、其他安排与他人共同持有一个上市公司已发行的股份达到5%后，其所持该上市公司已发行的股份比例每增加或者减少5%，应当依照前款规定进行报告和公告。在报告期限内和作出报告、公告后两日内，不得再行买卖该上市公司的股票。

该条规定的主要目的是预警，提醒市场注意有投资者可能成为潜在的收购人，并且通过对该股东以后增减股份的持续披露，让市场监控其行为。但如果投资者是通过协议转让的方式获得上市公司股权，投资者则无法控制协议购买的股权数量，不能恰好在5%的时点上停下来进行报告和公告。《收购办法》对协议转让股权的权益披露时点有所放松：通过协议转让方式，投资者及其一致行动人在一个上市公司中拥有权益的股份拟达到或者超过一个上市公司已发行股份5%时，履行权益披露义务。此后，其拥有权益的股份占该上市公司已发行股份的比例每增加或者减少达到或者超过5%的，也应当履行报告、公告义务。如果投资者是通过行政划转或者变更、执行法院裁定、继承、赠与等方式拥有权益的股份变动达到上述规定比例的，也当同样履行权益披露义务。

2. 权益披露的内容

《收购办法》第十六条及第十七条规定：如果投资者及其一致行动人不是上市公司的第一大股东或者实际控制人，其拥有权益的股份达到或者超过该公司已发行股份的5%，但未达到20%的，应当编制包括下列内容的简式权益变动报告书。

- 投资者及其一致行动人的姓名、住所；投资者及其一致行动人为法人的，其名称、注册地及法定代表人；
- 持股目的，是否有意在未来12个月内继续增加其在上市公司中拥有的权益；
- 上市公司的名称，股票的种类、数量、比例；
- 在上市公司中拥有权益的股份达到或者超过上市公司已发行股份的5%或者拥有权益的股份增减变化达到5%的时间及方式；
- 权益变动事实发生之日前6个月内通过证券交易所的证券交易买卖该公司股票的简要情况；
- 中国证监会、证券交易所要求披露的其他内容。

如果前述拥有权益的股份达到或者超过一个上市公司已发行股份的5%但未达到20%的投资者及其一致行动人为上市公司第一大股东或者实际控制人，或者投资者及其一致行动人拥有权益的股份达到或者超过一个上市公司已发行股份的20%但未超过30%的，应当编制详式权益变动报告书。除须披露简式权益变动报告书规定的信息外，还应当披露以下内容。

- 投资者及其一致行动人的控股股东、实际控制人及其股权控制关系结构图；
- 取得相关股份的价格、所需资金额、资金来源，或者其他支付安排；
- 投资者、一致行动人及其控股股东、实际控制人所从事的业务与上市公司的业务是否存在同业竞争或者潜在的同业竞争，是否存在持续关联交易；存在同业竞争或者持续关联交易的，是否已作出相应的安排，确保投资者、一致行动人及其关联方与上市公司之间避免同业竞争以及保持上市公司的独立性；
- 未来 12 个月内对上市公司资产、业务、人员、组织结构、公司章程等进行调整的后续计划；
- 前 24 个月内投资者及其一致行动人与上市公司之间的重大交易；
- 不存在本办法第六条规定（利用上市公司的收购损害被收购公司及其股东合法权益）的情形；
- 能够按照本办法第五十条的规定提供相关备查文件。

已披露权益变动报告书的投资者及其一致行动人在披露之日起 6 个月内，因拥有权益的股份变动需要再次报告、公告权益变动报告书的，可以仅就与前次报告书不同的部分作出报告、公告；自前次披露之日起超过 6 个月的，投资者及其一致行动人应当按照本节的规定编制权益变动报告书，履行报告、公告义务。

12.1.2　反收购策略

收购人通过证券交易所的股份转让活动或者其他方式控制目标公司股份达到一定比例时，其可能获得对目标公司的实际控制权，若收购方是在未经目标公司实际控制人或董事会同意的情况下进行收购行为的，则构成敌意收购，收购方和目标公司双方会采用各种攻防策略争夺控制权，在面临敌意收购的情况下，目标公司产生了众多反收购策略。

12.1.2.1　敌意收购

1. 敌意收购的概念

敌意收购是相对友好或善意收购而言，指未经目标公司目前的实际控制人或管理层同意的收购行为，其一旦成功，将使得收购方获得目标公司的实际控制权，同时使得原实际控制人丧失对目标公司的实际控制权。对上市公司进行敌意收购，即上市公司成为敌意收购方的目标公司的，收购方的目的是夺取上市公司的实际控制权。

由于目标公司的实际控制人或管理层不愿意被收购，双方会在收购过程中采用各种攻防策略，激烈的收购和反收购将会持续整个过程。双方强烈的对抗性是敌意收购的基本特点。

2. 敌意收购的目标

在全流通市场情况下，通常具有以下特征的公司容易成为敌意收购的目标：

公司的股权结构分散，流通股比例高。股权越集中，企业被敌意收购的机会就越小；反之，股权越分散，被敌意收购的可能性就越大。股权的极度分散使得任何单个股东都无法对企业的重大决策造成影响，从而容易导致敌意收购方的介入。

公司的市场估值偏低。企业资产质量是企业盈利能力的主要影响因素之一，它在很大程度上决定了上市公司对敌意收购方的整体吸引力，资产质量优良且具有低估值的企业被敌意收购的可能性大。

3. 敌意收购的手段

敌意收购的本质仍是针对上市公司控制权的收购，常用的收购上市公司的手段均可用于敌意收购。敌意收购的手段主要有如下方面。

- 二级市场竞价：通过二级市场连续竞价购买上市公司的流通股份；
- 要约收购：可分为全面要约收购和部分要约收购，前者以取得目标公司 100%的股份为目的，即兼并式收购，后者以取得目标公司部分股份获得控制权为目的，即控股式收购；
- 协议收购：通过与实际控制人之外的其他股东达成一致，协议受让该等股东持有的上市公司股份；
- 委托书收购：指收购者以大量征集股东委托书的方式，取得表决权，在代理股东出席股东大会时，集中行使这些表决权，以便于通过改变经营策略、改选公司董事会等股东大会决议，从而实际控制上市公司经营权。

12.1.2.2 反收购

1. 反收购的概念

反收购，指目标公司目前的实际控制人或管理层为了防止公司控制权转移，在经过公司股东大会批准的情况下，采取的旨在预防或挫败收购者收购本公司的行为。

反收购具有以下特点。

- 反收购的核心在于防止公司控制权的转移；
- 反收购用于抵御敌意收购；
- 在我国，反收购的程序通常由目标公司现有管理层发起，但前提是必须取得股东大会批准。

2. 反收购的策略

反收购措施的部署可分为两类：一是预防性反收购策略，即事前防范措施，包括AB股制度、驱鲨剂条款、金色降落伞计划等；二是主动性反收购策略，即事中应对措施，如毒丸计划、回购股份、焦土战术、白衣骑士、帕克曼防御、诉讼方式、管理层收购等。

12.1.2.3 预防性反收购策略

1. AB股制度

AB股制度又称双层股权制度，是指公司发行同股不同权的A类、B类股票，B类股票的投票权远高于A类，即使股份被大量稀释，公司实际控制人仍然能保有大量投票权。

纽约证券交易所和纳斯达克市场均允许上市公司采用 AB 股制度的股权结构，不少在美上市的科技公司就采用了 AB 股制度。以 Google 为例，Google 在 2004 年上市，上市前引入 AB 股制度，分为 A、B 两类同价股票，两位企业创始人获分配 B 股，其他公众股东则获分配 A 股。A 股每股只有 1 票投票权，可公开交易；B 股不能公开交易，但 B 股的每股投票权为 A 股的 10 倍。Google 的两位创始人持有几乎全部 B 股，实际共持有 70% 以上投票权，确保了两位创始人能以较少的持股数拥有过半的投票权，从而控制大局。

阿里巴巴的"合伙人制度"将公司的控制权在形式上归于 30 人左右的核心高管团队——合伙人会议，实现了一定程度上的集体领导。这与 Google、京东等公司的 AB 股制度的治理架构有着相同的实际目的，只是表现形式有所区别。

2. 驱鲨剂条款

驱鲨剂条款指为了防止公司被恶意收购而在公司章程中设立一些条款，通过这些条款来增加收购者获得公司控制权的难度，这类条款被称为驱鲨剂条款。驱鲨剂的主要条款如下。

①分期分级董事会制度：是指在公司章程中规定，每年只能更换 1/3 或其他比例的董事。这意味着即使并购者拥有公司绝对多数的股权，也难以立即获得目标公司董事会的控制权。

②绝对多数条款：是指在公司章程中规定，公司进行并购、重大资产转让或者经营管理权的变更必须取得绝对多数股东同意才能进行，并且对该条款的修改也需要绝对多数的股东同意才能生效。绝对多数条款增加了公司控制权转移的难度，有助于防止损害本公司及股东利益的敌意收购。

3. 金色降落伞计划

金色降落伞是公司给予高级管理层的一种补偿性条款。"金色"意味着管理层在此协议下将收到丰厚的补偿金。金色降落伞虽然也会提高收购方的收购成本，但这种成本的增加与其他方法相比是极其有限的。金色降落伞策略与其说是反收购，不如说是反收购一旦失败，经理人团队可以获得优厚补偿。本质上讲，这是无股权或者股权极少的管理层的反收购策略。

金色降落伞策略出现后受到美国大公司经营者的普遍欢迎。据统计，在 20 世纪 80 年代，美国 500 家大公司中有一半以上的董事会通过了金色降落伞议案。我国上市公司金色降落伞计划的实施通常需要董事会及股东大会审议通过。

12.1.2.4 主动性反收购策略

1. 毒丸计划

毒丸计划的正式名称为"股权摊薄反收购措施"。当上市公司面临收购威胁时，其董事会可以启动"股东权利计划"，向普通股股东发行优先股，一旦公司被收购，股东持有的优先股就可以转换为一定数额的公司股份。股本结构重组可以降低收购方的持股比例或表决权比例，或者增加收购成本以降低公司对收购人的吸引力，达到反收购的效果。目前，毒丸计划已发展到包括"股东权利计划""负债毒丸计划"和"人员毒丸计划"等。

毒丸计划通常涉及发行权益类证券，而A股上市公司发行权益类证券受到严格的限定，包括发行种类、发行对象、发行价格、发行条件、发行程序等方面。在发行种类方面，目前不得发行可转换为普通股的优先股，认股权证实践较少，能够起摊薄作用的权益类证券主要为普通股、可转换债券。在发行对象方面，收购人与其他股东享有平等的权利，不能直接排除收购人为发行对象。在发行价格方面，发行价格相同，且有底价限制，不低于基准日前20个交易日公司股票均价或前1个交易日的均价。在发行条件方面，发行条件与反收购无直接联系。在发行程序方面，需要董事会、股东大会批准并经证监会核准，发行程序至少需要6个月以上，且存在不被核准的可能性。因此，在成熟市场作为反收购手段的毒丸计划在中国法律环境下可行性不大。

尽管成熟市场的毒丸计划在中国法律环境下作为反收购手段可行性不大，但是A股上市公司仍然可以通过增发股份，尤其是通过定向增发实现摊薄收购人持股比例的目的。比如，将发行对象锁定为公司控股股东或实际控制人及其关联方，或者实力雄厚的友好公司，若成功发行，将摊薄收购人持股比例。A股上市公司也可以实施发行股份购买资产，若交易对方为友好公司且交易金额很大，将引入友好公司作为主要股东，可以大比例摊薄收购人持股比例。

2. 回购股份

回购股份是指目标公司回购本公司的股份。在实践中，股份回购的运用不是十分广泛，因为股份回购会使目标公司有过多的库存股票，影响公司筹集资金。对目标公司而言，股份回购在很多情况下都可能增加公司的负债比例，增大财务风险，目标公司的财务状况是制约这一手段的最大因素。

宝丽来公司在应对迪士尼的敌意收购时就曾采用过股份回购的方式。在面对迪士尼的收购时，宝丽来宣布计划收回价值11亿美元的股票，宝丽来公司同时向一个私人投资团体出售大量股票来筹措股票回购的资金。在这两方面因素的共同作用下，私人团体持有的宝丽来公司股份由原来的8.5%升高到13%。宝丽来公司利用股票的出售和回购减少了市场上有可能落入攻击者手中的股票数量，同时将更多的股份交给了友好的投资者，这一双重影响使得迪士尼或者其他任何攻击者的收购变得更加困难。

3. 焦土战术

焦土战术是公司资产负向重组的形式，包括"皇冠之珠"和"虚胖战术"两种策略。其中，"皇冠之珠"指的是目标公司将其最有价值的资产出售给第三方，或赋予第三方购买该资产的期权，从而恶化目标公司自身的资产和经营业绩，使得收购人对目标公司失去兴趣而放弃收购。而"虚胖战术"则通过高价购入大量不良或低价值、无价值的资产，提前对外偿债，对外进行长期而高风险的投资等，使公司负债大量增加，财务状况恶化。

值得注意的是，由于焦土战术可能使目标公司、股东利益受损害而导致目标公司的董事和管理层难以保全其职位，因此，董事会提出的此类议案在股东大会对其决议时可能会遇到阻碍。

4. 白衣骑士

白衣骑士是指目标公司为免遭敌意收购而自己寻找的善意收购者。为不使公司落入敌意收购者手中，目标公司可选择借助其他公司力量，以更优惠的条件达成善意收购。

一般来讲，如果收购者出价较低，目标公司被拯救的希望就很大；若买方提供了很高的收购价，则充当白衣骑士的成本提高，公司获救的机会降低。

需要注意的是，白衣骑士的收购行为也是有限和有条件的，目标企业其实也是以自己的企业利益最大化为目标，而且白衣骑士也并不是天使，其扮演白衣骑士同样也是出于企业自身利益的考虑，在协议不成的情况下也可能变成黑衣骑士，展开恶意收购。

5. 帕克曼防御

帕克曼防御指目标公司在遭遇敌意收购时，反过来开始收购敌意收购方的股票，或者借实力强大的第三方之手来收购收购方的股票，令敌意收购方措手不及，从而达到反收购的目的，实现反攻为守、围魏救赵的效果。但应注意此种方式风险较大，如果收购战的双方势均力敌，结果很可能是两败俱伤。

保时捷与大众汽车的收购和反收购就是帕克曼防御的经典案例。保时捷自2005年收购大众汽车18.53%股权后，一直试图控股大众汽车，保时捷方面的屡次努力均遭到大众汽车的强烈抵制。经过一系列收购后，保时捷在2008年3月持有大众汽车51%股权，但并不能控制大众汽车的董事会。为了收购大众汽车，保时捷孤注一掷，背上了沉重的债务包袱。

与此同时，盲目的收购战也对保时捷的业务造成了不利影响。2008年，保时捷销售收入较上财年同期下降14%，汽车销售量则下降27%。大众汽车则利用手中充足的现金开始对保时捷进行反击，2009年8月，大众汽车与保时捷控股达成一揽子复杂合资协议，大众汽车方面以39亿欧元的价格购得保时捷汽车49.9%的股权。

到2012年7月4日，大众汽车突然宣布它们提前行使之前合资协议中规定的认购权，发起了对保时捷汽车的新一轮收购行动。大众汽车对保时捷控股支付44.6亿欧元，以购买其持有的对保时捷的50.1%股权。自此，大众汽车完成对保时捷的反收购，保时捷完整落入大众的口袋。

6. 诉讼方式

以诉讼方式阻碍敌意收购是指通过发现敌意收购人或收购过程中存在的法律缺陷或不符合法律的情形，而向有关部门提起控告、申诉甚至向法院提起诉讼的手段而阻碍收购的方式。这是反收购战中的常用方式，可起到使收购人直接终止或中止收购行为或者提高收购价格的作用，至少能起到拖延敌意收购人收购进程的作用，从而为目标公司采用白衣骑士或其他反收购策略争取到更多的时间。目标公司在采用这一手段时，应当注意调查、收集和保存足够的相关证据，同时还应考虑与白衣骑士等其他反收购策略配合使用。

1977年杰伯尔食品公司在抵御安德森克莱顿公司（休斯顿的一家食品公司）发起的敌意收购时，防御措施的核心部分就是诉讼。杰伯尔食品公司在诉讼中指责安德森克莱顿公司的收购会引起反托拉斯冲突。杰伯尔食品公司的法律诉讼还提到，安德森克莱顿公司在其收购文件中并没有充分披露它们在海外使用的210万美元的可疑支付，这部分诉讼不但给安德森克莱顿公司设置了路障，而且公开了安德森克莱顿公司想以低姿态解决此事的信息，造成了额外的公众负面效应，使安德森克莱顿公司陷入窘境。

杰伯尔食品公司从密歇根的反收购法中获得额外的保护，将收购请求推迟60天，同时在这段时间内寻找白衣骑士联合利华并与之进行协商。最终，由于这场长期的法律战役的不确定性，安德森克莱顿公司收回了它们的收购报价。

7. 管理层收购

管理层收购可以提供有效而对上市公司不具破坏性的防护效果，降低目标公司被敌意收购的风险系数，而且我国目前法律并不禁止管理层收购。

《收购办法》第五十一条规定：上市公司董事、监事、高级管理人员、员工或者其所控制或者委托的法人或者其他组织，拟对本公司进行收购或者通过本办法第五章规定的方式取得本公司控制权（以下简称"管理层收购"）的，该上市公司应当具备健全且运行良好的组织机构以及有效的内部控制制度，公司董事会成员中独立董事的比例应当达到或者超过 1/2。公司应当聘请具有证券、期货从业资格的资产评估机构提供公司资产评估报告，本次收购应当经董事会非关联董事作出决议，且取得 2/3 以上的独立董事同意后，提交公司股东大会审议，经出席股东大会的非关联股东所持表决权过半数通过。独立董事发表意见前，应当聘请独立财务顾问就本次收购出具专业意见，独立董事及独立财务顾问的意见应当一并予以公告。上市公司董事、监事、高级管理人员存在《公司法》第一百四十八条规定情形，或者最近三年有证券市场不良诚信记录的，不得收购本公司。

管理层收购不但可以增强管理层在上市公司股东大会的话语权，通常还可以提振股价，增加敌意收购成本，进而巩固上市公司原控制权结构。

12.1.2.5 我国 A 股上市公司反收购措施

我国反收购与国际成熟市场的反收购有所不同，主要表现在以下几方面。

反收购的主体不同。 美国公众公司规模庞大、股权高度分散，公司的实际控制权大多掌握在董事会和管理层手中，反收购的主体通常是董事会或管理层。而在中国，大部分上市公司都有强有力的控股股东，公司的控制权掌握在控股股东手中，因而反收购的主体通常是当前的控股股东或实际控制人。

可采取的事前防范措施不同。 根据我国《公司法》同股同权的规定，中国的公司不能设置 AB 股制度。

可采取的事中应对措施不同。 在我国股份回购不能作为反收购的手段。根据我国《公司法》第一百四十二条，公司只有在减少注册资本、与持有本公司股份的其他公司合并、将股份奖励给职工、股东因对股东大会作出的公司合并、分立决议持异议，要求公司收购其股份这四种情况下才能回购公司股份。毒丸计划涉及股份增发，而股份增发在我国需要履行证监会的审批程序，其过程可能会持续较长时间，因此在我国目前的监管体系下适用空间有限。由于焦土战术可能使目标公司、股东利益受损害，董事会提出的此类议案在股东大会对其决议时可能会遇到阻碍；基于同样的理由，监管部门也可能以其违反《上市公司收购管理办法》等规定为由予以反对。

因此，我国 A 股上市公司通常采用定向增发、发行股份购买资产、二级市场增持股份等具体措施应对正在发生的敌意收购。

1. 定向增发

上市公司向特定对象，包括上市公司控股股东或实际控制人、管理层等非公开发行股票，增加其持股比例，摊薄收购人持股比例。例如，为应对湘鄂情实际控制人孟凯的收购，三特索道 2013 年发布非公开发行股票方案，向其控股股东当代科技和管理层设立的持股公司新一投资定向发行股票。

2. 发行股份购买资产

上市公司向控股股东或实际控制人、友好方发行股份购买其资产，若交易金额巨大，大股东持股比例大幅增加，引入友好公司作为主要股东，也将大比例摊薄收购人持股比例。例如，万科发行股份购买深圳市地铁集团有限公司的物业资产，深圳市地铁集团有限公司持股比例超过收购人宝能公司的关联方深圳市钜盛华股份有限公司及其一致行动人，成为万科第一大股东。

3. 二级市场增持股份

上市公司控股股东或实际控制人、管理层通过竞价交易、大宗交易、协议转让、要约收购等方式增持股份，可以巩固控制权和管理权。如为应对银泰投资的收购，鄂武商 A 的控股股东武商联及一致行动人出部分要约收购，收购公司总股本的 5%，并于 2012 年 7 月 25 日完成收购，稳固了其控股股东地位。

4. 联合一致行动人

上市公司控股股东或实际控制人、管理层与其关联方或友好方缔结一致行动关系，增加表决权，巩固控制权。例如，为应对银泰投资的收购，鄂武商 A 的控股股东武商联 2011 年与经发投、开发投等上市公司原股东签署了战略合作协议，与其成为一致行动人，巩固了控股股东地位。

5. 股权激励及员工持股计划

上市公司可以向管理层实施股权激励，实现管理层增持股票，也可以设立员工持股计划，通过员工持股计划买入公司股票，扩大股份表决权数量。例如，长园集团在收购人沃尔核材增持股份过程中，实施了两次限制性股票激励计划。

6. 实时修改章程

在公司章程中设置反收购条款，增加收购难度。例如，为应对同业竞争对手沃尔核材的收购，长园集团修订了公司章程，增加职工董事条款以及竞争对手提出的议案应特别表决通过条款。

7. 拒绝收购人提案

上市公司不将收购人提案提交股东大会审议。例如，为应对收购，康达尔、万科都拒绝了收购人提出的改选董事会的提案。

8. 行政举报和司法诉讼

上市公司及控股股东或实际控制人、管理层向证券监管部门举报收购人收购行为违法，未按有关法律规定向公众及时、充分或准确地披露信息等，向法院提起诉讼判决停止收购行为、收购行为无效，赔偿公司损失。通过举报、诉讼，提请监管部门及司法部门介入，运用国家强制力制止、处罚收购人违法收购行为。例如，为应对收购，康达尔、万科、鄂武商 A、上海新梅等上市公司都采取了向证券监管部门举报或提起诉讼的反收购手段。

A 股上市公司为应对正在发生的敌意收购，采取定向增发、发行股份购买资产、二级市场增持股份、联合一致行动人、实时修改章程等反收购手段，可以与成熟市场的股权摊薄、白衣骑士、驱鲨剂等反收购措施相对应。但是在激烈的反收购斗争中，相关A股上市公司多数都采取了向证券监管部门举报或提起诉讼的反收购手段，收购人也针锋相对地运用了向证券监管部门举报或提起诉讼的对抗手段。从运用的广度和强度看，向证券监管部门举报或提起诉讼可以说是国内独有的。

12.1.3 要约收购与协议收购

12.1.3.1 要约收购

1. 要约收购的概念

（1）要约收购的定义

要约收购是指收购方通过证券交易所的交易系统，向上市公司全体股东发出要约的收购方式。根据《证券法》《收购办法》等法律法规，投资者自愿选择以要约方式收购上市公司股份的，可以向被收购公司所有股东发出收购其所持有的全部股份的要约，也可以向被收购公司所有股东发出收购其所持有的部分股份的要约。

（2）要约收购的特点

要约收购具有如下特点。

要约收购要经过较多的环节，操作程序比较繁杂，收购方的收购成本较高；

协议收购控股权可能会伴随资产重组，因此触发的要约收购在取得股东大会豁免要约的基础上，可以向中国证监会申请要约豁免；

要约收购是各国证券市场最主要的收购形式，保证了所有股东都能得到均等的选择机会和平等的待遇；

收购人发出要约时，要对全体股东提供有关本次收购的充分信息，以供股东参考。

2. 要约收购的分类

（1）按照投资者的主观意愿分类

- 强制要约：法律规定在一定情形下，投资者必须以要约方式进行上市公司收购，即投资者并非出于主观意愿，而是为了履行法律规定的义务。强制要约均为全面要约。
- 自愿要约：投资者根据其意志，以要约方式向被收购公司股东提出购买其所持上市公司股份。自愿要约可以为全面要约，也可以为部分要约。

（2）按照要约求购的股份数量分类

- 全面要约：投资者向被收购公司所有股东发出收购其所持有的全部股份的要约。
- 部分要约：投资者向被收购公司所有股东发出收购其所持有的部分股份的要约。

（3）按照要约发出的时点分类

- 初始要约：一个投资者已经发出收购要约，其他投资者发出更有竞争力的收购要约，前者为初始要约。
- 竞争要约：一个投资者已经发出收购要约，其他投资者发出更有竞争力的收购要约，后者为竞争要约。

3. 要约收购程序

《证券法》和《收购办法》规定的要约收购程序如下：

（1）提示性公告

《收购办法》规定，以要约方式收购上市公司股份的，收购人应当编制要约收购报告书，聘请财务顾问，通知被收购公司，同时对要约报告书摘要作出提示性公告。本次收购依法应当取得相关部门批准的，收购人应当在要约收购报告书摘要中作出特别提示，并在取得批准后公告要约收购报告书。

（2）要约公告和竞争要约

收购人自组成要约收购提示性公告起60日内，未公告要约收购报告书的，收购人应当在期满后次一个工作日通知被收购公司，并予公告；此后每30日应当公告一次，直至公告要约收购报告书。

收购人在公告要约收购报告书之前可以自行取消收购计划，不过应当公告原因；自公告之日起12个月内，该收购人不得再次对同一上市公司进行收购。

收购要约约定的收购期限不得少于30日，并不得超过60日。但出现竞争要约的除外。

在收购要约确定的承诺期内，收购人不得撤销其收购要约。

在收购要约确定的承诺期内，收购人需要变更收购要约的，必须及时公告，载明具体变更事项，并通知被收购公司。在收购要约期限届满前15日内，收购人不得变更收购要约，但出现竞争要约的除外。

出现竞争要约时，发出初始要约的收购人变更收购要约距初始要约收购期限届满不足15日的，应当延长收购期限，延长后的要约期应当不少于15日，不得超过最后一个竞争要约的期满日，并按规定比例追加履约保证金；以证券支付收购价款的，应当追加相应数量的证券，交由证券登记结算机构保管。

发出竞争要约的收购人最迟不得晚于初始要约收购期限届满前15日发出要约收购的提示性公告，并应当根据规定履行报告、公告义务。

（3）要约对象和条件

收购人对同一种类股票的要约价格不得低于要约收购提示性公告日前6个月内收购人取得该种股票所支付的最高价格。要约价格低于提示性公告前30个交易日该种股票的每日加权平均价格的算术平均值的，收购人聘请的财务顾问应当就该种股票前6个月的交易情况进行分析，说明是否存在股价被操纵、要约价格是否合理等情况。

收购要约提出的各项收购条件，应当适用于被收购公司的所有股东。

（4）禁止收购人通过其他方式获得股票

采取要约收购方式的，收购人在收购期限内，不得卖出被收购公司的股票，也不得采取要约规定以外的形式和超出要约的条件买入被收购公司的股票。

（5）被收购公司董事会的义务

被收购公司董事会应当对收购人的主体资格、资信情况及收购意图进行调查，对要约条件进行分析，对股东是否接受要约提出建议，并聘请独立财务顾问提出专业意见。

在收购人作出提示性公告后至要约收购完成前，被收购公司除继续从事正常的经营活动或者执行股东大会已经作出的决议外，未经股东大会批准，被收购公司董事会不得通过处置公司资产、对外投资、调整公司主要业务、担保、贷款等方式，对公司的资产、负债、权益或者经营成果造成重大影响。

在要约收购期间，被收购公司董事不得辞职。

（6）预受要约

同意接受收购要约的股东，在收购期内此种同意并不被视为承诺，而是被视为预受。预受要约的股票将被证券登记结算公司临时报告，在要约收购期间，如果该股东未撤回预受，则不得转让。

按《收购办法》的解释，预受是指被收购公司股东同意接受要约的初步意思表示，在要约收购期限内不可撤回之前不构成承诺。在要约收购期限届满3个交易日前，预受股东可以委托证券公司办理撤回预受要约的手续，证券登记结算机构根据预受要约股东的撤回申请解除对预受要约股票的临时保管。在要约收购期限届满前3个交易日内，预受股东不得撤回其对要约的接受。在要约收购期限内，收购人应当每日在证券交易所网站上公告已预受收购要约的股份数量。

预受股东撤回预受，既可能是因为其不满意要约条件，也可能是有更优厚的要约价格出现，例如出现了竞争要约。预受的定性其实是给予了股东在一定期限内后悔的权利。

（7）要约期满

收购期限届满，发出部分要约的收购人应当按照收购要约约定的条件购买被收购公司股东预受的股份，预受要约股份的数量超过预定收购数量时，收购人应当按照同等比例收购预受要约的股份；以终止被收购公司上市地位为目的的，收购人应当按照收购要约约定的条件购买被收购公司股东预受的全部股份；未取得中国证监会豁免而发出全面要约的收购人应当购买被收购公司股东预受的全部股份。

收购期限届满后3个交易日内，接受委托的证券公司应当向证券登记结算机构申请办理股份转让结算、过户登记手续，解除对超过预定收购比例的股票的临时保管；收购人应当公告本次要约收购的结果。

收购期限届满后15日内，收购人应当向证券交易所提交关于收购情况的书面报告，并予以公告。

（8）要约收购程序图示

要约收购程序如图12-1所示。

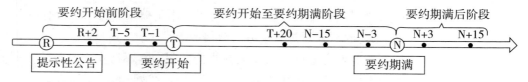

图12-1　要约收购程序

①要约开始前阶段

提示性公告日：公告要约收购报告书摘要；

R+2日内：收购人办理履约保证手续（20%现金履约保证金、证券托管、银行保函、财务顾问承诺）；

公告要约报告书前：取得相关部门批准（国资委、商务部、反垄断申报等）；

T-5日内：收购人向交易所提交公告相关文件；

T-1日：公告要约收购报告书全文、收购人财务顾问报告、法律意见书；

R+60日内：未公告要约收购报告书，次一工作日通知被收购公司并公告；此后每30日公告一次，直至公告要约收购报告书；

要约收购提示性公告后至要约收购报告书公告前：收购人可以撤销收购要约，公告原因；自公告日起12个月内，该收购人不得再对同一上市公司进行收购。

②要约开始至要约期满阶段

收购期限：30—60日，出现竞争要约除外；

T+20日内：公告被收购公司董事会报告书、独立财务顾问报告、被收购公司独立董事意见；

N-15日内：收购人不得变更收购要约，出现竞争要约除外；

N-3日前：预受股东可以撤回预受要约；

N-3日内：预受股东不得撤回预受要约；

要约收购报告书公告后至收购期限届满前：收购人不得撤销收购要约；收购人不得卖出被收购公司的股票，也不得采取要约规定以外的形式和超出要约的条件买入被收购公司的股票；

提示性公告后至要约收购完成前：被收购公司除继续从事正常的经营活动或者执行股东大会已经作出的决议外，未经股东大会批准，被收购公司董事会不得通过处置公司资产、对外投资、调整公司主要业务、担保、贷款等方式，对公司的资产、负债、权益或者经营成果造成重大影响；被收购公司董事不得辞职。

③要约期满后阶段

N+3日内：办理股份转让结算、过户登记手续，解除对超过预定收购比例的股票的临时保管；公告本次要约收购的结果；

N+15日内：向交易所提交关于收购情况的书面报告并予以公告。

4. 强制要约及豁免

《证券法》第八十八条规定：通过证券交易所的证券交易，投资者持有或者通过协议、其他安排与他人共同持有一个上市公司已发行的股份达到30%时，继续进行收购的，应当依法向该上市公司所有股东发出收购上市公司全部或者部分股份的要约。

目前，对于触发强制要约义务的收购行为，实践中有三种处理方式。第一，对于协议收购超过30%股权的行为，首先收购人应当考虑是否可以申请豁免，如果符合《收购办法》规定的豁免条件，则中国证监会可以豁免其以要约方式增持股份或者豁免其向目标公司所有股东发出收购要约。第二，在上述情况下，如果收购人不申请豁免或者申请但不符合豁免条件，则其必须向目标公司除协议转让股份的股东之外的所有剩余股东发出收购其手上全部股份的要约。第三，如收购人恰好在持股30%的点上停下来，则不触发强制要约义务，其继续增持股份的，则必须采取要约方式，但允许其采取部分要约的方式，即只向其余股东发出收购公司一定比例而非全部股份的要约。

发生在中国资本市场的上市公司收购多是在控股股东或实际控制人的配合下进行，收购人必须和控股股东或实际控制人达成协议，受让他们手中持有的目标公司控股股权，才能顺利实现对上市公司的控制。这样，收购人和目标公司控股股东、实际控制人之间的协议转让就能实现上市公司控制权的转移，收购人不需要采取要约收购的方式来获得上市公司控制权。中国上市公司收购的实践中，主动要约的案例较少，而协议收购获得公司控制权的情况又多会触发强制要约义务，因此收购人能否获得中国证监会的豁免就显得尤为重要。

《收购办法》规定，投资者符合一定条件的，可以向中国证监会申请豁免：第一，免于以要约收购方式增持股份；第二，存在主体资格、股份种类限制或者法律、行政法规、中国证监会规定的特殊情形的，可以申请免于向被收购公司的所有股东发出收购要约。

对于未取得豁免的，《收购办法》还规定：投资者可以在接到中国证监会不予豁免通知之日起30日内将其或者其控制的股东所持有的目标公司股份减持到30%或30%以下，也可以避免触发强制要约义务。

根据《收购办法》的有关规定，豁免事项有如下几种情况：

（1）免于以要约收购方式增持股份

有下列情形之一的，收购人可以向中国证监会提出免于以要约方式增持股份的申请。

①收购人与出让人能够证明本次股份转让是在同一实际控制人控制的不同主体之间进行，未导致上市公司的实际控制人发生变化；

②上市公司面临严重财务困难，收购人提出的挽救公司的重组方案取得该公司股东大会批准，且收购人承诺三年内不转让其在该公司中所拥有的权益；

③中国证监会为适应证券市场发展变化和保护投资者合法权益的需要而认定的其他情形。

收购人报送的豁免申请文件符合规定，并且已经按照本办法的规定履行报告、公告义务的，中国证监会予以受理；不符合规定或者未履行报告、公告义务的，中国证监会不予受理。中国证监会在受理豁免申请后20个工作日内，就收购人所申请的具体事项作出是否予以豁免的决定；取得豁免的，收购人可以完成本次增持行为。

（2）适用简易程序，免于发出要约收购方式增持股份

有下列情形之一的，当事人可以向中国证监会提出免于发出要约的申请，中国证监会自收到符合规定的申请文件之日起10个工作日内未提出异议的，相关投资者可以向证券交易所和证券登记结算机构申请办理股份转让和过户登记手续。

①经政府或国有资产管理部门批准进行国有资产无偿划转、变更、合并，导致投资者在一个上市公司中拥有权益的股份占该公司已发行股份的比例超过30%；

②因上市公司按照股东大会批准的确定价格向特定股东回购股份而减少股本，导致

当事人在该公司中拥有权益的股份超过该公司已发行股份的30%；

③中国证监会为适应证券市场发展变化和保护投资者合法权益的需要而认定的其他情形。

（3）免于提出豁免申请，直接办理股份转让和过户

有下列情形之一的，相关投资者可以免于按照前款规定提出豁免申请，直接向证券交易所和证券登记结算机构申请办理股份转让和过户登记手续。

①经上市公司股东大会非关联股东批准，投资者取得上市公司向其发行的新股，导致其在该公司拥有权益的股份超过该公司已发行股份的30%，投资者承诺三年内不转让本次向其发行的新股，且公司股东大会同意投资者免于发出要约；

②在一个上市公司中拥有权益的股份达到或者超过该公司已发行股份的30%的，自上述事实发生之日起一年后，每12个月内增持不超过该公司已发行的2%的股份；

③在一个上市公司中拥有权益的股份达到或者超过该公司已发行股份的50%的，继续增加其在该公司拥有的权益不影响该公司的上市地位；

④证券公司、银行等金融机构在其经营范围内依法从事承销、贷款等业务导致其持有一个上市公司已发行股份超过30%，没有实际控制该公司的行为或意图，并且提出在合理期限内向非关联方转让相关股份的解决方案；

⑤因继承导致在一个上市公司中拥有权益的股份超过该公司已发行股份的30%；

⑥因履行约定购回式证券交易协议购回上市公司股份导致投资者在一个上市公司中拥有权益的股份超过该公司已发行股份的30%，并且能够证明标的股份的表决权在协议期间未发生转移；

⑦因所持优先股表决权依法恢复导致投资者在一个上市公司中拥有权益的股份超过该公司已发行股份的30%。

相关投资者应在前款规定的权益变动行为完成后3日内就股份增持情况作出公告，律师应就相关投资者权益变动行为发表符合规定的专项核查意见并由上市公司予以披露。

相关投资者按照前款第②项、第③项规定采用集中竞价方式增持股份，每累计增持股份比例达到该公司已发行股份的1%的，应当在事实发生之日通知上市公司，由上市公司在次一交易日发布相关股东增持公司股份的进展公告。相关投资者按照前款第③项规定采用集中竞价方式增持股份，每累计增持股份比例达到上市公司已发行股份的2%的，在事实发生当日和上市公司发布相关股东增持公司股份进展公告的当日不得再行增持股份。前款第②项规定的增持不超过2%的股份锁定期为增持行为完成之日起6个月。

5. 要约收购价格及对价形式

（1）要约收购价格

收购人按照《收购办法》进行要约收购的，对同一种类股票的要约价格，不得低于要约收购提示性公告日前6个月内收购人取得该种股票所支付的最高价格。

要约价格低于提示性公告日前30个交易日该种股票的每日加权平均价格的算术平

均值的（注意与重大资产重组发行股份以及非公开发行股份定价的方式不同），收购人聘请的财务顾问应当就该种股票前 6 个月的交易情况进行分析，说明是否存在股价被操纵、收购人是否有未披露的一致行动人、收购人前 6 个月取得公司股份是否存在其他支付安排、要约价格的合理性等。

一般情况下，要约价格应当选择近 6 个月及 30 日均价的较高者。

（2）要约收购对价形式

收购人可以采用现金、证券、现金与证券相结合等合法方式支付收购上市公司的价款。收购人以证券支付收购价款的，应当提供该证券的发行人最近三年经审计的财务会计报告、证券估值报告，并配合被收购公司聘请的独立财务顾问的尽职调查工作。收购人以在证券交易所上市的债券支付收购价款的，该债券的可上市交易时间应当不少于 1 个月。收购人以未在证券交易所上市交易的证券支付收购价款的，必须同时提供现金方式供被收购公司的股东选择，并详细披露相关证券的保管、送达被收购公司股东的方式和程序安排。

收购人聘请的财务顾问应当对收购人支付收购价款的能力和资金来源进行充分的尽职调查，详细披露核查的过程和依据，说明收购人是否具备要约收购的能力。收购人应当在作出要约收购提示性公告的同时，提供以下至少一项安排保证其具备履约能力。

- 以现金支付收购价款的，将不少于收购价款总额的 20% 作为履约保证金存入证券登记结算机构指定的银行；收购人以在证券交易所上市交易的证券支付收购价款的，将用于支付的全部证券交由证券登记结算机构保管，但上市公司发行新股的除外；
- 银行对要约收购所需价款出具保函；
- 财务顾问出具承担连带保证责任的书面承诺，明确如要约期满收购人不支付收购价款，财务顾问进行支付。

收购人为终止上市公司的上市地位而发出全面要约的，或者向中国证监会提出申请但未取得豁免而发出全面要约的，应当以现金支付收购价款；以依法可以转让的证券支付收购价款的，应当同时提供现金方式供被收购公司股东选择。

12.1.3.2 协议收购

1. 协议收购的概念

上市公司的协议收购，是指投资者在证券交易场所之外与目标公司的股东（主要是持股比例较高的大股东）就股票价格、数量等方面进行私下协商（相对公开市场而言），购买目标公司的股票，以期达到对目标公司的控股或兼并目的。

2. 协议收购过渡期安排

以协议方式进行上市公司收购的，自签订收购协议起至相关股份完成过户的期间为上市公司收购过渡期。《收购办法》要求：在过渡期内，收购人不得通过控股股东提议改选上市公司董事会，确有充分理由改选董事会的，来自收购人的董事不得超过董事会成员的 1/3；被收购公司不得为收购人及其关联方提供担保；被收购公司不得公开发行股份募集资金，不得进行重大购买、出售资产及重大投资行为或者与收购人及其关联方进行其他关联交易，但收购人为挽救陷入危机或者面临严重财务困难的上市公司的情形除外。

3. 协议转让出让股份控股股东义务

上市公司控股股东向收购人协议转让其所持有的上市公司股份的，应当对收购人的主体资格、诚信情况及收购意图进行调查，并在其权益变动报告书中披露有关调查情况。控股股东及其关联方未清偿其对公司的负债，未解除公司为其负债提供的担保，或者存在损害公司利益的其他情形的，被收购公司董事会应当对前述情形及时予以披露，并采取有效措施维护公司利益。

4. 协议收购股权过户

为了保证交易安全和协议各方的履约诚意，《收购办法》要求：协议收购的相关当事人应当向证券登记结算机构申请办理拟转让股份的临时保管手续，并可以将用于支付的现金存放于证券登记结算机构指定的银行。

收购报告书公告后，相关当事人应当按照证券交易所和证券登记结算机构的业务规则，在证券交易所就本次股份转让予以确认后，凭全部转让款项存放于双方认可的银行账户的证明，向证券登记结算机构申请解除拟协议转让股票的临时保管，并办理过户登记手续。收购人未按规定履行报告、公告义务，或者未按规定提出申请的，证券交易所和证券登记结算机构不予办理股份转让和过户登记手续。

收购人在收购报告书公告后 30 日内仍未完成相关股份过户手续的，应当立即作出公告，说明理由；在未完成相关股份过户期间，应当每隔 30 日公告相关股份过户办理进展情况。

12.2 从"借壳上市"到"重组上市"[①]

12.2.1 "实质意义上的借壳上市"与"监管意义上的借壳上市"

1. 区分"实质意义上的借壳上市"与"监管意义上的借壳上市"

"实质意义上的借壳上市"是商业概念，注重的是经济实质。只要符合以下两个要件，就构成"实质意义上的借壳上市"。其一，买壳方获得壳公司（上市公司）的控制权。如果买壳方未获得交易后壳公司的控制权，则属于将资产出售给上市公司，不是借壳。其二，买壳方将自有资产置入壳公司。如果买壳方仅取得上市公司控制权，未置入资产，则属于单纯的收购上市公司，不是借壳。

"监管意义上的借壳上市"则属于根据监管部门制订的相关规则而认定的借壳上市，即达到了监管部门规定的借壳认定标准的借壳才属于"监管意义上的借壳上市"。

---

① 本节选自沈春晖.上市公司并购重组漫谈：从"借壳上市"到"重组上市"[EB/OL].2017-11-03.

一般而言，"监管意义上的借壳上市"的范围小于"实质意义上的借壳上市"。其中间那些属于"实质意义上的借壳上市"但不构成"监管意义上的借壳上市"一般被称为"类借壳"。

2016年9月中国证监会修订后的《上市公司重大资产重组办法》首次把"监管意义上的借壳上市"命名为"重组上市"，并且修订了构成"重组上市"的标准。从此，在中国凡是说"重组上市"就是指"监管意义上的借壳上市"。也就是说，重组上市（"监管意义上的借壳上市"）+"类借壳"="实质意义上的借壳上市"。

2. 加强监管，收紧借壳是全球趋势

由于IPO涉及公开发行股票，涉及社会公众利益，无论是成熟的资本市场还是新兴的资本市场均要对其进行干预，而在过去，各国监管部门通常把借壳归类为并购重组行为，监管较松，这使得一部分企业通过借壳的方式刻意规避IPO的审核与监管，出现了很多对于投资者不利的恶性问题。各国监管部门也逐渐认识到，借壳上市的经济实质并不是既有上市公司的并购重组行为，而是借壳方实现自身的资产证券化，所以其在性质上更类似于IPO，也应该受到相对严格的监管。鉴于这一认识，各国监管部门近年来均在采取措施收紧对借壳的监管。例如美国证监会于2011年11月对通过反向收购（实施"借壳上市"的一种常用具体手段）在美国上市的公司采取了新的严格监管规定。我国香港地区近年来也出台多项举措，对借壳的监管持收紧态度。

中国证监会对于借壳上市的监管政策也经历了一个逐步趋紧趋严的过程。首先是2011年8月修改规则，对构成"监管意义上的借壳上市"实施与IPO趋同化监管。其次是2013年11月进一步颁布《关于在借壳上市审核中严格执行首次公开发行股票上市标准的通知》，将"趋同"升级为标准相同的"严格执行"。最大的变化出现在2016年，出台了最为严厉的措施，对构成"监管意义上借壳"的要件进行了更为细化的规定，严防一切规避行为。

分析各主要经济体资本市场针对借壳的收紧措施，主要包括两个方面：其一是严格借壳的认定（即完善构成"监管意义上借壳"的要件）；其二是对构成借壳要件的交易施以严格的监管措施，例如等同于IPO审核。

12.2.2　我国现行对重组上市的政策要求

1. 构成重组上市的标准

2016年修订的《上市公司重组管理办法》对构成重组上市（即"监管意义上的借壳上市"）的标准进行了修订,总体出发点是严格标准,压缩过去一些构成"实质意义上借壳"但通过一些技术手段处理后不构成"监管意义上借壳"交易的运作空间,尽量减少"类借壳"交易的发生。根据修订后的标准，同时具备以下两个条件构成重组上市：其一，上市公司控制权发生变更；其二，上市公司新控制人（即收购人）注入上市公司的资产达到一定标准（达到标准中的其中一条即触及）。

（1）上市公司控制权发生变更

第一个条件是交易前后上市公司控制权发生变更。《上市公司重组管理办法》（2016

年）规定：控制权按照《上市公司收购管理办法》第八十四条的规定进行认定。该法规规定有下列情形之一的，为拥有上市公司控制权：投资者为上市公司持股50%以上的控股股东；投资者可以实际支配上市公司股份表决权超过30%；投资者通过实际支配上市公司股份表决权能够决定公司董事会半数以上成员选任；投资者依其可实际支配的上市公司股份表决权足以对公司股东大会的决议产生重大影响；中国证监会认定的其他情形。上市公司股权分散，董事、高级管理人员可以支配公司重大的财务和经营决策的，视为具有上市公司控制权。

针对《首次公开发行股票并上市管理办法》第十二条"实际控制人没有发生变更"的理解和适用的《证券期货法律适用意见第1号》（2007年）也对公司控制权变更问题进行了规定：控制权是能够对股东大会的决议产生重大影响或者能够实际支配公司行为的权力，其渊源是对公司的直接或者间接的股权投资关系。因此，认定公司控制权的归属，既需要审查相应的股权投资关系，也需要根据个案的实际情况，综合对发行人股东大会、董事会决议的实质影响、对董事和高级管理人员的提名及任免所起的作用等因素进行分析判断。

实践中，如果持有、实际支配上市公司股份表决权比例最高的人（通常情况下是第一大股东及其关联方）发生变化，且变化前后的股东不属于同一实际控制人，除非有确凿的相反证据，一般会被认为上市公司实际控制权发生变更。而且，在审核中，出于谨慎监管的考虑，一般会要求交易前后的大股东不仅不能变，而且新进入的二股东与原大股东的股权比例必须有一定的差距（10%以上比较稳妥），方能被认可为控制权没有发生变更。

《上市公司重组管理办法》还对上市公司股权分散的情况进行了专门规定。一些公司股权特别分散，被认定为无实际控制人。交易后，仍然可能被认定为无实际控制人。对这类公司，只要交易前后可以支配公司重大财务和经营决策的董事、高级管理人员发生变化，仍然构成上市公司实际控制人变更。

另外，为了不妨碍上市公司正常的资本运作，《上市公司重大资产重组管理办法》不再将向控制权变更已超过60个月的上市公司注入资产视为重组上市。这是因为时间已经足够长，已经足以避免利用此项规定来规避监管；而且上市公司的控制关系已经足够稳定，不应再影响其正常的资本运作。

（2）收购人（即变更后的控股股东、实际控制人或者其控制的关联人）向上市公司注入的资产触及一定标准

第二个条件是收购人向上市公司注入的资产触及一定标准。这里的触及标准可以分为三个层次、七项标准，达到其中任何一项即触及。

第一个层次为五项100%财务指标：资产总额、营业收入、净利润、资产净额、对价股份占原股本比例，具体为如下方面。

- 购买的资产总额占上市公司控制权发生变更的前一个会计年度经审计的合并财务会计报告期末资产总额的比例达到100%以上；
- 购买的资产在最近一个会计年度所产生的营业收入占上市公司控制权发生变更的

前一个会计年度经审计的合并财务会计报告营业收入的比例达到 100% 以上；
- 购买的资产在最近一个会计年度所产生的净利润占上市公司控制权发生变更的前一个会计年度经审计的合并财务会计报告净利润的比例达到 100% 以上；
- 购买的资产净额占上市公司控制权发生变更的前一个会计年度经审计的合并财务会计报告期末净资产额的比例达到 100% 以上；
- 为购买资产发行的股份占上市公司首次向收购人及其关联人购买资产的董事会决议前一个交易日的股份的比例达到 100% 以上。

第二个层次为导致上市公司主营业务发生根本变化的。具体指上市公司向收购人及其关联人购买资产虽未达到前面五项标准，但可能导致上市公司主营业务发生根本变化。

第三个层次为证监会认定可能导致上市发生根本变化的。这其实是赋予了监管部门一个进行实质性判断的兜底条款。

此外，《上市公司重大资产重组管理办法》还规定，未经中国证监会核准擅自实施重组上市，交易尚未完成的，中国证监会责令上市公司补充披露相关信息、暂停交易并按照本办法第十三条的规定报送申请文件；交易已经完成的，可以处以警告、罚款，并对有关责任人员采取市场禁入的措施；涉嫌犯罪的，依法移送司法机关追究刑事责任。也就是说，如果构成了重组上市的标准，而上市公司按照非重组上市的规范进行了交易，证监会还拥有叫停及"秋后算账"的权力。

通过这样的严格规范，"实质意义上的借壳上市"要想规避标准而避免被认定为重组上市，难度大为增加。

2. 对重组上市的监管要求

监管部门之所以要严格重组上市的构成标准，是因为过去有很多交易通过各种手段规避原有标准，以避免被认定为重组上市，而成为一种"类借壳"交易。严格重组上市的标准之后，"类借壳"的空间被大为压缩。之所以很多交易要以"类借壳"的方式进行，是因为一旦被认定为重组上市，相关交易和企业就将面临严格的监管，具体来说，包括以下几个方面：

（1）重组上市的审核要件相比上市公司一般性的重大资产重组大为加严

除满足重大资产重组的一般要求，重组上市还要求如下方面。

其一，上市公司购买的资产对应的经营实体应当是股份有限公司或有限责任公司，且符合《首次公开发行股票并上市管理办法》规定的其他发行条件；

其二，上市公司及其控股股东、实际控制人不存在因涉嫌犯罪正被司法机关立案侦查或涉嫌违法违规被中国证监会立案调查的情形，或者涉嫌犯罪或违法违规的行为终止已满 36 个月；上市公司及其控股股东、实际控制人最近 12 个月内未受到证券交易所公开谴责，不存在其他重大失信行为；

其三，不存在证监会认定的可能损害投资者合法权益，或者违背公开、公平、公正原则的其他情形。

（2）不允许实施重组上市的情况

在部分情况下，不允许进行重组上市交易。

其一，创业板上市公司自控制权发生变更之日起，向收购人及其关联人购买资产，不得导致构成重组上市。即创业板上市公司不得成为重组上市的"壳公司"。

其二，上市公司自控制权发生变更之日起，向收购人及其关联人购买的资产属于金融、创业投资等特定行业的，由中国证监会另行规定。由于监管部门一直没有规定金融、创业投资等行业的特殊规定，这些行业实际上不允许进行重组上市。

（3）借壳上市不允许募集配套资金

根据《上市公司重大资产重组管理办法》（2016年）的规定，上市公司发行股份购买资产的可以同时募集部分配套资金，但构成重组上市的除外。

在新规实施前，借壳允许配套融资，且根据当时的非公开发行的定价机制（可以根据上市公司停牌前的市价锁定发行价格），能够获得配套融资认购资格的主体有着巨大的利益空间。新规的实施不仅使得借壳的同时让壳公司获得融资不再可能，也斩断了一条可能伴随利益输送的链条。

（4）锁定期

根据《上市公司重大资产重组管理办法》（2016年）的规定，构成重组上市的交易，上市公司原控股股东、原实际控制人及其控制的关联人，以及在交易过程中从该等主体直接或间接受让该上市公司股份的特定对象应当公开承诺，在本次交易完成后36个月内不转让其在该上市公司中拥有权益的股份；除收购人及其关联人以外的特定对象应当公开承诺，其以资产认购而取得的上市公司股份自股份发行结束之日起24个月内不得转让。

锁定期的延长，既涉及上市公司原控股股东，也涉及拟注入上市公司标的的其他股东，目的同样是减少利益输送空间，减少原控股股东与标的突击入股方的短期获利行为。

专栏 12-1
"借壳上市"的优劣势分析

		2016年借壳新规实施前	2016年借壳新规实施后
优势	1. 相对于IPO，审核时间短（排队时间短）	借壳新规实施前，也是A股IPO"堰塞湖"最严重的时期，相较于A股IPO 3年以上的审核时间，借壳约1年的审核时间有明显优势	2016年四季度以来，随着IPO审核与发行的常态化，排队企业数量明显减少，审核时间明显加快。2017年四季度已基本可以实现创业板1年内（主板、中小板耗时需要增加3—6个月）审核完毕，借壳对IPO的优势已经不明显
	2. 审核相对宽松，通过确定性高	尽管审核条件适用与IPO相同的条件，但从审核实践看，构成重组上市的项目（非"类借壳"）审核通过难度仍然小于IPO	
	3. 便于利益输送	通过当时配套融资的定价机制、配套融资的对象选择、突击入股标的资产、原上市公司控股股东保留部分股权短期套现等方式，可以灵活地进行一些利益安排	新规不再允许配套融资、新设锁定期和对锁定期予以延长的措施，大大压缩了利益输送的空间

（续表）

		2016年借壳新规实施前	2016年借壳新规实施后
劣势	1. 需付重组成本和借壳成本，包括但不限于直接和间接支付的"壳费"、壳公司原有股东的摊薄效应等	通过多种利益输送方式和安排，可以灵活地对"壳费"及相关方（例如撮合方等）的利益进行安排，有助于减少直接的壳费支出等	一方面，利益输送与安排空间的减少可能会增大直接壳费与重组成本。另一方面，随着IPO常态化与二级市场不当炒作行为的被遏制，"壳费"呈下降趋势
	2. 可能受到潜在损失	壳公司如果不是"净壳"，借壳后可能受其原有不良及"有毒资产"影响。即便壳公司被处理为"净壳"，仍然可能受其或有负债等的影响而受到损失	
	3. 上市公司（壳公司）不能同步募集资金或者募资规模受到限制	新规实施前，壳公司可以同步募集配套资金，但募资规模和募资用途受到限制	重组上市不允许配套融资。上市公司如果有融资需求，只能在重组上市完成后通过上市公司再融资方式重新申请行政许可

12.3 上市公司重大资产重组

12.3.1 概念、适用标准与实施程序

12.3.1.1 上市公司重大资产重组的概念

1. 上市公司重大资产重组的定义

为了规范上市公司重大资产重组行为，保护上市公司和投资者的合法权益，促进上市公司质量不断提高，维护证券市场秩序和社会公共利益，根据《公司法》《证券法》等法律、行政法规的规定，2014年7月7日中国证券监督管理委员会第52次主席办公会议审议通过了《上市公司重大资产重组管理办法》（以下简称《重组管理办法》），并于2016年9月8日对《重组管理办法》进行了修订。《重组管理办法》将重大资产重组定义为：上市公司及其控股或者控制的公司在日常经营活动之外购买、出售资产或者通过其他方式进行资产交易达到规定的比例，导致上市公司的主营业务、资产、收入发生重大变化的资产交易行为。

2. 上市公司重大资产重组的范围

上市公司重大资产重组主要包括如下资产交易。

- 上市公司及其控股或者控制的公司在日常经营活动之外购买、出售资产；
- 与他人新设企业、对已设立的企业增资或者减资；
- 受托经营、租赁其他企业资产或者将经营性资产委托他人经营、租赁；
- 接受附义务的资产赠与或者对外捐赠资产。

上述资产交易实质上构成购买、出售资产，且按照《重组管理办法》规定的标准计算的相关比例达到50%以上的，应当按照《重组管理办法》的规定履行相关义务和程序。

3. 上市公司重大资产重组存在以下情形的须由中国证监会上市公司并购重组审核委员会审核

- 根据中国证监会的相关规定构成重组上市的；
- 上市公司以新增股份向特定对象购买资产的；
- 上市公司实施合并、分立的；
- 中国证监会规定的其他情形。

12.3.1.2 上市公司重大资产重组的适用标准

1. 构成重大资产重组的标准

《重组管理办法》第十二条规定，上市公司及其控股或者控制的公司购买、出售资产，达到下列标准之一的，构成重大资产重组。

- 购买、出售的资产总额占上市公司最近一个会计年度经审计的合并财务会计报告期末资产总额的比例达到50%以上；
- 购买、出售的资产在最近一个会计年度所产生的营业收入占上市公司同期经审计的合并财务会计报告营业收入的比例达到50%以上；
- 购买、出售的资产净额占上市公司最近一个会计年度经审计的合并财务会计报告期末净资产额的比例达到50%以上，且超过5000万元人民币。

在我国的并购法规体系中，上市公司收购和上市公司重大资产重组这两个概念选择了一个特别的分类基准，即以上市公司为基准来区分收购和重组。具体来说，以上市公司股权为标的的交易界定为上市公司收购，而上市公司所实施的收购或剥离均界定为上市公司资产重组。因此，一家上市公司收购另一家公司，不能称为上市公司收购，而应属于上市公司资产重组，当交易规模达到一定标准时就称为重大资产重组。在反向收购（即重组上市）中，交易导致控制权变更，但上市公司是法律形式上的收购方，因而归于上市公司重大资产重组。

2. 计算上市公司购买、出售资产的比例应该遵循的规定

（1）购买的资产为股权的，其资产总额以被投资企业的资产总额与该项投资所占股权比例的乘积和成交金额二者中的较高者为准，营业收入以被投资企业的营业收入与该项投资所占股权比例的乘积为准，资产净额以被投资企业的净资产额与该项投资所占股权比例的乘积和成交金额二者中的较高者为准；出售的资产为股权的，其资产总额、营业收入以及资产净额分别以被投资企业的资产总额、营业收入以及净资产额与该项投资所占股权比例的乘积为准。

购买股权导致上市公司取得被投资企业控股权的，其资产总额以被投资企业的资产总额和成交金额二者中的较高者为准，营业收入以被投资企业的营业收入为准，净利润以被投资企业扣除非经常性损益前后的净利润的较高者为准，资产净额以被投资企业的净资产额和成交金额二者中的较高者为准；出售股权导致上市公司丧失被投资企业控股权的，其资产总额、营业收入以及资产净额分别以被投资企业的资产总额、营业收入以及净资产额为准。

（2）购买的资产为非股权资产的，其资产总额以该资产的账面值和成交金额二者中的较高者为准，资产净额以相关资产与负债的账面值差额和成交金额二者中的较高者为准；出售的资产为非股权资产的，其资产总额、资产净额分别以该资产的账面值、相关资产与负债账面值的差额为准；该非股权资产不涉及负债的，不适用"购买、出售的资产净额占上市公司最近一个会计年度经审计的合并财务会计报告期末净资产额的比例达到50%以上，且超过5 000万元人民币"的资产净额标准。

（3）上市公司同时购买、出售资产的，应当分别计算购买、出售资产的相关比例，并以二者中比例较高者为准。

（4）上市公司在12个月内连续对同一或者相关资产进行购买、出售的，以其累计数分别计算相应数额。已按照本办法的规定编制并披露重大资产重组报告书的资产交易行为，无须纳入累计计算的范围。

（5）交易标的资产属于同一交易方所有或控制，或者属于相同或相近的业务范围，或者中国证监会认定的其他情形，可以认定为同一或者相关资产。

12.3.1.3　上市公司重大资产重组的实施程序

1. 上市公司重大资产重组的关键节点

上市公司重大资产重组的实施程序可见图12-2。

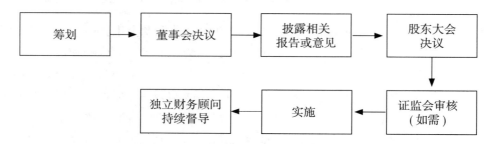

图12-2　上市公司重大资产重组的基本流程

（1）初步磋商

上市公司与交易对方就重大资产重组事宜进行初步磋商时，应当立即采取必要且充分的保密措施，制定严格有效的保密制度，限定相关敏感信息的知悉范围。

（2）聘请证券服务机构

上市公司应当聘请独立财务顾问、律师事务所以及具有相关证券业务资格的会计师事务所等证券服务机构就重大资产重组出具意见。独立财务顾问和律师事务所应当审慎核查重大资产重组是否构成关联交易，并依据核查确认的相关事实发表明确意见。

（3）董事会决议

- 董事会作出决议；

- 独立董事发表独立意见；
- 有关文件的披露与上报。

重大资产重组的首次董事会决议经表决通过后，上市公司应当在决议当日或次一工作日的交易时间向证券交易所申请公告。在次一工作日至少披露下列文件，同时抄报上市公司所在地的中国证监会派出机构（以下简称"派出机构"）：①董事会决议及独立董事的意见；②上市公司重大资产重组预案。

（4）股东大会决议

上市公司董事会就重大资产重组作出的决议，应提交股东大会批准。

股东大会的召开。上市公司股东大会就重大资产重组事项作出决议，必须经出席会议的股东所持表决权的 2/3 以上通过。上市公司重大资产重组事宜与本公司股东或其关联人存在关联关系的，股东大会就重大资产重组事项进行表决时，关联股东应当回避表决。

股东大会决议内容。上市公司股东大会就重大资产重组作出的决议，至少应当包括下列事项：本次重大资产重组的方式、交易标的和交易对方；交易价格或者价格区间；定价方式或者定价依据；相关资产自定价基准日至交割日期间损益的归属；相关资产办理权属转移的合同义务和违约责任；决议的有效期；对董事会办理本次重大资产重组事宜的具体授权；其他需要明确的事项。

股东大会决议的公告与上报。上市公司应当在股东大会作出重大资产重组决议后的次一个工作日公告该决议，并按照证监会的有关规定编制申请文件，委托独立财务顾问在 3 个工作日内向证监会申报，同时抄报派出机构。上市公司全体董事、监事、高级管理人员应当出具承诺，保证重大资产重组申请文件不存在虚假记载、误导性陈述或者重大遗漏。

（5）证监会审核

证监会依照法定条件和法定程序对重大资产重组申请作出予以核准或者不予核准的决定。

证监会反馈意见的处理。证监会在审核期间提出反馈意见要求上市公司作出书面解释、说明的，上市公司应当自收到反馈意见之日起 30 日内提供书面回复意见，独立财务顾问应当配合上市公司提供书面回复意见。逾期未提供的，上市公司应当在到期日的次日就本次重大资产重组的进展情况及未能及时提供回复意见的具体原因等予以公告。

审核期间有关事项发生变更的规定。证监会审核期间，上市公司拟对交易对象、交易标的、交易价格等作出变更，构成对重组方案重大调整的，应当在董事会表决通过后重新提交股东大会审议，并按照《重组管理办法》的规定向证监会重新报送重大资产重组申请文件、同时作出公告。在中国证监会审核期间，上市公司董事会决议终止或者撤回本次重大资产重组申请的，应当说明原因，予以公告，并按照公司章程的规定提交股东大会审议。

提交并购重组委员会审核的情形包括重组上市、发行股份购买资产等。

召开审核会议的公告。上市公司在收到中国证监会关于召开并购重组委员会工作会议审核其重大资产重组申请的通知后,应当立即予以公告,并申请办理并购重组委员会工作会议期间直至其表决结果披露前的停牌事宜。

上市公司在收到并购重组委员会关于其重大资产重组申请的表决结果后,应当在下一个工作日公告表决结果并申请复牌。公告应当说明,公司在收到中国证监会作出的予以核准或者不予核准的决定后将再次公告。

审核结果公告。上市公司收到中国证监会就其重大资产重组申请作出的予以核准或者不予核准的决定后,应当在下一个工作日予以公告。中国证监会予以核准的,上市公司应当在公告核准决定的同时,按照相关信息披露准则的规定补充披露相关文件。

(6) 重组的实施

重组的正常实施。中国证监会核准上市公司重大资产重组申请的,上市公司应当及时实施重组方案,并于实施完毕之日起3个工作日内编制实施情况报告书,向中国证监会及其派出机构、证券交易所提交书面报告,并予以公告。

重组未能正常实施情况的处理。自收到中国证监会核准文件之日起60日内,本次重大资产重组未实施完毕的,上市公司应当于期满后次一工作日将实施进展情况报告中国证监会及其派出机构,并予以公告;此后每30日应当公告一次,直至实施完毕。超过12个月未实施完毕的,核准文件失效。

利润预测数与实际盈利数出现差异的披露与处理。根据《重组管理办法》规定,提供盈利预测报告的,上市公司应当在重大资产重组实施完毕后的有关年度报告中单独披露上市公司及相关资产的实际盈利数与利润预测数的差异情况,并由会计师事务所对此出具专项审核意见。资产评估机构采取收益现值法、假设开发法等基于未来收益预期的估值方法对拟购买资产进行评估并作为定价参考依据的,上市公司应当在重大资产重组实施完毕后3年内的年度报告中单独披露相关资产的实际盈利数与评估报告中利润预测数的差异情况,并由会计师事务所对此出具专项审核意见;交易对方应当与上市公司就相关资产实际盈利数不足于预测数的情况签订明确可行的补偿协议。

独立财务顾问核查意见的出具、上报与公告。上市公司重大资产重组发生下列情况的,独立财务顾问应当及时出具核查意见,向证监会及其派出机构报告,并予以公告:证监会作出核准决定前,上市公司对交易对象、交易标的、交易价格等作出变更,构成对原重组方案重大调整的;证监会作出核准决定后,上市公司在实施重组过程中发生重大事项,导致原重组方案发生实质性变动的。

(7) 重组实施后的持续督导

按照证监会的相关规定,独立财务顾问应当对实施重大资产重组的上市公司履行持续督导职责。持续督导的期限自本次重大资产重组之日起,应当不少于1个会计年度。实施构成重组上市的重大资产重组,持续督导的期限自中国证监会核准本次重大资产重组之日起,应当不少于3个会计年度。独立财务顾问应当结合上市公司重大资产重组当年和实施完毕后的第1个会计年度的年报,自年报披露之日起15日内,对重大资产重组实施的下列事项出具持续督导意见,向派出机构报告,并予以公告。

- 交易资产的交付或者过户情况;

- 交易各方当事人承诺的履行情况；
- 已公告的盈利预测或者利润预测的实现情况；
- 管理层讨论与分析部分提及的各项业务的发展现状；
- 公司治理结构与运行情况；
- 与已公布的重组方案存在差异的其他事项。

表 12-1 对上市公司重大资产重组的具体程序进行了更直观的总结。

表 12-1 上市公司重大资产重组的具体程序

时间	机构	事件	注意事项
T	上市公司、中介机构	停牌 制定并购战略 寻找标的公司 尽职调查 审计、评估、法律及财务顾问等工作 达成转让协议	涉及重大资产购买停牌不得超过 1 个月 重大资产重组停牌不得超出 3 个月 若无法在重组停牌后 2 个月内复牌，需提交董事会审议 独立财务顾问和律师事务所应当审慎核查重大资产重组是否构成关联交易，并依据核查确认的相关事实发表明确意见
T+90	董事会、监事会	董事会、监事会一审，通过预案	也可跳过一董，直接由二董审核草案
	中介机构	出具上市公司资产核查意见 出具标的公司资产评估报告 出具盈利预测审核报告 撰写草案	
T+105—T+120	董事会、监事会	董事会、监事会二审，披露报告书	报告书对上市公司的持续经营能力、未来发展前景、当年每股收益等财务指标和非财务指标的影响进行详细分析 说明相关资产的估值方法、参数及其他影响估值结果的指标和因素 估值机构原则上应当采取两种以上的方法进行评估或者估值
T+135—T+150	国资委	审核	
T+135—T+150	股东	股东大会审议	
T+150—T+165	证监会	受理并出具草案审核意见稿	
T+180—T+195	公司、中介机构	回复证监会审核意见稿 书面回复意见通知书 补充披露信息	收到意见通知书 30 天内书面回复
	中国证监会上市公司并购重组审核委员会、中介机构	审核	收到中国证监会上市公司并购重组审核委员会下发通知，开始停牌 审核次一工作日复牌
	发审委	下发反馈意见	

（续表）

时间	机构	事件	注意事项
T+270—T+285	证监会	下发发行股份购买资产并募集配套资金的批复	
T+280—T+295	公司	过户	自完成相关批准程序之日起60日内，未实施完毕重大资产重组的，上市公司应当于期满后次一工作日将实施进展情况报告，并予以公告；此后每30日应当公告一次，直至实施完毕
T+280—T+295	财务顾问、律师事务所	核查重大资产重组的实施过程、资产过户事宜和相关后续事项的合规性及风险，编制实施情况报告书	

2. 严格防范内幕交易

（1）内幕交易的危害及防范措施

内幕交易是资本市场的顽疾，侵蚀和破坏市场公开、公平和公正的基本原则，严重损害投资者尤其是中小投资者的合法权益。近年来，我国资本市场内幕交易呈现高发态势。上市公司并购重组是内幕交易的高发领域，特别是上市公司重大资产重组涉及的相关方较多，内幕信息保密工作的难度较大，导致出现内幕交易的风险很高。上市公司重大资产重组一旦涉及内幕交易不仅会导致并购交易失败，相关当事人也将面临监管部门和法律的严惩，因此在筹划和实施重大资产重组的过程中，上市公司一定要使相关当事人充分了解内幕交易基础知识，深刻认识内幕交易的危害，并在此基础上根据相关法律法规和指导性意见的要求建立完善的内幕信息保密和内幕信息知情人报备制度并严格执行。

（2）内幕交易的定义和内幕信息知情人的范围

根据《证券法》的规定，内幕交易是指证券交易内幕信息的知情人和非法获取内幕信息的人在内幕信息公开前，买卖该证券，或者泄露该信息，或者建议他人买卖该证券的违法行为。内幕信息是指证券交易活动中，涉及公司的经营、财务或者其他对该公司证券的市场价格有重大影响的尚未公开的信息，包括但不限于：

- 公司的经营方针和经营范围的重大变化；
- 公司的重大投资行为和重大的购置财产的决定；
- 公司订立重要合同，可能对公司的资产、负债、权益和经营成果产生重要影响；
- 公司发生重大债务和未能清偿到期重大债务的违约情况；
- 公司发生重大亏损或者重大损失；公司生产经营的外部条件发生的重大变化、公司的董事、1/3以上监事或者经理发生变动；
- 持有公司5%以上股份的股东或者实际控制人，其持有股份或者控制公司的情况发生较大变化；
- 公司减资、合并、分立、解散及申请破产的决定；

- 涉及公司的重大诉讼，股东大会、董事会决议被依法撤销或者宣告无效；
- 公司涉嫌犯罪被司法机关立案调查，公司董事、监事、高级管理人员涉嫌犯罪被司法机关采取强制措施；
- 公司分配股利或者增资的计划；
- 公司股权结构的重大变化；
- 公司债务担保的重大变更；
- 公司营业用主要资产的抵押、出售或者报废一次超过该资产的30%；
- 公司的董事、监事、高级管理人员的行为可能依法承担重大损害赔偿责任；
- 上市公司收购的有关方案；
- 国务院证券监督管理机构认定的对证券交易价格有显著影响的其他重要信息等。

内幕信息知情人是法律规定的利用职务之便能够知悉内幕信息的人员，常见的内幕信息知情人包括：上市公司的董事、监事、高级管理人员；持有公司5%以上股份的股东及其董事、监事、高级管理人员；公司的实际控制人及其董事、监事、高级管理人员；上市公司控股的公司及其董事、监事、高级管理人员；由于所任公司职务可以获取公司有关内幕信息的人员；证券监督管理机构工作人员以及由于法定职责对证券的发行、交易进行管理的其他人员；保荐人、承销的证券公司、证券交易所、证券登记结算机构、证券服务机构的有关人员等。

（3）上市公司防范内幕交易的主要措施

为防范内幕交易发生，证监会、公安部、监察部、国资委、国家预防腐败局五部门于2010年11月下发《关于依法打击和防控资本市场内幕交易意见的通知》，证监会也发布了《关于上市公司建立内幕信息知情人登记管理制度的规定》。依据上述规定，上市公司在并购重组过程中，应当注意如下几个方面。

- 所有涉及上市公司重大事项的决策程序，都要符合保密制度要求；
- 简化决策流程，缩短决策时限，尽可能缩小内幕信息知情人范围；
- 研究论证上市公司重大事项，原则上应在相关证券停牌后或非交易时间进行；如需要向有关部门进行正常咨询、方案论证的，应当在相关股票停牌后进行；
- 上市公司及其他信息披露义务人应当做好内幕信息知情人登记工作及分阶段信息披露和风险提示工作；
- 上市公司应当通过签订保密协议、禁止内幕交易告知书等必要方式将禁止内幕交易的义务告知有关人员。

3. 财务顾问在上市公司重大资产重组中的主要作用

在上市公司重大资产重组过程中，财务顾问是关键。好的财务顾问不仅协助制定策略，寻找标的，参与商务谈判，与监管机构沟通，而且还可以协助安排资本支持。并购财务顾问和IPO保荐机构作用有所不同，IPO有明确规则，保荐机构协助企业进行规范并达到规则要求，主要是企业需满足监管方的要求；上市公司重大资产重组是交易双方的商业博弈，且没有固定的规则和章法，不同企业家的交易风格也不同，好的财务顾问可以润滑交易，较低交易成本，控制交易风险。随着交易的日趋复杂，优秀的财务顾问机构也将发挥更大的作用。

（1）财务顾问在上市公司重大资产重组中应履行的法定义务

根据《上市公司重大资产重组管理办法》，上市公司应在重大资产重组过程中聘请独立财务顾问履行以下义务。

- 审慎核查重大资产重组是否构成关联交易，并依据核查确认的相关事实发表明确意见。重大资产重组涉及关联交易的，应当就本次重组对上市公司非关联股东的影响发表明确意见。
- 对需上报证监会审核的重大资产重组，接受上市公司委托，在股东大会作出决议后3个工作日内向证监会申报。
- 配合上市公司对证监会反馈意见进行书面回复。
- 对重大资产重组的实施过程、资产过户事宜和相关后续事项的合规性及风险进行核查，发表明确的结论性意见。
- 对实施重大资产重组的上市公司履行持续督导职责。持续督导的期限自本次重大资产重组实施完毕之日起，应当不少于一个会计年度。实施构成借壳上市的重大资产重组的，持续督导的期限自中国证监会核准本次重大资产重组之日起，应当不少于3个会计年度。

（2）财务顾问在上市公司重大资产重组中的主要作用

随着国内证券市场的日渐成熟和证券公司资本实力进一步增强、业务范围进一步扩大，优秀的财务顾问在上市公司并购重组，特别是重大资产重组中的作用已经不限于上述法律法规规定的范围，而是全面参与到上市公司并购重组的各个环节，利用其专业化的团队和丰富的行业经验全程组织协调上市公司的并购活动，在参与并购重组的外部中介机构中处于中心枢纽的地位。财务顾问可以为上市公司提供的服务主要包括如下方面。

- 协助上市公司根据其经营战略和发展规划制定收购战略，明确收购目的，拟订收购标准；
- 搜寻、调查和审计目标企业，分析并购目标企业的可行性；
- 评估并购对上市公司的影响，分析并购重组对上市公司财务及经营上的协同作用，以及对原有股东利益的摊薄；
- 设计并购方式和交易结构，为上市公司提供估值建议，组织安排谈判，设计保护上市公司利益的机制；
- 协助上市公司向股东和利益相关方说明本次重组的意义和作用；
- 提供融资服务或协助寻找融资服务的提供者；
- 寻找销售对象，完成配套融资的发行；
- 就重组完成后上市公司的整合、一体化和经营发展等问题提出咨询意见，帮助上市公司最终实现并购目标；

- 根据并购完成后的上市公司需求提供再融资保荐承销和股权激励等财务顾问服务。

（3）并购重组过程中需聘请财务顾问的情形

根据中国证监会的现行规范，在上市公司并购重组（包括收购上市公司、上市公司重组等）过程中需要聘请财务顾问（独立财务顾问）的情况如表12-2所示。

表12-2 在上市公司并购重组过程中需要聘请财务顾问的情形[①]

业务类型	经济活动实质	财务顾问担任的角色	聘请主体	是否强制	适用的主要规范
收购上市公司	获得上市公司控制权	收购方财务顾问（协议收购比例超过30%及要约收购时）	收购方	是	《上市公司收购管理办法》
		收购方财务顾问（拥有权益的股份达到或超过上市公司已发行股份的20%但未超过30%，为上市公司第一大股东或实际控制人的，但国有股行政划转或者变更、股份转让在同一实际控制人控制的不同主体之间进行、因继承取得股份的除外。投资者及其一致行动人承诺至少3年放弃行使相关股份表决权的，可免于聘请财务顾问）	收购方	是	
被收购的上市公司	出售股票	上市公司财务顾问（间接收购时收购方未履行义务，上市公司董事会认为必要时可以聘请）	上市公司董事会	否	《上市公司收购管理办法》
		上市公司独立财务顾问（当上市公司面临要约收购时）	上市公司董事会	是	
		上市公司独立财务顾问（当上市公司面临管理层收购时）	上市公司独立董事	是	
上市公司反收购	防御收购	反收购财务顾问（尚无法定要求）	上市公司或控股股东	否	
借壳上市（重组上市）	收购方间接实现资产证券化	收购方财务顾问	标的方大股东	是	《上市公司重大资产重组管理办法》《上市公司收购管理办法》
		上市公司独立财务顾问	上市公司	是	
整体上市	上市公司大股东实现集团整体资产证券化	收购方财务顾问（上市公司大股东因交易取得股权构成上市公司收购或者权益披露要求时）	上市公司大股东	是	《上市公司重大资产重组管理办法》《上市公司收购管理办法》
		上市公司独立财务顾问	上市公司	是	

① 沈春晖.上市公司并购重组漫谈：并购重组过程中需聘请财务顾问的情形概述[EB/OL]. 2017-08.

（续表）

业务类型	经济活动实质	财务顾问担任的角色	聘请主体	是否强制	适用的主要规范
第三方资产收购（产业并购）	上市公司以现金方式收购第三方资产	上市公司独立财务顾问（交易构成上市公司重大资产重组时）	上市公司	是	《上市公司重大资产重组管理办法》
	上市公司发行股份（及混合方式）收购第三方资产	收购方财务顾问（资产标的方的股东因交易取得股权构成上市公司收购或者权益披露要求时）	标的方大股东	是	《上市公司重大资产重组管理办法》《上市公司收购管理办法》
		上市公司独立财务顾问	上市公司	是	
上市公司吸收合并	上市公司以吸收合并其他方的方式实现大股东集团整体上市、上市公司收购第三方资产等目的	上市公司独立财务顾问	上市公司	是	《上市公司重大资产重组管理办法》
		被吸收合并方财务顾问	被吸收合并方	是	
上市公司回购	上市公司回购股份减少资本资本	上市公司独立财务顾问	上市公司	是	《上市公司回购社会公众股份管理办法（试行）》
上市公司股权激励	上市公司以股票期权、限制性股票等方式实施股权激励	上市公司独立财务顾问（独立董事或监事会认为有必要的）	上市公司	否	《上市公司股权激励管理办法》
		上市公司独立财务顾问（未按照定价原则，而采用其他方法确定限制性股票授予价格或股票期权行权价格的）	上市公司	是	

注：《上市公司并购重组财务顾问业务管理办法》规定可以由证券公司、证券投资咨询机构和其他财务顾问机构申请从事上市公司并购重组财务顾问业务资格。

12.3.2 上市公司发行股份购买资产、重大资产重组配套融资等特别规定

12.3.2.1 发行股份购买资产

上市公司发行股份购买资产，应当符合下列规定。

- 充分说明并披露本次交易有利于提高上市公司资产质量、改善财务状况和增强持续盈利能力，有利于上市公司减少关联交易、避免同业竞争、增强独立性；

- 上市公司最近一年及一期财务会计报告被注册会计师出具无保留意见审计报告；被出具保留意见、否定意见或者无法表示意见的审计报告的，须经注册会计师专项核查确认，该保留意见、否定意见或者无法表示意见所涉及事项的重大影响已经消除或者将通过本次交易予以消除；
- 上市公司及其现任董事、高级管理人员不存在因涉嫌犯罪正被司法机关立案侦查或涉嫌违法违规正被中国证监会立案调查的情形，但是涉嫌犯罪或违法违规的行为已经终止满三年，交易方案有助于消除该行为可能造成的不良后果，且不影响对相关行为人追究责任的除外；
- 充分说明并披露上市公司发行股份所购买的资产为权属清晰的经营性资产，并能在约定期限内办理完毕权属转移手续；
- 中国证监会规定的其他条件。

上市公司为促进行业的整合、转型升级，在其控制权不发生变更的情况下，可以向控股股东、实际控制人或者其控制的关联人之外的特定对象发行股份购买资产。所购买资产与现有主营业务没有显著协同效应的，应当充分说明并披露本次交易后的经营发展战略和业务管理模式，以及业务转型升级可能面临的风险和应对措施。

特定对象以现金或者资产认购上市公司非公开发行的股份后，上市公司用同一次非公开发行所募集的资金向该特定对象购买资产的，视同上市公司发行股份购买资产。

上市公司发行股份的价格不得低于市场参考价的90%。市场参考价为本次发行股份购买资产的董事会决议公告日前20个交易日、60个交易日或者120个交易日的公司股票交易均价之一。本次发行股份购买资产的董事会决议应当说明市场参考价的选择依据。

交易均价的计算公式为：董事会决议公告日前若干个交易日公司股票交易均价＝决议公告日前若干个交易日公司股票交易总额/决议公告日前若干个交易日公司股票交易总量。

12.3.2.2 重大资产重组配套融资

上市公司发行股份购买资产的，除重组上市外，可以同时募集部分配套资金。中国证监会在多个管理办法或问答中对募集配套资金作出了相关规定。

1. 募集配套资金的规模

上市公司发行股份购买资产同时募集的配套资金不超过拟购买资产交易价格的100%，其中拟购买资产交易价格指本次交易中以发行股份方式购买资产的交易价格，但不包括交易对方在本次交易停牌前6个月内及停牌期间以现金增资入股标的资产部分对应的交易价格。

2017年2月，证监会出台再融资新政，规定上市公司申请非公开发行股票的，拟发行的股份数量不得超过本次发行前总股本的20%。上市公司重大资产重组中的配套融资规模也受到此条再融资新规的限制。同时，本次再融资新政取消锁价发行，要求发行价格一律按照发行期首日定价，投资者的折扣率明显降低，投资者将更加关注上市公司未来的成长性和长期投资价值，只有真正的优质公司才能完成配套融资。

2. 募集配套资金的用途

上市公司重大资产重组中，募集的配套资金仅可用于支付本次并购交易中的现金对价，支付本次并购交易税费、人员安置费用等并购整合费用，以及投入标的资产在建项目建设。募集配套资金不能用于补充上市公司和标的资产流动资金、偿还债务。

上市公司重大资产重组中的配套融资与再融资的募集资金用途存在明显差异。由于配套融资只能用于支付交易对价、交易税费等并购整合费用，以及投入标的公司的在建项目；而再融资项目的募投项目与上市公司的内生性增长有关，仅有少量用于对外收购。因此通过配套融资并不能满足上市公司的内生性增长需求。

12.4 非上市公众公司[①] 重大资产重组

12.4.1 非上市公众公司重大资产重组的一般性规定

12.4.1.1 非上市公众公司重大资产重组的概念

非上市公众公司重大资产重组是指非上市公众公司及其控股或者控制的公司在日常经营活动之外购买、出售资产或者通过其他方式进行资产交易，导致公众公司的业务、资产发生重大变化的资产交易行为。非上市公众公司重大资产重组概念界定需要关注以下几点。

- 行为主体不仅包括挂牌公司，还包括挂牌公司控股及控制的公司；
- 行为不仅包括购买资产的行为，还包括出售资产或者通过其他方式进行的资产交易；
- 行为导致挂牌公司的业务、资产发生了重大变化；
- 资产交易行为必须是在日常经营活动之外。

12.4.1.2 非上市公众公司重大资产重组的判断标准

非上市公众公司及其控股或者控制的公司购买、出售资产，达到下列标准之一的，构成重大资产重组。

- 购买、出售的资产总额占公众公司最近一个会计年度经审计的合并财务会计报表期末资产总额的比例达到50%以上；
- 购买、出售的资产净额占公众公司最近一个会计年度经审计的合并财务会计报表期末净资产额的比例达到50%以上，且购买、出售的资产总额占公众公司最近

---

① 《非上市公众公司重大资产管理办法》（证监会令〔2014〕第103号），适用于股票在全国中小企业股份转让系统公开转让的公众公司重大资产重组行为。

一个会计年度经审计的合并财务会计报表期末资产总额的比例达到30%以上。

计算上述规定的比例时，应当遵守下列规定。

（1）购买的资产为股权，且购买股权导致公众公司取得被投资企业控股权的，其资产总额以被投资企业的资产总额和成交金额二者中的较高者为准，其资产净额以被投资企业的净资产额和成交金额二者中的较高者为准；出售股权导致公众公司丧失被投资企业控股权的，其资产总额、资产净额分别以被投资企业的资产总额和净资产额为准。除前款规定的情形外，购买的资产为股权的，其资产总额、资产净额均以成交金额为准；出售的资产为股权的，其资产总额、资产净额均以该股权的账面价值为准。

（2）购买的资产为非股权资产的，其资产总额以该资产的账面值和成交金额二者中的较高者为准，其资产净额以相关资产与负债账面值的差额和成交金额二者中的较高者为准；出售的资产为非股权资产的，其资产总额、资产净额分别以该资产的账面值、相关资产与负债账面值的差额为准；该非股权资产不涉及负债的，不适用《非上市公众公司重大资产重组管理办法》第二条第三款第（二）项规定的资产净额标准。

（3）公众公司同时购买、出售资产的，应当分别计算购买、出售资产的相关比例，并以二者中比例较高者为准。

（4）公众公司在12个月内连续对同一或者相关资产进行购买、出售的，以其累计数分别计算相应数额。已按照本办法的规定履行相应程序的资产交易行为，无须纳入累计计算的范围。交易标的资产属于同一交易方所有或者控制，或者属于相同、相近的业务范围，或者中国证监会认定的其他情形下，可以认定为同一或者相关资产。

12.4.1.3　非上市众公司重大资产重组的条件

非上市公众公司实施重大资产重组，应当符合下列要求。

- 重大资产重组所涉及的资产定价公允，不存在损害公众公司和股东合法权益的情形；
- 重大资产重组所涉及的资产权属清晰，资产过户或者转移不存在法律障碍；相关债权债务处理合法；所购买的资产应当为权属清晰的经营性资产；
- 实施重大资产重组后有利于提高公众公司资产质量和增强持续经营能力，不存在可能导致公众公司重组后主要资产为现金或者无具体经营业务的情形；
- 实施重大资产重组后有利于公众公司形成或者保持健全有效的法人治理结构。

12.4.1.4　非上市公众公司重大资产重组的中介机构

非上市公众公司实施重大资产重组，应当聘请独立财务顾问、律师事务所以及具有证券、期货相关业务资格的会计师事务所等证券服务机构出具相关意见。非上市公众公司应当聘请为其提供督导服务的主办证券公司为独立财务顾问，但存在影响独立性、财务顾问业务受到限制等不宜担任独立财务顾问情形的除外。非上市公众公司也可以同时聘请其他机构为其重大资产重组提供顾问服务。

12.4.2　非上市公众公司重大资产重组的信息管理

非上市公众公司与交易对方就重大资产重组进行初步磋商时，应当采取有效的保密措施，限定相关敏感信息的知悉范围，并与参与或知悉本次重大资产重组信息的相关主体签订保密协议。

原则上，非上市公众公司及其控股股东、实际控制人等相关主体研究、筹划、决策重大资产重组事项应当在相关股票暂停转让后或者非转让时间进行，并尽量简化决策流程，提高决策效率，缩短决策时限，尽可能缩小内幕信息知情人范围。如需要向有关部门进行政策咨询、方案论证的，应当在相关股票暂停转让后进行。

非上市公众公司筹划重大资产重组事项，应当详细记载筹划过程中每一具体环节的进展情况，包括商议相关方案、形成相关意向、签署相关协议或者意向书的具体时间、地点、参与机构和人员、商议和决议内容等，并制作书面的交易进程备忘录，予以妥当保存。参与每一具体环节的所有人员应当即时在备忘录上签名确认。非上市公众公司应当按照全国股份转让系统的规定及时做好内幕信息知情人登记工作。

在筹划重大资产重组的阶段，交易各方初步达成实质性意向或者虽未达成实质性意向，但相关信息已在媒体上传播，或者预计该信息难以保密，或者公司股票转让出现异常波动的，非上市公众公司应当及时向全国股份转让系统申请股票暂停转让。

筹划、实施非上市公众公司重大资产重组时，相关信息披露义务人应当公平地向所有投资者披露可能对公众公司股票转让价格产生较大影响的相关信息，不得有选择性地向特定对象提前泄露。

非上市公众公司的股东、实际控制人以及参与重大资产重组筹划、论证、决策等环节的其他相关机构和人员，应当及时、准确地向公众公司通报有关信息，并配合公众公司及时、准确、完整地进行披露。

12.4.3　非上市公众公司重大资产重组的流程概要

重大资产重组可以分为现金购买资产和发行股份购买资产两种情形。二者在流程上存在一定差异。

在股东大会召开前，两种情形的重大资产重组需要履行的程序基本一致。在股东大会召开后，对于现金购买资产情形的，挂牌公司可以继续推进重组程序，完成资产过户；对于发行股份购买资产情形的，需要向中国证监会申请核准或者向全国股转公司申请备案。

12.4.3.1　非上市公众公司重大资产重组的具体流程

图 12-3 和图 12-4 具体展示了现金购买资产和发行股份购买资产两种情形下的重大资产重组程序。

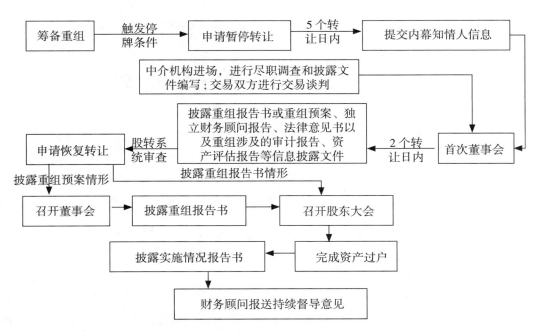

图 12-3 现金购买资产情形下重大资产重组程序

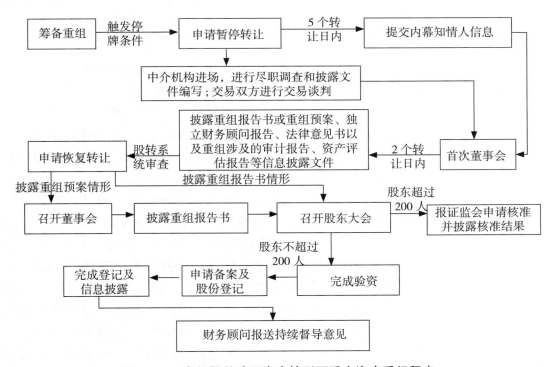

图 12-4 发行股份购买资产情形下重大资产重组程序

12.4.3.2 非上市公众公司重大资产重组的各环节要求

1. 申请暂停转让

公司出现下列情形之一时，应当立即向全国股份转让系统公司申请公司证券暂停转让。

- 交易各方初步达成实质性意向；
- 虽未达成实质意向，但在相关董事会决议公告前，相关信息已在媒体上传播，或者预计该信息难以保密，或者公司证券转让价格出现异常波动；
- 本次重组需要向有关部门进行政策咨询、方案论证。

除挂牌公司申请证券暂停转让的情形外，全国股份转让系统有权在必要情况下对挂牌公司证券主动实施暂停转让。

2. 提交内幕知情人信息

公司应当在证券暂停转让之日起5个转让日内，按照《全国中小企业股份转让系统重大资产重组业务指南第1号：非上市公众公司重大资产重组内幕信息知情人报备指南》的要求，向全国股份转让系统公司提交完整的内幕信息知情人登记表、相关人员、买卖公司证券的自查报告、公司重大资产重组交易进程备忘录及公司全体董事对内幕信息知情人报备文件真实性、准确性和完整性的承诺书。公司预计证券暂停转让日距离重大资产重组首次董事会召开不足5个转让日的，应当在申请暂停转让的同时提交上述材料。

全国股份转让系统公司在收到内幕信息知情人名单及自查报告后，将对内幕信息知情人在暂停转让申请日前6个月的公司证券转让情况进行核查。如果发现异常转让情况，全国股份转让系统有权要求公司、独立财务顾问及其他相关主体对转让情况作出进一步核查。涉嫌利用公司重大资产重组信息从事内幕交易、操纵证券市场等违法活动的，全国股份转让系统有权采取自律管理措施，并向中国证监会报告。

3. 召开董事会

挂牌公司进行重大资产重组，应当由董事会依法作出决议，并提交股东大会审议。

挂牌公司召开董事会决议重大资产重组事项，应当在披露决议的同时披露本次重大资产重组报告书、独立财务顾问报告、法律意见书以及重组涉及的审计报告、资产评估报告（或资产估值报告）。董事会还应当就召开股东大会事项作出安排并披露。

挂牌公司就本次重大资产重组首次召开董事会前，相关资产尚未完成审计等工作的，在披露首次董事会决议的同时应当披露重大资产重组预案及独立财务顾问对预案的核查意见。挂牌公司应在披露重大资产重组预案后6个月内完成审计等工作，并再次召开董事会，在披露董事会决议时一并披露重大资产重组报告书、独立财务顾问报告、法律意见书以及本次重大资产重组涉及的审计报告、资产评估报告（或资产估值报告）等。董事会还应当就召开股东大会事项作出安排并披露。

4. 全国股份转让系统的审查

全国股份转让系统在公司信息披露后的5个转让日内对信息披露的完备性进行审查。

全国股份转让系统对信息披露未提出异议的，公司应当在审查期满后向全国股份转让系统申请证券恢复转让。

发现信息披露存在完备性问题的，全国股份转让系统有权要求公司对存在问题的信息披露内容进行解释、说明和更正。公司预计在原定最晚恢复转让日仍无法恢复转让的，应当在接到全国股份转让系统关于信息披露异议的同时，申请延后最晚恢复转让日。

发现公司重大资产重组信息披露涉嫌虚假披露、误导性陈述、重大遗漏或存在程序不规范问题的，全国股份转让系统有权采取自律管理措施并向中国证监会报告，公司应当同时申请证券持续暂停转让。

5. 召开股东大会

股东大会就重大资产重组事项作出的决议，必须经出席会议的股东所持表决权的 2/3 以上通过。挂牌公司股东人数超过 200 人的，应当对出席会议的持股比例在 10% 以下的股东表决情况实施单独计票。挂牌公司应当在决议后及时披露表决情况。前文所称持股比例在 10% 以下的股东，不包括公众公司董事、监事、高级管理人员及其关联人以及持股比例在 10% 以上股东的关联人。

挂牌公司重大资产重组事项与本公司股东或者其关联人存在关联关系的，在股东大会就重大资产重组事项进行表决时，关联股东应当回避表决。

挂牌公司向特定对象发行股份购买资产后股东累计超过 200 人的重大资产重组，经股东大会决议后，应当按照中国证监会的有关规定编制申请文件并申请核准。

6. 重大资产重组实施

挂牌公司重大资产重组完成相关批准程序后，应当及时实施重组方案，并在本次重大资产重组实施完毕之日起 2 个工作日内，编制并披露实施情况报告书及独立财务顾问、律师的专业意见。

公司涉及发行股份购买资产构成重大资产重组的，应当在验资完成后 10 个转让日内，向全国股份转让系统公司报送股票发行备案或股票登记申请文件。公司在取得全国股份转让系统出具的股份登记函后，应当及时办理新增股份登记。

7. 后续信息披露

独立财务顾问应当结合公众公司重大资产重组实施当年和实施完毕后的第一个完整会计年度的年报，自年报披露之日起 15 日内，对重大资产重组实施的下列事项出具持续督导意见，报送全国股份转让系统，并披露如下方面。

- 交易资产的交付或者过户情况；
- 交易各方当事人承诺的履行情况及未能履行承诺时相关约束措施的执行情况；
- 公司治理结构与运行情况；
- 本次重大资产重组对公司运营、经营业绩影响的状况；
- 盈利预测的实现情况（如有）；
- 与已公布的重组方案存在差异的其他事项。

12.4.4 非上市公众公司重大资产重组的特殊事项

12.4.4.1 发行股份购买资产股份限售要求

重大资产重组涉及发行股份的，特定对象以资产认购而取得的非上市公众公司股份，自股份发行结束之日起 6 个月内不得转让。属于下列情形之一的，12 个月内不得转让：

- 特定对象为非上市公众公司控股股东、实际控制人或者其控制的关联人；
- 特定对象通过认购本次发行的股份取得非上市公众公司的实际控制权；
- 特定对象取得本次发行的股份时，对其用于认购股份的资产持续拥有权益的时间不足 12 个月。

12.4.4.2 重组与证券发行以及新的重组事项的关系

挂牌公司如存在尚未完成的重大资产重组事项，在前次重大资产重组实施完毕并披露实施情况报告书之前，不得筹划新的重大资产重组事项，也不得因重大资产重组申请暂停转让。

挂牌公司如存在尚未完成的证券发行，在前次证券发行完成新增证券登记前，不得筹划重大资产重组事项，也不得因重大资产重组申请暂停转让。除发行股份购买资产构成重大资产重组并募集配套资金的情况外，在前次重大资产重组实施完毕并披露实施情况报告书前，挂牌公司不得在重组实施期间启动证券发行程序。

12.4.4.3 变更重大资产重组方案

股东大会作出重大资产重组的决议后，挂牌公司拟对交易对象、交易标的、交易价格等作出变更，构成对原重组方案重大调整的，应当在董事会表决通过后重新提交股东大会审议，并按照规定向全国股份转让系统重新报送信息披露文件或者向中国证监会重新提出核准申请。支付手段发生变更的，应当视为重组方案的重大调整，并重新履行相关程序。

12.4.4.4 终止重大资产重组

股东大会作出重大资产重组的决议后，挂牌公司董事会决议终止本次交易或者撤回有关申请的，应当说明原因并披露，同时提交股东大会审议。

挂牌公司披露重大资产重组预案或重大资产重组报告书后，因自愿选择终止重组、独立财务顾问或律师对异常转让无法发表意见或认为存在内幕交易且不符合恢复重大资产重组进程要求等原因终止本次重大资产重组的，应当及时披露关于终止重大资产重组的临时公告，并同时在公告中承诺自公告之日起至少 3 个月内不再筹划重大资产重组。

中国证监会依据《非上市公众公司重大资产重组管理办法》第二十八条的规定，要求挂牌公司终止重大资产重组进程的，挂牌公司应当及时披露关于重大资产重组被要求终止的临时公告，并同时在公告中承诺自公告之日起至少 12 个月内不再筹划重大资产重组。

12.5 跨境并购

按照并购交易买卖双方所在的国家，广义的跨境并购可分为两大类：一类为入境并购，即外国投资者并购中国境内企业或资产；另一类为狭义的跨境并购，即境内投资者收购位于境外的企业或资产。本节我们将主要就中国企业跨境并购境外资产展开讨论，通过结合近期的经典案例，了解中国企业走出去的近况，并初步学习掌握跨境并购的基本流程、涉及的监管审批、中介机构选聘及交易的常用融资方式等内容，使读者对跨境并购操作有一个初步的理解。

12.5.1 跨境并购基本流程

跨境并购一般可以分为一对一谈判流程和招标流程。

12.5.1.1 一对一谈判流程

1. 准备工作

准备工作一般包括委任中介机构，组建项目工作小组，并确立内部工作、沟通和决策机制。之后可初步研究与评估交易可行性并研究财务假设和估值模型。与此同时，评估交易结构及与对方的沟通渠道、初步论证融资方案、研究交易可能涉及的内外部审批程序和文件清单也是不可或缺的准备工作。

2. 初步接洽

建立交易双方之间的沟通协调机制和工作机制，并确定交易流程和进度时间表。在签署保密协议后开展初步尽职调查。与此同时，可试探、明确各方的交易意图和兴趣，达成一致后签署或确认意向书和主要商业条款。

3. 全面尽职调查工作

在完成初步接洽后，可根据信息确定尽职调查的范围、形式、时间和程序，组建尽职调查小组，准备尽职调查清单。各中介机构可分别开展法律、财务、业务等方面的尽职调查，出具尽职调查报告。在尽职调查过程中，需包含审核卖方提供的资料（现场或网上资料室）、现场考察目标公司、管理层访谈、关联方调查（客户、供应商、政府主管机构等）等内容，基于尽职调查的结果，公司内部确定估值区间及融资计划，并确认交易对方的批准程序。

4. 商业谈判

在完成尽职调查后，可确立双方的谈判机制和谈判时间表，并商谈确定最终交易结构和主要商业条款。与此同时，需开展融资谈判，确定融资方案。以上方案基本确定后，可同步开展履行签约前批准程序，包括董事会、股东会等。在以上谈判过程中，建议保持与监管部门的及时有效沟通，以针对最新交易及融资等方案及时获取监管部门的相关反馈。

5. 文件签署、交易披露

在完成谈判后，需签署最终交易文件。上市公司签署交易文件的同时，需发布交易公告及股东大会召开通知（如有）。与此同时，可全面展开公共关系、投资者关系等工作，并准备各项政府报批材料。

6. 审批、交割

在取得监管机构的批准后，即可完成目标资产或股权的重组和特殊目的载体的设立（如有），并在满足协议约定的其他交割条件时，支付对价，完成交割。

12.5.1.2　招标流程

1. 准备工作

前期的准备工作一般包括委任中介机构，组建项目工作小组，确立内部工作、沟通和决策机制。之后，初步研究与评估交易可行性。

2. 与卖方初步接触

在完成前期准备工作后，公司可评估标的是否符合公司的战略方向并确认公司对项目的兴趣程度，如确定初步意向，可与卖方签署保密协议。在完成保密协议的签署后，卖方起草并向潜在买方发放招标文件（包括初步信函、信息备忘录）。

3. 首轮投标

买方在获取相关招标文件后，需及时审阅信息备忘录，并对标的公司所在行业和标的公司进行研究及初步估值。结合初步估值及买方自身情况，初步确定融资方案、交易结构和审批程序，并分析其他潜在投标人的情况。买方需在约定的时间内提交无约束力的投标意向书。在收到意向书后，卖方需对投标进行评估，准备尽职调查相关资料，并开始审阅购买合同及评估融资方案。

4. 尽职调查

依据卖方提供的信息及标的公司的实际情况，买方需与卖方商议确定尽职调查的范围、形式、时间和程序，并由买方组建尽职调查小组并准备尽职调查清单发送至卖方处。基于卖方提供的资料，各中介机构分别开展法律、财务、业务等方面的尽职调查，出具尽职调查报告。在尽职调查过程中，需包含审核卖方提供的资料（现场或网上资料室）、现场考察目标公司、管理层访谈、关联方调查（客户、供应商、政府主管机构等）等内容，基于尽职调查的结果，公司内部确定估值区间及融资计划，并确定交易对方的批准程序。

5. 第二轮投标

如有第二轮投标的情况，买方在进入第二轮投标后，可适当修正出价，并修改收购合同。在卖方规定的时间内，提交有法律约束力的标书及修改后的合同。卖方可依据买方此轮提交的相关文件，评估投标。

6. 文件签署、交易披露

卖方可确定最终中标的买方，并与此买方磋商最终交易条款，履行内部批准程序，签署交易法律文件。上市公司签署交易文件的同时,需公布交易相关信息并发出股东大会召开通知(如有)。与此同时,可全面展开公共关系、投资者关系等工作,并准备各项政府报批材料。

7. 审批、交割

在取得监管机构的批准后,即可完成目标资产或股权的重组和特殊目的载体的设立(如有),并在满足协议约定的其他交割条件时,支付对价,完成交割。

12.5.2 境内监管审批

12.5.2.1 发改委、商务部门及外汇相关审批程序

1. 发改委审批

国家发展改革委发布《企业境外投资管理办法》(发改委〔2017〕第11号令),于2018年3月1日起施行。《境外项目核准和备案管理办法》(发改委〔2014〕第9号令)同时废止。

新办法作为境外投资管理的基础性制度,在"放管服"三个方面统筹推出了八项改革举措,旨在加强境外投资宏观指导,优化境外投资综合服务,完善境外投资全程监管,促进境外投资持续健康发展,维护我国国家利益和国家安全。

在便利企业境外投资方面,新办法推出了取消项目信息报告制度,取消地方初审、转报环节,放宽投资主体履行核准、备案手续的最晚时间要求等三项改革。在规范企业境外投资方面,新办法提出将境内企业和自然人通过其控制的境外企业开展的境外投资纳入管理框架,针对境外投资监管薄弱环节建立协同监管机制,完善惩戒措施、建立境外投资违法违规行为记录三项改革。在服务企业境外投资方面,新办法提出投资主体可以咨询政策和信息、反映情况和问题、提出意见和建议,并提出建立境外投资管理和服务网络系统。

2. 商务部审批[①]

商务部和省级商务主管部门按照企业境外投资的不同情形,分别实行备案和核准管理:对企业境外投资涉及敏感国家和地区、敏感行业的,实行核准管理;对企业其他情形的境外投资,实行备案管理。两种情形在需要提交的备案材料方面有所不同。

需核准情形: 申请书主要包括投资主体情况、境外企业名称、股权结构、投资金额、经营范围、经营期限、资金来源、投资具体内容等;企业应当通过管理系统按要求填写打印《境外投资申请表》,并加盖印章;境外企业章程及相关协议或合同;有关部门对境外投资所涉的属于中华人民共和国限制出口的产品或技术准予出口的材料;企业营业执照复印件。

需备案情形: 填写《境外投资备案表》并加盖印章后,连同企业营业执照复印件分别报商务部或省级商务主管部门备案。

---

① 详见《境外投资管理办法》(商务部令〔2014〕第3号)。

3. 外汇登记

国家外汇管理总局及其分局是境外投资有关外汇事宜的管理机关。境内机构境外直接投资获得境外直接投资主管部门核准或者备案后，由银行直接审核办理境外直接投资项下外汇登记，国家外汇管理局及其分支机构通过银行对直接投资外汇登记实施间接监管。近年来，中国支持企业走出去，在简化外汇手续的同时，出台了多项推进人民币国际化的重要措施，支持人民币跨境支付。

- 企业以境内合法资产或权益出资前，向注册地银行申请办理境外直接投资外汇登记，完成直接投资外汇登记后，方可办理后续直接投资相关账户开立、资金汇兑等业务（含利润、红利汇出或汇回）；
- 企业以境外资金或境外资产或权益出资的境外投资，银行应审核其境外资金留存或境外收益获取的合规性，涉嫌以其非法留存境外的资产或权益转做境外投资的，不得办理；
- 多个境内机构共同实施一项境外投资，约定一个境内机构向其注册地银行申请办理登记；完成登记后，其他境内机构可分别向注册地银行领取业务登记凭证；
- 境内投资主体设立或控制的境外企业在境外再投资设立或控制新的境外企业无须办理外汇备案手续。

4. 国资委审批

如果海外投资主体是国有企业，则还会涉及国资委的审批或备案。

- 列入中央企业年度境外投资计划的主业重点投资项目，国资委实行备案。对境外投资项目有异议的，国资委应当及时向企业出具书面意见。
- 未列入中央企业年度境外投资计划，需要追加的主业重点投资项目，中央企业应在履行企业内部投资决策程序后报送国资委备案，对项目有异议的，国资委应当在20个工作日内向企业出具书面意见。
- 中央企业原则上不得在境外从事非主业投资。有特殊原因确需投资的，应当经国资委核准。国资委依据相关法律、法规和国有资产监管规定，在20个工作日内出具书面意见。

12.5.2.2 证监会及交易所相关披露要求

1. 中国证监会信息披露规定

对于上市公司海外并购，若上市公司及其控股或控制的公司发生重大资产重组行为，上市公司应在股东大会作出重大资产重组决议并公告后3个工作日内，编制申请文件，并委托独立财务顾问向证监会申报，同时抄报派出机构。并购重组委以投票方式对提交其审议的重大资产重组或者发行股份购买资产申请进行表决，提出审核意见。若上述重大资产重组以全现金方式实施，则无须申报证监会。

2. 交易所信息披露规定

上市公司进行海外并购要履行严谨的信息披露义务。例如，《上海证券交易所股票上市规则》中规定了符合特定条件的交易应当以公告的形式进行披露。如果该交易条件达到了《上市公司重大资产重组管理办法》中规定的标准，则需按照《上市公司重大资产重组管理办法》以及相关信息披露格式指引的要求编制重大资产重组报告书，披露要求进一步提高。如果涉及上市公司股份权益的变动，还需按照《上市公司收购管理办法》，根据不同的标准，披露简式权益变动报告书、详式权益变动报告书、要约收购报告书、上市公司收购报告书等。

12.5.3 境外监管审批

境外审批主要由两部分组成：一部分是政府审查，着重审查交易对本国国家安全的影响、交易监管等；另一部分是针对交易是否构成垄断进行审查。以下以美国及欧盟的相关审批作为示例进行分析。

12.5.3.1 政府审查

1. 美国

美国的境外投资审批机构主要为外国投资委员会（the Committee on Foreign Investment in the United States，CFIUS），其针对可能影响美国国家安全的外商投资交易进行审查。

时间。在申报正式提交以及CFIUS确认提交后，交易各方需经过30天的初审期，等待CFIUS决定批准或进一步调查。如果CFIUS决定进一步调查，交易各方就必须再等待45天，CFIUS在此期间会进行全面调查。

申报原则。向CFIUS进行申报为自愿。决定是否进行申报，受到下列因素影响：收购方国籍、收购方的政府控制或控股程度、收购方对美国企业拥有的股权或实际控制、被收购美国企业的科技和产品的类型与潜在用途等。

申报内容。CFIUS申报信息由联邦法律规定，包括交易实质内容、交易各方情况、预期交易完成日、估计交易现金与其他对价以及交易涉及的所有金融机构的名称。要求外国收购方提供的信息包括收购方及其母公司的背景，各自的管理层、董事、股东，收购目的等。

2. 欧盟

根据《欧洲联盟运行条约》，欧盟各国的投资政策决定权归于各成员国政府，在符合有关条约和欧盟法律的前提下，各成员国政府可制定本国具体的投资管理政策，但对外国投资进行审查或限制时不得违反资本"自由"的基本原则。

德国法律对外国投资的国家安全考量：《对外贸易与支付法》（AWG）是德国规范外资并购的主要法律。在德国，审查部门德国经济与技术部有权依据AWG或者其他法案中的相关规定来阻止或修改某项交易。同时，投资军工等特殊敏感领域的外国投资项目有特殊的申报要求。

英国法律对外国投资的国家安全考量：英国主要是参照2002年《企业法》里"公共利益"一章来处理相关问题。在《企业法》第五十八条中，公共利益包括两个方面：

国家安全以及媒体多样化。2008 年，英国政府将金融行业的稳定性也纳入国家安全审查范围，成为公共利益的第三个领域。外国投资交易案件通常会由英国公平贸易办公室和竞争委员会进行审查。某些可能威胁公共利益的特殊交易案件，则由英国国家贸易产业部长进行审查。

法国法律对外国投资的国家安全考量：根据相关法律、法令，下列外国投资项目将启动法国国家安全审查：收购总部位于法国的公司的控制权；收购总部位于法国的公司的分支机构或者控制权；收购总部位于法国的公司的 1/3 以上股本或者控制权；外国投资涉及受管制的产业。出于对公共秩序、公共安全以及国防利益的保护，有 11 种受管制的产业，当外国投资者有意向并购属于这些行业的公司时，将会受到基于"公共秩序、公共安全、国家国防利益"的审查。

12.5.3.2 反垄断审查

1. 美国

1976 年《哈特－斯科特－罗迪诺反垄断改进法案》（HSR 法）是美国审查并购交易的程序法，授权联邦贸易委员会和司法部反托拉斯局在并购完成前对拟议中的并购交易所引起的反托拉斯问题进行评估。

时间因素。提起并购申报后，初始等待期开始，现金要约收购期限为 15 天，其他交易期限为 30 天。如果联邦贸易委员会和司法部认为需要更长的时间，其可通过强制实行第二个等待期（可能长达数月，且可被延长）。

申报条件：并购申报必须满足双重标准。①交易规模标准：交易额在 7 820 万美元以上的集中行为才有可能被纳入申报的范围；交易额超过 3.126 亿美元的集中行为则必须进行申报。②当事人规模标准：在交易额超过 7 820 万美元，但不足 3.126 亿美元的情形下，当事人规模作为判断是否需要申报的辅助性考察标准；并购人或被并购人的全球总资产额或全球年度净销售额在 1.563 亿美元以上，而另一并购当事人在 1 560 万美元以上，则必须进行申报。

申报程序：HSR 法采取"两阶段式"审查程序。第一阶段，并购当事人只需提交相对较少的信息资料，即只要所提交的材料能够提示反托拉斯主管机关该并购交易可能影响竞争便足够。第二阶段，反托拉斯主管机关要求并购当事人提交额外的信息。

2. 欧盟

欧盟委员会根据《欧盟合并条例》进行管辖，各成员国并购控制部门根据本国法律进行管辖。《欧盟合并条例》是"一站式"法律运行体系：通常情况下，如果某项交易达到欧盟委员会的管辖起点，则欧盟各成员国的并购控制部门无权对此进行额外的审查。

- 两个或两个以上的企业，通过合并，一个企业将获得单独控制权，或者两个及两个以上的企业将获得共同控制权（联营企业），且此合并应具有共同体意义。
- 通过并购行为，合并各方的营业收入应同时满足以下两点：参与合并的企业在全球范围内的营业收入总额超过 50 亿欧元，所涉企业中至少有两个企业在欧盟范围内的营业收入分别超过 25 亿欧元。

- 参与合并的企业至少同时有两个企业在欧盟范围内的营业收入分别超过1亿欧元且在全球范围内的营业收入总额超过25亿欧元，同时至少在欧盟三个成员国的营业收入总额分别超过1亿欧元且至少有两个企业各自在上述其中任何一个成员国的营业收入超过2500万欧元。

12.5.4 跨境并购中的中介团队

考虑到跨境并购的复杂性，尤其是竞标流程中需要完成标书的撰写，以及在有限时间内完成标的公司的尽职调查并根据尽调结果出具有竞争的报价，跨境并购对中介团队的要求比境内并购的要求更高。因此，聘任经验丰富的中介团队在整体交易流程中显得尤为重要。

12.5.4.1 买方财务顾问

买方财务顾问一般由投资银行担任，其主要职责包括交易前通过在全球范围内寻求潜在并购标的，匹配买卖双方；在正式交易流程开始后，作为项目总协调，全面负责协调买方中介机构工作，制定并监督执行项目操作时间表，并与目标公司、卖方及其顾问直接沟通与协调，组织项目有关的尽职调查，完成标的公司的估值并协助买方完成交易谈判；在完成收购协议的签署后，协助进行相关的审批及交割工作。

特别是境内企业在收购时就对未来的资本运作有一定想法的，或者上市公司直接作为收购主体进行跨境并购的，需聘请既有国内资本运作经验又有国际化并购能力的投资银行担任财务顾问，它们可以协助企业在收购前即对交易的整体方案进行全盘考量，在满足跨境并购相关要求时，也能满足境内资本运作的相关监管要求。

12.5.4.2 法律顾问

法律顾问主要负责处理交易中遇到的法律相关问题，包括了解标的所在国的法律环境，帮助买方评估标的所在国法律风险，并帮助完成标的公司法律尽职调查。与此同时，法律顾问需要凭借其丰富的经验，完成交易协议的起草及修订，并协助设计交易结构，完成商业谈判，并就标的公司所在国的政府部门审批、备案登记程序提供完备的支持与帮助。选择合适律所的核心原则是能够覆盖标的公司主要机构所在地的法律尽调工作。

12.5.4.3 会计师及税务顾问

买方一般聘请同一家会计师事务所担任财务尽调、审计及税务尽调及税务架构设计，主要职责包括对标的公司的历史财务数据进行审阅及调整，对历史纳税情况和内部财务制度进行审查，对卖方管理层提供的管理层预测财务数据及商业计划进行审核，并针对标的公司的实际情况，提供最有利于买方的税务架构建议。如交易涉及境内上市公司，可能还需由会计师完成对标的公司财务报表的审计工作。

12.5.4.4 其他中介机构

除了上述主要中介机构，买方需要根据跨境并购的具体情况，聘请其他专业机构提供服务。其中包括：在涉及美国国家安全审批时，可考虑聘专门中介机构与 CIFUIS 沟通说明；如果标的公司内部有员工工会，可聘请专门的人力资源尽调机构对标的公司员工工会的相关影响作出评估；也可主动聘请相关公关公司，对交易可能引发的舆论及影响作出积极的应对；如果交易涉及特殊或敏感行业，可以聘请行业相关咨询公司进行咨询。

12.5.5 跨境并购融资的主要模式

目前跨境并购融资的主要模式有三大类：境内融资、内保外贷和境外融资。

12.5.5.1 境内融资

境内融资是指在我国境内面向境内投资者所进行的一切融资活动。境内融资包括国内商业银行贷款、政策性银行贷款、发行公司（企业）债券、可转换债券、股票及其他产权融资方式。一般由境内母公司融资，资金以股权投资或股东借款形式汇到境外子公司。

境内融资的特点包括：与境内银行业务交流较为顺畅，融资效率较高，但需要境内公司本身资信状况良好；需要履行境外投资核准、境外投资外汇登记等监管手续；目前外汇形势紧张，直接换汇难度大。

境内融资的成本主要是贷款利息（境内）；具体融资成本根据融资金额、期限、境内企业信用情况、抵押条件等确定，一般高于境外借款。

如买方为非上市公司，主要的境内融资途径包括商业银行贷款、政策性银行贷款、发行公司（企业）债券等。

如买方为境内 A 股上市公司，目前可采用的再融资工具主要分为两大类，即股权融资工具和债务融资工具，其中股权融资工具包括公开增发、配股、非公开发行，债务融资工具包括银行贷款、公司债、短融/中票等。此外，资本市场上存在一类混合融资工具，即可转换债、可交换债、优先股等。

纯股权类产品无还款付息压力，融资规模和定价都较灵活，但是对发行人的财务要求相对较高，而且对业绩摊薄比较明显。

纯债权类产品需还本付息，对企业的现金流有比较强的影响，但对业绩没有摊薄效应。

股债混合类产品含有权证性质，而权证产品市场供给较少，此类产品一般能享受一定的溢价，且对公司业绩的摊薄是渐进的。

1. 股权再融资方式

（1）公开增发

公开增发即向 A 股市场不特定对象增发一定比例的 A 股股份，大股东可选择用现金参与认购。根据监管部门规定，公开发行 A 股时，发行价格应不低于公告招股意向书前 20 个交易日股票均价或前 1 个交易日的股票均价。

在市场气氛较为乐观、预期股价有一定上升空间的情况下，较适宜进行公开增发；如果市场未来走势不明朗，投资者信心不能完全恢复，公开增发可能面临发行失败的风险。公开增发融资的特点总结于表 12-3 中。

表 12-3 公开增发融资小结

种类	公开增发
融资规模	受发行时市场环境的影响
融资效率	取决于发行期的估值和股价水平
募投限制	全部用于具体募投项目
业绩摊薄	短期摊薄压力
融资成本	融资成本低于公司债及可转债，以稀释股权为代价
发行时机	股价处于上升通道（20 日均价低于现价）时发行会相对顺利
发行风险	受发行期市场环境影响极大，发行风险最高，可控性较差
适用类型	发行后业绩增长能力较强，负债率较高

（2）配股

配股是指向 A 股现有股东按比例增发相应的 A 股，配股的价格较为灵活，在各种市场环境下均可能发行成功，但是在设置配股比例时须对未来股价波动进行充分考虑。配股的发行价格通常在市价的基础上打五到六折，因此被视为一种向现有股东灵活分派权益的方式。然而受到配股比例的限制，以及配股发行价格折让的影响，配股的融资效果较差。

（3）非公开发行

非公开发行指向不超过 10 名特定投资者增发一定比例的 A 股股份，大股东、员工持股计划可用现金或资产作为特定投资者之一参与认购，如果公司有意做员工持股计划、大股东防范被稀释可以采取该种融资方式。

非公开发行规模上限为上市公司总股本的 20%。询价的非公开发行股票应锁定 12 个月，控股股东、实际控制人及其关联方、董事会拟引进的境内外战略投资者认购的股票锁定 36 个月。

以现金认购的非公开发行，发行底价为定价基准日公告前 20 个交易日均价的 90%，通常发行底价较二级市场股票价格有一定的折扣，对机构投资者有一定的吸引力，目前 A 股非公开发行定价基准日为发行期首日。

非公开发行融资的特点有以下几点。

- 易得到监管机构和市场认可。投资者数量少，对市场冲击小，易得到监管机构的认可。
- 融资方式较为灵活。发行的股票既可全部用于募集现金，也可用于向特定对象收购资产，还可在收购资产进行配套融资，公司可根据不同的目的灵活使用该融资方式。
- 投资者选择范围可控。投资者选择范围较为可控，可以在召开董事会前锁定投资者，包括实际控制人或者引入战略投资者（但需锁定 3 年）。

2. 债务融资方式

境内债务融资包括境内人民币及其他外币的贷款，融资方一般包括银行、保险公司、基金等金融机构以及非金融企业。根据公司的资质、资金的用途、时间、贷款货币等的不同，融资的成本也不尽相同。

债务融资操作相对简单快捷、资金应用灵活方便、发行选择自主性强，可以通过控制发行节奏来延长资金使用时间及提升资金使用效率。

债务融资的特点包括以下几点。

- 不摊薄公司原股东股份及每股收益。需发行人到期偿还，不摊薄公司原股东股权，也不稀释公司每股收益。
- 审核快捷高效，审核周期短。审核效率要远高于股权融资方式。
- 筹集资金运用灵活方便。可用来偿还公司借款，改善公司债务结构。
- 可由发行人根据资金需求分期发行。发行人可根据资金需求来安排发行节奏。

3. 股债混合方式

（1）可交换债

可交换公司债券是指上市公司的股东依法发行、在一定期限内依据约定的条件可以交换成该股东所持有的上市公司股份的公司债券。

可交换债是混合型融资工具，发行时为债券，换股期内持有人可按事先约定的条件和价格转换成上市公司股份，同时债券余额相应减少。可交换债是成熟市场上存在已久的固定收益类证券品种，在国外已有大量实例，香港的和记黄埔曾两度发行可交换债券以减持Vodafone，大东电报也曾用此方法出售所余下的电讯盈科的股份等。

我国可交换债始于2008年，第一只产品出现于2013年，快速发展于2015年，发行方式有公开发行和非公开发行，是目前资本市场接受度较高的再融资品种。它的发行规模受累计债券余额的限制，要求发行人累计债券余额不超过净资产的40%。此外净资产低于人民币15亿元的企业发行可转债需要强制担保。

可交换债的特点包括以下几点。

- 溢价发行，转股价格不低于市场股价。可转债的转股价格明确规定须高于股票市场价格，可适当溢价发行；配股价格一般是原股价的60%—80%，非公开发行股价一般为原股价的90%。
- 融资利率低，降低融资后的现金流压力。目前市场上可转债票面利率低于其他债券利率；可转债期限较长，可有效降低债券发行后公司的现金流压力。
- 转股可能性大，利于改善债务结构。可转债通常携带一些附加条款及其他一些权利设计，企业可修改相关赎回条款和转股价格，增加转股可能性；转股期限较长，投资者选择空间大，有利于转股成功。
- 可根据需求调整公司的资本结构。可转债具有债券和股票的双重特征，可成为公司股权比重和债务比重的调节器，发行可转债可替换短期债务，减少短期债务比重；但同时短期内又不会大幅增加股本和摊薄每股收益。

12.5.5.2 内保外贷

内保外贷是指境内银行为境内企业在境外注册的附属企业或参股投资企业提供担保，由境外银行给境外投资企业发放相应贷款。一般由境内母公司向境内银行或金融机构出具担保，境外合作银行或金融机构向境外子公司提供融资贷款。担保形式为：在额度内，由境内的银行开出保函或备用信用证为境内企业的境外公司提供融资担保，无须逐笔审批。

内保外贷的特点包括：简化境外投资和对外担保的监管手续；仅需履行正常的发改和商务备案，操作难度有效降低；内保外贷项下的境外融资不得以借贷、直投或证券投资等形式调入境内使用；和以往的融资型担保相比，大大缩短了业务流程；同时，境内外融资成本差异较大，客户可获得境外低成本资金，还可享受税收优惠。

内保外贷的成本主要包括贷款利息（境外）、账户托管费用等；具体融资成本根据融资金额、期限、境内企业信用情况、抵押条件等确定，一般低于境内借款。

12.5.5.3 境外融资

1. 境外标的公司质押融资

境外标的公司质押融资一般将依靠境外被收购企业自身现金流作为还款来源，需要以境外被收购企业的股权或资产作为担保进行融资，对被收购企业的现金流情况有较高要求。

具体融资成本根据融资金额、期限、标的企业信用情况、标的企业现金流情况确定，一般成本低于境内借款；融资金额一般为标的企业 EBITDA 的 3 到 5 倍。

2. 跨境并购贷款融资

跨境并购贷款是指在境外设立 SPV 或利用香港 SPV 结构进行贷款融资，适用于收购方资信状况良好的情形。这种融资方式可以避免目标公司现金流不足时，而并购方资金无法出境的问题。根据外管局《跨境担保管理办法》无法做内保外贷时，该方案还可以实现并购方对并购项目的增信，并且无须在国内登记或受限于国内法律法规。

需注意的是：境内融资成本略高于境外，且往往受银监会限制比较多，虽 2015 年修订了《商业银行并购贷款风险管理指引》，放松了并购贷款条件，但并购贷款期限不得超过 7 年，并购贷款占并购交易价款比例不得超过 60%，原则上要求银行根据并购项目的风险状况及并购方企业的信用状况，合理确定担保条件。

3. 境外投资基金过桥融资

利用境外投资基金（含 PE 和夹层债基金等）融资，与境内并购引入并购基金的模式基本相同，但境外投资基金相比境内投资基金有如下优点：操作更灵活，决策流程较短，对标的公司所在行业及国家理解更深，无须资金出境的相关境内监管审批等。

4. 利用境外可交换债券融资

境外可交换债券与境内可交换债券的方式及特点基本相同，主要区别在于境外可交换债券可实现企业境外外币直接融资，大幅缩短融资整体流程（相比境内可交换债券），缩短企业跨境投资的整体时间。

在发行境外可交换债券时，需要企业在国际上有一定的知名度，并需要境外投资者能满足持有境内上市公司股票的要求并乐意长期持有上市公司股票。

5. 发行境外债券融资

境外债券主要指境内企业及其控制的境外企业或分支机构向境外举借的、以本币或外币计价、按约定还本付息的1年期以上债务工具。目前发行的境外债券一般多为美元债券、欧元债券和人民币债券，具体发行的债券类型由发行企业根据需求来决定。

从2009年开始，中资发行体在国外发行债券的活跃度逐年上升，尤其是2015年，由于受到一些监管政策放松的因素影响，中资发行体在境外出现了爆发式增长。从债券层级上说，境外90%左右的债券都是高等级的无担保债券，10%左右是次级债，主要是金融机构发行的。

境外债券的发行一般有公募和私募两种方式，基本上以公募为主。公募债券是指向社会公开发行、任何投资者均可购买的债券，它可以在证券市场上转让。公募发行的优势在于可发行对象广、品种流动性好、有利于发行，但是监管要求较高，集中表现在信息披露要求高，少数国家还有财务数据要求；私募债券的发行相对公募而言有一定的限制条件，私募对象是有限数量的专业投资机构，如银行、信托公司、保险公司和各种基金会等。一般发行市场所在国的证券监管机构对私募的对象在数量上并不作明确的规定，但在日本则规定为不超过50家。

公募债券与私募债券在欧洲市场上区分并不明显，但在美国与日本的债券市场上，这种区分十分严格。在日本发行公募债券时，必须向有关部门提交《有价证券申报书》，并且在新债券发行后的每个会计年度向日本政府提交一份反映债券发行国有关情况的报告书。在美国发行公募债券时必须向证券交易委员会提交《登记申报书》，其目的是向社会上广泛的投资者提供有关债券的情况及其发行者的资料，以便于投资者监督和审评，从而更好地维护投资者的利益。

目前境内没有法律文件明确规定境内企业赴境外发债的条件，但根据通行做法，在境外发债的企业都属于境内运营非常好的企业。

6. 其他融资方式

其他融资方式主要包括：通过非金融企业融资，如贸易融资、贷款/票据；债券类融资，企业、金融机构等机构投资人通过外币可转换债券、大额可转让存单、商业票据方式注资；此外还可以通过信托、资管、基金等通道融资，这种融资方式不仅不会增加公司的资产负债率，而且还可避免增加股东方成本。

案例 12-1

美年大健康收购慈铭体检及借壳上市

2014年11月20日，美年大健康集团股份有限公司（以下简称"美年大健康"）与慈铭健康体检管理集团股份有限公司（以下简称"慈铭体检"）全体股东签订《关于慈铭健康体检管理集团股份有限公司之股份转让协议》，拟分期收购慈铭体检100%股份，慈铭体检总体估值36亿元。

其中,第一次转让股份占慈铭体检总股本的 27.78%,该部分股份估值 10 亿元,收购已完成;第二次拟转让股份占慈铭体检总股本的 72.22%。

2015 年 3 月 24 日,江苏三友集团股份有限公司(以下简称"江苏三友",是一家上市公司)与美年大健康签署了《资产置换协议》《发行股份购买资产协议》。根据前述协议,江苏三友购买美年大健康 100% 股份,实际控制人变更为俞熔,重组完成后江苏三友将间接持有慈铭体检 27.78% 股份,并享有剩余 72.22% 股份的购买权。

本次交易的最大亮点,就是美年大健康与慈铭体检建立了行业同盟后,一起借壳江苏三友,实现同步上市。美年大健康与慈铭体检作为中国健康体检行业的领军企业,以推动企业跨越式发展,促进健康体检行业向更高层次发展为出发点,在政策、市场双重利好且慈铭体检股东计划分期出售股权的背景下,达成了强强联合的战略合作意向。

目前,美年大健康对慈铭体检剩余股权的收购已经通过证监会的审核,在剩余股权完全收购后,美年大健康将成为拥有 141 家门店、辐射全国 41 个城市、年度体检量达 732 万人次的中国体检市场的旗舰领导企业,形成兼具线下网络与线上数据的大型平台,与行业第二名的爱康国宾的竞争中将保持绝对优势,形成体检行业单极独大行业格局,为美年大健康和慈铭体检下一步打造健康管理全新生态打下了坚实的基础。

除了行业整合带来的规模效应,美年大健康与慈铭体检的战略合作还有利于发挥双方在营销、采购、管理等方面的协同效应,提升公司业绩。一方面,公司在同一地区可以共用销售团队、管理团队从而降低销售、管理费用率;另一方面,公司可以利用大规模采购的方式提高议价能力,降低成本,提高毛利率。

案例 12-2

西王食品收购 Iovate

山东西王食品有限公司是中国最大的玉米胚芽油生产基地。公司目前拥有职工 1500 余人,主要生产销售西王牌玉米胚芽油。2010 年 8 月被中国食品工业协会冠名"中国玉米油城",2011 年 2 月在深圳 A 股主板上市(股票代码 000639),是首家登陆国内 A 股主板的玉米油企业。

Iovate 公司主要从事运动营养与体重管理方面的营养补充品的研究、开发及市场营销。公司主要将其产品销售给美国的零售商及经销商,其产品系通过外包形式生产。公司下属十余个品牌的产品,主要覆盖两个领域:运动营养品及减肥食品。主要品牌包括 Muscle Tech、Six Star、Hydroxycut 和 Purely Inspired。

上市公司西王食品联合春华资本,通过竞标的方式获得标的公司 Iovate 收购的独家权,并在竞标过程中,聘用财务顾问、财务尽调团队、税务尽调团队、法律尽调团队完成对标的公司的尽职调查,最终采用现金对价海外收购 Kerr 公司 100% 股权(Iovate 公司为 Kerr 公司的全资子公司),首期交易对价为 5.84 亿美元;同时启动非公开发行募集资金,募投项目支付首期收购 Kerr 公司 80% 股权价款。在募集资金到位前,上市公司通过自有资金和银行借款形式支付收购对价,待募集资金到位后予以置换上市公司已投入资金2.5亿美元等值人民币，约17亿元人民币。海外现金收购与非公开发行募集资金同步推进，但不互为前提条件，非公开发行不影响收购交易按期交割。

本项目通过国家发改委、商务部、外管局的备案审批。

交易结构示意图如下：

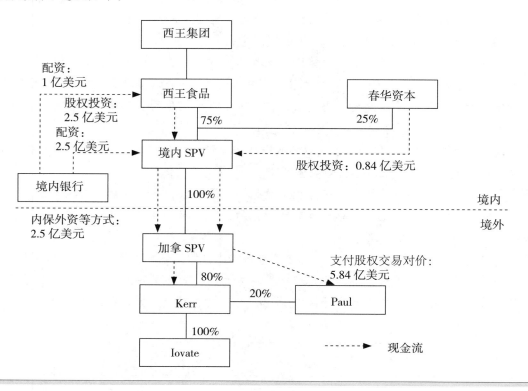

本章小结

本章主要介绍了上市公司收购、上市公司重大资产重组、非上市公众公司重大资产重组和跨境并购四部分内容。

上市公司收购是指收购人通过直接或间接的方式获得上市公司控制权的行为。收购上市公司股份的手段有二级市场竞价、要约收购、协议收购和委托书收购等。核心法规为《上市公司收购管理办法》，规范了收购当事人的义务、持股权益披露要求，明确了要约收购、协议收购等的法规要求，确立了以市场化为导向的上市公司收购制度。

上市公司重大资产重组是指上市公司及其控股或者控制的公司在日常经营活动之外购买、出售资产或者通过其他方式进行资产交易达到规定的比例，导致上市公司的主营业务、资产、收入发生重大变化的资产交易行为。核心法规为《上市公司重大资产重组管理办法》，主要规范了发行股份购买资产和构成重组上市的重大资产重组的上市公司行为。

非上市公众公司可以通过现金购买资产和发行股份购买资产两种方式进行重组，以发行股份方式购买资产的，需要向中国证监会申请核准或者向全国股转公司申请备案。非上市公众公司与交易对方就重大资产重组进行初步磋商时，应当采取有效的保密措施，限定相关敏感信息的知悉范围，并按规定进行信息披露。

跨境并购的流程相对于一般境内并购流程较为复杂，一般可以分为一对一谈判流程和招标流程。其中，一对一谈判流程包括准备工作、初步接洽、全面尽职调查工作、商业谈判、文件签署与交易披露、审批与交割；招标流程包括准备工作、与卖方初步接触、首轮投标、尽职调查、第二轮投标、文件签署与交易披露、审批与交割。除了境内并购一般需要的审核流程，跨境并购一般还涉及境内商务部门、发改委、外管局以及境外反垄断及外资投资相关监管部门的审批，所需流程相对较长。在跨境并购中，除境内并购常见的融资方式，还可选择采用更灵活的境外融资方式，如标的公司层面的并购贷款融资、跨境并购贷款（内保外贷）、境外债券等方式。

本章重要术语

上市公司收购　要约收购　协议收购　敌意收购　反收购策略　驱鲨剂条款　金色降落伞计划　毒丸计划　焦土战术　白衣骑士　帕克曼防御　一致行动人　重大资产重组　重组上市　非上市公众公司　暂停转让　恢复转让　跨境并购　特殊目的载体（SPV）　交易结构　境外收购项目　境外竞标项目　核准　备案　境内融资　境外融资　跨境并购贷款

思考练习题

1. 请介绍上市公司收购和上市公司重大资产重组的区别。
2. 简述构成重大资产重组的标准。
3. 简述上市公司收购中当事人的义务。
4. 在全流通市场情况下，通常具有哪些特征的公司容易成为敌意收购的目标？
5. 敌意收购的手段有哪些？
6. 哪些上市公司重大资产重组需要证监会进行审核？
7. 简述简式权益变动报告书和详式权益变动报告书的适用条件。
8. 预防性反收购策略和主动性反收购策略分别包括哪些？
9. 简述强制要约豁免的主要情况。
10. 要约收购具有哪些特点？
11. 对于触发强制要约义务的收购行为，实践中的处理方式有哪些？
12. 简单分析上市公司重大资产重组的关键节点。
13. 简述内幕交易的定义及防范措施。
14. 简述财务顾问在上市公司重大资产重组中的主要作用。
15. 非上市公众公司重大资产重组的判断标准是什么？
16. 跨境并购的流程包括哪些？
17. 跨境并购的中介团队主要包括哪些？重要性如何？
18. 在跨境并购中，买方财务顾问的主要职责是什么？
19. 简述跨境并购的反垄断审查及其应对。
20. 跨境并购有哪些主要融资模式？其各自的特点是什么？

参考文献

[1]《非上市公众公司信息披露内容与格式准则第6号——重大资产重组报告书》(证监会公告〔2014〕35号).

[2]《非上市公众公司重大资产重组管理办法》(证监会令〔2014〕第103号).

[3]《全国中小企业股份转让系统非上市公众公司重大资产重组业务指引》(股转系统公告〔2019〕1211号).

[4]《上市公司并购重组财务顾问业务管理办法》(证监会令〔2008〕第54号).

[5]《上市公司收购管理办法(2014修订)》(证监会令〔2014〕第108号).

[6]《上市公司重大资产重组管理办法(2016修订)》(证监会令〔2016〕第127号).

[7] 股转系统. 全国中小企业股份转让系统挂牌公司暂停与恢复转让业务指南(试行)[EB/OL]. http://www.neeq.com.cn/notice/200001126.html.

[8] 股转系统. 全国中小企业股份转让系统重大资产重组业务指南第1号：非上市公众公司重大资产重组内幕信息知情人报备指南[EB/OL]. http://www.neeq.com.cn/rule/Business_rules.html#class_h.

[9] 股转系统. 全国中小企业股份转让系统重大资产重组业务指南第2号：非上市公众公司发行股份购买资产构成重大资产重组文件报送指南[EB/OL]. http://www.neeq.com.cn/rule/Business_rules.html#class_h.

[10] 胡海峰. 公司并购理论与实务[M]. 北京：首都经济贸易大学出版社，2007.

[11] 江苏省上市公司协会. 上市公司并购重组流程及案例解析(第二版)[M]. 南京：江苏人民出版社，2016.

[12] 君合律师事务所. 外国投资者以PIPE方式投资A股上市公司的最新法律问题[R/OL]. 2012-08-06. https://www.webssup.com/demo/junhe/images/ourpublications_img/featured_report/201351716271286503.pdf

[13] 马骁. 上市公司并购重组监管制度解析[M]. 北京：法律出版社，2009.

[14] 全国中小企业股份转让系统有限责任公司. 新三板挂牌公司规范发展指南[M]. 北京：中国金融出版社，2017.

[15] 深圳证券交易所. 上市公司并购重组问答(第二版)[M]. 北京：中国财政经济出版社，2017.

[16] 张金鑫. 企业并购[M]. 北京：机械工业出版社，2016.

[17] 张伟华. 海外并购交易全程实务指南与案例评析[M]. 北京：中国法制出版社，2016.

第五篇

投资银行监管理论与实践

第 13 章
对投资银行业务的监管

马晓军、叶晓璇（南开大学金融学院）

本章知识与技能目标

◎ 理解三大投行监管理由，比较各国监管目标的差异性，了解重要的投行和证券市场监管原则。

◎ 掌握三类监管模式的特征和优缺点，对各类监管模式的代表性国家有清晰的认识。

◎ 了解商业银行投行业务种类和监管体系，重点掌握债券承销和并购贷款业务的具体监管措施。

◎ 了解证券公司投行业务种类和监管体系，重点掌握分类评级和并购重组业务的监管要求，明确区分各类承销业务的发行制度和监管体系。

◎ 了解全球投行监管架构的演变历程，重点掌握我国投行监管的三个历史阶段；理解投行业务创新、金融风险和金融监管之间的关系；了解我国投行业务创新的制度环境和路径选择。

引导案例

雷曼兄弟曾是美国第四大投资银行，2008 年 9 月 15 日，在次贷危机加剧的形势下，雷曼兄弟宣布申请破产保护。雷曼兄弟的破产过程如下。

- 3 月 18 日　　雷曼兄弟宣布受信贷市场萎缩影响，一季度净收入和股价大幅下降。

- 4月1日　　　雷曼兄弟发行40亿美元可转换特别股,受此消息激励,其股价大涨。
- 4月30日　　雷曼兄弟为降低高风险高收益放款头寸,出售11亿美元的放款担保凭证。
- 6月9日　　　信用评级机构下调雷曼兄弟评级。
- 6月10日　　雷曼兄弟宣布预期二季度净收入为负,透露最新60亿美元融资计划。
- 6月19日　　全球主要银行、券商信贷相关损失已达3960亿美元,其中雷曼兄弟损失为139亿美元,大幅上升。
- 8月18日　　市场预期雷曼兄弟三季度净损失为18亿美元,主要券商研究报告纷纷下调雷曼兄弟评级。
- 9月10日　　韩国产业银行入股雷曼兄弟的谈判失败,原因是雷曼兄弟要价太高,当天股价暴跌45%。
- 9月11日　　雷曼兄弟宣布三季度亏损将达39亿美元,并宣布公司重组计划;股价暴跌46%;穆迪警告将大幅下调雷曼兄弟的信用评级。
- 9月12日　　雷曼兄弟寻求将整个公司出售,业务伙伴停止同雷曼兄弟的交易和业务;美洲银行和巴克莱银行与雷曼兄弟谈判收购计划;美联储介入,召集华尔街主要银行商讨雷曼兄弟和AIG的问题;雷曼兄弟股价继续下跌。
- 9月14日　　美联储明确表示不会给雷曼兄弟以救助和资金保障;巴克莱银行退出收购谈判,美洲银行转而与同样陷入困境的美林达成收购协议;高盛、摩根士丹利、伯克希尔哈撒韦也表示没有兴趣收购雷曼兄弟,雷曼兄弟命悬一线。
- 9月15日　　雷曼兄弟提出破产保护申请。

试分析以下几个问题:导致雷曼兄弟破产的内外部原因分别有哪些?雷曼兄弟破产案反映出投行监管中的哪些缺陷?未来投行监管应该如何改进以适应不断加快的金融创新?

　　作为本书的终篇,本章的核心在于介绍投资银行面临的监管措施以及监管措施背后的理论基础。本章同前面章节的共同点在于,本章仍然是以债务融资、资产证券化、股权融资与并购重组业务为介绍重点;而不同点在于,本章还将商业银行投行业务和证券公司投行业务加以区分,强调二者在投行业务种类、监管制度类型等方面的差异性。例如,商业银行开展投行业务的主要方式有债务融资工具承销和并购贷款,而证券公司开展投行业务的主要方式有股票承销、债券承销和并购重组;商业银行投行业务主要由银监会进行监管,而证券公司投行业务由证监会施行主要监管、由自律性组织施行辅助监管。我们对两者具体的监管模式、规则以及法律法规等在第三、四节进行了详细的阐述,这两节也构成了本章最核心的部分。

　　为了奠定理论基础,本章在第三、四节前设置了过渡性章节。第一、二节通过回答"为什么监管"和"怎样监管"这两个问题,介绍了我国以及美、日、英、德等国的投行监管目标、原则和模式。首先,对投行进行监管是必要的,主要是为了矫正市场失灵、保护投资者并维护市场信心、促进投行稳健发展以及避免系统性金融风险,这是国际共识。然而,国家间的监管目标和原则存在差异。国际证监会组织(International Organization of Securities Commissions，IOSCO）提出的证券监管目标和原则可以作为各国设立投行监管目标和原则的依据。其次，国际金融监管模式分为三类：以美、日、中为代表的集中监管模式、以1986年"金融大改革"之前的英国为代表的自律管理模式，以及以德国为代表的混合监管模式。最后，从多次危机的后果来看，混合监管模式抵御风险的能力最强，更能满足复杂多变的证券市场环境对监管的需求。

随着投行业务在广度和深度上的不断拓展，投行监管架构也不断演变。为了进一步阐明投行发展与监管变化之间的关系，在本章最后，我们将重点介绍英、美、德三个发达国家以及我国投行监管架构的演变历程。根据改革开放至今投资银行的发展程度，我国投资银行历史沿革可划分为三个阶段：萌芽期（1979—1991年），对应统一监管；早期发展阶段（1992—1999年），商业银行和投行业务分离，监管模式变为分业监管；规范发展阶段（2000年至今），期间国家出台多项法律法规以完善对投资银行的分业监管体系。最后，以次贷危机前后各国监管调整为例，介绍投行业务创新与监管之间进行调适的思路和方法。各国的投行监管制度或多或少都存在漏洞，漏洞蕴藏风险，甚至引发危机，所以监管调整是必要的。在我国未来投行监管方向和路径的选择上，监管当局应该保持必要的市场敏锐度和足够的灵活性，及时弥补监管漏洞，防范金融风险，维护金融市场稳定。

13.1 对投资银行进行监管的目标和原则

13.1.1 对投资银行进行监管的目标

13.1.1.1 监管的必要性

对投资银行的监管是投资银行发展到一定阶段的产物。投资银行作为资本市场最重要的金融中介机构之一，为直接融资搭建桥梁，具有完善资本市场功能、优化资源配置的作用。随着投资银行对一个国家经济运行的影响力的提升以及自身风险的扩大，对投资银行进行有效监管变得愈加重要。对投资银行进行监管的理由总体可以归纳为三点。

1. 矫正市场失灵

由于完全信息和零交易费用的假定缺乏现实性，市场机制无法有效率地配置资源，引发市场失灵。新古典主义经济学认为，存在四种"市场失灵"的诱因，分别是垄断、外部性、公共物品和不完全信息。对金融市场来说，以上四个因素都会造成市场失灵。

对于金融市场中的垄断问题，有人认为金融行业的规模经济特征使金融业成为一个自然垄断行业，规模不经济的金融机构必然遭到淘汰；也有人认为金融业并非自然垄断行业，金融市场的垄断现象很大程度上和监管当局设置的市场壁垒有关。

金融市场的外部性主要表现在金融机构破产带来的负外部效应上，个别金融机构的破产可能会造成系统性金融危机，甚至引发社会动荡。

金融监管本身就是一种公共物品，因此应由监管当局而不是私人来承担监管责任，但是这一理论未能解释金融监管的必要性，没有说明为什么需要金融监管这一公共物品。

金融市场的不完全信息表现为信息本身的不完全和信息不对称。信息本身的不完全是符合现实的，完全信息是理想化的假设。金融机构创建的初衷在于解决信息不对称，充当交易双方的媒介，从而降低信息搜寻成本并提高市场效率，然而这也带来了金融机构与其他参与者间信息不对称的新问题，处于信息劣势一方的利益容易受到金融机构的侵害。

投资银行是证券市场的参与者，证券市场又是金融市场的组成部分，因此也存在市场失灵的问题。下面我们从垄断、信息失灵和外部性三个角度分析证券市场失灵的原因。

（1）证券市场垄断

证券发行市场不可能被某一个或为数不多的某几个发行人垄断。满足条件的筹资人都可以利用证券市场直接融资，不同筹资人发行的证券作为投资渠道来说具有很强的替代性。所以，某一筹资人不可能单独制定证券价格，只能接受市场价格。

但证券流通市场的垄断现象比发行市场严重得多。如果单个投资者持有某一证券的大部分流通份额，这个投资者可以作为"庄家"操纵证券价格，成为价格制定者而不是接受者，这种操纵行为被称为"庄家操纵"，并形成二级市场的垄断现象。

（2）信息失灵

有效性理论认为，在一个高效的市场中，价格能充分反映相关信息。信息对于证券价格的形成来说是一个至关重要的因素，不完全信息会导致信息失灵，信息失灵会引发市场失灵。不完全信息的一项重要表现就是信息不对称。信息不对称是指在交易过程中，交易双方由于地位、专业领域不同以及对于证券信息的了解程度不同，导致双方所获取的信心在时间、数量、质量、内容上不相同、不对等。由于并不是每个市场参与者都具备同等的专业知识和信息渠道来分析证券价格，证券市场的信息不对称现象普遍存在。信息不对称带来的不良后果有内幕交易、虚假陈述、市场操纵以及逆向选择等。

①内幕交易

根据我国《证券法》第七十六条的规定，内幕交易是指"证券交易内幕信息的知情人和非法获取内幕信息的人，在内幕信息公开前，买卖该公司证券，或者泄露该信息，或者建议他人买卖该证券"的行为。也就是说，提前获知涉及公司经营、财务或者对该公司证券的市场价格有重大影响的尚未公开信息（即内幕信息）的人，提前知道了证券价格上涨或下跌的情况，于是先于不知情交易者进行交易并攫取丰厚收益。内幕交易与证券市场的公平目标背道而驰，禁止内幕交易有助于缓解证券市场信息不对称的问题，有助于营造一个公平的交易环境，有助于保护处于信息劣势的投资者的利益。

②虚假陈述

上市公司作为筹资人总是比投资人更了解公司的经营状况，这种天然的信息优势放大了证券市场信息不对称问题。某些上市公司为了自身利益，隐瞒、遗漏或者谎报公司信息，这种违法行为被称为虚假陈述。

③市场操纵

市场操纵的定义是，利用资金、信息和工作便利等优势，人为地影响证券价格，制造证券市场假象，诱使他人在不了解真实情况的前提下作出证券买卖决定，从而为自己获取利益的行为。市场操纵行为人为地扭曲了证券市场正常价格，使价格与价值背离，严重扰乱了市场正常秩序。

④逆向选择

在证券市场中，证券市场的投融资双方，即上市公司和投资人，存在信息不对称关系，这使上市公司容易利用自身优势侵害投资人利益。由于上市公司可能存在不诚信行为，广大投资人为了维护自己的利益，对上市公司报以优质公司与次级公司的平均价格，致使优质公司退出直接融资市场，而次级公司在直接融资市场的占比不断提高，即造成"劣币驱逐良币"的现象。优质公司由于外部融资渠道受阻，不得不放弃部分净现值为正的资本项目，造成投资不足的问题，阻碍公司的业绩增长；次级公司由于资金充裕，可能将资金投向回报率较低的项目，产生过度投资的问题；综合来看，逆向选择最终导致市场资源未实现最优配置，市场运行未达到帕累托最优。

（3）外部性

证券市场的外部性表现在两个层面：微观层面，投资银行等证券市场参与者的危机对其他市场参与者有负的外部效应；宏观层面，证券市场的波动对实体经济市场，尤其是实物资产市场有相当程度的影响。

由于存在上述市场失灵，也就出现了缓解或消除市场失灵的动机，引申出监管的必要性。监管者对庄家操纵、内幕交易、虚假陈述、逆向选择等不当行为的监控和禁止，对外部性的防控，都是缓解证券市场失灵的有效手段。

2. 保护投资者，维护市场信心

市场一旦失灵，信息弱势方的利益会受到侵害，而证券市场上最大的信息弱势方就是投资者。证券市场垄断削弱市场的公平性，使投资者的利益受到庄家的侵害；内幕消息的使用人、进行虚假陈述的上市公司、操纵市场的个人或机构，都是以牺牲投资者的利益为代价为自身牟利。

保护投资者的根本目的是维护市场信心，确保市场拥有足够多的市场参与者和流动性，促进资本积累、证券市场发展和经济增长，并且维护金融系统的稳定。投资者是证券市场的主角，充当了资金供给者、证券产品需求者和证券交易主体等多重角色，只有当投资者对证券市场"深信不疑"，向市场注入源源不断的资金时，证券市场才能保持稳定且不断壮大。

许多国家都将"保护投资者，维护市场信心"作为一项重要的监管理由。英国将市场信心确定为金融监管的总体目标之一，金融服务管理局必须维护这一目标。我国证监会也明确指出"保护投资者利益是我们工作的重中之重"。

3. 促进投资银行稳健发展，避免系统性金融风险

投资银行的风险特征以及社会影响力使维护投资银行稳健发展、避免系统性金融风险成为监管的首要理由。一方面，开展投行业务所面临的风险具有周期性和扩散性的特点。投资银行具有明显的周期性特征，原因是投行业务在各行业的渗透范围广泛，因受到周期性行业的影响而呈现周期性特征；投资银行还具有明显的扩散性特征，原因是其资本规模大，为大量社会资金提供中介服务，其业务风险也会因其参与的信用活动成倍放大，形成连锁反应，导致风险的扩散性传播。另一方面，投资银行对经济和社会的影响力大。投行业务覆盖范围广泛，包括承销业务、经纪业务、并购重组业务、资产管理业务、资产证券化业务、自营业务等，涉及的交易对手和客户广泛，如果发生较大风险，其影响力会波及整个实体经济和虚拟经济，导致系统性金融风险，甚至引发社会恐慌和动荡。因此，世界各国都极力促进投资银行稳健发展，维护经济、金融秩序，以避免系统性金融风险的发生。

13.1.1.2 监管目标

世界各国的监管理念既有共性又有差异，监管理念的差异性又具体体现在监管政策和目标的差别上。

1. 比较各国立法所规定的投资银行监管目标

从各国相关法律条款中可以窥见该国对证券市场的监管目标。

美国《1933年证券法》所明确提及的证券市场监管目标有"保护公共利益"和"保护投资者"，该法律规定：当委员会根据本法订立规章或者被要求考虑或决定某一行为是否对保护公共利益必要或恰当时，委员会还必须同时考虑该行为对保护投资者利益而言是否能提高效率、促进竞争以及加速资本形成。除此之外，《1934年证券交易法》第二条b小节提到监管的目的在于"保护州际商业、国家信贷和联邦税收权力，保护国家银行体系和联邦储备系统，并使之更为有效，以及保证对证券交易的公平诚信之市场的维护"。

英国《2000年金融服务与市场法》明确提出四点金融监管目标：①保持公众对英国金融系统和金融市场的信心；②向公众宣传，使公众能够了解金融系统及与特殊金融产品相连的利益和风险；③保护消费者；④减少金融犯罪。

日本《证券交易法》制定的目的是"使有价证券的发行、买卖及其他交易能够公正进行，并使有价证券顺利流通，以保证国民经济的正常运行及保护投资者利益"。可见，日本的金融监管强调了"确保市场公正""保证经济正常运行"和"保护投资者利益"三个目标。

中国的金融监管目标更倾向于安全，强调在稳定的前提下创造有利于竞争的金融创新环境。根据我国《证券法》第一条的规定，证券法制定的目的是"规范证券发行和交易行为，保护投资者的合法权益，维护社会经济秩序和社会公共利益，促进社会主义市场经济的发展"。由此可见，我国法律中也提到了"保护投资者利益""保护公共利益"的目标，并特别添加了"促进社会主义市场经济发展"这一目标。

2. 国际证监会组织提出的三大监管目标

虽然证券监管目标不直接适用于投资银行监管，但是投资银行的业务集中于证券市场，因此证券市场监管目标也可以成为设立投资银行监管目标的依据。根据国际证监会组织1998年9月发布的《证券监管的目标和原则》，其监管目标具体表现为三个方面。

（1）维护投资银行体系的安全与稳定

由于投资银行业是高风险行业，且存在"多米诺骨牌"效应，一旦投资银行发生危机，可能导致整个金融市场动荡，进而影响整个宏观经济的稳定与发展，因此政府的任务就是促使投资银行在法定范围内稳健经营，降低和防范风险，提高投资银行体系的安全性和稳定性。

（2）促进投资银行开展公平竞争

竞争是市场经济的基本特征。只有通过竞争才能提高投资银行的工作效率，改进服务质量，降低服务成本。监管一方面要保护投资银行的机会均等和平等地位，另一方面要维护正常的金融秩序，力求在安全稳定的基础上促进投资银行公平竞争。

（3）保护投资者的合法权益

投资者是投资银行的服务对象。只有尊重投资者，保护其合法权益，才能使其建立信任和信心，而投资者的信任和信心是金融市场和投资银行生存和发展的前提。为了赢得这种信任和信心，必须对投资银行进行监管，防止其发生误导、欺诈或操纵等行为，以保护投资者合法权益。

以上三个目标是紧密相连的，而且在某些方面是互相重叠的。如有利于促进投资银行开展公平竞争的监管政策也有利于保护投资者、维护投资银行体系的安全与稳定；许多有利于维护投资银行体系的安全与稳定的监管措施也能起到保护投资者和促进资银行开展公平竞争的作用。全面的法律制度安排和有效的执行机制有助于以上三项目标的实现。

13.1.2 对投资银行进行监管的原则

金融监管的原则与金融监管的目标相一致，金融监管原则为金融监管目标服务。

13.1.2.1 "三公原则"

"三公原则"，即公平、公正、公开的原则，是各国对资本市场开展监管最基本、最核心的原则，同样地，在对以资本市场业务为核心的投资银行监管中，三公原则也成为核心原则。

1. 公平原则

公平原则是指资本市场中交易双方应该处于公平地位，所有投资者都公平地获得有关公司和市场的信息，公平地获得交易的机会，公平地得到法律的保护。在此原则下，反欺诈、反对市场操纵和内幕交易、反对大户垄断等，成为重要的市场制度。

2. 公正原则

公正原则要求监管当局公正地对待市场参与各方，不得采取歧视性的政策。在具体监管实践中，以法律法规为依据，严格执行相关规定，不徇私枉法；在处理违规事件时，一视同仁，不采用双重标准，不私下处置。由此原则出发，相应地要求监管人员立场公正，不得从事证券交易、不得接受不正当利益。

3. 公开原则

公开原则要求投资银行真实、准确、充分地披露相关信息，尤其是在证券发行和投资产品销售过程中，必须对投资者充分揭示潜在的风险因素，不得在信息披露中出现虚假陈述、重大误导和遗漏。2010年4月16日，美国证券交易委员会对高盛集团提起民事诉讼，指认后者在次级抵押贷款业务金融衍生品交易中欺诈，致使投资者蒙受巨额损失。起诉书说，美国大型对冲基金保尔森公司在美国次级住房抵押贷款危机爆发前预判楼市泡沫会破灭，因而做空抵押债务债券，向高盛支付大约 1500 万美元，用于设计和营销相关金融衍生产品。高盛 2007 年 2 月应这项委托推出与次级抵押贷款相对应的担保债务权证"Abacus2007-AC1"，向银行等多方推销，但没有向投资者披露保尔森做空这款产品等"关键信息"。荷兰银行、德国工业银行等投资者为此承受了大约 10 亿美元的巨额损失。2010 年 7 月 15 日，美国高盛集团同意支付 5.5 亿美元罚款，与美国证券交易委员会就民事欺诈指控达成和解。这是迄今为止美国证交会对金融机构开出的最大一笔罚单。由此案可见，即使是老牌的投资银行，也会利用信息不对称而违反公开原则，并且为此付出巨大的代价。

除了"三公原则"，对投资银行的监管还有一些其他原则，主要包括以下几点。

4. 依法监管原则

依法监管原则强调了资本市场法制建设的重要性，应该通过良好的法律制度来保护参与各方的合法权益，使得监管当局各项监管措施有法可依。依法监管原则是公平原则的具体延伸。

5. 统一监管与自律相结合的原则

统一监管原则体现的是国家对投资银行的集中监管，此举保证了投资银行监管的强制性和严肃性。但同时也需要投资银行的自律管理，即实现投资银行的自我约束、自我教育和自我管理。投资银行业界也需要建立协会组织来进行自律管理。

6. 安全性与效率相结合的原则

监管是有成本的，过度监管会降低投资银行的效率，扼杀投资银行的正常竞争，因而正确把握监管的边界也就是监管的度非常重要，既不能过度宽松而降低投资银行的安全性，又不能过度严厉而影响投资银行的效率。相比较而言，目前欧美各国对投资银行的监管是由松而紧的过程，我国对投资银行的监管则处于由过于严厉的监管体系转向适度监管从而促进投资银行提高效率的阶段。

13.1.2.2 证券市场十大监管原则

尽管各国的投资银行监管原则呈现多样性和复杂性，但证券市场监管原则却也存在许多共同点。国际证监会组织（IOSCO，2017）概括了十大证券市场监管原则，同样可以作为制定投资银行监管原则的基础。

1. 与监管机构有关的原则

（1）对监管机构责任的规定应明确、客观。

（2）监管机构在行使职权时应该独立、负责。

（3）监管机构应拥有充分权力、适当资源和能力以行使其职权。

（4）监管机构应采取明确、一致的监管程序。

（5）监管机构工作人员应遵守包括适当的保密准则在内的最高职业准则。

（6）监管机构应根据其职权制定或促成相应程序，以识别、监控、减少并管理系统性风险。

（7）监管机构应制定或促成相应程序，以定期评估其监管范围。

（8）监管系统应努力确保避免、消除、披露或管理利益冲突及激励错配。

2. 与自律有关的原则

（9）监管系统使用自律组织在其各自专长领域履行直接 监督职责的，这些自律组织应接受监管机构的监督，并在行使权力和代行责任时遵循公平和保密原则。

3. 执行证券监管的原则

（10）监管机构应具备全面的检查、调查和监察的权力。

（11）监管机构应具备全面的执法权。

（12）监管系统应确保以有效、可信方式行使检查、调查、监察和执法权力并实施有效的合规计划。

4. 监管合作原则

（13）监管机构应有权与国内外同行分享公开和非公开的 信息。

（14）监管机构应建立信息分享机制，阐明何时、如何与 国内外同行分享公开和非公开的信息。

（15）外国监管机构为行使职权需要进行调查时，监管体 系应允许向其提供协助。

5. 发行人原则

（16）应充分、准确、及时披露对投资者决策关系重大的 财务结果、风险及其他信息。

（17）公平、公正对待公司证券的所有持有人。

（18）发行人编制财务报表所使用的会计准则必须具有高 质量并达到国际认可水准。

6. 与审计师、资信评级机构和其他信息服务供应商有关的原则

（19）审计师应接受适当程度的监督。

（20）审计师应独立于其所审计的发行机构。

（21）审计准则必须具有高质量并达到国际认可水准。

（22）资信评级机构应接受适当程度的监督。监管系统应确保评级结果用于监管目的的资信评级机构必须进行注册 登记并接受持续监管。

（23）向投资者提供分析或评估服务的其他机构应根据其 活动对市场的影响情况或监管系统对其的依赖程度接受相 应的监管。

7. 集合投资计划原则

（24）监管系统应对希望销售或者运营集合投资计划的主体制定资格、治理、组织和运营行为标准。

（25）监管体系应对集合投资计划的法律形式和结构以及客户资产的隔离与保护作出规定。

（26）根据发行人原则的要求，监管应提出披露要求。这对于评估某一集合投资计划是否适合某一特定投资者以及 投资者在该计划中利益的价值非常必要。

（27）监管应确保对集合投资计划进行的资产评估以及份额的定价和赎回建立在恰当、已披露的基础之上。

（28）监管系统应确保对冲基金和/或对冲基金管理人/顾问接受适当的监督。

8. 市场中介机构原则

（29）监管应为市场中介机构设定最低准入标准。

（30）应根据市场中介机构所承担的风险，对市场中介机构提出相应的初始和持续资本要求及其他审慎要求。

（31）市场中介机构应设立一个职能部门，由其负责遵守内部组织和运营行为准则，以保护客户利益及客户资产，确保合理管理风险，中介机构管理层承担与此相应的首要责任。

（32）应确立处理市场中介机构破产的有关程序，以最小化投资者损失，控制系统性风险。

9. 二级市场及其他市场原则

（33）设立交易系统（包括证券交易所）须获得监管部门授权并接受其监督。

（34）对交易所和交易系统应进行持续监管，目的是通过能恰当平衡不同市场参与者诉求的公平、公正的规则来确保诚信交易。

（35）监管应促进交易的透明度。

（36）监管应致力于发现并阻止操纵行为及其他不公平的交易行为。

（37）监管应确保对大额持仓、违约风险和市场中断进行适当管理。

10. 与清算和结算有关的原则

（38）证券结算系统、中央证券存管机构、交易报告库和中央对手方，都应遵守监管要求，以确保其公平性、有效性、高效率并减少系统性风险。

13.2 投资银行的监管模式

13.2.1 集中监管模式

集中监管是指由政府制定证券法规并建立全国性的监管机构以进行统一监管的模式。集中监管模式有两大具体表现：一是完整的、权威的全国性证券法律法规体系，二是对证券市场各参与方实施全面监管的全国性监管机构。集中监管模式的优点在于由于有国家法律法规的支撑，监管具有强制约束，惩罚手段严格，能够最大程度上规制市场参与者的行为，最大范围内保护投资者的利益；统一的监管机构保证了监管目标和手段的一致性，避免了不同监管方间互相推诿所导致的效率低下问题。而集中监管模式的缺点在于政府的过度干预会阻碍证券市场的发展进步，抑制金融产品和服务的创新；监管制度的改革滞后于市场环境的变化，监管缺陷往往在危机产生后才能被弥补。实施集中性监管的代表性国家有美国、日本和中国。

1. 美国

纵观美国监管模式的变化历程，受到数次金融危机的影响，其集中监管的力度和重要性逐渐增强。

在 1929—1933 年"大萧条"之后，美国建立了以美国证券交易委员会（SEC）为最高监管主体的集中监管模式。SEC 直属于美国总统，不受中央银行和财政部管理，主要任务是监督并实施美国的证券法律。此后美国针对投资银行的法律法规体系也逐渐变得完善，为集中监管提供有了强有力的支持。最早的一部完全针对投资银行的法律是 1933 年的《证券法》，该法提出了证券公开发行过程中的信息披露要求，而且明确禁止证券交易中的欺诈行为。随后，1934 年颁布的《证券交易法》和 1970 年颁布的《证券投资者保护法案》进一步完善了投资银行监管的法律体系。

1999 年 11 月，《金融服务现代化法案》在美国国会获得通过，该法案不仅撤销了《格拉斯 – 斯蒂格尔法》对混业经营的限制，而且以立法形式规定了"双线多头"的功能性监管模式。"双线"指联邦政府和州政府两条线，"多头"指多个金融监管机构。相应地，SEC 随即在 2004 年出台了两份重要监管文件，一份是受监管的投资银行控股公司（Supervised Investment Bank Holding Companies，SIBHCs）规则，另一份是并表监管实体（Consolidated Supervision Entities，CSEs）监管规则。2007 年金融危机发生以来，随着《多德 – 弗兰克华尔街改革和个人消费者保护法案》的生效，SEC 的监管权不断加强和扩大，金融监管体制逐渐从"双线多头"向统一、集中的监管体制过渡，集中监管的地位不断提升。

2. 日本

日本投资银行监管模式的演变过程类似于美国，经历了从多头集中式监管到单头集中式监管的过程，当前由金融监督厅进行统一、集中式监管。日本原来的政府监管主体是大藏省，辅助监管主体是其他各省的监管机构。在经历了长期经济萧条后，日本成立了金融监督厅，对投资银行等金融机构实行集中监管。证券交易所则由大藏省和金融监督厅合作监管。

3. 中国

我国投资银行监管的总体方向借鉴了美国的集中统一监管制度。1998 年之前，集中监管职责由 1992 年 10 月成立的国务院证券委员会以及中国证券监督委员会共同承担，前者负责对证券业实施方针、政策、规章、监督等宏观管理，后者负责监管执行。1998 年年初，中央决定撤销国务院证券委员会和中国证券监督委员会，改设中国证券监督管理委员会。

随着投资银行业务在商业银行和其他金融机构中的开展，为了防止监管套利带来的金融风险、防范金融风险跨部门跨领域跨行业传染并放大、维护金融系统全局稳定，我国开始逐步形成"一委一行两会"的统一监管架构。

在集中监管制度之外，我国也存在一些投资银行的自律性组织，如 1990 年成立的沪深交易所、1991 年 8 月 28 日成立的中国证券业协会、2007 年 9 月 3 日成立的中国银行间市场交易商协会等，它们的职能主要是制定自律性管理制度，加强行业管理，维护会员的合法权益。2013 年国务院出台《国务院机构改革和职能转变方案》，明确提出要"改革社会组织管理制度，加快形成政社分开、权责明确、依法自治的现代社会组织体制，逐步推进行业协会与行政机关脱钩，强化行业自律，使其真正成为提供服务、反映诉求、规范行为的主体"。可见，虽然我国目前仍采用以集中监管为主导的监管模式，但是未来行业自律组织将在投资银行监管中发挥更为突出的作用。

13.2.2 自律管理模式

自律管理指政府将监管权力下放给行业协会、交易所等自律组织的模式。自律监管模式的特点是政府除进行一些必要的立法外，不额外制定统一的监管法律法规。自律管理较集中监管的优势是自律组织较少地干预市场，有利于金融创新；由市场参与者负责制定的法规更具专业性、针对性、灵活性和时效性，能更迅速地对市场变化作出反应并进行制度改进。而其缺点在于它的社会影响力有限，自律组织的规则只在会员范围内具有约束力，虽对社会公众有一定的引导、示范作用，但不具强制性；自律管理的重点在于维护自律组织会员的利益，可能导致忽视公众利益；自律管理手段有限，除了声誉损失、行为约束、经济罚款外缺乏更有效的规制手段，受监管方的违规成本较低。

英国是从自律管理逐渐转变为集中监管的代表国家，目前以英格兰银行为最高监管主体。在1986年"金融大改革"之前，英国主要依靠市场和投资银行的自律管理，自律组织包括证券交易所协会、专业机构和清算机构、证券业理事会等。在1986年"金融大改革"之后，由财政部对投资银行进行统一监管，并制定全国性法律《1986年金融服务法》。1998年6月1日，金融服务监管局（Financial Service Authority，FSA）的成立标志着英国的自律管理模式开始被集中监管模式取代。2000年6月新的金融法《金融服务与市场法》出台，英国成为全世界首个实行统一监管的国家。英国集中监管模式主要体现在金融服务监管局的功能上。金融服务监管局既要拟订法律细则，又要监管银行、证券公司、保险公司等各金融机构，它的监管范围广、权威性强。2008年金融危机后，英国政府决定对金融监管体制进行彻底改革，金融服务监管局于2012年被拆分为审慎监管局（Prudential Regulation Authority，PRA）和金融行为局（Financial Conduct Authority，FCA），前者属于英格兰银行的下设机构，后者接受英格兰银行的指导和建议。

13.2.3 混合监管模式

集中监管和自律管理各有利弊。为了克服市场失灵，需要采取一定的强制性规则，此时集中监管发挥作用；为了消除政府失灵，需要坚持市场化方式，此时自律管理更合适。结合这两种监管模式，便催生出第三种——混合监管模式。

分级监管是这类模式的基本特征：集中监管致力于市场的长远规划、框架设计、制度建设及对造成市场重大损失的行为的强制纠正；自律管理则在日常监管中承担更多职责。混合监管是在权衡集中监管和自律管理的优劣势后作出的平衡性选择。

德国是典型的政府集中监管和自律管理并重的国家。监管主体包括银行监管局、联邦储备银行、证券交易委员会、证券上市批准委员会、注册证券经纪人协会等，政府监管机构和行业自律组织具有同等重要的地位。集中监管和自律管理优势互补，对德国银行业的平稳运行起到了关键作用。从 1997 年 6 月开始的东南亚金融危机以及随后而来的全球金融动荡，波及面之大，连美国都无法幸免，而德国的金融业依然保持稳定；2007 年美国次贷危机也没有对德国投资银行业产生太大影响。这是因为：一方面，集中监管的强制性和严格性从根本上避免了德国金融市场遭受冲击；另一方面，自律组织具备专业性和灵活性，更能满足复杂多变的证券市场环境对监管的需求，也是必不可少的。因此，类似于德国的混合监管模式将成为今后国际监管模式的主流。

13.3 对商业银行投行业务的管理

根据《商业银行法》（2015 年）第一章第三条，我国商业银行能够涉及的投行业务包括发行金融债券、代理发行、代理兑付、承销政府债券，以及经国务院银行业监督管理机构批准的其他业务。《商业银行法》第四十三条明确指出"商业银行在中国境内不得从事信托投资和证券经营业务，不得向非自用不动产投资或向非银行金融机构和企业投资，但国家另有规定的除外"。除股票承销业务外，我国商业银行可以开展并购重组、债券承销、结构化融资等投行业务。本节重点对商业银行的债券承销和并购业务的监管体系进行梳理。

13.3.1 我国商业银行债券承销业务的管理体系

13.3.1.1 管理机构

银行间债券市场是商业银行承销债券的主要场所，中国银行间市场交易商协会（NAFMII，以下简称"交易商协会"）负责对银行间债券市场进行自律管理，其业务主管部门为中国人民银行。交易商协会成立于 2007 年 9 月 3 日，是由市场参与者自愿组成的，包括银行间债券市场、同业拆借市场、外汇市场、票据市场和黄金市场在内的银行间市场的自律组织。交易商协会负责对银行间市场进行自律管理，维持银行间市场正当竞争秩序。在银行间债券市场发行的债券品种具体包括超短期融资券、短期融资券、私募票据、中期票据、集合票据、永续中票、项目收益票据、资产支持票据等非金融企业债务融资工具。银行间债券市场的承销商主要是商业银行，证券公司也可以参与承销。

我国债券市场的另外两大监管机构分别是国家发改委和证监会（表 13-1）。企业债和项目收益债的发行工作由国家发改委监管，由商业银行或证券公司承销，在银行间债券市场以及交易所市场发行。公司债、企业资产证券化产品的发行工作由证监会主导，由证券公司承销，并在交易所债券市场上市。

表 13-1 信用债监管体系

管理机构	中国人民银行	国家发改委	证监会
债券种类	非金融企业债务融资工具	企业债、项目收益债	公司债、企业资产证券化产品
承销商	商业银行、证券公司	商业银行、证券公司	证券公司
发行场所	银行间市场	银行间市场和交易所市场	交易所市场

13.3.1.2 管理模式

交易商协会对银行间市场采用的是自律管理模式：实行发行注册制，提高发行效率；制定金融衍生品主协议等标准文件，提高交易效率，降低金融风险；制定自律指引和规则，规范市场行为；建立行业教育培训体系，提高从业人员素质。目前，交易商协会已形成注册制下规则制定、注册发行和后续管理相结合的自律管理框架。其中，规则制定环节重在组织债务融资工具产品和有关规则制度的研发、设计，注册发行环节重在实施债务融资工具的注册发行工作，后续管理环节重在开展后续自律管理体系建设并监督执行情况，同时对注册工作进行全程监督。具体而言，交易商协会对银行间债券市场的自律管理体现在发行注册和后续管理两个方面。

1. 发行注册工作

2008 年 4 月，在中国人民银行的指导下，交易商协会在中国金融市场开启了债券发行注册制的先河。实施注册制，对债务融资工具发行进行注册管理，是交易商协会开展自律管理的重要方式。

（1）我国注册制的发展背景

我国债券市场的真正发展始于 1981 年国债的恢复发行，但当时债券发行实行严格的审批制或核准制，具有浓厚的行政管制色彩，市场发展较为缓慢。政府曾多次强调"转变政府职能，改进管理方式，深化行政审批制改革"，为注册制的发展奠定了政策基调。2007 年 5 月 30 日，国务院《关于加快推进行业协会商会改革和发展的若干意见》（国办发〔2007〕36 号）明确指出："各级人民政府及其部门要进一步转变职能，把适宜于行业协会行使的职能委托或转移给行业协会。"在政府转变经济管理职能和加快金融领域市场化改革的背景下，中国人民银行于 2008 年 4 月发布《银行间债券市场非金融企业债务融资工具管理办法》（人民银行令 2008 年第 1 号），规定由交易商协会对债务融资工具实行注册管理。此后，交易商协会在不断完善注册发行管理流程、提高注册发行效率的同时，大力推动产品创新，逐步建立起以短期和超短期融资券、中期票据、中小企业集合票据为基础，以含权化品种、外币品种、特殊发行主体品种为补充的多层次债务融资工具产品线。

（2）注册管理的机制安排

①市场化评议制度

市场化评议制度是通过交易商协会注册办公室初评和注册会议复评的制度安排来具体实现的，债务融资工具初评到复评的整个过程都向市场公开。其中，注册办公室工作人员由交易商协会秘书处专职人员和会员选派人员组成，负责接收注册文件，对注册文件披露信息的完备性、合规性进行初步评议及安排注册会议；注册会议由5名经济金融理论知识丰富、熟知相关法律法规、从业经验丰富、职业声誉较高的金融市场专家（注册专家）组成，他们依照相关自律规则，对发行企业及中介机构注册文件拟披露信息的完备性、合规性进行评议，以此决定是否接受债务融资工具的发行注册。

②余额管理制度

注册会议结论为接受注册发行的，交易商协会向企业出具《接受注册通知书》，赋予企业一定注册额度。有效注册额度是银行间债券市场成员共同认可的、企业据以发行债务融资工具的一种凭证。《发行注册规则》第十七条规定："交易商协会接受发行注册的，向企业出具《接受注册通知书》，注册有效期2年。"第十八条规定："企业在注册有效期内可以发行或分期发行债务融资工具。企业应在注册后2个月内完成首期发行（私募产品在注册后6个月内完成首期发行）。企业如分期发行，后续发行应提前2个工作日向交易商协会备案。"据此，企业可在银行间债券市场发行注册额度以内的债务融资工具。同时，在注册额度有效期内的任一时点，企业发行债务融资工具的余额不得超过注册额度。

③主承销商负责制

一般而言，在注册制度的整体框架下，主承销商应承担的职责主要包括：协助发行企业制订发行计划；负责组织制作和汇总注册文件；负责在注册过程中与协会进行沟通；负责对债务融资工具进行后续管理和应急管理；督促发行人配合主承销商及中介机构做好注册发行工作，从而一定程度上促进企业风险管理体系建设的不断完善。

主承销商负责制对商业银行的工作提出了更高的标准和要求。对商业银行而言，履行主承销商职责不仅可以避免或减少在突发事件下因发行人无法偿付本息而导致的声誉风险，而且也切实保护了投资者的利益。此外，明确主承销商及其他中介机构的权利与义务，也可以有效推动以注册制为核心的债券市场发行制度的平稳健康发展。

2. 后续管理工作

（1）后续管理的范畴和意义

债务融资工具后续管理是指在债务融资工具存续期间，企业在主承销商、信用评级机构、律师事务所等中介机构的支持下，通过各种方法对其风险状况和偿债能力进行跟踪、监测，按照相关规则指引要求及对投资者的承诺持续履行信息披露、还本付息等义务，以保护投资者权益的行为。后续管理通过"实现充分督导提示、事后严格督查纠正"的工作机制，实现"落实市场运行规则、维护市场运行秩序和保护投资人权益"的工作目标。

目前，非金融企业债务融资工具的市场化运作水平不断提升，逐步成为企业直接融资的重要渠道之一。一方面，随着债务融资工具发行规模的扩大、发行主体范围的拓展以及产品类型的丰富，市场成员对深化银行间债券市场风险管理、完善风险控制长效机制的要求日益迫切，"以规范促发展"逐步成为当前市场发展中的重要课题；另一方面，在我国当前错综复杂的宏观经济形势下，加之发债主体信用评级重心下移，信用风险发生概率抬升，防控信用风险的难度加大，由此，加强债务融资工具市场后续管理的意义就显得更为突出。

后续管理既是对"发行后"的管理，也是对"事后"的管理。"发行后"定义了后续管理的时间区间，是从非金融企业债务融资工具发行结束到兑付完毕；"事后"指对违规行为的事后纠正和惩戒。后续管理的主要对象既包括发行人，又包括中介机构。债务融资工具市场的中介机构包括主承销商、评级机构、会计师事务所、律师事务所等机构及其从业人员。后续管理的两条工作主线分别是合规性审核和信用风险管理。

（2）后续管理的机构设置

在交易商协会内部，债务融资工具后续管理由后督中心和自律处分办公室分头负责。后督中心监督发行人和中介机构对自律规定的执行情况，通过督导主承销商开展动态监测、风险排查和压力测试，以及派员对发行人及中介服务机构进行业务调查，推动建立企业自我约束与以主承销商为主的中介机构对其持续监督相结合的后续管理体系架构。

自律处分办公室是交易商协会对非金融企业债务融资工具注册发行工作进行后续自律处分的常设机构，根据"市场事，市场议、市场决"的理念，按照《自律处分规则》等相关自律规范性文件开展自律处分工作，监督自律处分决定的执行。

（3）后续管理的"主承销商负责制"

该制度安排并非要求主承销商为其承销债券的信用风险"最终埋单"，而是要求主承销商同等重视承销发行和后续管理，为发行人提供贯穿债券发行前、中、后的各类服务，特别在债券存续期间，主承销商需要通过动态监测、风险排查和压力测试等手段持续关注承销企业的信用风险和合规运作状况，督导企业按要求履行信息披露等义务，及时防范、预警、处置信用风险。在信用事件发生后，主承销商应承担起应急处置职责，密切监测并督导企业按要求披露重大信息，同时加强与其他中介机构、相关监管及政府部门的信息沟通和行动协调，利用专业和信息优势协助企业谋求可行的市场化债务处置方案，最大限度地降低系统性风险的发生。

目前，商业银行均在总行层面设有专岗或专门团队，建立起总分支行有效联动的后续管理工作机制。信用评级机构、律师事务所等其他中介机构根据后续管理总体要求，按照职责分工初步建立了配套制度。近几年的实践经验表明，"主承销商负责制"明确了主承销商及市场各方的职责，为明晰后续自律管理的工作要求创造了条件，是注册制得以顺畅运行的重要制度安排。

13.3.1.3 监管内容

1. 机构资质

商业银行必须成为交易商协会承销业务相关会员，才可以在银行间债券市场开展债券承销业务。交易商协会债务融资工具承销业务相关会员（以下简称"承销业务相关会员"）是指已经在银行间债券市场从事债务融资工具承销业务或有意向从事债务融资工具承销业务的交易商协会会员，包括交易商协会主承销类会员、承销类会员和意向承销类会员。主承销类会员是指已经在银行间债券市场从事债务融资工具主承销业务的交易商协会会员；承销类会员是指已经在银行间债券市场从事债务融资工具承销业务的交易商协会会员；意向承销类会员是指有意向在银行间债券市场从事债务融资工具承销业务且自愿参加市场评价的交易商协会非承销类银行会员和证券公司会员。

交易商协会建立了一套完善的市场评价机制作为承销业务相关会员资格的评价标

准，三类会员资格有各自的市场评价指标和标准。承销业务相关会员市场评价指标体系包括机构资质及业务评价、市场评价、交易商协会秘书处评价三类指标。机构资质及业务评价指标是指对承销业务相关会员的基本资质、部门设置及人员配备、市场表现等情况的评价。市场评价指标是指相关投资人、发行人及其他市场成员对承销业务相关会员业务能力等情况的评价。交易商协会秘书处评价指标是指交易商协会秘书处对承销业务相关会员遵守交易商协会相关自律规则等情况的评价。

参与每年市场评价工作的各主体应充分履行各自职责。承销业务相关会员应在有效时间内提交真实、准确、完整的材料，参与市场评价的市场成员应在有效时间内向交易商协会提交独立、客观、真实的评价结果，交易商协会应根据市场评价需要对承销业务相关会员、参与市场评价的市场成员进行调查，核实评价结果真实性，对承销业务相关会员评价信息进行汇总、整理并及时公布。

依据市场评价结果，承销商可能获得或丧失某一类承销资格。意向类承销类会员经市场评价可以成为承销类会员，承销类会员经评价可以晋升为主承销类会员。在每一评价期内，承销类会员未在银行间债券市场开展任何债务融资工具承销业务的，期满后自动成为非承销类会员；主承销类会员未在银行间债券市场开展任何债务融资工具主承销业务的，期满后自动成为承销类会员。

交易商协会将具有承销类会员身份的商业银行划分为全国性银行、地方性银行和外资银行三大类，按照市场评价结果分别授予全国性银行A类主承销资格，授予地方性银行和外资银行B类主承销资格。三类银行面临一套相似的市场评价体系，但是具体标准和评价侧重点不同。此套评价体系为百分制，分值越高，评价结果越优秀。评价标准如下：

- 机构资质及业务评价占60分，重点考察以下方面：总资产和净资产、部门设置及人员配备情况、相关制度是否完备、上一年度非金融企业债务融资工具承销情况、是否具有相关资质经验；
- 市场评价占25分，五类市场主体有权利对商业银行上一年的业务能力、专业素质、市场表现、工作配合度和合规性进行评价，其中五类主体分别是：市场成员代表、债券市场专业委员会、全国银行间同业拆借中心、中央国债登记结算有限责任公司、银行间市场清算所股份有限公司；
- 交易商协会秘书处评价占15分，由交易商协会秘书处对商业银行就合规性、参与协会创新业务和会员活动情况以及工作配合度进行评价。

三类银行所面临的主承销资格评价标准的差异性见表13-2。总的来说，三套标准的主要区别在于以下几点。

- 对全国性银行、地方性银行、外资银行的总资产、净资产的要求逐渐降低。
- 外资银行所在集团总资产和所在集团分支机构覆盖国家或地区数量也纳入评价范围。
- 重点考察外资银行与所在集团就履行后续管理义务的相关制度安排是否完备。
- 对地方性银行、外资银行、全国性银行上一年度非金融企业债务融资工具承销金额的要求逐渐降低。

- 根据地方性银行服务当地实体经济的情况，可以予以加分。
- 根据外资银行上一年度为非金融企业熊猫债项目提供金融服务次数、参与熊猫债研究和推动市场开放的积极性，可以予以加分。

表13-2 承销类会员市场评价标准

	全国性银行		地方性银行		外资银行	
	分值	评价标准	分值	评价标准	分值	评价标准
总资产	5/3/1	20 000亿元及以上/10 000亿—20 000亿元/10 000亿元以下	5/3/1	4 000亿元及以上/3 000亿—4 000亿元/3 000亿元以下	3/2/1	20 00亿元以上/1 000亿—2 000亿元/1 000亿元以下
净资产	5/3/1	600亿元及以上/300亿—600亿元/300亿元以下	5/3/1	300亿元及以上/150亿—300亿元/150亿元以下	3/2/1	200亿元以上/100亿—200亿元/100亿元以下
所在集团总资产（仅外资银行）	无				2/1	1万亿美元以上/1万亿美元以下
所在集团分支机构覆盖国家或地区数量（仅外资银行）	无				2/1	50个国家或地区以上/50个国家或地区以下
相关制度评价要素	4/2/0	三个要素——债承业务操作规程、风险管理制度、内部控制制度——完善/基本完善/缺失	4/2/0	三个要素——债承业务操作规程、风险管理制度、内部控制制度——完善/基本完善/缺失	3/1/0	四个要素——债承业务操作规程、风险管理制度、内部控制制度以及与所在集团就履行后续管理义务有相关安排，重点考察后续管理部分——完善/基本完善/缺失
上一年度非金融企业债务融资工具承销金额	3/2/1/0	50亿元及以上/25亿—50亿元/25亿元以下/无业务	3/2/1/0	100亿元及以上/50亿—100亿元/50亿元以下/无业务	3/2/1/0	60亿元以上/30亿—60亿元/30亿元以下/无
信用风险缓释工具核心交易商资格（仅外资银行）	无				1/0	是/否
加分项	无		10	服务地方经济发展情况，根据地方政府、人民银行地方分支行相关意见给予加分	1、3/2/1/0 2、2/1/0	上一年度为非金融企业熊猫债项目提供金融服务次数：5次以上/3—5次/3次以下/无 参与熊猫债研究，推动市场开放：积极参与/参与/未参与

2. 发行管理

（1）债券发行业务的管理

在注册制的整体框架下，债务融资工具的注册发行实行主承销商负责制，主承销商在整个债券注册发行过程中扮演着至关重要的角色。商业银行在债券发行业务中承担了五项工作：发行前的尽职调查、注册、发行、发行后的后续管理以及协助发行人披露信息。针对商业银行的工作内容，交易商协会通过制定相关规则指引对各项活动进行监管。

①发行前的尽职调查

主承销商尽职调查是债务融资工具尽职调查的基础和核心，相对于其他中介机构的尽职调查，主承销商尽职调查的关注范围最广，质量要求最高。同时，主承销商有义务协调其他中介机构在各自专业范围内开展专项尽职调查。为规范银行间债券市场非金融企业债务融资工具主承销商对拟发行债务融资工具的企业的尽职调查行为，提高尽职调查质量，交易商协会制定了《银行间债券市场非金融企业债务融资工具尽职调查指引》。

②注册

为规范银行间债券市场非金融企业债务融资工具的注册，交易商协会制定了《发行注册规则》。根据该规则，债务融资工具发行注册实行注册会议制度，由注册会议对注册材料进行形式审核，并决定是否接受债务融资工具发行注册。主承销商负责将相关注册文件递交交易商协会，交易商协会受理注册申请后，注册办公室进行初评，随后将经过初评的拟披露注册文件送达参加注册会议的注册专家，参加会议的注册专家应对是否接受债务融资工具的发行注册作出独立判断，意见分为"接受注册""有条件接受注册"和"推迟接受注册"三种。

③发行

取得注册通知书后，主承销商负责开展簿记建档发行工作。簿记建档是一种系统化、市场化的发行定价方式，包括前期预路演、路演等推介活动和后期的簿记定价、配售等环节。先进行预路演，根据反馈信息并参照市场状况，簿记管理人和发行人共同确定申购价格区间；然后路演，与投资人进行一对一沟通；最后，簿记管理人接受申购订单，记录承销团成员/投资人认购债务融资工具利率（价格）及数量意愿，形成价格需求曲线，并与发行人最终决定发行利率。

交易商协会对债务融资工具簿记建档发行业务实施自律管理，具备主承销或承销资质的商业银行应该按照《簿记建档发行规范指引》建立完善内部管理制度，及时向交易商协会备案。交易商协会有权对簿记建档参与方的不当行为进行处分，《簿记建档发行规范指引》提到了以下不当行为：违反自律规定；未按照要求建立和完善内部管理制度；未按要求或发行方案约定进行簿记建档现场管理，导致簿记建档秩序混乱；蓄意干扰发行利率及配售，或单方面违约等扰乱市场秩序的行为；市场成员及相关工作人员有利益输送等严重破坏市场秩序行为。《簿记建档发行规范指引》也明确提出了发行人的权利与义务：发行人有权利根据需要选定簿记管理人，并与主承销商协商确定簿记建档发行安排和发行利率区间；若选择多家机构作为簿记管理人，则应指定其中一家牵头负责簿记建档工作，并在唯一指定场所进行簿记；发行人必须严格遵守和执行有关法律法规、部门规章和交易商协会自律规则。

为进一步明确发行方和主承销方之间的权利和义务，交易商协会起草了《承销协议文本》。此外，交易商协会还制定了《承销团协议文本》，重点对承销团成员在参与债务融资工具承销过程中的权利和义务进行约定。

④发行后的后续管理

在债务融资工具存续期内，主承销商需要通过各种有效方法对债务融资工具发行企业和提供信用增进服务的机构进行跟踪、检测、调查，及时准确地掌握其风险状况及偿债能力，持续督导其履行信息披露、还本付息等义务，以保护投资者利益。

主承销商需建立后续管理工作机制和相关制度，设立专门机构或岗位。主承销商需结合宏观经济、金融政策和行业运行变化情况，对企业和提供信用增进服务机构的经营管理、财务状况，债务融资工具信息披露、募集资金用途、二级市场交易、公开市场信息等情况，进行动态监测。主承销商在进行动态监测、风险排查后，若发现对企业偿债能力可能产生严重影响的情况，需对企业开展定期或不定期的压力测试，并视情况会同企业制定风险处置预案，根据情况适时启动风险处置预案，采取针对性处置措施，妥善处理相关问题。

⑤协助发行人披露信息

注册制的核心是信息披露，主承销商要协助发行人持续披露信息，包括发行前、存续期内、本息兑付、特殊事项等。在2012年交易商协会颁布的《中介服务规则》中，多次提到主承销商协助信息披露的义务，例如第九条"主承销商应协助企业披露发行文件，为投资者提供有关信息查询服务，严格按照相关协议组织债务融资工具的承销和发行"；第十条"自债务融资工具发行之日起，主承销商应负责跟踪企业的业务经营和财务状况，并督促企业进行持续信息披露"。

（2）资产证券化发行业务的管理

国内资产证券化业务起步于2005年，发展至今市场上形成了三种业务模式：信贷资产支持证券、企业资产支持证券和资产支持票据（表13-3）。商业银行可充当信贷资产证券化的发起人，参与企业资产证券化的财务顾问，以及负责承销资产支持票据。

表13-3 资产证券化业务分类

业务分类	信贷资产支持证券	企业资产支持证券（资产支持专项计划）	资产支持票据
发起人	商业银行及其他金融机构	非金融企业	非金融企业
发行方	信托公司	证券公司、基金子公司	特定目的信托、特定目的公司或发起人
承销商	证券公司	证券公司	商业银行、证券公司
发行和交易场所	银行间市场	交易所市场	银行间市场
管理机构	银监会	证监会	交易商协会

2008年国际金融危机使我国信贷资产证券化业务一度暂停，直至2012年财政部、人民银行、银监会联合出台了《关于进一步扩大信贷资产证券化试点有关事项的通知》，

信贷资产证券化业务试点才重启。信贷资产证券是以商业银行信贷资产为基础资产，以信贷资产未来的利息和本金流入为偿付依据，在银行间市场发行并由银监会审核的结构化融资工具。商业银行将多个贷款资产打包出售给 SPV（特殊目的载体），实现完全或部分转移贷款风险的目的。

企业资产证券化的运作模式是由证券公司或基金子公司设立专项资管计划，以受益凭证形式出售给投资者，具体的监管体系会在证券公司监管部分详细阐述。在企业资产证券化业务中，商业银行可担任财务顾问的角色，并可协同证券公司或基金子公司，共同完成企业资产证券化服务方案搭建、交易所发行等工作。

资产支持票据是指非金融企业（也称为发起机构）为实现融资目的，采用结构化方式，通过发行载体发行的，由基础资产所产生的现金流作为收益支持的，按约定以还本付息等方式支付收益的证券化融资工具。它的特点在于采取注册制，以债务融资模式运作。商业银行以主承销商的身份参与资产支持票据业务，提供承销服务，应履行以下职责：第一，对基础资产、发行载体或其管理机构、相关交易主体以及对资产支持票据业务有重大影响的其他相关方开展尽职调查；第二，按照《非金融企业资产支持票据指引》及交易商协会相关自律规则提交注册发行文件；第三，按照约定组织资产支持票据的承销和发行；第四，按照交易商协会相关自律规则开展后续管理工作等。

13.3.2 我国商业银行并购业务的监管体系

13.3.2.1 商业银行并购业务种类

我国商业银行为企业兼并重组提供金融服务的方式多种多样，大致可分为以下三类：

1. 融资顾问和财务顾问

商业银行在充分了解企业并购融资需求之后，可以利用其人才、信息、科技等方面的优势，为企业提供设计融资方案、分析融资风险、评价还款能力、协助安排并购资金等融资顾问服务，或为客户提供包括交易撮合、尽职调查、价值评估、交易结构设计、并购风险评估、协助商务谈判、协助完成交割等在内的财务顾问服务。

2. 资金募集

银行为企业并购融资提供资金募集服务，具体的方式包括发放并购贷款、发行并购债、参与并购基金等。

并购贷款是指商业银行向并购方或其子公司发放的，用于支付并购交易价款的贷款。1996 年颁布的《贷款规则》将商业银行的贷款种类限制于个人贷款、流动资金贷款和固定资产贷款的范围，商业银行无法涉足并购贷款领域。直至 2008 年 12 月 9 日，银监会发布了《商业银行并购贷款风险管理指引》，银行贷款才有机会介入并购。根据银监会的规定，并购贷款占并购交易价款的比例不应超过 60%。

企业可以通过发行债券的方式募集并购资金，这类债券一般为公司债或非金融企业债务融资工具，商业银行可以为并购方发行债务融资工具提供中介服务。我国并购债券起步较晚，2013 年 5 月 20 日，在国办发〔2013〕67 号"金十条"颁布的前夜，中国银行间债券市场成功发行了首个并购定向工具——"13 湘黄金 PPN001",成为我国并购金融领域自 2008 年并购贷款开闸以来的一项重要创新与突破。

并购基金是私募股权基金的一种,用于获得目标企业的控制权。考虑到各方的风险承受情况,企业的并购资金来源往往是多途径共同解决的,一般由商业银行、并购方和基金管理公司各提供一部分资金,合成一个基金用于收购目标资产。由于商业银行提供资金受政策和商业银行加权风险资产两种因素的制约,在并购基金中较多地使用表外资产,这样既规避了政策不允许银行资金直接入资本市场的限制,又不影响银行资本充足率。目前普遍的做法是由商业银行控股的资产管理公司推动并购基金的资产管理计划,由于银行端有广泛的客户基础,资产管理计划由银行端负责销售,从而把理财资金引入并购业务领域。

3. 托管服务

因为国内成立的基金必须经商业银行托管,托管服务伴随并购基金而产生。商业银行与基金委托人签订委托资产托管合同,安全保管委托投资的资产。

13.3.2.2 并购贷款业务

提供并购贷款是商业银行参与企业并购的主要方式,也是并购资金最大的来源之一。2015 年 3 月 12 日,银监会对《商业银行并购贷款风险管理指引》进行了修订。一是将并购贷款期限从 5 年延长至 7 年;二是将并购贷款占并购交易价款的比例从 50% 提高到 60%;三是将担保的强制性规定修改为原则性规定,同时删除了担保条件应高于其他种类贷款的要求,允许商业银行在防范并购贷款风险的前提下,根据并购项目风险状况、并购方企业的信用状况合理确定担保条件。此次修订表明并购贷款监管在强调风控的同时,也注重放松约束、鼓励创新。下面,我们以《商业银行并购贷款风险管理指引》(以下简称《指引》)为依据,详细解读商业银行并购贷款的监管机构、模式和内容。

1. 监管机构

商业银行并购贷款业务的监管机构是银监会。银监会的监管职责主要有:积极指导商业银行完善内部业务流程和内控制度,建立相应的准入机制,允许银行在风险可控的前提下开展并购贷款业务;密切监控商业银行并购贷款业务的发展情况,尤其是商业银行应对复杂并购交易和融资结构时是否具备相应的风险评估、合同设计和贷后管理能力,建立惩罚机制和退出机制。

2. 监管模式

商业银行并购贷款的监管模式更接近政府监管,但又有其独特性,可以归纳为"以硬性约束为基础,增加原则性指导"的政府监管模式。由于并购交易和并购融资的复杂性,《指引》在业务准入、风险评估、风险管理等方面,仅对关键性指标设置强制要求,而且这些强制要求的门槛不是很高,更多地是采用原则性指导的方式,以便商业银行结合自身和并购项目的特点,因地制宜地设计业务流程和管理制度。从《指引》所示的监管内容中可以更清晰地发现这一监管模式特点。

3. 监管内容

(1)机构资质

《指引》对商业银行开展并购贷款业务设立了准入和退出条件。另外,这里所称的商业银行是指依照《中华人民共和国商业银行法》设立的商业银行法人机构，所称的并购是指境内并购方企业通过受让现有股权、认购新增股权，或收购资产、承接债务等方式以实现合并或实际控制已设立并持续经营的目标企业的交易行为。

①准入条件——主体资格

符合以下条件的商业银行法人机构才被允许开展并购贷款业务：第一，有健全的风险管理和有效的内控机制；第二，贷款损失专项准备充足率不低于100%；第三，资本充足率不低于10%；第四，一般准备余额不低于同期贷款余额的1%；第五，有并购贷款尽职调查和风险评估的专业团队。《指引》仅仅从主体上要求具有抗风险能力的银行开展并购贷款业务，除了三项比例要求外，并没有过多的硬性约束，这给银行、企业更大的创新空间，体现了银监会"以硬性约束为基础，增加原则性指导"的监管模式。

②准入条件——事前报告

《指引》还要求，符合上述条件的商业银行在开展并购贷款业务前，应按照《指引》制定相应的并购贷款业务流程和内控制度，向监管机构报告后实施。监管当局通过事前报告机制，督促商业银行建立、完善并购业务流程和内控制度。

③退出条件

退出条件体现出政府监管模式下的严格性。商业银行开办并购贷款业务后，如发生不能持续满足准入条件，应当停止办理新发生的并购贷款业务。银监局不设置整改期限，而直接叫停业务，表明退出机制是十分严格的。

（2）并购监管

①风险评估

商业银行应组织并购贷款尽职调查和风险评估的专门团队，专门团队的负责人应有3年以上并购从业经验，对与并购贷款有关的各项风险进行调查、分析和评估，并形成书面报告。《指引》为商业银行评估并购贷款的风险评估构建了框架。

首先，要求商业银行从战略风险、法律与合规风险、整合风险、经营风险以及财务风险等角度评估并购贷款的风险，并规定了分析风险时至少应涵盖的内容。并购贷款涉及跨境交易的还应分析国别风险、汇率风险和资金过境风险等。

其次，在全面分析同并购有关风险的基础上，商业银行还应该建立审慎财务模型，预测并购双方未来财务数据、财务杠杆和偿债能力指标。接着，在财务模型测算的基础上，进行压力测试，考虑在各种不利情形下并购贷款面临的风险和损失。

最后，根据借款人还款资金来源是否充足、还款来源和还款计划是否匹配，来判断借款人能否按时按量偿付利息和本金，并提出并购贷款质量下滑的应对措施或退出策略，形成贷款评审报告。

②风险管理

并购贷款风控指标。并购贷款余额不超过同期核心资本净额的50%，对同一借款人的并购贷款余额不超过同期核心资本净额的5%；并购的资金来源中并购贷款所占比例不高于60%；并购贷款期限一般不超过7年。

并购贷款发放条件。并购贷款必须满足以下三个基本条件：对并购方的约束条件是依法合规经营，信用良好；对并购交易的约束条件是合法合规；对并购双方的约束条件是必须具有较高的产业相关度或战略相关性，使并购能产生协同效应。

并购贷款担保标准。原则上说，借款人要提供充足的能覆盖并购贷款的担保，但不构成强制性约束，不要求并购贷款的担保条件高于其他种类贷款。

并购贷款保护性条款。商业银行应该在借款合同中约定保护贷款人利益的关键条款，例如对借款人或并购后企业重要财务指标的约束性条款、对借款人在特定情况下获得额外现金流用于提前还款的强制性条款、对借款人或并购后企业的主要或专用账户的监控条款、确保贷款人对重大事项知情权或认可权的借款人承诺条款等。

并购贷款存续期管理。在贷款存续期内，商业银行要定期性、持续性地评估并购双方未来现金流的可预测性和稳定性，评估借款人的还款计划与还款来源是否匹配，密切关注借款合同关键条款的履行情况，至少每年对并购贷款业务的合规性和资产价值变化进行内部检查和独立的内部审计，对风险状况进行全面评估。

不良并购贷款处理方法。出现不良并购贷款时，银行应该及时采取相应风险控制措施，并提高并购贷款业务内部报告检查和评估的频率。

13.4 对证券公司投行业务的监管

13.4.1 监管机构

我国证券业监管机构可划分为两大类：一类是国务院证券监督管理机构，它由中国证券监督管理委员会及其派出机构组成；另一类是自律性监管机构，它由证券交易所和证券业协会等组成（如图13-1所示）。证监会是证券业监管的最高机构，负责全国证券市场的监督管理，其派出机构各地证监局负责区域性证券市场监管。而证券交易所和证券业协会为自律组织，起到辅助政府监管的作用，且接受证监会的监督和指导。

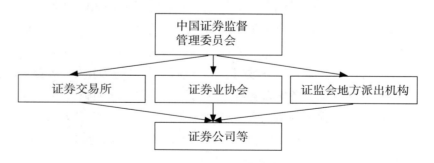

图13-1 我国证券监管机构

1. 中国证券监督管理委员会

中国证券监督管理委员会简称证监会，是国务院直属监管机构，依法对证券期货市场进行集中监管。证监会在实施监管中的主要职责有如下方面。

- 依法制定监管法律法规；
- 依法对证券的发行、上市、交易、登记、存管、结算进行监管；
- 依法对证券发行人、证券经营机构、证券登记和结算机构进行监管；
- 依法制定证券从业人员的资格标准、业务规则和行为准则，并监督实施；
- 依法监督证券发行、上市和交易的信息披露情况；
- 依法对自律组织的业务活动进行监管；
- 依法对证券期货违法违规行为进行调查和处罚；
- 法律、行政法规规定的其他职责。

2. 证监会派出机构

证监会派出机构是地方证监局，根据中国证监会和当地政府的授权，管理当地的证券期货事务。证监会派出机构的主要职责有：对辖区内的上市公司和证券期货经营机构、律师事务所、会计师事务所、资产评估机构等中介机构进行监管；依法查处辖区内监管范围内的证券期货违法违规行为，处理相关投诉和举报，调解证券或期货纠纷和争议。

3. 证券交易所

我国两大证券交易所，上海证券交易所和深圳证券交易所分别于1990年12月19日和1990年7月3日正式营业，沪深交易所都采用会员制的组织形式。证券交易所接受证监会的统一监管，承担着制定证券交易规则、监管上市公司、监管交易所会员、监管证券交易等重要职能。

4. 证券业协会

中国证券业协会成立于1991年8月28日，是依法注册的、由证券公司自愿组成的独立法人机构。它的设立是为了加强证券业之间的联系、协调、合作和自我控制，以促进证券市场的健康发展。中国证券业协会采用会员制的组织形式，我国所有的证券公司都是证券业协会的会员。证券业协会既要维护会员的合法权益，又要监督、检查会员行为，对违反法律、法规或协会章程的行为给予纪律处分。

13.4.2 监管模式

1. 集中监管

我国设立了专门的全国性证券监管机构证监会来实现对全国证券市场的监管。虽然证券交易所和证券业协会等自律组织也在监管中起到作用，但是政府监管占据着主导地位。另外，我国《证券法》等全国性的法律文件日益完善，证券监管者得以借助法律来规范证券市场，进一步加强了政府主导的集中监管的力度。

2. 分业监管

1995年颁布的《商业银行法》确立了我国金融分业经营制度，随后金融监管上形成了"一行三会"的分业监管模式。具体到对证券公司的监管上，1999年7月1日，我国《证券法》正式实施，《证券法》规定："国家对证券公司实行分类管理，分为综合类证券公司和经纪类证券公司，并由国务院证券监督管理机构按照其分类颁发业务许可证。"

综合类证券公司可以经营证券经纪业务、证券自营业务、证券承销业务以及经国务院证券监督管理机构核定的其他证券业务，但注册资本不得低于5亿元人民币；经纪类证券公司注册资本只需5000万元，但只能从事证券经纪业务。

2004年之后，证券公司的分类监管模式又产生了新变化。2004年至2007年是我国对证券公司进行综合治理的阶段，建立了以风险管理能力为基础的分类监管体系。证券监管部门根据审慎监管的需要，以证券公司风险管理能力为基础，结合公司市场竞争力和合规管理水平，对证券公司进行的综合性评价，主要体现的是证券公司合规管理和风险控制的整体状况。证券公司所属评价类别、级别的划分反映公司在行业内风险管理及合规管理方面的相对水平。证监会根据证券公司分类结果对不同类别的证券公司在行政许可、监管资源分配、现场检查和非现场检查频率等方面实施区别对待的监管政策。

13.4.3 监管内容

1. 对证券公司的监管

本部分将从《证券公司监督管理条例》和新《证券法》的角度，解读证券公司监管的主要内容。

（1）市场准入

设立证券公司，应当具备下列条件：第一，有符合法律、行政法规规定的公司章程；第二，主要股东具有持续盈利能力，信誉良好，最近三年无重大违法违规记录，净资产不低于人民币2亿元；第三，有符合本法规定的注册资本；第四，董事、监事、高级管理人员具备任职资格，从业人员具有证券从业资格；第五，有完善的风险管理与内部控制制度；第六，有合格的经营场所和业务设施；第七，法律、行政法规规定的和经国务院批准的国务院证券监督管理机构规定的其他条件，包括证券公司股东的非货币财产出资总额不得超过证券公司注册资本的30%，证券公司应当有3名以上在证券业担任高级管理人员满2年的高级管理人员等。

2014年修订的《证券法》详细划分了证券公司业务种类和相应的注册资本金标准。经国务院证券监督管理机构批准，证券公司可以经营证券经纪、证券投资咨询与证券交易、证券投资活动有关的财务顾问、证券承销与保荐、证券自营、证券资产管理和其他证券业务。证券公司经营证券经纪、证券投资咨询与证券交易、证券投资活动有关的财务顾问三项业务的，注册资本最低为人民币5 000万元；经营证券承销与保荐、证券自营、证券资产管理和其他证券业务中的一项的，注册资本最低为人民币1亿元；经营证券承销与保荐、证券自营、证券资产管理和其他证券业务中的两项的，注册资本最低为人民币5亿元。其中，证券公司的资本是实缴资本。

为防止证券公司主要股东利用股东身份将证券公司作为融资平台做庄炒作，挪用客户资金从事违法违规活动，《证券公司监督管理条例》还对证券公司主要股东设置了更为严格的准入门槛，有下列情形之一的单位或个人，不得成为持有证券公司5%以上股权的股东、实际控制人：第一，因故意犯罪被判处刑罚，刑罚执行完毕未逾3年；第二，净资产低于实收资本的50%，或者或有负债达到净资产的50%；第三，不能清偿到期债务；第四，国务院证券监督管理机构认定的其他情形。

（2）市场退出

证券公司市场退出的狭义定义是，证券公司被迫取消证券业务资格，不再经营证券业务。广义上的证券公司退出包括强制退出和商业退出。强制退出是指证券公司因严重违法经营或财务风险严重，被证券监管机构责令关闭，或因破产而失去证券业务资格甚至公司法人资格；商业退出是指证券公司在市场化条件下自行解散，或者因合并或拆分而解散等情况。

我国证券公司的市场退出机制以狭义的强制退出为主，监管机构主要采取停业整顿和指定其他机构托管、接管或者撤销等措施。《证券法》第一百五十三条规定："证券公司违法经营或者出现重大风险，严重危害证券市场秩序、损害投资者利益的，国务院证券监督管理机构可以对该证券公司采取责令停业整顿、指定其他机构托管、接管或者撤销等监管措施。"

对证券公司进行停业整顿时，证券监管部门组成整顿工作组进驻该公司，审计资产负债情况，清查违法违规行为，控制和化解风险。证券公司整改后，应当向国务院证券监督管理机构提交报告。证券公司被托管、接管与被撤销的区别在于，被托管、接管之后证券公司还存在，被撤销后证券公司被清算和注销。

此外，对证券公司的违法违规行为，证监会还可以采取下列措施：限制业务活动，责令暂停部分业务，停止批准新业务；停止批准增设、收购营业性分支机构；限制分配红利，限制向董事、监事、高级管理人员支付报酬、提供福利；限制转让财产或者在财产上设定其他权利；责令更换董事、监事、高级管理人员或者限制其权利；责令控股股东转让股权或者限制有关股东行使股东权利；撤销有关业务许可。

（3）内部控制

内部控制是指证券公司为实现经营目标，根据经营环境的变化，对证券公司经营管理过程中的风险进行识别、评价和管理的制度安排、组织体系和控制措施。建立并完善内部控制制度是证券公司管理的重要环节，也是监管机构的要求。

《证券公司监督管理条例》第二十七条明确规定："证券公司应当按照审慎经营的原则，建立健全风险管理与内部控制制度，防范和控制风险。"《证券法》第一百三十六条也提到："证券公司应当建立健全内部控制制度，采取有效隔离措施，防范公司与客户之间、不同客户之间的利益冲突。证券公司必须将其证券经纪业务、证券承销业务、证券自营业务和证券资产管理业务分开办理，不得混合操作。"根据《证券公司内部控制指引》，我国对证券公司内部控制的主要监管要求为如下方面。

- 控制环境：主要包括证券公司所有权结构及实际控制人、法人治理结构、组织架构与决策程序、经理人员权力分配和承担责任的方式、经理人员的经营理念与风险意识、证券公司的经营战略与经营风格、员工的诚信和道德价值观、人力资源政策等。
- 风险识别与评估：及时识别、确认证券公司在实现经营目标过程中的风险，并通过合理的制度安排和风险度量方法对经营环境持续变化所产生的风险及证券公司的承受能力进行适时评估。

- 控制活动与措施：保证实现证券公司战略目标和经营目标的政策、程序，以及防范、化解风险的措施。主要包括证券公司经营与管理中的授权与审批、复核与查证、业务规程与操作程序、岗位权限与职责分工、相互独立与制衡、应急与预防等措施。
- 信息沟通与反馈：及时对各类信息进行记录、汇总、分析和处理，并进行有效的内外沟通和反馈。
- 监督与评价：对控制环境、风险识别与评估、控制活动与措施、信息沟通与反馈的有效性进行检查、评价，发现内部控制设计和运行的缺陷并及时改进。

（4）风险管理

①净资本指标

净资本是指根据证券公司的业务范围和公司资产负债的流动性特点，在净资产的基础上对资产负债等项目和有关业务进行风险调整后得出的综合性风险控制指标。

净资本指标反映了净资产中的高流动性部分，表明证券公司可变现以满足支付需要和应对风险的资金数。净资本指标的主要目的包括：第一，要求证券公司保持充足、易于变现的流动性资产，以满足紧急需要并抵御潜在的市场风险、信用风险、营运风险、结算风险等，从而保证客户资产的安全；第二，在证券公司经营失败、破产关闭时，仍有部分资金用于处理公司的破产清算等事宜。

证券公司必须持续满足的净资本指标标准有：净资本与各项风险准备之和的比例不得低于100%；净资本与净资产的比例不得低于40%；净资本与负债的比例不得低于8%；净资产与负债的比例不得低于20%；流动资产与流动负债的比例不得低于100%。

对各项业务的具体净资本要求是：经营证券经纪业务的，其净资本不得低于人民币2 000万元；经营证券承销与保荐、证券自营、证券资产管理、其他证券业务等业务之一的，其净资本不得低于人民币5 000万元；经营证券经纪业务，同时经营证券承销与保荐、证券自营、证券资产管理、其他证券业务等业务之一的，其净资本不得低于人民币1亿元；经营证券承销与保荐、证券自营、证券资产管理、其他证券业务中两项及两项以上的，其净资本不得低于人民币2亿元。

②风险资本准备

对不同业务类型，证券公司应按不同比例计提风险资本准备。例如，证券公司经营证券承销业务的，应当分别按包销再融资项目股票、IPO项目股票、公司债券、政府债券金额的30%、15%、8%、4%计算承销业务风险资本准备。为与证券公司的风险管理能力相匹配，对不同评级的证券公司实施不同的风险资本准备计算比例。A、B、C、D类公司分别按照以上基准计算标准的0.3倍、0.4倍、1倍、2倍计算有关风险资本准备；连续三年评级为A类的公司按照以上基准计算标准的0.2倍计算有关风险资本准备。

各类证券公司都应该按统一标准计算以下两项风险资本准备。证券公司设立分公司、证券营业部等分支机构的，应当对分公司、证券营业部，分别按每家2000万元、300万元计算风险资本准备。证券公司应按上一年营业费用总额的10%计算营运风险资本准备。

（5）分类评级

证监会制定的《证券公司分类管理规定》（以下简称《规定》）于2009年5月正式

颁布，确立了"以风险管理能力、持续合规状况为主"的分类监管总框架。根据2017年7月修订的分类管理规定，证券公司分类评级的具体规则如下：

证监会以证券公司风险管理能力为基础，结合公司市场竞争力和持续合规状况，从资本充足、公司治理与合规管理、动态风险监控、信息系统安全、客户权益保护、信息披露六方面进行评价打分。根据证券公司评价计分的高低，将证券公司分为A（AAA、AA、A）、B（BBB、BB、B）、C（CCC、CC、C）、D、E等五大类11个级别。

证监会及其派出机构对不同类别的证券公司实施区别对待的监管政策，对其规定不同的风险控制指标标准和风险资本准备计算比例，并在监管资源分配、现场检查和非现场检查频率等方面区别对待。证券公司分类结果将作为证券公司申请增加业务种类、新设营业网点、发行上市等事项的审慎性条件，作为确定新业务、新产品试点范围和推广顺序的依据。此外，证券公司缴纳投资者保护基金的标准要按照分类评价结果来确定，级别越低，缴纳的比例就越高。

在分类评价方法上，证监会设定正常经营的证券公司基准分为100分。在基准分的基础上，根据证券公司风险管理能力评价指标和标准、市场竞争力、持续合规状况等因素，进行相应加分或扣分，以确定证券公司的评价计分。

证券公司的分类原则上每年进行一次，评价期为上一年度5月1日至本年度4月30日，但可以根据公司状况的重大变化进行动态调整。评价程序如下：首先，证券公司结合自身情况，对照《规定》进行自评，如实反映存在的问题以及被采取的监管措施；然后，派出机构在证券公司自评的基础上，根据日常监管掌握的情况，对照评价指标，对证券公司自评结果进行初审和评价计分；最后，中国证监会在派出机构初审的基础上进行复核并确定证券公司的类别，于每年7月15日之前将分类结果书面告知证券公司。

风险管理能力是确定证券公司类别的决定性因素。《规定》确定了证券公司资本充足、公司治理与合规管理、动态风险监控、信息系统安全、客户权益保护、信息披露等六类评价指标，以体现证券公司对潜在风险的控制和承受能力。六类评价指标存在一定问题的，每项具体标准扣0.5分。

持续合规状况也影响扣分。已被证监会采取监管措施或被司法机关刑事处罚的证券公司及其分支机构、子公司，按具体情况扣0.5—10分不等。证券公司被证券期货行业自律组织采取书面自律管理措施的，每次扣0.25分；被给予纪律处分的，每次扣0.5分；证券公司被中国证监会授权履行相关职责的单位采取措施的，比照执行。

惩罚之外也有奖励，市场竞争力是加分的重要依据之一。证券公司主要竞争力的评价依据为证券经纪业务、投行业务、资管业务、综合实力、创新能力等。年度营业收入、机构客户投研服务收入占经纪业务收入比例、境外子公司收入、海外业务收入、新业务市场竞争力或信息系统建设投入等排名指标都是加分项。此外，对于证券公司净资本达到规定标准10倍以上的，每一倍数加0.1分，最高可加3分；最近两年、三年内各项风险控制指标持续达标，最近两年、三年内未被采取过重大监管措施的情况，可以分别加2分、3分。

为提高证券公司落实重点监管工作的力度，中国证监会及其派出机构可以根据证券公司在评价期内落实统一部署的专项监管工作情况以及证券公司专业评价结果，对证公司的评价计分进行调整，最高可加或扣 3 分。

为持续完善评价体系、增强制度的适应性和有效性，《规定》委托中国证券业协会在条件具备时对全面风险管理能力、合规管理能力、社会责任履行情况等进行专项定量评价，逐步提升风险管控能力在分类评价中的比重，确保分类评价结果切实管用、持续有效，不断提高监管资源配置的有效性。

（6）信息披露

证券公司应当依法向社会公开披露其基本情况、参股及控股情况、负债及或有负债情况、经营管理状况、财务收支状况、高级管理人员薪酬和其他有关信息。

披露信息的方式为定期报告和临时报告。定期报告包括年度报告和月度报告，其中年度报告必须经具相关从业资格的会计师事务所审计，并附有内部控制评审报告。发生影响或者可能影响证券公司经营管理、财务状况、风险控制指标或客户资产安全的重大事件的，证券公司应当立即向国务院证券监督管理机构报送临时报告，说明事件的起因、目前的状态、可能产生的后果和拟采取的相应措施。

2. 对证券公司投行业务的监管

（1）对承销业务的监管

1999 年 7 月 1 日，《中华人民共和国证券法》正式实施，标志着核准制代替审批制，成为我国新的发行审批制度。2001 年 4 月 1 日，核准制正式全面实施，股票发行审核委员会成立，双重审批制度和配额管理彻底取消，证券发行承销商推荐制度建立。2003 年 10 月 9 日，证监会颁布《证券发行上市保荐制度暂行办法》，用承销商保荐制度取代了原有的承销商推荐制度，并一直延续至今。

相较审批制，核准制精简了监管程序，取消了行政审批，提升了证券市场活跃度，但随着证券市场的发展，核准制也暴露出一些弊端。第一，核准制仍然离不开行政调控，审核效率仍较低；第二，核准制的实质性审查阻碍了市场机制发挥力量；第三，核准制扭曲了市场的资源配置功能等。因此，证券发行审核制度的改革已然势在必行。证券市场的直接融资手段主要包括发行股票和债券，二者在发行制度和承销监管方面区别颇大。证券公司承销业务可以划分为股票承销、债券承销和资产证券化三大类（表 13-4）。

表 13-4 证券公司承销业务种类

承销业务种类	股票承销 非金融企业	债券承销				资产证券化
		债务融资工具	企业债	公司债	金融债	
发行制度	核准制	注册制	核准制			备案制
主管机构	证监会	交易商协会	发改委	证监会	人民银行	证监会

（2）股票承销和保荐

我国股票发行采用核准制下的保荐人制度，证券公司可以经营证券承销和保荐业务，主承销商和保荐人身份可以由同一家证券公司担任。

保荐制是指，由保荐人（证券公司）负责发行人的上市推荐和指导，核实公司发行文件的真实性、准确性和完整性，协助发行人进行信息披露，直到获得监管机构的发行批准。证券公司获得保荐资格必须满足监管机构指定的标准，只有获得保荐人资格的证券公司才能成为承销商。

证券公司申请保荐机构资格应当具备的条件有：注册资本不低于1亿元，净资本不低于5000万元；具有完善的公司治理和内部控制制度，风险控制指标符合相关规定；保荐业务部门具有健全的业务流程、内部风控系统；保荐业务团队专业且结构合理，从业人员不少于35人，其中最近三年从事保荐相关业务的人员不少于20人；拥有保荐代表人资格的从业人员不少于4人；最近三年未因重大违法违规行为受到行政处罚等。

获得股票发行核准后，证券公司作为承销商以包销或代销的方式帮助发行人将股票推销给投资者。《证券发行与承销管理办法》规定了承销商的义务：证券公司实施股票承销前，应向证监会报送发行与承销方案；证券发行依照法律、行政法规的规定应当由承销团承销的，组成承销团的承销商应当签订承销团协议，由主承销商负责组织承销工作；主承销商应当设立专门的部门或机构，协调公司投资银行、研究、销售等部门共同完成信息披露、推介、簿记、定价、配售和资金清算等工作；投资者申购缴款结束后，主承销商应当聘请会计师事务所出具验资报告，首次公开发行的还应聘请律师事务所出具专项法律意见书；主承销商应当在证券上市后10日内向中国证监会报备承销总结报告等文件；另外，主承销商有持续披露信息的义务。

（3）债券承销

我国债券发行制度较复杂，根据债券种类的不同，各监管部门对债券的发行和承销分开监管。

非金融企业债务融资工具采取注册制，受交易商协会自律管理，证券公司和商业银行均可充当主承销商。2008年4月，人民银行颁布《银行间债券市场非金融企业债务融资工具管理办法》，授权交易商协会对非金融企业债务融资工具实施自律管理，此后人民银行不再对相关主承销商和承销商资格给予审核认可。交易商协会于2011年组织实施了意向类承销会员（银行类）市场评价工作之后，在2012年11月5日正式启动了证券公司类会员参与非金融企业债务融资工具主承销业务市场评价工作，以市场化的方式打开证券公司获得主承销商资质的渠道。证券公司最近一次分类监管结果为AA及以上并具备公司信用类债券承销业务经验的，才可能成为承销类会员。

企业债的发行采取核准制，应组织承销团以余额包销的方式进行承销，由国家发改委审核和监管。企业债得到发改委批准并经人民银行和证监会会签后，即可进行具体的发行工作。自2000年国务院特批企业债券以来，已担任过企业债主承销商或累计担任过三次以上副主承销商的金融机构方可担任主承销商，已担任过企业债副主承销商或累计担任过三次以上分销商的金融机构方可担任副主承销商。各承销商包销的企业债券规模原则上不得超过上年末净资产的1/3。证监会负责对证券公司承销企业债业务进行监管，证券公司必须满足《关于加强证券公司承销企业债业务监管工作的通知》的要求。

公司债采用核准制下的保荐人制度，受证监会监管。证券公司作为保荐人编制、报送募集说明书和发行申请文件，证监会受理后作出核准或不予核准的决定。证监会对证券公司承销公司债业务的监管内容同股票承销业务相似。

金融债采取核准制,发行主体有政策性银行、商业银行和企业集团财务公司,受中国人民银行监管。证券公司可采用协议承销、招标承销等方式参与公司债承销:以协议承销方式发行金融债的,发行人聘请主承销商;以招标承销方式发行金融债的,发行人与承销团成员签订承销主协议。承销团成员应该满足以下条件:注册资本不低于2亿元;具有较强的债券分销能力;具有符合要求的债券从业人员和债券分销渠道;最近两年无重大违法违规行为等。

（4）资产证券化

我国已取消了资产支持证券的行政审批制度,实行市场化的证券自律组织事后备案和基础资产负面清单管理制度。证券公司和基金管理公司子公司通过设立专项资产管理计划来开展资产证券化业务,中国证监会及其派出机构对管理人执行集中监管,中国证券业协会、基金业协会对管理人实行自律管理。证券公司和基金管理公司子公司应当自专项计划成立日起5个工作日内将设立情况报中国基金业协会备案,同时抄送对管理人有辖区监管权的中国证监会派出机构。

证券公司申请设立专项计划、发行资产支持证券,应具备以下条件:一是具备证券资产管理业务资格;二是最近一年未因重大违法违规行为受到行政处罚;三是具有完善的合规、风控制度以及风险处置应对措施,能有效控制业务风险。

3. 对并购重组业务的监管

上市公司并购重组财务顾问业务是指为上市公司的收购、重大资产重组、合并、分立、股份回购等对上市公司股权结构、资产和负债、收入和利润等具有重大影响的并购重组活动提供交易估值、方案设计、出具专业意见等专业服务。2008年证监会颁布《上市公司并购重组财务顾问业务管理办法》,明确设立了财务顾问制度,将上市公司并购重组从证监会直接监管下的全面要约收购,转变为财务顾问把关下的部分要约收购;将完全依靠证监会的事前监管,转变为实施财务顾问制度下的证监会适当事前监管与重点强化事后监管相结合。由此,财务顾问承担上市公司并购重组"第一看门人"职责。

为在上市公司并购重组审核工作中贯彻公开、公平、公正的原则,提高并购重组审核工作的质量和透明度,证监会设立上市公司并购重组审核委员会,其主要职责是:根据有关法律、行政法规和证监会的规定,审核上市公司并购重组申请是否符合相关条件;审核财务顾问、会计师事务所、律师事务所、资产评估机构等证券服务机构及相关人员为并购重组申请事项出具的有关材料及意见书;审核中国证监会出具的初审报告;依法对并购重组申请事项提出审核意见。并购重组委审核事项主要包括:根据中国证监会的相关规定构成上市公司重大资产重组的;上市公司以新增股份向特定对象购买资产的;上市公司实施合并、分立的;证监会规定的其他情形。

2014年《上市公司重大资产重组管理办法》修订后,证监会取消了对不构成借壳上市的上市公司重大购买、出售、置换资产行为的审批,但涉及发行股份购买资产仍需通过证监会审核。

并购重组委依照《公司法》《证券法》等法律、行政法规和证监会的规定,对并购重组申请人的申请文件和证监会有关职能部门的初审报告进行审核。并购重组委通过召开并购重组会议和记名投票方式对并购重组申请进行表决,表决结果在证监会网站上公布。上市公司并购重组申请经并购重组委审核通过后，还需经证监会作出核准或不核准的决定。

证监会对并购重组委实行问责制度，出现并购重组委会议审核意见与表决结果有明显差异的，或事后显示存在重大疏漏的，证监会可以要求所有参会的并购重组委委员分别作出解释和说明。同时，证监会建立对并购重组委委员违法违纪行为的举报监督机制，对有线索举报并购重组委委员存在违法违纪行为的，中国证监会应当进行调查，并根据调查结果对有关委员予以谈话提醒、通报批评、暂停参加并购重组委会议、解聘等处理；涉嫌犯罪的，依法移交司法机关处理。

证监会对证券公司从事并购重组业务实行资格许可管理，规定了相关资格条件。

- 公司净资本符合中国证监会的规定；
- 具有健全且运行良好的内部控制机制和管理制度，严格执行风险控制和内部隔离制度；
- 建立健全的尽职调查制度，具备良好的项目风险评估和内核机制；
- 公司财务会计信息真实、准确、完整；
- 公司控股股东、实际控制人信誉良好且最近三年无重大违法违规记录；
- 财务顾问主办人不少于5人；
- 最近24个月内不存在违反诚信的不良记录；
- 最近24个月内未因执业行为违反行业规范而受到行业自律组织的纪律处分；
- 最近36个月内未因违法违规经营受到处罚或者因涉嫌违法违规经营正在被调查；
- 中国证监会规定的其他条件。

证券公司受聘担任上市公司独立财务顾问的，应当保持独立性，不得与上市公司存在利害关系；存在下列情形之一的，不得担任独立财务顾问。

- 持有或者通过协议、其他安排与他人共同持有上市公司股份达到或者超过5%，或者选派代表担任上市公司董事；
- 上市公司持有或者通过协议、其他安排与他人共同持有财务顾问的股份达到或者超过5%，或者选派代表担任财务顾问的董事；
- 最近两年财务顾问与上市公司存在资产委托管理关系、相互提供担保，或者最近一年财务顾问为上市公司提供融资服务；
- 财务顾问的董事、监事、高级管理人员、财务顾问主办人或者其直系亲属有在上市公司任职等影响公正履行职责的情形；
- 在并购重组中为上市公司的交易对方提供财务顾问服务；
- 与上市公司存在利害关系、可能影响财务顾问及其财务顾问主办人独立性的其他情形。

证券公司从事上市公司并购重组财务顾问业务，应当履行的职责有如下方面。

- 接受并购重组当事人的委托，对上市公司并购重组活动进行尽职调查，全面评估相关活动所涉及的风险；
- 就上市公司并购重组活动向委托人提供专业服务，帮助委托人分析并购重组相关活动所涉及的法律、财务、经营风险，提出对策和建议，设计并购重组方案，并指导委托人按照上市公司并购重组的相关规定制作申报文件；
- 对委托人进行证券市场规范化运作的辅导，使其熟悉有关法律、行政法规和中国证监会的规定，充分了解其应承担的义务和责任，督促其依法履行报告、公告和其他法定义务；
- 在对上市公司并购重组活动及申报文件的真实性、准确性、完整性进行充分核查和验证的基础上，依据中国证监会的规定和监管要求，客观、公正地发表专业意见；
- 接受委托人的委托，向中国证监会报送有关上市公司并购重组的申报材料，并根据中国证监会的审核意见，组织和协调委托人及其他专业机构进行答复；
- 根据中国证监会的相关规定，持续督导委托人依法履行相关义务；
- 中国证监会要求的其他事项。

13.5 投资银行监管政策的变化

13.5.1 金融监管架构的变化

13.5.1.1 全球投资银行监管架构变化

1. 金融市场监管架构的国际演变

在金融监管模式的历史演变中，监管架构的选择与国家的经济运行状况、主流经济思想密切相关。

20世纪30年代以前，亚当·斯密的古典自由主义占据主流地位，强调市场这只"看不见的手"的力量，倡导政府对经济采取自由放任态度，这种思想确立了早期的金融监管模式——自律管理。1817年，纽约证券和交易委员会的成立标志着金融市场自律组织真正诞生。早期的资本主义发展受益于政府最小程度的干预，出现了将近一个世纪的金融繁荣期，伦敦、纽约相继成为全球金融中心。

1929—1933年美国金融危机孕育出的凯恩斯主义以"政府干预"为主张，成为主流经济学派，政府对金融市场从"自由放任"转向"干预"，加强集中监管力度。1933年美国颁布的《格拉斯-斯蒂格尔法案》使美国金融业从混业经营转变为分业经营。

其后，在20世纪70年代西方世界长期处于"滞胀"困境，以哈耶克为代表的主流经济思想再次向自由主义回归。在这个时期，自律管理的作用得到充分彰显。突出的体现就是，国际证监会组织在其1998年颁布的《证券监管目标与原则》中将自律管理作为重要基石。

2. 西方发达国家投资银行监管架构的变化

(1) 美国投资银行监管架构的变化

①监管空白（1929年大萧条之前）

很长一段时间内，美国私人银行所经营的投行业务在监管缺失的环境中自由发展。管制缺失加上证券需求的迅猛增长，使得以J.P.摩根为代表的私人扬基投资银行家在20世纪初成为美国金融乃至实体经济的主宰者，关于投资银行的立法亟待完善。1911年，堪萨斯州率先颁布《蓝天法》来规范证券发行，随后各州纷纷出台相似法律，纽约证券交易所和美国投资银行家协会也制定了一些自律规范。

②联邦化集中监管（1933—1999年）

罗斯福新政时期的重要成果之一是确立分业经营模式，投资银行和商业银行独立发展，也奠定了美国此后近70年的投资银行监管架构——由联邦主导的外部监管架构。美国国会和SEC制定多项全国性法律法规，对投资银行进行联邦化统一监管。进入20世纪70年代，随着投资银行间竞争加剧和管制放松，不同类型的金融机构出现了相互融合的态势，商业银行采取银行控股公司或金融控股公司的模式进入投资银行业。

③功能监管和并表监管（2000—2008年）

美国的金融机构合并热潮在20世纪90年代达到顶峰，1999年11月《金融服务现代化法案》在美国国会获得通过，正式取消了金融行业混业经营的限制，并规定了功能监管——由州和联邦银行监管者监督银行业务，州和联邦证券监管者统辖证券业务，州保险委员会负责保险经营和销售……将最有经验的监管者置于其最熟悉的金融业务监管领域。虽然金融机构已经混业经营，但是监管制度上仍是分业监管。SEC的监管范围从注册登记的经纪交易商扩展到了经纪交易商不受监管的分支机构以及控股公司本身。

并表监管是此时期美国投行监管措施的核心。并表监管指的是对投资银行母公司在合并报表基础上的审慎监管，即在单一法人监管的基础上，对母公司的资本、财务以及风险进行全面和持续监管的一种方法，以识别、计量、监控和评估投资银行的总体风险状况。然而，实际上由SEC承担并表监管职责的并表监管实体（CSEs）仅限于五家规模最大的经纪交易商（高盛、摩根斯坦利、雷曼兄弟、美林和贝尔斯登），花旗和摩根大通这两家也申请成为并表监管实体的金融机构则是由美联储负责并表监管的。

④集中监管强化（2009年至今）

2008年9月华尔街五大投资银行或破产，或被收购，或转型成为银行控股公司，2004年SEC构建的针对CSEs的监管架构自然就没有存在的必要了。在此后的一段时期内，美联储和SEC共同承担了监管职责。2010年7月21日，《多德－弗兰克华尔街改革和个人消费者保护法案》（简称《多德－弗兰克法案》）金融改革法案正式生效，该法案加大了美联储的监管权力，进一步提升了集中监管力度。美联储主席等九家金融监管机构负责人组成金融稳定监督委员会（Financial Stability Oversight Council，FSOC），职责是识别和防范金融风险。美联储的监管范围不断扩大，涵盖所有可能带来系统性风险的商业银行和非银金融机构等。

此外，消费者金融保护局被设立，为消费者提供与金融部门欺诈和滥用行为有关的保护；《多德－弗兰克法案》限制银行自营交易和高风险衍生品交易，并将之前缺乏监管的场外衍生品纳入监管范围。

（2）英国投资银行监管架构的变化

①自律管理为主（1945—1979年）

此阶段英国以金融机构的自律管理为主，以英格兰银行的集中监管为辅；间接性的法律文件被运用于辅助监管，英格兰银行仅承担指导职责。在监管职责分工方面，英格兰银行负责银行监管，证券与投资委员会对从事证券与投资业务的金融机构进行监管，贸易与工业部对保险公司进行监管。

②以FSA为核心的集中监管（1980—2006年）

1986年英国伦敦证券交易所推出新的《金融服务法》，该法案允许金融业混业经营。进入20世纪90年代后，英国混业经营发展过快，英格兰银行监管薄弱愈发凸显，1998年成立的金融服务监管局（FSA）接替了英格兰银行对银行业的监管责任。英格兰银行的职能被限定在执行货币政策、保护金融市场稳定的范围内。FSA继承了原有九个金融监管机构的监管权力，同时还负责对过去不受监管的领域进行监管，例如为金融业提供律师与会计师事务所的规范和监管等，FSA成为英国唯一的金融监管机构。除FSA和英格兰银行外，财政部也起到了辅助监管的作用，它的职责是制定金融监管组织架构和监管法律。至此，英国分业、自律管理演变为混业、集中监管。

③以英格兰银行为核心的集中监管（2007年之后）

国际金融危机警示英国开展金融监管体制改革，英格兰银行成为最高监管机构。英国金融监管当局将FSA拆分为两个机构：审慎监管局（PRA）为英格兰银行的附属机构，对存款机构、保险机构及其他重要的投资公司进行微观监管，将微观审慎监管集中于英格兰银行，从而消除职责不清和监管漏洞问题；金融行为局（FCA）负责行为监管，强化消费者保护，并接受英格兰银行的指导和建议。同时，英国政府撤销金融稳定委员会后在英格兰银行内部设立了金融政策委员会（Financial Policy Council，FPC），由FPC负责宏观审慎性监管和系统风险监管。更多信息可参见图13-2。

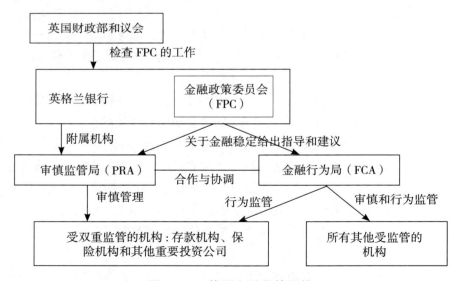

图13-2 英国金融监管架构

(3)德国投资银行监管架构的变化

德国一直坚持混业经营制度,即使是在数次全球金融危机中,德国金融业备受冲击的情况下,也没有实施分业经营制度,反而更加注重政府监管与自律管理并重,加强全国性、统一性的金融监管。

①分业监管(2002年之前)

根据1957年颁布的《联邦银行法》和1961年颁布的《银行法》,德国在联邦一级有4个监管机构对银行、证券、保险实行监管,分别是联邦银行监管局(Federal Banking Supervisory Office,FBSO)、联邦证券监管局(Federal Security Supervisory Office,FSSO)、联邦保险监管局(Federal Insurance Supervisory Office,FISO)和中央银行(Bundes-bank)。FBSO、FSSO、FISO均隶属于德国财政部,分别负责银行、证券和保险的分业监管(图13-3)。

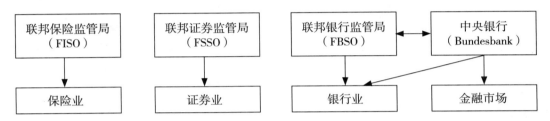

图13-3 2002年之前德国金融监管架构

德意志联邦银行是德国的中央银行,它在制定与执行货币政策上保持高度的独立性,不受政府的指令干预。德意志联邦银行对整个金融市场进行监管,并对银行业监管提供重要支持。联邦银行对金融机构的监管是通过各地的地区办公室进行的,地区办公室一方面对金融机构的定期报告作出分析和评价,另一方面进行现场审计、评估资本状况和风险管理程序。联邦银行在银行业监管中起到辅助作用,其工作重点是帮助银监局收集和处理相关信息。

②统一监管(2002—2008年)

20世纪90年代以来,德国金融业面临的内外竞争压力不断加剧,迫使金融机构纷纷进行机构改革和战略调整。这种压力主要来自三个方面:一是外资银行在德国市场上份额的扩张;二是全球金融业兼并浪潮深刻地改变了银行的传统观念,加深了金融业内部业务的交叉,催生了大量的创新金融业务;三是金融业内部的重组使德国出现了一些大的金融集团,银行业、证券投资和保险业之间的界限更加模糊。这些都使得银行经营风险日趋复杂化、多样化、国际化。因此,为了加强对金融机构的有效监管,德国对金融监管体系实行了相应的改革。

2002年,德国颁布了《金融监管一体化法案》,该法案授权成立金融管理局(BaFin,Federal Financial Supervisory Authority),负责对银行业、证券业和保险业进行统一监管(图13-4)。它是具有法人资格的联邦金融监管机构,直接对财政部负责。金融监管局的职能机构包括理事会,咨询委员会,3个分别接替原银监局、证监局和保监局职能的委员会,另设3个特别委员会负责整个金融市场的监管工作。负责投行监管的是证券委员会。

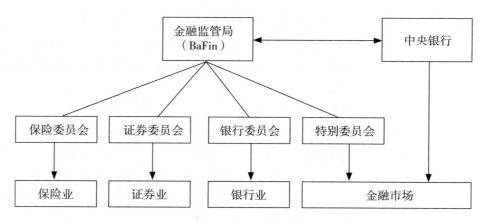

图 13-4 2002-2008 年德国金融监管架构

③宏观审慎监管加强（2009 年至今）

2008 年国际金融危机和 2009 年欧债危机使德国的经济和金融受到一定冲击。反思金融监管体系的漏洞，德国积极推进宏观审慎管理、处置机制和存款保险制度等方面的改革（图 13-5）。

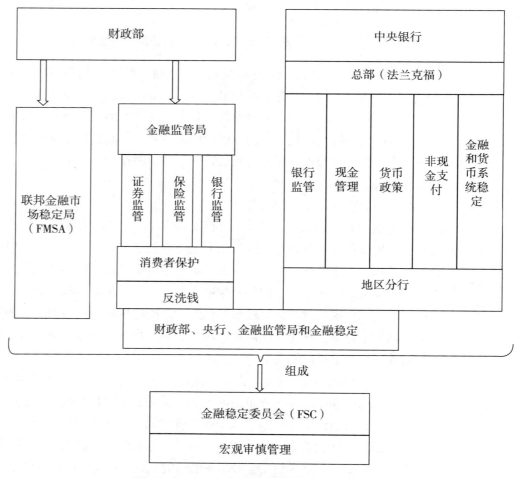

图 13-5 2009 年至今德国的金融监管架构

德国监管层认为：金融危机的一大教训是没有专门机构关注系统性风险，宏观和微观层面金融监管的职责划分不清晰，两者之间信息传导不通畅。为了弥补这一缺陷，德国在危机后增设一家宏观监管机构——金融稳定委员会（Financial Stability Council，FSC）。FSC 成立于 2013 年，负责宏观审慎管理。委员会成员来自财政部、央行、金融监管局和金融稳定局，主席来自财政部，成员来源的多样性体现了 FSC 工作机制的协调性和制约性。

FSC 的宏观审慎监管措施有三类：一是"软措施"，即不直接干预市场参与者，例如发布金融稳定报告；二是"警告和建议"，FSC 可在职权范围内，就可能产生的风险，对联邦政府、金融监管局和任何公共部门提出警告和建立；三是"硬措施"，即采取强硬手段约束市场参与者和监管机构的行为。

德国央行是 FSC 框架下的核心成员。第一，德国央行拥有对 FSC 发布警告或建议的否决权，若德国央行反对，FSC 无权发布该警告或建议。第二，德国央行享有金融统计信息专属权，是德国唯一有权对金融机构行使统计权力的机构，金融机构向德国央行报送各类信息以满足德国央行分析研究需要。第三，德国央行在其分析的基础上就金融风险向 FSC 提出警告或建议，每年还会发布一份金融稳定评估报告，评估德国金融体系的韧性和潜在风险。[①]

为解决金融机构倒闭危机，缓解系统性风险，德国采取设立处置基金、颁布重组法案、建立不良资产处置机构等措施。相应地，财政部下设联邦金融市场稳定局（Federal Agency for Financial Market Stabilization，FMSA）。联邦金融稳定局成立之初被定位为一个临时机构，职责是管理稳定基金、提供市场流动性、监管新成立的不良资产管理公司，而在 2016 年被升级为监管当局，专门从事重组业务监管。

13.5.1.2　中国投资银行监管架构变化

1. 金融市场监管架构演变

改革开放以来，中国金融市场监管架构经历了从统一监管到分业监管、从多头监管到集中监管的过程，并且自律管理所扮演的角色越来越重要。这种架构的变迁可以划分为三个阶段：第一阶段是 1992 年之前以中国人民银行为主导的统一监管架构；第二阶段是从 1992 年 10 月证监会成立起至 2003 年 4 月银监会成立所形成的"一行三会"分业集中式监管架构；第三阶段从确立"一行三会"监管架构开始建立联席会议机制到"一委一行两会"架构形成，同时也是监管架构向自律型、市场化监管的过渡期。

（1）第一阶段：以中国人民银行为主导的统一监管期

1986 年颁布的《银行管理条例》确立了中国银行作为唯一的金融监管机构的地位。在此期间，中国人民银行充当着商业银行、中央银行和监管机构三重角色。随着金融市场的进一步发展，金融机构、金融产品和服务、市场参与者的数量和种类不断增加，由中央银行兼顾货币市场和证券市场的监管显得力不从心，导致监管不力。一系列的违法

[①] 王琳,葛致壮,唐婧.欧盟宏观审慎政策框架的经验与启示——以德国金融改革为例[J].清华金融评论,2018(10).

违规现象破坏了金融市场秩序，分业监管改革迫在眉睫。

1990年沪深交易所成立之后，此阶段的另一个特点是多头监管。中国人民银行不再是唯一的金融监管机构，监管的执行、法律法规的制定都是由人民银行和上海、深圳两地的政府共同分担的。

（2）第二阶段："一行三会"集中型分业监管架构形成期

1992年10月，国务院决定设立国务院证券委员会和证券监督管理委员会，中国人民银行和证监会共同监管架构初步形成。但直至1998年6月，国务院证券委员会被撤销，证券市场的监管职能才完全移交给证监会，真正形成了银行与证券的分业监管。之后，中国保险监督委员会1998年11月成立，中国银行业监督管理委员会于2003年4月成立，至此银行、证券、保险行业的分业监管格局正式形成，"一行三会"的监管职责划分明确。

（3）第三阶段："一委一行两会"架构形成期

为确保货币市场、资本市场和保险市场间的互通有无，还必须建立"一行三会"之间的信息通道。于是，于2004年6月28日，中国证监会、保监会、银监会正式公布《三大金融监管机构金融监管分工合作备忘录》，标志着分业监管协调机制的建立。《备忘录》的内容包括指导原则、职责分工、信息收集与交流、工作机制等方面。监管联席会议每季度召开一次，三家监管机构就专业监管问题进行讨论和协商，及时解决分业监管的政策协调问题。

2008年8月，人民银行"三定"方案正式公布，该方案提出"在国务院领导下，人民银行会同银监会、证监会、保监会建立金融监管协调机制，以部际联席会议制度的形式，加强货币政策与监管政策之间以及监管政策、法规之间的协调，建立金融信息共享制度，防范、化解金融风险，维护国家金融安全，重大问题提交国务院决定"。2013年国务院同意建立由中国人民银行牵头、更多主体参与的金融监管协调部际联席会议制度，成员单位扩展为银监会、证监会、保监会、外汇局，必要时可邀请发展改革委、财政部等有关部门参加。至此，联席会议实质性恢复并定期召开。

2015年10月29日《中共中央关于制定国民经济和社会发展第十三个五年规划的建议》中提出："加强金融宏观审慎管理制度建设，加强统筹协调，改革并完善适应现代金融市场发展的金融监管框架，健全符合我国国情和国际标准的监管规则，实现金融风险监管全覆盖。"

近年来，金融市场监管套利行为猖獗，金融产品层层嵌套风险积聚，在此背景下，2017年7月第五次全国金融工作会议提出要设立国务院金融稳定发展委员会，作为证监会、保监会、银监会之上更高一级的机构，负责对涉及全局性的重大监管问题、重大金融风险问题进行协调处理。

2018年3月，国务院机构改革方案出炉，《国务院机构改革方案》对金融监管体制改革作出了重大部署，主要强调了三个方面：一是坚持金融业综合经营方向，顺应综合经营发展趋势，组建"中国银行保险监督管理委员会"，集中整合监管资源、充分发挥专业化优势，落实功能监管并加强综合监管，提高监管质量和效率；二是分离发展与监管职能、分离监管规制与执行，将中国银行业监督管理委员会和中国保险监督管理委员会拟订银行业、保险业重要法律法规草案和审慎监管基本制度的职责划入中国人民银行，使监管部门专注于监管执行，提高监管的专业性和有效性；三是强化中央银行宏观审慎管理职能，人民银行落实"三个统筹"，为打好防范化解重大风险攻坚战奠定重要基础。[①] 至此，中国金融监管体制将正式形成新的"一委一行两会"架构：国务院金融稳定发展委员会（简称"金稳委"）、人民银行、证监会、银保监会。新的体制顺应综合经营趋势，由人民银行全面统筹协调监管，承担监管规制，其目的在于强化宏观审慎监管、全面防范金融风险。

除了构建统一监管的大框架之外，监管工作发展的另一个特点是从集中式的行政性监管向行业协会为主体的自律性监管过渡。

和行政监管相比较，自律管理的优势在于更加具有弹性，修改和调整相对容易。自律管理和行政监管的边界可以简单概括为：为了克服"市场失灵"，需要采取一定的规制；为了消除"政府失灵"，需要坚持市场化方式。居于"市场－政府"光谱中间的就是自律管理组织。行政监管一般专职于市场的长远规划、框架设计、制度建设及对造成市场重大损失的行为的强制纠正；自律管理组织则往往在市场日常的监督、管理和规范中担负着更多具体的职责。

在自律管理改革的过程中，银行间市场率先展开自律管理实践。2008年，银行间市场交易商协会开启了中国金融市场债券发行注册管理的先河，此后产品创新层出不穷，市场规模不断扩大，市场风险得到有效监控，充分体现了自律管理的优势。在交易所市场，我国《证券法》明确了证券交易所和证券业协会作为自律管理组织的法律地位，为自律管理提供了法律支撑。在公司债券发行、新三板挂牌过程中，充分发挥证券交易所、股转系统和证券业协会的作用。未来，随着我国股票发行注册制的改革探索，在交易所市场中，自律管理的导向会越来越清晰，自律管理的实践会越来越丰富。

2. 投资银行监管架构演变

我国投资银行监管架构的变化同投资银行的发展阶段密不可分。改革开放后我国才出现类投资银行金融机构，根据改革开放至今投资银行的发展程度，可以将投资银行历史沿革划分为三个阶段，并分析各阶段的监管特点：第一阶段是投资银行的萌芽期（1979—1991年），对应统一监管；第二阶段是投资银行的早期发展阶段（1992—1999年），商业银行和投行业务分离，监管模式变为分业监管；第三阶段是投资银行的规范发展阶段（2000年至今），期间国家出台多项法律法规以完善对投资银行的分业监管体系。

第一阶段：投资银行萌芽期所对应的统一监管模式

1979年之前，我国未出现真正意义上的投资银行。1979年，我国第一家信托投资公司中信信托投资公司成立，标志着第一家类投资银行金融机构的出现，投资银行的发展进入萌芽期。信托投资公司的主要业务包括委托存款、委托贷款和委托投资以及信托存款、信托贷款和信托投资，还包括同业拆借、融资租赁、担保业务、境外借款、资本金贷款和投资、债券发行、证券承销和经纪、投资业务、基金管理、投资顾问等。可见，除活期存款、个人储蓄存款和结算业务外，信托投资公司的经营范围包括了银行业、证券业和信托业的所有业务，也就是说，此阶段投资银行的组织结构属于德国全能银行模

---

① 徐忠.对《国务院机构改革方案》金融监管体制改革的解读[EB/OL].财新网,2018-03-13.

式。由于投资银行的混业经营模式，监管层面采取的是统一监管方式。

第二阶段：投资银行的早期发展阶段所对应的分业监管模式

1992年10月，国务院证券委员会成立。国务院证券委是国家对全国证券市场进行统一宏观管理的主要机构，负责制定有关证券市场发展的重大政策和拟定有关管理法规，证券委办公室负责处理日常事务。在成立国务院证券委的同时，还成立了中国证监会，作为国务院证券委的执行部门，负责对证券市场进行监督管理的工作。

国务院证券委和中国证监会成立之后，虽然开始负责对证券市场的监管，但是对于证券公司的审批和监管仍旧是中国人民银行的职责。1994年7月，国务院证券委作出决定，由中国证监会配合中国人民银行共同审批、监管证券经营机构。对证券公司的监管权开始出现分化。

1995年3月，国务院正式批准《中国证监会机构编制方案》，确定中国证监会为国务院直属副部级事业单位，是国务院证券委的监管执行机构。自此，中国证监会开始拥有对证券公司的监管权，但是中国人民银行仍然拥有对证券公司的部分监管权，主要是对各商业银行和信托公司旗下的证券公司的监管权。

1995年，我国颁布《商业银行法》，其中第四十三条规定"商业银行在中华人民共和国境内不得从事信托投资和股票业务"，从而在法律上限定了我国投资银行的发展模式，标志着银行业和证券业、信托业分业经营、分业监管的开始。

1998年4月，根据国务院机构改革方案，国务院证券委与中国证监会合并组成中国证监会，为国务院直属正部级事业单位。1998年10月，国务院批准中国证监会"三定"方案，明确中国证监会对全国证券期货市场实行集中统一监管。国务院证券委撤销。[①]

1999年7月，《证券法》正式颁布实施，标志着我国证券行业进入早期发展阶段。此阶段孕育出了一批专业从事投行业务的证券公司，证券市场规模特别是股票市场规模不断壮大，资本市场上的金融工具种类不断增加，相关法律法规相继颁布。分业经营对应着分类监管模式。

第三阶段：投资银行的规范发展阶段所对应的分业监管模式

2000年，证监会相继出台了《证券公司统计报表制度（试行）》《关于归还挪用客户交易结算资金方案初审工作的通知》《关于加强证券公司承销企业债券业务监管工作的通知》《关于加强证券服务部管理若干问题的通知》《关于证券经营机构股票承销业务监管工作的补充通知》《关于调整证券公司净资本计算规则的通知》《关于清理规范证券营业网点问题的通知》《证券公司检查办法》《证券公司高级管理人员谈话提醒制度实施办法》。证监会开始对证券公司强化监管，促使证券公司建立良好的公司治理机制。

从2002年开始，由于证券市场遭遇熊市，同时证券公司违规经营风险暴露，鞍山证券、佳木斯证券、新华证券等一批中小券商相继被关闭或撤销。2004年，南方证券被中国证监会和深圳市政府接管。为规范证券公司管理，证监会不断完善相关法律法规体系。2004年至2007年，我国对证券公司开展综合治理，建立了以风险管理能力为基础

---

① 李利明,曾人雄.1979-2006中国金融大变革[M].上海:世纪出版集团,2007.

的分类监管体系；2009 年证监会颁布《证券公司分类管理规定》，从法规层面确立分类监管体系，并于 2010 年和 2017 年进行了两次修订。关于投行业务，证监会也制定了一系列监管文件，规范证券公司从事投行业务：2009 年对《证券发行上市保荐业务管理办法》进行修订，完善证券公司保荐业务的监管制度；2012 年颁布《证券期货市场诚信监督管理暂行办法》，建立全国统一的证券期货市场诚信档案数据库；2013 年颁布《证券发行与承销管理办法》，制定证券发行与承销规则；2014 年修订《上市公司收购管理办法》，增加一款"财务顾问不得教唆、协助或者伙同委托人编制或披露存在虚假记载、误导性陈述或者重大遗漏的报告、公告文件，不得从事不正当竞争，不得利用上市公司的收购谋取不正当利益"；2015 年《公司债券发行与交易管理办法》正式实施，进一步规范公司债发行、交易和转让行为；2016 年修订《上市公司重大资产重组管理办法》等。

在规范发展阶段，我国金融监管在分业监管的基础上更强调统筹协调。近年来，金融体系风险事件频发，2013 年"钱荒"、2015 年股市异常波动等，都对现有的分业监管体系形成了巨大挑战。2016 年中央经济工作会议指出，金融风险有所积聚，要把防控金融风险放到更重要的位置。当前金融风险的一个重要来源是监管套利、产品嵌套、资金空转。"一行三会"分业监管模式下，不同机构监管标准不同，为金融机构间相互合作、规避监管提供了机会。例如，银行通过发放理财、委外投资等方式，将理财资金交由信托、证券公司、基金等机构进行投资，从而规避投资范围的监管限制。针对监管套利所带来的风险问题，统筹协调金融监管是重要的解决之道。于是，"加强金融宏观审慎管理制度建设，加强统筹协调，改革并完善适应现代金融市场发展的金融监管框架，健全符合我国国情和国际标准的监管规则，实现金融风险监管全覆盖"被纳入"十三五"规划的建议。

针对中国金融业现存的跨监管套利，2018 年 3 月启动的国务院机构改革方案将中国银行业监督管理委员会和中国保险监督管理委员会的职责整合，组建中国银行保险监督管理委员会，作为国务院直属事业单位；将中国银行业监督管理委员会和中国保险监督管理委员会拟订银行业、保险业重要法律法规草案和审慎监管基本制度的职责划入中国人民银行。

分离监管规制与执行、由人民银行负责金融业重大监管政策的制定，主要出于两个方面的考虑。一是有利于确保发展与监管职能的切实分离。监管规则外生降低了监管执行部门的自由裁量权，增强了监管政策的透明度，从而保证监管者专注于监管，防止目标偏离。二是有利于防范化解系统性金融风险。在金融业综合经营趋势明显的背景下，金融风险跨部门、跨领域、跨行业传染并放大的特点明显，系统性金融风险防范超出了单个领域监管部门的能力范围。因此，由中央银行从维护金融系统全局稳定的角度，负责重大金融监管规则制定，包括制定跨市场交叉性金融产品的监管规则，实现穿透式监管，统一同类产品监管标准和规则落实功能监管，从而有效防控系统性金融风险，有力维护金融稳定。这项改革对于解决现行体制存在的弊端，强化综合监管，优化监管资源配置，更好地统筹系统重要性金融机构监管，逐步建立符合现代金融特点、统筹协调监管、有力有效的现代金融监管框架，守住不发生系统性金融风险的底线，维护国家金融安全，具有深远的历史意义和重要的现实作用。

13.5.2 投行业务创新与监管之间的调适

13.5.2.1 投行业务创新、金融风险与金融监管的关系

投行业务创新、金融风险与金融监管之间相互影响、互为因果。投行业务创新对金融市场的冲击增加了金融风险，为避免金融危机的发生，金融监管介入市场，同时，金融监管模式的差异决定了投行业务创新活跃度的差异。

1. 投行业务创新的原因

投资银行开展业务创新，根本原因在于实现更高的利润，具体来说，主要是基于以下几个方面的需要。

（1）拓宽盈利渠道

经纪业务、投行业务和自营业务是我国证券公司的三大传统业务，其中经纪业务佣金收入一直是国内投资银行的最主要收入来源，占比超过30%（见图13-5）。随着最低佣金率和营业部开设门槛的放开，加上经纪业务同质化特点，证券公司纷纷选择降低佣金以吸引客户，导致经纪业务佣金率整体下滑。由于证券公司对经纪业务的依赖程度高，佣金率的下降导致利润率降低。为拓宽盈利渠道，证券公司在三大传统业务外，积极探索新兴业务模式。传统业务占比在2015年达到阶段高峰（81.38%）之后，在2016年迅速降至71.83%，其中主要是经纪业务和自营业务比重大幅下降，投行业务比重反而大幅提升。2012—2016年，资管业务占比呈现上升趋势，2016年资管业务占比同比提升近一倍。

表 13-5　我国证券公司业务结构　　　　　　　　　　　　　　　　（%）

	2012年	2013年	2014年	2015年	2016年
经纪业务（代理买卖证券业务）	38.93	47.68	40.32	46.79	32.10
投行业务（证券承销与保荐、财务顾问、投资咨询业务）	17.33	12.51	12.74	10.02	22.40
自营业务（证券投资收益（含公允价值变动））	22.41	19.19	27.29	24.58	17.33
资产管理业务	2.07	4.41	4.78	4.78	9.04
其他业务	19.26	16.21	14.87	13.84	19.13
营业收入	100.00	100.00	100.00	100.00	100.00

数据来源：Wind。

（2）差异化竞争策略

传统业务竞争愈加激烈，一方面是因为证券公司数量增加，截至2017年年底，我国共有131家专业证券公司，总资产为6.14万亿元；另一方面是因为传统业务对证券公司专业水平、规模实力等要求较低，新证券公司进入市场的门槛较低。竞争程度加大使

行业整体利润水平下降，2009—2012 年间证券公司净利润率由 45.5% 降至 25.4%。投行只有开发新市场和新产品，进而打造差异化竞争优势，才能在竞争中取胜。

从美国投资银行的发展历程来看，其投资银行行业也经历了最初的佣金大战，即收入普遍依赖于经纪业务的佣金收入时期，而今三大投资银行高盛、摩根士丹利、美银美林各自的业务专长领域和盈利制高点各有特色，大型综合性投资银行和精品投资银行协调共生，都与其产品和业务创新的推动、各投资银行的差异化竞争密切相关。

（3）促进行业发展，提高整体水平

产品和业务是投资银行得以实现其资本市场功能的基础，我国投资银行成长时间短，行业知识和实际经验积累不足，产品研发和应用能力较差，与国外先进同行相比差距较大，行业整体技术水平有待提高，所以，投行产品和业务创新也是促进行业发展、提高整体水平的需要。

2. 投行业务创新与金融风险、金融监管的关系

投行业务创新会在一定程度上加剧金融风险，增大金融体系的不稳定性，甚至可能引发金融危机（图 13-6）。2008 年金融危机的成因就是投行滥用创新型金融产品、金融监管滞后、货币政策失误等。

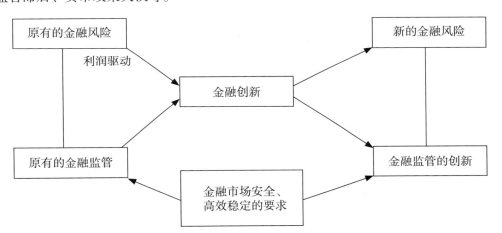

图 13-6　金融创新、金融风险、金融监管的关系

（1）金融创新与金融风险的关系

投行业务的创新与金融风险的关系是相互联系，相互促进。首先，业务创新的发展伴随着新的金融风险。在金融市场中，风险与收益总是并存的，高收益对应着高风险。投行追求业务创新的终极目的是提高利润，其开发出的高收益产品和服务必然对应着较高的风险。其次，投行业务风险影响范围广、扩散性强、突发性强，因此风险积聚演变成金融危机的概率更高。另外，金融风险与业务创新相互促进。一方面，加强金融风险管理在很大程度上推进了金融创新的发展；另一方面，金融创新使金融风险管理不断完善。

（2）金融创新与金融监管的关系

金融监管既能约束业务创新，又能激发或支持金融创新。业务创新带来新的金融风险，使原有的金融监管失效，尤其是采取政府监管模式的国家，其金融监管的灵活性不够，无法跟上金融创新的步伐。为了维护金融市场和社会的稳定，金融监管部门必须制定出更加严谨的措施和方法，用来约束金融创新，从而防范系统性金融风险，降低金融危机发生的可能性。

但是，金融监管创新的结果也许是更为高级的创新形态的出现，原因是监管激发了更高层次的规避监管、攫取利润的需要，创新与监管之间存在着"遇强则强"的角逐关系。矛盾的是，金融监管的放松为金融创新营造良好的制度环境，应该有利于创新的发展，创新与监管之间又存在"遇弱则强"的关系。

13.5.2.2 投行业务创新的制度环境

监管制度变迁为投行业务的发展带来了丰厚的制度红利。我国投资银行正处于巨变时期，各种管制的放松及新政策的出台将深刻影响投行业务的创新发展。

1. IPO注册制改革和再融资政策变化

（1）注册制改革

注册制改革将对投行效率和竞争力提出更高的要求，不少证券公司和商业银行将加大投行业务投入，进行组织架构创新、业务流程创新、激励机制创新，以占据有利位置，促进自身竞争优势和核心竞争力的形成。

对投行硬实力提出更高要求。上市资源的稀缺性、圈钱效应及壳资源的价值将大为减弱，发行人、投行和投资者之间的市场博弈将更加均衡，未来决定证券公司投行业务核心竞争力的关键因素将是投行项目的多少及项目本身的质地等"硬实力"，而不是其与证券审核权力部门之间的关系。

考验投行的定价和销售能力。注册制下，新股是否成功发行并上市取决于投行对项目公司真实情况的把握及对其所处行业的研究，准确的市场判断、客观公正的定价能力和强大的销售能力将是证券公司股票承销与保荐业务取得成功的关键，投行研究能力、定价能力及销售能力的价值将凸显。

扩展证券公司投行业务空间。随着上市门槛的降低及上市审核管制的放松，未来拟上市公司数量将成倍增加，投行业务空间将大为扩展，投行业务收入占比将有所增加，证券公司对投行业务的重视程度也将提高。

（2）再融资政策变化

我国对上市公司的再融资政策的基本框架始于2006年的《上市公司证券发行管理办法》，2011年又针对发行量较大的非公开发行制定了《上市公司非公开发行股票实施细则》。2006—2016年的十年时间内，我国上市公司的再融资数量出现了大幅提升，与IPO一并成为股票市场的主要融资方式，但是在此期间也出现了一些问题，集中体现在：一是部分上市公司存在过度融资倾向，融资规模远超过实际需要量；二是非公开发行的定价机制存在较大套利空间，不利于投资者权益保护；三是再融资品种结构失衡，非公开发行由于发行条件宽松，定价时点选择多，发行失败风险小，逐渐成为绝大部分上市公司和保荐机构首选的再融资品种，公开发行规模急剧减少，同时可转债、优先股等股债结合产品也发展缓慢。

针对这一问题，2017年2月15日，证监会对《上市公司非公开发行股票实施细则》

的部分条文进行了修订,随后发布了《发行监管问答——关于引导规范上市公司融资行为的监管要求》,规范上市公司再融资。再融资新政的主要变化有:第一,定价只剩一个基准日,即发行期的首日;第二,拟非公开发行的股份数量不得超过发行前总股本的20%;第三,上市公司融资后18个月内不得启动再融资。再融资新政规范了发行定价,减少了过度融资的可能,在规范再融资的同时也增加了再融资的难度。

再融资相关监管规则的修改,抑制了上市公司此前的无序融资、过度融资以及频繁融资,有利于进一步引导资金脱虚向实,支持实体经济的发展,支持融资向优秀的上市公司倾斜。

2. 资产证券化、并购重组简政放权

(1) 资产证券化简政放权

自2004年《国务院关于推进资本市场改革开放和稳定发展的若干意见》首次提出"积极探索并开发资产证券化品种"以来,资产证券化业务已由试点转为常规,业务范围扩展为信贷资产证券化、企业资产证券化和资产支持票据。2014年《证券公司及基金管理公司子公司资产证券化业务管理规定》出台,从事资产证券化业务的机构扩大为证券公司和基金公司,并取消行政审批。这一系列制度改革将为证券公司投行从事资产证券化业务带来广阔空间。

(2) 并购重组简政放权

2014年10月,证监会发布了修订后的《上市公司重大资产重组管理办法》和《上市公司收购管理办法》,新规定除保留借壳上市的审批外,取消对不构成借壳上市的重大收购、出售、资产置换行为的审批,要约收购事前审批及两项要约收购豁免情形的审批,完善了发行股份购买资产的市场化定价机制等。

2015年4月修订后的《上市公司重大资产重组管理办法第十四条、第四十四条的适用意见——证券期货法律适用意见第12号》进一步扩大了上市公司发行股份购买资产募集配套资金的比例和用途。上市公司并购重组的自主决策及市场化改革进一步放开,并购重组全过程的时间将缩短、效率将提升。这些简政放权措施将进一步激发上市公司并购重组,给证券公司财务顾问业务带来飞跃式发展。

3. 牌照放开与金融机构交叉持牌

2014年《国务院关于进一步促进资本市场健康发展的若干意见》提出:"实施公开透明、进退有序的证券期货业务牌照管理制度,研究证券公司、基金管理公司、期货公司、证券投资咨询公司等交叉持牌,支持符合条件的其他金融机构在风险隔离基础上申请证券期货业务牌照。积极支持民营资本进入证券期货服务业。支持证券期货经营机构与其他金融机构在风险可控前提下以相互控股、参股的方式探索综合经营。"这将使相对封闭的证券业逐步走向开放,各种性质的资本都可以发起设立、参股甚至控股证券公司,市场竞争者将越来越多,竞争将更加激烈。

同时,其他金融机构也可以申请证券期货牌照,为银行、信托、保险等大型金融机构进入资本市场打开大门,这些大型金融机构不但拥有比证券公司庞大得多的客户资源,而且将为客户提供包括银行、证券、信托、保险等一系列综合金融服务,其强大的资本实力及极具竞争力的混业经营模式将对证券公司各项业务包括投行业务发展构成强大压力，失去特许经营保护的证券公司生存及竞争压力将陡升，证券公司行业自身的兼并重组将不可避免，业务创新速度也必须加快。

4. 场外市场发展

2014年起，我国多层次资本市场建设取得实质性进展，以新三板为代表的场外市场发展迅猛。一是新三板市场规模的迅速扩大及做市商制度的建立，将为证券公司投行业务的发展提供新的契机、开辟新的战场。二是区域性股权交易市场将纳入多层次资本市场体系，其发展定位是为区域企业私募证券的发行、转让及相关活动提供设施与服务，是区域性私募证券市场。这些举措都为证券公司差异化、小型化、专业化、特色化投行业务发展提供了空间，竞争力相对薄弱的中小证券公司可以借此平台发展创新型投行业务。

5.《证券法》修订及证券监管转型

一是在法律层面提高了投行业务违法违规行为的惩罚力度。正在修订的《证券法》规定投行业务违法违规行为将承担严格的行政责任、民事责任及刑事责任。这将扭转过去投行业务违法失信成本过低的状况，大幅增加违法违规风险成本。

二是在实际监管层面加大了证券违法违规行为查处力度。近年来，证券监管力度明显加强。2014年，证监会明确提出要监管转型，现在证券监管部门的工作重点正在从以事前审批为主向以事中事后监管为主转变。如果转型成功，市场主体准入后的持续监管力度将加强，发现和查处违法违规行为的能力将提高，证券公司投行业务违法违规行为受到处罚的风险会大大增加。2013年的"万福生科案"、2014年的"天威视讯股价操纵案"等就是例证。惩戒力度大幅提高、监管执法日趋严格，这些都对证券公司投行业务的合规经营和风险管理提出了更高要求。因此，投行进行业务创新还应该把握好度，重视创新业务的合规性和持续的风险管理，否则可能会受到严厉的惩罚。

13.5.2.3 投行业务的创新路径

1. 挖掘承销保荐业务的潜力

提升定价和销售能力。定价和销售能力是决定投行竞争力的重要指标。国内定价机制脱胎于历史的固定市盈率模式，导致目前各投行在证券发行时的价值发现、差异化定价不明显，以行业平均市盈率为定价基准已成为业内操作实际标准。销售方面，各投行尚停留在基础客户维护和公关层面上，销售网络布局、客户数据库开发和维护尚处起步阶段。提升定价和销售能力，有利于平衡发行人和投资者的利益关系，既帮助企业获得融资，又保护投资者的权益，这样投资银行既为资本市场培育大批优秀上市公司，又能实现自身业务的持续健康发展。

提供全业务链承销保荐服务。一是为不同融资方式提供全面的承销保荐服务，包括IPO、股权债权再融资、非标结构化融资、股东特殊目的融资等；二是在承销保荐之外提供财务顾问、管理咨询、配套融资等服务，包括企业资产管理、财务管理、发展战略、并购重组等。

将业务覆盖到企业的整个生命周期。企业生命周期分为初创期、成长期、成熟期、衰退期四个阶段，投资银行可以针对不同阶段为企业提供差异性融资服务。

2. 并购业务创新

并购是资本市场和实体经济发展到较高阶段的业务形态。以发达国家资本市场为例，投资银行主体业务已经从最初的股权债券融资发展为并购重组，并购业务贡献了大部分投行业务收益。我国企业间的并购重组已经成为调整经济结构的重要方式之一，且其重要性将不断提高，这是由我国的经济发展阶段以及政策导向决定的。当前中国经济仍处于"三期叠加"①阶段，产能过剩和企业经营效益下滑问题突出，行业整合需求强烈，新经济增长点的培育任务艰巨，这些都为企业并购重组提供了广阔舞台。

随着政府部门加快职能转变、一系列并购重组简政放权政策的出台以及证券监管部门监管转型的顺利推进，资本市场在资源配置中的基础性作用将显现出来，以资本市场为主战场的企业兼并重组将爆发式增长。投资银行应当抓住机遇，大力发展并购重组业务，积极夯实撮合交易基础业务，创新发展并购重组资本介入业务，提供过桥贷款，引入并购基金、私募基金、私募股权等参与并购重组。

3. 资产证券化业务创新

资产证券化业务是国际投资银行的重要盈利点，当下也是国内投行开展资产证券化业务创新的好时机。从需求端看，中国改革开放40年经济的快速发展使银行积累了数百万亿元流动性相对较差的资产及其收益权，银行体系不良贷款余额巨大，企业资产证券化和信贷资产证券化需求强烈；从供给端看，国内股市、债市不温不火，投资者期盼寻找新型投资工具；从政策端看，资产证券化契合了"去杠杆"的监管目标，是政府大力支持的业务创新模式。资产证券化业务极有可能为国内投行业务的开展带来新的发展空间。资产证券化使原来沉淀资产的未来现金流提前预支，盘活了存量资源，使优质的资产获得发展资金，提高了资金使用效率，进而实现了资源的优化配置。

4. 新三板市场业务创新

西方成熟资本市场的发展经验给我国资本市场发展的启示是：没有一个发达的场外市场就不可能有一个发达的场内市场。近几年在国家的大力扶持下，场外市场尤其是新三板市场取得了跨越式发展。其市场需求之旺盛、发展速度之快大大超出预期，这为投行业务发展开辟了新的天地。因此，投资银行在抢占和保持场内市场优势地位的同时，应当积极开拓场外市场尤其是新三板市场业务，在以市场为导向的前提下，将服务实体企业特别是中小微企业、投资者和中国经济的转型发展作为己任，充分发挥资本中介专业服务机构的作用，大胆进行投行业务创新，这不仅可以增强服务实体经济的能力，而且还能储备大批IPO企业资源，增加大量资产管理、财务顾问、经纪业务等客户资源，为自身增加新的业务增长点。

13.5.2.4 投行业务创新的风险及监管调整——以次贷危机为例

1. 业务创新的风险分析

（1）次贷危机的产生与全球金融危机

次贷危机是一场与金融创新密切相关的金融危机，以次级抵押贷款为基础资产的金

---

① 指增长速度换档期、经济结构阵痛期、前期政策消化期。

融衍生品使风险迅速蔓延至各类金融机构，演变成美国次贷危机，随后引发全球金融危机。

引起美国次贷危机的直接原因是利率上升和房价下跌。次级抵押贷款是指贷款机构向信用程度较差和收入不高的借款人提供的贷款，通常采用前期固定利率、后期浮动利率的还款方式。2006年之前，由于美国住房市场繁荣、利率水平较低，次级贷款规模迅速扩大。随着利率上升，次级贷款的还款利率大幅提高，增加了借款人的还款负担。同时，房价下降使按揭买房者出售房屋或者通过抵押房屋再融资变得困难，这种局面导致大批次级贷款违约。

如果没有金融衍生品创新，那么次贷危机的波及面主要局限于发放次贷的银行类金融机构。然而，大量的、建立在次贷基础上的金融衍生品，例如抵押贷款支持证券（Mortgage-Backed Securities，MBS）、债务违约互换（Credit Default Swap，CDS）、担保债务凭证（Collateral Debt Obligation，CDO）等，使次贷危机迅速蔓延到持有这些债券的全球金融机构中。这些机构经营困难，股票被抛售，全球证券市场大跌，投资者损失惨重。

（2）投资银行在次贷危机中扮演的角色

欧美投资银行在危机中扮演了次贷证券的发起、承销和二级市场做市，直接投资，为对冲基金等投资次贷证券提供抵押融资，与保险公司、对冲基金等进行CDS等次贷证券交易等多种重要角色，促进了次贷证券市场的空前膨胀。投资银行在业务创新中获得了丰厚利润，也在次贷危机中遭受严重损失。

次贷证券的发起、承销和二级市场做市。投资银行通过发起和承销次贷证券赚取了丰厚收益。首先，投资银行购买次级抵押贷款、资产支持证券、CDO等资产，构建资产池，设立特殊目的载体。其次，投资银行设计次贷证券的结构，例如确定CDO优先档、中间档和权益档的比例、规模和评级。投资银行在以上两个阶段充当着次贷证券发起人的角色。最后，投资银行还负责次贷证券的承销工作。

为了二级市场做市，投资银行通常会持有部分优先档或中间档CDO，这为投资银行在次贷危机中遭受巨额损失埋下伏笔。此外，投资银行将次贷资产反复证券化并出售，通过债务违约互换等方式，使金融衍生品的规模远远超出市场分散风险的实际需求，极大地扩大了次贷危机的影响力。

直接投资次贷证券。次贷证券收益率高，受到担保机构的保护，有相对应的风险缓释工具（如CDS），吸引投资银行固定收益部门运用杠杆大量投资。杠杆比率一般为30倍，雷曼兄弟的杠杆比率甚至高达40倍。同时，投资银行通常根据市场信息，参考信用评级，使用内部模型对次贷证券进行估值，这种估值方法普遍高估了次贷资产价值。由于次贷证券二级市场流动性低，二级市场价格远低于资产估值水平。因此，随着次级抵押贷款违约率攀升，投资银行遭受巨大资产减值损失。

例如，2008年8月，美林以67亿美元的价格将面值为306亿元的ABS与CDO出售，售价仅为面值的22%，此举引发了一轮CDO资产价值缩水风波，特别是对于欧洲银行，其CDO资产估值水平远高于美林交易价格，包括瑞银、德意志银行、法国兴业银行、法国农业信贷银行、Natixis银行和巴黎银行在内的六大银行的资产减值损失共317亿美元。

为对冲基金等投资次贷证券提供抵押融资。对冲基金等机构投资者以 CDO 资产为抵押,从投资银行获得融资以再次投资于次贷证券,进一步放大杠杆和投资规模。当基础资产违约率上升时,CDO 等衍生品的价格下跌,对冲基金等面临追加保证金的要求,否则将被迫强行平仓。强行平仓带来资产价格继续下滑,投资银行继续追加保证金,导致进一步平仓甚至清盘。次贷证券价格的螺旋式下跌使得为对冲基金等机构提供抵押融资的投资银行蒙受巨大损失。例如,2007 年 6 月贝尔斯登的对冲基金破产时,美林持有其 8.5 亿美元次贷资产作为抵押品,最后只能以 1 亿美元拍卖成交。

与保险公司、对冲基金等进行 CDS 等次贷证券交易。投资银行参与大量 CDS 交易,一方面充当 CDS 卖方获得保费收入,当基础资产违约事件频发时,保护卖方蒙受巨大损失;另一方面充当 CDS 买方,对冲自持的次贷资产风险,由于交易对手风险,仍可能遭受损失。

2. 次贷危机所暴露出的投行监管缺陷

美国投资银行业监管上的缺陷是导致此次金融危机发生的一个重要原因。美国投行监管机制的不足之处主要表现在以下几点:

过于依赖市场力量。政府和监管当局认为市场有自己的发展模式和规律,不应过度干预市场,放任了房地产业过热、次级贷款过度发放以及衍生品过度创新。

监管力度减弱。20 世纪后期,放松监管成为主流,于是有了 1999 年《金融服务现代化法案》允许商业银行和投资银行混业经营,有了 2004 年美国证监会废除投资银行的经纪机构所承担债务额度的限制。随着监管力度的减弱,投资银行在业务方面几乎不受任何实质性约束,在利益驱使下迅速膨胀,风险隐患也越来越大,2008 年金融危机就是次贷危机蔓延的结果,而次贷危机的产生又是信用链拉长的结果,投资银行又利用金融工程技术对次债进行了分割组合,为金融市场埋下了隐患,最终酿成了这场危机。

对投资银行净资本和杠杆率控制不力。金融衍生品加上杠杆投资,帮助投资银行赚取丰厚利润,此时旧的净资本和杠杆率要求等已经难以确保投资银行的流动性。

投资银行信息披露不到位。监管机构不要求投资银行披露其在场外市场的交易信息,而场外市场金融产品众多、交易模式复杂,很容易滋生违法违规行为和风险隐患,有必要进行充分信息披露。

3. 应对投行业务创新的监管对策

2008 年国际金融危机后,各国为使投行监管适应投行业务创新的步伐,加大了监管改革力度。

(1)监管职能方面

在金融监管职能方面,各国更加注重对系统性风险和金融创新的监管。

提高对投资银行的资本要求。美国投资银行受到《巴塞尔新资本协议》最低资本充足率的限制,其高风险的业务投资模式、过度负债经营模式将发生改变。英国维克斯报告阐述了对英国银行业改革的三大建议,其主要内容涵盖了隔离零售银行与投资银行、提高银行资本要求和促进银行业竞争三大方面。日本监管当局认为金融监管体系的改革重点应放在扩大风险管理范围,防范外部风险内部化,即将监管范围由传统的商业银行扩大至所有金融市场的参与者,包括对冲基金、评级机构和金融衍生工具,要求进行资产证券化的基础资产必须真实，并定期公布资产敞口以及损失情况。

转变自由放任的监管理念，加强防范系统性风险。西方发达国家长期信奉"最少的监管就是最好的监管"，系统性风险常被忽视。然而，系统性风险的冲击力伴随着金融市场相关性的增强而数倍放大。鉴于此，美国、英国、欧盟等改变传统的监管理念，强化政府对金融危机的干预能力，提出赋予政府独立决策、自主运用危机治理工具的权力，在必要时有权解散那些"太大而不能倒闭"的公司，包括投资银行，从而避免政府为是否应救助困难企业而左右为难，并成立专门机构将所有系统重要性机构纳入监管。

美国投行面临着前所未有的强力政府监管，受到 SEC、美联储等多家政府监管机构的共同监管，还建立了金融服务监督委员会专门负责系统性风险管理。英国成立金融稳定委员会负责对系统性风险进行分析、判断和防范。日本成立专门工作组，对国内外大型金融机构的跨境和跨行业风险进行监控。欧盟组建"欧洲系统性风险管理委员会"负责监测欧盟金融市场可能出现的系统性风险。

坚持开放合作的原则，加强监管的国际协作。2008 年金融危机的全球性和系统性特征将金融监管的国际合作推向了高潮，加强监管的国际协作成为各国完善监管职能的重要组成部分。与投资银行国际监管相关的两大组织——巴塞尔银行监管委员会（BCBS）和国际证监会组织（IOSCO）——之间的协调与合作越发深入。国际货币基金组织（International Monetary Fund, IMF）与金融稳定委员会合作开展危机早期预警分析工作，加强风险的全球监测和分析、促进全球监管协作。各国金融监管当局也意识到建立和完善监管国际合作机制的必要性和迫切性。

（2）监管目标方面

在监管目标上，更强调金融市场稳定和投资者保护。

更加重视金融稳定的目标。英国制定《2009 年银行法案》和《改革金融市场》白皮书，从机构设置、系统性风险防范与管理、问题金融机构处置、金融监管部门之间的协调等方面强化监管职责，力图构建一个严格防范、科学治理的监管框架维持金融稳定。《2009 年银行法案》更是明确了英格兰银行在金融稳定中的法定职责和核心地位，并强化了相关的金融稳定政策工具和权限。

强调保护存款人和投资者的利益。随着金融衍生品日益复杂化，金融机构和金融消费者之间的信息不对称加剧，更加削弱了金融消费者对金融产品潜藏风险的判别能力。2008 年金融危机正是由于投资银行滥用衍生工具，评级机构提供虚假信息，美国对于金融消费者的保护有名无实，致使大量投资者利益受损。因此，保护金融消费者权益成为危机后金融监管改革的重点。美国和英国明确提出通过法律健全消费者和投资者保护机制，美国 2010 年公布《多德－弗兰克华尔街改革和个人消费者保护法案》，使得保护金融消费者有法可依，并专门设立个人消费者金融保护署；英国于 2009 年通过《改革金融市场》白皮书，对保护消费者利益予以制度化；欧盟在 2009 年 3 月发布《驱动欧洲复苏政策文件》，强调要完善对银行储户的保护。

（3）监管原则方面

增加宏观审慎监管原则。微观审慎监管针对单个金融机构进行监管，防止金融机构倒闭给投资者和存款人带来损失。而宏观审慎监管把金融系统作为监管对象，从全局对金融市场进行检测,以防范系统性风险发生,维护金融系统稳定。金融危机之后,各国把宏观审慎监管作为金融监管的主要原则。美国、欧盟和英国也都成立了跨部门委员会,负责监测系统性风险。美国成立金融服务监督委员会,并通过《多德-弗兰克华尔街改革和个人消费者保护法案》赋予美联储综合性的监管权力,把包括投资银行、经纪公司和投资基金在内的系统重要性金融机构、潜在系统风险和共性问题都纳入宏观审慎监管框架之下,使得美联储的监管权力扩大到经济中存在的广泛风险。欧盟成立系统性风险理事会(European Systematic Risk Committee,ESRC),强化应对系统性风险的能力。

从2008年全球金融危机后的国际监管改革经验看,主流做法是强化中央银行的宏观审慎管理职能,构建完整有效的宏观审慎管理体制。第五次全国金融工作会议明确要求"强化人民银行宏观审慎管理和系统性风险防范职责"。习总书记在《中共中央关于制定国民经济和社会发展第十三个五年规划的建议》提出了"统筹监管系统重要金融机构和金融控股公司……统筹监管重要金融基础设施……统筹负责金融业综合统计"的"三个统筹"的改革要求。强化中央银行宏观审慎管理职能、落实"三个统筹"是保证金融安全、打好防范化解重大风险攻坚战的重要基础。

强调依法监管原则。2008年金融危机后,美国颁布《多德-弗兰克华尔街改革和个人消费者保护法案》确保金融消费者的合法权益,拓宽了金融监管的法制化范围。英国长期来金融监管法制化程度较低,2000年6月英国通过的《2000年金融服务和市场法》,成为英国金融业监管管理的基本大法,开辟了英国金融监管法制化、制度化、规范化的道路。金融危机后,英国更加强化依法监管原则,颁布《2009年银行法案》和《改革金融市场》,成为金融危机中监管原则变化最大的国家。我国政府在金融危机爆发后,相继颁布了《国家金融突发事件应急预案》《关于支持金融服务业加快发展的若干意见》等文件,以提高金融风险预警和防范。从国际法律法规来看,巴塞尔协议在危机之后亦做了多次修改,2010年《巴塞尔协议Ⅲ》出台,为各国监管金融机构提供了统一的新标准。

(4)监管体制方面

关于危机后金融体制改革的具体措施,已经在本章前面部分有过详细叙述,在此只作概述和总结。按照金融机构经营模式和监管部门的监管模式,各国的监管体制可分为三类。

①混业经营、分业监管

代表国家是美国。该体制的特点是:第一,信奉分权与制衡,实行双层多头监管,监管部门众多;第二,监管体制滞后于金融创新,存在监管空白区域;第三,以微观审慎监管为主,缺乏宏观审慎监管;第四,监管力度不够。

2008年金融危机之后,美国进行了"金融大部制"改革,赋予美联储全面监管银行、保险、证券和衍生品交易的权力,并设立金融稳定监管委员会处理监管争端,实现了不同监管机构之间的信息共享与监管协调。美国监管体制逐渐从双层多头伞形监管体制向统一监管体制转变,形成了集中、全面和无缝监管的格局。

②混业经营、混业监管

代表国家有英国和德国,两个国家的共同点是在危机后加强了宏观审慎管理,分别设立了金融政策委员会和金融稳定委员会专司宏观审慎监管。此外,英国确立了英格兰银行在金融监管中的核心地位,进一步加强了金融监管的集中性。

③中国式分业监管体制

在此次国际金融危机中，我国投资银行业所受冲击比欧美国家投资银行业小得多，在一定程度上归功于我国的分业监管体制。我国金融监管的行政色彩较浓，加上资本项目不可兑换情况下跨境投资受到抑制，这些对于降低金融风险产生了积极作用。美国投资银行业的问题是金融创新过度，而我国投资银行业的问题是创新不足，但是我们相信这一问题会有所改善。

近年来，证监会逐渐放开证券公司的业务范围，融资融券、衍生品交易、资产管理、资产证券化等新业务开始发展；许多商业银行、保险公司也开始从事投行业务，金融市场初具混业经营趋势。我国在鼓励投行业务创新、减少行政干预的同时，并未放松监管。例如，为防止国内证券公司重蹈华尔街投资银行的覆辙，证监会修改了《关于证券公司风险资本准备计算标准的规定》，以加强对证券公司风控指标体系的监管；各监管机构致力于金融"去杠杆"，通过对同业存单、同业理财、委外投资等业务的监管，降低银行资产端扩张速度，防止资金在金融机构间空转，引导银行资金服务实体经济；金融监管牢牢围绕"防范系统性金融风险"开展；中央重要会议多次强调建立金融监管协调机制，减少监管机构间的职能冲突，填补金融监管漏洞等。

2017年11月8日，国务院金融稳定发展委员会成立，同时由国务院副总理兼任国务院金稳会主任。国务院金融稳定发展委员明确了五方面的主要职责：一是落实党中央、国务院关于金融工作的决策部署；二是审议金融业改革发展重大规划；三是统筹金融改革发展与监管，协调货币政策与金融监管相关事项，统筹协调金融监管重大事项，协调金融政策与相关财政政策、产业政策等；四是分析研判国际国内金融形势，做好国际金融风险应对，研究系统性金融风险防范处置和维护金融稳定重大政策；五是指导地方金融改革发展与监管，对金融管理部门和地方政府进行业务监督和履职问责等。

2018年3月13日，国务院机构改革方案提请全国人民代表大会审议批准，方案形成了中国金融监管体制"一委一行两会"的新架构，即国务院金融稳定发展委员会、中国人民银行、中国证监会、中国银保监会。新的框架强调了宏观审慎监管、统筹协调监管、分离发展与监管职能、分离监管规制与执行，更加适应当前中国金融发展的现状。这意味着未来我国的投资银行业将在更加稳健、合规、安全的框架下发展，这与投资银行监管的基本目标和原则相一致的。

本章小结

本章结合国内外监管实例，介绍了与投资银行监管相关的五个重要方面。第一，监管目标和原则。在最基本、最核心的"三公原则"外，国际证监会组织提出的证券监管目标和原则可以作为各国设立投行监管原则和目标的依据。第二，监管模式。金融监管模式分为三类：集中监管模式、自律管理模式和混合监管模式。第三，对商业银行投行业务的监管。第四，对证券公司投行业务的监管。第五，投行监管政策的变化。

本章重要术语

市场失灵　信息不对称　"三公原则"　集中监管　自律管理　混合监管　非金融企业债务融资工具　注册制　主承销商负责制　分业监管　证券公司净资本　核准制　保荐人制度　备案制

思考练习题

1. 简述对投资银行进行监管的理由。
2. 试比较各国立法所规定的投资银行监管目标。
3. 评析对投资银行进行监管的原则。
4. 国际证监会组织关于市场中介的原则都有哪些？请予以评述。
5. 比较集中监管和自律管理的优缺点。
6. 债券市场的三大监管机构是谁？它们的监管职责是如何划分的？
7. 交易商协会对银行间债券市场的自律管理体现在哪些方面？
8. 简述债券承销业务相关会员的市场评价机制。
9. 商业银行参与企业并购的最主要方式是什么？简要阐述该方式的监管体系，包括监管机构、监管模式和监管内容。
10. 结合《商业银行并购贷款风险管理指引》，阐述对商业银行并购贷款业务的监管内容主要包括哪些方面。
11. 根据《证券公司内部控制指引》，阐述我国对证券公司内部控制的主要监管要求。
12. 概述对证券公司监管的核心风险管理指标。
13. 阐述我国股票发行核准制下的保荐人制度。
14. 试简要描述证券公司分类评级的具体规则，并分析对证券公司进行分类管理的意义。
15. 简述如何按照证券品种划分证券公司承销业务种类，比较各业务种类对应的发行制度、监管机构、监管模式等。
16. 简述英国金融监管架构的沿革以及演变的原因。
17. 结合全球投资银行监管架构变化，简述我国投行监管架构的未来演变方向。
18. 阐述我国金融监管体制改革及趋势。
19. 投行监管从次贷危机中能获得哪些启示？
20. 阐述投行业务创新、金融风险与金融监管之间的关系。

参考文献

[1]《证券公司及基金管理公司子公司资产证券化业务管理规定》及配套《证券公司及基金管理公司子公资产证券化业务信息披露指引》《证券公司及基金管理公司子公司资产证券化业务尽职调查工作指引》[EB/OL].http：//www.csrc.gov.cn/pub/ zjhpublic/G00306201/201411/t20141121_263851.htm.

[2] 陈珂.市场失灵与中国证券市场监管[D].成都：西南财经大学,2004.

[3] 邓瑛.金融危机后英国金融监管改革的经验和启示[J].金融纵横,2016(6).

[4] 冯科.金融监管学[M].北京：北京大学出版社,2015.

[5] 高山.金融创新、金融风险与我国金融监管模式研究[J].南京审计学院学报,2009(2).

[6] 关于承销类会员（地方性银行类）参与非金融企业债务融资工具B类主承销业务市场评价结果的公告[EB/OL].http：//www.

nafmii.org.cn/xhdt/201403/t20140310_29963.html.

[7] 关于承销类会员（外资银行类）参与非金融企业债务融资工具B类主承销业务市场评价的公告[EB/OL].http：//www.nafmii.org.cn/hygl/hygl/hypj/tztb/201706/t20170630_62152.html.

[8] 关于发布《非金融企业资产支持票据指引（修订稿）》及《非金融企业资产支持票据公开发行注册文件表格体系》的公告[EB/OL].http：//www.nafmii.org.cn/ggtz/gg/201612/t20161212_58622.html.

[9] 关于修改《证券公司分类监管规定》的决定[EB/OL].http：//www.csrc.gov.cn/pub/zjhpublic/G00306201/201005/t20100518_180631.htm.

[10] 关于中国银行间市场交易商协会承销类会员（全国性银行类）参与A类主承销业务市场评价有关事项的公告[EB/OL].http：//www.nafmii.org.cn/ggtz/gg/201701/t20170113_59276.html.

[11] 姜春生.商业银行参与并购业务模式的探讨[D].上海：上海交通大学,2015.

[12] 金德环.投资银行学（第二版）[M].上海：格致出版社和上海人民出版社,2015.

[13] 李成.金融监管学[M].北京：科学出版社,2006.

[14] 李达,陈颖.欧盟和德国金融监管改革的实践及启示[J].金融发展评论,2015(4).

[15] 李航.中国资本市场投资银行的发展、创新与风险监管研究[D].上海：上海交通大学,2012.

[16] 李佳,周蓉蓉.投资银行国际经验借鉴及启示[J].金融教育研究,2017(1).

[17] 李文华,陈海洋.制度变迁与券商投行业务创新发展路径探析[J].西南金融,2015(11).

[18] 刘奇.资产证券化业务对商业银行效益影响研究[D].杭州：浙江大学,2017.

[19] 刘霞.金融创新背景下金融监管体制改革比较研究——基于2007年国际金融危机的经验研究[J].北京航空航天大学学报（社会科学版）,2014(4).

[20] 罗光义.我国证券公司投资银行经营模式研究[D].北京：北京邮电大学,2014.

[21] 马晓军.投资银行学：理论与案例（第二版）[M].北京：机械工业出版社,2014.

[22] 上市公司并购重组财务顾问业务管理办法[EB/OL].http：//www.csrc.gov.cn/pub/zjhpublic/G00306207/200807/t20080708_25655.htm.

[23] 沈夜.我国政府矫正证券市场失灵问题研究[D].南京：南京理工大学,2010.

[24] 史明坤.分类监管下我国证券公司风险监控研究[D].广州：暨南大学,2009.

[25] 吴春林,吴东林.如何积极稳妥开展并购贷款业务——《商业银行并购贷款风险管理指引》解读[J].中国农村信用合作,2009(4).

[26] 夏红芳.投资银行学（第二版）[M].杭州：浙江大学出版社,2015.

[27] 谢多等.银行间市场综合知识读本[M].北京：中国金融出版社,2014.

[28] 应展宇.美国投资银行监管制度演变的政治经济分析[J].国际经济评论,2015(5).

[29] 张文.正确处理金融创新与金融风险[J].时代金融,2014(7).

[30] 张言.证券市场自律管理研究[D].石家庄：河北经贸大学,2013.

[31] 赵林夫.我国证券市场逆向选择行为研究[D].厦门：厦门大学,2007.

[32] 郑凌云.德国金融监管体制演变[J].德国研究,2016(4).

[33] 朱暮.投资银行的国际监管研究[D].北京：中国政法大学,2004.

教辅申请说明

北京大学出版社本着"教材优先、学术为本"的出版宗旨,竭诚为广大高等院校师生服务。为更有针对性地提供服务,请您按照以下步骤在微信后台提交教辅申请,我们会在 1～2 个工作日内将配套教辅资料,发送到您的邮箱。

◎手机扫描下方二维码,或直接微信搜索公众号"北京大学经管书苑",进行关注;

◎点击菜单栏"在线申请"—"教辅申请",出现如右下界面:

◎将表格上的信息填写准确、完整后,点击提交;

◎信息核对无误后,教辅资源会及时发送给您;如果填写有问题,工作人员会同您联系。

温馨提示:如果您不使用微信,您可以通过下方的联系方式(任选其一),将您的姓名、院校、邮箱及教材使用信息反馈给我们,工作人员会同您进一步联系。

我们的联系方式:
北京大学出版社经济与管理图书事业部
北京市海淀区成府路 205 号,100871
联 系 人:周莹
电   话:010-62767312 / 62757146
电子邮件:em@pup.cn
Q Q:5520 63295(推荐使用)
微信:北京大学经管书苑(pupembook)
网址:www.pup.cn